Walter Kasper

Verkündigung im Kontext

Walter Kasper · Gesammelte Schriften

herausgegeben von
George Augustin und Klaus Krämer

unter Mitwirkung des
Kardinal Walter Kasper Instituts
für Theologie, Ökumene und Spiritualität
an der Philosophisch-Theologischen Hochschule Vallendar

Band 19/I
Verkündigung im Kontext

Walter Kasper

Verkündigung im Kontext

Erster Teilband

HERDER

FREIBURG · BASEL · WIEN

Dem Vorstand und dem Stiftungsrat
der Kardinal Walter Kasper Stiftung
in Dankbarkeit gewidmet.

www.herder.de
Umschlaggestaltung: Finken & Bumiller, Stuttgart
Satz: SatzWeise, Bad Wünnenberg
Herstellung: Friedrich Pustet GmbH & Co. KG, Regensburg
ISBN 978-3-451-39119-4

Inhalt

Erster Teilband

Zweiter Teilband

Vorwort

Geht hinaus und verkündet das Evangelium!

»Geht hinaus in die ganze Welt und verkündet das Evangelium«, so lautet der Auftrag, den Jesus seinen Aposteln vor seiner Auffahrt in den Himmel hinterlassen hat *(Mk 16,15)*. Von Macht und von Verwaltung, von Management und Organisation war mit keinem Wort die Rede. Im Gegenteil, als die Apostel merkten, dass ihnen diese anderen Aufgaben über den Kopf wuchsen, haben sie dafür Diakone bestellt, sie selbst aber wollten sich dem Gebet und dem Dienst am Wort widmen *(Apg 6,4)*. Das sollte uns in ähnlichen Situationen ein Vorbild sein, um Verantwortung abzugeben und Zeit für den Dienst am Wort zu haben. So hat sich der Apostel Paulus zur Verkündigung des Evangeliums Gottes von Jesus Christus auserwählt und berufen verstanden (vgl. *Röm 1,1; 1 Kor 1,17; Gal 1,15f.* u. a.) und ausgerufen: »Weh mir, wenn ich das Evangelium nicht verkünde!« *(1 Kor 9,16)*.

Als dieser Auftrag im späten Mittelalter hinter politischen Aufgaben in den Hintergrund getreten war und Martin Luther die Verkündigung des Evangeliums zurecht wieder an die erste Stelle rückte, hat das Konzil von Trient bereits bei der ersten Sitzungsperiode dieses berechtigte Anliegen aufgegriffen und in einem eigenen Dekret die Predigt wie die Lesung des Evangeliums als die Hauptaufgabe der Bischöfe und der Pfarrer herausgestellt. Das Trienter Konzil fügte hinzu, die Predigt solle kurz, verständlich, auf das zum Heil Notwendige konzentriert und lebensnah gestaltet sein.[1]

Auch dem Zweiten Vatikanischen Konzil ging es bei der Erneuerung der Kirche neben der Erneuerung der Liturgie vor allem um die Erneuerung der Verkündigung. Die Dogmatische Konstitution über die göttliche Offenbarung formulierte programmatisch, es gehe darum, das Wort Gottes in Ehrfurcht zu hören und es voll Zuversicht zu

---

[1] Conciliorum oecumenicorum Decreta, Freiburg i. Br. 1962, 643–646.

verkünden, damit die ganze Welt im Hören auf die Botschaft des Heils glaubt, im Glauben hofft und in der Hoffnung lebt.[2] Das Konzil spricht von den zwei Tischen, von denen die Kirche lebt: der Tisch des Wortes und der Tisch des Leibes des Herrn.[3] Den Bischöfen und Priestern hat das Konzil mehrfach ins Stammbuch geschrieben, dass unter den wichtigsten ihnen übertragenen Ämtern die Verkündigung des Evangeliums einen hervorragenden Platz einnimmt.[4]

In der schwierig gewordenen nachkonziliaren Situation hat Papst Paul VI. in dem programmatischen Apostolischen Schreiben über die Verkündigung des Evangeliums *Evangelii nuntiandi* (1975) das Anliegen des Konzils in den Satz zusammenfasst, »die Kirche des 20. Jahrhunderts besser zu befähigen, das Evangelium der Menschheit des 20. Jahrhunderts zu verkünden.«[5] Er sagte: Evangelisieren ist »die wesentliche Sendung der Kirche«, »die Gnade und die eigentliche Berufung der Kirche, ihre tiefste Identität«.[6]

Papst Johannes Paul II. hat angesichts der zunehmenden Säkularisierung in der Enzyklika *Redemptoris missio* (1990) die Notwendigkeit einer missionarischen Neuevangelisierung betont[7] und sie als die Priorität für das 21. Jahrhundert bezeichnet.[8] Dieses Thema hat Papst Benedikt XVI. aufgegriffen und dafür ein eigenes Dikasterium geschaffen.[9] Papst Franziskus hat dann bereits in seinem ersten programmatischen Apostolischen Schreiben *Evangelii gaudium* (2013) die Verkündigung der Freude des Evangeliums in den Mittelpunkt seines gesamten Pontifikats gerückt, um eine neue Etappe der Evangelisierung einzuleiten.

In einem Brief an das pilgernde Volk Gottes in Deutschland (2019) hat der Papst das Thema der Evangelisierung den Deutschen, welche sich zum Synodalen Weg aufgemacht hatten, als Lösung und Leitidee eindringlich ans Herz gelegt. Angesichts des zunehmenden Glaubensschwunds und der Entkirchlichung in Deutschland wäre dieses Thema

---

2 DV 1.
3 DV 21.
4 LG 25; CD 12; PO 4.
5 Paul VI., Evangelii nuntiandi (1975), 2.
6 Ebd., 14.
7 Johannes Paul II., Redemptoris missio (1990), 32–36.
8 Johannes Paul II., Novo millennio ineunte (2001), 40.
9 Benedikt XVI., Ubicumque et semper (2010).

wahrlich für die Behandlung aller anderen drängenden Fragen *das* entscheidende Leitthema gewesen. Es hätte hinreichend Spielräume recht verstandener christlicher Freiheit eröffnet, um vor Ort praktikable Lösungen für anstehende Probleme zu finden. Leider haben wir den Brief des Papstes zwar gelobt, uns dann aber aus dem gesamtkirchlichen Kontext seit dem Zweiten Vatikanischen Konzil ausgeklinkt und uns in innerkirchliche Themen der Machtverteilung zwischen Priestern und Laien, zwischen Männern und Frauen, der Neuorganisation der Gemeinden und der Revision der kirchlichen Sexualmoral verbissen. Die existentiellen Fragen, welche jeden Menschen umtreiben, die Fragen nach dem Sinn von Leben, Liebe, Leiden und Sterben, die Frage von Schuld und Vergebung, die Fragen nach Gerechtigkeit und Frieden in der Welt sind damit noch nicht einmal berührt.

Wo die Freude und die Hoffnung des Evangeliums nicht mehr die von Jesus und von den Aposteln vorgegebene gemeinsame Leitmelodie sind, kommt es in der Kirche fast zwangsläufig zu unerfreulichen Konflikten. Wenn das Evangelium nicht mehr die einheitsstiftende Klammer ist, verliert die Kirche ihre Identität und ihre missionarische Ausstrahlung und wenn am Anfang völlig unrealistische Erwartungen geweckt werden, dann ist Frustration am Ende vorprogrammiert. Die Kirche darf sich dann nicht wundern, wenn sich viele Menschen enttäuscht innerlich oder auch ganz von ihr abwenden.

Bei der Verkündigung des Evangeliums geht es nicht um Indoktrinierung und schon gar nicht um persönliche Ansichten und Interessen. Das Evangelium ist Gottes Weisheit, Gottes Licht und Kraft des Lebens. Es ist die Botschaft, dass der uns Menschen verborgene Gott uns in Jesus Christus sein menschenfreundliches Gesicht gezeigt hat, dass er mitten unter uns und für uns da ist, und uns durch den Tod und die Auferweckung Jesu Christi, der der Weg, die Wahrheit und das Leben ist (vgl. *Joh 14,6*), gerettet hat. Es ist eine Botschaft, die uns nicht Lasten auferlegen, sondern vielmehr barmherzig Lasten von uns nehmen will, wobei einer des anderen Last trägt (vgl. *Gal 6,2*). Es ist eine Botschaft des Lebens, der Liebe, der Freude und des Friedens, die uns auf den Wegen des Lebens in seinen Höhen und Tiefen, seinen Freuden und auch seinen Leiden Licht und Kraft und eine Perspektive der Hoffnung geben kann.

Wenn ich zurückschaue auf 63 Jahre als Priester und 31 Jahre als

Bischof, dann kann ich nur hoffen, dass mir angesichts der Größe dieser Aufgabe wenigstens etwas davon gelungen ist. Jedenfalls habe ich die Predigt immer als meine zentrale Aufgabe verstanden. Auch die Jahre, in denen ich mich dem akademischen Dienst gewidmet habe, habe ich als Dienst an der Verkündigung und an den Verkündigern verstanden. Es ist kaum ein Sonntag vergangen, an dem ich nicht in einer Gemeinde oder in einer Klinik war, um Eucharistie zu feiern und das Wort Gottes auszulegen. Die in diesen Bänden gesammelten Predigten gehen größten Teils auf die Zeit als Bischof zurück, in der es mir eine Freude war, möglichst viel in den Gemeinden unterwegs zu sein. Die in anderen Sprachen gehaltenen Predigten in Rom und diejenigen, welche ich bei Reisen in die ganze Welt gehalten habe, um das Evangelium der Versöhnung und der Einheit aller Christen zu verkündigen, konnten in diese Bände nicht eingehen.

Ich danke Prof. P. Dr. George Augustin SAC und Prälat Prof. Dr. Klaus Krämer sowie den Mitarbeiterinnen und Mitarbeitern im Kardinal Walter Kasper Institut, Prof. Dr. Ingo Proft, Dr. Stefan Laurs, Kristina Blum und Ricarda Schlenke, die sich die Mühe gemacht haben, die weit verstreuten Predigten, soweit sie in deutscher Sprache noch vorliegen, zusammenzutragen und für den Druck aufzubereiten. Ich hoffe, dass sie vielen Christen und vielen Mitbrüdern bei der Wahrnehmung ihres Dienstes am Wort Gottes Anregung und Hilfe sein können. Dr. Stephan Weber vom Verlag Herder danke ich für die Lektoratsarbeit sowie Dekan Robert Kloker und Thomas Krafft für ihre Korrekturen.

Rom, am Sonntag der Weltmission 2020 — Walter Kardinal Kasper

Bischofs- und Priesterweihen

Eintreten in die apostolische Sendung

Liebe Mitbrüder im bischöflichen, priesterlichen und diakonischen Dienst,
lieber Mitbruder Johannes Kreidler,
liebe Schwestern und Brüder![1]

Das Evangelium deutet uns den Sinn dieser Stunde. Jesus erwählt aus der großer Schar seiner Jünger und Jüngerinnen zwölf Männer. Sie sollen in besonderer Weise bei ihm sein und von ihm ausgesandt werden. Je einzeln werden sie mit ihrem Namen genannt. Sie sind für immer die zwölf Grundsteine der neuen Stadt, die Gott erbaut. Ihre Sendung soll dauern bis ans Ende der Tage. So müssen nach ihrem Tod andere in ihre Sendung eintreten und ihre apostolische Sendung weiterführen.

I. Sich erneuernde junge Kirche

Dies, meine lieben Schwestern und Brüder, geschieht heute. Bei jeder Bischofsweihe stellt sich die Kirche neu auf das ein für alle Mal gelegte, bleibend verbindliche Fundament der Apostel. Bei jeder Bischofsweihe erweist sich die Kirche als die durch alle Jahrhunderte selbe apostolische Kirche, die heute kein anderes Evangelium zu verkünden hat als am Anfang. Bei jeder Bischofsweihe zeigt sie sich aber auch als unverbraucht und jung, als fähig, ihre Aufgabe je neu heutig wahrzunehmen und immer wieder neu zu aktualisieren. Mögen heutzutage

---

[1] Predigt anlässlich der Bischofsweihe von Weihbischof Johannes Kreidler am 31. August 1991 im Dom zu Rottenburg.
Evangelium: Mk 3,13–19.

viele die Kirche als überholtes auslaufendes Modell, als versteinert und vergreist betrachten.

In der Kraft des den Aposteln verheißenen Heiligen Geistes wird die Kirche allen Unheilspropheten zum Trotz immer wieder jugendfrisch sein. Sie ist nicht nur festgefügte Institution, und sie darf dies auch nie sein wollen. Sie ist immer wieder neu Ereignis, Kirche im Aufbruch. Sie wird durch Gottes lebenschaffenden Geist immer wieder jung in Menschen, die sich dieser Berufung öffnen und sich ihr hochherzig zur Verfügung stellen. Sie wird jung vor allem in und durch junge Menschen.

II. Namentliche Zeugenschaft

Diese Kirche, meine lieben Schwestern und Brüder, sind wir alle, nicht nur der Papst, die Bischöfe und die Priester. Alle Ämter haben einen Sinn nur als Dienst in den Gemeinden und für sie. Alle, Männer und Frauen, Alte und Junge sind berufen, die apostolische Botschaft vom lebendigen und befreienden Gott Jesu Christi in unserer Welt gegenwärtig zu machen. Von dieser gemeinsamen Verantwortung aller Christen gilt es absolut nichts zurückzunehmen und zurückzudrehen. Ich denke ganz im Gegenteil, wir haben sie in der Praxis noch längst nicht voll ausgeschöpft.

Das heißt nicht, aus der Kirche etwas zu machen, wo alle alles und jeder jedes kann. Innerhalb der vielen Charismen und Dienste gibt es nach dem Willen Jesu die namentliche apostolische Sendung, sozusagen die unvertretbare persönliche Haftbarkeit Einzelner. Gewiss, sie können ihren Dienst nur mit allen zusammen wahrnehmen, und doch können sie ihre Verantwortung nicht an Gremien, Ausschüsse, Räte und Konferenzen abtreten. Ob gelegen oder ungelegen, sie müssen ihren Kopf hinhalten, so ungemütlich das sein mag.

Dabei können auch Bischöfe versagen, ähnlich wie Petrus oder gar wie Judas Iskariot. Sie können zu Hirten werden, die nur noch sich selber weiden. Die Kirche ist eine Kirche aus schwachen und sündigen Menschen. Solchen schwachen Menschen, wie wir es alle sind, hat der Herr der Kirche diesen Zeugendienst anvertraut. Nur im Vertrauen auf den Geist Gottes, der in der Bischofsweihe durch Handauflegung und Gebet neu entfacht wird, ist dieser Dienst möglich. Da ist er aber auch jeden Tag neu spannend und – das darf ich sagen – einfach schön.

III. Evangelisierende Kirche

Meine lieben Schwestern und Brüder! Das Evangelium sagt uns, wozu der apostolische Dienst der Kirche geschenkt ist: Die Zwölf werden ausgesandt, damit sie predigen und mit Jesu Vollmacht Dämonen austreiben.

Nicht Funktionäre, Organisatoren und Administratoren sollen wir sein. Wir sind an erster Stelle Künder der frohen und befreienden Botschaft. Das mag manchem auf den ersten Blick als Belanglosigkeit erscheinen. Ist das Wort mehr als ein schwacher, rasch verwehender Hauch? Was soll es schon ausrichten gegen die sogenannten Realitäten, was gegen mächtige und übermächtige Institutionen und Strukturen, was gegen Bajonette und Panzer, was gegen Geld, das die Welt regiert?

Und doch ist auf die Dauer nichts mächtiger als die Hoffnung, die Gottes Wort in die Herzen der Menschen einpflanzt. Nichts ist aber auch nötiger für das Leben und Überleben der Menschen als Sinn, Wertorientierung, Perspektive und Zuversicht. Sie vor allem sind heute Mangelware. Sie brauchen wir besonders. Denn ohne geistige und geistliche Orientierung kann auf die Dauer kein Mensch leben und auch kein Staat Bestand haben. Die Botschaft von der Freiheit und Wahrheit, von der Gerechtigkeit und Versöhnung, die Gott uns schenkt, muss deshalb heute die erste Priorität haben. Wir müssen wieder neu apostolische und das heißt evangelisierende Kirche sein.

Dämonen, welche die Wahrheit niederhalten, menschliches Leben ruinieren, Menschen in vielfältiger Weise unfrei machen und versklaven und sie gegeneinander aufbringen – solche Dämonen sind leider kein vorgestriger unaufgeklärter naiver Aberglaube. Mit ihrem erbitterten Widerstand muss die Kirche auch heute rechnen.

Sie wird im Widerstreit der Meinungen stehen müssen, wenn sie um des Lebens in der Wahrheit willen den Mächten des Todes und der Lüge Widerstand entgegensetzt. Sie tut dies im Interesse der gottgegebenen Würde und des Heils jedes einzelnen Menschen, besonders der Armen, der Schwachen, der Kinder und der Kranken.

IV. Versöhnte und versöhnliche Kirche

Lieber Mitbruder Johannes Kreidler, Du hast ohne Zögern Ja gesagt, diesen apostolischen Dienst zu übernehmen. Dafür bin ich und sind wir alle Dir von Herzen dankbar. Du bringst viele gute Gaben des Geistes und des Herzens mit, um diesen Dienst auszufüllen. Das Echo, das Deine Berufung gefunden hat, zeigt, wie sehr Du von Deinen Mitbrüdern und vom ganzen Volk Gottes unserer Diözese angenommen bist. Du bist ein Mann des Ausgleichs und der Mitte. Das ist Dein Profil. Nicht umsonst hast Du den Dienst der Versöhnung in besonderer Weise zu Deinem Programm gemacht. Du willst, soweit es an Dir ist, mithelfen, die Unversöhntheiten und Unversöhnlichkeiten in dieser Welt, und leider oft auch in unserer Kirche, zu überwinden.

Wir alle begleiten Dich mit unseren guten Wünschen und Gebeten. Mit Dir zusammen wollen wir apostolische Kirche heute sein, welche die Botschaft von der Versöhnung, die Gott uns schenkt, durch Wort und Tat bezeugt. Möge Gottes Heiliger Geist Dir und uns allen beistehen. Amen.

Das Geheimnis priesterlicher Berufung

Liebe Diakone,
liebe Schwestern und Brüder![1]

Was wir im Evangelium hörten, gilt Ihnen, liebe Diakone, die Sie soeben Ihre Bereitschaft zur Übernahme des priesterlichen Dienstes erklärt haben: Dies ist der Tag, an dem Sie – ähnlich wie Johannes der Täufer – beauftragt werden, in der Kirche, dem neuen Israel, aufzutreten.

Für mich ist dies ein Tag ganz besonderer Freude. Kurz nach meiner Bischofsweihe darf ich Sie als meine Mitarbeiter, ja als meine Freunde, in das Presbyterium unserer Diözese aufnehmen. Dies ist ein Tag der Freude und der Genugtuung für Ihre Eltern, Ihre Verwandten und Bekannten. Sie haben sich mit Ihnen auf diesen Tag vorbereitet, mit Ihnen gebangt und mit Ihnen gebetet. Vor allem aber ist es ein Tag der Freude und der Genugtuung für Sie selbst. Jahrelang haben Sie sich auf diesen Tag vorbereitet: durch das Studium, durch vielfältige Gespräche und Überlegungen und nicht zuletzt durch das Gebet. Heute sind Sie am Ziel. Dies ist ein Grund, allen zu danken, welche Sie bis hierher begleitet haben – neben Ihren Eltern vor allem Ihren Seelsorgern und Ihren Lehrern. In erster Linie gilt der Dank Gott dem Herrn.

Freilich könnte dies auch eine Stunde nochmaligen Fragens sein: Schaffe ich, was ich mir vornehme? Werden die Menschen mich annehmen und anhören? Komme ich bei ihnen an? Wie wird die Kirche, an die ich mich durch die Priesterweihe in besonderer Weise binde, in Zukunft aussehen? Kann man sich ihr wirklich so anvertrauen, wie es in der Priesterweihe geschieht? Kann ich also getrosten

[1] Predigt anlässlich der Priesterweihe am 24. Juni 1989 im Dom zu Rottenburg.

Mutes den Auftrag annehmen, in der Kirche als dem neuen Israel auf-zutreten?

Die Antwort können wir nur im Glauben geben. Sie wird uns durch das heutige Fest der Geburt Johannes des Täufers nahegelegt. Eigentlich könnte man sich kein schöneres Fest für die Priesterweihe aussuchen.

I. Johannes der Täufer – Wegbereiter Christi

Die Gestalt Johannes des Täufers bezeugt uns vor allem das Geheimnis unserer Berufung. Wie die Propheten war auch Johannes schon im Mutterleib berufen. Im Schoß seiner Mutter war er mit Namen genannt.

Grundsätzlich gilt das von jedem Menschen, erst recht von jedem Christen. Es gehört zur Frohbotschaft, dass keiner von uns namenlos ist, keiner ist nur eine Laune des Schicksals oder ein Zufall der Evolution. Jeder ist bei Gott bekannt und anerkannt. So hat jeder Wert und Würde vor Gott. Es gibt eine Gleichheit der Würde aller Menschen und Christen. Wir dürfen froh sein, dass uns das letzte Konzil diese Wahrheit wieder deutlicher bewusst gemacht hat. Das bedeutet jedoch keine Gleichmacherei. Das Neue Testament spricht von vielfältigen Gnadengaben innerhalb der Gemeinschaft der Gläubigen. So ist auch das Priestertum eine eigene und eigenständige Gnadengabe, eine eigene Berufung, ein eigener Dienst.

Dass Sie, liebe Diakone, hier stehen, um die Priesterweihe zu empfangen, verdanken Sie allein Gottes ewiger Berufung und Erwählung. Wozu Sie berufen sind, ist darum nicht eine Funktion, kein Job, keine Delegation, auch nicht Ihre eigenmächtige Entscheidung. Gott hat Sie durch die Kirche beim Namen gerufen, damit Sie in seinem Namen sprechen.

Deshalb dürfen Sie sich auch die Zusage der heutigen Lesung zu Eigen machen: »Gott ist meine Stärke«. Auf diese Zusage können und dürfen Sie bauen, nicht nur jetzt in der Stunde Ihrer Priesterweihe. Auf sie können und dürfen Sie bauen in Stunden, in denen es vielleicht schwer wird, in Stunden, in denen Sie missverstanden werden oder in denen alles einfach über Ihre Kräfte zu gehen scheint. Lassen

Sie sich dann das Wort Christi sagen: »Nicht ihr habt mich erwählt, ich habe euch erwählt« *(Joh 15,16)*.

Solche Berufungen, meine lieben Schwestern und Brüder, kann man nicht »machen«. Man kann sie, wo sie ausbleiben, nicht organisieren und programmieren. Dafür gibt es auch keine Ersatzlösungen. Sie sind Geschenk und Gnade. Niemand hat auf solche Berufungen ein Recht, weder der Einzelne, noch eine Gemeinde. Um solche Berufungen kann man nur beten. Um dieses Gebet, meine lieben Schwestern und Brüder, möchte ich Sie alle heute am Tag der Priesterweihe herzlich bitten. Lassen Sie sich, bevor Sie klagen oder gar anklagen, wenn es wenige Priester gibt, fragen, ob Sie durch Ihr Gebet hinreichend dazu beigetragen haben, dass Gott jungen Menschen seinen Ruf ins Herz legt und Sie zu diesem Dienst an sein Herz zieht.

II. Das Geheimnis unserer Sendung

Das Fest der Geburt des Täufers zeigt uns zum Zweiten das Geheimnis unserer Sendung. Johannes führt die Sendung der Propheten fort und er nimmt die der Apostel vorweg. Solche Sendung gründet letztlich in der Sendung des Sohnes durch den Vater und in der Aussendung des Heiligen Geistes. Ja, es ist das Wesen Gottes, über sich selbst hinauszudrängen. Gott ist Ekstasis, Überschwang der Liebe, die sich selbst gibt. Er will sich selbst mitteilen. So ist die Kirche Gottes – so sagt es das Konzil – ihrer Natur nach missionarisch. Sie ist keine geschlossene Kirche, keine Getto-Kirche, sondern offene Kirche, Kirche für die Anderen. »Wir sind nicht für uns selbst da«, so hat uns der unvergessene Bischof Georg Moser bei der Diözesansynode zugerufen. Wir dürfen uns deshalb auch nicht in irgendeine Kuschelecke zurückziehen. Wir dürfen nicht Kirche sein, die nur nach innen wärmt. Wir sind Kirche in der Welt und für die Welt.

Doch Sendung wozu? Offen wofür? Zweifellos kann die Offenheit nicht eine Offenheit für alles und jedes sein! Unsere Sendung hat einen konkreten und verbindlichen Inhalt! Wir sollen wie Johannes die Botschaft vom Reiche Gottes bezeugen. Das Evangelium ist die eine, ja einzige Grundlage und zugleich die Norm allen unseres Tuns. An ihm müssen wir unser eigenes Leben wie das Leben unserer Kirche immer wieder neu messen.

Das Evangelium »sine glossa«, wie Franz von Assisi sagte, das Evangelium ohne Zusätze und ohne Abstriche kann freilich auch unangenehm werden – scharfes Schwert und spitzer Pfeil, wie die Lesung sagt.

Wir dürfen in unserer Botschaft die Torheit des Kreuzes nicht auslassen oder entleeren (vgl. *1 Kor 1,20ff.*). Weltoffenheit ist nicht Weltförmigkeit. Wir sollen wie Johannes Vorläufer Christi sein, nicht Mitläufer der Welt. Deshalb mahnt uns die Weiheliturgie: »Stelle dein Leben unter das Zeichen des Kreuzes«.

Halbieren wir deshalb unsere Sendung nicht. Lassen wir nicht aus, was nicht in unser Schema oder in das Schema unserer Hörer passt. Das Kreuz sprengt alle Schemen und ebenso macht es frei von marktgängigen Meinungen und Moden, frei für die je größere Liebe. Sie allein überzeugt. Sie allein zündet. Sie allein macht froh und glücklich. Sie ist Leben in Fülle. Diese je größere Liebe Gottes zu bezeugen und zu leben ist unsere Sendung.

III. Zeugen der Liebe

Diese Liebe sollen wir nicht nur mit unserem Mund, sie sollen wir mit unserem ganzen Leben bezeugen. So kündet uns das Fest Johannes des Täufers neben dem Geheimnis unserer Berufung und unserer Sendung zum Dritten auch das Geheimnis unseres Zeuge-Seins. Priester sein heißt Zeuge, heißt martys sein.

Johannes der Täufer sagt von sich selbst: »Ich bin nicht der, für den ihr mich haltet«. Er ist die Stimme eines Rufenden. Er steht für einen anderen und dies mit seiner ganzen Existenz. Am Ende riskierte Johannes der Täufer Kopf und Kragen. Zeuge ist also, wer nicht nur mit dem Mund redet und mit der Hand herumfuchtelt. Zeuge ist, wer mit seiner ganzen Existenz gestikuliert, wer sich engagiert, das heißt sich selbst einbringt und aufs Spiel setzt bis dahin, dass er sein Leben riskiert, so dass aus dem Martys ein Märtyrer wird. Nur solche Zeugen können auch überzeugen.

Zeugenexistenz ist letztlich gemeint, wenn vom Priester gesagt wird, er handle »in Person Christi«. Nicht wir predigen, taufen, konsekrieren. Christus predigt, tauft und konsekriert. Wir sind nur seine armseligen Werkzeuge. Daraus folgen freilich das Lebensgesetz des

Priesters und das Geheimnis seiner Fruchtbarkeit. Er muss in Christus verwurzelt sein. Vom Priester gilt in besonderer Weise, was von jedem Christen gilt: »Ohne mich könnt ihr nichts tun«. »Bleibt in mir« *(Joh 15,4)*.

Bischof Georg hat dieses »Bleibet in mir« nur zwei Monate vor seinem Tod zum Leitmotiv seines Briefs an die Priester gemacht. Dieses »Bleibet in mir« sagt uns, dass das Sein dem Tun vorangeht, dass das priesterliche Tun Ausfluss des Priesterseins sein muss. Deutlicher: Wir dürfen nicht geistliche Manager sein. Wir müssen als Priester geistliche Menschen sein, die durch ihr Leben den Geist Jesu Christi ausstrahlen und bezeugen.

Ich meine, dass heute von jedem Priester besonders ein dreifaches Zeugnis gefordert ist: Der Priester soll ein betender Mensch sein. Sein Tun soll aus dem Gebet kommen und in die Zwiesprache mit Gott zurückführen. Wo dies nicht mehr gegeben, wo alles andere wichtiger und vordringlicher ist, wird unser Tun leer und hohl. Da ist es letztlich nicht mehr fruchtbar. Der Priester soll zum Zweiten ein freier Mensch sein. Frei ist nicht schon, wer tut, was er will. Ein solcher ist höchst unfrei. Er ist an die Diktatur seiner Bedürfnisse und des Augenblicks gebunden. Wirklich frei ist nur, wer auch frei ist von sich selbst, wer sich selbst geben und schenken kann. Die Ehelosigkeit des Priesters ist deshalb kein »Zwangszölibat«. Sie ist eine gerade heute aktuelle Form solcher christlicher Freiheit für Gott und für die Anderen. Schließlich soll der Priester Zeuge der Freude sein. Gewiss gibt es immer Anlässe zur Resignation und zum Missmut. Es geht oft sehr menschlich und allzu menschlich zu in unserer Kirche. Aber wie es den Humor auszeichnet, dass man trotzdem lacht, so bewährt sich christliche Freude darin, dass wir in allen Bedrängnissen und Anfechtungen, in all der Hetze die Ruhe in Gott und den daraus erwachsenden Frieden nicht verlieren.

Heute werden Sie, meine lieben jungen Freunde, berufen und gesandt, solche Zeugen Christi zu sein. Die Welt des pastoralen Alltags mag Ihnen oft als Wüste erscheinen. Aber war es nicht die Wüste, in der Israel und Johannes der Täufer Gottes Ruf begegnet sind und wo sie seine machtvolle Gegenwart erfahren haben? Seien Sie gewiss, auch Sie begegnen in dieser Wüste Gott und zugleich vielen Brüdern und Schwestern. Sie sind nicht allein. Wir alle begleiten Sie. Auch ich möchte Sie begleiten. Letztlich begleitet Sie Jesus Christus, unser Herr.

Er ruft Sie, er sendet Sie, er bestellt Sie zu seinen Zeugen, er ist mit Ihnen. Dazu lege ich Ihnen nun die Hände auf und rufe den Heiligen Geist auf Sie herab. Er mache Ihr Herz weit und stark. Er bleibe immer mit Ihnen. Amen.

Begegnung am Brunnen des Lebens

Liebe Schwestern und Brüder![1]

Der Text des heutigen Evangeliums ist Ihnen, liebe Diakone, bei der Vorbereitung auf Ihre heutige Priesterweihe besonders wichtig geworden. Sie haben diesen Text immer wieder meditiert, ihn künstlerisch gestalten lassen und ihn in Verbindung gebracht mit Ihrer eigenen Glaubens- und Lebenserfahrung. In der Tat, wenn Sie heute vor Gott, vor dem Bischof und vor der ganzen Kirche Ihre Bereitschaft zur Übernahme des priesterlichen Dienstes erklären, dann ist dies nur möglich, wenn Sie zuvor ähnlich wie die Samariterin Jesus am Brunnen des Lebens in persönlicher Weise begegnet sind.

Diese Begegnungen mögen bei jedem von Ihnen verschieden verlaufen sein. Entscheidend war für die meisten die religiöse Prägung durch ihre lieben Eltern, die Begegnung mit Freunden, mit Seelsorgern, aber auch ihre Ausbildung durch die Lehrer der Theologie. Die Universität Tübingen, an der die meisten von Ihnen studiert haben, wurde ja gegründet, um »den Brunnen des Lebens zu graben«.

Heute sollen Sie nun den Auftrag erhalten, anderen Menschen zu solchen Begegnungen am Brunnen des Lebens zu verhelfen. Das Evangelium von der Samariterin am Jakobsbrunnen soll also Ihr gesamtes weiteres Leben und priesterliches Wirken bestimmen.

---

1 Predigt anlässlich der Priesterweihe am 25. Juni 1989 in der Abteikirche Neresheim.
Evangelium: Joh 4,19–24.

I. Der Durst nach Leben

In die Freude über diesen großen Auftrag mischen sich – wer ahnt dies nicht – freilich auch Fragen: Kann ich das? Werde ich angenommen und werde ich ankommen? Verkündige ich nicht eine Botschaft, welche am heutigen Leben vorbeigeht und die heutigen Menschen in ihrer Mehrzahl gar nicht mehr interessiert? Das Problem, mit dem wir heute als Kirche und besonders als Priester konfrontiert sind, ist ja nicht primär die Feindseligkeit gegenüber der Kirche, sondern das Phänomen der Gleichgültigkeit gegenüber dem Evangelium.

Angesichts solcher Fragen will das Evangelium von der Samariterin am Jakobsbrunnen zunächst einmal Mut machen. Es sagt uns: Der Durst nach dem wahren Leben und damit nach Gott ist auch heute lebendig. Ja, er ist viel lebendiger als die meisten von uns ahnen.

Das Evangelium beginnt ja mit der natürlichen Frage nach Wasser. Es ist eine ganz alltägliche Frage. Doch schon bald wird sichtbar – hinter dieser Frage steht mehr. Für den Orientalen ist das Wasser Symbol für die Sehnsucht nach der Stillung des Durstes nach Leben. Leben ist aber mehr als eine biologische Größe, mehr als äußeres Überleben. Wirklich menschlich leben können wir nur, wenn wir das Licht des Lebens haben und einen Sinn des Lebens verspüren. Menschlich leben können wir nur, wenn unser Leben von anderen angenommen ist und wenn wir es für andere einsetzen können. Leben und Liebe gehören engstens zusammen. Letztlich ist Gott allein groß genug, um die Sehnsucht des Menschenherzens zu erfüllen. »Du hast uns geschaffen hin zu dir, und unruhig ist unser Herz bis es ruht in dir«, so hat Augustinus geschrieben.

Mancher wird fragen: Ist dies auch heute wahr? Ich antworte mit einem glatten Ja. Denn gerade heute ist deutlich, dass der Lebensdurst besonders junger Menschen durch die Angebote der modernen Welt unbefriedigt bleibt. Woher sonst die Hektik, welche doch nur in immer neue Frustrationen führt? Woher sonst der Griff nach der Droge, welche eine momentane Scheinerfüllung gibt, am Ende aber den Menschen zerstört? Woher sonst der Ruf und der Run nach sogenannter neuer Religiosität und die Proklamation eines nachsäkular-mystischen Zeitalters? Auch in vielen Protestbewegungen unserer Zeit spiegelt sich, vielfach verborgen oder pervertiert, religiöse Sehnsucht. Die Menschen sind gar nicht so oberflächlich wie wir oft meinen. Wir müssen nur hinhören auf die Tiefenschwingungen unserer Zeit. Oft liegt es an uns, wenn wir die eigentlichen und tiefsten Fragen der Menschen nicht verstehen und deshalb nicht beantworten können.

Wo die Frage nach Gott und dem ewigen Leben nicht mehr gestellt würde, da liefe dies auf eine Amputation des nach Gottes Bild geschaffenen Menschen hinaus. Um des Menschen willen müssen wir also nicht nur vom Menschen, sondern von Gott reden. Damit Menschen das Leben haben und es in Fülle haben, müssen wir heute freilich oft genug den verschütteten Brunnen des Lebens wieder ausgraben.

Das Wort Gottes, die Botschaft von Jesus Christus, der Glaube der Kirche, die zu bezeugen Ihnen heute in besonderer Weise aufgetragen wird, sind also nicht ein fremdes, von außen auferlegtes Glaubensgesetz. Das Wort Gottes ist Wort des Lebens: Es soll uns helfen, unser Leben und das Leben anderer Menschen zu entziffern. Das letzte Konzil sagt, in Jesus Christus habe uns Gott nicht nur sich selbst erschlossen, er habe vielmehr auch dem Menschen den Menschen geoffenbart. Erst durch den Glauben an Jesus Christus wird unser Leben sich selbst voll durchsichtig. Nur wer glaubt, hat das Leben. Ich bin fest überzeugt, dass heute nach vielfältigen Desillusionierungen die Ernte für diese Einsicht neu reif ist. Sie, liebe Diakone, werden heute vom Herrn als Arbeiter in diese seine Ernte gesandt.

II. Die Boten des Lebens

So gibt es noch ein Zweites, das Ihnen das heutige Evangelium mit auf Ihren künftigen Weg geben kann. Der Mensch, der stets auf der Suche nach Gott ist, ist zugleich auf der Suche nach anderen Menschen, welche ihm helfen zu leben und welche ihm die Botschaft des Lebens erschließen. »Ich habe keinen Menschen« *(Joh 5, 7)*. Diese Klage eines kranken Menschen im Johannesevangelium ist auch der Notschrei vieler heutiger Menschen. Vielleicht waren die Einsamkeit und die Beziehungslosigkeit nie so groß, wie ausgerechnet in unserer heutigen Massengesellschaft. Gefragt sind Boten und Anwälte des Lebens.

Das Evangelium spricht von Not und Segen solcher Begegnungen. An sich hatte diese samaritische Frau schon viele Begegnungen. Sie alle sind schief gegangen. Fünf Männer hatte diese Frau, und den, den sie jetzt hat, der ist nicht ihr Mann. Sie ist irgendwie eine gescheiterte, eine verkrachte Existenz. So etwas gibt es offensichtlich nicht erst heute!

Erst in der Begegnung mit Jesus wird ihr der Brunnen des Lebens neu erschlossen. Denn Jesus, so wie ihn dieses Evangelium zeichnet, ist derjenige, der sich ganz auf den anderen einlässt. Er tut es ohne Vorurteile und Vorbehalte. Seine Jünger sind erstaunt und entsetzt, dass er sich mit einer fremden samaritischen Frau und ausgerechnet mit einer solchen Frau unterhält. Aber wie tut er dies?

Nicht mit einem belanglosen Smalltalk. Jesus geht den Fragen und Problemen dieser Frau auf den Grund. So erschließt er ihr neue Lebensmöglichkeiten. Er ist Bote und Bringer, Gabe und Geber des neuen Lebens.

Deshalb kann Jesus von sich sagen: »Ich bin es«. Er ist Ort der Gottbegegnung und der Gottesverehrung. Er ist der Messias, er allein! Er ist der Retter der Welt *(Joh 4,42)*. Ihn haben auch wir als Weg, Wahrheit und Leben (vgl. *Joh 14,6*) zu bezeugen. Zu ihm als dem Brunnen des Lebens hinzuführen ist eine Kurzformel zur priesterlichen Sendung.

Das heutige Evangelium schaut bereits zurück auf eine lange Kette von solchen Boten, bei denen jede folgende Generation die Frucht der Arbeit früherer Generationen in die Scheune einfahren darf. Das Evangelium kennt also bereits Tradition und Sukzession. In diese Kette der Tradition und Sukzession werden Sie, meine lieben jungen Freunde, heute hineingenommen. Sie werden bestellt zu Boten des Lebens und zu Anwälten des Lebens. Beides können Sie jedoch nur sein, wenn Sie sich bewusst hineinstellen in die lange Kette der Christuszeugen vor Ihnen, wenn Sie weitergraben an dem Brunnen, der als Jakobsbrunnen schon im Alten Testament grundgelegt wurde, an dem die Kirche seit den Tagen der Apostel, seit den großen Kirchenvätern des Ostens und des Westens arbeitet, an dem Brunnen, an dem seither viele bekannte und unbekannte Heilige gesessen sind, um Christus zu begegnen. Wir fangen heute nicht sozusagen auf der grünen Wiese neu an mit dem Bau der Kirche. Wir müssen vielmehr den Brunnen neu entdecken und ausschöpfen, der längst vor uns und für uns ausgehoben wurde.

Das Evangelium unterscheidet freilich zwischen Zeugen erster und zweiter Hand. Es unterscheidet zwischen Zeugen, die nur vom Hörensagen von Jesus Christus wissen und solchen, die ihm selbst begegnet sind. Am Ende bekennen die Samariter, dass sie nicht durch das Reden der Frau zum Glauben gekommen sind, sondern allein deshalb, weil sie ihn selbst gehört haben *(4,42)*. Die Fruchtbarkeit priesterlichen Wirkens steht und fällt damit, dass wir uns selbst immer wieder auf die persönliche Christusbegegnung einlassen: im Gebet, in der Meditation und in den Sakramenten. Aufbau und Erneuerung kirchlicher Strukturen und Institutionen sind gewiss wichtig. Sie können das Wichtigere und das Wichtigste aber auch verdecken. Boten des Lebens können wir nur sein, wenn er, der das Leben ist, durch uns transparent wird, wenn wir ihn durch uns wirken lassen, wenn wir bereit sind uns, unser Leben hinzugeben, damit andere ihr Leben gewinnen.

III. Die Sakramente des Lebens

Letztlich ist der Taufbrunnen der Brunnen des Lebens. Hier fließt das Wasser des neuen Lebens. In der Eucharistie empfangen wir das Brot des Lebens. So wiederholt sich jedes Mal am Taufbrunnen die Szene vom Jakobsbrunnen, und sie findet in der gemeinsamen Feier der Eucharistie ihre höchste Verwirklichung.

Aufgabe des Priesters ist es deshalb nicht nur das Wort des Lebens zu verkünden, sondern auch die Sakramente des Lebens zu spenden. Als Zeichen dafür werden Ihnen, meine lieben Diakone, nachher Kelch und Patene übergeben. Damit soll angedeutet werden, wo Ihr Leben und wo Ihr Wirken seinen Ausgangspunkt, seine Mitte und sein Ziel haben sollen. Sie werden nicht nur zu Boten und Anwälten, Sie werden auch zu Liturgen des Lebens bestellt. In der Liturgie sollen sie die Überwindung der Mächte des Todes und den endgültigen Sieg des Lebens in Jesus Christus festlich begehen.

In den letzten Wochen habe ich immer wieder gesagt, dass ich bei der Weiterführung der Thematik unserer Diözesansynode hier einen Schwerpunkt setzen möchte. Ich möchte diese Absicht hier in der Abteikirche von Neresheim wiederholen. Denn in unseren Benediktinerklöstern wird die liturgische Tradition unserer Kirche in besonderer Weise lebendig gehalten. Davon soll etwas ausstrahlen in unsere Gemeinden und Gemeinschaften. Wir müssen ja die Symbolsprache, die Grundgesetzlichkeiten und den tiefen theologischen Sinn der Liturgie vielfach erst wieder neu entdecken und einüben. Wenn irgendwo, dann können wir durch gute liturgische Feiern, welche die Tiefendimensionen des Lebens erschließen und in Symbolen vergegenwärtigen, den Menschen den Brunnen des Lebens neu aufgraben und neu zugänglich machen. Das Evangelium spricht davon, dass das Wasser des Lebens in uns zur sprudelnden Quelle wird. Es geht nicht um vordergründig bleibende Änderungen. Jede liturgische Erneuerung ist so viel wert als sie die innere Mitfeier und den persönlichen Mitvollzug ermöglicht und anregt. Wir müssen so Liturgie feiern, dass die so vielfach abgehetzte und ausgepowerte Seele des heutigen Menschen zum Ausspannen und Ausatmen kommt, dass ein Raum der Stille entsteht, in welchem persönliche Christusbegegnung möglich wird, in welchem wir etwas im Voraus kosten vom ewigen Leben, vom ewigen Frieden und von der ewigen Freude.

Meine lieben Diakone, die Sie heute zu Priestern geweiht werden! Ich wünsche Ihnen in Ihrem priesterlichen Leben viele Begegnungen am Jakobsbrunnen und ich wünsche Ihnen, dass Sie möglichst vielen Menschen den Brunnen des Lebens neu erschließen können. Seien Sie gewiss: Es gibt auch heute den Durst nach Leben. Wir brauchen gerade heute Boten des Lebens. Die sakramentalen Zeichen des neuen Lebens sind gerade heute neu gefragt. Sie sind bleibend notwendig. So beglückwünsche ich Sie zu Ihrer Entscheidung und zu Ihrer Aufgabe, Anwälte und Zeugen des Lebens zu sein. Es ist eine große und eine schöne Aufgabe. Lassen Sie sich ob all der Schwierigkeiten, die auch auf Sie warten, nicht entmutigen. Seien Sie im Glauben gewiss: Jesus Christus hat die feindlichen Mächte des Todes endgültig überwunden. Das Leben ist endgültig erschienen. Sie stehen nicht auf verlorenem Posten, sie stehen auf der Seite des bleibenden, des ewigen Lebens. Ich wünsche Ihnen ein erfülltes Leben aus der Fülle des Lebens. Amen.

Zur Freundschaft mit Jesus Christus berufen

Liebe Diakone,
liebe Eltern,
Verwandte, Freunde der Weihekandidaten,
liebe Mitbrüder,
meine lieben Schwestern und Brüder![1]

Soeben sind Sie, liebe Diakone, einzeln mit Ihrem Namen gerufen worden, und Sie haben einzeln und ganz persönlich Ihr »Adsum«, »Ich bin bereit« gesprochen. Dafür danke ich Ihnen und ich begrüße Sie mit großer Freude als meine künftigen Mitarbeiter und Mitbrüder im priesterlichen Dienst.

Ich weiß, es war für viele von Ihnen ein langer und auch windungsreicher Weg bis hierher vor den Weihealtar in der Basilika von Weingarten. In den Gesprächen, die wir in den letzten Wochen einzeln und gemeinsam miteinander hatten, haben Sie mir einiges von Ihrem Weg erzählt. Sie haben mir auch berichtet von den Menschen, die Sie auf diesem Weg begleitet haben. So begrüße ich Ihre Eltern und Geschwister, Ihre Freunde und Studienkollegen, Ihre Heimatpfarrer und geistlichen Begleiter, Ihre theologischen Lehrer, die Vorstände des Wilhelmstifts und des Priesterseminars sowie die Vertreter Ihrer Heimatgemeinde und Ihrer Diakonatsgemeinde. Ihnen allen haben Sie Entscheidendes zu verdanken. Ohne sie wären Sie jetzt nicht hier.

---

1 Predigt anlässlich der Priesterweihe am 30. Juni 1990 in Weingarten. Evangelium: Mk 4,35–41.

I. Zur Freundschaft mit Jesus Christus berufen

Mit allen Genannten und vielen anderen sind Sie, liebe Diakone, in den letzten Jahren Ihren Weg gegangen. Eines Tages freilich ist in Ihnen, zunächst vielleicht leise, fragend und zögerlich, der Gedanke aufgekeimt, aus dem Bekannten herauszutreten. Viele andere können das nicht verstehen, und haben Sie schon einmal gefragt: Wie kannst Du bloß? Doch irgendwann und irgendwo hat Sie der Ruf Jesu erreicht und getroffen: »Komm, folge mir nach!«

Sie haben diesen Ruf als eine Einladung verstanden. Freiwillig und aus innerer Überzeugung haben Sie sich darauf eingelassen und sich dabei immer wieder geprüft. Sie haben auf diesem Weg Erfahrungen gemacht: in den Jahren des Studiums, in den Wochen erster pastoraler Praxis, im Diakonatsjahr und nicht zuletzt im persönlichen Beten. Sie haben erfahren: Der Ruf und die Zusage Jesu trägt mich und erfüllt mich. Jesus hat Sie, so wie die ersten Jünger, fasziniert.

Die Begeisterung durch ihn und für ihn ist es, die Sie so wie mich und so wie alle hier anwesenden Mitbrüder bewogen hat, Priester zu werden. Denn Freundschaft mit Jesus Christus, das ist der tragende Grund und die innerste Mitte priesterlichen Lebens. Und ich darf Ihnen, liebe Diakone, aus meiner eigenen Erfahrung sagen: Die Freundschaft mit Jesus Christus ist in der Tat ein tragfähiges Fundament für einen beglückenden Dienst.

II. Im Sturm erprobt

Wenn ich Ihnen dies sage, dann übersehe und verschweige ich nicht die Schwierigkeiten und Probleme, dann überhöre ich nicht die Fragen, die Sie, liebe Diakone, und viele der hier Anwesenden stellen. Nicht umsonst haben Sie ja nach manchen Diskussionen in Ihrem Kurs das Evangelium vom Sturm auf dem See als Wort für den heutigen Tag ausgesucht. Ja, mit solchen Wirbelstürmen müssen Sie rechnen: in Ihrem persönlichen Leben, in Ihrem pastoralen Wirken, in Ihren Gemeinden, in der Kirche und in der Welt, in der wir leben. Die Hochstimmung und die Zustimmung, die Sie am Weihetag und am Primiztag erfahren, können schnell verfliegen. Gegenwind wird mit Sicherheit aufkommen. Manchmal mögen Sie dann den Eindruck haben, dass die Wellen über Ihnen zusammenschlagen, und dass Sie keinen festen Grund mehr unter den Füßen haben.

Das sind Erfahrungen, die es beileibe nicht nur im Priesterleben gibt. Sie bleiben keinem Menschen und vor allem keinem Christen erspart. Ihre Eltern und Großeltern werden Ihnen dies reichlich bestätigen. Gegenwind, das sagt uns das Evangelium an vielen Stellen, gehört unausweichlich zur christlichen Existenz. Es ist sogar ein Wesensmerkmal und geradezu ein Glaubwürdigkeits- und ein Gütezeichen für die Kirche, dass sie, wenn nicht verfolgt, so doch verkannt und verleumdet, angefeindet und lächerlich gemacht wird. Die Kirche Jesu Christi ist keine Schön-Wetter-Kirche. Seien wir also nicht überrascht oder gar bestürzt, wenn heutzutage wieder mehr Gegenwind auffrischt und uns kalt ins Gesicht bläst. Das ist einfach normal! Dürfen wir denn erwarten, dass es uns, den Jüngern und Freunden Jesu, besser geht als ihm? Dürfen wir uns denn einbilden, dass wir es besser könnten als unser Meister, der menschlich betrachtet am Kreuz gescheitert ist, in Wirklichkeit aber gesiegt hat? Deshalb gilt auch für unsere Kirche: Immer wenn sie verfolgt wird, siegt sie.

Was mir als Bischof gegenwärtig vor allem Sorge macht, das ist nicht die zunehmende Animosität von außen. Damit muss ich rechnen. Was mir viel mehr Sorge macht, das ist die Angst, die Aufregung und die Verwirrung, die dadurch im Innern des Bootes der Kirche entstanden ist.

Statt nach besten Kräften gemeinsam zu rudern, Wasser zu schöpfen und die Segel in den Wind zu stellen, machen wir uns gegenseitig das Leben schwer. Manche meinen sogar, Jesus hat mit diesem leckgeschlagenen Boot Kirche nichts mehr zu tun. Sie resignieren oder machen sich gleich ganz davon.

Ich kann nur sagen: In dem einen Jahr, in dem ich nun Bischof sein darf, sind mir zwar – wie Sie sich leicht denken können – vielerlei Sorgen begegnet, ich habe aber kein bisschen resigniert. Im Gegenteil! Bei all dem Vielen, viel zu vielen, was gegenwärtig schmerzlicher Weise von den Wogen weggespült wird und über Bord geht, wächst in der Stille, aber für den, der sehen will, doch deutlich sichtbar, sehr viel nach. Ich denke an die vielen Laien, die ehrenamtlich in unseren Gemeinden tätig sind und denen ich mit großer Freude bei allen Gemeindebesuchen begegnen darf. Ich denke an die vielen tausend Jugendlichen, denen ich im vergangenen Jahr bei verschiedenen

Jugendtagen begegnet bin. Ich denke an die geistlichen Gruppen und Bewegungen und an die vielen, die mir fast täglich ihr Gebet versprechen. Ich denke nicht zuletzt an die Tatsache, dass ich im letzten Jahr 19 und in diesem Jahr 21 jungen Männern zur Priesterweihe die Hand auflegen darf. Da sage niemand, es gehe mit der Kirche nur bergab. Was wir gegenwärtig erleben, ist kein Zusammenbruch, sondern ein stürmischer Umbruch. Wir sollen im Sturm erprobt und neu gefestigt werden.

Ich bin fest überzeugt, wenn wir diesem Sturm ohne Angst, vielmehr in Tapferkeit und Treue standhalten, dann wird es mit der Kirche nicht rückwärts oder abwärts gehen, dann werden wir durch den Sturm hindurch das Ufer, zu dem die Kirche auf dem Konzil aufgebrochen ist, sicher erreichen: keine andere, keine neue, wohl aber eine im Glauben erneuerte Kirche im Dienst mitten unter den Menschen. Daran mitzuwirken, werden Sie, liebe Diakone, heute geweiht und gesandt.

III. Von Jesus Christus gehalten

Sie werden mich nun, meine lieben jungen Mitbrüder, fragen: Wie sollen wir das machen? Sind wir damit nicht hoffnungslos überfordert? Sind wir nicht zu wenige und sind wir als diese wenigen nicht viel zu schlecht ausgerüstet?

Das Evangelium vom Sturm auf dem See gibt Ihnen die Antwort. Es ist eine ungewöhnliche und erstaunliche Antwort. Sie lautet ganz anders als die wohlfeilen Rezepte, die gegenwärtig allerorts angeboten werden. Die verängstigten Jünger reagieren auf die Gefahr ja nicht dadurch, dass sie sich in eine arbeitswütige hektische Aktion des Wasserschöpfens stürzen. Was sollen sie schon mit ihrer schwachen Kraft und ihren begrenzten Mitteln gegen die gigantischen Wogen ausrichten? Sie versuchen ihre Haut aber auch nicht dadurch zu retten, dass sie leichtsinnig möglichst vielen wirklichen und vermeintlichen Ballast über Bord gehen lassen. Durch solche Erleichterung würde das Boot jedes Eigengewicht verlieren und es wäre dann den Wogen erst recht hilflos ausgeliefert. Nur durch einen tiefen Kiel und durch Eigengewicht, das nicht an der Oberfläche liegt, sondern in der Tiefe fest verstaut und verankert ist, hat ein Schiff Aussicht, einen Sturm zu bestehen. Schließlich ist auf dem Schiff auch kein Kommandant, der mitten im Sturm schneidig zum Umbau aufruft, damit das Fahrzeug möglichst stromlinienförmig weitersegeln kann. Das wäre ein waghalsiges und von vornherein zum Scheitern verurteiltes Unternehmen. Umbauen kann man ein Schiff nur, wenn es im sicheren Hafen liegt, aber nicht auf hoher See.

Das Evangelium weist einen anderen Weg: Die verängstigten Jünger rufen, ja schreien zum Herrn. Nur er und er allein kann ihnen in ihrer Not helfen. Auf ihn trauen und bauen sie deshalb. Denn er ist es, dem sogar Wind und See gehorchen. Er, der von Ewigkeit her ist, in ihm und auf ihn hin ist alles geschaffen. Er hat durch seinen Tod und seine Auferstehung alle Mächte des Bösen und des Todes besiegt. Er ist der Herr und das Haupt seiner Kirche. Er lenkt und er leitet sie, und er ist bleibend mit ihr. Er ist es, der Sie durch meinen demütigen Dienst weiht und sendet. Er ist es, dem Sie letztlich Ihr Treueversprechen geben. Er ist es, der im Boot Ihres Lebens mitfährt. Er ist der eine und einzige Hohepriester, in dessen Namen und in dessen Person Sie, liebe Diakone, künftig sprechen und handeln sollen. Erwecken und entfachen Sie diese Gemeinschaft immer wieder neu. Rufen, beten Sie zu ihm! Beten Sie viel, regelmäßig und inständig! Der Seesturm in Ihnen selbst wird sich dann legen, und es wird auch bei Ihnen eine große Stille eintreten.

Es ist meine eigene Erfahrung, dass ich sehr oft nicht weiß, wie ich alles machen und bewältigen soll, wie ich die Probleme lösen und die Situation einigermaßen meistern soll. In einer solchen Lage ist es wichtig, dass tief innen Ruhe und Stille herrscht, dass man dadurch eins mit sich selbst bleibt, dass man eins mit Jesus Christus ist, und dass man so in aller Hektik und äußeren Beanspruchung den inneren Frieden und die innere Freude, menschlich gesprochen: den Humor nicht verliert. Das ist nicht nur meine Erfahrung. Es ist die Erfahrung aller geistlichen Lehrer, die ich kennengelernt habe und im Vergleich mit denen meine eigene Erfahrung einem kleinen Ruderboot gegenüber einem Ozeanriesen gleicht.

Halten Sie deshalb, gerade wenn sich alles überstürzt, konsequent an Zonen und Zeiten der Stille fest. Seien Sie geistliche Menschen. Seien Sie als Vorsteher der Gemeinde auch ihr Vorbeter. Bewahren Sie die Freundschaft mit Jesus Christus. Sie werden Ruhe, Frieden und Freude erfahren.

IV. Zu den Menschen gesandt

Das alles, meine lieben Diakone, ist nicht nur für Sie persönlich wichtig. Die Jünger, die im Boot vom Sturm und den Wellen geschüttelt werden und voll Angst aufschreien, das ist nicht nur die Schiffsbesatzung, sondern das sind alle Passagiere an Bord. Alle werden gegenwärtig kräftig durchgeschüttelt. Denken wir an die vielen, die keinen Rat und keinen Ausweg wissen. Dazu gehören erschreckend viele Jugendliche und sehr viele Alte. Denken wir an die vielen, die sich verlassen und allein gelassen sehen, an die gescheiterten Ehen und unvollständigen Familien. Denken wir an die Um- und Aussiedler, die Ausländer und viele, viele andere. Es gibt heute viel Angst im Boot unserer Gesellschaft.

Sie, meine lieben Diakone, werden heute nicht für sich selbst geweiht. Sie werden geweiht zum Dienst für diese Ihre Schwestern und Brüder. Was schulden Sie ihnen?

Nicht Belehrung in den Dingen dieser Welt. Davon verstehen die allermeisten Laien selbst weit mehr als wir Pfarrer. Nicht in erster Linie, dass Sie organisatorisch den »Laden« einer Gemeinde schmeißen. Das könnten auch andere und davon werden wir in den nächsten Jahren ohnehin viel auf andere Schultern legen und anderen Händen anvertrauen müssen. Als Priester müssen wir uns auf das Zentrale und Wesentliche konzentrieren. Das heißt: Wir müssen in erster Linie Seelsorger sein.

Denn wenn Sie, liebe Diakone, nachher durch Handauflegung und Gebet die Priesterweihe empfangen, dann bedeutet das, dass Sie nicht mehr allein zu den Jüngern gehören, die zu Jesus um Hilfe schreien. Das werden Sie weiterhin tun und auch tun müssen. Sie treten fortan aber auch auf die andere Seite. Sie gehören zu den Jüngern, die Jesus aussendet, um das Reich Gottes zu verkünden und dadurch Menschen zu heilen von der Not der Angst, des Verlorenseins, der Sinnlosigkeit und Vergeblichkeit, der Sünde und Schuld, der Orientierungs- und Haltlosigkeit. Sie sollen durch die Verkündigung, durch die Spendung der Sakramente und den brüderlichen Dienst Wind und Wellen in den Herzen anderer stillen helfen und beitragen, dass sie etwas verspüren vom Frieden, der Freude, der Gerechtigkeit und der Barmherzigkeit des anbrechenden Reiches Gottes. Sie sollen beitragen, dass Jesus Christus, wie es in der Lesung heißt, durch den Glauben in den

Herzen der Menschen wohnt und sie in der Liebe fest verwurzelt und gegründet sind. Denn in all dem Vielen, das Sie tun sollen, kommt es am Ende allein darauf an, dass Glaube, Hoffnung und Liebe wachsen.

»Die Ernte ist groß, aber der Arbeiter sind wenige«. Ich sage das nicht zuletzt den erfreulich vielen jungen Menschen, die hier mit uns feiern. Ich bin überzeugt, auch manchen von Euch will Jesus Christus eine Einladung aussprechen und damit ein Angebot für einen glücklichen Dienst als Priester oder als Ordensfrau machen. Hört in Euch hinein, ob nicht auch Ihr diesen Ruf verspürt.

Wir brauchen heute Menschen, die aus ihrem Glauben heraus keine Angst haben. Die die Wogen und Wellen des Egoismus besiegen und die andere trösten, wenn es stürmt. Die aus der Freundschaft mit Jesus Christus heraus Freunde anderer sind und Freundschaft, Frieden und Versöhnung stiften. Wir brauchen Menschen, die in der Nacht der Zeit wachen und beten, die Ausschau halten nach den Zeichen des anbrechenden Reiches Gottes und den Menschen Gottes heilende Gegenwart durch Wort und Tat bezeugen.

Ich danke Gott, dass er uns Sie – 21 junge Männer – geschenkt hat, die dazu bereit sind. Wir alle wünschen und beten für Sie, liebe Freunde, dass Ihnen die Fahrt über die stürmische See gelinge, dass Jesus unser Herr immer mit Ihnen sei, dass er Sie gerade im Sturm in seiner Freundschaft wachsen und reifen lasse, dass er Sie weihe und segne und Sie mit seinem Frieden und seiner Freude erfülle. Amen.

Die Kraft aus der Höhe erhalten

Liebe Diakone,
liebe Eltern,
Verwandte und Freunde der Weihekandidaten,
liebe Mitbrüder,
meine lieben Schwestern und Brüder![1]

Soeben sind Sie, liebe Diakone, einzeln mit Ihrem Namen gerufen worden, und Sie haben ganz persönlich Ihr »Adsum«, »Ich bin bereit« gesprochen. Dafür danke ich Ihnen und ich begrüße Sie mit großer Freude als künftige Mitbrüder im priesterlichen Dienst und als Missionare im weltweiten Weinberg des Herrn.

Ich weiß, es war ein langer Weg bis hierher vor den Weihealtar. Es war ein Weg, den Sie nur im Vertrauen auf Jesu Wort gehen konnten, das über dieser Stunde steht: »riceveret forza dall'alto« *(Lk 24,49)*. Dieses Wort von der Kraft aus der Höhe hat es Ihnen möglich gemacht, Ihren Weg bis hierher zu gehen. Sie wurden begleitet von Ihren Eltern und Geschwistern, Ihren Freunden und Kollegen, Ihren geistlichen Begleitern und theologischen Lehrern, Ihren Mitbrüdern in der Gemeinschaft der »Missionari Saveriani«. Sie alle, die mit Ihnen der Kraft Gottes aus der Höhe vertrauten, grüße ich von Herzen.

---

1 Predigt anlässlich der Priesterweihe von sechs Diakonen der »Missionari Saveriani« am 16. September 1990 im Sportpalast in Parma.

I. Die Kraft aus der Höhe

Der Bericht der Apostelgeschichte über den Pfingsttag zeigt uns, wie diese Kraft aus der Höhe unter uns am Werk ist. Die Apostel sind im Abendmahlssaal versammelt. Sie verharren dort einmütig im Gebet und warten hinter verschlossenen Türen und mit verängstigten Herzen auf die Kraft von oben, die Jesus ihnen verheißen hat: »Bleibt in der Stadt, bis ihr mit der Kraft aus der Höhe erfüllt werdet.« *(Lk 24,49)*.

Warten nicht auch wir in unserer Kirche auf ein neues Pfingsten? Brauchen wir nicht gerade heute die Glut und das Feuer des Heiligen Geistes? Werden nicht viele in der Kirche müde? Sind nicht gerade Sie, liebe junge Mitbrüder, auf die Kraft von oben angewiesen?

II. Die Kraft des Heiligen Geistes und des Gebets

Liebe junge Mitbrüder! Wir müssen von dieser jungen Kirche, die auf Pfingsten wartet, lernen. Als Erstes und Wichtigstes hören wir: »Sie alle verharrten … einmütig im Gebet.« Eine pfingstlich erneuerte Kirche kann nur eine betende Kirche sein. Fortwährend muss in ihr die Bitte emporsteigen: »Veni, creator spiritus. Veni, sancte spiritus.«

Das Leben und die Überzeugungskraft der Kirche und der Priester stecken also nicht in unserem Tun. Leben und Kraft der Kirche sind zuallererst Geschenk des Heiligen Geistes. Er erbaut und erneuert die Kirche. So sind für uns alle, auch für Sie in den Missionen, nicht Hektik und Aktionismus angesagt, sondern Besinnung auf das Wesentliche: Stille, Gebet und gemeinsame Feier der Eucharistie. Der Heilige Geist, die Kraft von oben, ist es, der hier in Europa wie unter den Völkern Afrikas, Asiens und Lateinamerikas eine lebendige und fruchtbare, eine glaubensstarke und betende Kirche erweckt. Er allein vermag, dass durch unsere Verkündigung, durch das Brotbrechen und das Miteinanderteilen alle Völker in ihren Sprachen Gottes große Taten erfahren.

III. Die Kirche der Apostel

Noch ein Zweites ist für unsere Kirche wesentlich. Die junge Kirche von Jerusalem versammelte sich um die Apostel. So muss auch die Kirche heute die Kirche der Apostel sein. Sie muss aufgebaut sein auf dem Fundament der Apostel. So kann es in den verschiedenen Regionen unserer Welt nirgendwo eine neue Kirche geben, sondern immer nur die eine apostolische Kirche. Sie hält fest an der überlieferten Botschaft, die durch nichts Besseres zu ersetzen ist, die aber beständig in der Kraft von oben erneuert werden muss.

In dieser Kirche lebt das Amt der Apostel im Papst und den Bischöfen fort. Die Gemeinschaft und Einmütigkeit mit Petrus und untereinander ist Zeichen der einen heiligen, apostolischen Kirche.

Lassen wir uns also nicht betören, wenn von einer sogenannten Kirche von oben und von unten, von links und rechts, von progressiv und konservativ geredet wird. Die Kirche kann nicht auseinanderdividiert werden. Stehen wir zur konkreten Kirche! Lieben wir diese Kirche! Sie hat für immer die Verheißung des Heiligen Geistes von oben. Jesus Christus wird bei ihr sein alle Tage bis zum Ende der Welt *(Mt 28,20)*.

Die apostolische Kirche ist kein verstaubtes Museumsstück, sie ist immer auch die vom Heiligen Geist charismatisch erneuerte Kirche. In der Kirche geht das Pfingstfest weiter. Jeder einzelne hat sein Charisma, seine spezifische Gabe, seine ihm eigene Berufung und Aufgabe. Dies gilt von den Laien wie von den Priestern. Das Bewusstwerden der Laien in der Kirche, hier bei uns und in den Missionskirchen, ist für mich ein großes Hoffnungszeichen. Aber die Laien brauchen auch das Charisma des priesterlichen Dienstes, das ihnen das Wort Gottes auslegt und das Brot des Lebens reicht. Deshalb sind wir so dankbar, dass uns Gottes Geist heute neue junge Priester schenkt.

Ich bitte Sie, liebe Freunde, liebe Verwandte und Bekannte der Weihekandidaten. Entdecken Sie Ihr Charisma, Ihre Berufung! Lassen Sie den Platz, der in der Kirche Gottes Ihnen zukommt, nicht leer! Und lassen Sie diese jungen Missionare nicht allein! Stützen Sie sie durch Ihr Gebet und Ihr Glaubenszeugnis. Helfen Sie ihnen und den Menschen, zu denen sie gesandt sind! Wir alle sind Kirche, und die Kirche ist angewiesen auf die Mitverantwortung vieler, ja aller!

IV. Ständige Erneuerung im Heiligen Geist

Die pfingstlich erneuerte Kirche ist schließlich eine junge Kirche. Die Jerusalemer Kirche von damals war jung und zukunftsoffen. Der Geist Gottes hat sie aufgewirbelt und munter gemacht.

Auch Sie, liebe Mitbrüder, sind jung. Jung und unverbraucht ist vor allem das Evangelium, das Ihnen aufgetragen ist. Jung und immer wieder neu ist Gottes Geist. Er erneuert das Antlitz der Erde. Er erhält die Kirche jung und frisch. Sie stehen am Beginn Ihres priesterlichen Dienstes, und Sie werden hinausgesandt zu jungen Völkern, zu Ortskirchen, in denen der Schwung des Anfangs, der frische Wind des Neuen zu spüren ist. Bringen Sie, aus der Kraft von oben, Leben und Schwung in Ihren Dienst. Sorgen Sie dafür, dass die Kirche jung bleibt! Stecken Sie andere an mit der Begeisterung für Jesus Christus. Die Freundschaft mit ihm ist der tragende Grund und die innere Mitte Ihres priesterlichen Lebens. Und Jesus Christus ist derselbe gestern, heute und in Ewigkeit.

Beten wir, dass Jesus unser Herr immer mit Ihnen sei, dass er Sie in seiner Freundschaft wachsen und reifen lasse, dass er Sie nun weihe und segne und Sie mit seinem Frieden und seiner Freude erfülle. Komm, o Kraft von oben. Amen.

Auf dein Wort hin

Meine lieben Diakone und künftigen Mitbrüder im priesterlichen Dienst,
liebe Eltern,
Angehörige und Freunde unserer Weihekandidaten,
liebe Mitbrüder, meine lieben Schwestern und Brüder![1]

Wieder darf ich heute 18 jungen Männern die Hände auflegen und sie zu Priestern weihen. Das ist für mich und für die ganze Diözese ein Anlass zu großer Freude und zu tiefem Dank. Ich danke Gott, unserem Vater im Himmel, dass er uns Sie, liebe junge Mitbrüder, geschenkt und geschickt hat. Gott allein kann ja priesterliche Berufungen wecken und reifen lassen. Man kann sie nicht machen. Deshalb gilt auch hier: »Lasst uns danken dem Herrn, unserem Gott«.

Mein Dank und mein Gruß gilt neben Ihnen, liebe Weihekandidaten, Ihren Eltern. Ihnen verdanken Sie nicht nur Ihr physisches Leben. Ihre Eltern haben auch den Glauben an Gott und an Jesus Christus in Ihren Herzen grundgelegt. Sie haben Sie durch ihr Beispiel und ihr Gebet bis hierher begleitet. Die Familie ist ja das erste und das wichtigste Priesterseminar.

Ich danke und grüße ebenso Ihre Seelsorger, Ihre geistlichen Begleiter, allen voran die Vorstände von Wilhelmsstift und Priesterseminar, Ihre akademischen Lehrer, Ihre Geschwister und Ihre Freunde, Ihre Heimat- und Ihre Diakonatsgemeinden. Sie alle haben Sie auf je verschiedene Weise bis zum heutigen Weihetag begleitet, Ihnen über schwierige Phasen hinweg geholfen, Sie ermutigt und Sie nicht zuletzt mit ihrem Gebet unterstützt. Sie treten heute nicht als isolierte Einzel-

---

1 Predigt anlässlich der Priesterweihe am 29. Juni 1991 in Ulm-Wiblingen. Evangelium: Lk 5,1–11.

ne vor den Weihealtar. Das ganze Volk Gottes in unserer Diözese steht hinter Ihnen.

Schließlich und nicht zuletzt danke ich Ihnen dafür, dass Sie soeben Ihr »Adsum«, »Ich bin bereit« gesprochen haben. Nach langer Vorbereitung und reiflicher Überlegung treten Sie heute vor den Weihealtar und wagen im Vertrauen auf Gottes Hilfe und Gnade – so wie die Apostel im heutigen Evangelium – die Fahrt hinaus auf die hohe See. Wir alle wollen Sie dabei auch über diesen Tag hinaus begleiten.

I. Das Wort Gottes hören

Das Evangelium, das Sie sich für diesen Tag ausgesucht haben und das wir einen Abend lang im Priesterseminar miteinander meditiert haben, kann Ihnen Weggeleit und Wegweisung sein für Ihr künftiges priesterliches Leben und Wirken. Dieses Evangelium erhellt wie ein Blitz in der Nacht die Landschaft, die Situation, in der wir uns befinden. Es berichtet von den Erwartungen, von den Enttäuschungen wie von beglückenden Erfahrungen, welche bereits an den Anfängen der Kirche standen und die auch auf Sie warten.

Die Erwartungen! Wie gebannt drängt sich das Volk um Jesus am See Genezareth. Die Menschen wollen das Wort Gottes hören. Sie sind geradezu begierig darauf. Jesus kann sich des Andrangs kaum erwehren. So steigt er in ein Boot und lehrt das Volk vom Boot aus.

Mancher Seelsorger, mancher Religionslehrer oder Jugendleiter wird jetzt wohl resigniert denken: So möchte ich es auch einmal erleben. Heute ist es leider nicht so. Wirklich nicht? Gewiss, wir müssen nüchtern feststellen: Den reichen Fischfang machen wir gegenwärtig nicht. Nicht die Ablehnung, wohl aber die Gleichgültigkeit vieler macht uns zu schaffen. Aber erfahren wir gegenwärtig nicht auch, dass Religiosität in vielfacher, meist vager und diffuser Art, teilweise auch in höchst gefährlicher Form wieder aufbricht? Viele Menschen sind nachdenklicher und fragender geworden. Da reift etwas heran, was wir erst ahnen können. Wir Menschen sind nun einmal unverwüstlich religiös. Man kann die religiöse Sehnsucht zwar verdrängen und unterdrücken, ausrotten kann man sie nicht.

Das kann für uns alle, vor allem aber für Sie, liebe junge Mitbrüder, eine Ermutigung und eine Herausforderung sein. Unzählig viele Menschen warten auf Sie und brauchen Sie. Sie dürfen mit der Überzeugung antreten, dass das Herz der Menschen unruhig ist bis es ruht in Gott (Augustinus). Nicht die Religion ist eine Illusion. Die Voraussage des Absterbens der Religion hat sich als Illusion erwiesen. Ihr Dienst ist gefragt, damals wie heute. Die religiöse Sinndeutung des Lebens ist heute vielleicht notwendiger denn je.

II. Auf dein Wort hin

Dennoch, meine lieben jungen Mitbrüder, ist unser Dienst nicht auf Erfolg programmiert. Enttäuschungen sind unausweichlich. Schon am Anfang war es nicht anders. In dem Wort des Simon-Petrus, der sagt: »Meister, wir haben die ganze Nacht gearbeitet und nichts gefangen« höre ich den Stoßseufzer von so manchem geplagten Pfarrer oder zweiten Vorsitzenden. Alles Mögliche haben sie schon ausprobiert. Sie rackern sich oft ab bis zur Erschöpfung aller Kräfte und dürfen doch oft so wenig sichtbaren Erfolg ernten. Es ist menschlich gesehen nur zu verständlich, dass ob solcher Erfolglosigkeit sich gegenwärtig oft Resignation und Frustration breitmachen. Das letzte Wort können sie indes nicht sein, weder damals noch heute.

Liebe Mitbrüder und liebe Mitchristen, es gibt in unserer Situation keine andere Antwort als die, welche Simon-Petrus gegeben hat: »Auf dein Wort hin«. »Wenn du es sagst, werde ich gegen alle Erfahrung nochmals hinausfahren auf die hohe See und meine Netze auswerfen«.

Hinter diesem Wort steht menschlicher Mut und Hochgemutheit des Herzens, die Bereitschaft, sich nicht als kleinlich rechnende Krämerseele zu gebärden, sondern Mut zu großen Dingen zu haben. Hinter diesem Wort steht jedoch noch mehr der Glaube an Jesus Christus. In ihm und auf ihn hin ist alles geschaffen. Alles ist auf ihn angelegt. Er ist das Alpha und das Omega, die tiefste Sehnsucht aller Herzen, Ziel und Konvergenzpunkt aller Geschichte. So sagt es die Heilige Schrift und so sagt es das letzte Konzil. Deshalb dürfen wir im Glauben gewiss sein, dass Christi Wort wahr ist und sich bewährt. Es hat die Kraft, die Herzen der Menschen zu erreichen. Es trifft und erhellt die menschlichen Situationen und ist Licht und Kraft für das Leben in der Welt.

Wir verlassen uns nicht auf Statistiken und Prognosen. War es denn nicht schon damals menschlich gesehen Wahnwitz, was die zwölf Fischer vom See Genezareth unternahmen, als sie in die ganze damals bekannte Welt hinauszogen? Wir verlassen uns auch nicht primär auf neue und bessere Methoden, sosehr wir auch sie dringend brauchen. Schon gar nicht setzen wir auf äußere Machtmittel oder Privilegien. Wir verlassen uns in erster Linie auf unseren Glauben so wie er in der Heiligen Schrift und in der Tradition der Kirche bezeugt ist. Die gegenwärtige Situation ist nicht nur für uns Priester, sondern genauso für die Laien in besonderer Weise eine Situation und eine Prüfung unseres Glaubens. Wir sind heute gefragt, ob wir es dem Wort Gottes zutrauen, die Welt von heute und morgen zu gestalten.

Unser lieber Weihbischof Anton Herre hat das Wort »In verbo tuo«, »Auf dein Wort hin« zu seinem Wahlspruch gemacht. Meine lieben jungen Mitbrüder, lassen Sie dieses Wort auch Ihren Wahlspruch sein am heutigen Tag. Seien Sie Männer des Glaubens. Das ist Ihre erste und wichtigste Sendung in der Sinnkrise von heute. Den Glauben durch das Wort und im ganzen Leben zu bezeugen, das ist heute die erste pastorale Priorität und der wichtigste Dienst an den Menschen.

III. Missionserfahrung des ersten Jahrhunderts

Liebe Schwestern und Brüder, Jesu Wort verhallt nicht im Leeren. Hinter dem Bericht des Evangeliums, wonach die Jünger einen unerwartet reichen Fischfang machen, steht die Missionserfahrung des ersten Jahrhunderts. Wider alles menschliche Erwarten und trotz großer Widerstände, ja Verfolgungen, drohten schon bald die Netze und die Mauern der Kirche zu eng zu werden. Sie konnten die Menschen kaum mehr fassen. Binnen zweier Generationen war das Christentum an allen Orten des damaligen Römischen Reiches präsent.

Was war das Geheimnis dieses reichen Fischfangs? Das Evangelium gibt uns eine klare Antwort. Es berichtet, wie die Jünger einander zuwinken, einander helfen und gemeinsam beide Boote ans Land bringen. Kooperative Pastoral nennt man dies heute. Sie ist heute in besonderer Weise angesagt.

Lassen wir deshalb alle Abgrenzungsstrategien, alles Konkurrenzdenken und alle Rechthaberei, üben wir uns wieder in der Solidarität mit den vielen Laienmitarbeitern und -mitarbeiterinnen, die uns der Geist Gottes heute schenkt. Seien wir dankbar dafür! Ich bitte aber auch Sie, liebe Weihekandidaten, und ich bitte Sie, liebe Mitbrüder, nehmen wir das Symbol der gemeinsamen Handauflegung, das wir nachher vollziehen werden, ernst. Zeigen wir, dass wir ein einziges Presbyterium sind, das gemeinsam mit dem Bischof die Verantwortung trägt. Nur gemeinsam können wir mit Gottes Hilfe Erfolg haben. Nur gemeinsam können wir überzeugen. Weltweite Katholizität in Verbundenheit mit dem Nachfolger des Petrus, das ist unsere Stärke.

Doch damit ist das tiefste Geheimnis des erfolgreichen Fischfangs noch nicht ausgeschöpft. Es wird erst dort deutlich, wo Petrus, zuinnerst aufgewühlt, Jesus zu Füßen fällt, ihn als seinen Herrn anbetet. In diesem Augenblick erkennt er, dass er selbst ein armseliger, sündiger Mensch ist, der auf Vergebung und Barmherzigkeit und Gnade angewiesen ist.

In der Tat, dieser Petrus war menschlich betrachtet kein Fels. Immer wieder ist er umgefallen. Dennoch hat der Herr gerade ihn erwählt und ihn zum Felsen gemacht. Nicht auf menschliche Macht und Kraft, sondern auf Gottes Macht und Kraft ist die Kirche gebaut.

Auch Sie, meine lieben jungen Mitbrüder, bringen Schwächen mit in Ihren Dienst. Sie fragen sich, ob Sie den Anforderungen gewachsen sind. Wir alle müssen unsere Fehler und Sünden bekennen. Wir alle müssen uns immer wieder neu bekehren. Die Neuevangelisierung fängt bei uns Priestern an. Sie fängt damit an, dass wir Priester weniger Macher und mehr Beter sind, die sich wie Petrus vor den Herrn hinknien und ihn anbeten. Nicht nur Vorsteher, auch Vorbeter unserer Gemeinden dürfen wir sein. Wenn schon von einem Erfolgsrezept gesprochen werden soll, dann liegt es hier. Durch das Gebet sollen wir Felsenmänner unserer Gemeinden sein.

Wie dem Petrus gilt auch uns das Wort des Herrn: »Fürchte dich nicht. Ich bin mit dir!«. Diese Zusage, meine lieben jungen Mitbrüder, erhalten auch Sie heute. Durch Handauflegung und Gebet werden Sie Jesus Christus, dem einen und einzigen Hohenpriester, in besonderer Weise gleichgestaltet und mit seinem heiligen Geist beschenkt. Jesus Christus dürfen Sie künftig die Stimme und die Hände, den Kopf und das Herz leihen. In seiner Person dürfen Sie die Sakramente spenden. Die Freundschaft mit ihm, unserem Herrn und Bruder, soll Ihr Leben prägen. Er will in Ihnen und durch Sie wachsen, auch wenn Sie selbst dabei abnehmen. Fürchten Sie sich nicht. Auf die Zusage Jesu Christi bei Ihrer Priesterweihe dürfen Sie sich immer berufen.

Meine lieben jungen Mitbrüder, Sie treten mit dem heutigen Tag eine Fahrt an hinaus auf die hohe See. Es wird gelegentlich stürmen und die Wellen werden hochschlagen. Wenn Sie sich ganz auf Jesu Wort verlassen, werden Sie nicht untergehen und auch nicht ins Leere laufen und umsonst arbeiten.

Ich bin überzeugt, dass der Kirche, wenn wir im Glauben treu sind, auch heute ein wunderbarer Fischfang bevorsteht. Lassen wir uns nicht mutlos machen, wenn wir zunächst die ganze Nacht arbeiten und nichts fangen. Wagen wir es immer wieder aufs Neue, unsere Netze auszuwerfen. Mit Jesu Wort werden wir Menschen gewinnen. Denn wo sind sonst solche Worte des Lebens? Dieser Glaube und diese Hoffnung können auch heute anstecken. Sprechen wir deshalb mit Simon-Petrus: »Weil du es sagst, auf dein Wort hin bin ich bereit.« Amen.

Ich bin bereit

Liebe Brüder in Jesus Christus, unserem Herrn!
Lieber Bruder Ignatius,
lieber Bruder Joseph![1]

Soeben haben Sie Ihr »Adsum«, »Ich bin bereit«, gesprochen. Sie sind damit dem Ruf Jesu Christi gefolgt und haben Ihre Bereitschaft ausgedrückt, Jesus Christus dem einen und einzigen Hohenpriester in der besonderen Weise des Priestertums nachzufolgen und sich von ihm in seinen hohenpriesterlichen Dienst nehmen zu lassen.

I. Hunger und Durst nach dem Unendlichen

Adsum, das heißt: Ich bin da, ich bin zur Stelle. Dieses Adsum fasst in einem einzigen Wort zusammen, was das heutige Evangelium gleichnishaft zum Ausdruck bringt: Schlaft nicht, lasst eure Lampen brennen, vertut nicht die Zeit, wachet und wartet bis der Herr kommt.

Dieses Wort »Ich bin da« scheint zunächst etwas Normales, wenn nicht gar Banales und Selbstverständliches auszudrücken. Dass wir da sind und existieren, bedarf auf den ersten Blick keiner besonderen Erwähnung. Es scheint das Selbstverständlichste von der Welt zu sein. Trotzdem ist es zugleich das Schwierigste. Dass wir da sind und dass die Welt ist, ist letztlich etwas Unbegreifliches, ein Wunder. Diesem Dasein standzuhalten, sich und der Wirklichkeit nicht davonzulaufen, sich nicht in Illusionen zu flüchten, weder die Flucht in eine romantische verklärte Vergangenheit noch in eine utopisch ausgemalte Zu-

[1] Predigt anlässlich der Diakonen- und Priesterweihe zweier Kartäuser von der Marienau am 11. Juli 1991.

kunft anzutreten, sich nichts vorzumachen, sich nicht zu verzetteln durch die Beschäftigung mit allen möglichen und unmöglichen Dingen, einfach da zu sein, das ist nicht nur Gnade, sondern auch eine lebenslange Aufgabe.

Diese Aufgabe gelingt uns Menschen nie ganz. Wir sind endliche Wesen, die zugleich Hunger und Durst haben nach dem Unendlichen, die immer erst unterwegs sind zur Erfüllung ihres Daseins. Wirklich da ist allein Gott. Er ist reines Dasein, Dasein ohne allen Makel des Vergänglichen und ohne Durst nach Erfüllung. Er hat sich dem Mose als der geoffenbart, der da ist. Allein durch die Gemeinschaft mit ihm und in ihm kommen wir Menschen zur Erfüllung unseres Daseins. Allein in Gott finden wir unser wahres Leben, unsere wahre Freiheit und die ewige Freude. Allein Gott ist groß genug, um unsere Sehnsucht nach Dasein auszufüllen.

»Adsum«, »Ich bin da« – das ist zugleich ein Bekenntnis, das besagt: Ich bin da, weil Gott mich geschaffen hat. Ihm verdanke ich mein Dasein, und allein in ihm finde ich die Vollendung und die Fülle meines Daseins.

Liebe Mitbrüder, ich weiß, dass eine solche eschatologische Existenz, solches Dasein im Angesicht Gottes und solches wachendes Bereitsein für Gott, für Ihren Orden von besonderer Bedeutung ist. Wächter des Ewigen mitten in der Zeit wollen Sie sein. Deshalb halten Sie Nachtwache, um da zu sein, wenn der Herr kommt.

Nicht erst den heutigen Menschen, sondern wohl den Menschen aller Zeiten erscheint ein solches Leben wertlos und sinnlos. Dennoch ist solche eschatologische Mystik von besonderer Bedeutung gerade für die Menschen und für die Kirche unserer Tage. Wir sind heute, auch in der Kirche, oft in der Gefahr, über dem Vielerlei, was uns bedrängt, was uns aufgegeben ist, das eine Notwendige zu vergessen.

Wir gleichen viel zu sehr der Martha, die sich eifrig, ja übereifrig um vielerlei kümmert und sich vom Herrn dennoch sagen lassen muss, dass Maria, die ihm zu Füßen sitzt und einfach bereitwillig zuhört, den besseren Teil erwählt hat. So ist Ihr Adsum, liebe Mitbrüder, von zeichenhafter und stellvertretender Bedeutung für die ganze Kirche. Sie sagen es für uns alle.

II. Dienst des Wachens und Betens

Dieser Dienst des Wachens und Betens ist ein wahrhaft priesterlicher Dienst. Das Evangelium, das wir gehört haben, deutet diesen Zusammenhang klar und unmissverständlich an. Es sagt: Der Herr wird denjenigen, den er bei seinem Kommen wachend findet, zum Verwalter all seiner Güter machen. Er wird zum Verwalter eingesetzt, damit er seinem Gesinde zur rechten Zeit die Nahrung zuteilt. Ihm wird also die Daseinsfürsorge und -vorsorge der Anderen anvertraut. Er wird verantwortlich gemacht dafür, dass die Anderen nicht verhungern und verdursten. Er soll dafür sorgen, dass sie das Leben haben.

Was sind das für Güter, die der Herr uns da anvertraut und die er Ihnen, lieber Bruder Ignatius und lieber Bruder Joseph, durch diese Weihe anvertrauen will? Der Apostel Paulus gibt uns eine klare Antwort auf diese Frage: »Als Diener Christi soll man uns betrachten, als Verwalter von Geheimnissen Gottes«. Dieses Geheimnis ist für den Apostel nichts anderes als Gottes ewiger Heilswille und sein gnädiges Heilswerk in Jesus Christus. Dieses der Welt verborgene, den Glaubenden aber offenbare Geheimnis, ist uns Priestern zur Verwaltung anvertraut. Es ist das Heilsgut des Lebens, des Friedens, der Freiheit, Gerechtigkeit und Versöhnung.

Als Diakon und als Priester sollen wir es wie ein kluger und treusorgender Hausvater den Menschen austeilen und ausspenden, durch die Verkündigung des Wortes Gottes und durch den Dienst der Sakramente. Durch den Dienst des Diakons und des Priesters soll das ewige Leben des Da-Seienden Gottes hineinvermittelt werden in unser flüchtiges und vergängliches Dasein. Durch den Dienst des Diakons und des Priesters dürfen wir gnadenhafterweise teilhaben am Leben, am Frieden und der Freude Gottes.

»Adsum«, »Ich bin da, ich bin bereit«, heißt im Zusammenhang der Diakonen- und der Priesterweihe: Ich bin da für Gott und zugleich für die Menschen. Wie Gott selbst überfließende Fülle des Daseins ist, so will er durch den Dienst des Diakons und des Priesters da sein für andere.

Gott will Ihr Dasein mit seinem Dasein erfüllen, damit Sie andere erfüllen können.

III. Zum Himmel erhobene Hände

Was so vom Diakon und Priester allgemein gilt, das gilt von Ihnen, die Sie diesen Dienst als Mönche in der Kartause leben, in einer ganz besonderen Weise. Sie üben nicht den normalen Seelsorgedienst durch Verkündigung in Predigt, Religionsunterricht, Gemeindekatechese, Vorträge und Gespräche aus. Sie feiern nicht Eucharistie mit Gemeinden, spenden nicht die Sakramente der Taufe, der Buße, der Krankensalbung. Ihnen ist nicht die heute sehr aufreibende Tätigkeit der Gemeindeverwaltung anvertraut. Dennoch sind auch Sie Verwalter der Geheimnisse Gottes. Auch Ihr Dasein ist in der Nachfolge Jesu Dasein für andere.

Ihr Leben und Wirken gleicht dem, was Moses in der Amalekiterschlacht für Israel getan hat. Als Israel gegen die Amalekiter stritt, erhob Moses betend seine Hände zum Himmel, und sein Volk vermochte den Kampf zu bestehen. Nach einiger Zeit wurde Mose müde und ließ seine Arme sinken. Im gleichen Moment stürmten die feindlichen Scharen siegreich vor und Israel geriet in schwere Bedrängnis. Mose musste erneut die Hände erheben, und das Kriegsglück wandte sich abermals zu Israels Gunsten. Als sich dieses Vorkommnis mehrfach wiederholte, unterstützten schließlich Aaron und Hur die betenden Hände des Mose, damit er sie nicht mehr sinken lassen konnte bis der Sieg errungen war. Dieses geschichtliche Ereignis scheint mir ein Symbol zu sein für den Dienst der Kartäuser in der Kirche und ganz konkret für Ihren Dienst in unserer Diözese.

Sie, liebe Mitbrüder, sind diese zum Himmel erhobenen Hände. Die Kirche kämpft heutzutage vielfältige Amalekiterschlachten, und sie ist dabei längst nicht immer und überall erfolgreich. Lassen Sie Ihre Hände nicht sinken. Stützen Sie sich gegenseitig, seien Sie in dieser Weise für uns Verwalter der Geheimnisse Gottes. Seien Sie für uns Wächter des Ewigen, Zeugen des Kommenden. Amen.

»Du aber geh und verkünde das Reich Gottes« (Lk 9,60)

Liebe Mitbrüder,
liebe junge Freunde und künftige Mitbrüder im priesterlichen Dienst,
meine lieben Schwestern und Brüder![1]

»Du aber geh und verkünde das Reich Gottes!« Das ist das Schlüsselwort des heutigen Evangeliums, das Sie, meine lieben Weihekandidaten, selbst ausgewählt haben. Dieses Wort beinhaltet den Auftrag, der von heute an über Ihrem gesamten künftigen Leben stehen wird.

I. Zuerst das Reich Gottes

Ich wüsste nichts Wichtigeres und nichts Dringlicheres, als das Reich Gottes zu bezeugen. Nichts Wichtigeres, weil dies das Zentrum der Botschaft Jesu und seines Auftrags an die Jünger ist. Nichts Dringlicheres, weil wir heute dieser Botschaft in besonderer Weise bedürfen.

In unserer Zeit ereignen sich gewaltige Umbrüche, welche viele Menschen mit Hoffnung, aber im Augenblick wohl noch mehr Menschen mit Angst vor der Zukunft erfüllen. Der Boden unter den Füßen wankt, und am Himmel sind keine Sterne zu sehen, die Sinn, Ziel, Perspektive eröffnen. Das macht Angst, macht viele unsicher, nervös und hektisch.

Woher diese Angst? Woher der zunehmende Individualismus und Egoismus? Die Menschen unserer Zeit sind nicht schlechter als früher. Aber wir Kinder der Moderne haben die alles umfassende und alles

---

[1] Predigt anlässlich der Priesterweihe am 27. Juni 1992 in der Basilika in Weingarten.
Evangelium: Lk 9,51–62.

übersteigende, alles begründende und allem Sinn verleihende Wirklichkeit vergessen, die wir Gott nennen. Wir haben aus dem Blick verloren, was letztlich allein Grund und Ziel, Halt und Inhalt des Lebens sein kann. So haben wir nur noch Bruchstücke, Fragmente, Scherben in den Händen. Torsos können schön und interessant sein und nach Sammlermanier kann man sich auch in alte Tonscherben verlieben. Aber sie passen nicht zusammen und ergeben kein Ganzes. Sie machen keinen Sinn, und Sinnverlust ist es, was wir heute allenthalben feststellen müssen. Viele Menschen wissen nicht mehr, wofür und wozu sie leben.

In dieser Situation gibt es nichts Dringlicheres als mit ganzer Kraft zu bezeugen: Gott ist da. Er ist da für jeden Einzelnen und für uns alle. Er trägt und hält uns alle in seinen guten Händen. Sein Reich der Gerechtigkeit, der Wahrheit, des Friedens und der Freiheit ist im Kommen. Die Sache Gottes ist zugleich das Heil des Menschen. Das Reich Gottes bedeutet ja Leben in Fülle, Erlösung und Befreiung. Das Reich Gottes meint, dass alle Tränen abgewischt sind, dass der Tod nicht mehr ist, noch Trauer, noch Klage, noch Mühsal *(Offb 21,4)*. Reich Gottes, das heißt, dass die Armen seliggepriesen, die Hungernden satt werden, die Weinenden getröstet werden und lachen *(Lk 4,18)*. Reich Gottes meint Gerechtigkeit, Friede und Freude im Heiligen Geist *(Röm 14,17)*.

Lassen wir uns also keine Berufs- und keine Kirchenkrise aufschwatzen, so als ob sich die Kirche und der priesterliche Dienst heute überlebt hätten und nur noch ein auslaufendes Modell darstellten. Gewiss, die äußere Gestalt der Kirche ändert sich momentan tiefgreifend, und es muss sich ja auch vieles wandeln, wenn die Kirche den »Zeichen der Zeit« entsprechen will. Aber ihr Grundauftrag bleibt. Er ist heute derselbe und so aktuell wie je. Die Kirche ist da, um die frohe Botschaft vom Reich Gottes als dem Heil des Menschen zu bezeugen. Damit ist sie Trägerin der Hoffnung, damit kann sie neu Sinn stiften und einen Ausweg aus unserer verfahrenen Situation zeigen.

Nein, verkriechen brauchen wir uns nicht und werden wir uns auch nicht. Aber ernsthaft besinnen müssen wir uns schon.

Denn wir streiten und zanken uns oft um zweit-, dritt- und viertrangige Fragen. Wir lassen uns Randfragen von außen aufdrängen, statt von uns aus die Tagesordnung der Diskussion mit unserem Thema von Gott und seinem Reich zu besetzen. Nicht um die Kirche und um Kirchenträume geht es. Es geht um Gott und sein Reich. Es geht um den Menschen und sein Heil. Die Kirche ist dafür nur armseliges Gefäß und ein oft genug schwerfälliges Werkzeug.

Meine lieben jungen Freunde, ich beglückwünsche Sie zu Ihrer Aufgabe, und ich bitte Sie zugleich: Schauen Sie auf das Wesentliche. Sie können gerade heute nicht alles tun, was pastoral an sich wünschenswert und notwendig wäre. Sie müssen Prioritäten setzen. Die Priorität, die Jesus setzt, heißt Reich Gottes. Die Gottesfrage, nicht die Kirchenfrage muss deshalb im Mittelpunkt stehen. »Sucht zuerst das Reich Gottes und seine Gerechtigkeit; dann wird euch alles andere dazugegeben« (*Lk 12,31*).

II. Ganz und ungeteilt für das Reich Gottes

Das Reich Gottes ist keine harmlose Sache. Das müssen nicht erst wir heute erfahren, da manche Medien einen regelrechten Kulturkampf gegen uns inszenieren und uns der Wind scharf ins Gesicht bläst. Wir brauchen darüber nicht erschrecken.

Genau so hat es Jesus selbst erfahren, und genau so hat er es auch uns vorausgesagt (*Lk 21,12–19* u.a.). Es war schon immer so in der Kirchengeschichte: Die Kirche, die aus dem Mysterium von Kreuz und Auferstehung lebt, kann, wenn sie nur treu ist, aus solchen Auseinandersetzungen nur verjüngt und gestärkt hervorgehen.

Schon die Jünger im heutigen Evangelium mussten Ablehnung und Zurückweisung erfahren. Schon sie kamen nicht an und wurden nicht angenommen. Doch als sie aus der Haut fahren und empört Feuer vom Himmel fallen lassen wollten, da wurden sie von Jesus zurechtgewiesen. Sie müssen erkennen: Den Glauben kann man nicht »machen« und schon gar nicht erzwingen. Da hilft kein zähes Kämpfen um Rechts- und Machtpositionen. Man muss sie unter Umständen sogar freiwillig aufgeben, um deutlich zu machen: Gott allein kann dem Evangelium eine Tür in den Herzen der Menschen öffnen und er tut es auch. In der Tat, im einen Dorf abgewiesen, finden die Jünger Aufnahme im nächsten.

Wir müssen warten können, wo, wann und wie Gott seine Sache ans Ziel bringt. Solche Gelassenheit schenkt innere Ruhe, schenkt Gleichmut und Frieden. Sie lässt sich auch nicht von Umfrageergebnissen entmutigen, die man uns triumphierend vorhält, um uns zu beweisen, dass nun unser Stündlein bald geschlagen habe. Gott hat einen langen Atem. Am Ende wird die Gestalt dieser Welt vergehen (*1 Kor 7,31*), Gottes Reich aber endgültig bestehen.

Das ist keine billige Vertröstung. Solcher Glaube fordert ganz und gar, mit Haut und Haaren. Das Evangelium macht deutlich: Wer sich für das Reich Gottes entscheidet, für den gibt es kein gemütliches Sich-Einrichten, kein endgültiges Zuhause und keine bürgerlichen Sicherheiten. »Die Füchse haben ihre Höhlen und die Vögel ihre Nester; der Menschensohn aber hat keinen Ort, wo er sein Haupt hinlegen kann«.

Das bedeutet auch Verzicht auf Familienrücksichten und Familienbande. Nicht zurück gilt es zu schauen, sondern Hand an den Pflug zu legen und nach vorne in die Zukunft von Gottes Reich zu blicken.

Das Wort Verzicht mögen viele nicht mehr gerne hören. Man will alles und dies sofort. Man will im Heute leben. Aber merkt man nicht, wie gerade dieses »alles und dies bitte sofort« uns total besetzt und unfrei macht? Allein der Verzicht schenkt Freiheit, Freiheit für das was mehr ist als was der Augenblick bietet und was danach schnell wieder vergeht, Freiheit für Gott und sein Reich, Freiheit für die Menschen und für die größere Familie, die Kirche. Der Verzicht macht den, der sich um des Reiches Gottes und des Dienstes an den Menschen willen freiwillig darauf einlässt, nicht ärmer. Er macht reich, er macht sogar glücklich.

Das Reich Gottes fordert also Entschiedenheit, Ganzheit und Endgültigkeit. Ein paar äußere Reformen allein reichen nicht aus. So notwendig sie sein mögen, sie allein führen nicht weiter. Umkehr und innere Erneuerung sind gefordert. Anpassung an bürgerliche Scheinsicherheiten dagegen wären das Letzte, was weiterhilft. Man kann, und man muss sogar über andere Zugangswege zum Priestertum nachdenken. Doch dies kann nur dann gutgehen, wenn wir zugleich den Sinn für die evangelischen Räte wieder neu wecken. Die Kirche wäre gar nicht mehr die Kirche Jesu Christi, würde sie die evangelischen Räte nicht hochhalten. Es geht deshalb nicht darum, liberaler, sondern radikaler zu werden. Nur dann werden wir – dessen bin ich mir sicher – wieder mehr Nachwuchs und mehr Nachfolger finden.

Liebe junge Freunde, treffen Sie Ihre Entscheidung für das Reich Gottes ganz. Nur das Ganze macht zufrieden und glücklich. Halbheiten zerreißen und zerreiben. Seien Sie Zeugen, dann werden Sie auch überzeugen.

III. Gemeinsam auf dem Weg zum Reich Gottes

Das Reich Gottes ist keine harmlose Sache. Aber es ist auch keine unmenschliche Überforderung. Nicht wir »machen« und bauen es. Gott selbst gibt und schenkt es. Ja, er hat es ein für alle Mal in Jesus Christus anbrechen lassen und es uns bleibend gültig zugesagt. Jesus Christus ist »der Weg, die Wahrheit und das Leben« *(Joh 14, 6)*. Deshalb werden die Jünger im heutigen Evangelium eingeladen, ihren Weg mit Jesus zu gehen und mit ihm das Leben zu teilen.

Meine lieben Weihekandidaten, diese Einladung ergeht in dieser Stunde auch an Sie. Sie werden eingeladen zur Weg- und Lebensgemeinschaft mit Jesus. Sie werden durch die Priesterweihe ihm, dem einen und einzigen Hohenpriester gleichgestaltet und durch Handauflegung und Gebet mit seinem Geist ausgerüstet. Er ist der Geist dessen, der die Mächte des Todes endgültig gebrochen und das Leben endgültig eröffnet hat. Sie sind also nicht allein. Jesus Christus ist mit Ihnen. Seien auch Sie mit ihm. Nur in inniger persönlicher Freundschaft mit ihm können Sie Priester sein. Ohne ihn können Sie nichts tun, buchstäblich nichts *(Joh 15, 5)*.

Sie werden auf Ihrem Weg auch deshalb nicht allein sein, weil Sie nicht einzeln, sondern gemeinsam von Jesus auf den Weg mitgenommen werden. Nachher werden Ihnen alle hier anwesenden Mitbrüder die Hände auflegen zum Zeichen dafür, dass Sie aufgenommen sind in das Presbyterium unserer Diözese.

Diese Handauflegung darf kein isolierter Gestus bleiben. Er muss über diese Feier hinaus weiterwirken. Es muss sich auswirken in Gemeinschaft und Solidarität unter den Priestern. Meine lieben Mitbrüder, lassen wir uns doch gerade in dieser Situation nicht gegenseitig allein. Schauen wir nacheinander, reden wir miteinander statt übereinander, helfen wir einander. Ist es denn Zufall oder bedeutungslos, dass Jesus seine Jünger nicht einzeln, sondern jeweils zu zweit ausgesandt hat *(Lk 10, 1)*?

Sie sind schließlich nicht allein, denn mit seinen Aposteln hat Jesus noch viele andere Jünger und Jüngerinnen ausgesandt *(Lk 10, 1 ff.)*.

Wir hatten wohl noch nie so viele Mitarbeiter und Mitarbeiterinnen wie heute. Sie sind ein Geschenk. Wir müssen uns deshalb noch mehr öffnen für diese vielfältigen Charismen und Dienste. Es ist letztlich ein und derselbe Geist, der in allen wirkt und alle verbindet *(1 Kor 12,4)*. Seien wir nicht Herren ihres Glaubens, sondern Diener ihrer Freude *(2 Kor 1,24)*.

Gemeinsam sind wir auf dem Weg zum Reich Gottes und nur gemeinsam können wir ihn gehen. Die Einmütigkeit hat die Urgemeinde ausgezeichnet und anziehend gemacht *(Apg 2,42.46)*. Die Einmütigkeit könnte uns auch heute neue Glaubwürdigkeit schenken. Denn wo anders scheint und reicht das Reich Gottes schon jetzt in unsere Welt hinein als dort, wo Menschen zusammenfinden, wo Beziehungen entstehen, wo Versöhnung, Freundschaft und Liebe sich ereignen?

Nur gemeinsam können wir Zeichen des Reiches Gottes und Werkzeug des Friedens in der Welt sein.

»Du aber geh und verkünde das Reich Gottes«. Dieses Wort gilt jedem Einzelnen von uns. Es gilt zumal den jungen Christen, die in so großer Zahl mit uns feiern. In dieser Stunde gilt dieses Wort aber vor allem Ihnen, liebe künftige Mitbrüder im priesterlichen Dienst. Dass Sie, zwanzig an der Zahl, vorhin vor der versammelten Gemeinde Ihr »Adsum«, Ihr »Ich bin bereit«, gesprochen haben, ist für mich und für unsere ganze Diözese ein Grund zur Freude und zur Hoffnung, dass das Reich Gottes sich auch in unserer Zeit Bahn bricht und junge Herzen begeistern kann.

Es ist noch viel mehr Glut unter der Asche als viele ahnen. Entfachen Sie diese Glut neu in unseren Gemeinden. Sie warten auf Sie. Sie brauchen Sie. Sie sind Hoffnungsträger für viele. Wir alle erbitten Ihnen dafür Gottes heiligen Geist. Amen.

Gottes Geist erhält die Kirche

Liebe Diakone und künftige Mitarbeiter im priesterlichen Dienst,
liebe Mitbrüder,
liebe Schwestern und Brüder![1]

Priesterweihen sind jedes Jahr auf's Neue ein Fest für unsere ganze Diözese. Wir alle freuen uns mit Ihnen, liebe Diakone, dass Jesus Christus, unser Herr, Sie gerufen und nach vielen Jahren der Vorbereitung bis hierher an den Weihealtar geführt hat. Wir freuen uns mit Ihren Eltern, Geschwistern, Verwandten und Freunden, mit Ihrem Heimatpfarrer, Ihren Heimat- und Diakonatspfarreien, mit Ihren theologischen Lehrern, mit den Vorständen von Wilhelmsstift und Priesterseminar und mit allen, die Sie auf Ihrem Weg begleitet haben. Sie alle grüße ich ganz herzlich.

Ich danke Gott, der Sie uns als künftige Priester geschenkt hat, und ich danke allen, welche Werkzeuge dieser Berufung sein durften. Ich danke Ihnen, meine lieben jungen Mitbrüder, dass Sie hochherzig Ja gesagt haben zu diesem Ruf. Sie sind uns ein Zeichen dafür, dass es weitergeht mit unserer Kirche, dass Gottes Geist sie jung und frisch erhält.

I. Not und Verheißung des priesterlichen Dienstes

Mit dieser Freude verbinden sich freilich auch viele Fragen. Es sind die Fragen und Bedrängnisse, die schon im Evangelium, das Sie, liebe junge Mitbrüder, für diesen Ihren Weihetag ausgesucht haben, angespro-

---

[1] Predigt anlässlich der Priesterweihe am 19. Juni 1993 in der Abtei Neresheim. Evangelium: Mk 6,30–44.

chen werden, Fragen und Bedrängnisse, die Sie und die uns alle bedrängen. Viele Gläubige stellen sich die Frage: Stellt denn der Beruf des Priesters, zumal heute, nicht eine maßlose Überforderung dar? Kann ich das schaffen? Halte ich das ein Leben lang durch? Kann ich mich auf diesen Dienst mit Haut und Haar, mit Leib und Seele einlassen?

Es sind ja nicht nur die geringer gewordenen Zahlen der Priester, es sind auch die gestiegenen Anforderungen, welche zu dem Gefühl der Überlastung führen. Es sind der Schwund des Glaubens, der Bedeutungs- und Autoritätsverlust der Kirche, der öffentliche Gegenwind und mancherlei Probleme in der Kirche selbst, die uns das Geschäft so schwer machen und es trotz aller Anstrengung oft als fruchtlos erscheinen lassen.

Ich will jetzt nicht alle vielfältigen Probleme im Einzelnen aufzählen. Sie alle kennen sie aus eigener Erfahrung. Wichtig scheint mir aber zu sein, dass solche Bedrängnisse offensichtlich konstitutiv zu unserem Beruf gehören. Schon dem Propheten Elija ist es nach der heutigen Lesung so gegangen. Er hatte einfach genug und wollte ob der vielen Schwierigkeiten und Widerstände aufgeben und sterben. Und als die ersten Jünger Jesu nach der ersten Aussendung zurückkamen, da wussten sie – so berichtet es das Evangelium – zwar von vielen großen und bewegenden positiven Erfahrungen zu berichten. Aber sie waren völlig gestresst und abgehetzt. Sie konnten den Ansturm der Menge kaum mehr bewältigen. Als sie schließlich der hungernden Menge Brot austeilen sollten, da reichten ihre Möglichkeiten hinten und vorne nicht aus, so dass sie schon kapitulieren wollten.

In der Tat, dieser Beruf geht nicht erst heute über unsere schwachen menschlichen Kräfte. Die Überforderungen wechseln zwar immer wieder ihr äußeres Gesicht. Sie sehen bei uns heute anders aus als damals und wieder anders als etwa bei den Priestern, die ich mit deren Bischof vor wenigen Tagen zusammen mit unserem Generalvikar in Banja Luka in Bosnien unter mancherlei Schwierigkeiten in einer – menschlich gesehen – aussichtslosen Situation besuchen konnte. Aber gerade in der dortigen schlimmen Situation ist mir neu aufgegangen, dass Gottes Kraft in menschlicher Ohnmacht zur Geltung kommt *(2 Kor 12,9)*.

Nicht wir sind es ja – so sagt uns der Apostel Paulus – welche den Glauben, welche unsere Gemeinden und welche die Kirche »machen«.

Ein anderer ist Herr und Hirt seiner Kirche. Wir sind nur seine Mitarbeiter. Wir müssen uns zwar mit all unseren Kräften mühen und das uns Mögliche geben. Wir können pflanzen und begießen. Das Wachstum muss Gott schenken. Und der hat uns sein Wort verpfändet. Er hat den Grund der Kirche ein für alle Mal felsenfest und unerschütterlich in Jesus Christus gelegt. Auf dieses Wort hin können Sie, liebe junge Mitbrüder, heute am Tag Ihrer Priesterweihe Ihr Ja-Wort geben. Auf diesen Grund können Sie Ihr Leben lang zuversichtlich bauen. Mit Jesus Christus, und allein mit ihm und allein mit seiner Gnade, können Sie es schaffen.

Das Priestertum ist keine rein menschliche oder soziologische Realität. Es lässt sich im Letzten nur übernatürlich begreifen und leben. Lassen wir uns darum unsere Sache nicht von denen madig machen, die von Gott und seiner Gnade keine Ahnung haben und die farbenblind sind in Sachen des Glaubens. Sie mögen spotten so lange sie wollen. Sie täuschen sich und werden sich täuschen. Meine lieben jungen Mitbrüder, seien Sie gewiss: Gott wird auch unter Ihren Händen das Wunder der Brotvermehrung wirken. Er wird aus dem wenigen, das Sie mitbringen – nur fünf Brote und zwei Fische für 5000 Leute – etwas machen, etwas, das im Überfluss ausreicht für alle. Gehen Sie also getrost und gelassen und voll Zuversicht ans Werk!

II. Gottes Volk braucht Hirten

Liebe junge Mitbrüder, als wir vor eineinhalb Wochen dieses Evangelium im Priesterseminar miteinander bedacht und besprochen haben, da ist uns noch ein Zweites wichtig geworden. Das Evangelium berichtet uns, wie Jesus Mitleid überkam, als er die Volksmassen sah. Sie waren wie Schafe, die keinen Hirten haben. Sie waren abgehetzt, zerstreut, orientierungslos, äußerlich und innerlich hungrig und leer.

Ist das heute etwa anders? Haben die Hektik und die Orientierungslosigkeit heute nicht gigantische Ausmaße angenommen? Fühlen sich heute nicht viele Menschen einsam und verlassen? Sie sehen keinen tieferen Sinn mehr in ihrem Leben und wissen nicht mehr ein noch aus. Das kann zur Sucht nach materieller Scheinerfüllung bis hin zu schlimmen Suchtkrankheiten führen. Das kann aber auch, wie wir es gegenwärtig mit Entsetzen sehen, in sinnlose, zerstörerische und brutale Gewalt umschlagen. Auf der anderen Seite gibt es heute viel mehr junge und ältere Menschen als wir ahnen, die neu nach Sinn und Orientierung fragen, die nach Hirten, nach Vor- und Leitbildern für ihr Leben suchen.

Die Menschen heute brauchen nichts nötiger als Hirten, Pastoren, das heißt Menschen, die sich dem pastoralen Dienst verschreiben, die nicht zuerst an sich denken, sondern Menschen, welche sich von Jesu Mitleid ergreifen lassen, welche Gottes Mitleid und Barmherzigkeit repräsentieren, sich von der inneren und äußeren Not anderer betreffen lassen, andere auf ihrem Lebensweg begleiten, ihnen den Weg des Lebens lehren und ihnen Nahrung zum Leben und Überleben geben.

Im Mitleid Jesu mit den Menschen, die keine Hirten haben, wird uns das wahre Leitbild der Pastoral und werden uns die wirklichen »Pastoralen Perspektiven« eröffnet. In der Pastoral geht es nicht zuerst um Organisation, Administration, Delegation und Moderation. Das alles ist auch nötig, aber es hat nur dienenden Charakter. Wir verheddern und verbeißen uns gegenwärtig viel zu sehr in solchen Strukturfragen. Der Weg der Pastoral ist der Mensch, der suchende, fragende, der leidende Mensch. Pastoral ist zuerst, zutiefst und zuletzt Seelsorge, das heißt Sorge dafür, dass Menschen das Leben haben und es in Fülle haben *(Joh 10,10)*.

Gewiss, dieser Dienst ist allen Getauften und Gefirmten aufgetragen. Das letzte Konzil hat uns zu Recht wieder an das gemeinsame Priestertum aller Gläubigen erinnert. Die Formen der Seelsorge wandeln sich seither in vielfältiger Hinsicht, und sie werden sich in den kommenden Jahren und Jahrzehnten wohl noch mehr wandeln. Die erfreulichste Seite dieses Wandels besteht darin, dass wir viele andere Dienste und Charismen und die Mitverantwortung aller Christen wieder entdeckt haben und vielerorts in fruchtbarer Weise auch praktizieren. Die Mitarbeit der Laien und die Vielfalt der pastoralen Dienste gehört eindeutig auf die »Habenseite« der gegenwärtigen kirchlichen Entwicklung. Die ganze Gemeinde ist Trägerin der Seelsorge.

Doch aus dieser richtigen und wichtigen Aussage wird buchstäblich eine Häresie, wenn dadurch die Notwendigkeit des besonderen pastoralen Dienstes des Priesters unterschlagen oder gar bestritten wird. Von allem Anfang an hat Jesus aus der großen Schar seiner Jünger einige in besonderer Weise ausgewählt, gerufen und gesandt, damit sie – wie es im Epheserbrief heißt – die anderen Dienste zurüsten für ihren Dienst *(Eph 4, 12)*. Der Priesterberuf ist darum heute und in Zukunft kein auslaufendes Modell. Ganz im Gegenteil, ohne den priesterlichen Dienst lässt sich, wie auch die Erfahrung zeigt, der Dienst der Laien auf die Dauer gar nicht durchhalten. Gottes Volk braucht Hirten. Beten wir deshalb, dass der Herr Arbeiter in seine Ernte sende. Beten wir um gute Hirten für unsere Gemeinde. Dies ist der vom Herrn empfohlene Weg, den Priestermangel zu beheben *(Mt 9, 38)*.

III. Eucharistische Lebensgestaltung

Liebe junge Mitbrüder, das Evangelium, das Sie ausgewählt haben, ist Ihnen schließlich auch deshalb so teuer geworden, weil es in so klarer, eindeutiger Weise die Mitte unseres priesterlichen Dienstes zum Ausdruck bringt. Denn wenn das Evangelium berichtet, dass Jesus die fünf Brote und zwei Fische nahm, zum Himmel aufblickte, darüber den Lobpreis sprach, die Brote brach und sie den Jüngern gab, damit sie diese an die Leute austeilten, dann spiegelt sich in diesem Text bereits die nachösterliche urchristliche Feier der Eucharistie. Sie ist Quelle und Höhepunkt des ganzen christlichen Lebens, Mitte und Angelpunkt auch von Leben und Dienst des Priesters.

In der Eucharistie konkretisiert sich Jesu Dasein für die Menschen. In ihr wird seine Fürsorge buchstäblich greifbar. In der Eucharistie gibt er uns nicht etwas. Er gibt sich selbst. In ihr wird seine Lebenshingabe am Kreuz für uns immer wieder neu Gegenwart. So enthält die Eucharistie die Fülle des Heilsgutes der Kirche. Sie ist das Brot des Lebens. Wie der Engel gegenüber dem müde gewordenen Elija dürfen wir Priester andere immer wieder neu einladen, indem wir sagen: »Steh auf und iss, sonst ist der Weg zu weit für dich«.

So gibt es nichts Wichtigeres für den Priester als Eucharistie zu feiern mit seiner Gemeinde und für seine Gemeinde. Damit ist wahrlich nicht gemeint, der Priester solle – wie manche karikieren – zu einem Sakramenten-Roboter werden, der nur noch eucharistiefeiernd durch seine Gemeinden reist. Ich habe schon oft betont und sage es heute erneut, dass die Gemeinden unsere Priester nicht überfordern dürfen mit der Zahl der Eucharistiefeiern. Es geht ja nicht nur um den äußeren, sondern auch um den inneren Vollzug.

Was ich meine, ist, dass sich von der Eucharistie her so etwas wie eine eucharistische Lebenskultur des Priesters entwickeln muss. Die tägliche Feier der Eucharistie muss gewissermaßen der innerste Punkt im Tagesgeschehen sein. Haben wir diese alles organisierende und zusammenhaltende Mitte nicht mehr, dann drohen all die vielen Einzelverpflichtungen und Einzelaktivitäten beziehungslos auseinanderzufallen. Dann rotieren wir und geraten wir unter einen unerträglichen Leistungsdruck und in den Leerlauf einer bloßen Veranstaltungshektik, die uns innerlich auslaugt und ausbrennt.

Die Eucharistie zur Lebensmitte machen heißt, dass wir in der Nachfolge Jesu den anderen nicht nur etwas geben dürfen. Wir müssen uns selbst geben und drangeben. Wir sollen Zeugen Jesu Christi sein, die nicht nur mit dem Mund, sondern mit unserer ganzen Existenz reden und überzeugen. Die Lebensform frei gewählter Ehelosigkeit gehört hierher. Sie hat ihren Sinn darin, dass die Liebe nicht bei einem einzelnen Halt macht, sondern offen ist für alle. Sie drückt etwas von der Grenzenlosigkeit der Liebe Gottes aus. Sie ist keine Eingrenzung und Einschnürung, sondern Ausdruck der Freiheit für Gott und für die Menschen. Sie entspringt der Grundhaltung der Eucharistie.

Machen Sie sich deshalb, liebe junge Mitbrüder, den Satz aus der Benediktinerregel, welche in dieser Benediktinerabtei von besonderer Aktualität ist, zu eigen, wonach dem Gottesdienst nichts vorgezogen werden soll. Und setzen Sie das Lob und die Danksagung der Eucharistie so gut es eben geht im Stundengebet fort. Dies ist die wichtigste Hilfe, nicht aus dem Atem zu kommen und nicht seine Seele zu verlieren. Nur in der Kraft dieser Speise werden Sie wie Elija durchhalten auf dem Weg, auf den Sie sich mit dem heutigen Tag begeben.

Ich weiß, liebe Schwestern und Brüder, an dieser Stelle brechen viele Fragen auf. Äußerlich werden wir immer nur wenig vorzuweisen haben. Aber ich glaube an das Wunder der Brotvermehrung, wonach Gott auch aus dem ganz Wenigen, das wir vorzuweisen haben, sehr viel, ja einen Überfluss machen kann. Lassen wir darum allen Kleinmut und alle Verdrossenheit, zeigen wir Gelassenheit und Freude. Dann wirkt unser Dienst wie von selbst ansteckend und einladend. Dann wirkt er mitreißend und begeisternd.

Meine jungen Freunde, machen Sie sich also mit Mut und Zuversicht auf den Weg. Und wenn es einmal schwierig wird, dann wünsche ich Ihnen einen Engel, wie den, der dem Elija begegnet ist. Meine lieben Schwestern und Brüder, seien wir diesen jungen Mitbrüdern solche Engel. Stehen wir ihnen zur Seite, begleiten wir sie, beten wir für sie. Wir brauchen Sie. Sie brauchen uns. Wir alle aber leben aus Gottes überfließender Gnade. Sie brauchen wir am meisten. »Die Freude an Gott ist unsere Stärke« *(Neh 8,10)*. Amen.

Von Gott gesandt – für die Menschen bestellt

Meine lieben Weihekandidaten,
liebe Schwestern und Brüder,[1]

was wir soeben im Evangelium von der Aussendung der elf Jünger durch Jesus hinaus in die ganze Welt gehört haben, ist Grundlage und Legitimation für das, was wir in diesem feierlichen Priesterweihegottesdienst hier und heute vollziehen. Was damals geschah, geschieht jetzt in gewisser Weise neu. Auch heute werden wie damals elf Männer, nachdem sie über Jahre bei Jesus in die Lehre gegangen sind, endgültig ausgesandt. Ihnen, meine lieben jungen Freunde, gilt heute wie den Jüngern damals das Wort Jesu: »Geht hinaus, macht alle Menschen zu meinen Jüngern«. Sie werden von Jesus Christus ausgesandt und für die Menschen bestellt.

So begrüße ich Sie, liebe Weihekandidaten, aufs Herzlichste. Ebenso begrüße ich Ihre Eltern, Geschwister und Freunde, Ihre Heimat- und Diakonatsgemeinden und deren Pfarrer sowie Ihre akademischen Lehrer, alle anwesenden Mitbrüder und die gesamte versammelte Gemeinde. Mit allen mitfeiernden Brüdern und Schwestern freue ich mich, dass Sie soeben durch Ihr »Hier bin ich« die Bereitschaft zur Übernahme des priesterlichen Dienstes ausgesprochen haben. Ich bin dankbar, dass Gott Sie unserer Diözese und unseren Gemeinden als Priester schenken will. Dies ist ein wahrer Gnadentag und ein Festtag für uns alle.

Ich weiß, dass heutzutage viele fragen: Wie kann man denn heute noch Priester werden? Warum brauchen wir überhaupt noch Priester? Sterben die Priester nicht ohnedies bald aus? Müssen nicht die

[1] Predigt anlässlich der Priesterweihe am 25. Juni 1994 in Schwäbisch Gmünd. Lesungen: Dtn 6,4–9; 2 Kor 5,20–6,2; Evangelium: Mt 28,16–20.

Laien immer mehr an die Stelle der Priester treten und die Leitung unserer Gemeinden übernehmen? Solche Fragen werden gegenwärtig in unseren Gemeinden und in der Öffentlichkeit gestellt. Das sind Fragen, die ans Mark gehen, ans Mark nicht nur von uns Priestern, sondern ans Mark auch der Kirche und ihrer von Jesus Christus empfangenen Sendung und Struktur. Niemand sollte sich täuschen: In diesen Fragen geht es um die Identität des Priesters und unserer Kirche.

Sie, meine lieben Weihekandidaten, haben sich diesen Fragen ehrlich gestellt, und Sie haben sie beantwortet durch die drei biblischen Lesungen, die Sie für diesen Tag ausgewählt haben.

I. Priester aus Leidenschaft für Gott und sein Reich

Eine erste Antwort gibt uns die Lesung aus dem alttestamentlichen Buch Deuteronomium. »Höre Israel, Jahwe, unser Gott, Jahwe ist einzig«. Ihn sollen wir lieben aus ganzem Herzen, mit ganzer Seele und ganzer Kraft. Der ungeteilte Dienst für Gott und sein Reich, ja die Leidenschaft für Gott und sein Reich, eine Leidenschaft, die alles andere hintanstellt und die alles auf eine einzige Karte setzt, ist das Motiv und der tragende Grund priesterlicher Existenz.

Genau darauf kommt es in der gegenwärtigen Situation an. Genau solche Menschen brauchen wir heute. Denn die Gottvergessenheit ist die eigentliche Not unserer Zeit. Nicht, dass sehr viele Menschen Gott ausdrücklich leugnen. Viel schlimmer: Gott ist ihnen gleichgültig. Sie kämpfen nicht gegen Gott, sie gähnen, wenn von ihm die Rede ist. Doch wohin sind wir damit geraten? Wir haben allen Boden unter den Füßen verloren und bekommen es darum mit der Angst zu tun. Wir haben das Ziel unseres Daseins aus dem Auge verloren und sind darum so ratlos und orientierungslos geworden. Wir haben den Inhalt unseres Lebens verloren und sind darum innerlich leer, unerfüllt, freudlos, aggressiv, resigniert und frustriert geworden. An die Stelle Gottes oder neben Gott sind viele neue Götter getreten, die uns in Bann schlagen, uns unfrei machen und versklaven: Geld, Macht, Prestige, Konsum, Fortschritt und wie immer sie heißen. Letztlich sind wir uns selbst zum »Herrgöttlein« geworden, das wir dauernd beweihräuchern und um das wir alle möglichen Prozessionen veranstalten.

In dieser Situation brauchen wir nichts nötiger als Menschen, die uns wieder daran erinnern: Diese alten und neuen Götzen machen uns nicht glücklich. Sie führen uns ins Verderben. Es gibt nur einen einzigen Gott. Er allein kann uns wirklich helfen, retten, ausfüllen und glücklich machen. Zu ihm müssen wir uns wieder bekehren, uns zu ihm hinkehren mit ganzem Herzen, ganzer Seele und mit allen Kräften. Wir brauchen Menschen, die uns das nicht nur sagen, sondern die das auch leben, indem sie die Botschaft von Gott und seinem Reich zu ihrem Beruf, ja zum Inhalt ihres ganzen Lebens machen. Sie, meine lieben jungen Freunde, sollen durch ihr ganzes Sein bezeugen: Gott ist das einzig Notwendige. Er ist ein Gott, der da ist. Der bei uns und mit uns ist, der jeden von uns trägt, führt und der allein uns ganz, bis in die letzten Tiefen und Höhen unseres Herzens, erfüllen kann.

Beim letzten Priestertag hat uns Bischof Karl Lehmann nachdrücklich daran erinnert, dass gerade heute nicht die Aufrechterhaltung unseres kirchlichen Betriebs, nicht Strukturen, Organisationen und Institutionen, sondern die Botschaft vom lebendigen Gott und seinem Reich das Thema von uns Priestern sein muss. Darum, meine lieben jungen Freunde, geben Sie sich nicht mit dem Zweit- und Drittrangigen ab. Seien Sie Männer Gottes, seien Sie Männer des Gebets und seien Sie es aus ganzem Herzen. Viel mehr Menschen als Sie vielleicht jetzt ahnen, warten auf Sie.

II. Der Priester – ein Gesandter an Christi statt

Meine lieben Weihekandidaten, liebe Schwestern und Brüder, die Lesung aus dem Zweiten Korintherbrief des Apostels Paulus bringt uns noch ein zweites Wesensmerkmal unserer priesterlichen Identität zum Bewusstsein: Als Gesandte an Christi statt ist uns der Dienst der Versöhnung aufgetragen.

Was könnte heute wiederum wichtiger sein als Frieden und Versöhnung zu stiften, heute, da es so viel Gewalt, so viel Hass und Streit, so viel Egoismus in der Welt gibt, da so brutale Kriege wie in Bosnien und Ruanda geführt werden, heute, da so viel Unversöhntes in uns selbst steckt, heute, da es auch in der Kirche und in unseren Gemeinden so viel Unmut und Misstrauen, Polarisierungen, Dialog- und Kommunikationsunfähigkeit gibt? Wonach sehnen wir Menschen uns denn mehr als nach Frieden und Versöhnung?

Aus eigener Kraft kommen wir freilich nicht heraus aus dem Teufelskreis von Gewalt und Gegengewalt, von Schuld und Rache. Auch wir moderne Menschen sind trotz allen Fortschritts auf Erlösung angewiesen. Wir brauchen einen neuen Anfang und eine neue Schöpfung. Versöhnung und Friede sind darum nicht von unten und nicht aus unserer eigenen Kraft, sondern nur von oben, aus reiner Gnade möglich. Der Apostel Paulus sagt uns: »Aber das alles kommt von Gott, der uns durch Jesus Christus mit sich versöhnt und uns den Dienst der Versöhnung aufgetragen hat«.

Dem Dienst an der von Jesus Christus gestifteten Versöhnung ist der Priester verpflichtet. Ein Werkzeug des Friedens soll er sein. Aber er nimmt sich diesen Auftrag nicht selbst. Er verdankt ihn auch nicht der Gemeinde. Durch Handauflegung und Gebet nimmt Jesus Christus selbst Sie in der Priesterweihe in seinen Dienst, damit Sie an Christi Stelle, in seinem Namen und in seiner Person Ihren Dienst der Versöhnung tun. Repraesentatio Christi ist darum nach der Lehre des Zweiten Vatikanischen Konzils die eigentliche Mitte und das innerste Wesen Ihres priesterlichen Dienstes. Daran können alle noch so heftigen Demokratisierungsdebatten nichts ändern. Ein anderes Fundament als das in Jesus Christus ein für alle Mal gelegte kann niemand legen *(1 Kor 3,11)* und wer es versucht, der will nicht eine erneuerte, der will eine neue, eine andere Kirche. Nur weil Sie durch Ihre Weihe Jesus Christus, das Haupt der Kirche repräsentieren, können Sie im Auftrag des Bischofs Haupt und Leiter Ihrer Gemeinden sein.

Sie sollen freilich nicht Herren des Glaubens Ihrer Schwestern und Brüder sein, meine lieben jungen Mitbrüder, sondern Diener ihrer Freude *(2 Kor 1,24)*. Nur für sie und mit ihnen zusammen können Sie Ihren Dienst der Versöhnung tun. Alle haben ja durch Taufe und Firmung Anteil am königlichen Priestertum Jesu Christi *(1 Petr 2,5.9)*. Mitarbeit der Laien und Zusammenarbeit mit ihnen stehen zumal heute zu Recht in jedem pastoralen Programm ganz oben. Sie sollen deshalb nicht für sich, sondern wie Christus, der sich für uns hingegeben hat, ganz und ungeteilt für die Menschen da sein und Ihr Leben zum Geschenk machen für Ihre Schwestern und Brüder.

Um so an Christi statt und wie Jesus Christus selbst wirken zu können, müssen Sie sich, meine lieben Freunde, täglich um Freundschaft und Gemeinschaft mit Jesus Christus bemühen. Ohne ihn können Sie nichts tun *(Joh 15,5)*. Vertiefen Sie sich darum in sein Wort und leben Sie aus ihm. Vereinigen Sie sich mit ihm und seiner Lebenshingabe für uns in der täglichen Feier der Eucharistie. Sie muss die Mitte Ihres Lebens sein. Suchen Sie Christus zu begegnen in den Armen, Kleinen, Kranken, Sterbenden und in den vielen ratsuchenden Menschen. Schätzen Sie und spenden Sie gern und eifrig das Sakrament der Versöhnung. Es ist – wie viele bezeugen können – ein Segen und eine Wohltat, dass wir dieses Sakrament haben.

Schätzen wir es wieder neu! Stiften Sie Frieden und Einheit in den Gemeinden. Dienen Sie zugleich der Einheit mit der Diözese und mit der universalen Kirche. Auch dies gehört zu Ihrem Dienst der Versöhnung. Denn wie wollten Sie Jesus Christus lieben und an seiner statt wirken, wenn sie nicht auch die Kirche lieben, die sein Leib ist, den er liebt und für den er sich hingegeben hat *(Eph 5,25)*?

III. Zeugen der Hoffnung

Vielleicht, meine lieben Weihekandidaten, geht es Ihnen jetzt wie den elf Jüngern im heutigen Evangelium als sie dem Auferstandenen begegneten und von Zweifeln befallen waren. Ist das alles nicht ein Wahnwitz? Eine völlig unrealistische Illusion? Eine pure Überforderung? Wie sollen wir, eine kleine und in den nächsten Jahren noch kleiner werdende Schar, in die weite Welt hinausziehen und dieses Werk der Versöhnung vollbringen? Wie sollen wir alle Menschen erreichen und sie zu Jesu Jüngern machen?

In dieser Situation der Fragen und der Unsicherheit spricht Jesus so wie seinen Jüngern damals auch Ihnen heute Kraft und Mut zu. Gott überfordert uns nicht. Was er von uns will, das schenkt er uns auch. So erinnert uns Jesus im heutigen Evangelium daran, dass wir nicht die »Macher« der Kirche und des Friedens sind.

Wäre es so, dann wäre es in der Tat schlecht bestellt. Jesus aber sagt: »Mir ist alle Macht gegeben im Himmel und auf der Erde«. Er, der durch sein Kreuz und seine Auferstehung Tod und Teufel überwunden hat, er ist auch Herr und Hirt seiner Kirche. Er führt sie durch alle Stürme der Zeit und durch alle Anfeindungen der Hölle hindurch. So fügt er hinzu: »Seid gewiss: Ich bin bei euch alle Tage bis zum Ende der Welt«. Das will sagen: Seid gewiss, die Kirche ist kein Bankrottunternehmen. Sie ist kein leck geschlagenes und bald sinkendes Schiff. Die Kirche wird alle Stürme überstehen. Sie wird immer sein bis zum Ende der Zeit. Sie wird einmünden in Gottes Ewigkeit.

Als Priester dieser Kirche sind Sie, meine lieben jungen Freunde, nicht Angestellte eines Konkursunternehmens. Sie sind Zeugen der Hoffnung, der Hoffnung auf Frieden und Versöhnung, der Hoffnung auf Gerechtigkeit, der Hoffnung für das Leben. Am Anfang waren es auch nur elf, so wie Sie heute, und diese elf haben die Welt verändert. Seien Sie deshalb keine Jammergestalten, die dauernd sich selbst und den Zustand von Kirche und Welt bejammern. Jammer und Verdruss haben die Leute auch ohne uns genug. Dazu brauchen sie uns nicht. Von uns wollen sie etwas anderes hören. Seien Sie Zeugen der Hoffnung, Boten der Freude. Ihre Freude und Ihre Hoffnung werden anstecken. Sie werden trösten, ermutigen und bestärken. Sie werden überzeugen.

Meine lieben jungen Mitbrüder, lassen Sie sich getrost hinaussenden in die Welt und zu den Menschen. Ja, hinausgehen sollen Sie, nicht warten bis die Anderen hereinkommen. Sie brauchen die Konkurrenz nicht zu fürchten. Wo finden sich denn sonst solche Worte des Lebens? Wo solche Kraft der Versöhnung und des Friedens? Wo solche Perspektiven der Hoffnung, der Hoffnung noch über den Tod hinaus?

Haben Sie daher Mut, die Menschen zu lehren, so wie Jesus es Ihnen aufträgt.

Lehrer zu sein ist heute nicht leicht. Oft will man die Wahrheit nicht mehr hören und man sucht sich Lehrer nach eigenem Geschmack, Lehrer, die den Mitmenschen nach dem Munde reden und ihnen sagen, was sie gerne hören wollen *(2 Tim 4,3)*. Man will oft nichts mehr wissen von den Geboten, die Jesus uns zu halten gelehrt hat. Man macht sie verächtlich und lächerlich und setzt sich über sie hinweg. Seien wir aber überzeugt: Jesu Wort gilt bis ans Ende der Zeit. Jesus Christus ist derselbe gestern, heute und in Ewigkeit *(Hebr 13,8)*. Er ist auch heute der Weg, die Wahrheit und das Leben *(Joh 14,6)*.

Meine lieben jungen Mitbrüder, seien Sie also Männer Gottes, wie die Propheten, erfüllt von heiliger Leidenschaft für Gott und sein Reich. Lassen Sie sich als Boten der Versöhnung, des Friedens und der Einheit senden an Christi statt. Seien Sie Zeugen der Hoffnung, die in einer mutlos gewordenen Welt die Zuversicht und die Freude der Erlösten ausstrahlen. Seien Sie überzeugt von Ihrer »Sache«. Leben Sie diese überzeugend. Bezeugen wir sie solidarisch miteinander. Üben wir vor allem, wie die elf Jünger auf dem Berg, den Gestus der Anbetung und zeigen wir so, dass wir alle unsere Kraft allein ihm, unserem Herrn, verdanken, dass wir aber auch alle Hoffnung auf ihn setzen dürfen. Denn er ist bei uns bis zum Ende der Welt. Amen

Die Sendung des Priesters

Meine lieben Weihekandidaten,
liebe Mitbrüder,
meine lieben Schwestern und Brüder,[1]

Priesterweihetage sind für unsere Diözese und für die Gemeinden unserer Diözese Freudentage. Bei jeder Priesterweihe erfahren wir: Gott hat sein Volk nicht verlassen. Er beruft und schenkt uns immer wieder neu junge Männer, die bereit sind, sich auf Gottes Ruf einzulassen und in den priesterlichen Dienst einzutreten, um andere auf ihrem Weg zu begleiten, sie zu führen und sie zu sammeln, um sie zu nähren vom Tisch des Wortes und vom Tisch der Eucharistie. Unsere Gemeinden freuen sich deshalb, und sie sind dankbar für Sie, meine lieben Weihekandidaten. Viele haben mit großem Eifer für Sie und für Ihre Berufung gebetet.

I. Wir brauchen Priester

Doch was ist das – ein Priester? Was bedeutet das – die Priesterweihe? Warum und wozu brauchen wir Priester? Hier gibt es heute viele Fragen und Anfragen. Viele können es nicht mehr verstehen, wie man sich heutzutage noch für diesen Beruf entscheiden kann. Er scheint ihnen menschlich eine Überforderung und christlich nicht einmal unbedingt notwendig zu sein. Manche träumen sogar davon, dass die

---

[1] Predigt anlässlich der Priesterweihe am 15. Juli 1995 in St. Petrus und Paulus in Neuhausen/Filder.
Lesungen: Dtn 30,10–14; Kol 1,15–20; Evangelium: Lk 10,25–37.

Gemeinden das Heft selbst in die Hand nehmen, sich selbst organisieren, selbst ihre Leiter bestimmen.

Kein Zweifel, wir sind heute dringend auf die Mitarbeit sehr vieler Laien, Männer und Frauen, ehrenamtlicher und hauptamtlicher angewiesen, und wir sind dankbar dafür, dass wir sie heute in so großer Zahl haben. Eine neue Gestalt von Gemeinde und Gemeindeseelsorge bildet sich gegenwärtig heraus und dies sicher nicht ohne die Führung des Geistes Gottes. Das Zweite Vatikanische Konzil hat die Sendung und die Würde der Laien wieder neu betont, und es hat sich viel Gutes für die Kirche versprochen von einem vertrauten Umgang und einer engeren Zusammenarbeit von Priestern und Laien.

Aber das Konzil war ebenso entschieden der Überzeugung, dass es keine Kirche im katholischen Sinn und keine katholische Kirchengemeinde geben kann ohne Priester, denen der Bischof nach apostolischer Tradition unter Anrufung des Heiligen Geistes die Hände aufgelegt hat und die er in die Gemeinden sendet. Eine Kirche ohne Priester wäre nicht mehr Kirche und Gemeinde wie sie uns schon im Neuen Testament begegnen. Sie wären nicht mehr die katholische Kirche. Sie wären aber auch nicht das, was sich die ganz große Mehrheit in unseren Gemeinden erhofft. Wenn wir heute von der Gemeinde als Trägerin der Seelsorge sprechen, dann gehört der Priester zum Gemeindesein der Gemeinde. Unsere Gemeinden warten auf Priester. Sie warten auf Sie, meine lieben jungen Freunde. Wir brauchen Priester.

II. Zu Zeugen bestellt

Wozu Priester? Sie, meine lieben Weihekandidaten, werden nachher, bevor Ihnen die Hände aufgelegt werden, versprechen, in der Verkündigung des Evangeliums und in der Darlegung des katholischen Glaubens den Dienst am Wort Gottes treu und gewissenhaft zu erfüllen. Die Verkündigung der Frohen Botschaft ist die erste Aufgabe des Priesters. Sie ist diejenige, die in unserer heutigen pastoralen Situation an erster Stelle genannt zu werden verdient.

»Du sollst« – so spricht Mose in der heutigen Lesung zum Volk – »auf die Stimme des Herrn, deines Gottes, hören und auf seine Gebote und Gesetze achten«. Wort und Gebot Gottes waren für das Volk Israel keine Last, sondern eine Gnade, ein Geschenk. Das Volk Israel wusste, dass es dankbar dafür sein darf, nicht stumme Götzen zu verehren, sondern einem lebendigen Gott zu dienen, der durch sein Wort auf den schwierigen Wegen der Geschichte und des Lebens führt, der den Blick frei macht und warnt vor falschen Wegen, die ins Unglück führen, der tröstet, aufrüttelt und ermutigt. Und gilt das für uns heute nicht noch viel mehr? Brauchen wir inmitten des gegenwärtigen Wirrwarrs der Meinungen, der Suggestion der Medien und der Werbung, der weit verbreiteten Orientierungslosigkeit nicht noch viel mehr dieses Wort der Wegweisung? Es ist nicht Menschenwort, das fehlen und täuschen kann. Es ist Wort Gottes, der nicht täuschen und nicht getäuscht werden kann, der treu ist und dessen Wort unabhängig von dem raschen Wandel der Moden Bestand hat in Ewigkeit. Darauf ist in jeder Situation unbedingter Verlass.

Auch heute gilt, was die Lesung sagt: Dieses Gebot »geht nicht über deine Kraft und ist nicht fern von dir«. »Nein, das Wort ist ganz nah bei dir, es ist in deinem Mund und in deinem Herzen, du kannst es halten«. Gottes Wort ist auch heute kein Fremdwort. Durch Gottes Wort ist alles geschaffen. Alle Wirklichkeit ist durch das Wort Gottes geschaffen und so auf es hin angelegt. Alles ist, so sagt es die zweite Lesung, durch Jesus Christus und auf ihn hin. Deshalb trifft Gottes Wort auf die tiefste, uns selbst oft verborgene und durch manches Vordergründige verstellte und verdeckte Sehnsucht unseres Herzens. Gerade dort, wo es zur Umkehr ruft, ist es uns Wegweiser zum wahren, zum ewigen Leben. Es ist Lebens- und Überlebenshilfe katexochen.

Meine lieben Weihekandidaten, bezeugen Sie dieses Wort Gottes gewissenhaft und mutig, gelegen oder nicht. Erschließen Sie den jungen wie den alten Menschen die Heilige Schrift. Machen Sie keine Abstriche, fügen Sie ihm aber auch nichts hinzu. Übersetzen Sie es in unsere Zeit, in die Sprache der Menschen unserer Zeit, in ihre Situation, in ihre Freuden und in ihre Ängste.

Lassen Sie sich nicht einreden, das sei keine Botschaft von heute und für heute, das alles könne man doch heute nicht mehr sagen und niemandem mehr zumuten. Wo finden wir heute denn sonst solche Worte des Lebens. Bezeugen Sie das Wort Gottes vor allem durch Ihr Leben. Bei der Diakonenweihe wurde Ihnen gesagt: »Was du glaubst, das verkünde, und was du verkündest, erfülle im Leben«. Ihr Leben aus dem Evangelium, Ihr Leben nach den Räten des Evangeliums ist der beste und der am meisten überzeugende Katechismus.

Diesen Katechismus brauchen wir besonders heute als Weggeleit für viele Menschen.

III. Zur Feier der Mysterien Christi berufen

Meine lieben Weihekandidaten, Sie werden nachher auch Ihre Bereitschaft aussprechen, die Mysterien Christi, die Sakramente, zum Lobe Gottes und zum Heil seines Volkes in gläubiger Ehrfurcht zu feiern. Die Spendung der Sakramente, besonders die Feier der heiligen Eucharistie, gehört zum Zentrum Ihres priesterlichen Auftrags. Durch die Sakramente wird Jesus Christus immer wieder neu gegenwärtig im Leben der Menschen.

Die zweite Lesung, die aus dem Brief an die Kolosser stammt, sagt uns: In Jesus Christus ist der unsichtbare Gott, der uns Menschen nicht fassbar und nicht begreifbar ist, fassbar und buchstäblich greifbar geworden. In ihm ist unsere Frage nach dem Sinn unseres Lebens beantwortet. In ihm ist deutlich geworden, dass unsere Sehnsüchte und Hoffnungen auf Glück nicht ins Leere hineingehen. In ihm ist die innerste Dynamik der Welt ans Ziel gekommen. In ihm ist alles mit Gott versöhnt, heil und ganz geworden. Er hält die auseinanderstrebenden Strömungen zusammen. In ihm hat alles Bestand. Durch sein Blut am Kreuz hat er alles versöhnt und Frieden gestiftet.

Das, meine lieben Weihekandidaten, ist der feste Grund, auf dem Sie stehen. Darauf können Sie auch noch bauen, selbst wenn alle anderen Stricke reißen. Der erste und der entscheidende Schritt sind getan. Aus diesem Vorschuss an Versöhnung, Frieden und Heil dürfen Sie leben und wirken. Hier liegt der Dreh- und Angelpunkt Ihres gesamten künftigen priesterlichen Tuns.

Denn so wie Gott sein Heil in Jesus Christus buchstäblich geerdet hat, so lebt und wirkt Jesus Christus in seiner Kirche weiter. Sie ist sein Leib, er ihr Haupt. Durch die sakramentalen Zeichen der Kirche ist Jesus Christus bleibend gegenwärtig. In ihnen wird uns durch Ihren priesterlichen Dienst Gottes Heil, Gottes Versöhnung, Gottes Barmherzigkeit zuteil. Und wer von uns wäre darauf nicht angewiesen? Auch wir moderne Menschen, die sich auf den Fortschritt oft so viel einbilden, können das Glück unseres Lebens nicht aus eigener Kraft »machen«. Auch wir sind erlösungsbedürftige Menschen. Wir bedürfen der Vergebung, der Heilung, der Kraft und des Segens Gottes, der Barmherzigkeit und der Gnade.

Meine lieben Weihekandidaten, die Feier der Sakramente Christi, besonders des Sakraments der Eucharistie und der Versöhnung, wird das Herzstück Ihres priesterlichen Dienstes sein. Lassen Sie sich nicht einreden, Sie seien dabei nur Sakramentenmagier. Sie sind Ausspender der Mysterien Jesu Christi. Sie sind durch die Taufe, durch die Feier des Sakraments der Versöhnung, der Eucharistie, durch Ihre Assistenz, wenn Menschen den Bund für das Leben schließen, durch die Begleitung der Kranken und Sterbenden, Mittler der Fülle des Lebens, das nie aufhört, des ewigen Lebens. Seien Sie es mit großer Ehrfurcht und mit innerer Freude. Geben Sie – viel mehr als wir es gegenwärtig meist tun – Zeugnis davon, dass der Priesterberuf – trotz vieler Schwierigkeiten, die es auch anderswo gibt – menschlich erfüllend und bereichernd sein kann.

IV. Zum Samariterdienst der Liebe gesandt

Selbstverständlich darf es beim Dienst am Wort und beim sakramentalen Dienst nicht bleiben. Darum werden Sie, meine lieben Weihekandidaten, nachher noch ein drittes Versprechen ablegen. Sie werden Ihre Bereitschaft ausdrücken, den Armen und Kranken beizustehen und den Heimatlosen und Notleidenden zu helfen. Sie werden also versprechen, genau den Samariterdienst zu tun, den Jesus uns im heutigen Evangelium vor Augen gestellt hat. Jesus selbst hat ja als guter Samariter gewirkt. Er hat sich der Notleidenden angenommen und Kranke geheilt, und er hat – was meist vergessen wird – auch seine Jünger zum Heilen beauftragt. Die vorrangige Option für die Armen und Schwachen wie die Anwaltschaft für diejenigen, die keine Stimme haben, gehört zu unserem Dienst als Priester.

Der priesterliche Dienst ist in einer besonderen Weise die Erfüllung des Hauptgebots der Liebe, von dem im heutigen Evangelium die Rede ist. Es lehrt uns, unseren Nächsten so zu lieben wie uns selbst. Das will besagen, dass wir immer fragen: Was würde ich in dieser Situation vom Anderen erwarten, und dass wir dann genau so am Anderen handeln wie wir es für uns in dieser Situation wünschen würden. Das klingt sehr fremd in einer Welt, die immerfort nur fragt:

Wo komme ich noch vor? Wie komme ich zu meinem Recht? Das Evangelium kehrt diese Fragestellung um. Es lässt uns fragen: Wie kommt der Andere zu seinem Recht. Nicht Selbstliebe, sondern Selbstlosigkeit ist hier gefordert. Keine Angst! Solche Selbstlosigkeit verheizt uns nicht. Sie macht uns vielmehr frei von unserer narzisstischen Selbstfixiertheit und Selbstverliebtheit, und indem sie uns für den Anderen öffnet, bereichert sie uns. Wer schenkt, der erhält mehr zurück als er gibt. So sind Sie, meine lieben Weihekandidaten, nach dem Vorbild, im Auftrag und im Dienst Jesu Christi gesandt, um als gute Samariter zu wirken.

Menschen, die unter die Räuber fallen und unter die Räder kommen, gibt es auch heute. Menschen, die Verwundungen mit sich herumtragen, nicht nur äußere Wunden, sondern ebenso tiefe innere Verwundungen und Verletzungen gibt es viele. Ich habe sogar den Eindruck, dass diese Verletzungen und Verletzlichkeiten zunehmen. Es braucht in dieser Situation Menschen, die nicht Öl ins Feuer, sondern Öl in die Wunden gießen. Dabei geht es nicht nur um die leiblichen Werke der Barmherzigkeit wie Hungrige speisen und Durstige tränken, sondern auch die geistlichen Werke der Barmherzigkeit: Die Unwissenden lehren, die Zweifelnden beraten, die Trauernden trösten, die Sünder zurechtweisen, den Beleidigern gerne verzeihen, die Unangenehmen ertragen, für alle beten. Von solchem Samariterdienst, meine lieben Weihekandidaten, wird Ihre Glaubwürdigkeit zu einem großen Teil abhängen.

Meine lieben Schwestern und Brüder, es ist viel, was diese 14 Weihekandidaten heute versprechen, und es ist heute schwieriger, dieses Versprechen ein ganzes Leben in Treue durchzuhalten. Dazu brauchen sie Unterstützung. Die Kraft des Heiligen Geistes ist ihnen sicher. Ohne sie können wir Priester und können wir alle nichts tun.

Ich bitte aber auch Sie, meine lieben Schwestern und Brüder, unterstützen Sie diese jungen Priester, unterstützen Sie ganz allgemein unsere Priester, unterstützen Sie sie nicht nur durch ihr Mittun, unterstützen Sie sie auch indem Sie ihre Lebensform mittragen. Sagen Sie ihnen nicht nur, was Ihnen missfällt. Sagen Sie Ihnen auch, dass Sie sich freuen, dass es sie gibt und dass sie ihre Lebensform in Treue durchtragen. Beten Sie vor allem für die Priester. Unsere Gemeinden brauchen Priester. Die Priester aber brauchen auch die Gemeinden. Wir brauchen uns gegenseitig. Nur gemeinsam können wir Kirche

Jesu Christi sein und dem Reich Gottes in dieser schwieriger gewordenen Zeit dienen. Dazu segne Gott Sie, meine lieben Weihekandidaten, und er segne uns alle. Amen.

Der Priester als Bote und Anwalt des Lebens

Meine lieben künftigen Mitbrüder im priesterlichen Dienst,
liebe Schwestern und Brüder![1]

Als erstes grüße ich Sie alle von ganzem Herzen, die Sie zu dieser Priesterweihe nach Schorndorf gekommen sind. Ich grüße die Eltern, die Geschwister, die Verwandten, die Freunde, die Heimat- und die Diakonatsgemeinden unserer Weihekandidaten. Ich heiße alle willkommen, die die zwölf Männer, die heute die Priesterweihe empfangen, auf ihrem Weg zum Weihealtar begleitet haben: die Heimatpfarrer, die akademischen Lehrer, die Vorstände von Priesterseminar und Wilhelmsstift und nicht zuletzt alle, die die Weihekandidaten in den letzten Jahren, Wochen und Tagen mit ihrem Gebet begleitet haben sowie alle, die diesen Tag mit vorzubereiten halfen.

Selbstverständlich gilt mein besonderer Gruß Ihnen, meine lieben Diakone, die Sie nach langen Jahren der Vorbereitung soeben vor der versammelten Gemeinde Ihre Bereitschaft ausgedrückt haben, die Priesterweihe zu empfangen. Sie können sich denken, dass es mir als Bischof eine große und eine wirklich zu Herzen gehende Freude ist, Ihnen heute durch Handauflegung und Gebet Gottes Heiligen Geist zu vermitteln um Sie dann gleichsam als zwölf Apostel in die Gemeinden unserer Diözese aussenden zu können.

---

1 Predigt anlässlich der Priesterweihe am 05. Juli 1997 in Schorndorf. Lesung: Phil 4, 4–7.

I. Gott, ein Freund des Lebens

Sie, meine lieben künftigen priesterlichen Mitbrüder, haben drei Lesungen ausgesucht, die wir soeben gehört haben, und die eindrücklich sagen, um was es Ihnen, um was es unserer Kirche und um was es mir als Bischof bei dieser Priesterweihe geht. Nicht um eine angesehene Stellung, nicht um Macht und Privilegien oder um einen einträglichen Job. Wer die Zulassung zur Priesterweihe unter solchen Kategorien diskutiert, befindet sich von vorn herein auf dem Holzweg. Sie, meine lieben künftigen priesterlichen Mitbrüder, haben durch die Auswahl der drei Lesungen ein anderes Signal gesetzt. Sie haben zum Ausdruck gebracht: Der priesterliche Dienst ist Zeugnis und Anwalt von dem Gott, der ein Freund des Lebens ist; er ist Zeugnis von Jesus Christus, der das Brot des Lebens ist und der uns das Brot des Lebens gibt. Der priesterliche Dienst ist Dienst am Leben, Anwaltschaft für das Leben, Einsatz nicht nur für dieses, sondern für das ewige Leben der Menschen.

Diesen Dienst haben wir dringend nötig. Denn leben, überleben, das wollen wir alle. Der Lebenswille, der Lebensdurst und der Hunger nach Leben steckt in jedem von uns. Er steckt vor allem in jungen Menschen. Aber das Leben ist mehr als einfach weiterleben. Wir sind fortwährend auf der Suche nach einem glücklichen und erfüllten Leben, nach Lebenssinn und Lebensfreude. Umso mehr erfahren wir die Beengungen und Einschränkungen, die das Leben nun einmal mit sich bringt, wir spüren die Entsagungen, die uns das Leben abverlangt, die Enttäuschungen und Frustrationen, von denen früher oder später keiner verschont bleibt. Keinem wachsen die Bäume einfach in den Himmel. So fragen wir uns: Was ist das Leben? Was bleibt vom Leben? Wozu, wofür leben wir?

Doch wer gibt uns Antwort auf diese Fragen? Hier beginnt unsere Not. Die moderne Wissenschaft und Technik lassen uns vor diesen Fragen, die jeden von uns ganz persönlich berühren, im Stich. Sie lassen uns allein. Ich sehe niemand anderes als die Kirche und insbesondere den Priester, der sich diesen Fragen stellt. Denn der Priester ist gesandt, Bote, Deuter, Mittler und Anwalt des Lebens zu sein.

II. Zeugnis geben von Gott

Der Priester soll Zeugnis geben von Gott, der ein Freund des Lebens ist. Denn Gott ist Leben und er will das Leben. Jeder von uns ist, weil Gott ihn will, weil Gott ihn ins Dasein gerufen hat, weil er ihn im Dasein trägt, weil Gott ihn liebt und bejaht. Weil Gott ein Freund des Lebens ist, ist er groß im Erbarmen, groß im Verzeihen und im Verschonen. Er lässt keinen fallen. Er lässt und er schenkt jedem immer wieder neu eine Chance. Für Gott ist jeder und jede lebenswert und liebenswert. »Du liebst alles, was ist, und verabscheust nichts von allem, was du gemacht hast« – so haben wir soeben in der ersten Lesung gehört.

Doch die Botschaft vom Leben, die Sie, liebe Weihekandidaten, künftig bezeugen sollen, geht noch weiter. Heute werden Sie ja zu Zeugen für Jesus Christus bestellt. Die Mitte Ihres Tuns und Ihres ganzen Lebens wird sein, das zu sagen, was Jesus im heutigen Evangelium gesagt hat, nämlich dass Gott uns nicht ferne geblieben ist, dass er uns nahe gekommen ist, dass er Mensch geworden ist und dass er in Jesus Christus sich selbst zum Brot des Lebens gemacht hat. Gott ist gleichsam verrückt nach uns Menschen. Er will nicht nur bei uns sein, er will sich uns schenken, ganz eins mit uns werden, er will in uns sein, und er will, dass wir in ihm sind, und in ihm das Leben, das ewige Leben haben.

Denn was Gott tut, das tut er ganz und für immer. Er ist treu. Sein Ja umgreift nicht nur unser irdisches Leben, es umgreift und umfängt uns auch noch im Sterben. Bei Gott sind wir für immer aufgehoben und geborgen. Er schenkt uns nicht nur dieses Leben, sondern über unseren Tod hinaus ewiges Leben. Auch im Sterben fallen wir nicht ins Leere und nicht ins Nichts. Wir fallen ganz in Gottes Hand.

Meine lieben Schwestern und Brüder, unser christlicher Glaube will uns in unserem Lebensdrang und Lebensdurst nicht einengen und einschnüren. Er will uns das Leben nicht vermiesen und madig machen. Im Gegenteil, er gibt unserem Leben erst Halt und Inhalt, gibt ihm Weite und Höhe. Auch die Gebote Gottes sind nicht Einengungen des Lebens, sondern Wegweiser zum wahren Leben. Jesus ist gekommen, damit wir das Leben haben und es in Fülle haben. Nicht Feinde, sondern Freunde des Lebens sollen darum die Priester sein. Diener der Freude nennt sich und uns der Apostel Paulus. Deshalb ruft er uns in der zweiten Lesung dieses Tages zu: »Freut euch im Herrn zu jeder Zeit! Noch einmal sage ich: Freut euch!«

Die Freude, zu der der Apostel uns aufruft, ist keine Allerweltsheiterkeit, keine Bierzeltstimmung, auch kein billiger lebens- und wirklichkeitsfremder Optimismus. Der Apostel Paulus hat seinen Ruf zur Freude in einer überaus bedrängten persönlichen Situation im Gefängnis geschrieben. Er war nicht naiv, was das Leben anbetrifft. Er wusste wovon er redet. Am eigenen Leib hat er erfahren, wie hart das Leben sein kann. Deshalb schreibt er im gleichen Zusammenhang von den Anliegen und Sorgen, die wir bittend und flehend vor Gott bringen sollen. Denn er wusste, dass in allem Leiden die Freude an Gott unsere Stärke ist. Sie befreit von jener Verbissenheit und Verbohrtheit in bestimmte Lebensziele, die wir uns in den Kopf gesetzt haben. Sie schenkt Gelassenheit, Friede und Freude, die dankbar ist auch für die kleinen Zeichen und Geschenke von Gottes Liebe, die wir – wenn wir dafür nur offen sind – jeden Tag erfahren dürfen. Sie gibt unserem Leben in jeder Situation Weite, Sinn und Inhalt.

III. Ruf zur Freude

Diese Botschaft von dem Leben, das Gott ist und das er uns durch Jesus Christus schenkt, und den Ruf zur Freude haben wir heute besonders nötig, heute, da das Leben oft so oberflächlich verkürzt wird, heute, da so viel Resignation und Frustration herrschen. Es fehlt uns gegenwärtig ja nicht nur an Glaubens- und Kirchenfreude. Wir wissen oft gar nicht mehr, was wir am Glauben wirklich haben, welches Geschenk er ist. Wir entschuldigen uns fast, Christen und Katholiken zu sein. Es fehlt uns ganz schlicht an Lebensfreude. Wir sind immerfort am Jammern, und wir bemitleiden uns fortwährend selbst. Warum? Doch wohl deshalb, weil wir uns von Gott, dem Quell und Inhalt des Lebens entfernt und entfremdet haben, weil wir dem Glück unseres Lebens nachjagen, ohne Gott in Rechnung zu stellen, und weil wir damit ins Leere fallen. Gerade in unserer Zeit brauchen wir Boten des Lebens, des wahren und ewigen Lebens. Gerade heute brauchen wir Deuter und Mittler des Lebens, Wegweiser zum Leben, Anwälte des Lebens.

Zu diesem Zeugnis sind durch Taufe und Firmung alle berufen, befähigt und gesandt. Wir sind dankbar, dass dieses gemeinsame Priestertum aller Christen wieder deutlicher ins Bewusstsein gerückt ist, und ich bin dankbar, dass so viele Männer und Frauen diesen Auftrag so engagiert verwirklichen und sich in den Gemeinden wie in den Einrichtungen, besonders in den Beratungsstellen unserer Diözese, einsetzen. Es ist großartig, was da in den letzten Jahrzehnten gewachsen ist. Die Gegenwart so vieler Menschen bei dieser Priesterweihe bezeugt aber auch, dass mit diesem beeindruckenden Engagement so vieler Laien der besondere Dienst des Priesters in keiner Weise beiseitegeschoben werden soll. Die Priesterweihe soll dadurch nicht abgewertet, nivelliert und eingeebnet werden. Im Gegenteil! In den guten und gesunden Zeiten in der Kirche war es immer so: Die Priester fördern die Laien, und die Laien wollen und fördern Priester.

Wenn wir heute einen Mangel an Priestern haben, dann ist das keine Chance, Priester durch andere Dienste zu ersetzen. Letztlich kann man Priester nur durch Priester ersetzen. Alle sind darum eingeladen, ein Klima zu schaffen, in dem Priesterberufe aufkeimen und gedeihen können, in dem sie ermutigt und gefördert werden. Alle sind aufgerufen zu beten, dass Gott Arbeiter in seine Ernte sende.

Denn Zeugen und Boten des Lebens sein, das können wir nicht aus uns selbst. Dafür reichen unsere eigenen schwachen Kräfte nicht aus. Die Fähigkeit dazu muss uns von Jesus Christus immer wieder neu geschenkt werden. Jesus Christus ist das Haupt der Kirche, und als Haupt seines Leibes, der Kirche, belebt er sie immer neu, damit sie fähig wird, dem Leben zu dienen. Der Priester soll aufgrund der Priesterweihe Jesus Christus als Haupt der Kirche repräsentieren und in besonderer Weise Zeuge, Mittler, Anwalt des Lebens sein. Er soll im Namen und in der Person Jesu Christi andere zur Zeugenschaft für das Leben inspirieren und motivieren.

IV. Der Priester, ein Freund des Lebens

Um diese Aufgabe erfüllen zu können, soll der Priester zuerst selbst ein Freund des Lebens sein. Er muss die Menschen mögen. Er muss sie so mögen wie sie sind und nicht so wie sie sein sollten. Er soll den Menschen nahe sein in ihren Freuden und Hoffnungen, wie in ihren Ängsten, Sorgen und Nöten. In vielen Fällen ist es schon genug, wenn er einfach da ist und wenn er zuhört, wenn er sich mitfreut und wenn er mitleidet. Er soll nicht Missmut, sondern Mut, Zuversicht und Freude, er soll vor allem Wohlwollen und Güte ausstrahlen. Er soll ein freundschaftlicher Begleiter des Lebens sein, der signalisiert: Dein Leben ist lebenswert, du bist liebenswert.

Nur als Freund des Lebens kann der Priester auch Bote des Lebens sein. Er soll ja das Leben der Menschen im Licht des Glaubens deuten. Auch diese Aufgabe ist heute aktuell. Wir sind heutzutage ja oft sprachlos und weithin hilflos geworden gegenüber unseren existentiellen Erfahrungen. Wie befreiend ist es, wenn einer das oberflächliche Geschwätz durchbricht und das zur Sprache bringt, was die Menschen auch heute bewegt, was sie aber nicht sagen können und oft meinen, nicht sagen zu dürfen, weil es gesellschaftlich nicht schick ist, weil es weithin tabu ist, von Leiden, von Ängsten, von Schuld und Versagen und vom Sterben zu reden. Es gehört Mut dazu, die Banalitäten zu durchbrechen und anzusprechen, was Sache ist.

Nicht nur durch das Wort, durch Ihr ganzes Leben sollen Sie, meine lieben jungen Freunde, Jesus Christus bezeugen. Sie sollen Anwälte des Lebens sein: des Lebens der ungeborenen Kinder wie der geborenen, der Familien mit Kindern, die in unserer Gesellschaft benachteiligt sind, der alten und beeinträchtigten Menschen, der unter der Armutsgrenze Lebenden, der Kranken und der Sterbenden. Diese diakonische Dimension darf neben der Organisation und Verwaltung nicht zu kurz kommen; die Verwaltung können und sollen wir delegieren, von der Diakonie dürfen wir uns nicht absentieren.

Ihre zentrale Aufgabe wird es sein, die Sakramente des Lebens zu spenden: In der Taufe das neue Leben zu schenken – in der Eucharistie das Brot des Lebens zu reichen – im Sakrament der Buße Menschen dort, wo sie ihr Leben verfehlt und vielleicht sogar verpfuscht haben, neu auf den Weg des Lebens zu helfen und sie neu mit Gott, mit sich selbst und mit anderen zu versöhnen – sie zu begleiten, wenn sie den Bund fürs Leben schließen – und sie zu begleiten auf ihrem letzten Weg und dabei die Botschaft vom ewigen Leben zu verkünden.

V. Dem Leben dienen

Meine lieben künftigen Mitarbeiter im priesterlichen Dienst, Zeuge für das Leben zu sein ist etwas Schönes und Großes. Lassen Sie sich die Freude daran von niemandem nehmen und von niemandem wegdiskutieren. Dem Leben zu dienen, wird auch Ihnen Leben, Lebensinhalt, Lebenskraft und Lebensfreude schenken. Aber es wird Ihnen immer wieder auch so ergehen, wie es Jesus nach dem heutigen Evangelium ergangen ist, dass andere murren, dass sie Anstoß nehmen, ihre Rede unerträglich finden und weggehen. Dieses Murren kommt wie bei Jesus nicht nur von außen, es kommt auch aus den eigenen Reihen. Wer den Priesterberuf wählt, hat nicht unbedingt den Erfolg gebucht. Er muss mit Widerspruch rechnen, und er darf, wenn er kommt, nicht überrascht und enttäuscht sein. Jesus ist es nicht besser ergangen, Jesus selbst ist es genau so ergangen.

Fragen Sie in solchen Situationen sich selbst und die Anderen: Wohin sollen wir denn gehen? Wo begegnen uns sonst solche Worte des Lebens? Verlieren Sie dann also nicht den Mut. Flüchten Sie sich nicht in oberflächliche Anpassung an den Trend, flüchten Sie dann nicht in äußerlichen Aktionismus. Mit Billigpreisangeboten gewinnt man Kunden im Discounter, in der Kirche verliert man die Besten. Meine lieben jungen Freunde, bleiben Sie in solchen Situationen, wo es schwer wird, treue Zeugen Jesu Christi. Verkünden und bezeugen Sie Jesus Christus als den Weg, die Wahrheit und das Leben. So werden Sie selbst das Leben finden. Amen.

Gesandt, das Wort des Lebens zu verkünden

Liebe Schwestern und Brüder, liebe Mitbrüder,
meine lieben Weihekandidaten![1]

Sie, meine lieben Weihekandidaten, haben soeben Ihr Ja-Wort gesprochen und damit vor Gott und der versammelten Gemeinde Ihre Bereitschaft bekundet, sich senden zu lassen. Nachher werden Ihnen die Hände aufgelegt und im Weihegebet wird der Geist Gottes auf sie herabgerufen, damit werden Sie ausgesandt zum missionarischen Dienst, um das Wort des Lebens zu verkünden. Dazu wird Ihnen Gottes lebensschaffender Heiliger Geist zugesprochen und zugesagt. Der Text, den Sie aus dem Johannesevangelium ausgewählt haben, deutet wie wenige andere Texte des Neuen Testaments, was in dieser Stunde Ihrer Priesterweihe geschieht. In gewisser Weise wiederholt sich jetzt, was damals nach der Rede Jesu zu Kafarnaum geschehen ist.

I. Die Stunde der Wahrheit

Damals ging es dramatisch zu. Es war der entscheidende Wendepunkt im Leben und Auftreten Jesu. Noch mehr: es war eine Stunde der Entscheidung und zugleich die Stunde der Wahrheit. Mit einer Klarheit und Deutlichkeit wie nie zuvor hat Jesus verkündet, worum es ihm geht: Ich bin das Brot des Lebens, das vom Himmel herabgekommen ist, und ich gebe euch das Brot des Lebens: Es ist mein Fleisch, das heißt: Ich selbst bin in meiner Selbsthingabe für euch dieses Brot des

[1] Predigt anlässlich der Priesterweihe von drei Steyler Missionaren am 26. April 1998 in St. Augustin bei Bonn.
Evangelium: Joh 6,60–69.

Lebens. Wer von diesem Brot isst, der wird in Ewigkeit nicht mehr hungern, der hat das ewige Leben. Jesus sagt also, worum es ihm geht. Seine Botschaft ist eine Botschaft vom Leben. Er ist gekommen, damit wir das Leben haben und es in Fülle haben. Er selbst ist der Weg, die Wahrheit und das Leben. Er ist das Licht und das Brot des Lebens.

Trotzdem kommt es zum Widerspruch und zur Krise. Seine Zuhörer finden seine Worte hart, sie finden sie überzogen, skandalös. Sie sind empört, ärgern sich, nehmen Anstoß und wenden sich ab. Die Botschaft vom Leben möchten sie schon hören. Aber dass sie so konkret sein soll, dass sie sich zuspitzen soll in diesem Jesus, den sie doch als den Sohn des Zimmermanns Josef kennen, dass er ihnen nicht nur etwas gibt zum Leben, sondern sich selbst – das geht ihnen zu weit, das empört und reizt sie, das wird ihnen zum Ärgernis.

So wird es einsamer um Jesus. Nur noch ein kleines Häufchen bleibt zurück, und auch unter diesen Wenigen ist einer ein Verräter. Da tritt – wie in den anderen Evangelien ebenfalls berichtet – Petrus als Sprecher der Zwölf auf. Er spricht das entscheidende Wort: Du bist der Heilige Gottes. Du hast wie kein anderer Worte des Lebens Danach aber nimmt eine dramatische Entwicklung ihren Lauf, die am Kreuz zu ihrem Höhepunkt kommt. Dort fliehen auch die wenigen zunächst noch Verbliebenen. Nur Maria, die Mutter Jesu, und Johannes, der Lieblingsjünger, bleiben zurück.

Im Evangelium deutet Jesus diese dramatische Situation: Die Stunde der Krise, der Scheidung und der Entscheidung ist zugleich die Stunde der Wahrheit. In der Krise von Kafarnaum wird eine tiefere Dramatik sichtbar. In dieser Krise wird das ganze Drama der Weltgeschichte offenbar, das Drama zwischen Gottes ewigem Heilswillen und dem Widerstand des Bösen, zwischen Wahrheit und Lüge, Leben und Tod. Es geht in dieser Auseinandersetzung darum, was denn nun das wahre Leben ist: das Leben aus dem Geist oder das Leben aus dem Fleisch.

Das heißt in der Sprache der Heiligen Schrift nichts anderes als: Es geht um die Entscheidung zwischen dem Leben aus Gott, den man nicht sieht und über den man nicht verfügt und der doch allein die Fülle des Lebens ist und Leben gibt, und dem Leben aus dem Sichtbaren, Verfügbaren, Machbaren, Planbaren, das aber letztlich doch nicht verlässlich ist, sondern endlich, begrenzt, sterblich. Es ist die Frage, aus welchen Sicherheiten wir leben – aus denen, welche vor

Augen liegen, die handgreiflich und nachrechenbar sind und die doch zum Tode führen – oder aus dem Glauben an Gott, der das Leben, das ewige Leben ist und der uns das endgültige Leben schenkt und der uns in Jesus Christus, in seinem Wort des Lebens und in seinen lebenspendenden Sakramenten nahe ist.

Diese Stunde der Entscheidung und diese Stunde der Wahrheit vollzieht sich auch heute. Sie vollzieht sich heute sogar mit besonderer Dramatik. Auch heute gibt es das Murren, das sich Ärgern und sich Aufregen. Auch heute laufen viele weg. Auch heute wird die Zahl der Gefolgsleute Jesu kleiner. Auch heute stellt sich uns die Frage: Wollt auch ihr weggehen? Auch heute spricht Petrus das entscheidende Wort und gibt die Antwort: Wohin sollen wir denn gehen? Wo finden wir sonst solche Worte, eine solche Botschaft, eine solche Verheißung des Lebens? Jeder von uns ist vor eine Entscheidung auf Leben und Tod gestellt, durch jeden von uns geht diese Entscheidung hindurch. Jeder muss sich ihr stellen und klar bekennen, auf welcher Seite er steht.

II. Wort und Brot des Lebens

Sie, meine lieben Weihekandidaten, haben diese Entscheidung getroffen. Sie haben sich das Bekenntnis des Petrus zu Eigen gemacht und dazu nach langer Vorbereitung und reiflicher Überlegung soeben ihr freies und ungezwungenes »Ja« gesagt. »Hier bin ich«, haben Sie gesagt. Für diese Entscheidung und für dieses Wort sind Ihnen viele dankbar, mehr als Sie wohl ahnen: Ihre Mitbrüder, die gesamte hier versammelte Gemeinde und viele darüber hinaus danken es Ihnen, denn sie warten auf Sie und brauchen Sie. Sie warten auf Sie und sie brauchen Sie, weil sie auf Priester warten und Priester brauchen. Sie warten auf Sie und brauchen Sie, weil sie auf das Wort des Lebens warten und nach dem Brot des Lebens hungern.

Aber Sie machen sich auch keine Illusionen über die Schwierigkeiten, den Gegenwind, der uns heute steif ins Gesicht bläst. Sie täuschen sich nicht über den Widerstand, der sich heute wie zu fast allen Zeiten dem Evangelium des Lebens entgegenstellt. Das ist nicht nur hier bei uns in Deutschland und in Westeuropa so, wo die christliche Botschaft inzwischen von vielen als ärgerlich und zum Widerspruch reizend empfunden wird. Auch aus Ihrem Heimatland Indonesien, wo die Christen eine relativ kleine Minderheit sind und in den letzten Jahren unter Druck von Seiten der mehrheitlich muslimischen Bevölkerung geraten, bringen Sie diese Erfahrung mit. Das Bekenntnis zu Jesus Christus war noch nie ein Honigschlecken und kann es grundsätzlich nie sein. Die Kirche als Kirche Jesu Christi steht unter dem Kreuz. Sie ist Kirche im Zeichen und im Schatten des Kreuzes.

Das Kreuz, für uns der Sieg des Lebens, der Liebe und der Wahrheit, ist für viele andere Ärgernis und Torheit. Man gilt als dumm und wird als dumm verkauft, wenn man sich als Christ bekennt, wenn man als Christ zu leben versucht, oder gar – wie Sie – durch die Priesterweihe sein ganzes Leben Jesus Christus weiht und es Gott und den Menschen zum Geschenk macht.

Doch haben Sie keine Angst! Seien Sie guten Mutes! Es gilt auch von Ihnen, was Jesus den zwölf Jüngern, die bei ihm geblieben und mit ihm den weiteren Weg gegangen sind, sagt. Ihre Entscheidung gründet in einer ganz anderen Entscheidung. Sie ist getragen von der ewigen Entscheidung, von der ewigen Vorbestimmung, Erwählung und Berufung durch Gott. Ihre Entscheidung ist nicht nur Ihre Entscheidung oder gar nur Ihr subjektiver Einfall. Irgendwann einmal, bei jedem von Ihnen anders, hat Gottes Ruf Sie erreicht und Sie an sich gezogen. Ihre Berufung ist Ihnen wie den ersten Jüngern geschenkt worden. Sie ist ein Geschenk, eine Gnade für Sie, für die Kirche und für die Menschen, zu denen Sie gesandt werden.

Nicht Sie haben Jesus Christus erwählt. Er hat Sie erwählt, und er hat Sie bestimmt, seine Jünger, seine Zeugen und seine Apostel zu sein. Er, den Petrus in seinem Bekenntnis den Heiligen Gottes nennt, er wird Sie nachher bei der Handauflegung und dem Weihegebet heiligen. Er wird Ihnen seinen Heiligen Geist schenken, damit er Sie stärkt, Sie erleuchtet, Sie täglich und immer wieder neu ermutigt, damit er Sie froh und frei macht bei Ihrem Dienst. Und wenn es einmal schwierig wird, wenn Sie mutlos und traurig werden möchten und versucht sind, die Flinte ins Korn zu werfen – und wem passiert das nicht – dann dürfen Sie sich jedes Mal und Ihr ganzes Leben lang auf dieses Ja Gottes zurückbesinnen und sich darauf berufen, auf das Ja, das längst vor Ihrem Ja gesprochen ist, das Ja, das heute durch Handauflegung und Gebet besiegelt wird und das Gott in seiner unerschütterlichen Treue auch dann noch durchhält, wenn wir einmal untreu werden. Darauf ist Verlass.

III. Geist und Leben

Ihre Aufgabe wird es nun sein, die Botschaft des Lebens, die Botschaft von Jesus Christus, der der Weg, die Wahrheit und das Leben ist, zu bezeugen. Sie sollen den Menschen das Wort des Lebens, das Wort, das Geist und Leben ist, bringen und ihnen bei der Feier der Eucharistie das Brot des Lebens reichen.

Doch nicht nur durch das, was Sie sagen, und durch das, was Sie tun, sollen Sie das Evangelium des Lebens in die Welt und in das Leben der Menschen hineintragen. Sie selbst sollen Zeugen des Lebens sein, indem Sie nach dem Vorbild Jesu, des guten Hirten, Ihr Leben hingeben, indem sie es nicht für sich haben wollen, sondern zum Geschenk machen für Gott und die Menschen.

Dieses Evangelium des Lebens ist heute ebenso gefragt wie es umstritten und umkämpft ist. Der Hunger nach Leben und der Durst nach authentischem Leben ist groß, weil auch die Enttäuschung und der Überdruss an dem, was meist als Leben ausgegeben wird, groß ist. Viel mehr Menschen als wir ahnen durchschauen, dass das, was man ihnen als Lebensglück und Lebenserfüllung vorgaukelt, in Wirklichkeit nicht trägt und nicht hält. Eine neue geistliche Sehnsucht ist – Gott sei Dank – im Wachsen begriffen.

Dennoch stoßen sich viele an der konkreten Botschaft vom Leben, wie sie die Kirche zu bringen hat. Sie stoßen sich an ihrer Konkretheit. Und dabei geht es nicht nur um diese oder jene konkrete Erscheinung an der konkreten Gestalt der Kirche, die immer auch eine Kirche der Sünder ist und deshalb immer wieder schlimme und ärgerliche Skandale produziert. Es geht nicht nur um diese vermeidbaren und eben deshalb ärgerlichen Skandale. Es gibt auch den Skandal, der bleibend und unablösbar zur Kirche und ihrer Botschaft vom Leben gehört. Es ist der Skandal ihrer Konkretheit, das uns heute nicht weniger als damals in Kafarnaum Probleme macht.

Es ist heute gerade im Kontext der Mission, aber nicht nur dort, nur sehr schwer zu vermitteln, dass Gott sich ausgerechnet in diesem konkreten Menschen Jesus von Nazareth ein für alle Mal, endgültig und unüberbietbar für die Menschen aller Zeiten und aller Kulturen geoffenbart hat. Viele hätten es heute auch in der Christologie gerne etwas pluralistischer. Es ist heute nur sehr schwer zu vermitteln, dass diese ganz konkreten Bücher des Alten und des Neuen Testaments in einer gegenüber den Grundschriften anderer Religionen besonderen, einmaligen und unbedingt verlässlichen Weise Gottes Wort sind. Es ist heute schwer klar zu machen, dass dieses Wort Gottes in bleibend verbindlicher Weise durch ganz bestimmte dogmatische Entscheidungen und Sätze in irreversibler Weise bezeugt wird, die doch offensichtlich in unserem abendländischen Kontext entstanden sind. Und es findet nur schwer Zustimmung, dass das ewige Leben uns durch ganz bestimmte sakramentale Zeichenhandlungen, welche nur geweihte Priester vollziehen können, zugesprochen und geschenkt wird.

Sie, meine lieben Weihekandidaten, kennen diese Probleme und Sie haben sich entschieden die Wahrheit, die Jesus Christus selber ist, in dieser Kirche und im Auftrag dieser Kirche als Mitglieder der »Gesellschaft des Göttlichen Wortes« missionarisch zu bezeugen. Sie wollen diese Botschaft niemandem aufoktroyieren. Aber Sie wollen Menschen einladen, sich auf diese Wahrheit einzulassen, damit sie so die Fülle der Wahrheit, des Lichtes und des Lebens haben. Sie kommen aus einer jungen Kirche in Ihrem Heimatland zu uns in eine wesentlich ältere, aber manchmal etwas müde gewordene Kirche, um uns zu sagen: Wohin wollt ihr denn sonst gehen? Wo findet ihr sonst solche Worte des Lebens?

Für die Bereitschaft zu diesem Dienst danken wir Ihnen. Für diesen Dienst wünschen wir Ihnen heute am Tag Ihrer Priesterweihe, dass Gott Ihnen seinen lebenspendenden Geist schenke, dass er die Kraft seiner Auferstehung für Sie immer wieder neu erfahrbar mache und dass er das tue in der weltweiten Gemeinschaft unserer katholischen Kirche. Gott segne und begleite Sie. Er lasse sein Angesicht immer über Ihnen leuchten und er sei Ihnen gnädig. Amen.

Jüngerschaft und Sendung

Liebe Weihekandidaten,
liebe Schwestern und Brüder![1]

Was wir soeben in Lesung und Evangelium gehört haben, das geschieht hier und heute in dieser Feier: Berufung zur Jüngerschaft und Sendung zur Verkündigung des Reiches Gottes. Damals waren es 72, heute sind es 14, die berufen, die ausgesandt und die für Ihre Berufung und Sendung mit Heiligem Geist ausgerüstet werden. Das ist für mich und die ganze Diözese ein Grund zur Dankbarkeit und für uns alle ein Anlass der Freude und der festlichen Feier.

So begrüße ich ganz herzlich Sie, meine lieben Weihekandidaten. Im Namen sehr vieler Mitchristen danke ich Ihnen für Ihr Ja zu Ihrer Berufung und Sendung. Viele Menschen, viele Gemeinden warten auf Sie und freuen sich auf Sie. Ich begrüße Ihre Eltern und Geschwister, Ihre Heimat- und Diakonatsgemeinden, Ihre Pfarrer und Prinzipale, ich begrüße alle, welche Sie während der Zeit Ihrer Ausbildung begleitet haben: Ihre theologischen Lehrer, die Vorstände von Priesterseminar und Wilhelmsstift.

I. Das Reich Gottes ist nahe

Das damals in Lesung und Evangelium Berichtete geschieht im Heute. Mose, dem die Last der Verantwortung zu groß wird, erhält zu seiner Unterstützung 70 – nachher sind es 72 – Älteste. Jesus sondert aus der großen Schar der Jünger und Jüngerinnen 72 Männer aus und sendet

---

[1] Predigt anlässlich der Priesterweihe am 04. Juli 1998 in St. Blasius in Ehingen. Lesung: Röm 8,14–17; Evangelium: Lk 10,1–11.

sie je zu zweit als Boten des Reiches Gottes. Derselbe Auftrag wird heute Ihnen, liebe Weihekandidaten, zuteil. Wie die 72 Jünger werden Sie beauftragt, Frieden zu bringen, zu heilen und vor allem zu verkünden: »Das Reich Gottes ist nahe.« Das ist ein hoher Auftrag, der über unsere schwachen menschlichen Kräfte geht. Doch seien Sie ohne Sorge. Heute wie damals sind Sie nicht auf sich allein gestellt. Heute wie damals wird Ihnen der Heilige Geist mit seinen siebenfältigen Gaben zugesprochen und geschenkt. In seiner Kraft sollen und können Sie hinausgehen in unsere Gemeinden.

Was heute geschieht, geschah von allem Anfang an. Jesus hat alle, das ganze Volk, berufen. Eine große Schar von Jüngern und Jüngerinnen folgten ihm und hörten ihn. Sie alle verbreiteten seine Botschaft und erzählten von seinen Wundertaten. Wie ein Lauffeuer verbreitete sich die Nachricht von seinem Auftreten. Aber aus der großen Schar seiner Jünger und Jüngerinnen hat Jesus bestimmte Männer in besonderer Weise berufen und gesandt, zuerst die Zwölf, dann die 72 Jünger sowie nach Ostern die Apostel. Diese wiederum haben ihren Auftrag an bestimmte, uns teilweise namentlich bekannte Männer weitergegeben. Und diese Kette der Handauflegungen reicht bis zum heutigen Tag.

So gibt es in der Kirche durch göttliche Stiftung beides: Das gemeinsame Priestertum aller Getauften und das besondere Priestertum des Dienstamtes. Mit einer Zwei-Klassen-Gesellschaft hat das nichts zu tun. Beide sind aufeinander hin geordnet. Beide brauchen sich gegenseitig. Beide sollen zusammenarbeiten. Aber nicht alle können alles, und nicht jeder kann jedes. Der eine Leib Christi, der die Kirche ist, hat viele und vielfältige Glieder. Die Kirche ist eine geordnete Einheit in der Vielfalt der Dienste, Ämter und Aufgaben. Ich sage dies ganz bewusst deshalb so deutlich, weil dies gegenwärtig immer wieder bestritten wird und weil gegenwärtig die von Gott gewollte und von allem Anfang an gegebene Verfassung unserer Kirche immer wieder in Frage gestellt wird.

Alle zusammen bilden eine heilige Priesterschaft. Alle sind Geistliche. Alle sind mitverantwortlich. Alle sind aufgrund von Taufe und Firmung zu Zeugen der Frohen Botschaft bestellt. Solches Zeugnis geschieht nicht nur in der Predigt. Das soll auch draußen geschehen auf den Straßen und Plätzen, in den Familien, am Arbeitsplatz, im Freundeskreis, in den Medien.

Aber Gott braucht Menschen und handelt durch Menschen. Er bedient sich bestimmter, von ihm namentlich beauftragter Menschen, um andere Menschen zu diesem ihrem Dienst und zu dieser ihrer Aufgabe zu berufen und zu heiligen. Sie sollen nicht Macht ausüben, sondern durch ihre Weihe mit dem priesterlichen Dienstamt beauftragt Diener der Diener Jesu Christi sein. Das ist keine spätere Erfindung oder eine erst spätere Entwicklung. Dies war die Verfassung der Kirche von allem Anfang an. Auch heute und morgen kann die Kirche nicht ohne Priester sein. Auch heute kann man Priester letztlich nur durch Priester ersetzen. Deshalb freuen wir uns und sind wir Gott dankbar, heute 14 neue Priester als Geschenk zu bekommen und aussenden zu können.

II. Arbeiter für das Reich Gottes

Wir alle wissen um die Not, dass wir heute weniger Priester haben, dass sehr oft mehrere Gemeinden sich einen Priester teilen müssen und ein Priester für mehrere Gemeinden da sein muss. Das ist eine schmerzliche Notsituation. Aber das Phänomen der Überlastung ist offensichtlich nicht neu. Bereits Mose hat es erfahren, Jesus und die Apostel mussten es erfahren. Schon damals gab es nur wenige Arbeiter in der Ernte des Reiches Gottes. Schon damals musste Jesus die Wenigen mahnen, sich nicht an einem Ort aufzuhalten. Sie sollen nicht ortsansässig sein, sondern von Ort zu Ort, von Stadt zu Stadt eilen. Sie müssen sich damit begnügen, den Samen des Wortes Gottes überall auszustreuen. Das Wachstum können nicht sie machen. Das muss ein anderer geben.

Die Kirche musste bereits am Anfang mit begrenzten personellen Ressourcen arbeiten. Sie muss heute wie damals auch mit begrenzten materiellen Ressourcen arbeiten. Jesus verbietet seinen Jüngern sogar, sich auf menschliche Mittel zu verlassen und zu viel Ballast mit auf den Weg zu nehmen. »Nehmt keinen Geldbeutel mit, keine Vorratstasche, keine Schuhe«. Wir dürfen uns nicht einbilden, mit menschlichen Mitteln das Reich Gottes aufbauen zu können, auch nicht mit Personal- und Strukturplänen, mit gescheiten Strategiepapieren und Statutenänderungen. Wir sind keine Macher. Vielleicht will uns Gott durch unsere begrenzter werdenden Mittel genau diese Lektion erteilen. Er will uns sagen: So kommt ihr nicht weiter.

Was Jesus will und worauf er baut, ist etwas ganz anderes. Jesus will wahre Jüngerschaft. Wenn er die 72 Jünger in Armut und Armseligkeit wegschickt, dann will er sagen: Seine Boten sollen aus den Verheißungen der Bergpredigt leben und wirken. »Selig sind die Armen, die Gewaltlosen, die Barmherzigen ...« Sie sollen aus dem Geist des Magnifikat leben und wirken. »Er stürzt die Mächtigen vom Thron und erhöht die Niedrigen«. Um im bald beginnenden dritten Jahrtausend Zukunft zu haben, braucht ihr in erster Linie heiligmäßige Gemeinden, heiligmäßige Priester und gewiss auch heiligmäßige Bischöfe. Da sehen wir alle schlecht aus. Da liegt unsere eigentliche Armut.

Der Apostel Paulus führt in der Lesung genauer aus, worum es bei dieser wahren Jüngerschaft geht. Paulus definiert mit höchster Präzision, wer ein Christ, ein wahrer Jünger Christi ist: »Alle, die sich vom Geist Gottes leiten lassen, sind Söhne Gottes«. Genauer müsste man übersetzen: »Alle, die sich vom Geist umtreiben lassen, sind Söhne Gottes«. Der Geist drängt uns im Gebet »Abba, Vater« zu sagen. Er lehrt uns beten und öffnet uns für die Dimension Gottes und seines Reiches. Fragen wir uns: Welches sind die Geister, von denen wir uns umtreiben lassen? Welches sind die Maßstäbe, aus denen heraus wir urteilen, entscheiden und leben? Sind es die Maßstäbe des Geistes oder des Fleisches, das heißt die Maßstäbe dieser Welt? Wahre Jüngerschaft ist alternativ zu dem, was »man« so sagt und was »man« so tut. Sie geht neue und andere Wege. Der Geist sprengt unsere engen Grenzen. Er hat mehr Phantasie als wir denken.

Das Einzige, was Jesus uns mit auf den Weg gibt, die einzige Macht, die uns gegeben ist, ist die Allmacht des Gebets. »Bittet und ihr werdet empfangen«. Das Zweite Vatikanische Konzil hat ausdrücklich darauf hingewiesen und deutlich gemacht, dass dies auch gilt hinsichtlich des Priestermangels. Beten wir deshalb um Priester und geistliche Berufe. Beten wir für unsere Priester. Von Herzen danke ich allen Betern und Beterinnen besonders im »Päpstlichen Werk für geistliche Berufe« für ihren Dienst des Gebets. Der Heilige Geist ist die Seele der Kirche. Er sorgt, dass die Kirche nicht alt, verstaubt und verknöchert wird. So wie heute sorgt er dafür, dass sie jung bleibt und immer wieder neu jung wird.

III. In die Welt gesandt

Jüngerschaft will fruchtbar werden. Aus Jüngerschaft wird Sendung. So wie die 72 Jünger, so werden auch Sie, liebe Weihekandidaten, heute gesandt: hinaus in die Dörfer und Städte, hinaus in die Welt. Sie sollen nicht warten, bis die Menschen zu Ihnen kommen, sie sollen dorthin gehen, wo die Menschen sind. Sie sollen den Menschen nicht ihre Lieblingsideen aufreden.

Wie die 72 Jünger sollen auch Sie nur eines bezeugen: »Das Reich Gottes ist nahe.« Das will sagen: Gott ist nahe. Er ist mit euch und für euch. Mit dieser Botschaft von Gott und seinem Reich sollen Sie den Menschen den Himmel offen halten. Das ist notwendig in einer Welt, die sich in die Erde verliebt hat und die darüber die Perspektiven und die Orientierung verloren hat, die gegenüber der Wirklichkeit Gottes stumpf und unempfindlich ist und die ihre innere Leere durch äußere Hektik zudeckt und überspielt. Dieser Welt sollen wir sagen: Doch das Reich Gottes kommt nicht in äußerem Getöse. Das Reich Gottes ist – so sagt es der heilige Paulus – Gerechtigkeit, Friede und Freude im Heiligen Geist *(Röm 14,17)*.

Dies ist in unserer Situation eine dringend notwendige und Not wendende Botschaft. Sie setzt neue Maßstäbe. Sie bewirkt etwas und bringt etwas in Bewegung. Sie bringt und wirkt, was sie sagt. Sie bringt Heil und Heilung. Sie ist Nahrung für die Seele, Deutung und Orientierung des Lebens. Solche heilende und heilsame Verkündigung ist die erste Aufgabe des Priesters. Sie brauchen wir, gerade heute.

Wenn Sie, liebe Weihekandidaten, diese Botschaft ausrichten, dann können Sie nicht erwarten, dass Ihnen alle Welt zujubelt. Seien Sie deshalb nicht bang. Werden sie nicht aufgeregt oder gar mutlos. Das Evangelium sagt uns deutlich: Der Widerspruch gehört wesentlich dazu. Heute spüren wir den Gegenwind wieder deutlicher. Wer predigt, muss gegen den Wind segeln können. Das ist die größere Kunst als sich im Windschatten anderer mitziehen zu lassen. Das erfordert Tapferkeit, die Bereitschaft sich unter dem Einsatz des eigenen Lebens für eine große Sache einzusetzen.

Wer an das Reich Gottes glaubt und sich darauf einlässt, der darf dies mutig wagen. Denn er weiß: Dem Reich Gottes gehört die Zukunft. Ihm gehört die endgültige Zukunft. Sie, liebe Weihekandidaten, haben nicht auf Sand gebaut. Sie stellen Ihr Leben und Ihr Wirken auf sicheren Grund, den einzig sicheren Grund in dieser rasch sich verändernden Welt. Denn Jesus Christus ist derselbe, gestern heute und in Ewigkeit. Amen

Diakonenweihen

»Ich bin der Weinstock, ihr seid die Reben« (Joh 15,5)

Liebe Mitbrüder,
liebe Schwestern und Brüder![1]

Was wir im Evangelium hörten, gilt Ihnen, liebe Freunde, die Sie soeben Ihre Bereitschaft zur Übernahme des Dienstes als Ständige Diakone erklärt haben: in Christus sollen Sie Frucht bringen im Dienst für Gott und die Menschen.

I. Für die Diakonia bestellt

Für mich ist dies ein Tag besonderer Freude. Ich darf Sie als Mitarbeiter und Mitbrüder in das Dienstamt der Kirche aufnehmen. Durch Handauflegung und Gebet, gestärkt mit sakramentaler Gnade werden Sie von heute an, wie das Zweite Vatikanische Konzil sagt, dem Volk Gottes dienen »in der Diakonie der Liturgie, des Wortes und der Liebestätigkeit, in Gemeinschaft mit dem Bischof und seinem Presbyterium«[2].

Dies ist ein Tag der Freude und der Genugtuung auch für Ihre Familien, für Ihre Freunde und Bekannten. Sie haben sich mit Ihnen auf diesen Tag vorbereitet, mit Ihnen diese Entscheidung erwogen und durchdacht, mit Ihnen und für Sie gebetet, und sie sind bereit, Ihren Dienst mitzutragen und zu begleiten.

---

1 Predigt anlässlich der Weihe Ständiger Diakone am 04. November 1989 im Dom zu Rottenburg.
Evangelium: Joh 15,1–10.

2 LG 29.

Vor allem ist dies ein Tag festlicher Freude für Sie selbst. Mehrere Jahre haben Sie sich auf diesen Tag vorbereitet: durch theologische Ausbildung, durch vielfältige Gespräche, nicht zuletzt durch das Gebet. Nun sind Sie am Ziel. Dies ist ein Grund, allen zu danken, die Sie bis hierher begleitet haben: Ihren Ehepartnern und Familien, Ihren Seelsorgern, in erster Linie Gott, der Sie in seinen Dienst gerufen hat.

Sieben neuen Diakonen darf ich heute die Hände auflegen. Das erinnert mich an die Urgemeinde in Jerusalem. Damals waren es auch sieben, die von den Aposteln ausgewählt und unter Gebet und Handauflegung für die Diakonia bestellt wurden *(Apg 6, 1–7)*. Heute sind es fast auf den Tag genau 25 Jahre her, seit das Zweite Vatikanische Konzil im November 1964 das Ständige Diakonat in der westlichen Kirche wieder hergestellt hat. Unsere Diözese hat diese Möglichkeit sehr rasch aufgegriffen. Bereits 1968 hat Bischof Carl Joseph Leiprecht die ersten Ständigen Diakone geweiht. Inzwischen sind es 124, mit Ihnen 131 geworden. Auch dies ist ein Grund zur Freude. Denn das Ständige Diakonat hat sich bei uns bewährt. Ich danke allen Diakonen für Ihren Dienst. Wir brauchen Sie und wir werden Sie weiterhin fördern in unserer Diözese.

Freilich können in dieser Stunde bei Ihnen auch manche Fragen aufsteigen: Schaffen ich und meine Familie, was ich mir vornehme? Werden die Menschen mich anhören und annehmen? Wird es mir möglich sein, in der heutigen Situation der Kirche und der Gesellschaft Frucht zu bringen? Wie werde ich mit der geistigen Dürre und Ödnis unserer Zeit, wie mit der wirklichen oder vermeintlichen Fruchtlosigkeit vieler pastoraler Anstrengungen fertig?

II. Jesus als Wurzel des Dienstes

Liebe Mitbrüder, bleiben wir, um eine Antwort zu geben, ganz dicht bei der Botschaft des Evangeliums, das Sie selbst für diese Stunde ausgewählt haben. »Ich bin der Weinstock, … ihr seid die Reben.« Mit diesem Wort ist das Wesentliche unseres Christseins, das Wesentliche nicht zuletzt Ihres künftigen Dienstes als Diakone umschrieben. Es ist primär gar nicht Ihr Dienst. Es ist Jesu Christi Dienst durch Sie. Jesus Christus ist die Wurzel, aus der Sie leben und der tragende Stamm, an den Sie sich halten können. In ihm ist Gott selbst in unsere Welt eingetreten und Mensch geworden, um uns in menschlicher Gestalt zu begegnen. In Jesus Christus hat er sich zum Diakon, zum Diener gemacht, damit wir die Freiheit der Kinder Gottes erlangen. Jesus Christus hat sein Leben für uns hingegeben, damit wir leben. Er ist deshalb der einmalige Grund und das bleibende Maß Ihres Diakonendienstes. Sie sollen ihm nur die Hände, die Stimme, das Herz leihen, damit er durch Sie auch heute in menschlicher Gestalt den Menschen begegnen kann als einer, der dient. Das Grundgesetz Ihres Tuns lautet deshalb: »Bleibt in mir, dann bleibe ich in euch.« Eins sein und bleiben mit Christus ist das A und O Ihres Dienstes. Nur verbunden mit der Wurzel und dem Stamm des Weinstocks erhält der Zweig Saft, Kraft und Leben. Bleiben in Christus heißt: Sein Wort und Sein Geist soll in Ihnen und durch Sie wirken. Nicht sich selber bezeugen Sie, nicht Ihre Vorlieben und Erfahrungen, Ihre Einsichten, sondern Ihn, den Gekreuzigten und Auferstandenen.

»Mysterium fidei« – »Geheimnis des Glaubens« – so rufen Sie als Diakone am Höhepunkt der Eucharistiefeier den versammelten Gläubigen zu. Nehmen Sie sich selbst, Ihre gläubige Existenz hinein in die Antwort: »Deinen Tod, o Herr, verkünden wir und Deine Auferstehung preisen wir, bis Du kommst in Herrlichkeit«. Glauben Sie mir, es gibt auf die vielfältigen Fragen, Probleme und Sorgen eines Menschenlebens keine andere und schon gar keine bessere Antwort! In Jesus Christus ist Gottes sich selbst verschenkende Liebe in unsere Welt gekommen, um uns zu erlösen und zu heilen von der Macht des Egoismus, der Selbstsucht und Hartherzigkeit. Sich selbst schenkende Liebe ist als der tiefste Sinn aller Wirklichkeit offenbar geworden. Dieses Geheimnis der Liebe wird in der Feier der Eucharistie jedes Mal gegenwärtig. Sie sollen es durch Ihr Wort und Ihr ganzes Leben bezeugen.

Von Ihrem Dienst sagt das Zweite Vatikanische Konzil, dass er »dem Altare enger verbunden« ist.[3] Sie wissen selbst, dass es nicht darauf ankommt, dass möglichst viele Personen möglichst feierlich den Altar umstehen. Es geht primär um die geistige Verbundenheit mit dem Altar, der Jesus Christus selber ist. Eng verbunden sollen Sie deshalb mit Christus sein, mit seiner Lebenshingabe, seinem Opfer.

---

[3] AG 16.

Aus dieser Grundhaltung heraus sollen Sie oft und gerne an den Altar treten.

Dort soll sich Ihre Verbundenheit mit Christus erneuern, vertiefen, lebendig erhalten. Die Eucharistie muss Ausgangspunkt, Mitte und Ziel Ihres Dienstes als Diakon sein. Dabei geht es nicht nur um die äußere Mitfeier, sondern um den inneren Mitvollzug der Hingabe Jesu an den Vater und für die Menschen. Das Wesentliche ist, dass wir immer wieder neu eintauchen in das Passah-Mysterium Jesu Christi. In der Mitfeier der Eucharistie geschieht das Bleiben in Jesus Christus konkret. Ohne dieses Bleiben und Leben in Jesus Christus sind wir nur leere Nachplapperer und Nachahmer all dessen, was es in unserer Gesellschaft schon längst gibt!

III. Bringt reiche Frucht!

Genauso entschieden wie vom Einssein mit Christus spricht das Evangelium vom Fruchtbringen. Dieses Fruchtbringen ist wichtig. Wer nicht in Christus bleibt und keine Frucht bringt, der verdorrt und wird ins Feuer geworfen.

Der Dienst, liebe Mitbrüder, zu dem Sie heute geweiht werden, nimmt Sie in die Pflicht. Er fordert Sie. Ihr Fruchtbringen ist freilich nicht leicht äußerlich messbar. Da lassen sich keine nachweisbaren Erfolgsbilanzen aufstellen. Die Früchte, von denen die Heilige Schrift spricht sind: Liebe, Freude, Friede, Gerechtigkeit, Güte. Letztlich sollen Sie den Menschen nicht etwas schenken. Sie sollen sich selbst zum Geschenk für andere machen, damit sie in Ihnen Christus begegnen können.

Genau diese Frucht der Liebe ist es, was die Menschen brauchen. Sie wollen angenommen und bejaht sein. Durch Sie soll Ihnen das Ja Gottes aufgehen.

In diesem Sinn rufen Sie am Ende der Eucharistiefeier: »Ite, missa est«, »Geht, ihr seid gesandt«. Damit rufen Sie zum Hinausgehen auf. Wir sollen ja nicht beim Glanz der Liturgie stehenbleiben, sondern das Licht und den Glanz der eucharistischen Feier hinaustragen zum Nächsten, zur Welt. Dort soll eine neue Zivilisation der Liebe entstehen. Von Ihrer Begabung und beruflichen Erfahrung her sind Sie besonders dazu geeignet, Scharnier zu sein, Brücke zu bilden von der

Kirche zur komplexen heutigen Lebenswelt. Gehen Sie also mutig hinein in die Welt der Arbeit und der Bildung. Bringen Sie dort Christus zur Sprache. Vergessen Sie die nicht, die allzu leicht vergessen werden: die Kranken und Einsamen, die Gefangenen, die wirtschaftlich Schwächergestellten. Bringen Sie nicht zuletzt Christus zur Sprache in Ihrer Familie, bei Ihren Kindern. Helfen Sie mit, dass die Heils- und Lebenskräfte Christi sich in den Gemeinden entfalten und dort Frucht bringen. Ihr Dienst, liebe Diakone, steht in der Spannung zwischen dem »Mysterium fidei« und dem »Ite, missa est«, in der Spannung zwischen der Mitte, dem Dienst am Altar, und dem Dienst in den Rand- und Bruchzonen von Kirche und Gesellschaft. Von der Mitte her werden Sie an die Hecken und Zäune der Welt und ihrer oft heillosen Wirklichkeit gerufen. Von dort, von den Rändern her, sollen Sie Menschen zur Mitte hinführen und so Kirche aufbauen. Am Altar stehen Sie für die draußen. Draußen wirken Sie im Namen derer, die drinnen sind. Doch nicht selten – ich greife hier ein Wort des heiligen Kirchenlehrers Augustinus auf – sind die, die sich drinnen meinen in Wirklichkeit draußen, und die, die draußen scheinen, sind mehr drinnen als sie scheinen. Letztlich gilt es, denen drinnen wie denen draußen Jesus Christus als Weg, Wahrheit und Leben zu bezeugen, damit sie Frucht bringen in Liebe.

IV. Reformbedürftigkeit der Kirche

Liebe Mitbrüder, die Kirche feiert heute das Fest des heiligen Karl Borromäus. Nach dem heiligen Ambrosius ist Karl Borromäus der zweite große Bischof von Mailand. Nach dem Studium der Rechtswissenschaft wurde er Sekretär seines Onkels, des Papstes Pius IV., darauf Erzbischof von Mailand. Er ließ sich vom Glanz dieser Karriere nicht blenden, sondern wandte sich, vom jähen Tod seines Bruders Frederigo erschüttert, einer streng asketischen Lebensweise zu. Er erkannte die Reformbedürftigkeit der Kirche und der Seelsorge und suchte deshalb unermüdlich, in seiner Diözese die Beschlüsse und die Reformen des Trienter Konzils durchzuführen. Er reformierte den Klerus und die Seelsorge, er stellte Missbräuche ab, sorgte für Arme und Kranke und setzte seine Kräfte vor allem im Pestjahr 1576 bis zur Erschöpfung ein. So gilt er als Muster eines tridentinischen Bischofs, in dem das Trienter Konzil gleichsam Fleisch und Blut angenommen hat.

Liebe Mitbrüder, das große Werk, die Aufgabe, zu der Sie jetzt durch Gebet und Handauflegung geweiht und gesandt werden, ist der des hl. Borromäus nicht unähnlich. Wir haben die Erneuerung, welche das Zweite Vatikanische Konzil eingeleitet hat, noch längst nicht zu Ende geführt. Gelingen kann uns diese Aufgabe nur, wenn wir ganz in Jesus Christus verwurzelt sind. Bleiben Sie deshalb in ihm, bringen Sie Frucht, und verherrlichen Sie dadurch den Vater. Amen.

Berufung zur Nachfolge Christi

Liebe Kandidaten,
liebe Mitbrüder,
liebe Schwestern und Brüder,[1]

zuerst möchte ich meinen Dank aussprechen an Sie alle, dass Sie hierher in unseren Dom zu Rottenburg gekommen sind. Von Heilbronn, Neuenbürg, Aalen sind Sie heute schon früh aufgebrochen, um die Weihe unserer neuen Diakone mitzufeiern, um damit Ihre Verbundenheit mit unseren Kandidaten und mit unserer Diözese auszudrücken. Ich danke an erster Stelle den Eltern unserer künftigen Diakone. Sie haben menschlich und christlich den Grund für deren Berufsweg gelegt. Ich danke auch den Geschwistern und Verwandten. Mein Dank gilt den Lehrern und Professoren, die Sie gefördert und gefordert haben, den Freunden, Studienkollegen, Bekannten, allen, die Wegbegleiter waren.

Danken möchte ich vor allem Ihnen, liebe künftigen Diakone, dass Sie heute Ihr »Ja-Wort« für einen ungeteilten Dienst in der Nachfolge Jesu Christi geben. Ich danke Ihnen, dass Sie bereit sind, sich durch Handauflegung und Gebet weihen zu lassen und für den diakonalen und später für den priesterlichen Dienst in Pflicht nehmen zu lassen. Ich weiß sehr wohl, dass viele Menschen, auch viele Gemeindeglieder und manche aus Ihrem Freundeskreis Ihnen die Frage stellen: »Wie kannst Du nur? Wie kannst Du Dich in jungen Jahren für solch ein Leben entscheiden?«

---

1 Predigt anlässlich der Diakonenweihe am 16. Dezember 1989 im Dom zu Rottenburg.
Evangelium: Mt 14,22–33.

I. Berufung zur Nachfolge Christi

Sie haben sich viele Gedanken darüber gemacht, zuletzt in den Exerzitien in Beuron. Aus den Einzelgesprächen mit Ihnen weiß ich, dass Sie im Gebet, in der Stille, auch in manchen Auseinandersetzungen darum gerungen haben, was Ihr Glaube und was Jesus Christus für Sie bedeutet und was er von Ihnen will.

Als Antwort haben Sie das heutige Evangelium herausgesucht. In diesem Evangelium vom Sturm auf dem See und vom Wandeln auf der stürmischen See kommt sehr plastisch zum Ausdruck, was der Glaube für jeden Christen bedeuten kann und bedeuten muss und was er im Besonderen für die bedeuten muss, die in die besondere Nachfolge Jesu berufen sind: die Überwindung der Angst im Vertrauen auf den Gott Jesu Christi.

Die Angst lauert auf dem Grund unserer Seele. Denn in Freiheit und eigener Verantwortung sein Leben zu wagen, das bedeutet sich hinauszubegeben auf die hohe See. Niemand hat die Zukunft in der Hand. Das Leben aber ist abgründig, voller Überraschungen und Tücken, bedroht vom Tod. Erst recht gibt es für den, der aus dem Glauben lebt und seine ganze Existenz im Glauben begründet, keine Balken, an denen er sich im Wasser festhalten kann. Gott kann man nicht sehen und handgreiflich beweisen. Oft schlagen die Wellen über dem Boot der Kirche zusammen, so dass die Gläubigen kräftig hin und her geschüttelt werden. Nicht selten müssen wir äußerlich erfolglos gegen den Wind anrudern und gegen die Wellen der Mode und des Zeitgeistes anglauben.

Das ist nicht erst heute so. Das war offensichtlich von Anfang an so und das gehört grundsätzlich zur Situation der Kirche. So überkommt schon die ersten Jünger Furcht und Schrecken. Schon Petrus erfasst die Angst und indem er sich der Angst überlässt, droht er unterzugehen. Festen Stand gewinnt er erst wieder, als er sich auf Jesu Wort einlässt: Hab Vertrauen, ich bin es. Fürchte dich nicht! Die ausgestreckte Hand Jesu ist es, die ihn hält und trägt.

Meine lieben Schwestern und Brüder, dieses Evangelium sagt uns, was Glauben bedeutet: Im Vertrauen auf Jesus das scheinbar sichere Boot zu verlassen, die falschen Sicherungen und Versicherungen, auf die im Ernstfall kein Verlass ist, aufzugeben und Gott, den einzigen tragfähigen Halt, zum Inhalt unseres Lebens zu machen. »Unsere Hilfe ist im Namen des Herrn, der Himmel und Erde geschaffen hat.«

Jeder von uns wird auf diesem Weg des Glaubens immer wieder vom Zweifel angefochten. In unserem deutschen Wort »Zweifel« steckt der tiefe Sinn, dass jemand zwei Fälle, zwei Möglichkeiten in Betracht zieht, in zwei Richtungen schaut und nicht mehr nur in eine. Man will es also auf zwei Wegen zugleich ausprobieren und auf zwei Schultern Wasser tragen. Die Entscheidung zum Glauben meint, wie Petrus nur auf Jesus Christus zuzugehen. Jesu Ruf »Komm!« gibt die einzig mögliche Richtung vor.

Solch ein vertrauender Glaube, der den Kleinglauben und den Kleinmut überwindet, fordert von uns Großmut, Mut zu den großen Dingen. Um sein Leben wirklich gewinnen zu können, um einen großen und weiten Horizont, eine Perspektive zu haben, muss man vieles wegräumen, aufgeben, verlieren, was den Blick verstellt und den Weg blockiert. Wer nur immer mehr haben und konsumieren will, der verpasst seine Chance, mehr zu sein. Jesus ermutigt uns, den guten und letztlich einzig gangbaren Weg einzuschlagen, auch wenn dieser im Augenblick als Wagnis und als der schwierigere und mit persönlichen Opfern verbundene erscheint. Nur wer wagt, gewinnt. »Komm!« – Dieser Ruf des Herrn gilt jedem Christen. Wer diesen Ruf hört – im Gebet, im Mitmenschen, im Alltag –, der geht über die Wasser und über die Abgründe. Der hat, wie es im Kirchenlied heißt, Mut und fasst Vertrauen.

II. Sehnsucht nach Ganzhingabe

Im gläubigen Vertrauen dem Ruf Jesu Christi zu folgen, aus dem scheinbar sicheren Boot auszusteigen und über die Wogen sich der Hand Jesu anzuvertrauen, ist in besonderer Weise die Grundhaltung der geistlichen Berufe. Die Kirche kennt von Anfang an Berufungen in Dienste und Ämter, die einzig und allein auf Jesus Christus hin entworfen sind und die sich ganz in den Dienst Jesu Christi und in den Dienst der Menschen stellen. Sie sind in besonderer Weise mit dem Wagnis verbunden, das Leben allein auf das »Komm« zu bauen. Niemand kann dies aus eigener Kraft. Es ist Jesu Ruf und Jesu Geist, der zu einer solchen Hingabe von Leib, Geist, Seele, Verstand und

Willen an Gott und die Menschen befähigt, ja beflügelt. Jesu Heiliger Geist ist es freilich auch, der ein solches Leben ausfüllt und die Sehnsucht jedes Menschen nach Ganzhingabe zur letzten Erfüllung bringt. Meine lieben jungen Freunde: Glauben Sie mir! Dem Ruf Jesu zu folgen bedeutet nicht Abstriche am Leben, sondern das Leben in Fülle zu haben.

Die Christen in Rom nannten in Verfolgungszeiten die Gottesdienste, zu denen sie sich versammelten »statio«. Sie hatten dieses Wort aus der Soldatensprache übernommen. Es bedeutet so viel wie: Wache stehen! Ich meine, geistliche Berufe sind mit solchem »Wache stehen« vergleichbar. Die Kirche braucht in ihren Diensten und Ämtern den treuen Knecht, der in Stellvertretung für das ganze Volk Gottes und für alle Menschen wach bleibt für das Kommen des Herrn. Die Kirche braucht nicht Funktionäre und auch nicht Manager, die einen Apparat oder eine Bürokratie in Gang halten. Sie braucht vielmehr glaubende junge Menschen, die sich auf das stürmische Wasser hinauswagen und damit anderen die Hand reichen können, um ihnen zu sagen: Komm! Solche geistliche Berufe sind ein Zeichen, dass Gottes Geist auch heute lebendig am Werk ist, dass er die Angst, den Kleinmut und den Zweifel überwindet, das Leben trägt und erfüllt.

Gerade heute sind solche geistliche Berufe notwendig. Sie bilden kleine Zellen, mitten in einer säkularisierten, diesseitig orientierten Welt, Zellen der neuen Welt, die erst im Advent ist. Sie wachsen nicht durch Anpassung an diese Welt. Sie reifen aus der Provokation des Evangeliums. Sie sollen nicht sagen und tun, was alle Welt ohnehin sagt und tut. Sie sollen vielmehr allein durch die Tatsache, dass es sie gibt, sagen, was die Welt nicht sagt und auch gar nicht sagen kann, was sie aber am Nötigsten braucht: die Hoffnung, dass nicht die Angst das Letzte ist, sondern das Vertrauen in den einen und einzigen Grund, den Gott Jesu Christi.

Liebe junge Freunde, Sie haben sich durch das Ja, das Sie soeben gesprochen haben, auf diesen Weg eingelassen. Ich danke Ihnen, und ich danke Gott, der Sie dazu für uns alle berufen hat. In der Handauflegung bei der Diakonenweihe dürfen Sie Jesu ausgestreckte Hand erfahren. Sie wird auch Sie, so wie Petrus, über die Wogen des Lebens und des Zweifels hinwegtragen. Dessen dürfen Sie gewiss sein.

III. Die Evangelischen Räte

Lassen Sie mich, meine lieben Mitchristen, vor diesem Hintergrund, auf ein schwieriges und doch unverzichtbares Thema, das immer wieder neu in Diskussion kommt und gerade in den letzten Wochen neu umstritten ist, zu sprechen kommen. Ich meine die Evangelischen Räte, also Armut, Gehorsam und Ehelosigkeit. Vielen, auch vielen Christen, sind sie kaum mehr verständlich. Erst recht fallen manche Massenmedien immer wieder kritisch über sie her. Auch das sind Wogen und Wellen, angesichts derer manchen Kandidaten für den Priester- oder Ordensberuf Kleinglauben erfasst.

Wir brauchen nicht bestreiten, dass es auch Zerrformen eines Lebens aus den Evangelischen Räten gegeben hat und noch gibt. Überall, wo sie engstirnig gesetzlich ausgelegt werden, muss es dazu kommen, dass sie das Menschsein einschnüren und den Weg zu einem erfüllten Leben verbauen. Alle möglichen Ersatzbefriedigungen stehen dann nur allzu schnell zur Verfügung. Dann kommt es zu Mangel- und Entzugserscheinungen im Menschlichen, welche Frustrationen und Aggressionen zur Folge haben. Wer kennt nicht solche traurigen und abschreckenden Beispiele! Aber man braucht nur die sehr unterschiedlichen Typen und Charaktere des hier versammelten Klerus anzuschauen, um zu wissen: »Das« Psychogramm des Klerikers gibt es ebenso wenig wie etwa das des Juristen oder des Arztes. Es gibt vor allem genug Priester und Ordensleute, welche aus den evangelischen Räten Kraft und auch menschliche Erfüllung schöpfen.

Wo die Evangelischen Räte aus dem persönlichen Glauben heraus frei bejaht und gelebt werden, da sind sie ein überzeugender Ausdruck des Glaubens. Sie sind Hilfestellung und Steigbügel, in aller Armseligkeit und Gebrochenheit sich zum Lebensentwurf Jesu Christi hinzutasten und auf ihn nicht nur mit dem Mund, sondern mit der ganzen Existenz zu zeigen. Sie sind Zeugnis, »dass die Ohnmacht der gekreuzigten Liebe die Rettung der Welt ist« (Johannes Bours).

Widerstand gegen die Evangelischen Räte hat es zu aller Zeit gegeben. Heute rührt er meist aus einer einseitig konsumistischen Grundhaltung her. Doch wenn allein der Konsum und Genuss dem Leben die Richtung angeben dürfen, wenn nur das im Augenblick Greifbare gültig ist, dann stecken wir tief im Materialismus. Das kann schon rein menschlich nicht genügen. Der Mensch ist mehr! Der Mensch sucht letztlich nicht die Abhängigkeit, sondern die Freiheit. Auf diesem Weg können die Evangelischen Räte jedem Christen Orientierung geben. Sie sind konkrete Gestalten christlicher Freiheit und – angesichts vielfältiger, oft sehr sublimer neuer Abhängigkeiten – heute ein echtes Kontrastprogramm von hoher Aktualität.

Das gilt in erster Linie von der Armut. Gerade wenn die Kirche in unserem Land – sagen wir das ganz offen – nicht arm ist und keiner im kirchlichen Dienst materielle Not leidet, so ist das Zeugnis der Armut umso notwendiger. Sie gehört einfach zur Nachfolge des armen Jesus von Nazareth. Armwerden hat viele Namen und Formen: Einfachheit und Schlichtheit im Lebensstil, persönliche Anspruchslosigkeit, konkretes Teilen und Wegschenken nicht nur von Geld, sondern etwa auch von Zeit bis hin zur wegschenkenden Selbsthingabe. Das macht gewiss verletzbar und wehrlos.

Aber, meine lieben Mitbrüder, Hand aufs Herz, beschweren wir uns nicht mit viel Ballast, der uns unfrei und unbeweglich macht? Steht dahinter nicht ein angstvolles Sicherheitsbedürfnis, wo doch die einzige Sicherung im Vertrauen auf Gott liegt? Wer sich umgekehrt ganz engagiert, der wird auch erfahren, dass seine Berufung nicht Verlust, sondern Gewinn für sich und für andere werden kann.

Auch der Evangelische Rat vom Gehorsam ist von seinem inneren Sinn her notwendig mit dem geistlichen Beruf verbunden. Gehorsam prägte das gesamte Leben Jesu. Jeder, der wie Petrus im Evangelium mit seiner ganzen Person auf Jesus Christus zugehen will, muss das ermutigende Wort Jesu hören: »Komm!« Dieses »Komm« begegnet uns konkret durch diejenigen, von denen Jesus Christus sagt: »Wer euch hört, der hört mich, und wer euch ablehnt, der lehnt den ab, der mich gesandt hat« *(Lk 10,16)*. Das hat nichts zu tun mit blindem Kadavergehorsam, wohl aber mit frei gewählter konkreter Nachfolge und konkretem Sich-verfügbar-machen für den Dienst, wo und wie immer er gefordert wird. Wer dazu bereit ist, verzichtet auf eigene Machtausübung und eigenen Durchsetzungswillen. Er wird frei von Ich-Verkrampfung und frei für den Ruf Gottes in der konkreten Situation.

Der Evangelische Rat zur Ehelosigkeit um des Himmelreiches Willen ist gegenwärtig wohl am schwersten verständlich zu machen. Sie ist Jesu eigene Lebensform. Die Diskussion darüber wird freilich immer dann aussichtslos, wenn man sie isoliert. Wenn sie nicht mehr integriert ist in das Ganze eines geistlichen Lebens, ist sie in der Tat nicht lebbar. Wenn Sie, liebe jungen Freunde, sich heute mit der Diakonenweihe als erwachsene Menschen nach reiflicher Überlegung vor der Kirche freiwillig öffentlich dazu bekennen, dann verzichten Sie gewiss auf einen hohen menschlichen Wert: das Geborgensein in einer konkreten Partnerbeziehung und in einer eigenen Familie. Sie tun es in der Nachfolge Jesu um der Geborgenheit in der größeren Liebe zu Gott und zu den Menschen willen. Ihre Fähigkeit zur Liebe und Hingabe soll damit nicht eingeengt, sondern vielmehr entgrenzt werden.

Sie sollen damit auch allen Vater, Bruder und Freund sein, denen in ihrem Leben Liebe vorenthalten wird. Sie werden, wenn Sie diese Berufung konsequent leben, nach der Verheißung des Evangeliums von vielen Mitchristen Dank, Achtung, Anerkennung und Liebe empfangen.

Meine lieben jungen Mitbrüder, wagen Sie sich also wie Petrus glaubend und vertrauend aus dem Boot heraus und gehen Sie mit wachen Sinnen auf Jesus Christus zu. Ergreifen Sie seine Hand. Das Schifflein Ihres Lebens mit der Kirche wird dann zwar gelegentlich kräftig hin und her geschüttelt werden – untergehen kann es nicht. »Non confundar in aeternum«, »Ich werde in Ewigkeit nicht zuschanden werden«, so endet das Te Deum.

So schließe ich mit ein paar Versen aus einem adventlichen Gedicht von Silja Walter:

Jemand muss zuhause sein, Herr,
wenn du kommst.
Jemand muss dich erwarten, unten am Fluss
vor der Stadt.
Jemand muss nach dir Ausschau halten
Tag und Nacht.

Jemand muss wachen unten an der Brücke,
um deine Ankunft zu melden, Herr,
du kommst ja doch in der Nacht wie ein Dieb.

Wachen ist unser Dienst, wachen.
Auch für die Welt.

Und jemand muss singen, Herr,
wenn du kommst,
das ist unser Dienst:

Dich kommen sehen und singen. Weil du Gott bist.
Weil du die großen Werke tust, die keiner wirkt als du.
Und weil du herrlich bist und wunderbar wie keiner.

Komm, Herr!
Hinter unsern Mauern unten am Fluss
wartet die Stadt auf dich.
Amen.

Zeugen des Lichts und Boten der Freude

Meine lieben künftigen Diakone,
liebe Mitbrüder,
meine lieben Schwestern und Brüder![1]

I. Zeugen des Lichts

»Er kam als Zeuge, um Zeugnis abzulegen für das Licht«. Dieser Satz über Johannes den Täufer steht auch über dieser Stunde. Ich möchte diesen Satz Ihnen, meine lieben künftigen Diakone, sagen. Er deutet Ihnen den tiefen Sinn und die Aufgabe Ihres künftigen Dienstes. Als Diakon und später als Priester sollen Sie Zeugen des Lichts und Boten der Freude sein.

So grüße ich Sie mit großer Freude. Ich danke Ihnen für Ihr Ja-Wort, das in vielen Jahren der Vorbereitung gereift ist, das Sie mir im persönlichen Gespräch erläutert und bekräftigt haben und das Sie in den letzten Tagen in den Weiheexerzitien nochmals im Gebet überdacht haben. Mit Ihnen grüße ich alle, die Sie bisher begleitet haben: Ihre Eltern, Geschwister und Freunde, Ihre Heimatpfarrer, Ihre Lehrer, die Vorstände des Wilhelmsstifts und des Priesterseminars. Sie alle verdienen Dank, weil sie mitgeholfen haben, dass Sie heute ähnlich wie Johannes der Täufer ausgesandt werden können, um für andere Menschen Zeugen des Lichtes zu sein.

---

1 Predigt anlässlich der Diakonenweihe am 15. Dezember 1990 im Dom zu Rottenburg.
Lesung: Jes 61,1–2a.10–11; Evangelium: Joh 1,6–8.11–28.

II. Boten der Freude

Wenn ich mich umschaue in der Welt, in die Sie heute gesandt werden, und wenn ich herumhöre in unseren Gemeinden, in denen Sie künftig Ihren Dienst als Diakone tun sollen, dann gibt es in der Tat nichts Wichtigeres, dann ist es gerade heute die erste und vordringlichste Aufgabe des Diakons und des Priesters, die Frohe Botschaft zu verkünden und ein Zeuge des Lichts zu sein.

Wir befinden uns in mancher Hinsicht in einer ähnlichen Situation wie Johannes der Täufer. Er war der Vorläufer Jesu. Er hatte die christliche Heilszeit selbst nicht mehr erlebt. Er durfte auf den Erlöser nur vorbereiten. Er war ganz auf die Hoffnung verwiesen. Am Ende saß er einsam und isoliert im Gefängnis und musste sein Zeugnis schließlich mit dem Leben bezahlen.

Wir heute leben zwar nach Jesus Christus, wir haben seine Heilstaten erfahren und haben 2000 Jahre Christentums-Geschichte hinter uns. Aber in den letzten Jahrzehnten ist in unserem Land sehr vieles abgebröckelt und abgefallen von der ehemals christlich bestimmten Kultur.

Die sich wirklich als Christen bekennen und als Christen leben, kommen sich in unserer weithin säkularisierten Welt nicht selten einsam und isoliert vor. So macht sich Freudlosigkeit und Hoffnungslosigkeit breit in unseren Gemeinden. Unmut und Enttäuschung stauen sich an. Von der Freude der Erlösten ist oft wenig zu verspüren. Außerhalb der Kirche ist es keinesfalls besser. Immer deutlicher wird das Loch und die Leere, das Dunkel und die Perspektivenlosigkeit, die entstanden sind, nachdem das Licht des Evangeliums in den Augen und in den Herzen vieler schwächer geworden ist.

Nichts ist heute so gefragt wie das Licht des Evangeliums und der Schwung der Frohen Botschaft. Nichts brauchen wir heute nötiger als junge Menschen, welche ihrer Zeit und ihren Ausweglosigkeiten nicht nachlaufen, die vielmehr mutig vorangehen mit der Fackel des Glaubens, die Hoffnung ausstrahlen, weil Sie bereit sind, Zeugen des Lichts und Boten der Freude zu sein.

III. Jesus Christus als wahres Licht des Lebens

Ohne Licht kein Leben. Ohne Sinn und ohne Hoffnung kein wahrhaft menschlich erfülltes Leben. Denn wir Menschen benötigen mehr als Essen und Trinken, mehr als Arbeit und mehr als Vergnügen. Als Menschen hungern und dürsten wir nach Sinn und nach Wahrheit. Wir brauchen Orientierung, wir benötigen Perspektiven. Und das ist es auch, was viele Menschen von uns heute erwarten.

Denn gibt es eine bessere und größere Antwort, als die, die das Evangelium uns schenkt? Das Evangelium ist ja nicht ein Katalog von Pflichten und Aufgaben, keine Sammlung von Geboten und Verboten. Das Evangelium ist Licht für unser Leben. Es ist die Botschaft, dass unser Leben in allen Situationen getragen und gehalten ist. Es sagt uns, dass wir angenommen und bejaht sind und deshalb alle anderen annehmen und bejahen dürfen. Es verkündet uns den einen gemeinsamen Vater im Himmel, bezeugt Jesus Christus seinen Sohn als unseren Bruder, in dem wir alle Brüder und Schwestern sind.

Wenn Ihnen, meine lieben künftigen Diakone, nachher das Evangelienbuch überreicht und Sie als Boten zur Frohen Botschaft bestellt werden, dann bedeutet dies, dass Sie künftig das oberflächliche Gerede und die billigen Schlagworte, aus denen viele leben oder zu leben vorgeben, durchstoßen sollen, um die wahre Wirklichkeit aufzudecken. Sie sollen den Menschen zu erkennen helfen, was ihr Leben wirklich trägt und erfüllt, was ihnen Halt und Inhalt gibt. Sie sollen helfen, Gott in allen Dingen zu finden und zu erfahren, dass er uns trägt und hält, was immer da kommen mag. Sie sollen vor allem den bezeugen, auf den hin alles geschaffen ist und der deshalb allein das Licht der Welt ist: Jesus Christus. Sie sollen sagen, dass es dem Menschen nichts bringt, die ganze Welt zu gewinnen, wenn er dabei an seiner Seele Schaden nimmt.

In den letzten beiden Jahrzehnten, seit dem Zweiten Vatikanischen Konzil, haben wir wieder neu gelernt: Diese Frohe Botschaft gilt vorrangig den Armen und denen, deren Herz zerbrochen ist.

Sage niemand, die gäbe es bei uns nicht. Es ist geradezu das Verhängnisvolle an unserer Wohlstandsgesellschaft, dass sie ganz eigene Formen der äußeren und noch mehr der inneren Armut produziert. Nicht nur die Sozialhilfeempfänger nehmen rapide zu, immer mehr Menschen werden ratlos und trostlos. Sie befinden sich in ausweglos scheinenden Situationen. Sie können sich selbst nicht mehr helfen und geraten an den Rand und unter die Räder. Vieler Menschen Herz ist gebrochen, verwundet, verbittert. Sie sehen kein Licht mehr am Ende des Tunnels. Es leuchtet ihnen kein Stern der Hoffnung.

»Evangelizare pauperibus«, »den leiblich und den geistlich Armen die Frohe Botschaft zu bringen«, das ist die Aufgabe aller Christen und der Gemeinden insgesamt. Unsere Gemeinden werden in Zukunft noch vielmehr als bisher missionarische, heimatgebende und helfende Gemeinde sein müssen, Stadt auf dem Berg, Licht auf dem Leuchter. In besonderer Weise gilt diese Aufgabe, den Armen das Evangelium zu bezeugen, Ihnen als Diakone und uns als Priester und Bischöfe. Ich wiederhole es: Wenn wir den Zeichen unserer Zeit gerecht werden wollen, dann steht das Zeugnis des Lichtes, der Dienst am Evangelium heute an erster Stelle. Die Wahrheit ist es ja, welche frei und welche letztlich allein froh macht.

IV. Lichtzeichen und Bote der Freude

Wie sollen wir das machen? Wie geht das? Wie soll man das machen, wo doch die Zahlen der Priester wesentlich geringer geworden sind, wo schon jetzt viele überlastet und überfordert sind? Wie kann ein abgehetzter und gestresster Seelsorger ein Lichtzeichen und ein Bote der Freude sein? Das sind Fragen, die mir gegenwärtig in vielen Gemeinden, bei vielen Besuchen bei Pfarrern und in vielen Briefen und Einzelgesprächen begegnen.

Es ist jetzt nicht der Ort, um auf die strukturellen Überlegungen einzugehen, die ohne Zweifel notwendig sind und die gegenwärtig auch angestellt werden. Wir müssen uns nämlich von der Häresie freimachen, wir könnten diese schwieriger gewordene Situation allein durch Strukturveränderungen lösen. Die Bischöfe auf der letzten Bischofssynode in Rom haben einen anderen, ich möchte sagen: einen radikaleren und evangeliumsgemäßeren Weg eingeschlagen. Leider ist darüber bei uns höchst einseitig und geradezu miserabel berichtet worden, so dass in der Öffentlichkeit über die letzte Synode wie über viele andere kirchlichen Vorgänge der letzten Zeit ein völlig schiefes, ja falsches Bild entstanden ist.

Ich will es zunächst etwas abstrakt ausdrücken und dann konkret erläutern, worum es in der Synode ging. Sie sagte: Das erste Problem ist nicht die Quantität der Priester, die ja weltweit betrachtet eher im Steigen begriffen ist. Das erste Problem ist die Identität des Priesters. Konkreter ausgedrückt: Die Gemeinden und in erster Linie die Priester selbst müssen wissen, was das ist, ein Priester, woraus er lebt und wofür er lebt: die Botschaft vom Reich Gottes, als Reich der Wahrheit, des Lichtes, des Friedens und der Freude.

Johannes der Täufer sagt uns konkret, was das ist, ein Zeuge des Lichtes und ein Bote der Freude. Er macht uns nach meiner Überzeugung dreierlei klar:

Das Grundlegende: Johannes tritt von Gott gesandt auf. Er spricht und handelt nicht im eigenen Namen, auch nicht im Namen anderer. Er ist nicht abhängig von zufälligen Mehrheitsmeinungen. Er fragt nicht, was kommt an? Was kann man heute noch sagen? Seine Sendung und sein Auftrag sind in Gott selbst begründet. Das gibt ihm Halt und Zuversicht auch in Stunden äußerster Einsamkeit und Bedrängnis, wo es ihm den Kopf kostet. Von Gott gesandt, das dürfen auch Sie, liebe Diakone, sich sagen. Halten Sie sich an Ihre Sendung und Ihren Auftrag. Er wird auch Sie halten und tragen.

Ein Zweites: Johannes kam als Zeuge. Er kam nicht als Macher, als Organisator, auch nicht als Präzeptor, der nur anderen sagt, wie sie es machen sollen. Der Zeuge ist dadurch definiert, dass er mit seinem Leben und – wenn es sein muss – sogar mit seinem Sterben für seine Botschaft einsteht. Der Zeuge verkündet nicht nur mit seinem Mund, er bezeugt und überzeugt durch sein Leben. Er lebt, was er sagt und er sagt, was er lebt. Solche Geradlinigkeit und Glaubwürdigkeit ist heute vor allem gefragt.

Schließlich: Johannes ging es nicht um sich selbst. Nicht er war der Messias, der Elias, der Prophet. Er war nur Rufer in der Wüste, nur Stimme eines Anderen. Damit ist das tiefste Geheimnis des kirchlichen Amtes des Diakons, Priesters und Bischofs berührt. Wir alle sind nur Stimme und Werkzeug Jesu Christi, er spricht und handelt durch uns, wir sprechen und handeln in Christi Person.

Die Freundschaft mit Jesus Christus muss darum der innerste Impuls und die Seele unseres Lebens sein. Dazu wird uns bei der Weihe der Geist Jesu Christi verliehen.

Löschen Sie diesen Geist nicht aus! Entfachen Sie ihn immer wieder und lassen Sie sich von ihm entfachen. Sie werden es spüren: Er trägt Sie, er erfüllt Sie mit Frieden und Freude. Leben Sie deshalb als geistliche Menschen, führen Sie ein geistliches Leben.

Äußerlich betrachtet hat Johannes mit all dem keinen Erfolg gehabt. Er musste nicht nur zurücktreten, man hat ihn als unbequemen Mahner beiseite geschafft. Nicht anders ist es Jesus gegangen. Als Jünger Jesu sollen wir es nicht besser haben als unser Meister. Erfolgsorientiert kann unser Dienst nicht sein. Sie werden darum Enttäuschung und Misserfolge hinnehmen müssen. Wer darüber nur jammert und schimpft, hat weder Johannes und noch weniger etwas von Jesus verstanden. Wer nur jammert, wird selbstredend kein Bote der Freude sein und niemanden überzeugen, geschweige denn begeistern können.

Meine lieben Freunde, lassen wir doch dieses glaubenslose und letztlich gottlose, weil gottvergessene Lamentieren. Seien wir vielmehr überzeugt: Mitten unter uns steht der, den wir nicht kennen. Seine Wege sind nicht unsere Wege, aber er ist mit uns auf dem Weg. Er begleitet und führt uns. So dürfen wir auch dann noch, wenn es finster wird, Zeugen des Lichts und Boten der Freude sein. Der Apostel sagt es uns: Gott ist treu. Er wird es tun. Darauf, meine lieben künftigen Diakone, dürfen Sie sich verlassen. Das dürfen Sie bezeugen. Damit können Sie Zeugen des Lichts sein. Amen.

Für Gott berufen

Liebe künftige Diakone,
meine lieben Schwestern und Brüder![1]

I. Wirken des Heiligen Geistes

Selten bin ich mit so großer Freude von Rottenburg hierher nach Stuttgart, St. Eberhard, gekommen wie heute. Da wird gegenwärtig in aller Öffentlichkeit eine kritische und teilweise polemische Diskussion um das kirchliche Amt und besonders den Zölibat geführt. Da meint jeder, auf die Kirche eindreschen zu können, so dass man meinen könnte, mit dem kirchlichen Amt und mit der Kirche überhaupt ist es wohl bald zu Ende und es sei wohl nur noch eine Frage der Zeit, bis diese letzte Festung, welche dem modernen Zeitgeist trotzt, fällt und geschleift werden kann.

Genau in dieser Situation stehen heute 19 junge Männer vor uns, sie treten vor und sprechen laut und vernehmlich ihr »Adsum« »Ich bin bereit«, bereit in dieser Kirche einen Dienst zu übernehmen für die Menschen.

Meine lieben künftigen Diakone, Ihr Ja ist für mich ein Grund zur Freude und zum Dank gegenüber Gott, dem Geber aller guten Gaben. Er ist es ja, der uns immer wieder solche Berufungen schenkt und der seine Kirche dadurch immer wieder neu jung erhält. Sie wird nicht veralten, und sie kann erst recht nicht untergehen. Sein Geist wirkt auch heute. So empfinde ich Sie, meine lieben jungen Freunde, als

---

[1] Predigt anlässlich der Diakonenweihe am 14. März 1992 in der Konkathedrale St. Eberhard in Stuttgart.
Lesung: Jer 1,4–9; Evangelium: Lk 4,14–21.

Zeichen des Aufbruchs und als Geschenk für unsere Diözese und ihre Gemeinden.

Ich danke Ihnen von Herzen dafür, dass Sie sich auf diesen Ruf eingelassen und dass Sie Ihr Ja zu Gottes Ja gesprochen haben.

Ich danke selbstverständlich auch allen, die Sie auf diesem Weg begleitet haben: Ihre Eltern und Geschwister, Ihre Pfarrer und Lehrer, Ihre Freunde und Bekannten, nicht zuletzt den Vorständen des Wilhelmsstifts und des Priesterseminars. Ganz besonders danken möchte ich den vielen Betern und Beterinnen, die um geistliche Berufe beten und die auch Sie, meine lieben junge Freunde, unbekannterweise auf Ihrem bisherigen und auf Ihrem künftigen Weg begleiten.

II. Wort des Trostes und der Ermutigung

Bei einem abendlichen Gespräch im Priesterseminar haben Sie mir dargelegt, welches der tiefste Grund und das treibende Motiv Ihrer Bereitschaft ist. Sie haben mir ein Bild von einem aus unserer Diözese stammenden Künstler in die Hand gedrückt, ein Bild, das sich auch auf der Einladungskarte zu dieser Feier findet. Auf diesem Bild ist die Szene des heutigen Evangeliums dargestellt: Jesus – wir sehen im Bild nur seine Hände – schlägt in der Synagoge in Nazareth die Buchrolle auf und liest aus dem Propheten Jesaja die Stelle, welche auf dem Bild in großen hebräischen Lettern geschrieben ist: »Ruach adonai alai«, »Der Geist des Herrn ruht auf mir«. Und zwischen den Zeilen steht der hebräische Name Gottes, »Jahwe« – »Ich bin da«.

Das ist ein Wort des Trostes und der Ermutigung; das ist frohe und befreiende Botschaft, eine gute Nachricht, sagt sie doch: Wir sind nicht allein und verlassen in dieser Welt, und diese Welt ist nicht einfach ein Produkt des Zufalls, das Ergebnis einer seelenlosen Gesetzmäßigkeit der Evolution. Vielmehr ist Gott da, durch seinen Geist wirksam und wirkmächtig. Er ist der Herr der Welt und der Geschichte, der Herr auch unseres Lebens. Er trägt und hält uns. In Jesus Christus ist er unwiderruflich und endgültig gekommen. In ihm hat er unsere Sache zu seiner Sache gemacht. Indem Gottes Sohn selbst Mensch geworden ist, hat Gott sein Ja zu jedem Menschen und zu jedem von uns gesprochen.

Diese frohe Botschaft ist der Grund, die Triebfeder, Kraft und Halt aller geistlichen Berufungen und Dienste. Sie ist es, die Sie, liebe junge Freunde, bewegt hat zu Ihrem »Adsum«, Ihrem »Ich bin bereit«. Denn Sie haben sich nicht für ein System und einen Apparat entschieden. Sie sollen nicht Funktionäre einer starren Institution sein. Was Sie überzeugt hat, ist die Person dessen, auf dem der Geist des Herrn ruht – Jesus Christus. Seinem Ruf sind Sie gefolgt. Er hat Sie fasziniert und begeistert. All denen, die Sie vielleicht heute oder in Zukunft skeptisch, resigniert oder spöttisch fragen: Wie kann man heute nur noch einen solchen Beruf wählen?, können Sie entgegenhalten: Wo begegnet uns Besseres und Überzeugenderes? Wo finden wir sonst solche Worte des Lebens?

Das Evangelium von Jesus Christus ist auch heute ohne wirkliche Alternative. Es ist auch heute Licht und Kraft.

III. Die frohe Botschaft braucht Botschafter

Meine lieben jungen Freunde, das Buch, aus dem Jesus diese gute Nachricht vorliest, wird Ihnen nachher feierlich übergeben werden. Seine gute Botschaft sollen Sie anderen weitergeben. Dazu werden Sie heute gesandt. Denn – so sagt es uns der Apostel Paulus in der Lesung – die frohe Botschaft braucht immer wieder neue Botschafter. Sie braucht Freudenboten. Sie braucht Zeugen. So werden Sie gesandt, damit auch Sie den Armen eine gute Nachricht bringen.

Die Armen – das sind beim Evangelisten Lukas zweifellos die äußerlich Armen, die Habenichtse dieser Welt. Ihnen gilt, wie wir heute sagen, die vorrangige Option des Evangeliums. Sie sind – wie der Märtyrer und Diakon Laurentius seinem heidnischen Richter sagte – der Reichtum der Kirche. Diese machen heute mehr als zwei Drittel der Weltbevölkerung aus und – verglichen mit unserem Lebensstandard – fast ein Drittel der Menschen hier bei uns. Die Armen sind freilich auch die seelisch und geistig Ausgehungerten und Verdurstenden, die äußerlich gesehen vielleicht alles oder fast alles haben, aber innerlich ausgepowert sind, die blind sind für das Gute und Schöne der Welt, erst recht für den Schöpfer der Welt, die innerlich zerschlagen und verwundet sind, die mit sich und der Welt nichts mehr anfangen können, von Ängsten und Selbstzweifeln geplagt sind und nach allen möglichen Ersatzbefriedigungen greifen.

Der Dienst an diesen Armen im umfassenden Sinn des Wortes ist in besonderer Weise der Auftrag des Diakons. Seine – Ihre – Aufgabe ist es, das Bewusstsein für die diakonische Dimension der Kirche wachzuhalten. Sie sollen dafür sorgen, dass die Sorgen der Menschen in der Kirche zur Sprache kommen und dass sie auch angepackt werden. Sie sollen Sachverwalter der Freuden und Hoffnungen wie der Ängste und Nöte der Menschen sein. Denn der Mensch ist der Weg der Kirche.

Diesen Dienst werden Sie, liebe künftige Diakone, tun durch die Verkündigung der guten Nachricht von Gottes Barmherzigkeit und Treue wie durch Taten der Liebe. Letztlich bringen Sie den Menschen nicht etwas. Sie bringen sich selbst und machen sich selbst zum Geschenk für andere. Diese Freiheit zur je größeren Liebe ist der letzte und tiefste Sinn auch der Ehelosigkeit um des Himmelreiches Willen. Sie ist Zeichen der Ganzhingabe an Gott und an die Menschen.

IV. Der Geist des Herrn ruht auf mir

Vielleicht möchten Sie jetzt, liebe junge Freunde, wie der Prophet Jeremias in der heutigen Lesung sagen: »Ach, mein Gott und Herr, ich kann doch nicht reden, ich bin ja noch so jung«, ich hab ja noch so wenig Erfahrung, so wenig Möglichkeiten, um wirklich Einfluss zu nehmen, ich habe Angst, bin überfordert, und überhaupt: Wir sind viel zu wenige.

Wenn wir das Buch des Propheten Jeremias zu Ende lesen, dann begegnen uns viele solcher Klagen. Es war überhaupt das Schicksal der Propheten, dass sie allein standen, unverstanden waren und verfolgt wurden. Dies war nicht zuletzt das Schicksal Jesu selber. Er hat es seinen Jüngern vorausgesagt, dass sie es nicht besser haben werden wie ihr Meister, dass man sie verlachen, verklagen, beschimpfen und verfolgen werde. So war es in der Tat immer wieder in der Kirchengeschichte. Wir dürfen also nicht erschrecken, wenn uns auch heute der Wind ins Gesicht bläst, wenn sich Wut und Angriffslust gegenüber der Kirche und ihren Vertretern zeigt. Das gehört zur Kirche, wenn sie dem Evangelium Jesu Christi treu ist, und der wäre ein schlechter, ein falscher Prophet, dem die Massen nur zujubeln würden.

Doch dies ist nur die eine Seite, die andere kommt in der Lesung aus dem Propheten Jeremias ebenfalls zu Wort: »Sag nicht: Ich bin noch so jung … Fürchte dich nicht vor ihnen, denn ich bin mit dir, um dich zu retten«. Dieses Wort, meine lieben Freunde, gilt auch Ihnen. So wie der Herr nach der Lesung aus dem Propheten Jeremias seine Hand ausstreckt, so wird Ihnen nachher die Hand aufgelegt als Zeichen dafür, dass Christus, der Herr, nach Ihnen greift, mit Ihnen ist und Sie beschützt. Aufgrund dieser Weihehandlung gilt auch Ihnen das Wort aus der Buchrolle des Propheten Jesaja: »Der Geist des Herrn ruht auf mir«. Auch von dieser Stunde der Diakonenweihe heute gilt: »Heute hat sich das Schriftwort, das ihr eben gehört habt, erfüllt«.

Auf diese Zusage dürfen Sie jederzeit zurückkommen, vor allem dann, wenn Sie den Eindruck haben, Ihr Dienst sei erfolglos, wenn Sie angefochten und von Zweifeln erfüllt sind, wenn Sie den Eindruck haben, Ihr Weg führe durch eine innere Leere und Wüste. Gerade dann ist Gottes Geist am meisten mit Ihnen, bei Ihnen, in Ihnen. Das kann Ihnen Gelassenheit in Zeiten der Hektik, der Aufregung, der äußeren und inneren Überforderung geben. Das soll Ihnen aber auch Tapferkeit verleihen, damit Sie nicht wehleidig klagen, wenn Widerspruch laut wird und Angriffe schmerzlich verwunden. Seien Sie frohen Muts und seien Sie sich dessen bewusst: »Die Freude am Herrn ist unsere Stärke«.

Wenn Sie Ihren Dienst froh und freudig tun, dann werden Sie erfahren, dass auch Sie – wie der Apostel sagt – als Freudenboten willkommen sind. Seien Sie also Diener der Freude. Amen.

Zur Nachfolge berufen

Liebe Weihekandidaten,
liebe Schwestern und Brüder![1]

Ich begrüße Sie alle, die Sie zu dieser Diakonenweihe hierher in unsere Konkathedrale St. Eberhard in Stuttgart gekommen sind, ganz herzlich. Ich grüße besonders die Eltern und Geschwister, die Freunde und Bekannten unserer Weihekandidaten und alle, die aus deren Heimatgemeinden gekommen sind. Es ist mir eine besondere Freude, dass wieder so viele Mitbrüder, besonders die Heimatpfarrer unserer künftigen Diakone, an dieser Feier teilnehmen.

Mein besonderer Gruß gilt selbstverständlich den 15 jungen Männern, die sich nach einem langen Studium und nach reiflicher Prüfung entschlossen haben, sich heute zu Diakonen in unserer Diözese Rottenburg-Stuttgart weihen zu lassen. Meine lieben jungen Freunde und künftigen Mitbrüder, ich danke Ihnen für diese Bereitschaft, und ich begrüße Sie mit besonderer Herzlichkeit.

I. Hoffnung auf Befreiung

Ich könnte mir denken, dass viele, die von dieser Diakonenweihe erfahren, denken: Wie kann man sich denn heute noch zu solch einem Beruf entschließen? Wie kann man sich nur auf so etwas einlassen? Vielleicht hat auch der eine oder andere von Ihnen sich beim Herfahren gedacht: Da gehört Mut dazu. Denn viele trauen heute der Kirche

---

[1] Predigt anlässlich der Diakonenweihe am 26. Februar 1994 in der Konkathedrale St. Eberhard in Stuttgart.
Lesungen: Jes 58, 6–10; 2 Kor 3, 4–6.17; Evangelium: Lk 2, 1–17.

nicht mehr viele Zukunftschancen zu. Sie halten die Kirche und mit ihr das Amt in der Kirche für ein auslaufendes Modell. Schon gar nichts halten sie von einem Versprechen zu einem ehelosen Leben, das nicht den eigenen Interessen und dem eigenen Wohlergehen dient, sondern der Diakonie, dem Dienst an anderen, besonders an den Armen und an all denen, die nicht auf der Sonnenseite des Lebens leben.

Sie selber, meine lieben künftigen Mitbrüder, haben sich diesen Fragen in den letzten Jahren immer wieder und zuletzt in den vergangenen Tagen der Exerzitien gestellt. Sie haben sich ganz bewusst entschieden, Ja zu sagen zu dieser Berufung und Sie haben auch deutlich gesagt, warum Sie dieses Ja sagen. Sie haben die Antwort gegeben, indem Sie als erste Lesung dieses Weihegottesdienstes einen Text aus dem Buch des Propheten Jesaja ausgesucht haben.

Diese Lesung spricht einleitend vom Fasten, also von Einschränkung und Verzicht. Sie beginnt also genau mit dem, was vielen Zeitgenossen bei dieser Diakonenweihe so gar nicht in den Kopf will. Der Prophet Jesaja empfindet das ganz anders. Er kann in der Gegenwart etwas aufgeben, weil ihn eine große Zukunftsvision bewegt. Er träumt sozusagen nach vorne. Er hängt nicht an dem, was man hier und heute »haben« kann. Ihn fesseln Bilder von einer neuen und anderen Welt, die im Kommen ist. Er sieht die Fesseln abfallen und das Joch zerbrechen, unter dem viele stöhnen. Er hofft auf Befreiung. Er sieht wie mit den Hungrigen das Brot geteilt wird, wie Obdachlose ein Dach über dem Kopf finden und wie Menschen, die sich nicht mehr sehen und sprechen wollten, sich einander wieder zuwenden, zueinander finden und einander wieder annehmen. Er hofft auf Gerechtigkeit und Versöhnung.

Dieser Jesaja hat sich die Hoffnung und den Traum von einer anderen, besseren, gerechteren und barmherzigeren Welt nicht nehmen lassen. Er hat gegen allen allzu klugen kleinbürgerlichen Realismus die Hoffnung in seinem Herzen nicht ersterben lassen. Warum? Einfach deshalb, weil er auf die Verheißung Gottes vertraut, der sagt: »Hier bin ich«. So wie er schon zu Mose am brennenden Dornbusch gesprochen hat: »Ich bin da«, ich bin mit euch und bei euch. Diese Verheißung gab dem Jesaja Mut und Kraft. So sah er in allem Dunkel der Welt ein Licht, das einen hellen strahlenden Mittag ankündet.

Ich denke, meine lieben jungen Freunde, diese Hoffnung ist die letzte und tiefste Wurzel Ihres Entschlusses, heute vor den Weihealtar zu treten. Sie wollen – anders als viele andere – sich nicht abfinden mit der Welt und mit dem Leben so wie es nun einmal ist. Sie hören den Schrei nach Befreiung und die Sehnsucht nach Versöhnung. Sie wollen mithelfen die Wunden zu heilen, die viele Menschen nicht nur äußerlich, sondern tief drinnen in ihrem Herzen mit sich herumtragen. Sie wollen ihnen helfen, den Sinn und das wahre Glück des Lebens zu finden. Und ich frage Sie, meine lieben Schwestern und Brüder, gibt es denn heute, da so viel Mut- und Trostlosigkeit, soviel Enttäuschung, soviel Sinnlosigkeit in der Welt ist, etwas wichtigeres als junge Menschen, die trotz allem dem Idealismus und der Hoffnung Raum geben, die einen Traum haben von einem heilen und ganzen Leben aus der Fülle und die dafür ihr Leben einsetzen wollen?

Genau das ist es, um was es Jesus mit seiner Botschaft vom Kommen des Reiches Gottes ging. Jesus ist ja gekommen, damit wir das Leben haben und es in Fülle haben. Diesem Leben zu dienen ist Auftrag der Kirche. Diesem Leben zu dienen, meine lieben jungen Freunde, wird Ihr künftiger Auftrag sein. Wir wollen das Leben ja nicht verkürzen und einengen und schon gar nicht madig machen und herabsetzen; vielmehr soll es frei werden vom Joch moderner Abhängigkeiten. Heil soll es werden von den Verwundungen unserer modernen Zivilisation. Heil und ganz, froh und frei aber kann es nur sein, wenn es in Gott Grund und Ziel, Halt und Inhalt gefunden hat.

Meine lieben Schwestern und Brüder, wir müssen uns heute alle miteinander wieder neu bewusst machen, dass Gott da ist. Denn unsere Gottvergessenheit, ja unsere Gottlosigkeit ist der tiefste Grund unserer Frustrationen, unserer Leere und Verzweiflung. Wir brauchen gerade heute Menschen, welche die Vision, den Traum und die Verheißung des Jesaja weitersagen, anderen die Botschaft Jesu vom kommenden Reich Gottes bezeugen. Wir brauchen in all der Angst und Verdrossenheit unserer Tage Menschen, die unseren Blick wieder nach vorne richten, die uns Mut und Hoffnung machen.

II. »Folge mir nach!«

Das führt uns zum Evangelium, das Sie, liebe Weihekandidaten, sich für diesen Tag ausgesucht haben. Es berichtet von der Berufung des Levi. Jesus sieht ihn an der Zollbank sitzen, wo er – so wie es damals beim Zoll üblich war – den Leuten kräftig in die Tasche griff und sie gehörig ausnahm. Man kann verstehen, dass Zöllner wie Levi den Leuten verhasst und verachtet waren. Doch Jesus sieht tiefer. Er merkt: Dieser Levi ist selbst ein armer Tropf. Er ist ein Gefangener des Systems, mehr Opfer als Täter. Was soll er denn machen? Er kommt aus eigener Kraft aus dem Teufelskreis nicht heraus. Offensichtlich hat er schon lange auf jemanden gewartet, der ihn herausholt und ihm eine neue Chance, einen neuen Anfang gibt. So verlässt er auf Jesu Wort: »Folge mir nach!« auf der Stelle seine Zollbank und schließt sich Jesus an. Bei ihm und im Dienst an seiner Sache hat er seine Aufgabe, ja sein Leben gefunden. Aus dem Zöllner Levi wurde der Evangelist Matthäus.

So ist es immer wieder durch alle Jahrhunderte hindurch bis heute gegangen. Jesu Sache braucht ja Menschen, welche ihm ihre Hände und Füße, ihren Verstand und ihr Herz und ihr ganzes Leben zur Verfügung stellen, Menschen, die eben durch diesen Dienst selber frei und glücklich werden. Auch Sie, liebe Freunde, traf irgendeinmal der Ruf Jesu. Er trifft Sie heute endgültig: »Komm, folge mir nach!«. Komm, sei ein Bote der Freude und der Befreiung. Komm, gib dein Leben dran, damit andere das Leben finden.

Doch, meine lieben Freunde, die Geschichte von der Berufung des Levi soll Ihre und unsere Berufung nicht nur bestätigen und bekräftigen. Sie stellt für uns auch eine gewaltige Herausforderung dar. Jesus beruft ja keinen, der als gerecht, das heißt als fromm galt. Jesus weiß sich überhaupt nicht zu den Gerechten und Frommen berufen. »Nicht die Gesunden bedürfen des Arztes, sondern die Kranken«. »Ich bin gekommen, um die Sünder zu berufen, nicht die Gerechten«.

Das ist ein schier unglaubliches Wort. Man darf es sich damit nicht zu leicht machen. Natürlich meint Jesus nicht, allein in der Gemeinde seien die Gerechten und Frommen und die draußen seien die Sünder, wir sollten also unsere Gemeinden lassen und uns nur noch um die Außenstehenden bemühen. Sünder sind wir alle. Ausnahmslos alle bedürfen der Vergebung und der Gnade, auch und gerade die, die sich für fromm halten. Aber – und das will uns das Wort Jesu ins Stammbuch schreiben – wir dürfen uns nicht damit begnügen, den internen Betrieb in unseren Gemeinden in Schwung zu bringen beziehungsweise am Laufen zu halten. Jesus schickt uns hinaus, so wie auch er selbst hinausgegangen ist an die Hecken und Zäune. Er schickt auch Sie, meine lieben künftigen Diakone, hinaus. Ihr Platz ist an der Seite der Armen, der Kleinen, der Verlassenen, der Verzweifelnden, derer, die suchen und die keinen Ausweg und kein Licht mehr sehen, er ist an der Seite der Kranken und Sterbenden.

Als Diakone sollen sie eine aus dem Geist Jesu erneuerte Kirche repräsentieren, eine Kirche die dient, eine Kirche, die auf der Seite der Schwachen und der Leidenden steht, eine Kirche – wie es Papst Johannes Paul II. sagt – deren Weg der Mensch ist. Beißen wir uns also nicht in den rein innerkirchlichen Querelen fest. Belästigen wir nicht fortwährend die Menschen mit unseren internen Problemen. Schauen wir auf die Probleme der Menschen und kümmern wir uns um sie. Machen wir – wie es das letzte Konzil sagt – Freude und Hoffnung, Trauer und Angst der Menschen zu unserer eigenen Freude und Hoffnung, teilen wir ihre Trauer und seien wir sensibel für ihre Ängste. In dieser Haltung der Diakonie, des Dienens, besteht die heute angesagte Erneuerung der Kirche. Nur mit einer solchen Einstellung können wir die Vision des Jesaja und die Botschaft Jesu vom Leben in der Fülle glaubwürdig bezeugen.

III. Diener des Neuen Bundes

Doch, so werden Sie fragen, wie sollen wir das machen? Wie können wir dies mit unserer schwachen Kraft schaffen? Ist das nicht eine maßlose Überforderung? Und wie sollen Sie, liebe Weihekandidaten, Ihre heutige Entscheidung ein volles Leben lang durchhalten? Müssen Sie nicht befürchten, dass Ihnen eines Tages die Puste ausgeht und der Idealismus sich verflüchtigt?

Der Apostel Paulus gibt Ihnen im Zweiten Korintherbrief, den Sie als zweite Lesung ausgesucht haben, die Antwort: »Doch dazu sind wir nicht von uns aus fähig … unsere Befähigung stammt vielmehr von Gott. Er hat uns fähig gemacht, Diener des Neuen Bundes zu sein«.

Das ist eine Zusage, meine lieben Freunde, die für Ihr künftiges

Leben und Wirken von grundlegender Bedeutung ist. Sie wird Ihnen nachher durch Handauflegung und Gebet buchstäblich auf den Kopf zugesprochen. Sie dürfen sich auf diese Zusage verlassen, gerade dann, wenn es einmal schwierig wird, wenn Enttäuschung und Mutlosigkeit Sie übermannen wollen. Gott kommt Ihrer schwachen Kraft mit seiner mächtigen Kraft zu Hilfe. Bauen Sie also Ihr Leben auf seine Gnade. Verlassen Sie sich nicht auf den Buchstaben, auf äußere Macht- und Geldmittel, nicht auf institutionelle Absicherungen, auch nicht auf sichtbaren Erfolg und Beifall der Menschen. Seien Sie nicht Diener des Buchstabens, sondern des Geistes. Seien Sie geistliche Menschen, die es wagen, aus Gottes Kraft zu leben. Seien Sie vor allem Männer des Gebets. Sie werden es erfahren: Das Beten, das aus einem gläubigen Vertrauen heraus geschieht, vermag Berge zu versetzen. Bei Gott ist kein Ding unmöglich.

Hier, meine lieben Schwestern und Brüder, treffen wir auf die eigentliche Schwierigkeit, die Entscheidung, die unsere Weihekandidaten heute treffen, zu verstehen. Uns ist mitunter das Verständnis abhandengekommen für das, was Leben aus dem Geist, was Leben aus Gott meint. Wir müssen wieder lernen, dass unser Leben und unsere Welt mehr ist als was man sehen, feststellen, planen und machen kann. Unser Leben hat eine Tiefe, welche in das Geheimnis Gottes hineinweist. Diesem Geheimnis sich anzuvertrauen, es immer wieder zu erspüren suchen, aus ihm zu leben, aus ihm heraus – trotz allem – zu hoffen und hoffend sich einzusetzen für Wahrheit, Gerechtigkeit und Versöhnung, so wie es Jesaja getan hat und wie Jesus es uns erschlossen hat, das heißt ein gläubiger und ein geistlicher Mensch zu sein.

Wo dieser Geist des Herrn ist, da ist Freiheit. Denn ein Mensch, der in Gott verwurzelt ist und aus seinem Geist heraus zu leben versucht, der ist nicht leicht manipulierbar, der erliegt nicht den vielen oft sehr raffinierten Einflüsterungen von außen, der läuft nicht unbesehen jeder Mode nach, der hat vielmehr inneren Halt und festen Stand, der ist ein freier Mensch.

So ist diese Diakonenweihe, meine lieben Schwestern und Brüder, eine Einladung an uns alle, wieder mehr geistliche Menschen zu sein und wieder mehr Gemeinden und Kirche zu sein, welche aus dem Geist leben, wirken und hoffen. Wir müssen wieder mehr Menschen, Gemeinden und Kirche sein, die beten. Dass wir gegenwärtig so viel jammern, klagen und anklagen in der Kirche, dass wir so viel Angst haben um die Kirche und ihre Zukunft, ist ein Zeichen, dass es uns an Glauben an die Macht des Geistes Gottes fehlt. Er kann und er will auch heute seine alten Verheißungen wahr machen. Unsere Kirche ist nicht am Ende. Wenn sie nur auf Gott und seinen Geist setzt, hat sie Zukunft. Als glaubende und betende Kirche darf sie einen neuen Frühling erwarten. Dessen bin ich mir ganz gewiss.

So dürfen Sie, meine lieben jungen Freunde, mit Zuversicht zur Weihe treten. Sie dürfen nach Ihrer Weihe ohne Angst und mit großem Vertrauen in Ihre Diakonatsgemeinden hinausgehen und Zeugen von Gottes großer Verheißung sein. Sie dürfen als Diakone Boten der Freiheit, der Gerechtigkeit und der Versöhnung sein, Zeugen der Liebe gerade für die, die ihrer am meisten entbehren und die ihrer deshalb am meisten bedürfen.

Wir alle wünschen Ihnen für diese große und schöne Aufgabe Gottes Kraft und Gottes Segen. Sie sind nicht allein. Wir alle begleiten Sie durch unser Gebet. Seien Sie darum voll Zuversicht Diener der Freude. Amen.

Der Diakon als Brückenbauer

Liebe Diakonatsbewerber,
meine lieben Schwestern und Brüder,[1]

Sie haben sich für Ihre Diakonenweihe als erste Lesung den Bericht des Alten Testaments vom Bund Gottes mit Noach ausgewählt. Ich muss gestehen, ich war darüber zunächst erstaunt. Doch in einem ausführlichen gemeinsamen Schriftgespräch haben Sie diese Ihre Wahl überzeugend begründet. Der Bundesschluss Gottes mit Noach hat ja sehr viel mit unserem Leben zu tun und er passt bestens zu Ihrer Weihe zu Ständigen Diakonen. Besonders in dem Himmel und Erde verbindenden Regenbogen haben Sie ein wichtiges Symbol Ihres künftigen Dienstes als Diakone erkannt.

I. Das Zeichen des Bundes

Dem Bundesschluss Gottes mit Noach und dem Zeichen des Regenbogens geht der Bericht von einer großen Katastrophe voraus. In der Sintflut bricht die Ordnung der Schöpfung in einem alles zerstörenden Chaos zusammen. Die Hybris, der Übermut der Menschen hat Gottes gute Schöpfung in ein Chaos verwandelt.

Nachdem die Menschen in ihrer Hybris, ihrem Übermut kein Oben und Unten mehr anerkannten, und sie nicht mehr wahrhaben wollten, dass sie unten auf der Erde, Gott aber oben im Himmel ist, stürzt nun buchstäblich der Himmel ein in einer alles verschlingenden Flut.

---

1 Predigt anlässlich der Weihe der Ständigen Diakone am 21. Mai 1994 im Dom zu Rottenburg.
Lesung: Gen 9, 8–13; Evangelium: Joh 21, 1.15.20–22.

Es gibt nun auch im wörtlichen Sinn kein Oben und Unten mehr. Durch die Sünde bricht die Ordnung der Schöpfung in einem alles verschlingenden Chaos zusammen, in dem menschliches Leben und Überleben nicht mehr möglich ist.

Doch Gottes Barmherzigkeit ist unermesslich. Er lässt die Welt und uns Menschen nicht fallen. Er macht mit Noach einen neuen Anfang: Er schließt einen Bund mit den Menschen und garantiert die Ordnung der Welt und das Leben auf der Welt. Als Zeichen seines Bundes setzt er den Regenbogen, der wie eine Brücke symbolisch Himmel und Erde verbindet und wieder miteinander versöhnt. Gott will damit sagen: Ich bin mit euch. Ich halte und ich rette euch vor dem Verderben. Ich schütze und bewahre diese schöne Welt und das Leben in der Welt. Ich bin ein Gott des Lebens und ein Freund des Lebens.

Sie, meine lieben Diakonatsbewerber und künftigen Diakone, haben in diesem Symbol des Regenbogens ein für Sie wichtiges Bild Ihrer Berufung als Diakone gesehen. Sie wollen Brückenbauer sein. Sie wollen Brücke sein für die vielen Menschen, denen der Blick zum Himmel verschlossen ist, die nur noch diese Erde sehen und all das Chaos, das Menschen hier in ihrem Übermut anrichten. Sie wollen bezeugen, dass dies nicht die ganze, nicht einmal die halbe Wirklichkeit ist. Sie haben es sich als Aufgabe gesetzt und Sie werden heute dazu ausgesandt zu sagen, dass diese Welt höher und weiter ist, größer, reicher und auch schöner, einfach weil Gott da ist und weil Gott der Gott des Lebens ist, der Gott, der Leben schenkt, der es erhält und der es liebt, der Gott, der unendlich barmherzig ist.

Brückenbauer wollen und sollen Sie aber noch in einem zweiten Sinn sein. Es gehört zum Drama unserer Epoche, dass viele Menschen sich nicht nur von Gott entfernt haben, sondern auch zur Kirche auf Distanz gegangen sind. Das kirchliche Leben und das Leben in unserer modernen Welt haben sich weithin entfremdet. Die Kirche, ihre Sprache, ihre Riten und ihre Botschaft sind vielen fremd und unverständlich geworden. Umgekehrt fühlen sich viele Christen in unserer modernen Welt wie in einer fremden. Es gehört nach meiner Überzeugung zu den zukunftsträchtigen Impulsen des letzten Konzils, dass es durch die Erneuerung des Ständigen Diakonats von Männern, die im kirchlichen Amt stehen und zugleich in einer Familie leben und in einem Beruf tätig sind oder aus dem Berufsleben kommen, eine Brücke bauen wollte zwischen der Kirche und dem heutigen Leben. Sie sollen durch ihre Weihe und ihren Dienst am Altar ganz in der Mitte und im Herzen der Kirche verwurzelt sein und doch zugleich mitten in der Welt leben und zusammen mit ihren Familien im Alltag der Welt den Gott des Lebens bezeugen.

Dieses Zeugnis des Lebens brauchen wir heute dringend für das Leben und Überleben der Welt. Denn unsere Welt verfällt, in dem Maße wie sie dem Übermut verfällt und das Leben ohne Gott in eigener Regie übernehmen will, zunehmend in Schwermut und Unmut. Die Mächte des Todes und der Zerstörung nehmen überhand, wo man Gott nicht mehr als Grund, Mitte und Ziel des Lebens anerkennt. Wenn der Himmel wegfällt, hat auch die Erde keinen Horizont mehr. Es fehlt dann jede Perspektive, jede Richtung und jeder Sinn.

Den Gott des Lebens aber können wir nur durch das Leben erschließen. Deshalb sollen Sie, meine lieben künftigen Diakone, zusammen mit Ihren Frauen und Kindern mitten in der Welt ein Zeugnis gelebten christlichen Glaubens an den lebenspendenden und lebenserfüllenden Gott geben. Sie sollen dies tun vor allem durch Ihren Dienst am Leben bei Kindern und Kranken, Gestrandeten, Beeinträchtigten, Ratsuchenden und Armen. Durch Ihre Diakonie sollen sie die Botschaft vom Leben von der gottesdienstlichen Feier hinaustragen in die Welt, und sie sollen durch diesen Ihren Dienst in den Rand- und Bruchzonen von Welt und Kirche Menschen wieder auf Gott aufmerksam machen, sie ansprechen und sie zurückführen zur Quelle des Lebens, zum Wasser des Lebens und zu den Sakramenten, die uns ewiges Leben schenken. Als Diakone sollen Sie ein Zeichen des Bundes sein, den Gott mit uns Menschen geschlossen hat, ein Zeichen des Bundes, in das wie in den vielfarbigen Regenbogen die bunten Farben dieser Welt eingewoben sind.

II. Gott sendet den Heiligen Geist

Sie werden fragen und viele werden Sie, meine lieben künftigen Diakone fragen: Wie sollen wir das machen? Sind wir nicht viel zu wenige und fehlen uns nicht die nötigen Mittel? »Wie viele Divisionen hat der Papst?«, soll Stalin einmal spöttisch gefragt haben. Nun, er hat keine einzige und es ist auch gut so. Die Kirche verfügt heute viel weniger als früher über äußere Macht- und Druckmittel, über weltlichen Einfluss und weltliches Ansehen. Viele bedauern und beklagen dies. Natürlich leben wir nicht in der jenseitigen Welt der Engel, die reine Geister sind. Als Menschen sind wir leibhaftige Wesen, die in dieser irdischen Welt leben. Wir müssen als Christen, so wie alle anderen auch, essen und trinken, brauchen zum Leben Kleider, Häuser und vieles andere mehr. Auch die Kirche und ihre Diener können nicht ohne äußere Mittel leben und wirken. Aber das Evangelium sagt uns, wir sollten uns darum keine Sorgen machen. »Unser himmlischer Vater weiß, dass wir dies alles brauchen«. Er wird es uns, wie Jesus uns zugesagt hat, dazugeben.

Dazugeben – wozu? Das morgige Pfingstfest gibt uns die Antwort. Als nach Jesu gewaltsamem Tod menschlich gesehen alles aus und verloren schien und die Jünger bereits resignieren und die Flinte ins Korn werfen wollten, da hat Gott durch die Aussendung seines Heiligen Geistes einen machtvollen neuen Anfang gesetzt. Er hat durch die Kraft des Heiligen Geistes Jesus Christus von den Toten auferweckt und zum Herrn der Welt eingesetzt, und er hat diesen lebenspendenden Geist seiner Kirche geschenkt, damit sie in seiner Kraft alle Stürme der Geschichte bis ans Ende der Zeiten übersteht und Zeugnis vom eigentlichen, wahren, ganzen, erfüllten und ewigen Leben geben kann.

Der Apostel Paulus erinnert uns in der Lesung, die Sie, liebe künftige Diakone, ebenfalls für den heutigen Tag ausgesucht haben, an diese Macht und Kraft aus der die Kirche letztlich lebt und wirkt und aus der auch Sie künftig noch mehr als bisher leben und wirken sollen. Er schreibt an die Gemeinde in Korinth: »Wir haben durch Christus so großes Vertrauen zu Gott. Doch sind wir dazu nicht von uns aus fähig, als ob wir uns selbst etwas zuschreiben könnten; unsere Befähigung stammt vielmehr von Gott. Er hat uns fähig gemacht, Diener (griechisch: Diakone) des Neuen Bundes zu sein, nicht des Buchstabens, sondern des Geistes«.

Durch die Diakonenweihe wird Ihnen, liebe Diakonatsbewerber, unter Handauflegung und Gebet der Heilige Geist verliehen. Er ist der Geist, der Leben schafft und der das Geschaffene nicht nur im Leben erhält, sondern auch neues Leben schafft, der Geist der heilt und befreit, tröstet und ermutigt, der Geist des Rates und der Stärke. Er ist vor allem der Geist Jesu Christi, der niemanden zwingt und sich nicht gewaltsam aufdrängt, der Geist vielmehr, der durch den Dienst der Liebe innerlich überzeugt, mitreißt und begeistert.

Auf diesen Heiligen Geist dürfen Sie bauen. Ihm können sie trauen. Denn dieser Heilige Geist kennt die Herzen der Menschen und er wirkt in ihnen, sehr oft bevor Sie zu wirken beginnen. Wenn Sie selbst geistliche Menschen sind und mit Ihren Familien zusammen als geistliche Menschen zu leben suchen, dann wird der Funke überspringen, dann können Sie überzeugen. Davon dürfen Sie überzeugt sein. Aber das ist freilich nur möglich, wenn Sie mit Ihren Familien zusammen Männer des Gebets sind, die aus der Heiligen Schrift und aus der häufigen Mitfeier der heiligen Eucharistie leben.

III. In der Nachfolge Christi

Meine lieben künftigen Diakone, letztlich geht es bei diesem Leben und Wirken aus der Kraft des Heiligen Geistes einzig und allein um das, was uns Jesus selbst im heutigen Evangelium sagt: Er weist Petrus, der, nachdem er den Auftrag zum Hirtendienst übernommen hat, etwas zu viele Fragen stellt, ziemlich brüsk zurecht: »Frag nicht so viel, mach dir nicht so viele Gedanken um dich und die anderen!« »Was geht das dich an? Du aber folge mir nach!«

Dieser Ruf Jesu trifft Sie, meine lieben künftigen Diakone, heute in besonderer Weise. Denn, was im Zeichen des Regenbogens schön aber doch nur schwach angedeutet wird, das ist mit Jesus Christus in voller Wirklichkeit und in seiner ganzen Fülle erschienen. In Jesus Christus, dem Gottmenschen, sind Himmel und Erde, Gott und die Menschen endgültig miteinander versöhnt. Jesus Christus ist wahrer Gott und wahrer Mensch. Er ist nach all den sintflutartigen Verwüstungen durch die Macht der Sünde und des Todes der neue Mensch. Durch seine Auferstehung von den Toten ist er der Anfang der neuen Schöpfung. Er ist der endgültige Regenbogen eines neuen Himmels und einer neuen Erde.

In der Nachfolge Jesu Christi, in seinem Auftrag und in seinem Geist können und sollen Sie künftig Brückenbauer sein zwischen Gott und den Menschen und unter den Menschen. Sie sollen das Evangelium von der Versöhnung verkünden, den Menschen das eine Brot brechen und den einen Kelch reichen, damit sie durch die Teilnahme an dem einen Leib Christi ein Leib werden in Christus. Sie sollen vor allem in der Nachfolge Christi, der nicht gekommen ist, um sich bedienen zu lassen, sondern um zu dienen durch Ihr Diakonat, das heißt Ihren Dienst Menschen sammeln und versöhnen, ihnen zum Frieden verhelfen mit Gott, mit den Menschen und mit sich selbst. Sie sollen Jesus Christus leibhaftig und konkret repräsentieren, der gekommen ist, zu dienen und sein Leben hinzugeben für uns alle.

Solche Brückenbauer brauchen wir in einer so von Egoismus, Individualismus und neu aufkommendem Nationalismus zerfurchten Welt wie der heutigen dringend. Die Wiedereinführung des Ständigen Diakonats in unserer Kirche war eine Frucht des Geistes Gottes, und ich bin dafür dankbar, dass dieser Same inzwischen in unserer Diözese immer mehr aufgeht und wächst. Die Aufgabe, die Sie, meine lieben künftigen Diakone, da zusammen mit Ihren Frauen und Ihren Familien übernehmen, ist nicht gering. Sie sollen mehr noch als in Ihrem künftigen Wirken in Ihrem Leben zusammenbringen, was oft so unheilvoll auseinanderklafft: Glauben und Leben, Kirche und moderne Arbeitswelt, Familie und Beruf, Gott und Welt. Sie sollen Kontakte vor allem zu denen knüpfen, die man oft etwas abschätzig als abständig und kirchenfern bezeichnet. Kontakte zu denen, die am Rande leben.

Das ist ein durch und durch kirchlicher Auftrag, ein Auftrag den ich als Bischof bei meiner Bischofsweihe verpflichtend erhalten habe und bei dem Sie mir helfen und mich vertreten. Ich begrüße Sie deshalb als meine künftigen Mitarbeiter ganz herzlich.

Stehen wir zusammen und arbeiten wir zusammen damit andere, besonders solche, die es schwer haben in ihrem Leben, einen Regenbogen sehen können, dass ihnen ein Stück Himmel aufgeht und sie versöhnter auf dieser Erde leben können. Bezeugen wir durch unseren bescheidenen und demütigen Dienst den Gott der Liebe und des Friedens, der uns in Jesus Christus alle angenommen hat und der durch seinen Pfingstgeist in der Kirche und in der Welt befreiend und versöhnend wirkt. Lassen wir uns nicht beirren. Viel mehr Menschen als wir es ahnen warten auf diesen Dienst.

Tun Sie ihn gern, tun Sie ihn froh. Heute am Vortag von Pfingsten wünsche ich Ihnen, dass Sie immer wie Stephanus, dem ersten Diakon, voll sind von Heiligem Geist. Amen.

Bei euch soll es nicht so sein

Meine lieben künftigen Diakone,
liebe Mitbrüder,
meine lieben Schwestern und Brüder,[1]

mit großer Freude begrüße ich Sie alle zu unserer diesjährigen Diakonenweihe. Ich denke nicht nur die Freude des Bischofs ist groß, die ganze Diözese freut sich darüber, dass heute 21 jungen Männern die Hände aufgelegt werden, damit sie im kommenden Jahr als Diakone ihren Dienst in unseren Gemeinden tun können und sich auf diese Weise in einer letzten Etappe auf den künftigen priesterlichen Dienst vorbereiten.

Mein Dank gilt Gott, der Sie, meine lieben jungen Freunde, in seinen besonderen Dienst berufen und der sie auf teilweise verschlungenen Pfaden bis hierher geführt hat. Mein Dank gilt Ihren Eltern, Ihren Lehrern, Ihren Heimatpfarrern und Heimatgemeinden und allen, die Sie auf diesem Weg begleitet haben. Mein Dank gilt Ihnen, dafür dass Sie Ihr Ja gesprochen haben zu dieser Berufung und dass Sie damit eine Lebensentscheidung treffen, die heute vielen unverständlich, ja lebensfremd erscheint. Doch mit Gottes Hilfe wollen und mit Gottes Hilfe können Sie es wagen.

---

[1] Predigt anlässlich der Diakonenweihe am 11. März 1995 in der Konkathedrale St. Eberhard in Stuttgart.
Lesung: Röm 12,3–11; Evangelium: Mk 10,35–15.

I. »Bei euch soll es nicht so sein!«

Meine lieben Schwestern und Brüder, vielleicht fragen auch manche von Ihnen: Wie kann man heute noch einen solchen Beruf ergreifen? Wie kann man als gesunder junger Mensch versprechen, für immer ehelos zu leben, und dies nicht etwa gezwungen und nur nach außen hin, sondern ehrlich, aus innerer Überzeugung und menschlich erfüllt? Geht das überhaupt?

Diese 21 jungen Männer, die sich heute zu Diakonen weihen lassen, geben Ihnen die Antwort. Sie haben als Motto auf die Einladungskarte zur Diakonenweihe ein Wort aus dem heutigen Evangelium geschrieben: »Bei euch soll es nicht so sein«.

Mit diesem Wort gibt Jesus einer tiefen Sehnsucht vieler Menschen von damals und von heute Ausdruck. Es sind auch heutzutage nicht wenige junge wie ältere Menschen, die in ihrem Herzen denken: Das kann doch nicht alles sein in meinem Leben: Gut essen und trinken, in schicken Klamotten herumlaufen, Karriere machen, sein Vergnügen haben und sich für all das ein Leben lang abschuften und herumärgern. Das kann doch nicht alles sein wie es in unserer Welt tagtäglich zugeht mit Macht und Gewalt, Unrecht und Ungerechtigkeit, Lüge, Neid und Hass. Ist denn wirklich nicht mehr dran an unserem Leben? Gibt es nicht eine hoffnungsvolle Alternative?

Ja, meine lieben Schwestern und Brüder, es gibt sie. Jesus sagt uns: »Bei euch soll es nicht so sein«. Seine Botschaft vom kommenden Reich Gottes und von der Freiheit der Kinder Gottes ist eine, nein, ist *die* Alternative. Sie ist der Ausweg, die Hoffnung und die Verheißung, die uns gegeben ist. Darauf können wir unser Leben wie auf einen Felsengrund bauen.

Jesu Botschaft vom kommenden Reich Gottes ist freilich nicht zu Billigstpreisen zu haben. Sie ist mit dem Ruf zur Umkehr verbunden. Jesus ist ja kein weltfremder Träumer, der uns den Himmel auf Erden verspricht und uns eine konfliktfreie Welt von lauter Harmonie und völlig ungebundener, unbeschwerter Freiheit vormacht. Viele suchen dies heute in einer erträumten »Wolkenkuckucks-Kirche« oder in neureligiösen Bewegungen. Doch so etwas kann es in dieser Welt, und so etwas kann es auch in der Kirche, die in dieser Welt lebt und aus sündigen Menschen besteht, nicht geben. Wer solchen Kirchenträumen nachhängt, dem muss Jesus wie den beiden Jüngern im heutigen

Evangelium sagen: »Ihr wisst nicht, um was ihr bittet.« Ihr habt ja keine Ahnung. Gottes Wege sind nicht der Menschen Wege und schon gar nicht der Menschen Träume.

Gewiss, im kommenden Reich Gottes, da wird ewiger Friede und ewige Freude herrschen, da wird das Reich der Freiheit der Kinder Gottes verwirklicht sein. Darauf dürfen wir hoffen. Aber der Weg dorthin, der führte bei Jesus und der führt bei allen, die sich ihm anschließen, über das Kreuz. Keiner kommt daran vorbei, den Kelch des Leidens, der Enttäuschung, des missverstanden Werdens, des Alleinseins und schließlich des Sterbens zu trinken.

Jesus selbst hat uns vor dem Weg nach oben den Weg nach unten, den Weg des Abstiegs, den Weg des Dienens vorgemacht und vorgelebt. Er hat die Karriere nach unten eingeschlagen. Er wollte bei denen sein, die unten sind, bei den Armen, Schwachen, Kranken, Verfolgten und Diffamierten und Marginalisierten. Er war unter den Seinen »wie einer der dient« *(Lk 22,27)*. Um uns in allem gleich zu sein, ist er herabgestiegen bis zum Tod am Kreuz *(Phil 2,8)*. Erst durch das Kreuz hindurch war Ostern möglich.

Wir dürfen darum die Botschaft vom Kreuz nicht entleeren oder feige verschweigen *(1 Kor 1,1–7)*. Als Christen müssen wir das Kreuz nicht nur verkünden, wir müssen es durch unseren Dienst (diakonia) auch leben. Die Kirche ist Kirche im Zeichen und im Schatten des Kreuzes. Deshalb gilt: »Wer bei euch groß sein will der soll euer Diener sein, und wer bei euch der Erste sein will, der soll der Sklave aller sein« *(Mk 10,13f.)*.

II. Worte des Lebens verkünden

Diener, das heißt auf Griechisch »Diakon«. Diakonendienst gilt freilich nicht nur für die heute zu weihenden Diakone. Alle christliche Existenz ist Diakonenexistenz, Existenz, die nicht das Ihre, nicht ihren Vorteil, nicht ihren Nutzen, nicht ihre Karriere, nicht ihren Einfluss sucht, die nicht fortwährend nur fragt: Was bringt das mir? Die vielmehr fragt, wo und wie kann ich anderen etwas bringen, anderen helfen, damit deren Leben gelingt? Und haben wir es nicht selbst schon erfahren: Die Liebe, die man schenkt, die macht nicht ärmer, die kehrt ins eigene Herz zurück. Die schenkende Liebe ist die wahre

Freiheit und das wirkliche Glück. Sie ist der Vorgeschmack der Erfüllung im kommenden Reiche Gottes. Denn alles vergeht, sagt der Apostel Paulus, die Liebe allein bleibt *(1 Kor 13,8)*, und so bleibt auch allein das, was wir in selbstlosem Dienst aus Liebe getan haben.

Der Dienst am Leben anderer, der in der Nachfolge Jesu gelebt wird, ist die Alternative, nach der heute so viele Ausschau halten. Denn – so sagt uns Jesus – wer sein Leben nur für sich selbst sucht, der wird es verlieren, wer es aber um Jesu willen verliert, der wird es gewinnen *(Mt 16,25)*. Die Liebe ist die Erfüllung des ganzen Gesetzes *(Röm 13,10)*, sie ist die Erfüllung, der Sinn und die Fülle des Seins. Solche dienende Liebe muss Kennzeichen der Christen und Gütesiegel der Kirche sein. Sie ist ganz und gar nicht enthusiastisch. Sie macht nicht große Worte, und sie vollbringt normalerweise auch keine aufsehenerregenden heroische Taten. Sie sucht ja nicht die ersten Plätze. Sie will nicht auffallen und gut dastehen. Sie begnügt sich mit dem letzten Platz, und sie tut auch schon einmal unbeliebte Tätigkeiten. Zu dieser Freiheit, die sich auswirkt in der Liebe, hat Jesus Christus uns frei gemacht *(Gal 5,1.13)*.

Die 21 jungen Männer, die heute zu Diakonen in einem amtlichen Sinn geweiht werden, werden durch diese Weihe dazu befähigt und gesandt, solchen Diakonendienst exemplarisch vorzuleben und ganz und ungeteilt für die Armen, die Kleinen, Schwachen, Kranken dazusein. Sie sollen außerdem ihre Brüder und Schwestern ermuntern und ermutigen, in der Diakonie die Erfüllung ihres Lebens zu finden. Durch die Verkündigung des Wortes vom Leben und durch die Spendung des eucharistischen Brotes des Lebens sollen sie uns allen dazu helfen, umzudenken, uns nicht den Maßstäben dieser Welt anzugleichen *(Röm 12,2)*, sondern die Alternative des Evangeliums, die Seligpreisungen der Bergpredigt zu leben und so einer müde und gleichgültig gewordenen Welt neue Zuversicht und Hoffnung zu schenken.

III. Ein lebensnotwendiger Dienst in der Kirche

Meine lieben Schwestern und Brüder, diese christliche Diakonenexistenz kann viele Formen annehmen und höchst unterschiedliche Aufgaben in der Kirche und in der Welt beinhalten. Der Apostel Paulus zählt in der Lesung, die Sie soeben gehört haben, einige dieser Charismen auf: die Gabe der prophetischen Rede, die Gabe des schlichten Dienens, die Gabe des Lehrens, die Gabe des Tröstens und des Erbarmens wie die der tätigen Barmherzigkeit (*Röm 12,6–8*; vgl. *1 Kor 12,4–31*).

Diese Aufzählung ist bei weitem nicht erschöpfend. Es gibt einen großen Reichtum von Berufungen und wir müssen dankbar feststellen, dass die Kirche in der Gegenwart daran ist, diesen Reichtum neu zu entdecken und neu zu erfahren.

Letztlich hat jeder Einzelne und jede Einzelne von uns seine und ihre je eigene Berufung, und das Glück unseres Lebens hängt entscheidend davon ab, ob wir diese unsere je eigene Berufung erkennen den uns von Gott zugedachten Platz finden, uns damit innerlich versöhnen und den uns ganz persönlich aufgetragenen Dienst von ganzem Herzen bejahen.

Unter diesen vielen Gaben und Berufungen kennt Paulus auch die Gabe des Vorsteherdienstes, also des kirchlichen Amtes. Er mahnt die Amtsträger sogar, diesen ihren Dienst mit Feuereifer auszuüben *(V. 8)*. Paulus weiß also, wie wichtig dieser Dienst ist. Der Vorsteherdienst ist gewiss nicht alles. Er ist auf die anderen Gaben angewiesen und muss mit ihnen zusammenarbeiten. Kooperative Pastoral nennt man das heute. Aber innerhalb dieser Gemeinsamkeit kommt ihm eine unverwechselbar und unvertretbar eigene Berufung, Sendung und Verantwortung zu.

Jesus warnt im heutigen Evangelium ja nicht vor der Macht, als wäre sie etwas Schlechtes, das es in der Gemeinde nicht geben dürfe. Auch das wäre weltfremde Träumerei. Jesus warnt vor dem Missbrauch der Macht und sagt: »So soll es bei euch nicht sein.« Wer Erster sein will, soll andere nicht unterdrücken, ausbeuten und an ihrem Leben hindern, er soll vielmehr mit Feuereifer seine Macht so einsetzen, dass die anderen zum Leben finden. Er soll die lebensfeindlichen Mächte zurückdrängen und dem, was lebensfördernd ist, zum Zuge verhelfen. Solche, dem Evangelium gemäß ausgeübte Macht, die dem Leben, der Einheit und dem Frieden dient, ist die Alternative des Evangeliums. Sie ist gerade heute ein unverzichtbarer lebensnotwendiger Dienst in der Kirche.

Wir können diese Berufungen nicht »machen«, aber wir können und wir müssen darum beten, und um dieses Gebet bitte ich Sie, meine lieben Schwestern und Brüder, ebenso inständig wie herzlich.

IV. Das Leben zum Geschenk für andere machen

Meine lieben künftigen Diakone, das Amt in der Kirche, in das Sie mit dem heutigen Tag eintreten, ist in besonderer Weise Nachfolge des dienenden Christus. Sie werden mit diesem Amt unter das Kreuz gestellt. Sklave aller zu sein, das heißt dienen ohne Selbstverwirklichungsvorbehalt. Ich höre Sie schon sagen: Ja, wir brauchen uns doch nicht verheizen lassen. Sollen wir uns denn kaputt machen lassen? Nein, das sollen Sie nicht, aber Sie sollen als Diakone und später als Priester Ihr Leben zum Geschenk machen für andere.

Das Amt des Diakons und später des Priesters fordert den ganzen Menschen und den ungeteilten Dienst. Von ihm gilt in besonderer Weise, was die erste Lesung sagt: »Du sollst den Herrn, deinen Gott lieben mit ganzem Herzen, mit ganzer Seele und mit ganzer Kraft.«

Das schafft niemand von uns aus eigener Kraft. Das vermögen wir nur, weil uns in Jesus Christus Gottes dienende Liebe vorausgegangen ist. Sie ist bis zum Äußersten gegangen. Sie hat uns nicht etwas, sie hat sich selbst gegeben, restlos, ganz, ohne Rückhalt und ohne Rückversicherung. Haben Sie deshalb keine Angst vor dem Engagement, auf das Sie sich eingelassen haben. Sie dürfen aus dem Reichtum von Gottes Liebe leben und wirken. Wenn Sie daraus leben, wenn Sie keine Macher und keine klerikale Funktionäre, sondern geistliche Menschen sind, wird Gottes Liebe und die Freundschaft mit Jesus Christus Sie tragen und beflügeln. Dann dürfen Sie für viel mehr Menschen als Sie jetzt vielleicht ahnen ein Zeichen der Hoffnung sein, dass es auch anders geht in unserer Welt. Solche Zeichen der Hoffnung brauchen wir heute.

Meine lieben künftigen Diakone, greifen Sie die Alternative, die Jesus Ihnen vorgelebt hat, mutig auf. Leben Sie, was Sie auf Ihre Einladung geschrieben haben: »Bei euch soll es nicht so sein.« Unsere Kirche, wir alle, sind viel zu angepasst. Nur aus einer tiefen Umkehr kann wirkliche Erneuerung werden. Seien Sie deshalb geistliche, seien Sie betende Menschen. Leben Sie aus Gottes Wort und aus der Kraft der Sakramente. Seien Sie immer wieder neu bereit, Ihre Kraft, Ihre Zeit, Ihre Phantasie, Ihren Verstand, Ihr ganzes Leben anderen zum Geschenk zu machen. Daraus – und daraus allein – wird neuer Schwung und neue Hoffnung entstehen. Der Apostel Paulus ruft Ihnen und uns allen zu: »Lasst euch vom Geist entflammen und dient dem Herrn!« Amen.

»Habt Mut! Fürchtet euch nicht!« (Jes 35,4)

Meine lieben künftigen Diakone,
liebe Schwestern und Brüder![1]

Drei Lesungen haben wir soeben gehört. Drei Worte, möchte ich Ihnen, liebe künftige Diakone, heute am Tag Ihrer Diakonenweihe mit auf den Weg geben.

I. Suche nach einem tieferen Sinn

Das erste und vielleicht Wichtigste, was ich Ihnen sagen möchte, ist das Wort des Propheten: »Habt Mut! Fürchtet euch nicht!«

Dieses Wort ruft der Prophet seinem Volk in einer schweren Zeit, da das Volk in der Zerstreuung, in der Diaspora lebte, zu. Es war im fünften Jahrhundert vor Christus. Heute am Ende des 20. Jahrhunderts nach Christus habe ich und haben Sie, wenn Sie nun hinausgesandt werden, den Menschen nichts anderes und nichts wichtigeres als eben dies zu sagen: »Habt Mut! Fürchtet euch nicht!«

Es gibt gegenwärtig viele Gründe mutlos zu werden, und es gibt viele, die tatsächlich mutlos geworden sind. Nicht nur unsere Kirche, unsere ganze Gesellschaft, ja die ganze Welt steckt in einer tiefen Krise, in einer schwierigen Übergangsphase. Bisherige Sicherheiten entgleiten, Arbeit, soziale Sicherheit – worauf wir uns bisher meinten verlassen zu können – sind unsicher geworden.

[1] Predigt anlässlich der Diakonenweihe am 02. März 1996 im Dom zu Rottenburg.
Lesungen: Jes 35,4–7; Jak 2,1–5; Evangelium: Mk 7,31–37.

Alte Werte zerbröckeln und tragen nicht mehr, Neues aber ist bislang höchstens spurenhaft sichtbar. Viele werden deshalb orientierungslos und sehen keinen tieferen Sinn mehr in ihrem Leben. Kein Wunder, dass sich Unsicherheit, Angst, manchmal sogar panische Angst ausbreiten. Sie schlagen schnell in Wut, Aggressivität oder in Frustration und Depressionen um. Wer kennt das nicht von sich selbst und seiner engsten Umgebung? Viele fragen: Wie soll es weitergehen?

Nichts ist in dieser Situation wichtiger als zu sagen: »Habt Mut! Fürchtet euch nicht!« »Wer glaubt, der zittert nicht«, hat Papst Johannes XXIII. einmal gesagt. Warum? Weil er weiß: Ich bin nicht allein und verlassen. Gott ist da. Er ist auf dem Plan. Er ist kein ferner Gott. Gott ist im Kommen. Er ist gekommen in Jesus Christus. Bei ihm ist alles möglich. Er wird aus der Wüste, in der wir leben, Quellen hervorbrechen und Bäche mitten in der trostlosen Steppe unseres Lebens sprudeln lassen. Er kann, und er wird alles verwandeln. Er und nur er allein kann uns unseren Halt und wahren Inhalt für unser Leben geben.

Aber gerade in dieser Situation, in der diese Grundbotschaft unseres Glaubens vom lebendigen Gott so dringlich ist wie vielleicht selten zuvor, da muss man dieses »Habt Mut! Fürchtet euch nicht!« nicht nur dem Volk, sondern zuerst den Boten selbst, die diese Botschaft ausrichten sollen, sagen. Deshalb möchte ich dieses prophetische Wort heute vor allem Ihnen, meine lieben jungen Freunde, am Tag Ihrer Diakonenweihe, da Sie zur Verkündigung dieser Botschaft bevollmächtigt und ausgesandt werden, sagen. Auch Sie sind oft innerlich von Zweifeln angefressen und in Gefahr, den Mut zu verlieren und die Flinte ins Korn zu werfen.

Ich weiß, es gibt viele Gründe für diese Angst, und ich kann und will sie nicht wegdiskutieren und unter den Teppich kehren. Viele Priesterkandidaten und viele Priester schreiben und sagen mir: Ja, wie soll das denn weitergehen. Die Zahlen der Gläubigen, die regelmäßig mitmachen, die bereit sind sich etwa zur Kirchengemeinderatswahl aufstellen oder als Firmhelfer engagieren zu lassen, sind kleiner geworden. Das Image der Kirche ist – sehr vorsichtig formuliert – nicht das Beste. Ist unsere »Sache«, unsere Botschaft überhaupt noch gefragt? Findet sie noch Interesse? Vor allem die Zahlen der Priester werden weniger.

Sollen wir am Ende nicht nur zwei oder drei, sondern fünf oder sechs Gemeinden übernehmen, und schaffen wir das physisch und geistlich?

Das sind nur ein paar Fragen, die uns bedrängen. Andere könnten leicht hinzugefügt werden. Und das alles sind Fragen, die auch Sie am Tag Ihrer Weihe bedrängen, und die ihnen gestellt werden, manchmal sogar bohrend und beißend gestellt werden, wenn sie nun in die Gemeinden unserer Diözese hinausgesandt werden.

Auch Ihnen und allen Mitbrüdern sagt der Prophet: »Habt Mut! Fürchtet euch nicht!« Gerade in einer Situation wie der unsrigen dürfen wir uns nicht mit Rand- und Nebenfragen aufhalten. Wir müssen zum Zentrum vorstoßen. Und dieses Zentrum lautet: Gott ist da. Er ist da in und mit seiner Kirche. Sie bezieht ihre Zuversicht und ihre Zukunft nicht aus menschlichen Prognosen, sondern aus Gottes Verheißungen. Sie lebt aus der Kraft des Gebets.

Diese Verheißung gilt durch Handauflegung und Gebet in dieser Weihehandlung besonders Ihnen, liebe künftige Diakone. Der Mut des Glaubens zeigt sich heute nicht zuletzt in innerer Gelassenheit, in jener Glaubenshaltung, die zwar alles, was wir Menschen tun können, tut, aber die Dinge doch Gott überlässt. Denn »machen« können wir die Kirche ohnedies nicht. Manche Ängste, die uns umtreiben, sind gottlos und vergessen die tiefere Dimension, aus der wir und unsere Kirche leben.

II. Option für die Armen

Das zweite Wort entnehme ich dem Jakobusbrief. Er müsste uns besonders wertvoll sein, denn dieser Jakobusbrief stammt vom Herrenbruder Jakobus, dem Haupt der Jerusalemer Urgemeinde. Aus ihm haucht uns irgendwie der Atem der Anfänge und Ursprünge unserer Kirche an, der Geist, aus dem wir uns und unsere Kirche immer wieder erneuern müssen.

Das Wort aus diesem Brief, das ich Ihnen besonders ans Herz legen möchte, lautet: »Haltet den Glauben an unseren Herrn Jesus Christus … frei von jedem Ansehen der Person.« Ja der Brief geht noch einen Schritt weiter. Ihm schwebt nicht nur eine Gemeinde vor, in der vor Gott und voreinander alle gleich sind, für ihn gibt es eine Priorität. Er sagt: Gott hat die Armen in der Welt auserwählt. Von Gottes vorrangiger Option für die Armen ist da die Rede, und diese in den Schriften des Alten wie des Neuen Bundes oftmals bezeugte Option ist heute längst nicht mehr nur eine Option der Kirche in Lateinamerika, sondern die Option der universalen Kirche.

Diese Option und der darin begründete diakonale Dienst der Kirche steht in unmittelbarem Zusammenhang mit Ihrer Diakonenweihe. Als Diakone sind Sie in besonderer Weise bevollmächtigt und gesandt zu dem, was Grundauftrag der gesamten Kirche und aller Gläubigen ist: zum Dienst (diakonia) an den Menschen, besonders an den Notleidenden, denen am Rand und an den Bruchzonen von Kirche und Gesellschaft. Deshalb bitte ich Sie: Vergessen und verachten Sie die kleinen, die einfachen Leute nicht. Geben Sie gerade Ihnen kein Ärgernis. Gehen Sie gern zu den Kranken und Alten, zu den Sterbenden. Stehen Sie denen bei, die in Trauer sind, die Kummer und Sorgen in ihrem Herzen tragen, denen, die einsam sind, die in einer Krise stehen oder irgendwie am Rand leben … Haben Sie auch ein Herz für unsere jungen Leute, auch und gerade dann, wenn Sie den Eindruck haben, dass sie die Orientierung verloren haben oder auf der Suche sind.

Alles, was wir von der Urgemeinde wissen, sagt uns, dass wir die schlimme Binnenorientierung unserer Gemeinden überwinden müssen. Wir dürfen uns nicht nur mit uns selbst beschäftigen und uns selbst bemitleiden. Wir müssen auf die Leiden der Menschen achten, hinausgehen an die Hecken und Zäune. Aufgabe des Diakons ist es, andere für diese diakonia zu sensibilisieren, sie zu motivieren, selbst zu den Kranken und Alten, zu den Trauernden und Niedergeschlagenen zu gehen und ein Herz zu haben für die kleinen Leute, um ihnen Mut und Hoffnung zu machen, sie zu trösten und zu stärken. Die Erneuerung und Bewusstmachung der diakonalen Dimension der Gemeinde scheint mir heute eine wichtige Priorität zu sein. Davon hängt die Glaubwürdigkeit der Kirche ab.

III. Die Glaubensnot unserer Zeit

Noch ein drittes Wort, ein Wort aus dem heutigen Evangelium, möchte ich Ihnen, liebe jungen Freunde, mit auf den Weg geben. Jesus sagt zu dem Taubstummen: »Effata! Öffne dich!«

Dieses Wort fasst die beiden bisherigen zusammen. Wir müssen uns öffnen gegenüber Gott und seinem Kommen, und wir müssen uns öffnen gegenüber unseren Brüdern und Schwestern, die in Not sind. Wir selbst sind ja der Taubstumme. Wir sind wie dieser Taubstumme in uns verschlossen und dazuhin in uns selbst vernarrt und verliebt und kommen aus dem Gehäuse unseres Selbst nicht heraus. Wir sind einfach »zu«. Das scheint mir die besondere Signatur und die tiefste Glaubensnot unserer Zeit zu sein. Hier liegt auch die tiefste Anfechtung für viele Seelsorger. Sie haben den Eindruck, sie reden ins Leere hinein oder gegen eine Wand. Der Ruf »Effata! Öffne dich!« ist in dieser Situation höchst aktuell. Es ist ein Ruf zur Umkehr, ein Gebet, dass Gott einen Durchbruch wirke. Er allein kann neuen Glaubenssinn und neue Glaubensbegeisterung schenken.

»Effata! Öffne dich«, dieser Ruf gilt auch Ihnen, meine lieben künftigen Diakone. Sie müssen in aller erster Linie geistliche Menschen sein. Menschen, die aus dem Geist des Evangeliums leben, Männer des Gebets, die ganz offen sind für Gott – nicht Macher und Manager, nicht primär Organisatoren, sondern Inspiratoren. Nur so können Sie wirklich über-zeugen.

IV. Ein neues Modell von Seelsorge

Vielleicht, meine lieben Schwestern und Brüder, fragen Sie: Sind das nicht leere Worte, Utopien, romantische Flucht, leere Vertröstung? Sieht die Wirklichkeit nicht ganz anders aus? Ja, sie sieht nicht gut aus.

Lassen Sie mich dazu einen Satz sagen, den ich letztlich dem Buch unseres Heiligen Vaters Papst Johannes Paul II. *Die Schwelle der Hoffnung überschreiten* verdanke: Wenn sich heute in der Kirche in den westlichen Ländern quantitativ so vieles teilweise dramatisch verändert, nicht nur die Zahl der Priester, sondern auch die Zahl der regelmäßig praktizierenden Gläubigen, dann können wir nicht einfach weitermachen wie bisher. Wir können diesen Wandel nur durch qualitative Veränderungen verdauen und bewältigen. Niemand kann ja seine Arbeitskraft verdreifachen oder verfünffachen, ein Priester so wenig wie andere Menschen. Wir müssen unsere Prioritäten neu bestimmen. Wir müssen uns neu überlegen: Was ist notwendig und unaufgebbar, und was können wir, was müssen wir lassen, obwohl es vielleicht wünschenswert wäre. Ein qualitativ neues Modell von Seelsorge ist gefragt.

Da hilft keine Symptomkur. Da hilft nur eine Besinnung auf das, worauf es wirklich ankommt. Nur aus der Mitte unseres Glaubens kann neu Mut und Hoffnung, neuer Schwung und neue Kraft kommen; kann das wirklich werden, was der Prophet uns verheißt. Dann kann ich Ihnen sagen: »Habt Mut! Fürchtet euch nicht!« Amen.

Wie einer, der dient

Liebe Diakonatsbewerber,
meine lieben Schwestern und Brüder,[1]

es gehört zu den bleibenden Errungenschaften des Zweiten Vatikanischen Konzils, das altehrwürdige Amt des Diakons, das uns schon in der Heiligen Schrift bezeugt wird und das in den ersten Jahrhunderten der Kirchengeschichte eine so bedeutende Rolle an der Seite des Bischofs gespielt hat, sozusagen wieder aus dem Dornröschenschaf erweckt zu haben. Über viele Jahrhunderte war der Diakonat nur noch eine meist kurze Durchgangsstufe auf dem Weg zur Priesterweihe. Erst das letzte Konzil hat das Amt des Ständigen Diakons wieder erneuert.

I. Ein Diakon – was ist das?

Unsere Diözese war eine der ersten, welche den Impuls des Konzils aufgegriffen hat. Inzwischen tun bei uns bereits 174 Diakone einen segensreichen Dienst in den Gemeinden und Einrichtungen unserer Diözese, einen Dienst für den ich als Bischof nur von Herzen dankbar sein kann.

Freilich, im Bewusstsein eines Großteils unserer Gemeinden ist dieser Dienst noch immer wenig verankert. Viele fragen: Was ist denn das – ein Diakon? Worin unterscheidet er sich von einem Pastoralreferenten? Worin von einem Priester?

---

[1] Predigt anlässlich der Weihe Ständiger Diakone am 25. Mai 1996 im Dom zu Rottenburg.
Lesung: Phil 2,1–4; Evangelium: Lk 22,24–29.

Die Aussagen des Konzils sind sehr knapp. Es heißt einfach, der Diakon werde nicht zum Priestertum, sondern zum Dienst (ministerium) geweiht. Dass mit dieser überaus knappen Aussage in Wirklichkeit etwas ganz Wesentliches und Grundlegendes, ja etwas für uns heute aufregend Aktuelles gesagt ist, merken wir, wenn wir die Texte der Lesung und des Evangeliums aufmerksam hören.

II. Diakonie – eine Grunddimension des Christseins und der Kirche

Im Evangelium lesen und hören wir, Jesus sei unter seinen Jüngern wie einer der dient (diakonein). Die Evangelien sagen uns übereinstimmend, Jesus sei bescheiden, arm und ohne jeden Pomp aufgetreten. Selbst die niedrigsten Dienste waren ihm nicht zu gering. Wie ein Sklave hat er bei Tisch bedient und seinen Jüngern die Füße gewaschen. Nicht für sich war er da, sondern für die Anderen, besonders für die Kleinen, die Kinder, die Armen, Schwachen, Kranken, für die Outcasts von damals, die Menschen, die am Rand standen und gering geachtet waren.

Wenn wir den Text der Lesung aus dem Philipperbrief weiter lesen, dann sagt uns Paulus von Jesus Christus: Er, der Gott gleich war, hielt nicht daran fest, wie Gott zu sein. Er entäußerte sich, wurde wie ein Sklave und den Menschen gleich. Sein Leben war das eines Menschen. Er erniedrigte sich und war gehorsam bis zum Tod, bis zum Tod am Kreuz. Jesu Karriere war eine Karriere nach unten – auf den letzten Platz. Er war wie einer, der dient – ein Diakon.

Das erwartete Jesus auch von seinen Jüngern. Deshalb verurteilte er so scharf den Streit, der unter ihnen ausbrach, wer wohl der Größte sei. »So machen's die Großen dieser Welt. Bei euch aber soll es nicht so sein. Der Größte unter euch soll werden wie der Kleinste, und der Führende so werden wie der Diener«. Paulus greift in der Lesung diese Ermahnung auf. Schon in den ersten Gemeinden gab es manchen ehrgeizigen Kompetenzstreit und manches wichtigtuerische Kompetenzgerangel. So schreibt er den Philippern: »Tut nichts aus Ehrgeiz und nichts aus Prahlerei, sondern in Demut.«

Diakon sein, dienen, klein sein und für die Kleinen da sein – das ist also etwas ganz Grundlegendes und Wesentliches für den Jünger Jesu und das heißt für jeden Christen. Es ist fundamental für die Kirche insgesamt.

Zum Diakon geweiht werden bedeutet darum nicht Karriere machen, sich vor der Gemeinde profilieren, um Stellung, Einfluss, Macht kämpfen, auf Ansehen und Prestige und ein gutes Image bedacht sein. Zum Diakon geweiht werden bedeutet vielmehr: Berufen und gesandt werden, den diakonischen Dienst in unermüdlicher Weise auf sich zu nehmen, ihn ganz zu seiner Sache zu machen, sich ihm mit Haut und Haar zu verschreiben und so durch Wort und Tat, durch Zuspruch und Spendung der Gnadenmittel der Kirche andere zu ermutigen. Sie zu befähigen und sie darin zu begleiten, ihren diakonischen Dienst zu tun. Zum Diakon geweiht werden heißt: Verantwortung übernehmen dafür, dass die Kirche und die Gemeinden auf der Spur des Diakons Jesus Christus bleiben, dass sie nicht sich selbst zu wichtig nehmen, nicht nur sich suchen, nicht nur um sich selbst kreisen, nicht sich selbst bejammern, sondern dienende Kirche und dienende Gemeinden sind, und es immer mehr werden, im Dienst an den Kleinen, Schwachen und Armen, den Ratsuchenden, Trauernden und Bedrückten. Nur so kann die Kirche glaubwürdig Kirche Jesu Christi sein. Eine Kirche, die nicht dient, dient zu nichts!

III. Aktualität des diakonischen Dienstes

Solche Diakone haben wir heute dringend nötig. Wenn ich mich umhöre in den oft heftigen Diskussionen um Ämter und Dienste in der Kirche, in der Diskussion um Gemeindeleitung, dann finde ich bedenklich viel Streit darum, wer der Größte sei, Streit um Teilhabe an Einfluss, Macht, Entscheidungskompetenz, um Eigenprofil und Anerkennung. Ich kann nur sagen: Wer diese Fragen in dieser Weise diskutiert und entsprechende Forderungen stellt, der (oder die) hat das Thema, hat vom heutigen Evangelium buchstäblich nichts verstanden und das Beispiel Jesu gründlich verfehlt. Wer so denkt, sollte besser die Finger von Ämtern und Diensten in der Kirche lassen.

Wir haben Diakone und den diakonischen Dienst nötig in der Kirche. Wir haben sie auch dringend nötig in unserer Gesellschaft. Wer in unserer Gesellschaft selbstlos und bescheiden ist, keine Ansprüche stellt und seine Rechte nicht einfordert, der gilt als der Dumme, und er ist auch oft genug der Dumme. Heute muss man auftreten, ja auftrumpfen, seine Bedürfnisse anmelden, seine Ansprüche artikulieren, seine Rechte einfordern. Man muss sich profilieren und stylen, den aufrechten Gang üben. Nicht Subordination, Emanzipation ist das Stichwort und das Leitwort der Epoche. »Das Ende der Bescheidenheit« wollte man uns schon anempfehlen.

Der Diakon hat da keine Chance. Er schwimmt gegen den Strom. Aber nur tote Fische schwimmen immer mit dem Strom. Das heutige Evangelium sagt uns: Sei kein toter Fisch! Hab den Mut, dagegen zu halten! Wir brauchen solche, die ihr Haupt nicht beugen vor den alten und den neuen Götzen.

Denn wohin haben wir es gebracht mit diesem Hochmut, dieser Hybris, der Großmannssucht, dem Machbarkeitswahn und den Allmachtsphantasien, der Urversuchung, selbst sein zu wollen, wie Gott, selbst bestimmen zu können, was gut und was böse ist, nur noch für sich selbst das Beste zu suchen und die Solidarität aufzukündigen, sich rücksichtslos durchzusetzen gegenüber anderen, andere zu demütigen, nur um selbst gut und groß herauszukommen, die Natur ohne Rücksicht auf die Folgen und auf die kommenden Generationen bedenkenlos auszubeuten, im eigenen Leben möglichst viel Lustgewinn herauszuholen bis man am Ende wie eine ausgebrannte Ruine dasteht?

Solcher Hochmut kommt vor dem Fall, so sagt es der Volksmund. Und die Bibel sagt: Gott widersteht den Hochmütigen. Er stürzt die Gewalttäter vom Thron und erhöht die Niedrigen. Wir spüren doch alle: Mit dem Motto »Immer mehr, immer besser!« geht es nicht weiter. Wir dürfen nicht alles, was wir technisch können. Wir müssen zurückstecken und wieder bescheidener werden. Wir müssen eine neue Bescheidenheit lernen. Das Evangelium vom diakonischen Dienst war selten so aktuell wie es heute ist.

IV. Demut als diakonische Grundhaltung

Die Mahnung des Apostels Paulus, Demut zu üben, wird heutzutage zwar ganz und gar nicht gern gehört. Sie klingt altmodisch und verstaubt und ist weit weg von unseren gängigen Verhaltensmustern. Im Alten wie im Neuen Testament ist sie freilich fundamental. Sie ist unablösbar vom Vorbild Jesu. Sie ist zentral bei den großen Lehrern der Theologie und des geistlichen Lebens, bei Origenes und Augustinus ebenso wie bei Benedikt, Franz von Assisi, Thomas von Kempen, Ignatius von Loyola und bei vielen anderen. Für sie ist Demut die Grundlage, die Wurzel und die Mutter aller Tugenden. Sie ist heute ganz neu aktuell.

Man darf Demut freilich nicht verwechseln mit falscher Unterwürfigkeit und Servilität, mit mangelndem Selbstbewusstsein, mangelnden Lebens- und Leistungswillen. Gemeint ist nicht feiges Duckmäusertum, kleinmütiger Defätismus, der sich bequem in den Schmollwinkel zurückzieht und über die Schlechtigkeit der Welt nur jammert.

Wahre Demut steht jenseits von Kleinmut und Hochmut. Beides sind Grundversuchungen, zwischen denen wir heute oft genug hilflos und ratlos schwanken. Die Demut ist die Alternative.

Demut weiß um die uns Menschen gesetzten Grenzen. Sie anerkennt unsere geschöpfliche Endlichkeit und sie weiß um die eigenen Schwächen. Sie ist die wahre Selbsterkenntnis, die Wahrheit über uns selbst. Sie weiß, dass wir aus uns allein nichts sind, nichts vermögen und nichts können, dass wir alles Gott verdanken. Demut sagt: »Nichts aus mir, alles von Dir.« Von diesem Vertrauen beseelt übernimmt sie den Auftrag Gott in den Menschen zu dienen. Demut ist die Großmut zu dienen.

Bei allem Einsatz weiß sie um die eigene Unvollkommenheit. Deshalb verschließt sie sich nicht selbstgerecht. Sie ist nicht arrogant, stolz und eingebildet. Sie blockt nicht ab. Sie ist offen für Kritik, offen für Umkehr, offen für neue Entwicklungen und Anregungen, offen für die »Zeichen der Zeit«, durch die Gott uns auf unserem Weg durch die Zeit führen will. Im Vertrauen auf Gott macht sie sich gemeinsam mit allen anderen immer wieder neu auf den Weg dem kommenden Reich Gottes entgegen.

Dabei drängt sie sich nicht vor und nicht auf. Sie anerkennt die Würde, die Größe, die Gaben der Anderen und freut sich darüber. Sie begegnet allen anderen mit Respekt, Hochachtung, Verständnis und Liebe. Sie vereinnahmt und verdrängt niemanden, und sie demütigt auch niemanden. Sie ermutigt, steht bei und hilft, wo man sie braucht. In der Lesung mahnt der Apostel, in Demut solle jeder den Anderen höher einschätzen als sich selbst. Dies bedeutet: Die Demut haut niemanden in die Pfanne, sie stellt nicht bloß und setzt niemanden herab. Wenn sie kritisiert, dann tut sie es »in Christus«, das heißt in der Liebe, die aufbaut, eine neue Chance gibt und weiterhilft. Sie solidarisiert sich vor allem mit den Gedemütigten und macht sich die »Option für die Armen« zu Eigen. Dabei sucht sie nicht spektakuläre Taten. Sie hat ihren Dienst im Alltäglichen, im Kleinen und im Verborgenen. Nicht allein das Außerordentliche zählt, sondern noch mehr das Ordentliche, das in außerordentlicher Treue getan wird.

Man könnte dies als einen Diakonenspiegel bezeichnen. Dieser Spiegel gilt allen Christen. Aber es ist der Spiegel, den Sie, meine lieben künftigen Diakone, zuerst sich selbst und erst dann den Anderen im Namen Jesu vorhalten sollen. Ihre Botschaft muss die Botschaft der Heiligen Schrift sein: »Gott tritt den Stolzen entgegen, den Demütigen aber schenkt er seine Gnade« *(Spr 3,34; Jak 4,6; 1 Petr 5,5)*. In diesem Sinn sollen Sie in der Nachfolge Jesu sein »wie einer, der dient« und der auf dem Weg des Dienstes ins Reich Gottes eingeht.

Liebe künftige Diakone, ich danke Ihnen und Ihren Frauen für die Bereitschaft zu diesem Dienst. Gottes Gnade, Jesu Christi Geist und die Fürbitte der demütigen Magd Maria begleite Sie auf diesem Weg. Amen.

Evangelizare pauperibus – Den Armen die gute Botschaft bringen

Liebe künftige Diakone,
liebe Schwestern und Brüder![1]

»Evangelizare pauperibus« – »Gesalbt und gesandt, den Armen die gute Botschaft zu bringen«, mit diesen Worten fasst Jesus in seiner Antrittspredigt, wir könnten auch sagen: in seiner Primizpredigt in seiner Heimatstadt Nazareth das Ganze seiner Sendung und sein ganzes Werk zusammen. Diesen Satz, »evangelizare pauperibus«, »den Armen die gute Botschaft bringen«, möchte ich auch als Motto nicht nur über diese Feier, sondern über ihr ganzes künftiges Wirken als Diakone schreiben.

I. Gottes gute Botschaft

Das Euangelion, Gottes gute Botschaft, sollen Sie in der Kraft des Heiligen Geistes und in der Vollmacht der Kirche künftig verkünden. Es ist die Botschaft von dem Gott, der in der alttestamentlichen Lesung verheißt, dass die Wüste blühen soll, nicht nur die Sand- und Steinwüste, sondern die Wüste unseres Lebens und unserer Welt mit all ihren Versteppungen und ihrer Trockenheit. Es ist die Botschaft von dem Gott, der das Leben schenkt und der das Leben will, der ein Freund des Lebens ist und uns das Leben in Fülle verheißt. Sie sollen den Verzagten, den Trauernden, den Resignierten, den Zweifelnden, Suchenden und Fragenden sagen: »Macht die erschlafften Hände wie-

[1] Predigt anlässlich der Diakonenweihe am 07. März 1998 im Dom zu Rottenburg.
Evangelium: Lk 4,14–24.

der stark und die wankenden Knie wieder fest … Habt Mut, fürchtet euch nicht. Seht, hier ist euer Gott!« Und dieser Gott will das Heil des ganzen Menschen. Er will, dass die Blinden sehen, die Tauben hören, die Lahmen gehen, die Gefangenen befreit werden. Sie sollen ein Gnadenjahr ausrufen, den Nachlass von Sünde und Schuld, das Vergeben, die Versöhnung, die unendliche Barmherzigkeit Gottes ansagen und nicht nur ansagen: Sie sollen sie zusprechen, vermitteln, schenken.

Nachher wird Ihnen das Evangelienbuch in die Hand gegeben. Es wird Ihnen übergeben. Es wird Ihnen zu treuen Händen anvertraut. Es wird Ihnen gesagt: »Empfange das Evangelium Christi. Zu seiner Verkündigung bist du bestellt.« Und es wird hinzugefügt: »Was du liest, ergreife im Glauben. Was du glaubst, das verkünde, und was du verkündest, erfülle im Leben.« Das Evangelium wird Ihnen damit nicht nur in die Hand gegeben. Es wird Ihnen auch nicht nur in den Mund gelegt, sondern ans Herz und ins Herz gelegt. Es wird über ihr Leben geschrieben und in ihr Leben eingeschrieben. Sie sollen nicht Ihre eigene Weisheit, Ihre eigenen Einfälle, Ihre eigenen Interessen, Ihre kirchen- und allgemeinpolitischen Optionen, Ihre momentanen Stimmungen verkünden: Sie sollen Zeugen sein des ein für alle Mal ergangenen Wortes des Lebens. So versprechen Sie nachher »den Schatz des Glaubens treu zu hüten und diesen Glauben gemäß dem Evangelium und der Überlieferung der Kirche in Wort und Tat zu verkünden.«

Solche Evangelisierung ist heute das Gebot der Stunde. Sie ist die Priorität Nummer eins. Viel wichtiger als alle Struktur- und Satzungsfragen, als Administration und Organisation. Es gibt nichts Wichtigeres als die gute Botschaft, die Botschaft der Hoffnung, des Lebens, der Freude, der Befreiung und Versöhnung zu bezeugen.

Denn die lebenswichtigen Ressourcen Mut, Zuversicht, Freude sind heute Mangelware geworden. Der Vorrat an christlich verwurzeltem Grundkonsens zerbröselt und wird weniger in unserer Gesellschaft. Das Glaubenswissen ist auf einem Tiefpunkt. Wir sind daran, in neuer Weise ein Missionsland zu werden.

II. Wer sind die Armen heute?

»Evangelizare pauperibis« – »Den Armen die gute Botschaft bringen«. Wo immer wir im Alten und im Neuen Testament nachlesen, immer gilt Gottes vorrangige Option den Armen, den Kleinen, den Menschen am Rande, den Kindern wie den Frauen, den Entrechteten, Geschundenen, den Kranken, den Sterbenden. Die Lesung ist an die Verbannten und Verschleppten gerichtet. Das Evangelium spricht von den Blinden, den Tauben, den Gefangenen, den Zerschlagenen und Niedergeschlagenen.

Wer sind diese Armen heute? Alle Genannten. Dazu kommen die fast 5 Millionen Arbeitslosen in unserem Land, die Obdachlosen, die Flüchtlinge weltweit und hier bei uns, die Menschen, welche an und unter der Armutsgrenze leben, die Beeinträchtigten, die Geschändeten und Missbrauchten, die Jugendlichen, die keine Chance bekommen, in den Beruf und damit in das Leben hereinzukommen. Materielle Armut ist freilich nur das Eine, aber nicht das Einzige. Es gibt auch die kulturelle, die geistige, die seelische Armut und Verwahrlosung, die Rat-, Halt-, Mut- und Orientierungslosigkeit, die Erfahrung von Sinnlosigkeit und Hoffnungslosigkeit. Nicht zuletzt gibt es auch die religiöse Verarmung, die geistliche Wüste und Steppe, die sich gegenwärtig ausbreitet und die Menschen des tiefsten Grundes und der tiefsten Erfüllung ihres Menschseins beraubt, die sie innerlich arm macht, seelisch verkrüppelt und verkrümmt.

Zu all diesen Menschen in materieller, seelischer, geistiger, kultureller und religiöser Not sind Sie als Diakone gesandt. Allen diesen Menschen sollen Sie die gute Botschaft bringen. Sie selbst sollen die gute Botschaft nicht nur bringen, Sie sollen sie leben. Leben und Lehre sollen übereinstimmen. Sie sollen Zeugen sein, die nicht nur mit dem Mund, sondern mit ihrer ganzen Existenz Zeugen der Wahrheit sind.

Deshalb mahnt die zweite Lesung zu Barmherzigkeit und Liebe. Sie ermuntert zur Solidarität: »Eure Liebe sei ohne Heuchelei. Seid einander in brüderlicher Liebe zugetan … Seid fröhlich in der Hoffnung, geduldig in der Bedrängnis … Gewährt jederzeit Gastfreundschaft! Seid fröhlich mit den Fröhlichen und weint mit den Weinenden!« Oder wie es das Zweite Vatikanische Konzil gesagt hat: »Freude und Hoffnung, Trauer und Angst« der Menschen muss auch Freude und Hoffnung, Trauer und Angst der Jünger Christi sein. Ja, der Apostel

Paulus geht sogar noch einen Schritt weiter, wenn er sagt: »Segnet eure Verfolger, segnet sie und verflucht sie nicht!« Also: Schlagt nicht zurück. Verzeiht, seid versöhnlich. Ertragt auch die, die unangenehm, die kritisch sind, die euch nicht so liegen und mit denen ihr es nicht so gut könnt, selbst die, welche euch feindselig entgegentreten.

So werden Sie heute als Diakone gesandt, die Diakonia Christi, den selbstlos helfenden, tröstenden befreienden und versöhnenden Dienst Christi gegenwärtig zu machen. Denn eine missionarische Kirche muss immer auch eine diakonische Kirche sein. So versprechen Sie heute »den Armen und Kranken beizustehen und den Heimatlosen und Notleidenden zu helfen«. Sie sollen die gute Botschaft Jesu ins Heute bringen, hier und heute gegenwärtig machen, so dass die Menschen sagen können: »Heute hat sich das Schriftwort erfüllt.« Sie sollen die leiblichen und die geistlichen Werke der Barmherzigkeit tun. Die leiblichen, das heißt die Hungrigen speisen und die Durstigen tränken, aber auch die geistlichen Werke der Barmherzigkeit, welche in der Überlieferung genannt werden: »Die Unwissenden lehren, die Zweifelnden beraten, die Trauernden trösten, die Sünder zurechtweisen, den Beleidigern gerne verzeihen, die Unangenehmen ertragen, für alle beten.«

III. Quelle des neuen Lebens

Meine lieben künftigen Diakone, heute am Tag Ihrer Weihe erhalten Sie viele Glückwünsche und sozusagen Beifall für Ihre Berufung und Ihre Bereitschaft zu diesem Dienst. Viele freuen sich mit Ihnen, Ihre Eltern und Ihre Angehörigen, Ihre Freunde, Ihre Heimat- und Ihre Diakonatsgemeinden, nicht zuletzt auch Ihr Bischof. Aber Sie haben inzwischen hinreichend Erfahrung, um zu wissen, dass Sie damit rechnen müssen, dass es Ihnen ergeht wie Jesus im heutigen Evangelium.

Zuerst klatschen alle Beifall, dann aber stoßen Sie ihn aus der Synagoge hinaus, und am Ende schlagen sie ihn ans Kreuz.

Wir sollten uns nicht einbilden, dass wir es besser könnten als Jesus. Wir sollten deshalb auch nicht überrascht sein, uns nicht beklagen, nicht wehleidig jammern und die Flinte ins Korn werfen, wenn das Kreuz der Erfolglosigkeit, der Kritik, des Widerspruchs und der Ablehnung sich auch über unserem Leben und Wirken abzeichnet.

Als Jünger Jesu Christi und noch mehr als Gesandte Jesu Christi kommen wir am Kreuz nicht vorbei. Es gehört zu unserem Beruf als Diakone, Priester und Bischöfe. Wir können und wir dürfen es annehmen als Weg zum wahren und endgültigen Leben, als Quelle des neuen Lebens für uns und für die uns Anvertrauten. Eine missionarische Kirche wird immer auch eine Kirche unter dem Kreuz sein.

»Evangelizare pauperibus«, »Den Armen die gute Botschaft bringen«, heißt im Schatten des Kreuzes zu leben und arm werden. Das meint einfach, anspruchslos zu leben, was die äußeren Güter angeht. Das meint, sich nicht zu schade zu sein, herabzusteigen, nicht nur Geld, sondern auch die Zeit und das Leben zu teilen.

Das meint keine Ansprüche zu stellen, loslassen und zulassen zu können, wenn es anders kommt, als wir es gedacht und gewünscht haben oder uns auch nur in den Kopf gesetzt haben. Das meint auch die Armut an Erfolg, an Ansehen und Prestige anzunehmen. Geistliche Armut bedeutet Raum zu schaffen und frei zu sein für Gottes Heiligen Geist, der immer wieder für Überraschungen gut ist und dessen Wege nicht immer die von uns ausgedachten Wege sind.

IV. Kraft des Geistes Gottes

In dieser Weise den Armen die gute Botschaft zu bringen, das kann keiner aus eigener Kraft und Vollmacht. Von Jesus wird im Evangelium gesagt, erfüllt von der Kraft des Geistes sei er nach Galiläa zurückgekehrt. In der Synagoge von Nazareth zitiert er den Propheten Jesaja: »Der Geist des Herrn ruht auf mir, denn der Herr hat mich gesalbt«.

Diese Salbung Jesu mit dem Heiligen Geist wird weitergegeben in der Taufe und in der Firmung für jeden Christen. Alle Christen sind Geistliche. Ihnen, liebe künftige Diakone, wird die Kraft des Heiligen Geistes heute durch die Diakonenweihe in besonderer Weise zuteil. Gottes Geist ist mit Ihnen. Sie sind nur seine schwachen Werkzeuge. Nachher im Weihegebet wird es heißen: »Sende auf sie herab, o Herr, den Heiligen Geist. Seine siebenfältige Gnade möge sie stärken, ihren Dienst getreu zu erfüllen.« Eine missionarische und evangelisierende Kirche wird immer auch eine Kirche sein müssen, die aus der Kraft des Geistes Gottes lebt und wirkt.

Seien Sie deshalb keine pastoralen Macher. Seien Sie geistliche Menschen. Geben Sie Gottes Geist Raum. Leben Sie aus dem Wort Gottes und aus der heiligen Eucharistie. Seien Sie Männer des Gebets. Lassen Sie sich, wie es in der Lesung heißt, vom Geist entflammen. Seien Sie Fackeln des Geistes Gottes, die Licht und die Wärme bringen in unsere Welt und die das Feuer des Glaubens, der Hoffnung und der Liebe entzünden in den Herzen der Menschen. Viele werden es Ihnen danken. Wir alle wollen Sie begleiten. Amen.

Zum Dienst berufen

Liebe Mitbrüder,
liebe Schwestern und Brüder,
liebe künftige Diakone![1]

Viele werden sich in den vergangenen Tagen und auch heute bis in diese Liturgie herein fragen: Wie kann man denn heute noch Diakon und Priester werden? Wie kann man freiwillige Ehelosigkeit und bleibende Enthaltsamkeit geloben? Und wie kann man einem Bischof für sein ganzes Leben Ehrfurcht und Gehorsam versprechen? Wie kann man also genau das tun, was diese zehn Männer, die wir heute zu Diakonen weihen und die soeben ihre Bereitschaft dazu ausgesprochen haben, nachher hier vor Gott und vor der versammelten Gemeinde tun werden?

I. Zur Nachfolge berufen

Bei den Gesprächen, die ich vor der Diakonenweihe mit jedem Einzelnen der Weihekandidaten führte, habe ich jeden Einzelnen gefragt: Wie kamen Sie darauf, Priester zu werden? Was hat sie dazu geführt? Die Antworten waren sehr verschieden. Jeder von ihnen ist seinen eigenen Weg bis zum Weihealtar gegangen. Jeder hat seine eigene Geschichte. Aber an irgendeiner Stelle hat sich jeder gefragt: Was soll aus mir werden? Soll das alles sein, einen ordentlichen Job zu bekommen, zu arbeiten, Geld zu verdienen, eine gute Partie zu machen, ein

[1] Predigt anlässlich der Diakonenweihe am 27. Februar 1999 in St. Eberhard in Stuttgart.
Lesung: Jes 6,1–13; 1 Kor 13,1–13; Evangelium: Lk 10,25–37.

bequemes Leben zu führen? Oder steckt nicht mehr in mir? Ist da nicht ein Ruf, eine Stimme, ein Drängen, das sagt: Das kann doch nicht alles sein?

Genau das ist die Frage des Gesetzeslehrers im Evangelium: »Meister, was muss ich tun, um das ewige Leben zu gewinnen?« Das ist die entscheidende Frage, die nicht nur der Gesetzeslehrer von damals Jesus stellte, das ist die entscheidende Frage, welche jeder von uns, welche vor allem junge Menschen sich stellen. Etwas moderner übersetzt heißt diese Frage: Wie muss ich es anpacken, dass mein Leben gelingt, dass es rund wird, dass ich es zu etwas bringe, dass es glückt? Denn glücklich wollen wir ja alle sein.

Glücklich werden wir, wenn wir dem Ruf und der Berufung folgen, die jeder Mensch in sich trägt. Denn Gott hat von Ewigkeit her von jedem von uns einen Plan gemacht und jedem seinen Platz zugedacht. Er hat ihn ins Dasein gerufen, damit er diesen Platz einnehme und ausfülle. Das Glück des Lebens besteht darin, diesen Platz, diese Aufgabe, diese Berufung zu finden und sie dann auch auszufüllen. Das Elend und die Krise bestehen heute aber darin, dass viele junge Menschen nicht mehr wissen, wozu sie da sind, was der Sinn ihres Lebens ist, welches ihre Berufung ist, was sie mit ihrem Leben anfangen sollen. Sie kommen sich unnütz und überflüssig vor. Sie sind Menschen ohne Berufung und ohne Zukunft.

II. Gott allein genügt

Anders diese zehn künftigen Diakone. Sie haben die Antwort auf die Frage ihres Lebens gefunden und sie gegeben. Wie der Prophet Jesaja haben sie vorher gesagt: »Hier bin ich, sende mich!« »Hier bin ich, ich bin bereit und stehe zur Verfügung.« Wozu zur Verfügung? Jesus gibt im Evangelium die Antwort. Dort sagt er uns, was der Inhalt eines gelungenen Lebens ausmacht: Gott lieben aus ganzem Herzen, ganzer Seele und aller Kraft und den Nächsten wie sich selbst.

Ja wirklich, billiger geht's nicht. Geld, Ansehen, Macht, Karriere, bis zu einem gewissen Grad auch Vergnügen, das sind Werte. Wir brauchen sie nicht zu verachten und klein zu machen. Aber sie reichen nicht, um uns glücklich zu machen. Weil sie nicht ausreichen, kriegen wir nie genug davon. Denn unser Herz ist größer und weiter. Gott allein ist groß genug, um es ganz auszufüllen. Allein in ihm haben wir das Leben für immer. Denn in ihm sind wir geborgen. Unsere Zeit in ihrer Unzufriedenheit und in der Unersättlichkeit ihrer Glückssuche wie in ihrer bodenlosen Angst ist im Grunde ein einziger Schrei nach Gott. Denn er allein genügt.

Gott begegnen wir vor allem im Nebenmenschen. Er ist Gottes Bild und Gleichnis. Gott und der Nächste gehören darum zusammen. »Was ihr dem geringsten meiner Brüder getan habt, das habt ihr mir getan«, sagt Jesus. Aber wer mag heute schon dienen? Dazu sind wir uns meistens zu schade. Wir sind individualistisch und oft auch egoistisch geworden. Wir kleben an uns selbst und sind auf uns fixiert. Damit sind wir eben nicht frei. Wahre Freiheit besteht nicht darin, möglichst viel zu haben, zu besitzen, zu genießen. Wirklich frei ist, wer auch von sich frei ist, wer loslassen kann, wer schenken und teilen kann. Wahre Freiheit besteht im Dasein für Gott und für die anderen. Gott und dem Nächsten zu dienen, das ist nicht Last, das ist Lust, das ist Erfüllung, das ist Glück, das ist Leben – Leben, das nie mehr aufhört, ewiges Leben.

Dieses Leben haben diese künftigen Diakone gewählt. Damit haben sie das Leben, das wahre und ewige Leben gewählt. Sie haben die größere Liebe gewählt. Dafür danken wir Ihnen, und darin bestärken und ermutigen wir Sie. Liebe junge Freunde: Lassen Sie sich von dieser Entscheidung nicht abbringen. Lassen Sie sich nicht irre machen, wenn man Sie bemitleidet und meint, wie schlimm Sie es wohl haben und was Ihnen wohl alles fehlt. Sie haben das Ganze gewählt und wenn Sie dabei konsequent bleiben, wenn Sie dieser Ihrer Berufung treu bleiben, dann fehlt Ihnen im Letzten nichts. Wenn Sie aber Gott und den Nächsten nicht finden, wenn Sie nur um sich selbst kreisen, dann fehlt Ihnen am Ende alles.

III. Wer ist mein Nächster?

Nun werden Sie weiterfragen: Ja, wie geht das denn? Wie soll ich das machen? Oder wie der Gesetzeslehrer im Evangelium: »Und wer ist mein Nächster?« Jesus hält zur Antwort keine Predigt und keine Vorlesung. Er erzählt eine Geschichte, ein Gleichnis. Es ist das weltberühmte und weltbekannte Gleichnis vom barmherzigen Samariter.

Ich brauche es nicht nochmals nachzuerzählen. Sie kennen es, und Sie haben es soeben noch einmal gehört.

Das Aufregende und Spannende an diesem Gleichnis ist, dass Jesus ausgerechnet einen Samariter zum Vorbild erhebt. Denn die Samariter standen bei den Juden nicht hoch im Kurs. Sie galten den Juden als unrein. Wir würden sagen: Sie galten als nicht besonders fromm, sondern als halbe Heiden. Darüber setzt sich Jesus hinweg. Er zieht den Samariter dem Priester und Leviten vor. Warum? Weil es ihm nicht auf das fromme Getue ankommt, sondern auf den konkreten alltäglichen Dienst, der darin besteht, dass ich mich auf den konkreten Menschen einlasse, der mir begegnet und der meine Hilfe braucht. Nicht »seid umschlungen Millionen«, keine Menschheitsverbesserungsduselei und keine Menschheitsverbesserungsparolen, nicht Fernstenliebe ist da gefragt, sondern Nächstenliebe, das heißt die Liebe zu dem, der mir konkret der Nächste wird und dem ich der Nächste werde, zu dem, der in dieser Situation ganz und allein auf mich angewiesen ist.

Solcher Samariterdienst ist konkret. Er kostet wertvolle Zeit. Der Samariter war ja auf Geschäftsreise und hatte sicher keine Zeit zu verlieren. Doch das vergisst er, weil ihm die Not des halbtot Daliegenden zu Herzen geht. Er schaut nicht einmal auf seine gute Reisekleidung. Er beugt sich herab in den Staub, kommt dem Daliegenden ganz nahe. Er reinigt seine Wunden, gießt Öl und Wein hinein und verbindet sie. Er macht sich schmutzige Hände. Er lässt sich am Ende das Ganze sogar noch einen schönen Batzen kosten. Der christliche Dienst ist ganz leibhaftig konkret. Er lässt sich herab, und er lässt sich ein.

So sieht es auch Paulus in seinem hohen Lied der Liebe, das wir in der zweiten Lesung gehört haben. In diesem Loblied auf die Liebe ist nichts Überschwengliches und Hochtrabendes. Die Liebe ist vielmehr ganz nüchtern und alltäglich. Da geht es nicht um außerordentliche Wunder und tiefe Einsichten, sondern darum, dass wir wissen: Die Liebe ist langmütig, gütig, sie ereifert sich nicht und sie prahlt nicht. Sie erträgt alles, glaubt alles und hofft alles, und sie hält allem Stand. Nicht das Außerordentliche ist gefragt, sondern das Ordentliche mit außerordentlicher Hingabe und Treue zu tun.

IV. Der barmherzige Samariter – Leitbild für den Diakon

Zu diesem Dienst, meine lieben künftigen Diakone, werden Sie heute geweiht. Der barmherzige Samariter ist das Leitbild für den Diakon. Durch die Diakonenweihe werden sie nämlich in besonderer Weise dem Diakon Jesus Christus gleichgestaltet. Von ihm sagt der Hymnus im Philipperbrief: Er, der in der Gestalt Gottes war, wollte an seiner Gottheit nicht wie an einem Raub festhalten, er entäußerte sich vielmehr selbst und wurde den Menschen gleich wie ein Sklave und ward gehorsam bis zum Tod am Kreuz. So war Jesus unter seinen Jüngern wie einer, der dient. Er, der Meister, hat seinen Jüngern sogar den Sklavendienst der Fußwaschung erwiesen.

So hat er uns, seinen Jüngern, gesagt: Wer sein Leben gewinnen will, der wird es verlieren; wer es aber um meinet und um des Evangeliums willen verliert, der wird es gewinnen. Nicht um Macht, Ehre, Prestige, Karriere, möglichst viel Hab und Gut, maximalen Lustgewinn, nicht um Selbstverwirklichung, nicht um den Glanz einer hohen Stellung, um die Sicherheit eines Beamten geht es, sondern: »Wer unter euch der Erste sein will, der sei der Diener aller«.

Das ist das Grundgesetz und die Berufung jedes Christenlebens. Das ist der Weg zum erfüllten und ewigen Leben für jeden Christen, für den Laien ebenso wie für den Diakon, den Priester und selbstverständlich auch für den Bischof. Uns allen gilt das hohe Lied der Liebe. Dem Diakon wird dieser Dienst in besonderer Weise aufgetragen. Er erhält die Gnadengabe und die Gnadenaufgabe des Dienens in besonderer Weise. Er soll seinen Dienst mit Vollmacht tun.

Das ist nötig. Denn das Leben als Dienst zu verstehen ist nicht das Selbstverständlichste von der Welt. Im Gegenteil, Egoismus, Hab- und Geltungssucht steckt in uns allen. Wir haben die Liebe nicht aus uns. Nicht umsonst bezeichnet sie Paulus als eine Gabe. Wir haben und wir können sie nicht aus uns. Sie muss uns geschenkt werden. Sie muss uns auch vorgelebt werden. Wir müssen daran immer wieder neu erinnert und dazu müssen wir immer wieder neu ermuntert werden. Es müssen uns immer wieder die Augen für konkrete Notsituationen geöffnet und unser Mitleid und unsere Barmherzigkeit erweckt werden. Das alles ist die Aufgabe des Diakons. Er soll andere mit Vollmacht zum »Diakonsein«, zum Dienen inspirieren, motivieren, qualifizieren, sie sensibilisieren und dabei allen mit dem guten Beispiel vorangehen.

Dazu muss er das Evangelium der Barmherzigkeit und der Liebe verkünden und auf konkrete Fragen hin auslegen. Er muss Missstände und Notstände aufzeigen und – wenn es nottut – auch anprangern. Dabei geht es um die leiblichen wie die geistlichen Notstände. Es gibt auch geistige Verwahrlosung und Armut an Bildung und Beziehung. Es gibt vor allem Armut an Zeit. Der Diakon muss das Leben der Liebe und die Kraft zur Liebe vermitteln, und er muss vor allem selber vorangehen. Denn das Tatzeugnis überzeugt mehr als das Wortzeugnis. Er darf sich nicht zu schade sein, sich auf konkrete Situationen einzulassen. So wie wir Bischöfe uns bei der Bischofskonferenz nicht damit begnügten, die Abtreibung zu verurteilen, sondern uns dafür entschieden haben, uns auf die schwierigen und komplexen Situationen einzulassen, konkret zu beraten und konkret zu helfen. Jede Frau, die unserer Hilfe bedarf, soll sie bekommen. Und sie soll sie noch mehr als bisher bekommen.

V. Ausgegossen in die Herzen der Menschen

Sie, meine lieben jungen Freunde, werden fragen: Wie können wir das? Wie halten wir dieses Samariterdasein durch in einer Welt, die ganz anders denkt und lebt und die unsere Botschaft heute gar nicht mehr hören will? Müssen Sie nicht wie der Prophet Jesaja bekennen: »Ich bin ein Mann mit unreinen Lippen und lebe in einem Volk mit unreinen Lippen«. Ja, Sie sind, wie wir alle, keine vollkommenen, keine heiligen Christen, so sehr Sie und wir alle es sein sollten.

Aber bei dieser Weihehandlung geschieht etwas Ähnliches wie es dem Jesaja widerfahren ist. Da werden Ihre Lippen berührt – noch mehr: Ihr Herz und Ihr ganzes Sein werden durchglüht. Nicht von einer glühenden Kohle. Sie war schon damals nur Sinnbild für das glühende Feuer der Liebe, die durch Gottes heiligen Geist in Ihre Herzen ausgegossen wird. Nicht Sie sind es, die sprechen und handeln, sondern im Heiligen Geist Jesus Christus durch Sie. Leben Sie deshalb aus dem Heiligen Geist, leben Sie als geistliche Menschen, dann werden Sie es schaffen, dann wird Gottes Geist es durch Sie schaffen.

So können Sie Zeugen sein: Zeugen der Berufung zum Dienst der Liebe, Zeugen der Barmherzigkeit Gottes in einer unbarmherzig und hartherzig gewordenen Welt. Wo aber die Barmherzigkeit erstirbt, da erstirbt die Menschlichkeit, da geht die Kultur zugrunde. Sprechen Sie darum zu dieser Ihrer Berufung ruhig und gefasst: »Hier bin ich, sende mich.« Wir begleiten Sie. Wir sind bei Ihnen und mit Ihnen. Gott sei mit Ihnen. Amen.

Beauftragungen von Pastoralreferentinnen und -referenten

»Was wollt ihr?« (Joh 1,38)

Liebe Schwestern und Brüder![1]

I. Das Wort Jesu ist Programm

»Was wollt ihr?«, ist zunächst die ganz und gar naheliegende Frage Jesu an die beiden Männer, die ihm nachlaufen. Was wollt ihr? Das ist das erste Wort Jesu überhaupt im Johannesevangelium und es ist die Frage, über die sich jeder klar werden muss, der zu Jesus kommt, die Frage nach den Motiven und Absichten, den Interessen und Sehnsüchten, die ihn bewegen.

»Was wollt ihr?« Diese Frage scheint auch dem heutigen Tag und dieser Feier angemessen. Sie richtet sich an Sie, liebe Pastoralassistentinnen und Pastoralassistenten. Was wollen Sie? Wozu sind Sie gekommen? Was erwarten Sie und was erwartet Sie, wenn Sie sich jetzt zum Dienst als Pastoralreferentin und Pastoralreferent in unserer Diözese Rottenburg-Stuttgart beauftragen lassen?

Sie haben die Antwort angedeutet mit den Stellen der Heiligen Schrift, die Sie sich selbst zu diesem Anlass haben sagen lassen. Sie haben mit einem Wort aus der Offenbarung des Johannes zu dieser Feier eingeladen, mit einem Wort, das seligpreist, »Wer die prophetischen Worte vorliest und wer sie hört und wer sich an das hält, was geschrieben steht.« (vgl. *Offb 1,3*)

[1] Predigt anlässlich der Feier der Beauftragung der Pastoralreferentinnen und Pastoralreferenten am 01. Juli 1989 in Metzingen.
Lesungen: Offb 1,3; Jak 1,22–25; Evangelium: Joh 1,35–40.

Dieses Wort ist ein Programm. Es sagt was Sie wollen; es sagt aber auch was Sie sollen. Es gibt den Inhalt der Beauftragung an, die Ihnen heute zuteilwird.

II. Prophetische Worte

Sie wollen und Sie sollen das Wort Gottes, das ein prophetisches Wort ist, vorlesen und es bezeugen. Nicht Ihr eigenes Wort, Ihre eigenen Gedanken, Meinungen, Interessen sollen Sie vertreten. Sie sollen vielmehr dem Wort Gottes Ihre Stimme leihen im Stimmengewirr, das uns umgibt. Sie sollen das Wort Gottes zu Gehör bringen wo es im Lärm unserer Tage übertönt zu werden droht. Sie sollen dem Wort Gottes Geltung verschaffen inmitten eines Pluralismus der Gleichgültigkeit.

Das ist keine leichte, aber dennoch eine unverzichtbare Aufgabe. Dieses Wort Gottes ist keines, auf das wir auch verzichten könnten, das wir durch andere scheinbar wichtigere und aktuellere menschliche Worte ersetzen könnten, keines das gar besser ungesagt bliebe. Es ist notwendig und heilsam. Denn prophetisch deckt es in den vielen Nöten der Menschen, deren eigentliche und tiefste Not auf: die Not der Sünde und der Schuld, die Not des Sterben Müssens, die Not der Gottesferne. Sie ist der tiefste Grund vieler Frustrationen und Resignationen, weil der nach Gottes Bild und Gleichnis geschaffene Mensch durch noch so großartig erscheinende weltliche Verheißungen letztlich nicht ausgefüllt werden kann. Allein das Wort Gottes gibt zugleich was es verheißt. Es ist »das vollkommene Gesetz der Freiheit«.

Wer das Wort Gottes verkündet, der liest also prophetische Worte vor: Worte, die einer Gesellschaft sagen, was an der Zeit ist; Worte, welche vor allem unserer Gesellschaft sagen, was ihr zutiefst fehlt und was sie vor allem braucht; Worte, die jedem Einzelnen die tiefste Wahrheit seines Lebens erschließen; Worte, die auch die Kirche selbst zur Ordnung rufen.

Dieses Wort Gottes sollen Sie verkünden, ob gelegen oder ungelegen. Dieses Wort Gottes ist Grundlage, Inhalt und letzte Norm Ihres Auftrags als Pastoralreferentinnen und Pastoralreferenten. Sie sind Diener, nicht Herren des Wortes Gottes.

III. Dienst in der Nachfolge Jesu

»Was wollt ihr?«, diese Frage verwandelt sich jetzt in die andere: »Wie können wir das tun?« Das Leitwort, das Sie für diese Feier herausgesucht haben, gibt Ihnen auch auf diese Frage Antwort. Sie können das Wort Gottes nur verkünden, wenn Sie es zuerst hören, noch mehr: wenn Sie es tun. Ihr Dienst, das Wort Gottes prophetisch zu bezeugen, setzt die Nachfolge voraus, noch genauer: Ihr Dienst setzt – wie der Text aus dem Johannesevangelium sagt – das Wohnen bei und mit Jesus, den alltäglichen Umgang mit ihm, setzt konkrete Glaubenspraxis und Glaubenserfahrungen voraus. Nur wenn wir uns selbst den Spiegel des Wortes Gottes immer wieder neu vorhalten, können und dürfen wir ihn auch anderen vorhalten.

Denken Sie an die Lesung aus dem Jakobusbrief! Der Brief ist gerichtet an christliche Gemeinden, die in der Gefahr stehen, einen Glauben zu bekennen, der weitgehend folgenlos bleibt; einen Glauben, der nicht mehr den ganzen Menschen fordert und verwandelt; einen Glauben, der selber nur noch geglaubt wird und dem mit dem Leben auch der Atem ausgeht. Darum drängt die Lesung: »Hört das Wort Gottes nicht nur an, sondern handelt danach; sonst betrügt ihr euch selbst.« (vgl. *Jak 1,23*)

Sie sollen also Zeugen des Wortes Gottes sein. Der Zeuge ist dadurch definiert, dass er nicht nur mit dem Mund spricht und mit den Händen herumfuchtelt, sondern dass er mit seiner ganzen Existenz gestikuliert, dass er sich selbst engagiert, das heißt sich selbst einbringt, dass er nicht nur etwas, sondern letztlich sich selbst gibt, bis dahin, dass er sein Leben aufs Spiel setzt. Nur Zeugen können auch über-zeugen. Nur wenn der Funke des Wortes Gottes bei uns selber gezündet hat, können wir es zündend weitergeben. Nur wenn in uns selbst ein Feuer brennt, das nicht Strohfeuer, sondern wirkliche Glut ist, können wir zum Glauben anstiften und ihn zur leuchtenden Fackel machen.

Auch Sie sollen zu jungen wie alten Menschen, zu Kindern wie Kranken sagen können: »Kommt und seht!« Sie sollen andere einladen auf einen Weg, den Sie selber gegangen sind und gehen. Von Clemens von Alexandrien wird erzählt, dass er einmal gefragt wurde, wie er einen Menschen für Christus gewinne. Seine Antwort war: »Ich lasse ihn ein Jahr in meinem Hause wohnen.« An uns selbst und unserem

Leben soll Jesus Christus aufleuchten. Die Menschen sollen »kommen, uns am Gewand fassen, uns festhalten und sagen: Wir wollen mit euch gehen; denn wir haben gehört: Gott ist mit euch.«

IV. Gemeinschaft der Glaubenden

Meine lieben Pastoralreferentinnen und -referenten, Sie haben es sicherlich längst bemerkt, dass ich bei all diesen Aussagen nicht im Singular, sondern im Plural gesprochen habe. Ich habe nicht gesagt: Ich, Du oder Sie sollen; ich habe gesagt: Wir sollen; an uns soll Gottes Menschenfreundlichkeit erfahrbar werden. Genauso entspricht es der Frage Jesu: Was wollt ihr? Nicht als Einzelne, sondern zu zweit und zu dritt folgen die ersten Jünger Jesus nach. Einer stiftet den Anderen an und führt ihn in die Gemeinschaft der Jesus-Jünger.

Die Verkündigung und Bezeugung des Wortes Gottes und der Glaube an das Wort Gottes sind ein Wir-Phänomen. Schon Tertullian sagte: »Ein Christ ist kein Christ«. Im Glauben und erst recht im Dienst am Glauben muss einer den andern tragen. Im Glauben sind wir alle aufeinander und auf die ganze Gemeinschaft der Glaubenden, die Kirche, angewiesen. Fassen Sie deshalb die Kirchlichkeit nicht als Begrenzung, sondern als Hilfe auf. Im Buch der Offenbarung des Johannes, aus dem Ihr Leitwort stammt, heißt es immer wieder: »Wer Ohren hat, der höre, was der Geist den Gemeinden sagt.« (vgl. *Offb* 2,7.11.17.29 u.a.)

Prophetisch spricht und handelt der, welcher es versteht, den gemeinsamen Glauben in der jeweiligen Situation erhellend, befreiend, tröstend und versöhnend zur Geltung zu bringen. Treue Hörer und Zeugen des Wortes Gottes können wir nur sein, wenn wir mithören, was andere vor uns und neben uns vom Wort Gottes gehört und bezeugt haben. Wir werden auch umso glaubwürdiger sein, je einmütiger wir das Wort Gottes verkünden.

V. Im Dienst des Wortes Gottes

Wer in dieser Weise das prophetische Wort Gottes vorliest und bezeugt, wer es selbst hört und sich an das hält, was geschrieben steht, den preist das Leitwort aus der geheimen Offenbarung selig. Im Dienst des Wortes Gottes zu stehen, macht also selig. Das bedeutet nicht, dass dieser Dienst immer und in jeder Situation Spaß macht. Wer möchte nicht gelegentlich Jeremiaden anstellen: Wer hört schon auf unser Wort? Wer interessiert sich schon dafür? Wer wüsste nicht, dass das Wort Gottes nicht nur Zustimmung, sondern auch Widerspruch findet. Das darf Sie nicht irritieren; damit müssen Sie von vornherein rechnen. Dieser Dienst macht selig, nicht happy. Er gibt Sinn und schenkt Erfüllung. Es ist ein schöner Dienst, zu dem man Sie, meine lieben Pastoralreferentinnen und -referenten, beglückwünschen möchte.

Sie dürfen die Menschen zu Jesus Christus führen, ihnen den Sinn ihres Lebens, ihrer Arbeit aber auch ihres Leidens erschließen. Sie dürfen wie Johannes der Täufer Durchblicke auf Christus hin schaffen. Er ist das Lamm Gottes. Er trägt und sühnt all das Unrecht dieser Welt. In ihm ist die Liebe Gottes erfahrbar geworden, die Verheißung, dass Schuld vergeben wird, Wunden vernarben, dass aus Dunkel Hell wird und Verzweiflung neuer Zuversicht weicht. Ein solcher Dienst macht Freude, weil er anderen Freude schenkt.

Diese Freude, die Botschaft von der Freude und von der Freiheit zu bezeugen wünsche ich Ihnen von ganzem Herzen. Möge der Auftrag, den Sie heute erhalten, Ihr eigenes Leben mit Freude erfüllen, mögen Sie darin den Sinn Ihres Lebens erfahren. Amen.

Wie ein Sauerteig die Welt durchdringen

Liebe Mitarbeiter und Mitarbeiterinnen im pastoralen Dienst,
meine lieben Schwestern und Brüder![1]

Bereits zum zweiten Mal darf ich heute zu meiner großen Freude junge Mitarbeiterinnen und Mitarbeiter im pastoralen Dienst als Pastoralreferentinnen und -referenten aussenden. Das zeigt, welche Bedeutung neue pastorale Dienste von Laien inzwischen in unserer Diözese haben. Die tägliche Pastoral in unseren Gemeinden und in den vielfältigen Bereichen der Seelsorge ist ohne sie kaum mehr zu denken. Sie haben inzwischen einen festen Platz innerhalb der Heilssendung der Kirche in unserem Land.

So begrüße ich Sie, liebe Pastoralreferentinnen und -referenten, die Sie sich heute aussenden lassen wollen. Sie haben sich lange Jahre auf diesen Tag vorbereitet: durch Ihr Studium, durch eine zweite Ausbildungsphase, durch vielfältig klärende Gespräche und nicht zuletzt auch durch Ihr persönliches Gebet. Ich danke Ihnen für Ihre Bereitschaft, den Dienst in der Kirche als Ihren Beruf zu wählen und sich dazu aussenden zu lassen.

Ich begrüße auch Ihre theologischen Lehrer, Ihre Mentoren, die Pfarrer der Gemeinden, in denen Sie bisher tätig waren, Ihre Angehörigen und Freunde. Ich danke Ihnen allen für alles, was Sie getan haben, um die jungen Menschen, die ich heute aussenden darf, auf ihrem bisherigen Weg zu begleiten und zu fördern.

---

[1] Predigt anlässlich der Aussendung der Pastoralreferentinnen und -referenten am 07. Juli 1990 in Neuhausen.
Lesungen: Gen 32,23–33; 2 Kor 3,1–6; Evangelium: Mt 13,31–33.

I. Dienst am Volk Gottes

Worum geht es denn bei dieser Feier? Sie selbst, meine lieben jungen Freunde, haben darauf die Antwort gegeben. Sie haben drei Texte aus der Heiligen Schrift ausgewählt, um Ihren Weg bis zu diesem Tag zu deuten, drei Texte, die zugleich verpflichtender Maßstab sein sollen für Ihre künftige Aufgabe als Mitarbeiter des Bischofs im Dienst am Volk Gottes.

Da ist zunächst die geheimnisvolle Erzählung vom nächtlichen Kampf Jakobs am Jabbok. Die Überquerung des Jabbok war für Jakob nach mancherlei Um- und auch Abwegen die letzte und entscheidende Etappe auf seinem Weg zurück aus der Fremde in die Heimat. Er war bis hierher einen komplizierten Weg gegangen und nun am Ende stand nochmals alles auf dem Spiel. Aber Jakob gab und gibt nicht auf; er kämpft sich durch. Am Ende erkennt er: Gott selbst war mit seiner Führung und mit seinem Segen mit ihm; Gottes Segen lag und liegt auf ihm und seinem Weg. In aller menschlichen Verwirrung hat Gottes Vorsehung und Verheißung ihn begleitet.

Ich hoffe, meine lieben Freunde, dass auch Sie den Lebensweg, den Sie bisher gegangen sind, in ähnlicher Weise deuten können. Sicherlich gab es auf diesem Weg mancherlei Auseinandersetzungen, vielleicht auch Umwege, Wegstrecken, die gefährlichen Überquerungen vergleichbar waren. Selten verläuft auf einem Lebensweg alles schnurgerade. Auch Sie haben nicht aufgegeben und der heutige Tag darf Ihnen die Versicherung bedeuten, dass Gott Sie geführt hat, dass er auch Sie segnen und senden will. Er ist mit Ihnen. Bleiben auch Sie mit ihm!

So hoffe ich, dass der heutige Tag für Sie ein Tag des Dankens und der Freude ist, ein Tag zugleich, der Sie für Ihren künftigen Lebensweg in die Pflicht nimmt. Sie sollen, nein: Sie dürfen wie Jakob für viele andere Menschen ein Träger der Verheißung, Zeichen und Werkzeug der Hoffnung und des Segens sein.

II. Zeugen und Anwälte des Lebens

Im Evangelium, das Sie sich für den heutigen Tag ausgesucht haben, wird in der Form eines Gleichnisses ausgelegt, was Ihre künftige Aufgabe im Einzelnen sein wird. Es handelt sich um eines der Reich-Gottes-Gleichnisse Jesu. Damit steht dieses Gleichnis im Zusammenhang mit Jesu ureigenster Botschaft und mit dem Grundanliegen seines gesamten Auftretens. Er ist gekommen, um den Menschen die frohe und befreiende Botschaft vom Nahegekommensein des Reiches Gottes zu verkünden, sie zur Umkehr und zum Glauben zu rufen. Im Wort vom Reich Gottes war alle Hoffnung und Sehnsucht der Menschen von damals zusammengefasst. Alle ihre Träume und Erwartungen spiegelten sich in diesem Wort. Denn Reich Gottes, das meint: Reich des Lebens, der Freiheit, des Friedens, der Gerechtigkeit und der Freude. Das sind, meine lieben Freunde, auch Ihre, das sind unser aller Träume und Sehnsüchte. Jesu Botschaft vom Reich Gottes ist heute so aktuell wie damals.

Aber die Verhältnisse waren und sind ganz anders. Nur ein kleines und ganz unansehnliches Häufchen von Männern und Frauen ließ sich auf die Dauer von Jesus mitreißen und begeistern. Die Massen, die ihm anfänglich begierig zuströmten, verloren sich schon bald. Denn das Kommen des Reiches Gottes war an die Umkehr und die Glaubensentscheidung geknüpft. Die Kluft zwischen Jesu Botschaft und der konkreten Wirklichkeit war nur allzu offensichtlich. Und ist es nicht diese Kluft, die heute vielen Menschen, auch Ihnen und uns allen, Schwierigkeiten und Schmerz bereitet? Denn auch die Kluft zwischen Anspruch und Wirklichkeit der Kirche ist unübersehbar.

In diese Situation hinein erzählt Jesus seine Gleichnisse vom Reich Gottes. Sie enthalten alle eine einzige Botschaft. Sie artikulieren den Kontrast zwischen den kleinen, unscheinbaren Anfängen und dem großen Gnadengeschenk, das Gott uns zuteilwerden lässt. Am Anfang – so sagt das Gleichnis – ist das Reich Gottes nur so groß wie ein Senfkorn, kleiner als ein Stecknadelkopf, am Ende aber wird es wie eine riesige Senfstaude sein, in der die Vögel des Himmels nisten und das will sagen: in dem alle Völker Platz haben. Am Anfang gleicht das Reich Gottes dem bisschen Sauerteig, der nach nichts aussieht, der am Ende aber einen großen Trog Teig durchsäuert, aus dem Brot wird, von dem viele leben können.

Sie, meine lieben Freunde, werden heute ausgesandt, um in der Nachfolge Jesu die Botschaft vom Reich Gottes durch Wort und Tat zu bezeugen. Sie sollen Zeugen und Anwälte des Lebens, der Versöhnung und des Friedens, der Freiheit und der Freude sein. Sie leiden mit mir darunter, dass diese frohe Botschaft oft so wirkungslos verhallt und vielen unglaubwürdig erscheint. Das Gleichniskapitel aus dem Matthäusevangelium sieht Ihr Wirken durch und durch realistisch. Sie dürfen sich keinen Illusionen hingeben. Sie müssen wissen, was auf Sie zukommt. Erfolg ist keiner der Namen Gottes, hat Martin Buber einmal gesagt.

Dennoch steht Ihr Weg und Ihr Wirken unter einer untrüglichen Verheißung. Sie dürfen mit Mut und Hoffnung ans Werk gehen. Das Samenkorn, das nicht Sie, das Jesus Christus selbst in den Acker dieser Welt gesät hat, wächst und wird wachsen. Und der Sauerteig, der er letztlich selber ist, wird am Ende alles durchsäuern.

Niemand und keine Macht der Welt kann ihm widerstehen. Auf diese Gewissheit dürfen Sie bauen und trauen. Sie werden nicht zuschanden werden.

Aber Sie müssen mit Spannungen leben und mit Konflikten rechnen. Das Reich Gottes leidet Gewalt in dieser Welt. Neben dem guten Samen, den Sie ausstreuen sollen, wächst – wie ein anderes Gleichnis Jesu sagt – auch manches Unkraut, wachsen Dornen und Disteln, manches wird auf steinigen Grund fallen und anderes weggepickt werden.

Der Sauerteig des Reiches Gottes kann nicht anders wirken, als dass er eine Art Gärungsprozess auslöst. Aber ebenso wie der Sauerteig müssen Sie sich einlassen in das Gemenge der Welt, mitten unter den Menschen leben und für sie da sein, um so inmitten vieler Konflikte unspektakulär und von innen her das Wachstum des Reiches Gottes zu fördern.

Ich meine, Ihnen aus eigener Erfahrung sagen zu können: In dem Maße, in dem Sie sich im Glauben auf diesen Dienst an den Menschen – den Dienst am Leben, an der Versöhnung, der Befreiung und der Erlösung – einlassen, in dem Maße als Sie sich selbst nicht schonen und selbst Samenkorn und Sauerteig werden, werden Sie auch etwas erfahren von der Macht und Kraft des Reiches Gottes, vom Frieden und der Freude, die es schon jetzt in den Herzen der Menschen bewirkt. Es wächst auch heute viel mehr als die meisten ahnen!

III. Leben aus der Heiligen Schrift

Die Lesung aus dem Zweiten Korintherbrief des Apostels Paulus deutet uns das Geheimnis des Samenkorns und des Sauerteigs nochmals näher aus. Es ist für mich einer der schönsten und wichtigsten Texte aus den Briefen des Apostels Paulus. Für alle, die im Dienst des Reiches Gottes stehen, für mich als Bischof ebenso wie für Sie als künftige Pastoralreferentinnen und -referenten, ist es ein überaus tröstlicher Text. Denn es wird uns klipp und klar gesagt: »Nicht als ob wir aus uns selbst fähig wären. Unsere Fähigkeit stammt vielmehr von Gott. Er hat uns fähig gemacht, Diener des Neuen Bundes zu sein.« *(2 Kor 3,5–6)*

Der Same und der Sauerteig des Reiches Gottes ist nicht unser Same und nicht unser Sauerteig; wir sind nicht einmal die eigentlichen Säleute und Bäcker. Wie sollten wir auch?! Der Samen und der Sauerteig des Reiches Gottes, das ist der Geist des lebendigen Gottes, den Gott selbst in die Herzen der Menschen senkt, der Geist, der auch uns führt und leitet. Gottes Geist, der Geist Jesu Christi ist es, der das Reich Gottes heraufführt.

Aus dieser tröstlichen und befreienden Aussage zieht der Apostel Paulus eine wichtige Konsequenz: »Der Buchstabe tötet, der Geist aber macht lebendig.« *(2 Kor 3,6)* Sagen wir das ruhig etwas aktueller: Das Reich Gottes kommt nicht mit äußerer Macht und äußerem Glanz, weder mit Buchstabengelehrsamkeit noch mit Buchstabengesetzlichkeit. Es kommt nicht durch geschickte Organisation und kluge Pastoralpläne. Humanwissenschaftliche, soziologische und organisatorische und andere Kenntnisse sind gewiss hilfreich. Man darf sie keineswegs vernachlässigen, man muss sich ihrer bedienen. Aber mit alledem können wir das Reich Gottes nicht »machen« und nicht bauen. Das Wachstum des Reiches Gottes ist allein Sache des Geistes Gottes. Er wirkt seine Wunder über den Weg des Gewissens der Menschen; er wirkt in den Herzen der Menschen.

Was heißt das für uns anderes, als dass wir im Vertrauen auf den Geist und sein machtvolles Wirken selbst geistliche Menschen sein und auf geistliche Mittel vertrauen müssen. Alles andere wäre tödlich! Entscheidend wird deshalb sein, ob wir geistlich leben und geistlich wirken, ob wir einen geistlichen Lebensstil und einen geistlichen Arbeitsstil pflegen. Alles wird darauf ankommen, ob wir selbst im besten Sinn des Wortes von Jesus Christus Begeisterte sind, die andere begeistern können, ob wir in unserem Herzen von ihm überzeugt sind und so andere überzeugen können. Geist kann sich nur am Geist entzünden!

Ich bitte Sie deshalb, meine lieben Freunde, leben Sie aus der Heiligen Schrift und machen Sie ihre Maßstäbe zu den Ihren. Seien Sie betende Menschen, die sich Zeiten und Zonen der Stille und der Einkehr bewahren. Bleiben Sie demütig dienende Menschen, die nicht auf Macht, Druck, Gewalt setzen und nicht auf die eigenen Interessen und Vorteile, sondern auf die Nöte der Ihnen anvertrauten Menschen schauen und ihnen durch die Auslegung des Wortes Gottes, durch die brüderlich und schwesterlich helfende Tat, durch das Zeugnis Ihres Lebens und durch das fürbittende Gebet beistehen. Seien Sie Gottesstreiter in der Kraft des Heiligen Geistes. Lassen Sie sich ganz von ihm durchsäuern, damit Gottes Geist durch Sie die Welt durchdringen kann.

IV. Zeichen und Werkzeug des Reiches Gottes

Sauerteig sein, der die Welt geistlich durchdringt, das ist die Aufgabe der Kirche und ihrer pastoralen Dienste. Diese Aufgabe stellt sich uns heute in neuer Weise. Die alte Symbiose von Kirche und Kultur, Kirche und Gesellschaft, Kirche und Staat ist heute in vieler Hinsicht an ihr Ende gekommen. Die Devise kann jedoch nicht heißen: Rückzug aus der Welt und Marsch ins Ghetto, auch nicht ins Ghetto eines gemütlichen, verbürgerlichten Gemeindemilieus, wo wir Christen mehr oder weniger friedlich unter uns sind und uns nur noch mit uns selbst beschäftigen. Ich sehe diese Gefahr da und dort. Doch das wäre Verrat am Evangelium. Die große Aufgabe, welche der Kirche unseres Landes und Europas heute gestellt ist, lautet Neuevangelisierung. Sie ist nur lösbar durch eine neue Präsenz mitten in der Welt!

Deshalb, meine lieben pastoralen Mitarbeiterinnen und -mitarbeiter, sende ich Sie heute hinaus in die Gemeinden, damit Sie die Gemeinden zu Zeichen und Werkzeugen des Reiches Gottes mitten in der Welt machen. Ich habe es schon oft gesagt und ich wiederhole es heute mit Nachdruck: Unsere Kirche und unsere Gemeinden dürfen nicht nur Komm-her-Gemeinden sein, sie müssen mehr Geh-hin-Gemeinden werden, die sich herausfordern lassen von den sozialen und geistigen Nöten der Zeit. Gerade als Pastoralreferentinnen und -referenten müssen Sie bereit sein, hinauszugehen an die Hecken und Zäune, hinauszugehen in die Bruchzonen von Kirche und Gesellschaft, um dort einladende Kirche zu repräsentieren.

Ihr Dienst ist für mich letztlich nicht deshalb wichtig und unverzichtbar, weil wir gegenwärtig und auf überschaubare Zeit hin leider Gottes zu wenige Priester haben. Sie sind kein Priester- und Vikarersatz und Sie können das auch gar nicht sein. Sie sind getaufte und gefirmte Christen, die den Dienst des Laien, das heißt des Christen mitten in der Welt zu Ihrem Beruf machen. Sie sollen deshalb die vielfältigen Lebensbereiche unserer modernen Welt geistlich durchdringen und durchsäuern, um so Kirche und Gemeinde mitten in der Welt und für die Welt aufzubauen. Weil unsere moderne Welt komplizierter, differenzierter und segmentierter geworden ist, sind auch die Nöte der Menschen, die Anforderungen und Herausforderungen an die Kirche vielfältiger geworden. Deshalb brauchen wir heute vielfältige neue pastorale Dienste.

Meine lieben Pastoralassistentinnen und -assistenten und künftigen Pastoralreferentinnen und -referenten, ich erwarte und erhoffe mir von Ihnen sehr viel für den Auftrag der Kirche in unserer Zeit. Ich rechne mit Ihnen und Ihrer loyalen und solidarischen Mitarbeit in der gegenwärtigen schwierigen Übergangssituation der Kirche. Seien Sie ein Sauerteig, der den Teig der Welt zu einem genießbaren, wohlschmeckenden Brot für die Menschen werden lässt. Nähren Sie den Hunger der Menschen durch das Zeugnis Ihrer Hoffnung.

Seien Sie überzeugt: Gott und sein Geist sind mit Ihnen. Er ist mit Ihnen auch und gerade in den Konflikten und Enttäuschungen, die unausweichlich sind. Dass er Sie mit seinem Heiligen Geist ausstatte und Ihnen seine Kraft verleihe, darum wollen wir nun in dieser Eucharistiefeier gemeinsam beten, und dazu erbitte ich Ihnen seinen Segen. Amen.

Gottes Verheißung und Zusage

Liebe künftige Pastoralreferentinnen und -referenten,
meine lieben Schwestern und Brüder![1]

I. Aspekte der Sendung

Mit besonderer Herzlichkeit begrüße ich Sie, meine lieben Pastoralreferentinnen und -referenten als meine künftigen Mitarbeiterinnen und Mitarbeiter. Mit Ihnen begrüße ich Ihre Eltern, Angehörigen und Freunde und alle, die zu dieser Aussendungsfeier gekommen sind.

Hinter Ihnen liegen lange Jahre des Studiums der katholischen Theologie sowie Jahre erster Praxiserfahrung als Pastoralassistentinnen und -assistenten. In diesen Jahren sind Sie, jeder und jede für sich einzeln und alle gemeinsam, einen Weg gegangen. Sie haben sich nicht nur theologische und praktische Kenntnisse angeeignet, sondern auch persönliche Erfahrungen gemacht: gute und bereichernde Erfahrungen, welche Sie bestärkt haben, den Beruf des Pastoralreferenten und der Pastoralreferentin als Dienst an den Menschen zu ergreifen, aber wohl auch negative Erfahrungen, Erfahrungen der eigenen Grenzen wie der Schwierigkeiten, die dieser Beruf mit sich bringt. Sie haben in den letzten Wochen nochmals nachgedacht und – wie ich denke – auch darüber gebetet. Nun sind sie entschlossen, sich aussenden zu lassen. Ich danke Ihnen für diese Bereitschaft.

Die Tatsache, dass Ihre endgültige Indienstnahme als liturgische Aussendungsfeier gestaltet ist, zeigt, dass der Beruf des Pastoralrefe-

---

[1] Predigt anlässlich der Aussendung der Pastoralreferentinnen und -referenten am 22. Juni 1991 in Marbach/Neckar.
Lesung: Ex 3,1–8a.10.13–15.

renten und der Pastoralreferentin mehr ist als ein bloßes kirchliches Angestelltenverhältnis mit bestimmten Rechten und bestimmten Pflichten. »Sendung«, ist ja eine Grundkategorie der biblischen Heilsgeschichte. Berufen und gesandt wurden bereits die Erzväter: Abraham, Isaak, Jakob, die Propheten und nicht zuletzt Jesus Christus selbst, der sein ganzes Leben und Wirken als Sendung vom Vater her und für die Menschen verstanden hat.

Hinter dem Wort Sendung verbirgt sich eine persönliche Berufung, letztlich durch Gott. Hinter dem Wort Sendung steht aber auch, dass Sie einen vorgegebenen Auftrag haben und unter einem bestimmten Auftrag stehen, der nicht zu Ihrer Disposition steht und den Sie nicht im eigenen Namen, sondern im Namen Jesu Christi und seiner Kirche ausführen.

Schließlich hat das Wort Sendung noch eine tiefere Dimension. Wenn Jesus Christus sich als den Gesandten des Vaters versteht, dann meint er damit, dass in ihm die ganze Zuwendung Gottes zu uns Menschen zum Ausdruck kommt. Gott schickt uns nicht etwas, er schickt uns jemanden, seinen Sohn; in ihm schenkt er uns sich selbst. Ähnlich sendet er immer wieder neu Menschen. Er will uns auf menschliche Weise begegnen. Er will durch Menschen für Menschen in dieser Welt gegenwärtig sein. Sie, meine lieben künftigen Pastoralreferentinnen und Pastoralreferenten, sollen diese Menschenfreundlichkeit Gottes verkörpern. Sie dürfen Ihr Leben für andere verschenken.

Ich kann verstehen, dass in Ihnen angesichts einer solchen Aussendung Fragen aufkeimen, vielleicht sogar Zweifel entstehen. Es ist nur allzu verständlich, dass sich Hemmungen melden und Ängste auftun. Wer würde da nicht fragen: Kann ich das? Soll ich das? Glaube ich das wirklich? Kann ich mich verlassen auf die Kirche, die mich da sendet? Verlässt sich die Kirche wirklich auf mich, vertraut sie mir? Kann ich mich ganz einlassen auf Gottes Sendung, sein Wort und seine Verheißung?

II. Das Unbedingte und Letzte

Ich habe mich sehr darüber gefreut, dass Sie als Antwort auf alle diese Fragen einen Schlüsseltext aus der Glaubensgeschichte des Alten Testaments ausgewählt und in den Mittelpunkt dieses Gottesdienstes gestellt haben: Die Berufungs- und Sendungsgeschichte des Mose. Was uns dort berichtet wird, ist gleichsam der Urtyp jeglicher Aussendung.

Eine kraftvolle menschliche Persönlichkeit muss dieser Mose gewesen sein. Die ganze Leidens- und Unterdrückungsgeschichte seines Volkes bebte in seinem Herzen. Sein Gerechtigkeitssinn steigerte sich zum Zorn. Als er eines Tages sah, wie ein Ägypter einen Hebräer schlug, erschlug er diesen und verscharrte ihn im Sand. Doch als die Sache ruchbar wurde, packte ihn die Angst. Er floh vor der Rache des Pharaos hinaus in die Steppe. Auch dort setzt er sich für junge Frauen ein, als diese von Hirten bedrängt und verdrängt wurden. So gewinnt er Freunde. Er findet in Zippora seine Frau, welche ihm einen Sohn schenkt.

Doch Mose begnügt sich nicht mit einem gemächlichen, sozusagen bürgerlichen Dasein. Das kleine traute Glück genügt ihm nicht. Er ist ein rast- und ruheloser Mensch, der sich nicht einfach abfindet mit den Dingen wie sie nun einmal sind. Er anerkennt nicht einfach die Grenzen und Begrenzungen, innerhalb derer wir leben. So treibt er eines Tages sein Vieh hinaus über die Steppe bis hin zum Gottesberg Horeb. Er ist ein Mann, dem es um das Ganze, um das Unbedingte und das Letzte geht. In all seiner Leidenschaft ist er ein hochgemuter Mensch, der nach Größerem strebt und sich ganz für seine Sache, für die Sache der Gerechtigkeit einsetzt.

III. Die Fülle strömenden Lebens

Doch wie soll Mose das machen? Hatte er doch erfahren, dass mit menschlicher Gewalt und auch Gewalttätigkeit allein nichts auszurichten ist. Als Einzelner steht er der Militärmaschinerie und dem Polizeiapparat des Pharao ohnmächtig gegenüber. Durch zornige Einzelaktionen kann er die Spirale der Gewalt nur weiterdrehen, aber nicht stoppen. Zugleich verstrickt er sich damit in eigene Schuld; er setzt sich selbst ins Unrecht. Die Lösung ist aus eigener Kraft offensichtlich nicht möglich. Menschlich gesehen ist die Situation aussichtslos. Ein anderer, ein ganz neuer Anfang ist nötig.

In dieser schwierigen Situation macht Mose eine letztlich geheimnisvoll bleibende Erfahrung. In einer Flamme, die aus einem Dornbusch schlägt, erschien ihm der Engel des Herrn. Gemeint ist wohl eine zeichenhafte Epiphanie Gottes. Mose schaut hin: Da brannte der Dornbusch und verbrannte doch nicht (vgl. *Ex 3,2*). Viel ist schon nachgedacht worden über diese außergewöhnliche Erscheinung. Schon die Bibel und auch die Kirchenväter sahen in dem brennenden und doch nicht verbrennenden Dornbusch ein Symbol Gottes, der verzehrendes Feuer ist und sich doch nicht selbst verzehrt, der unerschöpfliche Fülle strömenden Lebens ist ohne Anfang und ohne Ende, reine Dynamis, eine Dynamik jedoch, die nichts zerstört und verbrennt, die vielmehr alles hält und erhält, alles mit innerer Glut erfüllt und mit innerem Licht verklärt.

In diesem Sinn offenbart sich Gott dem Mose als Gott unabdingbarer Treue. Er ist der Gott Abrahams, Isaaks und Jakobs, nicht willkürlich und sprunghaft, sondern verlässlich und treu. Auf ihn ist Verlass, auf ihn kann man bauen. Er ist zugleich ein Gott, der auf das Elend der Menschen sieht und der ihr Schreien hört, ein Gott der Menschen. Er ist ein hörender Gott, der auch denen zuhört, auf die sonst niemand mehr hört, die völlig einsam und verlassen sind, ein Gott, der in die dunkelsten Winkel, in die verlassensten Ecken dieser Welt schaut, der auch das verborgene Leid wie die verborgenen Sehnsüchte in den Herzen der Menschen kennt.

Dieser Gott findet sich nicht ab mit dem Elend der Welt, er ist ein Gott, der hinausführt und befreit, der Neues verheißt, Perspektiven der Hoffnung aufrichtet, der auf dem mühsamen Weg in das Land der Verheißung mit uns und bei uns ist. Sein Name ist: »Ich bin der, ich bin« *(Ex 3,14)*.

Auf diesen Gott dürfen wir trauen und bauen, seine Treue und seine Verheißung gilt auch heute. Sie gilt auch Ihnen, meine lieben künftigen Pastoralreferentinnen und -referenten. Auch Ihnen gilt die Zusage: Ich bin da, ich gehe mit dir, ich bin bei dir.

IV. Gottes Verheißung und Zusage

Gottes Verheißung und seine Zusage war die Antwort auf die quälende Frage des Mose nach Gerechtigkeit und Freiheit für sein Volk. Aber es war eine Antwort ganz eigener Art. Eine Antwort, die man nicht einfach schwarz auf weiß besitzt, um sie nach Hause zu tragen, keine

Rechtsauskunft, die man einklagen kann, kein Fahrplan in die Zukunft, den man einfach abrufen kann.

Der Weg des Mose mit seinem Volk führt zunächst hinaus in die Wüste mit all ihren Entbehrungen und Gefahren. Er führt zu den Haderwassern von Meriba, wo das ganze Unternehmen plötzlich wieder fragwürdig und zweifelhaft erscheint. Mose selbst darf das verheißene Land nur von ferne sehen; er selbst kann es nicht mehr betreten. Als das Volk selbst nach 40 langen Jahren endlich das Gelobte Land erreichte, war die Erfüllung seiner Wünsche zugleich eine große Enttäuschung. Neue Auseinandersetzungen, neue Gefahren und Versuchungen waren zu bestehen und vor allem harte, mühsame Aufbauarbeit war notwendig.

Auch diese Offenheit gehört zur Zusage Gottes an Mose. Gewöhnlich übersetzen wir den am brennenden Dornbusch geoffenbarten Gottesnamen: »Ich bin, der ich bin«, »ich bin da als der ich da sein werde«. Das heißt: Gottes Verheißung ist treu und gewiss, aber sie bleibt Gottes Verheißung. Sie ist uns nicht verfügbar. Gott allein bestimmt das Wie ihrer Verwirklichung. Er allein legt Ort, Tag und Stunde ihrer Erfüllung fest. Gottes Wesen und Gottes Willen bleiben für uns ein Geheimnis, ein Geheimnis unendlicher Freiheit und unergründlicher Liebe. Mose weiß um dieses unverfügbare Geheimnis Gottes. Er weiß, dass man ihm nur mit Ehrfurcht begegnen kann. So zieht er seine Schuhe aus, verhüllt sein Antlitz und fällt anbetend vor Gott nieder.

Diese Grundhaltung der Ehrfurcht und der Ergebenheit, der Anbetung Gottes müssen wir heute wieder ganz neu lernen. Wir meinen viel zu sehr, man könne alles, auch den Glauben, die Kirche, die Seelsorge planen und machen. Wir meinen, alles müsse nach unseren konservativen oder progressiven Fahrplänen ablaufen, und wir sind enttäuscht und niedergeschlagen, wenn es anders kommt als wir erwartet haben. Wir verwechseln die Hoffnung des Glaubens mit unseren menschlichen Erwartungen und Sehnsüchten. Der Resignation und Frustration werden wir nur dann entgehen, wenn wir die Haltung des Betens und Anbetens lernen, wenn wir anerkennen: Gott allein ist Gott, er allein der Herr, er allein der Höchste. Er hält die Fäden unseres Lebens. Er hält die Geschicke der Kirche in seinen Händen. Sein heiliger Wille geschehe.

Das ist keine billige Vertröstung, sondern im Gegenteil eine Ermutigung. Denn damit ist gesagt: Es gibt keinen Grund aufzugeben und wegzulaufen. Für den Glaubenden gibt es vielmehr immer Grund, standzuhalten und weiterzumachen. Das werden Sie, liebe künftige Pastoralreferentinnen und -referenten, freilich nur dann können, wenn Ihre Aktivität in Ihrer Spiritualität, ihre Aktion in der Kontemplation verwurzelt ist. Deshalb wünsche ich Ihnen immer wieder in Ihrem Leben Dornbuscherfahrungen und Dornbuschbegegnungen. Lassen Sie solche zu, nehmen Sie sich dafür Zeit.

V. Gott verkünden

Meine lieben künftigen Pastoralreferenten und -referentinnen, Sie werden heute ähnlich wie Mose ausgesandt: »Geh hin zu meinem Volk und sprich zu ihnen«. Sie sollen dem Volk Gottes nichts anderes sagen als damals: »Der Ich-bin-da hat mich zu euch gesandt.« *(Ex 3,15)* Sie sollen Gottes Da-sein, den Immanuel, den Gott-mit-uns bezeugen und den Gott künden der sieht, hört und befreit, den Gott, der die unerschöpfliche Fülle des Lebens ist und der will, dass wir das Leben in Fülle haben.

Haben Sie keine Angst vor dieser Aufgabe. Lassen Sie sich voll Großmut und Vertrauen in den Dienst nehmen und gehen Sie dabei aufs Ganze. Machen Sie Ihr Leben zum Geschenk. Sie werden es nicht bereuen. Gottes Zusage begleitet sie. Er ist mit Ihnen. Amen.

Pastoral, die aus dem Herzen kommt

Liebe künftige Pastoralreferentinnen und Pastoralreferenten,
meine lieben Schwestern und Brüder![1]

Sie, meine lieben künftigen Pastoralreferentinnen und -referenten, stehen heute am Ende eines langen Weges, der Sie nach dem Abitur zu einem mindestens fünfjährigen Studium an die Universität führte. Nach Ihrem Studium und nach dem Examen haben Sie sich nunmehr drei Jahre lang im pastoralen Dienst erprobt. Heute wollen Sie sich endgültig beauftragen lassen. Ich begrüße Sie auf das Herzlichste und danke Ihnen für Ihre Bereitschaft, sich in die Gemeinden unserer weiten Diözese senden zu lassen. An Aufgaben besteht kein Mangel. Wir brauchen Sie dringend. Viele Menschen und viele Gemeinden warten bereits auf Sie. Sie sind mir und meinen Mitarbeitern in unserer Diözese herzlich willkommen.

Trotz der vielen Aufgaben, welche auf Sie, wie auf alle, die in einen pastoralen Dienst gehen, warten, fragen heute viele: Haben pastorale Berufe noch einen Sinn? Macht es Sinn, in der Kirche und für die Kirche zu arbeiten?

Sie haben sich dieser Frage redlich gestellt und sich Gedanken gemacht über Ihre künftige Aufgabe. Dabei haben Sie sich besonders ansprechen lassen von dem Evangelium, welches von der Heilung der gekrümmten Frau berichtet. Diese Heilung erschien Ihnen bezeichnend für Ihre Sendung.

---

[1] Predigt anlässlich der Beauftragung der Pastoralreferentinnen und -referenten am 13. Juni 1992 in der Münsterkirche St. Paul in Esslingen.
Evangelium: Lk 13,10–17.

I. Sehen mit dem Herzen

In der Tat, diese Frau, die seit 18 Jahren krumm und bucklig daherkommt und sich nicht mehr aufrichten kann, ist ein Symbol für die Situation vieler Menschen wie Sie Ihnen schon bisher in Ihrer pastoralen Arbeit begegnet sind und wie sie Ihnen künftig noch oft begegnen werden. Sie ist ein Symbol unserer eigenen Situation. Denn auch wir sind aus krummem Holz geschnitzt und müssen den aufrechten Gang oft erst mühsam lernen.

Menschen können auf vielfältige Weise gekrümmt sein. Sie sind oft gekrümmt durch harte und schwere körperliche Arbeit. Sie sind gekrümmt durch Krankheit, unter Umständen von Jugend an. Krumm können sie aber auch sein, weil sie innerlich verbogen oder verbraucht sind, sozusagen einen Knacks haben. Sie sind krumm, weil sie oft innerlich kaputt, weil sie enttäuscht oder in sich versponnen und verkrochen sind oder aber, weil ihnen das Rückgrat gebrochen wurde, sei es durch falsche Erziehung, durch ungerechte demütigende Behandlung oder durch unfrei machende Strukturen. Krumm sind schließlich viele, weil sie nur an sich denken, weil sie nur in sich und um sich kreisen und nicht mehr offen und aufrecht auf andere zugehen, sondern eng geworden sind und aus dem Gefängnis ihres Egoismus nicht mehr herausfinden. Es gibt viele Arten von Verkrümmungen und der Beeinträchtigungen menschlichen Lebens.

Pastoraler Dienst lässt sich nicht zuletzt motivieren und sensibilisieren durch die Wahrnehmung solchen menschlichen Leids. So war es auch bei Jesus der Fall. Von Jesus heißt es im Evangelium einfach, dass er die verkrümmte Frau sah. Auch sonst hören wir im Evangelium immer wieder davon, dass Jesus das Leiden und Elend der Menschen wahrnahm und darüber von Mitleid ergriffen wurde.

Jesu Sehen ist kein bloßes Feststellen. Es ist ein Sehen mit dem Herzen und zugleich ein Wahrnehmen, welches sich bewusst ist: So verkrümmt sollten Menschen an sich nicht sein. Gott hat sie anders gewollt und geschaffen. Er hat sie geschaffen nach seinem Bild und Gleichnis, sodass auf jeden, der Menschenantlitz trägt, etwas widerstrahlt von Gottes Schönheit, Hoheit und Herrlichkeit. Er hat den Menschen mit aufrechtem Gang gewollt und ihm Wert und Würde verliehen.

Es ist die Sünde, welche den Menschen verkrümmt, ihn demütigt und auf sich selbst zurückwirft. Der Sünder ist der homo incurvatus, der in sich verkrümmte Mensch. Er vergisst sein wahres Glück und seine wahre Berufung, wendet sich in falscher und verkehrter Weise den Dingen der Welt zu, verabsolutiert sie und kreist nur noch um sich selbst. Er ist nicht mehr offen für Gott und nicht mehr offen für die anderen Menschen. So verfehlt er den Sinn seines Lebens.

Wer sich für einen pastoralen Dienst entscheidet, der lässt sich vom Elend der Menschen betreffen. Oder sagen wir es ganz einfach: Wer einen pastoralen Dienst wahrnimmt, der tut es letztlich deshalb, weil er die Menschen mag und sie liebt. Er kann sich deshalb nicht damit abfinden, dass sie sind wie sie sind; er will sie aufrichten und ihnen neu Mut, Wert und Würde geben. Menschen zu mögen, mit ihnen zu leiden und sie zu lieben, das ist das Geheimnis pastoralen Dienstes.

II. Ganzheitliche Seelsorge

Im Mittelpunkt des heutigen Evangeliums steht nicht die verkrümmte Frau; im Mittelpunkt steht Jesus Christus, der Heiland der Menschen. Er sieht das Elend dieser Frau, er nimmt es wahr, und er ruft sie zu sich und sagt: »Frau, du bist von deinem Leiden erlöst.« *(Lk 13,12)*

Erlösen, das ist ein Wort, welches viele heute nicht mehr verstehen. Deshalb sind sie auch an der christlichen Erlösungsbotschaft nicht mehr interessiert. Doch was heißt erlösen anderes als von Fesseln lösen, als befreien? Unser Evangelium zeigt, dass dies bei Jesus zunächst ganz wörtlich und konkret gemeint ist. Jesus heilt die Frau von ihrem körperlichen Leiden. Er macht, dass sie sich wiederaufrichten kann. Wir haben es wohl zu sehr vergessen, dass Erlösung nicht nur ein innerlicher Vorgang ist, sondern immer auch mit dem Heilen der vielfältigen leiblichen wie seelischen Gebrechen der Menschen verbunden ist. Diese diakonische und therapeutische Funktion müssen wir wieder neu lernen.

Die geheilte Frau, die wieder aufrecht gehen, anderen Menschen wieder ins Angesicht schauen und ihren Blick wieder zum Himmel erheben kann, ist ein Symbol für eine ganzheitliche Seelsorge. Seelsorge soll den Menschen den aufrechten Gang lehren, ihm Mut, Zuversicht, Wert und Würde zusprechen. Seelsorge beginnt im Grunde damit, dass wir anderen sagen: Du bist wer; du hast einen unendlichen

Wert, weil Gott dich von Ewigkeit her liebt, dich bejaht, dich hält und trägt, weil Gott letztlich verrückt nach dir ist und dich auf ewig in seiner Gemeinschaft haben will.

Pastoraler Dienst heißt Menschen gern und lieb haben, sie liebenswert halten und ihnen die Liebe Gottes zusprechen, damit sie aufatmen können, sich befreit fühlen und Hoffnung schöpfen.

Das Evangelium sagt uns aber auch deutlich, worin der aufrechte Gang letztlich besteht. »Im gleichen Augenblick richtete sie sich auf und pries Gott.« *(Lk 13,13)* Der Lobpreis Gottes ist die wahre Würde des Menschen. Erst in der Anerkennung Gottes findet der Mensch seine letzte Vollendung. Umgekehrt gilt auch das bekannte Wort des Irenäus von Lyon: »Die Ehre Gottes ist der lebendige Mensch.«

Was heißt das für Ihren pastoralen Dienst? Es heißt, dass wir den Menschen sagen müssen: Mensch, du bist mehr! Mehr als Essen und Trinken, mehr als Arbeit und Vergnügen, du bist schon gar kein bloßer Prügelknabe und du brauchst dich nicht zu ducken. Du bist mehr, weil du von Gott und für Gott berufen bist. Aufrechter Gang, das bedeutet letztlich »Sursum corda«, »Empor die Herzen«. Denn Gott allein ist groß genug, um die ganze Größe der Sehnsucht des menschlichen Herzens ausfüllen zu können.

So wird pastoraler Dienst um des Menschen wie um Gottes willen letztlich zum Gottesdienst führen und selbst Gottesdienst werden. Wir dienen den Menschen am meisten, wenn wir ihnen beten lehren und selbst mit ihnen beten. Seien Sie selbst betende Menschen, die andere dazu führen, Gott zu loben und ihn zu preisen. Seien Sie pastorale Mitarbeiter und Mitarbeiterinnen, die Gott lieben und die Menschen lieben. Das ist alles. Das ist die Erfüllung des ganzen Gesetzes. Das ist die ganze Pastoral.

III. Das Heil der Seelen

Pastoral ist also letztlich etwas ganz Schlichtes und Einfaches. Trotzdem, sie ist nicht harmlos. Jesus eckt mit seiner Pastoral gewaltig an. Er findet Widerspruch und wird zum Ärgernis. Mit seiner Pastoral der Liebe gerät er in Konflikt mit der hergebrachten Ordnung. Sie gibt vor, Menschen zu helfen und das Leben zu ordnen. Ordnung ist gewiss notwendig und heilsam. Aber sie kann, wenn sie verabsolutiert wird, auch versklaven und sich dann gegen den Menschen richten. Jesus deckt diesen Zwiespalt und diese Zweideutigkeit auf. Er bezeichnet sie als Heuchelei und fordert Wahrhaftigkeit.

Zur pastoralen Arbeit gehört deshalb immer auch prophetische Kritik an menschenverkrümmenden und unterjochenden Strukturen und Gesetzen. Pastorale Arbeit fordert ein, was ein Grundsatz christlicher Soziallehre ist, dass nämlich der Mensch, jeder einzelne Mensch, Ursprung, Mittelpunkt und Ziel aller Institutionen ist und sein muss. Die gilt in der Gesellschaft wie in der Kirche. »Salus animarum suprema lex«, »das Heil der Seelen«, das heißt: »das Heil des Menschen ist das oberste Gesetz«. So steht es im Kirchenrecht.

Ich weiß, dass viele von Ihnen, liebe künftige Pastoralreferentinnen und -referenten, unter diesem Gesichtspunkt an unserer Gesellschaft und auch an unserer Kirche leiden. Ich kann dies verstehen und auch nachfühlen. Doch dieses Leiden bringt manchmal die Gefahr mit sich, dass sich auch Ihr Herz verkrümmt in seinem Verhältnis zur Kirche und dass Sie innerlich bitter werden. Ich wünsche Ihnen, dass Ihr Herz wach bleibt gegen verkrümmende Strukturen, dass Sie aber Ihre Kritik nicht mit einem bitteren, sondern mit einem liebenden Herzen vorbringen können. Liebe und Leiden gehören nun einmal zusammen. Allein solche leidenschaffende und leidenschaftliche Liebe kann etwas bewegen und verändern in unserer Kirche. Eine Pastoral der Liebe, die aus einem verbitterten Herzen kommt, müsste sich umgekehrt den Vorwurf der Heuchelei und der Unwahrhaftigkeit gefallen lassen.

Als pastorale Mitarbeiterinnen und Mitarbeiter sollen wir letztlich Zeugen sein. Der Zeuge lebt was er sagt und er sagt was er lebt. Er lebt die Liebe, die er verkündet, und er lebt sie aus ganzem und ungeteiltem Herzen.

Meine lieben pastoralen Mitarbeiterinnen und Mitarbeiter, Sie werden heute endgültig zum pastoralen Dienst ausgesandt. Üben Sie eine Pastoral, welche aus dem Herzen kommt! Dann werden Sie auch die Herzen der Menschen erreichen. Dafür wünsche ich Ihnen von ganzem Herzen Gottes Segen, Gottes Beistand und Gottes Liebe. Amen.

Der Prophet Elija als Vorbild

Liebe künftige Pastoralreferentinnen und -referenten,
meine lieben Schwestern und Brüder![1]

Sie haben sich als Schriftstelle für diese Aussendungsfeier einen Text aus dem Alten Testament ausgewählt, der von einer Urgestalt der biblischen Geschichte berichtet. Denn dieser Elija ist wirklich ein religiöses Urgestein. Er hält sich nicht an Nebensächlichkeiten auf; er weicht nicht aus auf Nebenfragen. Er schont sich aber auch nicht. Ihm geht es ausschließlich und ganz um die entscheidende Sache: Um die Botschaft von dem einen und einzigen wahren Gott. Ohne Umschweife stellt er das Volk klipp und klar vor die Entscheidung, entweder dem einen wahren Gott Israels zu dienen oder die vielen Baale, die Götzen der Heiden, zu verehren.

I. Unser Auftrag

Ich meine, mit dieser Botschaft ist Elija auch heute brandaktuell. Die Grundfrage, vor der wir heute stehen, ist die Gottesfrage, nicht wie viele meinen, die Frage der Kirche und ihrer Strukturen. Die Gottesvergessenheit, die Gottesfinsternis, ja die Gottlosigkeit ist die Signatur unserer Zeit. Zwar leugnen die meisten Menschen unserer Gesellschaft nicht die Existenz Gottes; die militanten Atheisten sind selten geworden. Doch schlimmer als solcher ausdrücklicher Atheismus ist die Gleichgültigkeit gegenüber Gott. Wir bestreiten nicht, dass Gott ist,

---

[1] Predigt anlässlich der Beauftragung der Pastoralreferentinnen und -referenten am 26. Juni 1993 in der Pfarrkirche St. Johannes in Nürtingen.
Lesung: 1 Kön 19,1–13; Evangelium: Lk 1,68–79.

aber ob er ist oder ob er nicht ist, diese Frage bewegt uns nicht; sie bleibt folgenlos. Wir lassen Gott sozusagen einen guten Mann sein und richten uns in der Welt und in unserem Leben nach eigenem Gutdünken ein. Die Religion ist für viele nur noch dazu da, bestimmten Höhepunkten unseres Lebens einen gewissen Flair des Erhabenen und des Feierlichen zu geben. Sie überhöht dieses unser irdisches Dasein. Sie übersteigt es aber nicht, um nicht uns, sondern Gott die Ehre zu geben.

Doch der Mensch ohne Gott, das ist eine lebensgefährliche Amputation des Menschen. Der Mensch ist ja nach dem Bild und Gleichnis Gottes geschaffen. Das ist seine höchste Würde, das gibt ihm unendlichen Wert. Allein Gott gibt unserem Leben letzten Grund und ein letztes Ziel. Ohne Gott wird unser Leben halt- und letztlich inhaltslos. Ohne Gott lösen sich alle Werte des Menschlichen letztlich auf; es wird alles gleichgültig. Und erleben wir diese Krise gegenwärtig nicht in einem geradezu erschreckenden Ausmaß?

So gibt es heute nichts Wichtigeres als die Botschaft vom einen und wahren Gott. Gott und sein Reich zu verkünden, das ist der Grundauftrag jedes pastoralen Dienstes, der Auftrag und die Sendung, die Sie, liebe künftige Pastoralreferentinnen und -referenten, heute erhalten. Sie sollen anderen Menschen helfen, Gott in ihrem Leben zu entdecken und ihn in allen Dingen zu finden. Sie sollen Menschen darin begleiten, dass sie, indem sie Gott finden, auch zu sich, zum Frieden mit sich und mit anderen finden. Denn die Ehre Gottes ist der lebendige Mensch. Halten Sie sich deshalb nicht bei Nebenfragen auf. Bleiben Sie der prophetischen Dimension Ihres Auftrags treu.

II. Unsere Anfechtung

In der Lesung aus dem ersten Buch der Könige begegnet uns freilich auch noch ein ganz anderer Elija. Er, der zuvor so machtvoll und kraftvoll aufgetreten ist im Kampf gegen die Götzen und im Einsatz für den einen wahren Gott, er ist plötzlich müde, kraft- und energielos, mutlos und voll Angst geworden. Er kann und mag nicht mehr, denn er hat eine Erfahrung machen müssen, die offensichtlich immer wieder neu zur Erfahrung der Propheten und später der Apostel geworden ist. Er wollte das Volk aufrütteln, aber dieses schweigt. Es ist unbeweglich und unentschlossen. Es lässt sich nicht aufrütteln, ist träge und wartet ab, wie die Dinge laufen, um sich am Ende auf die Seite der stärkeren Bataillone zu schlagen. Diese bleierne Gleichgültigkeit macht Elija zu schaffen; sie lässt ihn resignieren. Dazu kommt, dass die Mächtigen, die Königin Isebel ihn verfolgen, ja ihn im Leben bedrohen. Schon sind die Häscher unterwegs, die ihm auflauern, um ihn mundtot zu machen. Da erfasst Elija panische Angst. Nun geht es ihm plötzlich nicht mehr um Gott; er will einfach seine Haut retten und flieht hinaus in die Wüste.

Aber dort ist es ja auch kein Leben. So setzt er sich unter einen Ginsterstrauch und will einfach sterben.

Solche Erfahrungen der Erfolglosigkeit und des Widerstandes gehören offensichtlich zur prophetischen Existenz. Jesus Christus selber ist es nicht besser gegangen, und er hat seinen Jüngern dasselbe vorausgesagt. »Haben sie mich verfolgt, so werden sie auch euch verfolgen.« *(Joh 15,20)*

Viele von uns haben gegenwärtig den Eindruck, in einer winterlichen Kirche zu leben, wo alles unter einer Eisdecke erstarrt ist. Sie haben den Eindruck, dass nichts vorangeht, dass die Dinge nicht zusammen – sondern auseinanderlaufen.

Sie spüren in sich selbst eine innere Leere und Trockenheit, eine Schwunglosigkeit und Anzeichen von Resignation. Wir sollten die Wahrnehmung solcher Erfahrungen nicht verdrängen, sondern zulassen. Sie sind ein Stück prophetischer und apostolischer Existenz, ein Teil der Nachfolge Jesu auf dem Weg des Kreuzes.

III. Stete Bekehrung und Erneuerung

Die Größe des Elija besteht freilich darin, dass er sich nicht einfach seiner Trostlosigkeit überlässt. Er lässt sich aufrütteln. Er macht sich neu auf den Weg, er bricht seine eigene Geschichte mit Gott und seinem Volk nicht einfach ab. Er bleibt seinem Auftrag treu. Aber er macht eine aufregende und alles verwandelnde Erfahrung. Auf dem Berg Horeb angekommen, geht ihm auf, dass Gott, den er so kraftvoll verkündet hat, ganz anders ist als er es sich ursprünglich vorgestellt hat. Gott ist kein Gott, der im starken heftigen Sturm kommt. Er ist auch kein Gott, der die Erde erbeben und erzittern lässt, kein Gott des alles verzehrenden und verschlingenden Feuers. Gott kommt nicht mit Feuer und Schwert. Er ist ein Gott der leisen Töne, des sanften leisen Säuselns. Er imponiert nicht durch äußere Macht und äußeres Gepränge, durch spektakuläre Taten. Er klopft leise im Inneren des Menschen an und begehrt Einlass durch das innerste Heiligtum des Menschen, das Gewissen. Er will überzeugen und das Herz des Menschen gewinnen. Er ist barmherzig, gütig, freundlich und gnädig

Die Größe des Elija besteht darin, dass er seine Gottesvorstellung korrigieren lässt und sich dem Wandlungsprozess unterwirft, auch wenn er für ihn schmerzhaft gewesen sein muss. Er beharrt nicht stur auf seinen einmal gefassten eigenen Vorstellungen, er geht den Weg mit, den Gott ihn führt. Es geht ihm nicht um die Durchsetzung seines eigenen Willens, sondern darum, dass Gottes Wille geschieht. Er merkt, dass nicht nur die anderen sich bekehren müssen, sondern dass er selbst sich bekehren muss. Es geht ihm auf, dass nicht allein die äußere Aktion, sondern die innere Kontemplation und die Verwandlung des eigenen Herzens gefragt ist.

Solche Bereitschaft zu immer neuer Bekehrung gehört auch zu unserem, zu Ihrem Dienst, meine lieben künftigen Pastoralreferentinnen und -referenten. Wir alle sind immer wieder in der Gefahr, unsere eigenen menschlichen Vorstellungen zum Maß aller Dinge zu machen und enttäuscht zu sein, wenn es nicht nach unserem Kopf geht. Da sind die Konservativen, die meinen, es müsse immer alles so bleiben wie sie es von früher her gewohnt sind und die rebellieren oder sich in den Schmollwinkel zurückziehen, wenn sie erfahren müssen, dass Gottes Volk unterwegs ist. Da sind aber auch die Progressiven, die verärgert, aggressiv oder resignativ reagieren, wenn der Weg in die Zukunft sich nicht nach den von ihnen aufgestellten Fahrplänen gestaltet und wenn sich ihre Reformideen nicht oder nicht schnell genug durchsetzen.

Bewahren Sie sich deshalb ein offenes und bereitwilliges Herz. Spüren Sie immer wieder neu dem Willen Gottes nach und suchen sie ihn in der Innerlichkeit Ihres Gewissens zu erfahren und zu ergründen. Erwarten Sie darum nicht spektakuläre Aufbrüche und Umbrüche. Suchen Sie vielmehr dem Gott zu begegnen, der im sanften leisen Säuseln ist und der gerade darin seine Größe, Schönheit, Güte und den Reichtum seiner Herrlichkeit offenbaren kann. Überfordern

Sie darum auch Ihre Mitmenschen nicht. Gehen Sie nicht ungnädig und gnadenlos mit ihnen um, wenn sie Ihren Vorstellungen nicht oder nicht gleich folgen. Gehen auch Sie in Ihrer Pastoral den Weg der leisen Töne, der Geduld, Barmherzigkeit und Güte.

IV. Quellen des Mutes und der Kraft

Ich weiß, dieser Weg durch die Wüste zum Berg Horeb ist anspruchsvoll und oft mühselig. So wenig wie Elija werden Sie das aus eigener Kraft schaffen. Auch dieser kraftvolle, ja kraftstrotzende Elija brauchte einen Engel, der ihn anstieß und aufmunterte und der ihm Nahrung reichte für den weiten und beschwerlichen Weg.

Auch Sie, meine lieben Pastoralreferentinnen und -referenten, brauchen solche Engel und ich wünsche sie Ihnen von Herzen. Diese Engel werden normalerweise keine Flügel haben, aber sie haben Gesichter. Wir begegnen ihnen in Gestalt von Menschen, oft in ganz unvorhergesehenen und unerwarteten Begegnungen.

Jedem von uns ist es wohl schon so gegangen, dass ihm plötzlich jemand, den man zuvor kaum kannte, Mut und Zuversicht gemacht hat. Und wir alle brauchen Begleiter, Freunde, Weggenossen. Wir dürfen keine Einzelgänger werden, wir müssen uns einordnen in eine große Weggemeinschaft. Wir brauchen die Zusammenarbeit im Team, wir brauchen eine kooperative Pastoral.

Was wir aber vor allem brauchen, ist, dass wir uns mit dem nötigen Reiseproviant, mit ausreichender Wegzehrung versorgen. Das Wort des Engels an Elija: »Steh auf und iss! Sonst ist der Weg zu weit für dich« *(1 Kön 19,7)* gilt auch uns. Dieses Wort ist schon oft auf die eucharistische Speise angewandt worden. Und in der Tat, ohne die eucharistische Wegzehrung, ohne die regelmäßige und häufige Teilnahme an dem, was die innerste Mitte, was Quelle und Höhepunkt allen christlichen Lebens ist, werden Sie nicht durchhalten. Ohne eine wirkliche eucharistische Lebenskultur werden Sie schon bald schlappmachen. Nur die häufige innere Mitfeier von Tod und Auferstehung Jesu Christi zu neuem Leben wird Ihnen Kraft, Mut und Schwung verleihen.

Die letzte Begründung für dieses Durchhalten trotz allem und für diese unerschütterliche Treue zu Ihrer Aufgabe, den lebendigen Gott zu bezeugen, gibt Ihnen das Evangelium. Dort wird uns gesagt, dass letztlich nicht wir es sind, welche die Kirche oder gar das Reich Gottes »machen«. Gepriesen wird vielmehr »der Herr, der Gott Israels«. »Denn er hat sein Volk besucht und ihm Erlösung geschaffen. Er hat uns einen starken Retter erweckt.« *(Lk 1,68f.)* »Er hat uns errettet« *(Lk 1,71)* in und durch Jesus Christus. In ihm hat Gott bereits den neuen, endgültigen, durch nichts mehr rückgängig zu machenden Anfang gesetzt und die Zukunft ein für alle Mal festgelegt. So dürfen wir »furchtlos ihm dienen« *(Lk 1,74)*, bereitwillig »Prophet des Höchsten« *(Lk 1,76)* sein und »dem Herrn vorangehen und ihm den Weg bereiten.« *(Lk 1,76)* Wir dürfen uns allen zuwenden, die »in Finsternis sitzen und im Schatten des Todes« *(Lk 1,79)*, um ihre und »unsere Schritte zu lenken auf den Weg des Friedens.« *(Ebd.)*

Meine lieben künftigen Pastoralreferentinnen und -referenten, ich wünsche Ihnen von Herzen, dass Sie wie Elija immer wieder neu aufbrechen, dass Sie Ihrem Auftrag, Gott und sein Reich zu bezeugen, treu bleiben und sich auch in Schwierigkeiten, die niemandem erspart bleiben, von dieser Botschaft immer wieder neu ergreifen und verwandeln lassen. Ich wünsche Ihnen verstehende Menschen, die Sie auf diesem Weg begleiten. Ich wünsche Ihnen aber vor allem, dass Sie diesen Weg mit Jesus Christus und in seiner Nachfolge gehen, und dass Sie darin immer wieder neu Kraft schöpfen und inneren Frieden und Freude finden. Amen.

Sich einmischen in den Streit um Gott und den Menschen

Liebe Schwestern und Brüder,[1]

zur diesjährigen Beauftragung unserer Pastoralreferentinnen und -referenten begrüße ich Sie alle ganz herzlich: die Mitbrüder, die Angehörigen und Freunde der zu beauftragenden Pastoralreferentinnen und -referenten, die Vertreter der Gemeinden, in denen diese als Assistentinnen und Assistenten ihre Berufseinführung erfahren und ihre erste Berufserfahrung gemacht haben, die Gemeinde von Heilbronn-Sontheim, bei der wir heute zu Gast sein dürfen.

Mein besonderer Gruß gilt selbstverständlich Ihnen, meine lieben künftigen Mitarbeiterinnen und Mitarbeiter. Nach einem mehrjährigen Studium der katholischen Theologie haben Sie sich in dreijähriger praktischer Berufsvorbereitung bewährt, um nunmehr gültig in den pastoralen Dienst der Kirche aufgenommen zu werden. Nach der langen Vorbereitungs- und Erprobungszeit erhalten Sie heute, verbunden mit dem amtlichen Segen der Kirche, Ihre endgültige kirchliche Beauftragung und Aussendung.

Wir sind in unserer Diözese froh, diesen relativ jungen Dienst der Pastoralreferentinnen und -referenten zu haben. Viele Gemeinden warten bereits sehnlich auf Ihr Kommen und auf Ihre Mitarbeit. Gegenüber manchen Gerüchten und Befürchtungen möchte ich unmissverständlich und deutlich sagen, dass unsere Diözese diesen Dienst auch in Zukunft will.

---

[1] Predigt anlässlich der Beauftragungsfeier der Pastoralreferentinnen und -referenten am 11. Juni 1994 in Heilbronn-Sontheim.
Lesung: Gen 32, 23–31; Evangelium: Mk 6, 45–52.

I. Gottes Wege und unsere Wege

Meine lieben künftigen Pastoralreferentinnen und -referenten, als Lesung für die Feier Ihrer Beauftragung haben Sie eine hoch interessante, aber schwierige und überaus geheimnisvolle Textstelle aus dem Alten Testament ausgewählt: Der nächtliche Kampf Jakobs am Jabbok. Sie haben diesen Text ausgesucht, weil Sie sich, wie Sie mir in einem längeren Gespräch erläutert haben, in dieser geheimnisvollen Geschichte selbst wiederentdeckt haben und darin etwas von Ihrer eigenen Glaubens- und Berufungsgeschichte gefunden haben. Wie Jakob am Jabbok stehen Sie jetzt nach dem Ende Ihrer Ausbildungszeit und vor dem endgültigen Eintritt in den pastoralen Dienst in einer schwierigen Übergangssituation; wie er überqueren Sie gleichsam einen Fluss, um in eine neue Zukunft aufzubrechen. Eine solche Situation weckt Ängste und Hoffnungen zugleich.

Wie für Jakob war es auch für Sie ein langer Weg bis zum heutigen Tag. Bei Jakob war es eine äußerst zwiespältige Geschichte. Durch Betrügereien und Tricks, dann aber auch durch harte Arbeit und durch persönliche Leistung suchte er zum Ziel zu kommen und den Segen Gottes fast gewaltsam an sich zu reißen. Jetzt war er kurz vor dem Ziel. Er musste nur noch mit einer gewaltigen nächtlichen Anstrengung seine Frauen und Kinder, sein Gesinde, seine Herden und seine übrige Habe über den Fluss schaffen, um dann mit seinem Bruder Esau, den er betrogen hatte, zu einem Ausgleich, wenn es sein muss, auch durch eine kriegerische Auseinandersetzung zu kommen.

Da wird er in einen geheimnisvollen nächtlichen Kampf verwickelt, einen Kampf mit Gott, wie sich nachher herausstellt. Bereits schwer angeschlagen und verletzt, will er dem geheimnisvollen Gegenüber seinen Namen entlocken; nochmals setzt er damit alles daran, sich Gottes und seines Segens zu bemächtigen. Doch in dieser Nacht muss Jakob schmerzlich erfahren: Gott lässt sich nicht zwingen und nicht in Regie nehmen; er bleibt auch in seiner Zusage und in seiner Treue frei und souverän. Er teilt seine Gaben aus, wie er will. Jakob wird des Segens und der Verheißung teilhaftig, aber er wird es aus reiner Gnade und ganz anders als er es erträumt, gewollt und geplant hat. So geht er als ein Verwundeter, aber auch als ein Verwandelter und Geläuterter aus diesem Kampf hervor. Zum Zeichen dafür erhält er einen neuen Namen; Israel soll er nun heißen und Stammvater des nach ihm fortan benannten Volkes Israels werden.

Jakob musste erfahren: Gottes Wege sind nicht unsere Wege, aber Gott ist ein Gott der Menschen, er ist treu, auch wenn wir untreu sind. Er schreibt auch auf unseren krummen Zeilen gerade. Jakobs Wege waren in mehrfacher Hinsicht krumm; Gott aber hat ihn nicht fallen gelassen; er war mit ihm; er hat ihn begleitet, ihn einem langen Läuterungsprozess unterzogen und hat am Ende alles zum Guten gewendet.

Auch Sie, meine lieben künftigen Mitarbeiterinnen und Mitarbeiter, sind vor Jahren angetreten mit vielen Erwartungen, Wünschen und Träumen; die Realitäten haben Sie vielfach eines anderen belehrt. Manches hat sich als Wunschtraum, als Utopie und als Illusion erwiesen. Sie haben Verwundungen davongetragen, aber Sie haben wie Jakob nicht aufgegeben. Auch wenn Sie manche Ihrer Erwartungen zurücknehmen mussten, Ihre Hoffnung wurde geläutert, aber sie haben sie nicht aufgegeben. Er hat Sie und seine Zusage und Verheißung nicht aufgegeben. Er will Sie wie bisher begleiten. Er lädt Sie sogar mit dem heutigen Tag neu ein, sich weiter mit ihm auf den Weg, auf seinen Weg zu machen. Es wird auch in Zukunft ein Weg sein, der viel an Beweglichkeit und Wandlungsfähigkeit verlangt; oder sagen wir es anders und besser: ein Weg, auf dem immer wieder neue Umkehr notwendig ist.

Nicht Ihre Wünsche und Ideen sollen Sie verwirklichen, Gottes Plänen sollen Sie dienen. Wenn Sie, meine lieben Mitarbeiterinnen und Mitarbeiter, diesen Weg mutig, tapfer und treu gehen, dann dürfen Sie Gottes Segen jeden Tag neu gewiss sein und ihn auch konkret erfahren. Auch Ihnen gilt dann die Verheißung, die Jakob in einem nächtlichen Traum zuteilwurde: »Ich bin mit dir, ich behüte dich, wohin du auch gehst, und ich bringe dich zurück in dieses Land. Denn ich verlasse dich nicht, bis ich vollbringe, was ich dir versprochen habe« *(Gen 28,15)*.

II. Jesus ins Boot nehmen

Das alles, meine lieben Schwestern und Brüder, klingt fürs Erste vielleicht hohl und leer. Doch was das Alte Testament nur andeutet, wird im Neuen Testament, im Evangelium, das Sie sich für diesen Tag ausgesucht haben, konkret ausgefüllt. Auch hier geht es um eine Überfahrt, eine stürmische Überfahrt, die den Jüngern Furcht und Schrecken einjagt. Sie haben entsetzlichen Gegenwind und glauben schon alles verloren. Jesus, der Gott-mit-uns, ist ihnen zwar nahe, aber sie verkennen ihn und halten ihn für ein Gespenst, eine Chimäre. Ruhig wird es erst, also sie Jesus ins Boot nehmen. Mit ihm, und nur mit ihm, kann die Überfahrt gelingen.

Das, meine lieben Schwestern und Brüder, ist die Antwort und der Rat, den man Ihnen heute mitgeben kann: Nehmen Sie Jesus mit ins Boot Ihres Lebens. Wagen Sie mit ihm den Überschritt und die Durchquerung schwieriger Wegstrecken Ihres Lebens und Ihres beruflichen Wirkens. Ohne ihn – so sagt es das Evangelium an anderer Stelle – können Sie nichts, absolut nichts tun (vgl. *Joh 15,5*).

Auch wir haben in unserem pastoralen Wirken als Kirche gegenwärtig einen gehörigen Gegenwind, und die See um uns und unter uns ist oft aufgewühlt und stürmisch. Manche verlassen das vermeintlich sinkende Schiff. Andere schreien und jammern vor Angst wie die Jünger und sind darüber wie gelähmt. Meine lieben Schwestern und Brüder, machen Sie weder das eine noch das andere. Wohin wollen wir denn ernsthaft gehen? Wohin umsteigen? Und was bringt all das Jammern und Schimpfen außer noch mehr Ärger und Verdruss? Nein, nehmen Sie Jesus ins Boot Ihres Lebens. Dann dürfen Sie sicher sein und mit Zuversicht ans Werk gehen.

Jesus ins Boot nehmen, was heißt das? Ich will es ganz kurz und bündig sagen. Jesus ins Boot nehmen heißt zuallererst: seinem Wort vertrauen und aus ihm leben. Wo Christen, wo pastorale Mitarbeiterinnen und Mitarbeiter einzeln oder gemeinsam das Wort Gottes lesen, auslegen, teilen und betrachten, da kommt – das ist meine Erfahrung – etwas in Bewegung. Hier liegt das Geheimnis der Basisgemeinden in den Entwicklungsländern. Sie leben aus dem Wort Gottes. Von ihm lassen sie sich leiten und läutern; aus ihm schöpfen sie in einer menschlich oft aussichtslosen Situation Kraft und Mut.

Jesus ins Boot nehmen, heißt zum anderen regelmäßig sich an seinen Tisch laden zu lassen, um mit ihm durch die Eucharistie in die innigste persönliche Gemeinschaft einzutreten, die möglich ist, um so ganz in ihm und aus ihm zu leben. Als pastorale Mitarbeiterinnen und Mitarbeiter können Sie nur durch eine ausgesprochen eucharistische Frömmigkeit überleben. Jesus ins Boot nehmen heißt schließlich, ihm in den Menschen, besonders in den Armen und Kranken, in den Kleinen und Unscheinbaren zu begegnen und zu dienen. Seien Sie sich für niemanden und für nichts zu gut! Gehen Sie hinaus an die Hecken und Zäune. Ohne praktisch geübte Diakonie ist Ihr Dienst nicht authentisch, wird er nicht glaubwürdig.

Noch ein Letztes zu diesem Aspekt: Jesus ins Boot nehmen, das bedeutet auch ins Boot der Kirche einsteigen. Jesus ist ja für immer, auch heute mit an Bord des Schiffes, das sich Kirche und Gemeinde nennt. Er ist – so sagt es uns der Glaube – der eigentliche Steuermann. Darum geht die Kirche nicht unter; sie wird trotz Gegenwind und trotz mancher Verwirrung an Bord das rettende Ufer erreichen. Weil der Kirche diese Verheißung gilt, ist die Kirche mehr als ein Verein oder ein Club. Die Kirche, und zwar die konkrete Kirche hier und heute, ist der Leib Christi. Nur als Glieder an diesem Leib und nicht als davon getrennte Teile können wir fruchtbar wirken.

Glauben wir doch nicht, durch kirchenkritische Attituden jemanden zum Glauben überzeugen zu können. Sie erhalten heute Ihre Beauftragung durch die Kirche und in der Kirche und Sie werden unglaubwürdig und widersprüchlich, wenn Sie meinen, sich als Kirchenkritiker profilieren zu müssen. Dann sitzen Sie buchstäblich auf dem falschen Dampfer. Bleiben Sie im Boot. Verlassen Sie sich also auf Jesu Wort: »Habt Vertrauen, ich bin es; fürchtet euch nicht!«

III. Den lebendigen Gott bezeugen

Doch wohin steuert dieses Boot in der schweren See von heute? Wohin geht der Übergang, auf dem wir uns gegenwärtig befinden? Welches ist das andere Ufer, auf das wir uns zubewegen? Ich bin kein Prophet, und ich will und kann die Kirche von morgen nicht vorwegnehmen. Ich weiß nur eines: Wir alle müssen uns gemeinsam auf den Weg machen und uns dabei wie Jakob von Gott führen lassen, vielleicht ganz anders als wir es ursprünglich dachten.

Aber eines lehrt uns die Jakobsgeschichte gerade heute. Auch wir, die wir das neue Israel sind, werden in den Kampf Jakobs mit Gott und den Menschen verwickelt. Dieser Kampf ist heute entbrannt. Genauer: Es geht heute vor allem anderen um einen Streit um Gott und dabei um einen Streit um den Menschen und seine Bestimmung. Um sich in diesen Streit einzumischen, werden Sie, meine lieben Pastoralreferentinnen und -referenten, heute ausgesandt.

Bischof Karl Lehmann hat es beim diesjährigen Priestertag unserer Diözese mit Nachdruck gesagt, was ich hier auch für Sie, die Laienmitarbeiterinnen und -mitarbeiter, wiederholen möchte. Wir beschäftigen uns in der alltäglichen Pastoral mit so vielen Fragen und Sorgen um Themen, Veranstaltungen, Einrichtungen, Projekte, Kollekten, Gottesdienste, Sitzungen, Konferenzen und vieles andere mehr, dass nicht nur die Leute, sondern oft auch wir selbst vor lauter Bäumen den Wald nicht mehr sehen. Wir verlieren den Überblick und den Durchblick und sehen nicht mehr das eine Notwendige, das uns vor allem und in allem anderen aufgegeben ist: das Zeugnis für den lebendigen Gott, der allein die Ehre und das Heil des Menschen ist.

Meine lieben Schwestern und Brüder, im Letzten geht es heute um die Gottesfrage, genauer: um die Frage, ob Gott tot oder lebendig ist. Karl Marx, den viele bis vor kurzem auch hier bei uns im Westen für einen Propheten gehalten haben, ist tot, aber Friedrich Nietzsche ist für uns ein ungemütlich naher Zeitgenosse. Oder gilt nicht, was dieser seinen tollen Menschen, der den Tod Gottes verkündete, sagen ließ: »Was taten wir als wir diese Erde von ihrer Sonne loskettteten? Wohin bewegt sie sich nun? Wohin bewegen wir uns? Fort von allen Sonnen? Stürzen wir nicht fortwährend? Und rückwärts, seitwärts, vorwärts, nach allen Seiten? Gibt es noch ein Oben und ein Unten? Irren wir nicht wie durch ein unendliches Nichts? Haucht uns nicht der leere Raum an? Ist es nicht kälter geworden? Kommt nicht immerfort die Nacht und mehr Nacht?«

Ja, genau dies ist unsere Situation, in der wir uns um des Menschen willen in den Streit um Gott einmischen müssen. Denn die Gottlosigkeit, die heute – nicht theoretisch, sondern im praktischen alltäglichen Lebensvollzug – um sich greift, macht uns kaputt. Sie macht uns innerlich leer und dann anfällig für alle möglichen Ersatzlösungen, seien es Sekten, seien es Drogen, sei es ein unheimlicher Aktionismus, sei es schließlich die pure Gleichgültigkeit und Unempfindlichkeit gegen jeden großen Wert und Gedanken, der Verlust jeder metaphysischen Sehnsucht, wodurch wir uns zurückkreuzen zu einem findigen Tier. Nietzsche hat diese Situation im Bild des »letzten Menschen« karikiert, der nur noch müde blinzelt. Ja, diese Gleichgültigkeit gegenüber Gott und der Wahrheit über den Menschen überlässt uns am Ende nur der Trostlosigkeit. Wir verlieren allen Halt und jedes Ziel. Was bleibt, ist die Resignation und Frustration.

Alles kommt heute darauf an, den lebendigen Gott, den Gott, der da ist und der mit uns geht, wieder ins Gespräch zu bringen, das »Gottesgerücht«, wie man schon einmal gesagt hat, lebendig zu erhalten, das heißt, Gott zu bezeugen. Bezeugen, das heißt, ihn nicht nur mit dem Mund und durch einzelne Aktionen, und seien es Predigten, bekennen, sondern mit der ganzen Existenz und mit dem eigenen Leben zu gestikulieren und aus persönlicher Erfahrung heraus zu sprechen. Billiger ist pastoraler Dienst zumal heute nicht zu haben.

Doch wenn Sie, meine lieben künftigen Mitarbeiterinnen und Mitarbeiter, und wenn wir alle uns diesem Dienst ganz, sozusagen mit Haut und Haaren verschreiben und ihn mit Leidenschaft betreiben, dann ist es ein spannender und ein lohnender Dienst, ein Dienst, der ein Menschenleben und ein Menschenherz wirklich auszufüllen vermag. Dieser Dienst geht gewiss über unsere kleine menschliche Kraft, er überfordert uns, so wie er den Jakob und die ersten Jünger überfordert hat. Aber seien wir ohne Furcht.

Gott ist mit uns. Jesus Christus unser Herr und Bruder ist mit im Boot. Er begleite Sie und uns. Er segne Sie und uns alle. Amen.

Verheißung und Auftrag des pastoralen Dienstes

Meine lieben Pastoralreferentinnen und -referenten,
meine lieben Schwestern und Brüder,[1]

am Eingang dieses Gottesdienstes hat Ihr Sprecher diesen Tag und diese Beauftragungsfeier als Schnittpunkt und als einen Knotenpunkt bezeichnet, an dem die Stränge zusammenlaufen zwischen dem, was Sie bisher gelernt und was Sie an Glaubenserfahrung geprägt hat und dem, was künftig in Ihrem Leben, Glauben und pastoralen Dienst auf Sie zukommt. Ich kann mir vorstellen, dass Sie in dieser Stunde vieles bewegt und dass es widersprüchliche Gefühle sind, die in Ihnen aufkommen. Es gibt viele gute Erinnerungen, an die Sie dankbar und gern zurückdenken, an all das, was Sie Ihren Eltern, Seelsorgern, Lehrern, Freunden und den Ausbildungsgemeinden, in denen Sie bisher tätig waren, verdanken. Aber da sind auch Verwundungen, Enttäuschungen, Erfahrungen der eigenen Grenzen sowie Sorgen und Ängste, wie alles wohl werden wird.

Wenn Sie die gegenwärtige pastorale Situation bedenken, dann können Sie mit den Worten aus der Lesung, die Sie für diesen Tag ausgesucht haben, von dürstendem Boden und von trockenem Land sprechen. Es ist in vielfacher Hinsicht ein steiniges Feld, das Sie zu beackern haben. Viele Ihrer Freunde und Bekannten werden Sie fragen: Wie kann man heute denn noch in der Kirche arbeiten? Hat das überhaupt noch eine Zukunft? Macht das noch Sinn und macht es Freude?

---

1 Predigt anlässlich der Beauftragungsfeier der Pastoralreferentinnen und -referenten am 08. Juli 1995 in Esslingen.
Lesung: Jes 44,1–5; Evangelium: Mt 25,14–30.

I. »Fürchte dich nicht!«

Das entscheidende Wort, das Ihnen die Lesung aus dem Propheten Jesaja an diesem Ihrem entscheidenden Tag zuspricht, lautet: »Fürchte dich nicht!« *(Jes 44,2)* Sie wissen, dieses Wort findet sich nicht nur an dieser Stelle der Heiligen Schrift; fast überall, wo Gott oder seine Boten auftreten, lautet das erste Wort: »Fürchtet euch nicht!« Habt keine Angst! Macht euch keine Sorgen! Verliert den Mut nicht!

Für den Propheten ist das kein leerer, billiger Trost und kein leichtsinniger, weltfremder Optimismus. Die Situation zu seiner Zeit war auch nicht gerade rosig. Menschlich gesehen war nicht viel zu erwarten. Doch die Zuversicht des Propheten war tiefer als in solchen menschlichen Situationsanalysen begründet. Er spricht von »Israel, den ich erwählt habe«, von »Jeschurun, den ich erwählt habe.« *(Jes 44,2)*

Was heißt das anderes, als dass Leben und Zukunft des Volkes, dass unser und Ihrer aller Leben und Zukunft nicht nur von Zufälligkeiten, unbeeinflussbaren ehernen Sachgesetzlichkeiten, unberechenbaren Schicksalsschlägen, Entscheidungen anderer oder was immer sonst abhängt. Wäre das alles, könnte uns in der Tat die blanke Angst überkommen. Für den Propheten aber hängen Leben und Zukunft bei einem anderen, bei Gott, der uns und der jeden und jede Einzelne von Ihnen ganz persönlich erwählt hat, der »Ja« gesagt hat zu uns und dessen »Ja« in unverbrüchlicher Treue für immer gilt. In diesem »Ja« sind wir geborgen und gehalten. Gott hat uns auch an diesen Platz in unserem Leben, an diesen Platz in der Kirche und im kirchlichen Dienst gestellt. Sein »Ja« gilt auch dieser Kirche. Sie versagt oft. Aber sie hat die Verheißung vom Herrn und sie ist für immer gehalten. Sie wird und sie kann nicht untergehen. Gott ist mit Ihnen und er ist mit seiner Kirche. »Fürchtet euch nicht!« *(Jes 44,8)*

Dieses »Fürchtet euch nicht!« hat für den Propheten noch eine weitere Begründung. »Ich bin der Erste, ich bin der Letzte, außer mir gibt es keinen Gott.« *(Jes 44,6)* »Es gibt keinen Fels außer mir, ich kenne keinen.« *(Jes 44,8)* An Gott glauben und ihn bezeugen, das heißt überzeugt sein und andere überzeugen, dass die Wirklichkeit mehr ist als das, was man anfassen kann, was man sieht, riecht und schmeckt, was man feststellen, berechnen und machen kann. An Gott glauben, das heißt überzeugt sein, dass eine alles umfassende, alles durchdringende und alles übersteigende Wirklichkeit ist, welche allem Halt und Inhalt gibt, welche Grund und Ziel aller Wirklichkeit ist. Wir können gar nicht tiefer fallen als in Gottes Hände und Gottes Hände sind gute Hände. Die eigentliche und tiefste Krise der Gegenwart ist dann die Gotteskrise. Sie ist der Grund der namenlosen Angst und der Erfahrung der Bodenlosigkeit, des Sinn- und Orientierungsdefizits, unter dem wir leiden. Von Gott sprechen und den lebendigen Gott bezeugen heißt darum sagen: Dein Leben hat Sinn.

Schließlich geht der Prophet noch einen Schritt weiter. Er blickt nicht nur zurück. Er blickt auch nicht nur über sich und die Welt hinaus. Er schaut auch in die Zukunft: »Ich gieße meinen Geist über deine Nachkommen aus und meinen Segen über deine Kinder.« *(Jes 44,3)* Diese Verheißung findet sich immer wieder in den Schriften der Propheten. An Pfingsten ist sie in Erfüllung gegangen.

Nicht wir sind es, die ein neues Volk Gottes, eine erneuerte Kirche schaffen; nicht wir sind es, die im Letzten die Menschen überzeugen könnten. Es ist Gottes Heiliger Geist, welcher der Kirche verheißen ist, der in ihr und in den Gläubigen wirkt. Es ist der Geist, der alte Wunden heilt und der Neues schafft.

In unserer Zeit hat Papst Johannes XXIII. allen Unheilspropheten widersprochen und der Kirche ein neues Pfingsten vorausgesagt. Das mag uns heute tollkühn vorkommen. Aber wenn wir genau und vorurteilslos hinschauen, merken wir, dass schon heute viel mehr wächst als viele ahnen. Noch nie hatten wir so viele aktive Laien, Männer und Frauen in unseren Gemeinden wie heute. Die ökumenische Annäherung wäre vor 40 oder 50 Jahren noch nicht einmal denkbar gewesen. Nicht zuletzt denke ich an die vielen Beter und Beterinnen und die Spender und Spenderinnen. Es verändert sich gewiss viel, aber nicht nur allein zum Schlechteren. Haben wir also keine Angst!

II. Habt Mut zum Einsatz!

Das Evangelium, das Sie für Ihre Beauftragungsfeier ausgesucht haben, sagt Ihnen, wie Sie aus diesem Glauben und aus dieser Zuversicht heraus ans Werk gehen sollen. Dort ist von einem reichen Mann die Rede, der, bevor er auf Reisen ging, seinen Dienern die Verwaltung seines großen Vermögens anvertraut hat, jedem nach seinen Fähigkeiten: dem einen fünf, dem anderen zwei und einem nur ein Talent. Jesus will damit im Gleichnis sagen: So ist es auch im Reich Gottes. Gott traut uns etwas zu. Er vertraut uns sein ganzes Vermögen an. Er legt das Wachsen und die Ausbreitung seines Reiches in unsere Hände. Es wird uns etwas zugetraut. Wir werden in Eigenverantwortung entlassen.

Es ist freilich nicht unser Gut, mit dem wir nach Belieben wirtschaften könnten. Was wir empfangen und anvertraut bekommen haben, ist ein Lehen, mit dem wir verantwortlich umgehen müssen. Am Ende werden wir Rechenschaft geben müssen, ob wir treue Verwalter gewesen sind oder ob wir das uns Anvertraute veruntreut haben. So wie Gott uns treu ist, müssen auch wir ihm und unserem von ihm empfangenen Auftrag treu sein. Es ist nicht unsere Kirche und nicht unsere Gemeinde, die wir nach unseren subjektiven Meinungen und Interessen gestalten könnten. Die Gemeinden, in die Sie gesandt werden, gehören nicht Ihnen. Sie sind des Herrn Gemeinde. Wir dürfen das Evangelium auch nicht zu Billigstpreisen verramschen und es je nach Nachfrage und Mode umdeuten und zurechtstutzen. Wir müssen es, auch dort wo es unbequem ist, verkünden, ob gelegen oder nicht. Seien Sie also treue Verwalter! Seien Sie standhaft!

Treue ist freilich nichts Totes und Starres. Sie ist schöpferisch. Im Evangelium wird dies deutlich an dem dritten Diener, welcher nur ein Talent erhalten hat. Er hat Angst und statt aus dem einen Talent etwas zu machen, es umzusetzen, vergräbt und versteckt er es. Er will nur seine eigene Haut retten und lässt sich auf kein Risiko ein. So hat er am Ende zwar nichts aufgegeben und verloren, aber er hat auch nichts gewonnen. Damit hat er alles verloren.

Dieses Evangelium will uns also Mut machen zum Einsatz. Es will uns sagen: Treue zur Tradition ist etwas anderes als ein starrer Traditionalismus. Wir dürfen auch nicht nur auf die kleiner gewordene Schar der Kerngemeinde und auf die, die noch zu uns kommen, starren. Wir müssen gerade heute missionarisch denken und handeln. Der Glaube ist ein Geschenk zum Weitergeben. Das Reich Gottes ist kein ruhender Besitz; es muss leben und lebendig wirken. Wir können das uns anvertraue Gut des Glaubens nur bewahren, wenn wir es umsetzen und es in unsere Situation übersetzen. Dabei müssen wir unsere eigene Trägheit, die Erstarrung in Routine und Gewohnheit überwinden. Wir müssen etwas wagen und riskieren. Letztlich uns selbst riskieren, uns selbst ganz einbringen und aufs Spiel setzen. Wir müssen mit den uns anvertrauten Talenten wuchern. Nicht Angst darf uns lähmen. Mut, Zuversicht und Tapferkeit sind christliche Haltungen, die Gott belohnt. Nur wer sein Leben einsetzt, wird es finden; wer es festhalten will, wird es verlieren.

Diese Erfahrung von Kreuz und Auferstehung machen nicht nur wir in unserem persönlichen Leben und Arbeiten. Das ist auch eine Erfahrung der Kirche in unserer Zeit. Es stirbt gegenwärtig vieles, auch viel Wertvolles. Das ist ein schmerzlicher Prozess. Aber es entsteht auch Neues – keine neue Kirche, eine solche kann es nicht geben. Aber eine neue Gestalt von Kirche und Seelsorge. Ein solcher Geburtsvorgang ist ein schmerzlicher Prozess. In dieser Situation, in die Gott uns hineingestellt hat, hilft kein Jammern. Das Jammern macht alles nur noch schlimmer und unerträglich. In dieser Situation sind vor allem Tapferkeit und Wagemut gefordert. Auf Gottes Verheißung hin gilt es Neues zu probieren und zu wagen, nicht leichtsinnig, nicht in oberflächlicher Aktualitätshascherei und würdeloser Anbiederung, die um jeden Preis modern sein will. Aber wir müssen uns auf eine neue Situation einlassen und kreativ damit umgehen. Wir müssen mit den Talenten wuchern, die uns anvertraut sind. Dann gilt auch uns: »Geh ein in die Freude deines Herrn!« *(Mt 25,21)*

Meine lieben Pastoralreferenten und -referentinnen, ich wünsche Ihnen diese Freude, und ich kann es Ihnen auch persönlich bezeugen: Der pastorale Dienst macht Freude in dem Maße als man sich auf die anvertrauten Menschen einlässt und ihnen die frohe Botschaft von Gott, seinem »Ja« und seiner Verheißung bezeugt. In dem Maße als man sich daran gibt und wagt, wird einem geschenkt und wird man selbst bereichert. Ich wünsche Ihnen von ganzem Herzen diesen Mut. Ich wünsche Ihnen diese Freude. Amen.

Gemeinsam bestellt zu Zeugen für Gott

Liebe Schwestern und Brüder![1]

Drei Frauen und drei Männer werden in dieser Feier beauftragt zum Dienst als Pastoralreferentin und Pastoralreferent. Sie sind durch Ihr Studium der Theologie und durch eine dreijährige Praxis in verschiedenen Gemeinden auf diesen Dienst vorbereitet worden und sie haben sich entschieden, diesen Beruf zu ergreifen. Ich begrüße Sie, die künftigen Pastoralreferentinnen und Pastoralreferenten und ich danke Ihnen für Ihre Bereitschaft, sich für den pastoralen Dienst in unserer Diözese senden zu lassen. Ich danke Gott, dem Geber aller guten Gaben, dass er immer wieder neu Frauen und Männer beruft, die bereit sind, in den Dienst des Evangeliums zu treten, das allen Menschen zu bezeugen der Kirche aufgetragen ist.

In letzter Zeit ist manchmal gefragt worden: Will der Bischof und die Diözese die Laientheologen überhaupt noch? Werden auch in Zukunft noch Pastoralreferentinnen und -referenten eingestellt? Die Antwort ist klar: Wir sind für jeden pastoralen Dienst dankbar und wir werden auch in Zukunft Laientheologinnen und Laientheologen im pastoralen Dienst fördern. Wir wollen und wir können auf diesen Dienst nicht verzichten.

Öfter bin ich in den letzten Wochen freilich auch gefragt worden: Was ist das, eine Pastoralreferentin, ein Pastoralreferent? Sie sind eine junge pastorale Berufsgruppe. So ist es verständlich, dass Sie Ihren eigenen Ort in der Kirche erst noch finden müssen. Die Zukunft Ihres Berufes hängt darum letztlich entscheidend davon ab, dass es gelingt,

---

[1] Predigt anlässlich der Beauftragungsfeier der Pastoralreferentinnen und -referenten am 18. Juli 1998 in Esslingen.
Lesung: 1 Kön 17,8–16; Evangelium: Lk 10,38–42.

diesem jungen pastoralen Beruf sein eigenes unverwechselbares Profil zu geben und seinen spezifischen Dienst in der Kirche, in den Gemeinden wie in seiner Sendung in die Welt zu klären.

Die Lesung und das Evangelium, die Sie, liebe künftige Pastoralreferentinnen und Pastoralreferenten, für diese Ihre Aussendungsfeier ausgesucht haben, können Ihnen helfen, den Sinn dieser Sendung besser und tiefer zu verstehen. Sowohl der Text aus dem Alten wie der aus dem Neuen Testament kann Ihnen Anregung, Hilfe und Ermutigung sein für Ihren persönlichen Weg wie für Ihren Dienst in der Kirche und in der Welt.

I. Gestalten des alten Israel

In der Lesung aus dem Ersten Buch der Könige im Alten Testament begegnet uns eine der eindrucksvollsten Gestalten des alten Israel: Der Prophet Elija. Er lebte und wirkte in einer schlimmen Zeit. Israel war in ein Nordreich und in ein Südreich gespalten. Vor allem die Vornehmen vermischten die Verehrung Jahwes mit dem Dienst an Götzen. Am Hof herrschte Luxus, der zeigte, wie weit man äußerlich wie innerlich entfernt war von der Hochzeit Israels, der Zeit der Wüstenwanderung, in der Gott sein Volk aus der Sklaverei in Ägypten befreite und durch die Wüste ins Gelobte Land begleitete. Der Jahwe-Glaube schien am Ende. Er hatte scheinbar abgewirtschaftet. In dieser schlimmen und verkehrten Zeit lebte Elija, ein Mann von fast übermenschlicher Größe, in dessen Herzen ein leidenschaftliches Feuer für den wahren Glauben brannte. Er besann sich zurück auf die Wüstenzeit und den ererbten Jahwe-Glauben. Die Religionsvermischung am Hof erfüllte ihn mit heiligem Zorn. Der schleichende Abfall des Volkes bereitete ihm Sorge. Er wusste und er sagte es: Auf Ungehorsam liegt kein Segen.

Er zog sich zurück in die Einsamkeit, in die Wildnis und die Wüste, um als Einsiedler einfach und bedürfnislos zu leben. Doch nicht dieses Äußere war das Entscheidende. Seine Name Elija war Programm. Elija bedeutet »Mein Gott ist Jahwe« oder »Gott ist Jahwe«. Elija wollte sagen: Jahwe allein ist Gott. Er ist der einzige Gott. Allein auf ihn und nicht auf die heidnischen Baale ist Verlass. So stellte er das Volk vor die Entscheidung: Jahwe oder der Baal. Entweder – Oder. Er droht mit Gottes Gericht für all den Ungehorsam, den Frevel und Götzendienst. Eine mehr als drei Jahre anhaltende Dürre kam über das Land. Elija selbst trifft das Prophetenschicksal. Er wird von der heimtückischen und rachsüchtigen Isebel, der Königin, verfolgt und mit dem Tod bedroht. Auf dem Berg Karmel kämpft er mit den Baalspriestern und er siegt. Der Baalskult versagt, alle können es sehen. Baal ist nicht Gott, sondern eine Einbildung, ein menschliches Machwerk. Jahwe dagegen erweist sich als der einzige Gott.

Kann ein solcher Mensch sterben? Nach Israels Glauben wurde er im feurigen Wagen zum Himmel entrückt. In messianischer Zeit wird seine Wiederkunft erwartet. So ist Elija ein lebendiges Symbol des Glaubens, der keine Furcht kennt. Er ist ein Mann. Ein Mann Gottes. Ein Mann des Glaubens. Er ist ein Gottesstreiter, ein Mann des Entweder-Oder.

Auch Sie, liebe künftige Pastoralreferentinnen und Pastoralreferenten, sind bestellt Zeugen Gottes in dieser Welt zu sein. Bereits durch Ihre Taufe und Ihre Firmung sind sie von Gott berufen und in Dienst genommen worden, seine Zeugen zu sein. Durch Ihre Beauftragung werden Sie in besonderer Weise in den Dienst des Evangeliums vom allein wahren und lebendigen Gott bestellt, von dem Gott, der sich uns in Jesus Christus, seinem Sohn, ein für alle Mal geoffenbart hat als Gott der Menschen, als Gott des Lebens, des Friedens und der Freude. Sie sollen bezeugen, dass dieser Gott und er allein letzter Grund und Halt, Ziel und Erfüllung unseres Lebens ist, dass er uns nicht fern, sondern ganz nah ist, dass man ihn anrufen kann in aller Not, dass er die Angst vertreibt, Trost verleiht, uns innerlich und äußerlich frei macht, Zuversicht und Hoffnung schenkt, Hoffnung im Leben und Hoffnung über dieses Leben hinaus.

Die Gestalt des Elija macht Ihnen aber auch deutlich: Für Gott in dieser Welt einzutreten und ihn zu bezeugen ist zwar eine große und ganz erfüllende Aufgabe. Aber es ist kein Honigschlecken. Sie dürfen dabei nicht mit dem Beifall der Menge rechnen. Es braucht Mut und Kraft. Es braucht ein Stück Nonkonformismus des Glaubens.

Götzen gibt es auch heute. Sie heißen nur anders. Sie sind überall dort, wo man statt Gott endliche, in sich zwar gute, aber eben endliche Größen dieser Welt – wie Geld, Macht, Lust, Prestige, Karriere – verabsolutiert, wo man sie zum Letztwert und zur letzten Richtschnur des eigenen Denkens, Wollens, Verhaltens und Lebens macht. Solcher innerweltliche Götzendienst ist heute kaum weniger aggressiv als damals. Meist tritt er nicht offen zu Tage. Im Pluralismus der Weltanschauungen und der Religionen ist er oft mit allen möglichen religiösen oder scheinreligiösen Einsprengseln vermischt. Er tarnt und versteckt sich manchmal hinter einer religiös erscheinenden Fassade. Der Monotheismus ist heute ganz neu zu einem höchst aktuellen Problem geworden. Und wie damals mögen sich viele nicht entscheiden; sie wollen von allem etwas. Es gehört Mut und Tapferkeit dazu, ein klares Entweder-Oder zu sagen und noch mehr, es selber zu leben.

II. Kraft und Durchhaltevermögen

Sie werden fragen: Schaffen wir das? Haben wir die Kraft und das Durchhaltevermögen? Die Geschichte von der Begegnung des Elija mit der Witwe von Sarepta hilft uns weiter. In der schweren Zeit der Dürre, in der alles darbt, hungert und dürstet, hat es diese arme Frau doppelt schwer. Wie immer, trifft es die kleinen Leute am meisten. Die Armen leiden in schweren Zeiten immer zuerst und am meisten. So sammelt die Witwe von Sarepta etwas Holz, um mit der letzten Hand voll Mehl und dem wenigen Öl, das sie vorrätig hat, für sich und ihre Söhne einen Brotfladen zu backen und dann zu sterben.

Ausgerechnet in dieser Situation kommt Elija, für die Frau ein Wildfremder, daher und bittet sie um etwas zum Essen. Die Frau hätte dies als eine Zumutung empfinden und zurückweisen können. Aber so sehr ihre äußeren Kräfte geschwunden sind, ihr Herz ist stark geblieben. Es ist nicht eng und verbittert, es ist weit geblieben. Sie ist eine einfache Frau mit einem einfachen aber tiefen Glauben. Der geht ihr auch noch in ihrer Not über alles. So versagt sie dem Fremden den Dienst der Gastfreundschaft nicht. Sie ist bereit, das Wenige, das ihr verblieben ist, zu teilen. Dafür wird sie reich belohnt. Der Prophet verheißt ihr: Der Mehltopf wird nicht mehr leer und der Ölkrug nicht mehr versiegen. Gott nimmt sich besonders der kleinen Leute an. »Selig die Barmherzigen, sie werden Erbarmen finden« *(Mt 5,7)*, so sagt es Jesus in der Bergpredigt.

Diese Geschichte haben Sie für diese Aussendungsfeier ausgewählt. In einem Gespräch, das wir dazu geführt haben, haben Sie mir erläutert, was Sie dabei bewegt. Sie wissen und Sie haben es auch längst erfahren: Wir haben es heute in der Pastoral auf weite Strecken auch mit vertrocknetem und verhärtetem Boden zu tun. Und auch wir backen nur kleine Brötchen. Die Kraft und die Kräfte scheinen nicht auszureichen. Oft droht auch uns der Mut zu verlassen und die Kraft auszugehen. Rein menschlich gesehen ist es oft aussichtslos.

In dieser Situation kann uns die Geschichte von der Witwe von Sarepta Hilfe, Trost, Ermutigung sein. Auch uns gilt das Wort des Elija: »Fürchte dich nicht!« Schau auf diese arme, einfache, aber gläubige und hilfsbereite Frau. Sie hat nur ganz wenig, aber das Wenige reicht aus. Sie gibt alles, sie investiert alles und gewinnt alles. Es lohnt sich also, trotz allem dran zu bleiben und weiter zu machen. Im Reich Gottes zählen nicht die äußeren Mittel der Macht. Aber der Glaube kann Berge versetzen. So ist es genug zu wissen: Gott ist mit dir und bei dir. Auf ihn ist Verlass. Es gibt – trotz allem und in allem – kein Grund zu Resignation. Als Christen dürfen wir immer Hoffnung haben und mit Hoffnung an unser Werk gehen. Die Freude an Gott ist unsere Stärke.

So können wir wie im Evangelium Maria und Martha sein. Wir sollen dem Herrn zu Füßen sitzen, auf ihn hören und uns ganz und letztlich allein von ihm leiten lassen. Wenn wir uns ganz auf ihn und sein Wort einlassen, dann müssen wir zugleich ganz für die anderen da sein. Kein Dienst, auch kein ganz einfacher Dienst, darf uns zu wenig oder zu viel sein. Kein Weg zu den Menschen darf uns zu weit sein. Wir und Sie als Laientheologinnen und Laientheologen sollen in besonderer Weise Geh-hin-Kirche sein, die dort hingeht und das Evangelium dort präsent macht, wo Gemeinde heute gewöhnlich nicht oder nicht mehr präsent sein kann. Sie sollen ähnlich wie Elija Zeugen Gottes sein mitten in der Welt. Die Einheit von Gottes- und Nächstenliebe kann und soll Ihr pastorales Tun beseelen, es immer wieder neu inspirieren und motivieren.

III. Zeugnis für Gott und Dienst an den Menschen

Mit dieser Sendung zum Zeugnis für Gott und zum Dienst an den Menschen stehen Sie nicht allein. Sie sind keine Solotänzer und keine freischaffenden Künstler. Nachher, wenn Sie Ihr Versprechen ablegen, sprechen Sie vor Gott, vor der Kirche und vor der hier versammelten

Gemeinde das Glaubensbekenntnis der Kirche. Sie reihen sich ein in die lange Kette der Glaubenszeugen von allem Anfang an bis heute. Sie machen damit das Evangelium im Bekenntnis der Kirche zum Fundament Ihres Dienstes. Sie drücken Ihre Bereitschaft aus, »Gottes Wort gemäß dem Evangelium und dem Auftrag der Kirche zu leben und zu verkündigen«. Sie bekennen sich zum Auftrag des Bischofs und zur einmütigen Zusammenarbeit mit den Priestern und den anderen Mitarbeiterinnen und Mitarbeitern.

Das darf keine leere Floskel und kein Lippenbekenntnis sein, ebenso wenig wie das Gehorsamsversprechen des Diakons und des Priesters vor seiner Weihe. Auf Ungehorsam liegt kein Segen. Das galt damals für das Volk Israel, das gilt in anderer Weise heute für die Kirche und die Gemeinden, das gilt für Ihren Berufsstand und das gilt für jeden Einzelnen. Nur einmütig und gemeinsam können wir glaubwürdig Zeugnis geben vom einen Gott, vom einen Herrn Jesus Christus und vom einen Heiligen Geist.

Solche Gemeinsamkeit ist keine Last, sie ist ein Geschenk und eine Hilfe. Sie besagt, dass wir nicht alleine stehen, dass wir uns gegenseitig stützen und tragen, uns gegenseitig Trost und Mut zusprechen. Mit unserem Bekenntnis zum überlieferten Glauben der Kirche stehen wir wie Zwerge auf den Schultern von Riesen. Eine riesige Wolke von Zeugen und Fürsprechern begleitet uns, wenn wir uns daran machen, dieses Zeugnis heute neu lebendig zu machen und es im Kontext unserer Zeit neu zu buchstabieren: Elija und alle Propheten des Alten Bundes wie die Apostel des Neuen Bundes, all die Blutzeugen der alten Kirche wie der jüngeren Kirchengeschichte, die vielen heiligen Frauen und Männer, die großen Theologen und die unzählig vielen schlichten, einfachen und treuen Gläubigen aller Zeiten.

In diese große weltweite und wahrhaft katholische Gemeinschaft reihen Sie, meine lieben künftigen Pastoralreferentinnen und Pastoralreferenten, sich heute aufs Neue ein. Seien Sie, seien wir alle mutige treue Zeugen von Gott und seinem Reich. Gottes Segen begleite Sie und uns alle. Amen.

Beauftragungen von Gemeindereferentinnen und -referenten

»Ich habe euch erwählt; macht euch auf und bringt Frucht« (vgl. Joh 15,16)

Liebe Gemeindereferentinnen und Gemeindereferenten![1]

I. Kirche für Gott und die Menschen

Mit großer Freude begrüße ich Sie als meine künftigen Mitarbeiterinnen und Mitarbeiter. Ich freue mich, dass Sie sich zum Dienst in der Kirche für Christus und für die Menschen entschlossen haben, und ich danke Ihnen von ganzem Herzen für diese Ihre Bereitschaft. In den letzten Wochen, Monaten und Jahren der Vorbereitung auf den Dienst der Gemeindereferentin und des Gemeindereferenten ist Ihnen sicherlich aufgegangen: Es handelt sich nicht nur um irgendeinen Beruf zum Brotverdienst; es geht nicht nur darum, irgendwo in unserer komplizierten Welt einen Ort zum Leben und eine Grundlage für den Lebensunterhalt zu finden. Wäre es so, dann bräuchten wir diese Beauftragung heute am Vorabend des Festes der heiligen Kirchenlehrerin Teresa von Avila nicht hier im Dom innerhalb der Feier der Eucharistie zu vollziehen; die schlichte Überreichung einer Urkunde drüben im Bischöflichen Ordinariat würde genügen.

Die Tatsache, dass wir die Beauftragung während einer feierlichen Liturgie vollziehen, unterstreicht das Wort aus dem Johannesevangelium, das Sie sich mit als Leitwort für diesen Tag gewählt haben: »Ich habe euch erwählt« (vgl. *Joh 15,16*). Der Dienst, zu dem Sie heute ausgesandt werden, ist Antwort auf eine Berufung durch den, der der Herr der Kirche ist. Ihm gilt mein Dank an erster Stelle.

---

1 Beauftragungsfeier anlässlich der Gemeindereferentinnen und Gemeindereferenten am 14. Oktober 1989 im Dom zu Rottenburg.
Evangelium: Joh 15,1–8.

Ich freue mich, dass uns Gott in unserer Kirche von Rottenburg-Stuttgart so viele Gnadengaben schenkt, die das Leben unserer Gemeinden bereichern und befruchten. Ich sage dies ganz bewusst, um allen zu widersprechen, die in der gegenwärtigen Kirche nur über Zusammenbruch lamentieren. Nein, so ist es nicht. Es gibt – Gott sei Dank – viele junge Frauen und Männer, die sich wie Sie in der Kirche für Gott und die Menschen engagieren.

II. Das wandernde Volk Gottes

Der Dienst zu dem Sie, liebe künftige Gemeindereferentinnen und -referenten, heute ausgesandt werden, ist uralt und relativ neu zugleich. Gewiss, der Titel und die konkrete Ausformung ist relativ neu. Doch schon der Apostel Paulus spricht immer wieder lobend und anerkennend von seinen Mitarbeiterinnen und Mitarbeitern. Schon er konnte nicht und wollte wohl auch nicht alles alleine tun. Er wusste, dass es in der einen Kirche eine große Vielzahl von Charismen, das heißt vom Heiligen Geist gegebene Dienste gibt und er mahnt sie, da sie alle von dem einen Geist gegeben sind, auch in einem Geist einmütig zusammenzuarbeiten. Kooperative Pastoral nennt man dies heute.

Wenn wir die Heilige Schrift genauer lesen, dann finden wir, dass es zwar für die Kirche grundlegende Geistgaben und Dienste gibt, dass deren konkrete Gestalt aber entsprechend den wechselnden Situationen auch etwas variieren kann. So ist Ihr Dienst alt und relativ neu zugleich und er wird sich in einer so rasch wandelnden Zeit wie der Unsrigen und in einer Kirche, die sich als wanderndes Volk Gottes versteht auch in Zukunft bemühen müssen, den »Zeichen der Zeit« zu entsprechen.

Der Heilige Geist richtet sich nicht einfach nach einmal abgeschlossenen Tarifverträgen und Besitzstandsrechten. Ich bin fest überzeugt, dass wir heute mit Klugheit, aber auch mit Mut einem Wandel der Seelsorgestrukturen ins Auge sehen müssen. Ich bitte Sie, gehen Sie diesen Weg mit.

III. Gelebte Spiritualität

Ich habe mich aber besonders gefreut, dass Sie in dem Leitwort, das Sie ausgesucht haben, zwar von Aufbruch sprechen, dabei aber nicht auf das Wandelbare abgehoben haben, sondern das bleibend Gültige und Maßgebliche jedes kirchlichen Dienstes herausgestellt haben. Das Evangelium des heutigen Tages bringt dieses Grundaxiom unüberhörbar zum Ausdruck: »Ich bin der Weinstock, ihr seid die Reben. Wer in mir bleibt und in wem ich bleibe, der bringt reiche Frucht; denn getrennt von mir könnt ihr nichts tun.« *(Joh 15,5)*

Jesus Christus ist der Weinstock; er ist das Lebensprinzip und die Quelle. Er ist der Heiland und das Heil, der eine Mittler zwischen Gott und den Menschen, Alpha und Omega. Er ist Grund, Mitte und Ziel unseres Tuns. In allem, was wir pastoral tun, müssen wir uns an ihm orientieren. Soziologische, psychologische, pädagogische und andere Erkenntnisse sind gewiss nützlich, ja unabdingbar notwendig. Der letzte Maßstab und das letztgültige Richtmaß können sie nicht sein. Sie, liebe künftige Gemeindereferentinnen und -referenten, müssen sich besonders in schwierigen Situationen an dem Maßstab orientieren, den Jesus Christus gegeben hat und der er in Person selber ist.

Noch mehr! Das heutige Evangelium sagt Ihnen nicht nur, dass Sie sich an Jesus Christus orientieren müssen; es sagt auch, dass Sie in und aus ihm leben müssen. Ohne persönliche, Tag für Tag gelebte Spiritualität, konkret gesprochen: ohne Schriftlesung, persönliches Gebet, regelmäßige, ja häufige Mitfeier der Eucharistie werden Sie Ihren Dienst nicht für Sie befriedigend ausüben können. Ohne ihn, ohne Jesus Christus, können Sie zwar einiges »losmachen« in einer Gemeinde, aber Sie können nichts wirklich tun. Mit ihm dagegen, brauchen Sie keine Angst haben vor der Aufgabe, die Sie übernehmen.

Denn er ist der Weg, die Wahrheit und das Leben.

Bevor wir andere bekehren, müssen wir immer uns selbst bekehren. Jeden Tag aufs Neue. Wir selbst sind es ja, die dem Evangelium oft im Wege stehen, am meisten oft mit unseren hartnäckig verteidigten unbußfertigen Lieblingsideen, die nicht mehr offen sind für Gottes größere Liebe. Bevor wir das Evangelium anderen predigen, müssen wir es uns selber gesagt sein lassen. Bevor wir andere auf den Weg bringen wollen, müssen wir uns selbst aufmachen. Gott will nämlich keine geistlichen und pastoralen Funktionäre, er will lebendige Zeugen, die nicht nur mit dem Mund Zeugnis geben, deren Leben vielmehr Zeugnis ist. Das Zeugnis des Lebens überzeugt. Es ist gerade heute gefragt!

IV. Kraft des Weinstocks

Meinen Sie nicht, ich rede einem frommen Rückzug in eine – falsche – Innerlichkeit das Wort. Ganz und gar nicht! Ein Rückzug in eine fromme Kuschelecke würde dem Evangelium in keiner Weise entsprechen. Das Evangelium will, dass wir aufbrechen und Frucht bringen – Frucht aus dem Saft und der Kraft des Weinstocks, der Jesus Christus ist. Die Kirche Jesu Christi ist Kirche für andere; sie ist missionarische Kirche – oder sie ist nicht mehr die Kirche Jesu Christi.

Was das heißt, sagt uns der Apostel Paulus. Er spricht davon, der Glaube müsse in der Liebe wirksam werden. Was also anderes ist die Frucht des Glaubens als die Liebe! Ohne sie ist alles andere nichts.

Die Frucht der Liebe, die von jedem Christen, in besonderer Weise aber von Ihnen als künftige Gemeindereferentinnen und -referenten erwartet wird, ist zunächst sicherlich eine persönliche Haltung und Einstellung. Es ist die Haltung selbstlosen Dienstes und rückhaltloser persönlicher Hingabe. Sie sollen den Menschen, mit denen Sie zu tun haben, ja nicht »etwas« geben, Sie sollen sich selbst geben. Sie sollen sich selbst zum Geschenk machen für andere und so und nur so soll Jesus Christus den Menschen begegnen. Die Liebe nimmt den Anderen an. Sie erträgt vieles und freut sich noch mehr über alles Gute, was einem begegnet. Solche Liebe ist dann von selbst fruchtbar; aus ihr entsteht neues Leben.

Die Frucht der Liebe ist zum anderen die Gerechtigkeit. Denn den Anderen als Person annehmen heißt, ihm das geben, was ihm gebührt, heißt also, sich für eine gerechte Ordnung und eine Zivilisation der Liebe, eine Kultur des Teilens einzusetzen. In unseren Gemeinden müsste auf diese Weise – nicht zuletzt durch Ihren Dienst – zeichenhaft und umrisshaft so etwas wie ein Modell einer christlich erneuerten Zivilisation und eines neuen christlich geprägten Humanismus heranwachsen.

Frucht bringen in Liebe heißt für Sie als Gemeindereferentinnen und -referenten aber nicht zuletzt mitwirken und mithelfen beim

Aufbau lebendiger Gemeinden. Ich habe den sehr bestimmten Eindruck, dass heute sehr viele Menschen genau das suchen, was Gemeinde ist und sein soll. Das Leben in der heutigen Welt ist ja sehr anonym geworden. Viel mehr Menschen als wir denken, fühlen sich einsam und sind auch schrecklich einsam. Das normale soziale Netz funktioniert oft nicht mehr. Die Gemeinde könnte ein solches Netz sein, sie könnte für viele Heimat werden.

Dazu braucht es innerhalb einer Gemeinde viele kleine Gruppen, Gemeinschaften, Kreise, Vereine, Bewegungen (wie immer sie sich auch nennen). Die letzte Bischofssynode hat die Gemeinde deshalb als Gemeinschaft von Gemeinschaften bestimmt.

Solche Gruppen und Kreise sollen Sie als Gemeindereferentinnen und -referenten sammeln, inspirieren und moderieren. Dazu braucht es – ich sagte es schon – die enge und vertrauensvolle Kooperation aller pastoralen Dienste, besonders die gute Zusammenarbeit mit dem Pfarrer und auch mit dem Bischof. Durch Konfliktstrategien können wir nur alle miteinander verlieren. Allein durch Einmütigkeit können wir wie in den Tagen der Urgemeinde auch heute überzeugen.

V. Ihr seid gesandt

So rufe ich Sie auf: Machen Sie sich auf! Haben Sie keine Furcht. Christus selbst hat Sie erwählt. Er ist es, der Sie heute sendet. Er ist mit Ihnen. Lassen Sie mich deshalb schließen mit den bekannten Versen der heiligen Teresa von Avila:

»Nichts soll dich ängstigen, nichts dich erschrecken.
Alles vergeht, Gott bleibt derselbe.
Geduld erreicht alles. Wer Gott besitzt,
dem kann nichts fehlen. Gott allein genügt.« Amen.

Berufen zur Hoffnung

Liebe Gemeindereferentinnen,
liebe Gemeindereferenten,
Schwestern und Brüder im Herrn,[1]

»Berufen zur Hoffnung« – dieses Leitwort haben Sie selbst über diese Feier Ihrer Beauftragung gestellt. »Berufen zur Hoffnung« – das könnte man auch als Leitwort über den ganzen Dienst stellen, den Sie heute übernehmen.

Doch was für ein zartes Pflänzchen ist diese Hoffnung, so dachte ich als ich das Titelbild zu Ihrem Gottesdienstheft sah. Schutz- und wärmebedürftig will das bisschen Mutterboden, aus dem sie wächst, gehegt und gepflegt sein. Zumal in einer Zeit, in der Hoffnungsgewissheit und Hoffnungszuversicht alles andere als verbreitet scheinen. Auch in der Kirche nicht. Es ist wahr, Hoffnung, die keine tiefen Wurzeln hat, überlebt nicht einen Winter. Denn das angespannte Hoffen muss unserer nüchtern gesehenen Alltagswirklichkeit standhalten. »Hoffen und Harren macht manchen zum Narren!« Volkes Mund und Volkes Erfahrung haben sicher recht, wenn und wo das zarte Pflänzchen Hoffnung nur ein wenig gehätschelt aber kaum verwurzelt ist, hat es keine Chance zu überleben. Hoffnung muss herauswachsen aus dem Mutterboden des Glaubens, in dem allein sie Grund und Kraft und Wachstum gewinnt.

In der Lesung aus dem Epheserbrief wird uns gesagt, worin der Grund und zugleich die Kraft zu solcher Hoffnung gegen alle menschliche Hoffnung liegt. Ich darf Ihnen das »Gebet um Erkenntnis der

[1] Predigt anlässlich der Beauftragung der Gemeindereferentinnen und -referenten am 20. Oktober 1990 im Dom zu Rottenburg.
Lesung: Eph 1,17–23.

Hoheit Christi« wie unsere heutige Lesung in der Einheitsübersetzung überschrieben ist, noch einmal vortragen und Sie einladen, dieses Gebet zu Ihrem Herzensgebet werden zu lassen:

»Der Gott Jesu Christi, unseres Herrn, der Vater der Herrlichkeit gebe Euch den Geist der Weisheit und Offenbarung, damit Ihr ihn erkennt. Er erleuchte die Augen Eures Herzens, damit Ihr versteht, zu welcher Hoffnung Ihr durch ihn berufen seid, welchen Reichtum die Herrlichkeit seines Erbes den Heiligen schenkt und wie überragend groß seine Macht sich an uns, den Gläubigen erweist, durch das Wirken seiner Kraft und Stärke. Er hat sie an Christus erwiesen, den er von den Toten auferweckt und im Himmel auf den Platz zu seiner Rechten erhoben hat. Hoch über alle Fürsten und Gewalten, Mächte und Herrschaften und über jeden Namen, der nicht nur in dieser Welt, sondern auch in der zukünftigen genannt wird. Alles hat er ihm zu Füßen gelegt und ihn, der als Haupt alles überragt, über die Kirche gesetzt. Sie ist sein Leib und wird von ihm erfüllt, der das All ganz und gar beherrscht.« (vgl. *Eph* 1,17–23)

Unsere christliche Hoffnung, das will uns dieser Text sagen, bezieht sich nicht auf die Erfüllung irgendwelcher Erwartungen, die wir an uns, die Mitarbeiter und die Kirche hegen, so berechtigt diese auch sein mögen. Unsere Hoffnung richtet sich allein auf Gottes Kraft und Stärke. Sie richtet sich auf Jesus Christus, der durch seine Auferweckung von den Toten den Sieg des Lebens und der Liebe endgültig begründet hat. Allein daraufhin können Sie heute Ihre Berufung zur Hoffnung und Ihre Bestellung zu Hoffnungsträgern annehmen und wagen.

Gottes Berufung zur Hoffnung trifft jeden ganz persönlich und mit Namen. Aber der Ruf Gottes geht und drängt weiter. Indem Gott auf das Herz des Einzelnen zielt, will er nicht beim Herzen des Einzelnen haltmachen. Der heilige Thomas von Aquin weist darauf hin, dass es die Spitze der Wirkmacht Gottes ist, nicht nur Wirkungen zu schaffen, sondern auch selbst wirkende Ursachen. Die Liebe schafft nicht nur Geliebte, sondern Liebende. Wer gerufen ist, der ist gerufen, um zu folgen. Und solche Nachfolge ist ansteckend. Wer den Ruf annimmt, der ist bereit, ihn weiterzutragen, sich in die Dynamik dessen hineinzugeben, der uns alle zur Hoffnung beruft und zugleich aufruft: »Seid stets bereit, jedem Rede und Antwort zu stehen, der nach der Hoffnung fragt, die euch erfüllt.« *(1 Petr 3,15)*

Dieses Wort aus dem ersten Petrusbrief stand ausgesprochen und unausgesprochen als Motto schon über unserer Diözesansynode. Es bleibt das Ziel all unserer Bemühungen um die Weitergabe des Glaubens an die kommende Generation. Dies ist die Schicksalsfrage, vor der wir stehen, besonders diejenigen, die ein Amt und einen besonderen Auftrag in der Kirche übernehmen. Dies ist so etwas, wie der »jesuanische Imperativ«, dem sich niemand in der Kirche entziehen kann, den jeder auf seine Weise beantworten und verantworten muss.

Die Leidenschaft und, wenn wir ehrlich sind, auch die Demut des christlichen Glaubens verbinden sich da. Denn zur Hoffnung gehört immer beides: Sie hält leidenschaftlich an den Verheißungen Gottes fest, für die Jesus sich stark gemacht hat, und für die er sein Leben und sein Sterben eingesetzt hat, und sie tut es zugleich demütig. Geduld und Ungeduld werden ja oft auf eine harte Probe gestellt. Die Anlässe zum Mitleiden und manchmal auch zum Verzweifeln hören nicht auf. Wen überkommt nicht manchmal die Versuchung, aufzugeben und wegzulaufen? Wer ärgert sich nicht gelegentlich über manch Ungereimtes auch im kirchlichen Dienst? Wem wird es nicht manchmal einfach zu viel? Leidensbereites und leidenschaftliches Dranbleiben an den Nöten, den Verstrickungen Einzelner und an den Überlebensfragen der Menschheit, ist immer wieder neu, täglich neu gefragt. Ihre Hoffnung und Ihr Dienst an der Hoffnung werden tiefe Wurzeln und schützende Hände brauchen, wenn er mehr sein soll als ein rasch niederbrennendes Strohfeuer.

Wenn ich als Bischof heute in dieser Feier junge Frauen und Männer zum Dienst als Gemeindereferentin und Gemeindereferent in der Kirche beauftrage in dem Bewusstsein, dass Ihr Dienst bis ins kommende Jahrtausend reichen wird, dann tue ich es in der festen Gewissheit: Sie werden Menschen begegnen, die diese Hoffnung brauchen und suchen: Menschen, die die ganze Wahrheit über Ihr Leben erfahren wollen. Die mit ihrer Schuld nicht mehr ein noch aus wissen, deren Herzen tief verwundet sind und die der Heilung bedürfen, deren Sehnsucht größer ist als die Erfüllungen, die sie sich selbst verschaffen, kurz: die jener Barmherzigkeit bedürfen, mit der nur Gott allein bleibend trösten kann. Durchhalten kann man mit dieser Aufgabe nur mit Erwartungen, die nicht gleich wieder erlahmen. »Alle eure Diskussionen«, so hat es Bischof Heinrich Tenhumberg einmal vor Theologen gesagt, »helfen euch nicht weiter, wenn sie nicht aus der Nähe des brennenden Dornbusches kommen …« Nur wer erwartungsvoll lebt, kann noch Erwartungen wecken. »Hoffnung ist das hochgemute sich Ausstrecken nach dem Neuen.«

Der Glaube lässt uns neugierig bleiben für unerwartete Möglichkeiten Gottes, für die Überraschungen seiner Liebe. Wo Glaubende sind, da ist Neugier aufs Neuland Gottes und wäre es mitten in einem verplanten und verbauten Leben. Da lebt die Aufmerksamkeit für kleine Schritte, für kleine Winke, für kleine Augenblicke im Gesicht der Vorübergehenden, auf leise Bitten wie auch auf laute Schreie. Da geht man nicht vorschnell im Hafen der Gewohnheit und der Faulheit vor Anker. Da lässt man Türen offen, durch die Gott vielleicht einmal eintreten will.

Ein solcher Dienst an der Hoffnung ausgeübt in alltäglicher angespannter Geduld, meine lieben Schwestern und Brüder, kennt keinen »clear job«, bei dem man seine Dienstzeit ableistet und dann »seine Ruhe« haben will. Dieser Dienst lässt nicht in Ruhe. Man tut ihn ganz oder gar nicht. Mit reiner Angestelltenmentalität ist in Sachen Hoffnung nichts zu machen. Ich füge freilich hinzu: Wer sich diesem Dienst an der Hoffnung ganz verschreibt, der wird reich belohnt; er empfängt mehr als er gibt.

Gegen solches Engagement spricht sehr vieles, ich weiß. Trägheit anonymer Gewalten und Strukturen, Einflüsterungen jeder Art, Abhängigkeiten, Unfreiheit. »Der Klügere gibt nach!« Schon das Sprichwort rät dazu, notfalls lieber zu resignieren. Und wie viele verfallen der Klage, der Resignation und geraten so mehr und mehr in Depression. Freilich ist die Beharrlichkeit des Glaubens kein Würfelspiel auf gut Glück! Die Lebensform, um die es dabei geht: Kein fanatisches und verbissenes, sondern ein gespanntes Leben, das die Neugier auf Gott, das Zutrauen zu seiner Allmacht, das Vertrauen in seine Güte bis in die letzte Verlassenheit durchhält.

»Er hat wenig Anlass dazu, große Worte zu machen, in einer Welt, die sich unseren Formeln entzieht, auch wenn man im Einzelnen manches immer besser erklären kann. Wenn wir dem Korn gleichen wollen, das der Zugwind der Zeit nicht wie die Spreu auf der Tenne fortweht, dann wird das beharrliche Dranbleiben in den Nöten der Menschen, oder richtiger, an den Erwartungen Gottes, für die sich Jesus verbürgt, zu unserer Lebenshaltung werden müssen. Wenn wir dies leidenschaftlich aber nicht halsstarrig, sondern lernbereit tun, wächst uns das Rettende zu.«[2]

Meine lieben künftigen Gemeindereferentinnen und Gemeindereferenten, wer in der Kirche die heile Welt sucht, sucht sie am falschen Platz. Die Kirche ist der Leib Christi. Wer das Leben dieses Leibes Christi teilt, muss – wen wunderts – mitleiden bei allem, wofür dieser Leib litt und woran er noch leidet. Im Widerstand also gegen die Selbstzerstörung menschlichen Lebens, gegen Krieg, Hunger, Umweltzerstörung und Gewalt jeder Art, aber auch gegen die Hoffnungslosigkeit, die den sogenannten Sachzwängen widerstandslos das Feld überlässt. Er wird leiden an der begrenzten Zeit, den unzureichenden Kräften, der Schwachheit und den Grenzen, die jeder hat und hoffentlich auch erkennt. Er wird sich aber auch mitfreuen, wo immer die Liebe zum beschädigten Leben wahr wird.

Denn auch das wird er in der Kirche finden. Er wird lernen, sich selbst mehr dem Leben zu öffnen in seinen Schönheiten und in seiner Bedrängnis. Er wird den Herausforderungen und Aufgaben beim Schutz des Lebens seine lebendige Mitverantwortung nicht versagen, und sich in aller Entschiedenheit bekennen zum Menschensohn, unserem Herrn Jesus Christus, der sein Leben hingegeben hat für die Vielen. Haben wir es nicht im Evangelium gehört: »Ich sage euch: Wer sich vor den Menschen zu mir bekennt, zu dem wird sich auch der Menschensohn vor den Engeln Gottes bekennen.« *(Lk 12,8)*

Betrachten wir noch einmal das zarte Pflänzchen, betrachten wir noch einmal das Titelbild zu unserem Gottesdienst. Das zarte Pflänzchen Hoffnung. Nehmen wir es noch einmal samt seinem Mutterboden in unsere beiden Hände. Es ist uns eingepflanzt und aufgegeben. Aber es will verpflanzt, es will hineingepflanzt werden in den Acker der Welt, in die Herzen der Menschen, damit sie das Leben haben.

Charles Peguy sagt in seinem Buch *Das Mysterium der Hoffnung*, und dieses Wort, meine lieben Gemeindereferentinnen und Gemeindereferenten, möchte ich Ihnen auf den Weg für Ihren Dienst in der Kirche und an den Menschen mitgeben: »Der Glaube sieht das, was ist. In der Zeit und in der Ewigkeit. Hoffnung sieht, was sein wird. In der Zeit und für alle Ewigkeit. Liebe liebt das, was ist. In der Zeit und in der Ewigkeit. Aber Hoffnung liebt, was sein wird. In der Zeit und für

---

[2] W. Jetter, Vertrauen lernen: Versuche, vom Glauben zu reden, Göttingen 1981.

alle Ewigkeit.« Und das ist mein und unser aller Gebet und unser Herzenswunsch für Sie: »Der Gott Jesu Christi, unseres Herrn, gebe euch den Geist der Weisheit und Offenbarung, damit ihr ihn erkennt. Er erleuchte die Augen eures Herzens, damit ihr versteht, zu welcher Hoffnung ihr durch ihn berufen seid.« Amen.

Berufung und Sendung

Liebe künftige Gemeindereferentinnen und -referenten,
meine lieben Schwestern und Brüder![1]

Mit großer Freude begrüße ich Sie, liebe Gemeindereferentinnen und -referenten, als meine künftigen Mitarbeiterinnen und Mitarbeiter. Ebenso begrüße ich die vielen Menschen, die Sie auf Ihrem bisherigen Weg begleitet haben, bis hinein in diese Stunde. Ich begrüße Ihre Ausbildungsleiterin, Frau Johanna Kneer, Ihre Ehepartner, Ihre Eltern, Angehörigen und Freunde und alle, die zu dieser Beauftragungsfeier gekommen sind.

Eine lange Ausbildungsphase liegt hinter Ihnen. In den Jahren des Studiums haben Sie sich theoretisch mit den Aufgaben Ihres künftigen Berufes auseinandergesetzt. Darauf folgten erste praktische Erfahrungen in den Gemeinden unserer Diözese. Sie haben gute und bereichernde Erfahrungen gemacht, Erfahrungen, die Sie ermutigt haben, den Weg zum Beruf des Gemeindereferenten und der Gemeindereferentin weiterzugehen. Sicher haben Sie aber auch die andere Seite gespürt: Sie sind an Grenzen und Schwierigkeiten gestoßen, an eigene und an solche, welche sich aus dem Beruf und aus den Aufgaben ergeben. Beide Erfahrungen haben Sie geprägt, beide bringen Sie mit. Heute sind Sie hierhergekommen, um sich von mir als Ihrem Bischof endgültig für den Dienst in unserer Diözese beauftragen zu lassen. Für Ihre Bereitschaft, die Sie heute öffentlich aussprechen wollen, danke ich Ihnen herzlich.

---

[1] Predigt anlässlich der Beauftragungsfeier der Gemeindereferentinnen und -referenten am 28. September 1991 in der Konkathedrale St. Eberhard in Stuttgart. Lesung: Ex 3,1–8a.10.13–15; Evangelium: Mt 28,16–20.

Der Beruf der Gemeindereferentin und des Gemeindereferenten ist gegenwärtig in einer Phase der Neubesinnung begriffen, wie wir aktuell insgesamt Aufbau und Struktur unserer Gemeinden und der pastoralen Dienste in den Gemeinden neu überlegen. Was wir anstreben, sind Gemeinden mit einer Vielzahl von Charismen und Diensten, die mit dem Pfarrer zusammen die Seelsorge wahrnehmen. Aus den ursprünglichen Seelsorgehelferinnen sind so inzwischen in den Gemeindereferentinnen und -referenten echte pastorale Mitarbeiterinnen und Mitarbeiter des Pfarrers im Dienst am Heil der ihnen anvertrauten Menschen geworden.

Um diesen Dienst, zu dem Sie heute ausgesandt werden, tiefer zu deuten, haben Sie die zwei Schriftlesungen ausgewählt, die wir soeben gehört haben: Die Berufung des Mose am brennenden Dornbusch und die Aussendung der Jünger durch den auferstandenen Herrn Jesus Christus.

Zwei Grundbegriffe leuchten in diesen Schriftlesungen gleichsam wie zwei Wasserzeichen auf: Berufung und Sendung. Diese beiden Grundbegriffe kennzeichnen das Leben jedes getauften Christen. Sie sind in besonderer Weise grundlegend für diejenigen, die sich wie Sie hauptberuflich in den Dienst der Kirche stellen.

I. Gottes Ruf verändert das Leben radikal

Da ist zunächst die Berufungsgeschichte des Mose. Dieser Abschnitt aus dem alttestamentlichen Buch Exodus zählt zu den wichtigsten Texten der Heiligen Schrift. Die dort geschilderte Szene sieht zunächst wie eine traute Idylle aus: Mose weidet Schafe und Ziegen auf der Weide. Aber es geht um weit mehr als um eine Idylle. Mose ist ja auf der Flucht. Er ist ein Verfolgter und Fremder. Mit ihm ist sein ganzes Volk in einer ausweglos scheinenden Situation in der ägyptischen Sklaverei. Mit dem, was Mose am brennenden Dornbusch zuteilwird, beginnt eine neue Epoche in der Geschichte des Volkes Israel und in der Geschichte zwischen Gott und den Menschen überhaupt. Es beginnt eine neue Beziehung zwischen Gott und den Menschen. Gott offenbart sich als der Gott, der um sein Volk weiß, es auf seinem Weg begleitet und der handelnd in die Geschichte eingreift.

Gott hat – so sagt er – das Elend seiner Kinder gesehen und ihre Klagen gehört. So beruft er Mose, um sein Volk in die Freiheit zu führen. Er soll nach Ägypten zurückkehren, die Israeliten vom Pharao freibitten und sie an die Stelle führen, wo er jetzt steht, an den Fuß des heiligen Berges Horeb, der auch Sinai heißt. Mose ist erstaunt. Wie soll er, der Verfolgte und steckbrieflich Gesuchte, das machen? Wird der mächtige Pharao einen Mann wie ihn überhaupt vorlassen? Werden seine Stammesgenossen ihm glauben, wenn er mit dem Anspruch zu ihnen kommt, vom »Gott der Väter« geschickt zu sein? Sie werden fragen: Was ist das für ein »Gott der Väter«? Hat er keinen Namen? Wie sollen wir einem Gott folgen, den wir gar nicht kennen?

Gott kommt dem suchenden, fragenden und zweifelnden Mose entgegen, indem er ihm seinen Namen offenbart und sein Wesen kundtut: Ich bin Jahwe, das heißt übersetzt: Ich bin der »Ich-bin-da«. So sollst du zu den Israeliten sagen: »Der ›Ich-bin-da‹ hat mich zu euch gesandt … *(Ex 3, 14)* »Das ist mein Name für immer und so wird man mich nennen in allen Generationen.« (vgl. *Ex 3, 15*)

»Ich bin da«, das bedeutet mehr als nur, dass Gott existiert. Es drückt vielmehr aus, dass Gott für sein Volk da ist, dass er der Gott ist, der Interesse hat am Schicksal der Menschen, der zur Stelle ist und der helfend, heilend und befreiend eingreift. Gesagt ist: Gott ist der Gott, der sich einsetzt für unsere Freiheit und für unser Heil.

Diese Zusage Gottes verändert das Leben des Mose total, weil er nun den gefunden hat, dem er radikal vertrauen darf. Auf ihn und seine Treue ist unbedingter Verlass.

Meine lieben Gemeindereferentinnen und -referenten, vielleicht haben Sie in der Geschichte, in der Not und in der Verlegenheit des Mose Ihre eigene Geschichte und Ihre eigenen Fragen entdeckt. Auch an Sie ist der Ruf Gottes ergangen. Auch Sie sollen Menschen in ihrer Not helfend, heilend und befreiend beistehen. Auch Sie fragen: Wie kann ich heutzutage von Gott sprechen? Wie werden die reagieren, zu denen ich gesandt bin? Werden sie auf mich hören? Werden sie mich überhaupt anhören und verstehen? Werden sie mich nicht auslachen oder bestenfalls gelangweilt zuhören?

Ich bin der »Ich-bin-da« für euch, diese um Vertrauen werbende Zusage Gottes gilt auch Ihnen. Sie gilt gerade Ihnen, die diese Botschaft weitersagen wollen. Sie sind nicht allein. Gott, die stärkste Großmacht, ist mit Ihnen. Er will durch Sie Anteil nehmen an den

Schicksalen der Menschen, helfend, heilend und befreiend zur Stelle sein.

II. Gottes Verheißung und Sendung in Jesus Christus

Was dem Volk Israel durch Mose verheißen wird, findet – so sagt es das Evangelium – seine Erfüllung in Jesus Christus. Das Dasein Gottes für uns wird in einer schlechterdings einmaligen und unüberbietbaren Weise sichtbar und erfahrbar in der Menschwerdung Gottes in Jesus Christus. In der liebevollen Zuwendung Jesu zu den Armen, den Kranken und Sündern, zu denen, die am Rande stehen, und ganz besonders in seiner Lebenshingabe am Kreuz, erhält das verborgene Geheimnis Gottes ein uns zugewandtes menschliches Gesicht.

Vor diesem Gott in Menschengestalt müssen wir nicht wie Mose erschrecken, müssen wir nicht die Schuhe ausziehen, das Gesicht verhüllen. Wir dürfen uns ihm nahen, wie einem Freund und Bruder. Wir dürfen uns von ihm verstanden und angenommen wissen mit allem, was uns bedrückt. Er ist buchstäblich zu uns »herabgestiegen«, nicht nur, um uns durch eine kurze Vision zu trösten, sondern um mit uns das Leben zu teilen und auch mit uns und wie wir alle zu leiden und zu sterben. In Jesus Christus wird Gott endgültig als der »Ich-bin-da« offenbar. In Jesus Christus zeigt sich Gott als der Gott, der ein geradezu leidenschaftliches Interesse an uns Menschen hat.

Doch damit nicht genug. In Jesus Christus will Gott bleibend mit uns und unter uns sein. Deshalb sucht und beruft er immer wieder neu Menschen, die er in seine Sendung einbezieht. So wird im Evangelium die Berufung zur Sendung: »Geht zu allen Völkern und macht alle Menschen zu meinen Jüngern« *(Mt 28,19)*. Dieses Wort ist in erster Linie zu den zwölf Aposteln und ihren Nachfolgern gesprochen. Es gilt aber auch für alle, die an deren Sendung teilhaben, sei es als Priester oder als pastorale Mitarbeiter und Mitarbeiterinnen. Sie sind gesandt, Gottes Treue, Barmherzigkeit und Liebe in Jesus Christus durch Wort und Tat und durch ihr ganzes Leben zu bezeugen.

Auch für Sie, liebe Gemeindereferentinnen und -referenten, die Sie heute ausgesandt werden, gilt dieses Wort Jesu. Die Zuwendung Gottes, die in Jesus Christus endgültig aufgestrahlt ist, soll durch Sie hineinleuchten in unsere Welt und Zeit. Von Gottes Anruf gepackt, sollen Sie Feuer und Flamme sein, Licht in der Welt, Licht auch in der Kirche, die viele heute im Dunkeln sehen. Sie sollen wärmendes Feuer sein in einer oft so kalten und zugigen Umwelt. Dies werden Sie nur tun können, wenn Sie in der Nachfolge Jesu mit den Menschen leben und mit ihnen leiden, wenn Gottes menschenfreundliches Antlitz durch Sie den Menschen aufstrahlt und aufleuchtet.

Dieser Ihr Dienst ist heute nicht weniger notwendig wie in den Zeiten des Mose und der Apostel. Wenn heute viele nicht mehr um den Gott, der da ist, wissen, wissen sie auch nicht mehr, wofür sie selbst da sind. Sie verlieren Halt und Orientierung, verfallen Scheinerfüllungen, in Konsum, bis hin zu Drogen, oder sie leben stumpf dahin im Alltag.

Ihre Berufung und Ihre Sendung, liebe Gemeindereferentinnen und -referenten, ist die eines Seelsorgers und einer Seelsorgerin. In Zusammenarbeit mit den jeweiligen Pfarrern und in Gemeinschaft mit dem Bischof tragen Sie Sorge für die Weitergabe des Glaubens in der Gemeindekatechese, im Religionsunterricht, in der Jugendarbeit, der Familienseelsorge und in der Erwachsenenbildung. Sie sollen Menschen zu Jüngern Jesu machen und ihnen so den Weg zum wahren Leben erschließen. In all diesen Bereichen – das ist mir für die Zukunft unserer Gemeindepastoral besonders wichtig – sollen Sie nicht nur Zuarbeiter, sondern verantwortliche Mitarbeiter sein. In diesem Sinn bitte ich Sie, die künftigen Gemeindereferentinnen und -referenten, aber auch die zuständigen Pfarrer um ein gutes, vertrauensvolles und kooperatives Miteinander. Es geht um eine gemeinsame Aufgabe und ein gemeinsames Ziel. Die gemeinsame Sorge um die Menschen und deren Weg zum Heil soll uns verbinden und nicht trennen.

III. Die Versicherung Jesu: Ich bin bei euch

Freilich sollen wir nicht dem Irrtum aufsitzen, wir selbst seien die Macher und Macherinnen in den Gemeinden, unsere modernen Methoden würden es schon »bringen«. Wir können nicht darauf vertrauen, wir würden aus uns selbst leuchten. Es gibt auch die Gefahr, dass das in uns entzündete Feuer einmal ausgehen kann. Deshalb gibt uns Jesus ein wichtiges letztes Wort mit auf den Weg: »Seid gewiss: Ich bin bei euch alle Tage bis zum Ende der Welt« *(Mt 28,20)*. Ich bleibe euch verbunden in allen Situationen und Lebenslagen. Ich bin bei euch auch heute. Auch in eurer so weltlich gewordenen Welt ist mir alle Macht gegeben im Himmel und auf Erden. Ich bin auch die Kraft, die euch befähigt, jeden Tag wieder neu anzufangen. Ich will euch immer wieder mit meiner Nähe und mit meinem Licht erfüllen. Bleibt darum offen für die Begegnung mit mir, im Hören auf mein Wort und in der Feier der Eucharistie. Bleibt betende Menschen. Seid euch bewusst: Ohne mich könnt ihr nichts tun *(Joh 15,5)*.

Liebe Gemeindereferentinnen und -referenten, beginnen Sie auf diese Zusage Jesu hin Ihren Dienst. Jesus Christus ist es, der Sie gerufen hat, der Sie für seinen Dienst beauftragen will und der Sie hinaussendet zu den Menschen, die auf Sie warten und die Sie brauchen. Gehen Sie hinaus zu ihnen und sagen Sie ihnen: Der »Ich bin da« ist da, auch heute und alle Tage bis ans Ende der Welt. Amen.

Für das Leben Zeugnis geben

Liebe Schwestern und Brüder,[1]

ich kann mir denken, dass Sie, liebe künftige Gemeindereferentinnen und -referenten, an diesem Samstagnachmittag vieles bewegt. Sie denken zurück, wie Ihnen die Idee, einen kirchlichen und pastoralen Beruf zu ergreifen, erstmals kam. Sicher haben Sie es sich gründlich überlegt, ob Sie sich darauf einlassen sollen. Vielleicht haben Sie auch eine Zeit lang geschwankt. Dann kamen die Jahre der Ausbildung und der ersten Praxiserfahrung. Zwei Jahre sind Sie nun schon im Dienst, sind vielen Menschen begegnet, haben wohl unterschiedliche Erfahrungen gemacht, und nun wollen Sie sich endgültig aussenden lassen. Ich danke Ihnen für diese Bereitschaft.

Aussendung, das ist mehr als die Übernahme in ein endgültiges kirchliches Angestelltenverhältnis. Aussendung hat nicht nur etwas mit dem Arbeitsrecht zu tun. Aussendung hat in erster Linie etwas zu tun mit Ihrer Person, mit Ihrem Glauben und mit Ihrem Leben. So liegt ein tiefer Ernst über dieser Stunde. Die Aussendung hat etwas zu tun mit Ihrem Verhältnis zur Kirche, in der Sie einen besonderen Dienst übernehmen sollen. Sie selber haben dieser Aussendungsfeier ihre Deutung gegeben, indem Sie den Evangelientext von der Aussendung der Maria von Magdala ausgesucht haben. In der Tat, dieser Text führt uns zurück zu den Anfängen der Aussendungsgeschichte. In dieser eindrucksvollen Frauengestalt der Maria von Magdala können besonders Sie, die Gemeindereferenten und Gemeindereferentinnen,

---

[1] Predigt anlässlich der Beauftragungsfeier der Gemeindereferentinnen und -referenten am 12. September 1992 im Dom zu Rottenburg.
Evangelium: Joh 20,1–18.

sich wiederfinden. Lassen wir uns von diesem Evangelium den Sinn Ihrer Aussendung erschließen.

I. Menschen begleiten im Leid

Das Evangelium beginnt nicht gerade mit einem großen Freudenfest und einer Jubelfeier. Ganz im Gegenteil! Maria von Magdala weint. Sie fällt tief, in ein schwarzes Loch, und ist total am Ende. Sie war Jesus freundschaftlich verbunden gewesen. Offensichtlich hat sie die Begegnung mit ihm von einem tiefen seelischen Leiden befreit. So hing sie ihm mit allen Fasern ihres Herzens an. Aber nun war er tot. Nicht einmal den Leichnam hat man ihr gelassen zum endgültigen Abschiednehmen. Alles ist nun aus und vorbei. Alles ist für sie hoffnungslos geworden. Die Mächte des Todes, der Gewalt und der Lüge haben scheinbar gesiegt über das neue Leben, die Liebe und die Wahrheit, die von Jesus ausging.

Maria lässt sich von Leid und Tod betreffen. Sie stellt sich dem Tod und lässt sich von ihm bewegen. Sie spürt die Ausweglosigkeit der Situation und lässt Trauer zu.

Mir scheint das alles wichtig, wenn es um einen pastoralen Dienst geht. Nicht derjenige bezeugt die frohe Botschaft am überzeugendsten, der unbewegt und unerschütterlich über dem Leid der Menschen steht. Nein, Jesus selber hat sich ganz eingelassen in die Abgründe des Lebens und des Sterbens. Schreiend ist er am Kreuz gestorben. Wer immer seine »Sache« weiterführt, muss ein Gespür haben und betroffen sein von den Leidsituationen der Menschen. Er muss Augen haben dafür, zuhören, verstehen und mitleiden können. Er darf nicht davonlaufen und sich davonstehlen von Situationen, wo einem buchstäblich das Wort im Mund steckenbleibt und wo sich jede kluge Antwort blamiert und lächerlich wirkt. Vielleicht ist dies sogar eine der stärksten Antriebskräfte dafür, sich pastoral zu engagieren, dass man Menschen in ihrer Not, ihrer Angst, ihrem Streben nicht allein lassen, sondern begleiten will, dass man ihnen einfach Schwester und Bruder sein will auf dem Weg des Lebens und des Sterbens. Es tut ja einfach gut, in schwierigen Situationen einen Menschen neben sich und bei sich zu haben, der einfach da ist, die Hand auf die Schulter legt und ein mitfühlendes Wort des Trostes sagt.

II. Du bist angenommen und geliebt

Freilich bleibt Maria von Magdala nicht sitzen in dem Loch, in dem sie sich befindet. Das Weinen verwandelt sich in fragendes Staunen, in neue Freude und in neuen Aufbruch. Wie schafft sie das? Nicht aus eigener Kraft. Auch sie braucht einen Anstoß von außen, eine rettende Hand, die ihr entgegengestreckt wird, ein erlösendes Wort, das an ihr Ohr und an ihr Herz dringt. Gleich zweimal wird sie von Jesus angesprochen: »Frau, warum weinst du? Wen suchst du?« (vgl. *Joh 20,13.15*) Und dann der erlösende Anruf bei ihrem Namen: »Maria!« *(Joh 20,16)*

In diesem einen Wort, in der Nennung ihres Namens ist alles beschlossen und alles gesagt. Denn das und im Grunde nichts anderes ist die Frohe Botschaft, dass wir, dass jede und jeder Einzelne von uns nicht ein namenloses, ein anonymes Etwas ist. Jemand, den man vergessen kann, sondern dass wir einen Namen haben, jemand sind, dass einer zumindest, Gott, uns kennt von Ewigkeit her und dass er uns niemals vergisst. Das ist die Frohe Botschaft, die wir den Menschen auszurichten haben: Du bist unbedingt angenommen und geliebt. Mag da sonst was immer sein, du bist bis in den Tod und über den Tod hinaus gehalten von gütigen Händen. Du sollst und darfst sein. Du bist gerechtfertigt.

Diese Botschaft auszurichten und den Menschen zu bezeugen, dazu werden Sie, liebe künftige Gemeindereferentinnen und -referenten heute ausgesandt. Es ist dies eine froh- und freimachende, eine wahrhaft erlösende Botschaft, eine Botschaft heute so notwendig und aktuell wie nie zuvor, eine Botschaft, die das Leben und die Welt verwandeln.

Den Mut und die Kraft, dieses den Menschen auch und gerade in schwierigen Situationen zu sagen, finden wir, so wie Maria von Magdala, nur in und aus der Begegnung mit Jesus, ja in der Freundschaft mit ihm. Das ist das A und O jeden pastoralen Berufes. Er ist kein bloßer Brot-Beruf oder gar ein Job, er ist eine Berufung, auf die man sich jeden Tag neu einstellen und einlassen muss. Lassen Sie sich darum immer wieder neu treffen vom Wort der Heiligen Schrift, leben und wirken sie aus ihr. Suchen Sie Jesus zu begegnen in den Menschen, mit denen Sie zu tun haben, besonders in den Notleidenden, den innerlich Ausgepumpten, die mit ihrem Leben nicht mehr fertig werden, den Kindern, Alten und den Kranken, den Sterbenden. Suchen Sie Jesus zu begegnen in der häufigen Mitfeier der Eucharistie. Nur so wird Ihnen der Atem, der Schwung, der Mut und die Kraft nicht ausgehen. Sie werden vielmehr Freude und Befriedigung finden in Ihrem Dienst.

III. Der Dienst – ein Wagnis

Ein Wagnis ist es schon, sich auf diesen Dienst einzulassen. Zwar ist es keine Fahrt ins Blaue und ins Ungewisse, kein tollkühnes Unternehmen. Letztlich sind wir ja getragen und geborgen. Aber der Weg der Freundschaft mit Jesus lässt sich nicht vorausberechnen und absichern. Er besteht nicht im Rückzug in eine gemütliche fromme Kuschelecke, auch nicht im Austreten längst ausgetrampelter Pfade. »Halte mich nicht fest« *(Joh 20,17)*, sagt Jesus zu Maria. Er selbst ist auf dem Weg zum Vater und zur Vollendung und wir sind es mit ihm.

Wir erfahren dieses Unterwegssein heute besonders eindringlich. Unsere Kirche wird gegenwärtig kräftig durchgeschüttelt. Sie steht mitten in einem gewaltigen Umbruch. Wir erfahren – oft mit Betroffenheit – in erster Linie, wie viel Altes nicht mehr trägt. Wollten wir nur krampfhaft am Bisherigen festhalten, würden wir mit Sicherheit untergehen. Stehenbleiben und auf der Stelle treten ist auch keine Lösung in einer Welt, die sich so dynamisch bewegt. Wir müssen den Mut und die Weitsicht haben, die Zeichen der Zeit, welche die Wegzeichen Gottes sind, zu erkennen und neue Wege erkunden.

In einem pastoralen Beruf kann man sich heute weniger als je bürgerlich einrichten oder Dienst nach Vorschrift machen.

Man muss beweglich bleiben, offen, neue Aufgaben zu sehen und anzupacken. Es hilft auch nicht, über den Zustand der Kirche zu jammern. Es gilt, sich mit der ganzen Kirche auf den Weg zu machen und dabei selber anzufangen, selber aufzubrechen und selber Mut zu beweisen. Mich beeindruckt immer das Gebet eines chinesischen Christen, das beginnt: »Herr, erneuere diese Kirche und fang bei mir an.«

IV. Beauftragung und Sendung

Maria von Magdala hat angefangen. Sie hat sich senden lassen: »Geh zu meinen Brüdern« *(Joh 20,17)*, und sie ging und verkündete, was sie gesehen hatte. Sie hat damit einen neuen Anfang gemacht. Beauftragung und Sendung, das sind Urworte der Heiligen Schrift. Sie sagen: Kirche und Gemeinde sind nicht um ihrer selbst willen da.

Auch Sie, liebe Gemeindereferentinnen und -referenten, werden heute ausgesandt: »Geht zu euren Brüdern und Schwestern«. Geht hinaus an die Hecken und Zäune. Die Kirche und jede Gemeinde müssen ja über ihren eigenen Tellerrand hinausschauen. Die Kirche ist ihrer Natur nach missionarisch. Sie darf sich gerade heute nicht mit der kleiner gewordenen Kerngemeinde zufriedengeben, sondern muss allen bezeugen: »Wir haben den Herrn gesehen«. Wir haben erfahren, dass die Mächte des Todes nicht das letzte Wort haben, dass vielmehr das Leben stärker ist als der Tod, die Liebe stärker als der Hass, die Wahrheit stärker als die Lüge. Das zu bezeugen ist unsere, das ist Ihre Sendung: Sie sollen Zeugen des Lebens sein. Sie sollen dem Leben der Menschen dienen und mithelfen, dass sie zur Fülle des Lebens finden.

Die Kirchenväter haben oft darüber nachgedacht, dass sie, eine Frau, noch vor den Aposteln ausgesandt wurde, dass sie den Anstoß zur Evangelisierung und Missionierung gegeben hat. Sie nannten Maria von Magdala deshalb die ›apostola apostolorum‹, die Apostelin der Apostel. Ich bin überzeugt, dass heute bei der zweiten, der neuen Evangelisierung wiederum Frauen eine wichtige Aufgabe haben werden.

Es sitzen heute viel mehr Menschen als wir denken so wie Maria von Magdala in einem dunklen schwarzen Loch und sehen keinen Silberstreifen am Horizont. Sie sehen keinen Sinn mehr und verfallen dem Alkohol, dem Sex, den Drogen oder einfach namenloser Traurigkeit und Resignation. Sie lassen sich von den Mächten des Todes treiben und bestimmen. In dieser Situation braucht es Menschen, die mitfühlen können, die angesteckt von Jesus Christus, den Sieg des Lebens bezeugen, die Mut machen zum Leben und Lebenshilfe aus dem Glauben geben. Nicht allein durch ihr Wort sollen Sie das tun, sondern oft ganz schlicht und einfach durch ihr Dasein. Sie selbst dürfen das Leben wagen, weil Gott es mit uns wagt. Auch Sie werden heute erneut mit Ihrem Namen gerufen.

Ich wünsche Ihnen, liebe Gemeindereferentinnen und Gemeindereferenten, viel Glück, viel Kraft, Phantasie und Geduld und nicht zuletzt Gottes Segen bei dieser Aufgabe. Amen.

Prophetisches Sein heute

Liebe pastorale Mitarbeiterinnen und Mitarbeiter,
liebe Schwestern und Brüder,[1]

mit großer Freude begrüße ich Sie als meine Mitarbeiterinnen und Mitarbeiter im pastoralen Dienst unserer Diözese. Mit Ihnen begrüße ich die vielen Menschen, die Sie auf dem langen Weg begleitet haben, der Sie heute hierher in den Rottenburger Dom geführt hat: Ihre Ehepartner und Ihre Eltern, Ihre Angehörigen und Freunde und ganz besonders auch all diejenigen, die in den vergangenen Jahren Sorge für Ihre Ausbildung getragen haben.

Ich kann mir denken, dass Sie an diesem Tag, an dem Sie zu Ihrem Dienst als Gemeindereferentin oder Gemeindereferent beauftragt und ausgesandt werden, vieles bewegt. Ihre Gedanken gehen sicher zurück in die Zeit, in der alles seinen Anfang genommen hat, in der der Entschluss gereift ist, den Weg auf diesen Beruf hin zu gehen. Ihre Erinnerung ist aber sicher auch von ganz unterschiedlichen Erfahrungen geprägt, die Sie in der Zeit Ihrer Ausbildung, der ersten Praxiserfahrung und der zwei Jahre, die Sie nun bereits im Dienst sind, gemacht haben: Da gibt es viele beglückende und ermutigende Erfahrungen, aber sicher auch manch enttäuschendes und vielleicht auch deprimierendes Erlebnis.

---

[1] Predigt anlässlich der Beauftragungsfeier der Gemeindereferentinnen und -referenten am 10. September 1994 im Dom zu Rottenburg.
Lesung: Jer 1,1–10; Evangelium: Lk 4,16–21.

I. Beruf als Berufung

Die Schriftlesung aus dem Propheten Jeremia, die Sie für Ihre Beauftragungsfeier ausgewählt haben, ist von einer in mancher Hinsicht ähnlichen Lebenssituation geprägt:

Der Prophet Jeremia blickt nach vielen Jahren, in denen er als Prophet Gottes Wort ausgerichtet hat, auf den Tag seiner Berufung zurück. Er weiß ein ganz genaues Ereignis zu benennen, mit dem alles angefangen hat und in dem alles seinen Grund hat: »Das Wort des Herrn erging an mich.« *(Jer 1,4)* Er war ganz persönlich von Gott angesprochen. Wahrscheinlich können Sie (und auch ich selbst) das so direkt höchstens mit sehr großer Zurückhaltung sagen. Aber sicher haben auch Sie diesen Beruf der Gemeindereferentin und des Gemeindereferenten deshalb gewählt, weil Sie darin mehr sahen als einen Brotberuf und eine Arbeitsstelle. Dieser Beruf hat Sie angesprochen und Sie sahen darin so etwas wie eine persönliche Berufung, etwas, in dem Sie Ihre persönliche Erfüllung, den Sinn und die Bestimmung Ihres Lebens finden können, etwas, das für Sie da ist und wofür Sie ganz persönlich da sind. In diesem Sinn können auch Sie wie der Prophet sagen, Gott habe Sie vom Mutterleib an dafür ausersehen, Ihnen von allem Anfang an die entsprechenden Anlagen und Fähigkeiten mit auf Ihren Lebensweg gegeben. Er kennt Sie ja besser als Sie sich selbst; er weiß, was in Ihnen steckt, was für Sie gut ist und was Sie erfüllt. Deshalb ist es wichtig, ja grundlegend für das Lebensglück jedes Menschen, seine persönliche Berufung und Bestimmung zu erkennen und ihr dann konsequent zu folgen. Davon hängt für unser Leben alles ab.

»Zum Propheten für die Völker habe ich dich bestimmt.« *(Jer 1,5)* Das ist ein großes Wort, das man nicht so leichthin von sich sagen soll, und dass man nur zögernd auf sich beziehen kann. Doch was ist das ein Prophet, eine Prophetin? Die Antwort ist einfach: Jemand, der von Gott spricht und der Gottes frohe und befreiende Botschaft in das Leben der Menschen und in die jeweilige Situation hineinspricht. Jemand, der aufgrund eigener persönlicher Erfahrung überzeugt ist, dass Gott und sein Wort entscheidend ist für die Menschen, weil die Menschen wie wir selbst ohne Gott weder einen Grund noch ein Ziel, weder Halt noch Inhalt für ihr Leben haben und weil sie nur mit Gott Sinn, Glück, Trost, Friede und Freiheit finden können.

Aber, meine lieben Schwestern und Brüder, man braucht dies alles nur auszusprechen, um sofort zu merken, auf welch schwieriges Geschäft man sich da einlässt, wenn man heutzutage von Gott sprechen und Gott mit dem Leben der Menschen zusammenbringen soll. Die Gottvergessenheit ist eine Grundsignatur unserer Zeit, und sie ist zugleich die Grundkrankheit unserer Zeit. Wenn man in dieser Situation von Gott reden soll, möchte man mit dem Propheten jammern und sagen: »Ach, mein Gott und Herr, ich kann doch nicht reden, ich bin ja noch so jung.« *(Jer 1,6)* Da kommen jedem von uns Selbstzweifel: Glaube ich denn selber, was ich sage, lebe ich es selbst? Kann ich das, was mir selbst aufgegangen ist wirklich so weitersagen, dass es andere auch überzeugt? Fehlt es mir da nicht an eigener Lebenserfahrung? Bin ich dafür hinreichend ausgebildet? Habe ich dafür genug Mut und Durchhaltevermögen, wenn mir mit meiner Rede von Gott die kalte Schulter gezeigt wird, wenn ich Widerspruch und Widerstand erfahre oder wenn andere spöttisch die Mundwinkel verziehen und mich als naiv und hoffnungslos altmodisch abtun? Die Gefahr ist dann groß, auszuweichen, davonzulaufen, sich zu drücken und zu verstecken, alle möglichen Ausreden und Ausflüchte zu finden, nur um sich auf diesen Auftrag und auf die Menschen, die uns da begegnen, nicht einlassen zu müssen.

Aber Gott lässt trotz solcher Unsicherheiten und Selbstzweifel nicht locker. Er lässt unser Wenn und Aber nicht gelten. »Sage nicht: Ich bin noch so jung. Wohin ich dich sende, dahin sollst du gehen, und was ich dir auftrage, das sollst du verkünden.« *(Jer 1,7)* Das ist ein hartes Wort und eine klare Aufforderung. Man könnte sogar den Eindruck gewinnen, dass Gott gar nicht groß nach unseren Wünschen und Interessen, unseren Stimmungen und Empfindungen, unseren Vorstellungen und Plänen fragt. Aber wissen wir denn immer so sicher, was für uns gut ist? Erinnern wir uns nochmals daran: Gott kennt uns besser als wir uns selbst, und er weiß besser, was uns guttut und wofür wir gut sind. Fixieren wir uns deshalb nicht auf unsere Wünsche und auf unsere Ängste. Wagen wir das Abenteuer unseres Lebens mit ihm!

Wir können es wagen. Gott lässt uns nicht allein. Er überfordert uns nicht. Was er fordert, das schenkt er uns auch. »Fürchte dich nicht vor ihnen; denn ich bin mit dir, um dich zu retten.« *(Jer 1,8)* Fürchte dich nicht! Ich bin mit dir! Diese Mut machende Verheißung begegnet uns in der Heiligen Schrift oft. Sie gilt auch Ihnen, meine lieben jungen Mitarbeiterinnen und Mitarbeiter. Gott ist mit Ihnen, er geht mit Ihnen und begleitet Sie auf Ihrem Weg zu den Kindern und Jugendlichen, zu den Kranken und Alten, zu den Fröhlichen wie zu den Trauernden. In der Berufung zu Ihrem Beruf steckt eine Zusage, auf die Sie sich im Glauben unbedingt verlassen und auf die Sie immer trauen und vertrauen können. Gottes Geist, der nach dem heutigen Evangelium auf Jesus ruhte, wird, wenn Sie sich immer wieder dafür öffnen, auch Ihnen zuteil, als Geist des Rates und der Stärke, als Geist der Einsicht und der Weisheit. Er will Ihr Leben weit und groß machen; er will es ganz erfüllen. Er allein kann Sie ganz ausfüllen und glücklich machen.

II. Berufung als Sendung

Meine lieben jungen Mitarbeiterinnen und Mitarbeiter, so wie mit dem Propheten, so hat Gott auch mit Ihnen eine ganz persönliche Heilsgeschichte, man könnte sogar sagen: eine ganz persönliche Liebesgeschichte begonnen. Das Verständnis Ihrer Berufung wäre freilich verkürzt und missverstanden, wollten Sie dabei nur die Verwirklichung und Erfüllung Ihres eigenen Lebens in den Mittelpunkt stellen.

Berufung – das können wir am Beispiel des Propheten Jeremia erkennen – ist immer auch Sendung, Sendung zu den Menschen und Indienstnahme für Gottes Pläne mit uns und unserer Welt.

Auch uns gilt, was Gott zum Propheten gesagt hat: »Hiermit lege ich meine Worte in deinen Mund.« *(Jer 1,9)* Meine Worte in deinen Mund! Das heißt doch: Wir haben einen vorgegebenen Auftrag. Es geht nicht um unser Wort, sondern um Gottes ein für alle Mal gesprochenes Wort, das allein letzter Maßstab und Orientierungspunkt ist für alles, was wir tun. Es geht nicht um unsere oft so schwankenden Meinungen, sondern um Gottes Wort, wie es uns die Kirche überliefert und Ihnen heute zu treuen Händen anvertraut. Wir können uns unsere Aufgaben nicht einfach heraussuchen und uns dabei an unseren Wünschen, Einfällen und Hobbies orientieren. Wir können uns auch die Menschen nicht nach Sympathie oder Antipathie heraussuchen. Wir dürfen uns nicht auf diese oder jene Lieblingsbeschäftigung fixieren, die uns im Augenblick die größte Erfüllung verspricht oder auf die Traumstelle, neben der alles andere inakzeptabel erscheint. Wir müssen bereit sein, uns mit einem ganz bestimmten Auftrag beauftragen und senden zu lassen.

Wer diese Sendung ernst nimmt, der muss bereit sein, sich führen zu lassen. Am Beispiel des Propheten Jeremia wird deutlich, dass dabei auch harte Zeiten anbrechen können und wir manchmal auch steinige Wegstrecken zu bewältigen haben. Denn da ist von »ausreißen und niederreißen«, wie von »aufbauen und einpflanzen« die Rede. Das klingt sehr radikal und ist es auch. Denn wer gesandt ist, um von Gott zu sprechen und seine Botschaft auszurichten, der kann und darf kein bloßer Schönredner sein wollen, der den Menschen nur nach dem Mund redet und der nur das sagt, wofür ihm der Beifall der Menge sicher ist. Wer das tut und nur nach dem Beifall schielt, der ist nach der Schrift ein falscher Prophet. Der wahre Prophet muss auch den Mut haben, Unangenehmes zu sagen, das die Menschen nicht gerne hören, weil es sie aufrüttelt und zur Umkehr und zum Umdenken ruft. Der muss auch das Neue und Andere des Evangeliums sagen und tun, das nie von vorn herein altgewohnt und plausibel sein kann. Und dieser Prozess des Niederreißens und Aufbauens muss bei jedem von uns selbst beginnen auch wenn es schmerzlich ist.

Das Evangelium sagt uns noch genauer, worin unsere Sendung in der Nachfolge und im Auftrag Jesu Christi besteht: den Armen eine gute Nachricht zu bringen, den Gefangenen die Entlassung zu verkünden und den Blinden das Augenlicht, die Zerschlagenen in Freiheit zu setzen und allen das Gnadenjahr Gottes auszurufen. »Option für die Armen« nennt man das heute gewöhnlich. Gemeint ist, wie Jesus ein Herz für die Kleinen und Schwachen zu haben, für die Menschen am Rand, die Einsamen, die Kranken und die Alten, die Suchenden und die Ratlosen, die Trauernden und die Verzweifelten. Ihnen sollen wir sagen und durch unsere Tat und unser ganzes Leben bezeugen: Fürchte dich nicht. Gott ist mit dir. Er ist mit dir auch dadurch, dass ich bei dir und mit dir bin.

Meine lieben Mitarbeiterinnen und Mitarbeiter, solche Berufung und solche Sendung fordert uns ganz. Man kann sie nicht in 38,5 Stunden die Woche abgelten. Wir müssen unsere ganze Person, unser Leben einbringen. Man kann, diese Berufung und Sendung aber auch nicht allein, sozusagen nur auf eigene Rechnung und Gefahr verwirklichen. Man braucht andere, die mittragen und die mit uns den Weg gehen und mit denen wir gehen. Letztlich muss man die ganze Kirche im Rücken haben und hinter sich wissen, so wie Sie hinter der Kirche stehen sollen. Deshalb wird Ihnen heute Ihre Berufung durch die Kirche bestätigt; deshalb erhalten Sie heute Ihren Auftrag und Ihre Sendung durch den Bischof. Sie sollen Ihren Auftrag und Sie können ihn auch nur recht ausüben in vertrauensvoller Zusammenarbeit mit dem Bischof, mit den Pfarrern und den anderen pastoralen Diensten. Sie brauchen dafür vor allem Gottes Kraft und Gottes Geist. Deshalb sende ich Sie hinaus, ausgerüstet mit Gottes Segen und begleitet von unser aller Gebet. Sie sind nicht allein.

Ich wünsche Ihnen, dass Sie immer spüren mögen, dass der Geist des Herrn auch auf Ihnen ruht, dass er Ihrem Tun immer wieder die notwendige Inspiration geben kann und Sie auch dort zu tragen vermag, wo Ihr Weg einmal schwer und steinig wird.

Denn Sie dürfen immer auf das vertrauen, was der Prophet Jeremia erfahren hat und was uns in Jesus Christus bleibend zugesagt ist: »Fürchte dich nicht, denn ich bin bei dir, um dich zu retten.« *(Jer 1,8)* Amen.

»Steh auf und iss! Sonst ist der Weg zu weit für dich.« (1 Kön 19, 7)

Meine lieben Gemeindereferentinnen und -referenten,
meine lieben Schwestern und Brüder,[1]

es passiert nun schon das zweite Mal, dass sich die Gemeindereferentinnen und -referenten die Geschichte von dem Propheten Elija aus dem ersten Buch der Könige im Alten Testament als Bibeltext für ihre Beauftragungsfeier ausgesucht haben. Offensichtlich finden Sie, meine lieben künftigen Mitarbeiterinnen und Mitarbeiter, sich selbst in dieser Geschichte wieder. Diese Erzählung hat offensichtlich etwas mit Ihnen zu tun, mit Ihrer persönlichen Erfahrung und mit Ihrer Befindlichkeit bei dieser Beauftragung.

I. »Es ist genug«

In der Tat, dieser Elia wurde von Gott als Prophet in einer für das Volk Israel außerordentlich schwierigen Zeit berufen. Der König und weithin das Volk waren abgefallen vom wahren Gott und hatten sich den Baalen, den Götzen zugewandt. Elija stritt mit großer Kraft, mit Eifer und mit heiliger Leidenschaft gegen die falschen Propheten und die Götzenpriester. Er riskierte alles, selbst sein Leben. Zuerst kündigte er eine schreckliche Dürre und entsprechend eine schlimme Hungersnot an. Dann rief er auf dem Berg Karmel Feuer vom Himmel herab. Das erregte den Zorn der Königin Isebel. Sie schickte Häscher aus, um ihn zu töten. Elija wusste, dass er ganz alleine war. Als einziger Prophet

---

[1] Predigt anlässlich der Beauftragungsfeier der Gemeindereferentinnen und -referenten am 01. Juli 1995 in Maria Regina in Fellbach.
Lesung: 1 Kön 19, 4–13.15a.

war er übriggeblieben und er wusste auch, dass Isebel rach- undränkesüchtig genug war, um ihre Drohung wahr zu machen. Da überkam ihn die Angst.

Plötzlich wollte er sein Leben retten, floh in die Wüste, setzte sich unter einen Ginsterstrauch und hatte einfach genug. Sein prophetisches Selbstbewusstsein und Überlegenheitsgefühl brachen zusammen. »Er sagte: Nun ist es genug. Herr nimm mein Leben; denn ich bin nicht besser als meine Väter.« *(1 Kön 19,4)*

Ja, so erfahren auch wir uns sehr oft. Wir alle wären den Weg in den pastoralen Dienst ja kaum gegangen, wenn wir nicht etwas hätten erreichen wollen für das Kommen des Reiches Gottes in unserer Zeit, das heißt für Gerechtigkeit, Wahrheit, Freiheit, Friede und Freude von Gott her und für die Menschen. Dabei wollen und müssen wir auch heute gegen alte und neue Götzen ankämpfen, gegen falsche, oberflächliche und trügerische Glückserwartungen und Glücksversprechungen sowie auch gegen Strukturen, welche Menschen von sich und vom wahren Leben entfremden, die sie daran hindern, ihr Leben zu finden und zu leben. Wir müssen uns anlegen mit mancher Dummheit und Borniertheit, Verschlossenheit und Hartherzigkeit. Das kostet viel Zeit und Kraft, zerrt an den Nerven, bringt Enttäuschungen und Verletzungen mit sich.

Wen wundert es, wenn dann auch pastorale Mitarbeiter und Mitarbeiterinnen plötzlich ihrer Arbeit überdrüssig werden und sagen: Es ist genug. Ich habe es satt. Ich gebe auf. Was soll und was bringt der ganze Idealismus, mit dem ich mich bisher bis zum Äußersten eingesetzt und aufgerieben und mit dem ich mir selbst und anderen vielleicht nur etwas vorgemacht habe. Ich bin doch auch nicht besser.

Solche Wüstenerfahrungen gibt es – das mag ein Trost sein – nicht erst heute. Sie gab es bei den Propheten. Auch Jesus brachte zunächst 40 Tage in der Wüste zu und am Ende hat er im Ölberggarten geschrien: »Vater, wenn es möglich ist, dann lass diesen Kelch an mir vorüber gehen.« *(Mt 26,39)* Wenn wir beim Apostel Paulus nachlesen, dann blieb auch ihm nichts erspart. Bei den großen Heiligen war es nicht anders. Wir alle müssen gelegentlich durch die Wüste hindurch. Sie gehört zur christlichen Existenz und erst recht zum prophetischen Auftrag. Heute wird unserer Kirche insgesamt eine solche Wüstenerfahrung zugemutet. Wir erfahren heute vielleicht mehr als früher, wie wahr das Wort von Martin Buber ist, wonach Erfolg keiner der

Namen Gottes ist. Ich denke, dass Sie realistisch genug sind, um dies alles auch heute am Tag Ihrer Beauftragung zu sehen. Aber sie dürfen auch wissen: Wenn Sie und wenn wir alle die Wüste bestehen, dann mag es uns gehen wie dem Volk Israel, dem die Propheten später sagten, ausgerechnet die 40 Jahre in der Wüste seien die eigentliche Hoch- und Gnadenzeit gewesen, in der Gott seinem Volk ganz besonders nahe war.

II. »Steh auf und iss«

Dass die Wüste kein Grund ist aufzugeben und die Flinte ins Korn zu werfen, das hat auch Elija erfahren. Während er sich resigniert und frustriert unter dem Ginsterstrauch niederlegt und schläft, da stößt ihn ein Engel. Gleich zwei Mal sagt er ihm: »Steh auf und iss!« *(1 Kön 5.7)* Du bist noch nicht am Ende, du hast noch einen weiten Weg vor dir. Du wirst noch gebraucht; aber du musst erst noch einen weiten Weg gehen. Und nachher ruft ihn der Herr selbst: »Komm heraus, und stell dich auf den Berg vor den Herrn!« *(1 Kön 19,11)* Elija wird also ermutigt, keine Angst zu haben und nicht aufzugeben. Er soll heraus aus seinem Schneckenhaus; er darf aufrecht gehen und sich zeigen. Das darf er und das kann er, weil er letztlich nicht vor den Menschen, sondern vor dem Herrn steht, weil der Herr vor ihm und hinter ihm steht, weil der Herr mit ihm ist.

Ich denke, Sie, meine lieben Gemeindereferentinnen und -referenten, haben alle auch schon einmal eine ähnliche Erfahrung gemacht. Wenn Sie gelegentlich ganz »down« waren, ist Ihnen wohl auch schon einmal ein Engel begegnet. Nicht unbedingt ein Engel mit Flügeln, sondern ein Engel mit zwei hilfreichen Händen, mit zwei Beinen, die fest auf dem Boden der Wirklichkeit stehen und vor allem mit einem guten Herzen. Solche Engel, die uns gelegentlich aufrütteln und wiederaufbauen, die uns Mut machen und uns begleiten, brauchen wir alle. Alleine schaffen wir es nicht. Auch Jesus hat seine Jünger nicht als Einzelkämpfer, sondern zu zweit ausgesandt. Solche Engel wünsche ich Ihnen allen. Solche Engel gibt es auch heute.

So wünsche ich Ihnen, dass Sie sich im entscheidenden Moment immer wieder erinnern oder gesagt bekommen: Du bist nicht allein. Du bist auch nicht allein auf Menschen angewiesen. Gott, der Herr, ist treu. Er lässt dich nicht fallen. Er ist – wie es in einem altirischen Gebet heißt – vor dir, um dir den rechten Weg zu zeigen. Er ist neben dir, um dich in die Arme zu schließen und dich zu schützen. Er ist hinter dir, um dich zu bewahren vor der Heimtücke böser Menschen. Er ist unter dir, um dich aufzufangen, wenn du fällst und dich aus der Schlinge zu ziehen. Er ist in dir, um dich zu trösten, wenn du traurig bist. Er ist um dich herum, um dich zu verteidigen, wenn andere dich überfallen. Er ist über dir, um dich zu segnen. Steh also getrost und mutig auf und mach dich auf den Weg! Geh wie Elija den Weg durch die Wüste zurück zu den Menschen, die in der Wüste innerlich und manchmal auch äußerlich am Verdursten sind, zu den Menschen, die auf dich warten und die dich brauchen. Gerade in deiner größten Sorge und Not, kommt ER dir entgegen. Aus seiner Treue kannst du leben.

III. »Ein sanftes, leises Säuseln«

Elija hat sich auf das Wort der Berufung und der Verheißung eingelassen. Aber er musste noch einen weiten Weg gehen. Nicht nur äußerlich. Auch in seinem Glauben und in seiner Vorstellung von Gott und seinem Wirken musste er einen Weg gehen und dazulernen. Bisher hatte er gemeint, Gott wirke im Feuer und Sturm, der alles Haltlose und alles, was ihm entgegensteht, einfach wegfegt. Gott lasse die Erde erbeben und erzittern, er breche mit Gewalt all die Verhärtungen und Verkrustungen auf. Damit hat sich Elija gründlich getäuscht

»Gott war nicht im Sturm«, »Gott war nicht im Erdbeben« *(1 Kön 19,11)*. Gott kam und zeigte sich ihm ganz anders als er erwartet hatte. Nicht mit Kraft und Gewalt. Er war im sanften und leisen Säuseln. Das ist Gottes Art zu wirken, das ist seine Art zu sein: sanft und leise, fast weich und zärtlich. Er ist – so sagt es schon das Alte und noch mehr das Neue Testament – voll Güte, Treue und unendlichem Erbarmen. »Gott ist Liebe.« *(1 Joh 4,16)*

Irgendwie meinen auch wir, Gott müsse doch endlich dreinschlagen und weil er es nicht tut, meinen wir oft, es selbst tun zu müssen. Entsprechend spukt auch in unserem Kopf noch irgendwie das Bild von einer ecclesia triumphans, einer triumphierenden Kirche, die gut dasteht und gut herauskommt, von allen bejaht und bewundert wird und die alle anzieht. Wir sind dann enttäuscht, wenn es in Wirklichkeit nicht so ist. Wir müssen wie Elija mühsam umdenken. Gott ist weder ein Macho noch ein Rambo. Er wirkt in der Stille und in der Innerlichkeit des Herzens. Er, der Erbarmen und Liebe ist, wirkt, indem er innerlich überzeugt und mit Banden der Liebe an sich zieht.

Darum, meine lieben Gemeindereferentinnen und -referenten, können Sie Gott nur begegnen, wenn Sie still werden, in sich hineinhören, sein Reden und Wirken nicht mit hektischem Aktionismus zudecken, sondern ihn sanft und leise zu Wort kommen lassen. Dann erfüllt er auch Sie mit Wärme und mit innerem Feuer, das auszustrahlen vermag und die Glut unter der Asche wieder entfachen kann. Dann bringt er die Saiten Ihres ganzen Wesens zum Schwingen, sodass daraus ein Lied wird, mit dem Sie Gottes Größe besingen können; dann schenkt er Ihnen einen langen Atem, sodass Sie andere trösten und wiederaufrichten können.

Seien Sie, meine lieben Gemeindereferentinnen und -referenten, darum immer offen, das sanfte, leise Säuseln Gottes zu hören und zu spüren. Lassen Sie es an sich heran. Lassen Sie es in sich hinein. Schenken Sie es anderen weiter.

Gerade heute brauchen und suchen viele Menschen, viel mehr als wir gewöhnlich ahnen, das Erbarmen, den Frieden und die Freude Gottes. Aber nur, wenn auch Sie wie Elija immer wieder in Ehrfurcht Ihr Angesicht vor Gott verhüllen, ihn verehren, ihn anbeten und ihn von ganzem Herzen lieben, wenn Sie sagen »Nimm mein Leben« *(1 Kön 19,4)*, es soll ganz dir gehören, nur dann können auch Sie wie Elija mutig hinaustreten vor die Höhle, hintreten vor die Menschen und ihnen Gottes Treue und Erbarmen bezeugen. Nur aus Sammlung kann immer wieder neu Sendung werden.

Meine lieben Gemeindereferentinnen und -referenten, gerade in der gegenwärtigen Umbruchsituation werden Ihnen Wüstenerfahrungen nicht erspart werden. Ich wünsche Ihnen, dass Sie in der Wüste bestehen und dadurch reifen. Ich wünsche Ihnen, dass Ihnen immer wieder Engel begegnen, die Ihnen helfen, wieder aufzustehen und durch die Ihnen deutlich wird, dass Gott in seiner unverbrüchlichen Treue immer mit Ihnen und bei Ihnen ist. Ich wünsche und ich erbitte Ihnen die Erfahrung des sanften, leisen Säuselns der Gegenwart Gottes. Ich wünsche Ihnen für Ihren Weg und für den Auftrag, den Sie heute erhalten, Gottes mächtigen und tröstenden Heiligen Geist. Amen.

Beauftragungen von Religionslehrerinnen und -lehrern (Missio)

Religionsunterricht als Begegnung von Glauben und Lebenswelt

Liebe Religionslehrerinnen und Religionslehrer,
liebe Schwestern und Brüder,[1]

es ist mir eine große Freude, heute Religionslehrerinnen und Religionslehrern die Missio canonica, den kirchlichen Auftrag und die kirchliche Sendung zum Religionsunterricht erteilen zu können.

Wir haben in unserer Diözese im letzten Jahr neu damit begonnen, diese Aussendung im Rahmen einer liturgischen Feier vorzunehmen. Das Positive hat mich ermutigt und darin bestärkt, diese Praxis fortzuführen. Sehen Sie darin einen besonderen Ausdruck der Wertschätzung und der Anerkennung Ihres wahrlich sehr oft ganz und gar nicht leichten Dienstes.

Es sind ja nicht wenige Schwierigkeiten, denen die Kirche und insbesondere der Religionsunterricht gegenwärtig begegnen. Der Wind bläst uns derzeit kräftig ins Gesicht und Sie, die Religionslehrerinnen und Religionslehrer, sind es, die die kritischen Anfragen, die Widerstände und den Unmut meist zuerst und unmittelbar mitbekommen.

Umso wichtiger, ja lebensnotwendiger ist es, dass wir uns gerade in dieser schwierig gewordenen Situation auf unsere Aufgabe und auf die Kraftquelle, aus der wir schöpfen, besinnen. Wo anders aber sollten wir die Orientierung hernehmen, wo anders die Kraft und den Schwung zum Durchhalten und Weitermachen schöpfen, als aus der Urkunde unseres Glaubens, der Heiligen Schrift. Ich denke, gerade das heutige Evangelium von der Heilung des Blinden gibt uns dafür rei-

[1] Predigt anlässlich der Misso-Verleihung an Religionslehrerinnen und -lehrern am 28. März 1992 in Herrenberg und am 04. April 1992 in Bad Waldsee. Evangelium: Joh 9,1–9.13–17.34–38.

che Anregung. Es kann uns wie kaum eine andere Evangelien-Perikope Ermutigung sein zu unserem Dienst.

I. Aufbruch der Kirche

Die Wunder Jesu stehen im Johannesevangelium, wie Sie wissen, unter dem Wort »Zeichen«, griechisch »sämeia«, und sind von Johannes bewusst so benannt. Mit den johanneischen Zeichen verhält es sich wie mit Symbolen, die wir aus dem Alltag kennen. Wenn zum Beispiel ein Mann einer Frau eine rote Rose schenkt, schenkt er ihr vordergründig eine Blume, hintergründig und in Wahrheit bedeutet das aber viel mehr und jeder versteht dies auch. Und wenn das Signet unserer Diözesansynode 1985/86 eine Rose zeigt, die aus einem verdorrten Baumstumpf erwächst, soll dies ein Zeichen der Hoffnung und des Aufbruchs der Kirche von Rottenburg-Stuttgart darstellen.

Die Blindenheilung des heutigen Evangeliums stellt das fünfte Zeichen Jesu im Johannes-Evangelium dar. Da gibt es zunächst ein vordergründiges Geschehen: Ein von Geburt an Blinder wird von Jesus geheilt, sodass er am Ende wieder sehen kann. Jesus vollzieht dies nicht durch ein wirkmächtiges Wort, etwa so: »Ich will, sei sehend!«, sondern er heilt den Blinden durch ein Tun. Er vermischt Speichel und Erde zu einem Teig, streicht ihn auf die kranken Augen und gibt dem Blindgeborenen den Auftrag, sich im Teich Schiloach zu waschen. Der gesamte Heilungsvorgang vollzieht sich in einem ganzheitlichen, ganzmenschlichen Geschehen. Der Blinde spürt seine Heilung sinnhaft und soll selbst bei ihr mitwirken. Soweit ist dies ein beobachtbares, vordergründiges Geschehen.

In Wahrheit jedoch geht es um eine tieferliegende Wirklichkeit. Deutlich wird dies an der Diskussion, die sich im Anschluss an die Heilung zwischen den Pharisäern, den Eltern des Blindgeborenen und dem Blindgeborenen selbst ergibt. Die Parteien streiten sich über die Frage, wer denn dieser Jesus sei? Dabei bleiben die Pharisäer in Verblendung, Verstocktheit und im Unglauben, während der Blindgeborene und jetzt Sehende langsam zum Glauben findet. Er steigt Stufe für Stufe bis zum höchsten christologischen Bekenntnis auf; zunächst bekennt er im Streitgespräch mit den Pharisäern: »Er ist ein Prophet.« *(Joh 9,17)* Und am Ende antwortet er auf die Frage Jesu:

»Glaubst du an den Menschensohn?« *(Joh 9,35)*, mit dem Bekenntnis: »Ich glaube, Herr!« *(Joh 9,38)*

»Menschensohn« ist nach Daniel eine Himmelsgestalt, die vor Gott geführt wird. Es wird von ihm gesagt: »Ihm wurden Herrschaft, Würde und Königtum gegeben. Alle Völker, Nationen und Sprachen müssen ihm dienen. Seine Herrschaft ist eine ewige, unvergängliche Herrschaft. Sein Reich geht niemals unter.« *(Dan 7,14)* Der Blindgeboren-Sehende versteht etwas vom Persongeheimnis Jesu. Er ist von Gott ausgegangen; es wird ihm Weltherrschaft mit unbeschränkter Macht übertragen. Deshalb ist es nur folgerichtig, wenn der Blindgeboren-Sehende sich vor Jesus niederwirft zum Zeichen der Dankbarkeit, ja als Anbetung. So wird deutlich, was das »Zeichen« der Blindenheilung eigentlich bedeutet: Jesus heilt die Blindheit des Herzens, die Finsternis des Unglaubens. Er macht das Herz des Blindgeborenen sehend, sodass er jetzt glauben kann. Die Heilung der blinden Augen des Mannes ist zum Zeichen für die Heilung des ganzen Menschen, für seine Öffnung Gott gegenüber geworden, sodass das Licht des Glaubens sein Leben erhellt. Dem korrespondiert auch die Aussage Jesu vor der Blindenheilung: »Solange ich in der Welt bin, bin ich das Licht der Welt.« *(Joh 9,5)*

II. Abendländische Kultur und Tradition

Das heutige Evangelium von der Blindenheilung trifft in die Mitte dessen, was der Auftrag des Religionsunterrichts darstellt: Schüler und Schülerinnen zum Licht des Glaubens zu führen. Natürlich hat Religionsunterricht teil am Gesamtbildungsauftrag der Schule, sonst wäre sein Platz im Fächerkanon schwer begründbar. Es wäre fraglos erschreckend und kulturlos, wenn junge Menschen eines Tages Kunstwerke in Kirchen und Museen nicht mehr verstehen könnten und nicht mehr wüssten, warum zum Beispiel der profane Festkalender sich an Weihnachten und Ostern orientiert. So muss der Religionsunterricht in die abendländische Kultur und Tradition durch die Erschließung des Evangeliums und des Glaubens der Kirche mit einführen. Aber das Evangelium selbst verlangt aus seiner Mitte heraus gebieterisch mehr; es will Glauben ermöglichen, ja zum Glauben führen. Deshalb stellt die innerste Mitte des Religionsunterrichts die Verkündigungsdimension dar, die Glauben möglich machen soll, wenn ein junger Mensch sich dafür öffnet.

Natürlich bin ich mir der Probleme bewusst, die dem entgegenstehen. Ich will einige nennen: Ein Unterrichtsfach im Raum und Rahmen der Schule hat seine Grenzen. Religionsunterricht ist nun einmal kein Wortgottesdienst, sondern einfach ein Schulfach, wo gelehrt und gelernt wird und sogar Noten gegeben werden. Ein weiteres Problem: Die noch immer fortschreitende Säkularisierung macht den Religionslehrern und -lehrerinnen schwer zu schaffen. Viele von Ihnen beklagen, dass vermehrt Eltern sich von der Verpflichtung, ihre Kinder religiös zu erziehen, dispensieren, sodass oftmals die ganze Last auf dem Religionslehrer und der -lehrerin ruht. Ein weiteres erschwerendes Element liegt in der immer noch zunehmenden Inhomogenität unserer Klassen. In der gleichen Klasse sitzen oft glaubende Schüler, die es Gott sei Dank auch gibt, suchende Schüler, gleichgültige Schüler, aggressive Schüler, neuerdings vermehrt ungetaufte Schüler. An der Freiheit und Bereitschaft der Schüler und Schülerinnen, sich für den Glauben zu öffnen oder eben nicht, hat der Religionsunterricht seine Grenze.

Ich möchte Sie bitten, immer wieder neu das zu versuchen, was unsere Diözesansynode so formuliert hat: »Religionslehrer können allen Schülern das Frohmachende und den Anspruch des Evangeliums aufzeigen, manche Defizite in der religiösen Erziehung ausgleichen und einer zuweilen orientierungslosen jungen Generation Lebenssinn und Lebensweisung eröffnen.« An anderer Stelle beschreibt der Synodentext die Aufgabe, die uns gestellt ist, noch deutlicher: »Wo eine Wechselbeziehung (Korrelation) zwischen Glaubensbotschaft und Erfahrung ermöglicht wird und nur in dem Maße, wie der Schüler sowohl dem Anspruch des Evangeliums als auch menschlichen Grundphänomenen begegnet, kann der Religionsunterricht fruchtbar werden. Auseindersetzung und persönliche Begegnung mit der Botschaft des Glaubens, Deutung menschlicher Grunderfahrungen, wie Angenommensein und Bejahung, Geborgenheit und Vertrauen, Freundschaft und Liebe, Freude und Hoffnung, Muße und Arbeit, aber auch Versagen und Schuld, Leid und Enttäuschung, Angst und Not, Krankheit und Tod sind Anliegen und Anspruch des Religionsunterrichts.«

Es geht im Religionsunterricht letztlich um eine Begegnung zwischen Glauben und Lebenswelt der Schüler, zwischen Evangelium und Erfahrung, zwischen Glaubenstradition unserer Kirche und heutiger moderner Situation. Wenn ein Schüler oder eine Schülerin heute das Evangelium Jesu Christi als Chance und Ermutigung dafür begreift, dass sie das Leben sinnerfüllt zu führen vermögen und ihr Leben gelingen kann, dann ist der Religionsunterricht über alles Lehren und Lernen hinaus ans Ziel gekommen.

III. Lebenszeugnis aus dem Glauben

Freilich, ein so verstandener Religionsunterricht erhebt Ansprüche an den Religionslehrer und die Religionslehrerin selbst. Sie sind immer wieder dazu herausgefordert, aus der Zurückhaltung des Lehrens herauszutreten, um ihr eigenes Glaubenszeugnis vor den Schülern und den Schülerinnen abzulegen. Nur dann kann der zündende Funke überspringen.

Unser Synodentext spricht in diesem Zusammenhang von Nachfolge Jesu und dem Lebenszeugnis aus dem Glauben, vom steten Mühen um das Wort Gottes, Gebet und Meditation und von einem engagierten Leben in und mit der Gemeinde.

Ich weiß freilich sehr wohl, dass auch der Religionslehrer und die Religionslehrerin Suchende sind, die sich auf dem Weg befinden und noch nicht am Ziel ihres eigenen Glaubens angekommen sind. Auch Religionslehrer und -lehrerinnen sind angefochten im Glauben und manchmal mutlos, wenn so viel Mühe oft ins Leere zu gehen scheint. Wenn Sie diese Erfahrung machen müssen und darunter leiden, dann vergessen Sie bitte nicht: Jesus hat uns eine Verheißung gegeben; das Evangelium kommt ans Ziel, es bringt Frucht, auch wenn dies für uns oft nicht und schon gar nicht sofort sichtbar ist, wenn wir nur das Unsrige tun.

Wenn ich heute den Religionslehrern und Religionslehrerinnen die Missio canonica überreichen darf, dann ist das, wie unsere Diözesansynode dies formuliert, ein »Ausdruck des Vertrauens des Bischofs in Ihre Person und in Ihr Wirken.« Und ich füge an: Ich vertraue Ihnen! Ich vertraue Ihnen das Evangelium Jesu Christi an zu treuen Händen! Ich vertraue Ihnen junge Menschen an, die Sie begleiten und Gott und Jesus Christus näherbringen können, soweit menschliches

Tun dies vermag. Ich bitte Sie: Öffnen Sie jungen Menschen die Augen für den Glauben, wie Jesus es getan hat. Helfen Sie mit, dass die meist unverschuldete Blindheit des Unglaubens junger Menschen dem Licht des Glaubens weicht.

Ich möchte schließen mit einem Dank an alle 5.500 Religionslehrer und -lehrerinnen in unserer Diözese, die sich Tag für Tag von Jesus Christus in den Dienst des Evangeliums nehmen lassen. Er segne Ihr Tun und mache es fruchtbar. Amen.

Grundaufgabe des Religionsunterrichts

Liebe Religionslehrerinnen und Religionslehrer,
liebe Schwestern und Brüder![1]

Mit großer Freude begrüße ich Sie alle, besonders die Religionslehrerinnen und Religionslehrer, denen ich heute die Missio canonica, den kirchlichen Auftrag und die kirchliche Sendung zum Religionsunterricht erteilen kann. Ich danke Ihnen, dass Sie bereit sind, diesen wichtigen Dienst zu übernehmen. Sehen Sie in dieser Feier ein Zeichen der Anerkennung und der Wertschätzung für Ihren Auftrag.

I. Verdrängung

Ich weiß, der Religionslehrer und die Religionslehrerin stehen heute gleichsam an der Front. Ihre Aufgabe ist in den letzten Jahren wahrlich nicht leichter und nicht einfacher geworden.

Dafür gibt es vielfältige Gründe: die Verdrängung der religiösen Dimension aus der Öffentlichkeit und die Gottesfinsternis der Zeit, das Ansehen – das Image wie man zu sagen pflegt – der Kirche in der Öffentlichkeit, ja manche, teils mit Gehässigkeit gegen die Kirche gerichteten Angriffe, selbstverständlich auch hausgemachte Fehler und Probleme, einerseits hohe, ja manchmal überzogene Erwartungen an die Kirche und Enttäuschung darüber, wenn sie nicht erfüllt werden und realistischerweise oft auch gar nicht erfüllt werden können, vielleicht schlechte Erfahrungen mit der eigenen Ortsgemeinde, nicht

[1] Predigt anlässlich der Missio-Verleihung an Religionslehrerinnen und -lehrer am 20. März 1993 in Bietigheim und am 27. März 1993 in Ulm-Wiblingen. Evangelium: Joh 9.1–9.13–17.34–38.

zuletzt in der Mehrzahl der Fälle fehlende religiöse Erziehung in der Familie, sofern die jungen Menschen überhaupt noch das Glück haben, aus geordneten Familienverhältnissen zu kommen.

Wie soll der Religionsunterricht das alles auffangen? Ist er damit nicht hoffnungslos überfordert? Zweifellos, wenn man von ihm erwarten wollte, er könne alles das leisten, was andere Vermittlungsinstanzen des Glaubens nicht oder ungenügend leisten.

Das geht nicht. Das geht schon deshalb nicht, weil Sie, die Religionslehrerinnen und Religionslehrer, ja auch Ihre Fragen und Probleme haben. Auch Sie und nicht nur Sie, vielmehr wir alle fühlen und suchen ein Stück weit mit den jungen Menschen. Sehr oft sind ihre Fragen auch unsere Fragen. Auch wir sind mit unserem Glauben unterwegs.

Wenn Sie sich dennoch entschlossen haben, Religionslehrer und Religionslehrerin zu werden, dann nicht deshalb, weil man eben einen Brotberuf braucht, sondern weil Sie spüren, dass gerade und besonders in unserer Situation der Mensch nicht vom Brot allein lebt. Brot und alles, was damit zusammenhängt, besonders Wohnung und Arbeit, sind gewiss nötig und die Perspektiven dafür haben sich für die jungen Menschen leider verdüstert. Aber junge Menschen brauchen mehr als das. Sie brauchen Zuwendung, und sie brauchen eine Perspektive, die ihnen Hoffnung und Sinn für ihr Leben erschließt. Sie brauchen Werte, die bleiben und die halten, Werte, für die es sich zu leben, zu arbeiten und sich einzusetzen lohnt. Von Kritik kann niemand, und schon gar kein Jugendlicher, auf die Dauer leben.

Die Gewissensfrage an uns Ältere, die wir – jeder auf seine Weise – Verantwortung tragen, ist, ob wir in dieser Hinsicht nicht schuldig werden an unseren Kindern und Jugendlichen. Eines lässt sich jedenfalls sagen: Angesichts der Situation, wie ich sie angedeutet habe, kommt dem Religionsunterricht bei allen Schwierigkeiten eine besondere Aktualität und Dringlichkeit zu. Er will, nein, Sie, liebe Religionslehrerinnen und Religionslehrer, wollen einen – Ihren – Beitrag leisten, um der tiefsten Not vieler junger Menschen zu begegnen. Der Religionsunterricht ist zumindest eine Chance, die wir nicht geringachten und nicht vertun dürfen, etwas Licht in das Leben junger Menschen zu bringen, das Licht des Glaubens.

II. Gottesfinsternis als Problem unserer Zeit

Damit stehe ich beim Evangelium von der Heilung des Blinden, das wir soeben gehört haben. Dieser Mann, der seit seiner Geburt blind ist und der bettelnd am Wegrand auf Jesus wartet, der steht gleichnishaft für uns alle. Denn obwohl wir sehen können und obwohl wir heute durch die modernen Wissenschaften, die Aufklärung, die Medien der Information und Kommunikation weit mehr sehen und wissen als frühere Generationen, sind wir doch partiell blind und tappen im Dunkeln. Wir wissen viel und die Schule vermittelt heute weit mehr Wissensstoff als früher. Aber wissen wir auch immer das Wissenswerte, wissen wir um die Werte, die das Leben letztlich tragen und lebenswert machen? Welche Werte vermitteln wir überhaupt? Man kann durch viel Wissen nicht nur gescheiter und weiser werden, man kann dadurch auch verdummen und verblöden, wenn einem das Koordinatensystem abhandenkommt, in das man die vielen Informationen einordnet. Und ist nicht die Gottesfinsternis (Martin Buber) das eigentliche Problem und die eigentliche Not heute? Wenn Gott nicht mehr Grund und Ziel, Halt und Sinn des Ganzen ist, dann haben wir nur noch Bruchstücke und Fragmente in den Händen, dann fehlt die Tiefenschärfe, dann sind wir letztlich blind.

Der Glaube, den weiterzugeben und weiter zu bezeugen Ihre Aufgabe als Religionslehrerinnen und Religionslehrer ist, ist nicht irgendein Zusatz zum sonstigen Wissen, er ist kein äußerlich und willkürlich auferlegtes System oder irgendeine weltfremde Ideologie. Der Glaube ist das Licht des Lebens und die Erleuchtung des Herzens, weil er den bezeugt, der von sich sagen konnte: »Ich bin das Licht der Welt.« *(Joh 8,12)* Der Blinde aus dem heutigen Evangelium hat dies verstanden. Er lässt sich nicht ein auf die kritischen Einwände und Angriffe seiner Umgebung. Er hat erfahren und bekennt: »Ich glaube, Herr!« *(Joh 9,38)* und er wirft sich vor Jesus nieder.

Das war damals, aber, meine lieben Schwestern und Brüder, gibt es denn heute eine wirkliche Alternative zu diesem Christusbekenntnis? Gibt es heute etwas Besseres? Oder müssen wir nicht vielmehr sagen: Ja, in Jesus Christus ist uns der Sinn unseres Lebens endgültig und unüberbietbar erschlossen. Jesus Christus, der Gott-Mensch, sagt uns endgültig, wer Gott ist und wer wir selber sind. Ist es darum nicht eine großartige und faszinierende Aufgabe, diesen Christus-Glauben immer wieder neu mit dem konkreten Leben zusammenzubringen und ihn in die Fragen, Hoffnungen, scheinbaren Ausweglosigkeiten, das Versagen, kurzum in die Situation junger Menschen hinein zu buchstabieren, damit er dort zum Leuchten kommt, neue Zuversicht, Mut, Kraft und Hoffnung weckt, um sich schließlich in Taten der Menschlichkeit, der Solidarität, der Liebe auszuwirken. Diesen Wechselbezug (Korrelation) herzustellen und jungen Menschen Lichter für ihr Leben aufzustecken ist ja die Grundaufgabe des Religionsunterrichts. Er hat – richtig praktiziert – gerade auch heute eine heilende Wirkung.

III. Zunehmende Orientierungslosigkeit

So führt uns die Geschichte von der Heilung des Blinden im Evangelium wieder zurück zu unserer und zu Ihrer Aufgabe als Religionslehrerinnen und Religionslehrer. Jüngste recht bestürzende Erfahrungen mit der zunehmenden Orientierungslosigkeit und der gleichzeitig zunehmenden Gewaltbereitschaft schon in den Kindergärten und erst recht in den Schulen haben ja die Diskussion um die Defizite in unserem Erziehungs- und Bildungssystem neu entfacht. Die soziale Verwahrlosung, die sich in diesen Phänomenen andeutet, geht sicherlich bei weitem nicht nur, aber doch auch, auf das Konto der Schule. Die gesamte Gesellschaft muss sich da kritische Fragen gefallen lassen. Mit Recht hat einer bei den Rostocker Krawallen gerufen: »Das sind keine Rechtsradikalen, das sind unsere Kinder«.

Es stellt sich also auch die Frage nach dem Erziehungsauftrag der Schule und inwiefern sie noch die Werte vermittelt, die aus der christlichen Tradition kommend in unserer Verfassung verbindlich festgeschrieben sind: Ehrfurcht vor Gott, Geist christlicher Nächstenliebe, Liebe zu Volk und Heimat, sittliche und politische Verantwortlichkeit, freiheitliche demokratische Gesinnung; heute würden wir hinzufügen: Sorge für die Bewahrung der Schöpfung.

Der Religionsunterricht kann und muss bei diesem Erziehungs- und Bildungsauftrag einen unverzichtbaren und auch durch nichts ersetzbaren Beitrag leisten. Er ist aktueller denn je. Er kann den Kindern und jungen Menschen vor allem das zu vermitteln suchen, was sie am nötigsten brauchen und sehr oft am meisten entbehren: die

Erfahrung des Angenommenseins und der Bejahung, der Geborgenheit und des Vertrauens, der Barmherzigkeit, der Vergebung und der Versöhnung. Denn er hat alles zusammengefasst, im Grunde das Eine zu bezeugen, dass Gott jeden Menschen auf ganz einmalige Weise annimmt, liebt und bejaht.

Solches Zeugnis setzt Überzeugung voraus, setzt voraus, dass Sie als Religionslehrerin und Religionslehrer sozusagen aus der Deckung herausgehen und nicht nur etwas sagen, sondern etwas von sich selber sagen und sich selbst einbringen. Nur so kann der zündende Funke überspringen. Nur wenn Sie selbst aus dem Glauben leben, können Sie den Glauben lebendig weitergeben. Der Religionslehrer muss Zeuge sein; anders kann er nicht überzeugen.

Ich weiß, dass dies ein Anspruch ist, der nur sehr schwer einzulösen ist. Denn oft sind Sie – wie wir alle – selbst mutlos und wie ausgebrannt. Wir werden uns überlegen müssen, wie wir Sie noch viel mehr nicht nur durch gute Materialien, die es ja gibt, sondern durch Fortbildung, Begegnungen und religiöse Begleitung unterstützen können. Auch diese Feier, wie übrigens jede Eucharistiefeier, soll Ihnen neu Kraft und Mut geben. Ich möchte einfach sagen: Ich vertraue Ihnen! Ich vertraue Ihnen das Evangelium Jesu Christi zu treuen Händen an! Ich vertraue Ihnen unsere Kinder und jungen Menschen an! Öffnen Sie ihnen die Augen für den Glauben; seien Sie ihnen gute Wegbegleiter.

Ich danke Ihnen für Ihren Einsatz. Gott segne Ihr Tun und mache es fruchtbar. Amen.

Religionsunterricht heute

Liebe Religionslehrerinnen und Religionslehrer,
liebe Gemeinde,
liebe Schwestern und Brüder![1]

Ich freue mich darüber, dass wir heute hier gemeinsam miteinander die Eucharistie feiern können. Ich freue mich und bin zugleich dankbar dafür, dass ich im Rahmen dieses Gottesdienstes Ihnen, liebe Religionslehrerinnen und Religionslehrer, die Missio canonica, die kirchliche Sendung, erteilen darf. Weiß ich doch, dass wiederum 51 Frauen und Männer in Neckarsulm und 61 Frauen und Männer in Reutlingen bereit sind, im Raum und Rahmen der Schule in den Dienst des Evangeliums Jesu Christi zu treten.

I. Erwartungen an den Religionsunterricht

Diese Bereitschaft ist keineswegs selbstverständlich. Denn Religionsunterricht zu erteilen, ist heutzutage wahrhaftig kein leichter Dienst. Einerseits werden gerade heute hohe Erwartungen in den Religionsunterricht gesetzt. Vielleicht sind Religionslehrer die Lehrer, auf denen der höchste Erwartungsdruck lastet. Da sind ja nicht nur die Erwartungen, die vonseiten der Schüler, der Schule und der Schulbehörde an den Fachlehrer gestellt werden. Da ist auch die Kirche, die eine sach- und situationsgerechte Glaubensunterweisung erwartet.

---

[1] Predigt anlässlich der Missio-Verleihung an die Religionslehrerinnen und -lehrer am 16. April in Neckarsulm und am 17. April 1994 in Reutlingen.
Lesungen: Apg 3,12a.13–15.17.19; 1 Joh 2,1–5a; Evangelium: Lk 24,35–48.

Und da sind, vielleicht mehr als in anderen Fächern die Eltern, die sehr wohl wahrnehmen und wissen, dass es beim Religionsunterricht in besonderer Weise um die Persönlichkeitsbildung ihres Kindes geht.

Hinzu kommt, dass der Religionsunterricht – gerade auch vonseiten der Eltern – nicht selten überfordert wird. Vielfach wird erwartet, dass der Religionsunterricht all das an religiöser Erziehung und Sozialisation leistet, was in vielen Familien heute nicht mehr geleistet wird oder nicht mehr geleistet werden kann. Der besorgniserregende Werteverlust lenkt die Blicke vieler verstärkt auf den Religionsunterricht. Man erhofft sich, dass er das ausgleicht, was andernorts versäumt wurde. Hohe Erwartungen also auf der einen Seite.

Auf der anderen Seite jedoch begegnen nicht wenige Schüler, aber auch Eltern und Kollegen dem Religionsunterricht mit Skepsis oder Ablehnung, oft auch mit Gleichgültigkeit oder mit einem mitleidigen Lächeln. Die Gründe sind vielfältig. Ich brauche sie hier nicht aufzuzählen. Sie hängen zusammen mit der Verdrängung der religiösen Dimension aus der Lebenswelt unserer Gesellschaft, mit der fortgeschrittenen Privatisierung gelebter Religiosität, aber auch mit dem angegriffenen Image der Kirche in der Öffentlichkeit.

Sie, liebe Religionslehrerinnen und Religionslehrer, bekommen die gegenwärtigen Schwierigkeiten der Glaubensvermittlung in ganz besonderer Weise zu spüren. Sie stehen jungen Menschen gegenüber die die Kirche mit Ihren anderen Verkündigungsformen teilweise schon gar nicht mehr erreicht. Für immer mehr Jugendliche ist der Religionsunterricht der erste und einzige Berührungspunkt mit der Kirche. Das ist seine große Chance. Das ist aber zugleich eine große Herausforderung an Sie, eine Herausforderung, die Ihr Leben bereichern wird, die Ihnen zugleich jedoch auch viel zumutet und viel abverlangt. So möchte ich Ihnen an dieser Stelle zunächst einfach meine Anerkennung aussprechen und meinen Dank für Ihre Bereitschaft, dass Sie sich diesem schönen, aber auch schwierigen Dienst widmen, dem Dienst, den Schülerinnen und Schülern das Leben und die Welt im Licht der christlichen Heilsbotschaft zu erschließen.

II. Glauben ermöglichen

Sie üben diesen Dienst aus im Rahmen des Bildungs- und Erziehungsauftrags der Schule. Religionsunterricht muss zusammen mit anderen Fächern junge Menschen mit dem Kulturgut Europas vertraut machen. Er ist ein Schulfach, in dem gelernt und gelehrt wird und in dem auch Noten gegeben werden. Doch Religionsunterricht ist zugleich mehr als das. Er ist zugleich eine Dimension kirchlicher Verkündigung, will Glauben ermöglichen, ja zum Glauben hinführen. Als Religionslehrerinnen und Religionslehrer nehmen sie Anteil an dem Verkündigungsauftrag, den Jesus seiner Kirche gegeben hat. Dies kommt in der Erteilung der Missio canonica, der kirchlichen Sendung, in besonderer Weise zum Ausdruck.

In der Einführung zu den neuen Lehrplänen Baden-Württembergs heißt es zum Katholischen Religionsunterricht: Er eröffnet »grundlegende religiöse Erfahrungen, indem er aus der Sicht des kirchlichen Glaubens Mensch und Welt in ihrem Bezug zu Gott und zu Jesus Christus zeigt.« Die Bewältigung dieser Aufgabe fordert fachliche Kompetenz und didaktisches Geschick. Dass Sie sie mitbringen, haben sie in der Zeit ihrer Ausbildung mehrfach unter Beweis stellen müssen.

Religionsunterricht fordert sie aber auch als Menschen, als religiöse und geistliche Menschen. Er fordert sie als Zeugen. Zum Zeuge sein gehört immer beides: Wahrnehmung und Vermittlung. Wer ein Geschehen nicht gesehen, nicht gehört, seine Bedeutung nicht erkannt hat, kann es auch nicht bezeugen. Wer das Gesehene, Gehörte, Erkannte nicht weitergibt, ist als Zeuge untauglich.

III. Eigene Begegnungen mit Jesus Christus

Im Evangelium, das wir soeben gehört haben, geht es um beide Dimensionen des Zeugnisses. Die Apostel und Jünger werden uns als recht skeptisch vorgestellt. Sie sind alles andere als Phantasten, die sich ihre Welt zurechtlegen, um sich an ihren eigenen Phantasiebildern trösten zu können. Nein, sie sind uns und unserer Situation gar nicht so unähnlich: Ihr Mut ist gesunken, ihr Herz ist voller Zweifel.

Doch Jesus lässt sie seine Gegenwart erfahren und macht sie so zu einzigartigen Zeugen seines Auferstandenseins. »Ihr seid Zeugen dafür«, schärft er ihnen ein. Und wie eine Antwort hierauf klingen die Worte des Petrus in der Apostelgeschichte: »Gott hat ihn von den Toten auferweckt. Dafür sind wir Zeugen.« *(Apg 3,15)* Ohne das in seiner Einzigartigkeit nicht einholbare Zeugnis der Apostel und Jünger wüssten wir nicht von Jesus und seiner befreienden Frohbotschaft. Doch dieses Zeugnis entbindet uns nicht davon, uns selbst wie die Jünger mit allen Sinnen auf die bezeugte Wirklichkeit einzulassen. Ohne eigene Glaubenserfahrung und ohne immer wieder neue eigene Begegnung mit Jesus Christus können wir keine Zeugen sein. Wir müssen immer wieder wachsen in unserem Glauben an das, was wir bezeugen. Zeugnis setzt Überzeugung voraus.

Ein zweites wird deutlich: Das Zeugnis, das die Jünger und Apostel ablegen, ist nicht nur der Bericht von einem vergangenen Widerfahrnis. Es ist zugleich Zeugnis von einem neuen Gottes-, Selbst- und Weltverständnis, einem Verständnis, das Ihnen der Auferstandene selbst eröffnet hat. »Er öffnete ihnen die Augen für das Verständnis der Schrift« *(Lk 24,45)*, heißt es im Evangelium. Die Schriften des Alten Bundes sind für Juden ja mehr als ein Buch. Sie sind Zeugnisse ihrer eigenen Geschichte, der Überlieferungshorizont in dem und aus dem heraus sie ihr Leben gestalten, der Quell, aus dem sie ihre Hoffnungen schöpfen. Wenn der Auferstandene den Jüngern die Schrift erschließt, dann lehrt er sie, die Welt und sich selbst mit neuen Augen zu sehen. Er öffnet ihnen den Blick für die Wahrheit dessen, was ist, für den Logos alles Wirklichen. Er eröffnet ihnen damit zugleich ganz neue Möglichkeiten zu leben und ruft sie auf, diese Möglichkeit auch anderen zu erschließen. Dieser Aspekt scheint mir gerade heute sehr wichtig zu sein. Der Religionsunterricht soll eine oft sehr eindimensionale, im ursprünglichen Sinn des Wortes bornierte Sicht des Lebens und der Welt aufbrechen, eine tiefere Dimension im Leben der jungen Menschen selbst erschließen und sie zu den Quellen wahren Lebens führen.

Und somit kommt ein Drittes in den Blick: Glaubenszeugnis ist mehr als Wortzeugnis. Es ist zutiefst und wesentlich Lebenszeugnis, Zeugnis von einem neuen Leben und Zeugnis durch ein neues Leben. In geradezu schneidender Deutlichkeit sagen uns dies die Worte der heutigen Lesung aus dem ersten Johannesbrief: »Wer sagt: Ich habe ihn erkannt!, aber seine Gebote nicht hält, ist ein Lügner, und die Wahrheit ist nicht in ihm. Wer sich aber an sein Wort hält, in dem ist die Gottesliebe wahrhaft vollendet.« *(1 Joh 2,4)* Die Glaubwürdigkeit des Zeugen entscheidet sich an seinen eigenen Lebensvollzügen. Es gilt, etwas von dem erfahrbar werden zu lassen, wovon wir mit unseren Worten Zeugnis ablegen.

IV. Religionsunterricht heute

Sich immer wieder um den eigenen Glauben bemühen, sich und anderen den Glauben erschließen als neue Möglichkeit zu leben, in der Begegnung mit den Anderen etwas von der bezeugten Heilswahrheit sichtbar werden lassen. Das ist es, was auch die Religionslehrerin und den Religionslehrer zum christlichen Zeugen macht. Manch einer mag vielleicht denken: Schön und gut. Aber denkt der Bischof denn auch an die konkreten Bedingungen des Religionsunterrichts? An die kleinen Begegnungsrationen des Schulalltags? Zweimal 45 Minuten in der Woche vor einer vielleicht 30-köpfigen Klasse! Dazu die üblichen Sach- und Gruppenzwänge des Schulbetriebs und die unterschiedlichen Voraussetzungen und Interessenslagen, die die Schüler mitbringen.

Gewiss! Ich verkenne diese Schwierigkeiten nicht. Ich verkenne auch nicht, dass man sich nicht immer gleich engagieren kann, dass es Zeiten gibt, in denen man als Religionslehrerin oder Religionslehrer froh ist, wenn man sich auf die bloße Stoffvermittlung zurückziehen kann. Umso wichtiger ist es jedoch, dass sie selbst immer wieder Kraft schöpfen aus dem Glauben: durch das Hören des Wortes Gottes, durch Gebet und Meditation, durch die Mitfeier der Gottesdienste in der Gemeinde und die Teilnahme am Gemeindeleben. Je lebendiger Ihre Beziehung zu Ihrer Gemeinde ist, umso überzeugender können Sie das Evangelium Jesu Christi bezeugen.

In der Diözese werden wir uns überlegen müssen, wie wir Sie noch viel mehr, nicht nur durch gute Materialien, die es ja gibt, sondern auch durch Fortbildung, Begegnung und religiöse Begleitung unterstützen können. In den Gemeinden muss noch mehr als bisher das Bewusstsein wachsen, dass Sie als Religionslehrerinnen und Religionslehrer im Gefüge unserer Gesellschaft einen wesentlichen Dienst der

Evangelisierung wahrnehmen und dass Sie dies stellvertretend für die gesamte Gemeinde tun.

In diesem Sinne möchte ich Ihnen auch in dieser Feier Kraft und Mut zusprechen und ihnen mit der Erteilung der Missio canonica sagen: Ich vertraue Ihnen. Ich vertraue Ihnen das Evangelium Jesu Christi zu treuen Händen an. Ich vertraue Ihnen unsere Kinder und jungen Menschen an. Öffnen Sie Ihnen die Augen für den Glauben. Seien Sie ihnen gute Zeugen und Wegbegleiter. Ich danke Ihnen noch einmal für Ihren Einsatz. Gott segne Ihr Tun und mache es fruchtbar. Amen.

Gott, den Jugendlichen und der Kirche eine Chance geben

Meine lieben Religionslehrerinnen und Religionslehrer,
liebe Schwestern und Brüder,[1]

von ganzem Herzen begrüße ich Sie zu diesem Gottesdienst. Ich freue mich, dass sich auch dieses Jahr wieder so viele Frauen und Männer bereitgefunden haben, sich für den Dienst als Religionslehrerin und Religionslehrer senden zu lassen. Für diese Bereitschaft danke ich Ihnen sehr, und diesen Dank spreche ich nicht nur in meinem eigenen Namen aus, sondern auch im Namen der vielen Schülerinnen und Schüler, denen Sie mit der frohen Botschaft unseres christlichen Glaubens grundlegende Orientierungshilfe für ihr Leben vermitteln. Wie wichtig dieses Sinnangebot gerade heute in einer Situation zunehmender Orientierungslosigkeit ist, wissen Sie selbst am besten.

I. Eine neue missionarische Situation

Freilich, meine lieben Religionslehrerinnen und Religionslehrer, bemerke ich bereits den Stoßseufzer, der dem einen oder anderen von Ihnen auf den Lippen liegt und der sagen will: Ja, wichtig und sogar sehr wichtig ist der Religionsunterricht gewiss, davon sind wir überzeugt, aber wir erfahren tagtäglich auch wie schwierig und oft auch wie undankbar er heutzutage geworden ist. Sie haben es mit Schülern und Schülerinnen zu tun, die kirchlich sehr unterschiedlich sozialisiert sind, vielerorts haben die meisten kaum mehr einen kirchlichen

---

[1] Predigt anlässlich der Missio-Verleihung an Religionslehrerinnen und -lehrer in Rottweil und Aalen am 18. und 19. März 1995.
Evangelium: Lk 13,1–9.

Bezug. Sie bringen nichts oder fast nichts mit. Viele nicht einmal Interesse an religiösen Fragen und Vollzügen, eher schon einen ganzen Packen von kaum überwindbaren Vorurteilen und Animositäten. Auch in den Lehrerkollegien fühlen Sie sich oft sehr allein und auf verlorenem Posten. Sehr oft müssen Sie den Kopf hinhalten für Geschehnisse in der Kirche, von denen Sie selbst nicht hundertprozentig überzeugt sind. Denn als Religionslehrerin und Religionslehrer haben auch Sie bei aller Grundsolidarität Fragen und Anfragen an die Kirche. Es wäre unehrlich, dies nicht sehen oder nicht sagen zu wollen. So mag Ihnen der zweite Teil des heutigen Evangeliums vom dritten Sonntag in der österlichen Bußzeit geradezu aus dem Herzen gesprochen sein. Vermutlich können Sie sich leicht in die Situation des Weinberggärtners versetzen, der sich drei Jahre lang redlich abgearbeitet und mit allen erdenklichen Künsten abgemüht hat. Doch alles umsonst. Wen wundert es, dass er unwillig wird, aufgeben und den unfruchtbaren Feigenbaum umhauen will. Ähnlich geht es auch vielen Religionslehrerinnen und Religionslehrern, wenn sie sich nach den Früchten ihrer Arbeit fragen. Anflüge von Resignation sind da durchaus verständlich.

In dieser Situation des Religionsunterrichts spiegelt sich ziemlich genau die Situation unserer Kirche. Es ist die Situation einer zunehmenden Diaspora, ja eine neue missionarische Situation. Die Religionslehrer und Religionslehrerinnen stehen in dieser für uns noch wenig gewohnten Situation sozusagen an der vordersten Front. In dieser Situation, meine lieben Religionslehrerinnen und Religionslehrer, ist die Kirche ganz dringend auf Sie angewiesen. Denn der Religionsunterricht bringt Sie in Kontakt mit jungen Menschen, die sonst kaum mehr einen Kontakt zu ihrer Gemeinde haben. Das ist bei allen Schwierigkeiten zugleich eine Chance und eine Herausforderung.

II. Gott gibt Zeit

Deshalb, meine lieben Schwestern und Brüder, ist es bezeichnend, dass unser Gleichnis nicht mit der menschlich verständlichen verärgerten Reaktion des Weinbergbesitzers endet, sondern mit der Fürsprache seines Arbeiters: »Herr, lass den Baum dieses Jahr noch stehen. Ich will den Boden um ihn herum aufgraben und düngen. Vielleicht trägt er doch noch Früchte.« *(Lk 13,8)* Aus diesen Worten spricht die Erfahrung des Landwirts, der weiß, dass man der Natur nichts abzwingen kann, dass man vielmehr einen langen Atem haben muss. Als Menschen können wir nur graben, pflanzen, düngen und bewässern; das Wachsen selbst können wir nicht »machen«.

Mit diesem Gleichnis aus dem Bereich der Natur will uns Jesus auf die Pädagogik Gottes verweisen. Es ist ein Grundmotiv der Bibel, dass Gott unendliche Geduld mit seinem widerspenstigen Volk und mit uns allen hat. Grund zum Dreinschlagen wäre wahrlich genug. Aber Gott räumt immer wieder eine Gnadenfrist ein. Er ist nicht auf schnelle vorzeigbare Erfolge erpicht. Erfolg ist keiner der Namen Gottes, hat Martin Buber gesagt. Gott lässt wachsen und Gott gibt Zeit. Die Kirchenväter haben immer wieder über diese Pädagogik Gottes nachgedacht und gezeigt, wie Gott in der Geschichte mit seinem Volk den Weg der Schritte, oft der ganz kleinen Schritte geht, um zum Ziel zu kommen.

Dieses Gesetz der Schritte gilt nicht nur von der Heilsgeschichte im Großen, sondern auch von der je individuellen Glaubensgeschichte im Kleinen. Es entspricht sowohl der Pädagogik der Menschen und noch mehr der Gottes, wenn wir junge Menschen auf ihrem jeweils ganz persönlichen Weg des Glaubens mit sehr viel Geduld begleiten.

Dabei können wir nur Hilfestellung geben, den Glauben selbst können wir nicht machen. Das Wachstum muss ein anderer geben. Der Glaube bleibt Geschenk der unableitbaren Gnade Gottes wie Frucht der freien Entscheidung des Menschen.

Sowohl Gott wie den uns anvertrauten jungen Menschen müssen wir immer wieder neu eine Chance geben.

Nicht Resignation ist also angesagt. Denn würden wir aufgeben, würden wir nicht nur den Glauben an Gott und seine Möglichkeit, selbst noch aus Steinen Kinder Abrahams, das heißt Kinder des Glaubens zu erwecken, aufgeben. Wir würden auch den Glauben an die uns anvertrauten jungen Menschen aufgeben. So wie Gott uns nicht aufgibt, sondern immer wieder neu um uns wirbt und uns geradezu nachläuft, so dürfen wir keinen unserer Schüler und keine unserer Schülerinnen abschreiben. Geben wir also Gott und geben wir unseren Schülern und Schülerinnen immer wieder neu eine Chance.

III. Umkehr und Buße

Meine lieben Religionslehrer und Religionslehrerinnen, mit alle dem habe ich nicht überlesen oder vergessen, was im ersten Teil des heutigen Evangeliums steht. Es sind deutliche Worte und Rufe zur Umkehr. Gleich zwei Mal heißt es: »Ihr werdet alle genauso umkommen, wenn ihr nicht umkehrt.« *(Lk 13,5)* Ich weiß, wir hören es heute nicht gerne, wenn von Umkehr und Buße die Rede ist. Wir halten uns im Großen und Ganzen für okay, zumindest lassen wir uns nicht gerne in unsere Lebensführung hineinreden. Da sind wir selbst kein Haar besser als unsere Schüler und Schülerinnen. Schuld sind immer die Anderen, die Verhältnisse, die da oben, das System, oder wie immer die Entschuldigungsmechanismen lauten. Nur uns selbst soll man bitte in Ruhe und in Frieden lassen.

Aber es sind heute gerade die wachen Zeitgenossen, welche uns darauf hinweisen, dass es so wie bisher nicht weitergehen kann, dass wir vielmehr umdenken und uns neu orientieren müssen. Der biblische Ruf zur Umkehr ist gerade heute, so unbeliebt er ist, höchst aktuell und höchst dringlich. Er lässt sich weder aus der Predigt der Propheten noch aus der Verkündigung Jesu herausoperieren. Das gesamte Alte und Neue Testament setzt voraus, dass es mit uns Menschen nicht gutsteht. Unsere menschliche Situation ist vielmehr ein einziger Schrei nach Erlösung.

Die eigentliche Krise unserer Gegenwart ist nicht nur eine Wirtschaftskrise, nicht nur eine Krise des technologischen Fortschritts, nicht nur eine Umweltkrise, nicht nur eine Krise unserer westlichen Zivilisation, auch nicht primär eine Kirchenkrise. Das alles gewiss auch. Im Entscheidenden erfahren wir gegenwärtig eine Gotteskrise. Im Unterschied zu allen Kulturen, welche die Menschheit bislang kannte, im Unterschied auch zu unserer eigenen kulturellen Tradition haben wir den letzten Grund und das letzte Ziel, Halt und Inhalt unseres Lebens verloren. Wir sind blind und unempfindlich geworden für das eigentliche Geheimnis unseres Lebens. Weil wir Gott vergessen haben und ihm gegenüber gleichgültig geworden sind, haben wir den Boden unter unseren Füßen verloren, sehen wir keinen Himmel mehr über uns, haben wir die Orientierung verloren und bekommen wir es mit der Angst zu tun. Unser Leben ist sehr banal und oft genug schal geworden. Wir müssen umkehren.

Dieses Umdenken in den Köpfen und in den Herzen unserer jungen Generation einzuleiten, ist eine der wichtigsten Aufgaben des Religionsunterrichts. Der Religionsunterricht darf sich also gerade nicht anpassen und in die heutigen Moden und Plausibilitäten einpassen. Die christliche Botschaft kann man nicht stromlinienförmig, sozusagen im Windkanal, konstruieren. Sie muss gerade heute um des Menschen willen anstoßen. Sie liegt notwendiger- und notwendender Weise quer zu vielem, was heute durchschnittlich gilt. In einem recht verstandenen Sinn muss der Religionsunterricht subversiv sein. Er muss die oft banalen Fragen und Antworten entlarven und die im eigentlichen Sinn des Wortes radikalen, das heißt die an die Wurzeln unserer Existenz gehenden Fragen neu stellen. Denn nur wer Gott kennt, kennt den Menschen.

Darum gilt das Wort Jesu »Wenn ihr nicht umkehrt, werdet ihr alle umkommen« *(Lk 13,5)* jedem Einzelnen von uns und unserer gesamten westlichen Zivilisation. Ohne Gott kann unser Volk und unsere westliche Zivilisation keine Zukunft haben. Ohne Gott ist es um die Würde des Menschen geschehen. Nur durch eine grundlegende Umkehr zu Gott haben wir, haben unsere Schüler und Schülerinnen, hat unser Volk und unsere westliche Zivilisation nochmals eine Chance. Hier, meine lieben Religionslehrerinnen und Religionslehrer, liegt die Bedeutung Ihrer Aufgabe.

IV. Offenheit und Universalität

Wie kommen wir weiter? Ich weiß kein Patentrezept. Ein solches kann es auch gar nicht geben. Nur auf einen Gesichtspunkt möchte ich hinweisen. Er stammt ebenfalls aus dem heutigen Evangelium. Wenn Jesus vom Weinberg und vom Feigenbaum spricht, dann sind beide in der Bibel oft gebrauchte Bilder für das auserwählte Volk. Der Weinberg, der Feigenbaum, das sind wir, wir – die Kirche. Das Anpflanzen des Weinbergs und des Feigenbaums meint also die Kirche aufzubauen. Das gilt auch vom Religionsunterricht.

Ich weiß, meine lieben Religionslehrerinnen und Religionslehrer, welche kritischen Fragen sich bei vielen von Ihnen einstellen, wenn Sie das Wort *Kirche* hören. Ich weiß auch, welche Schwierigkeiten sich heute einem kirchlich und konfessionell ausgerichteten Religionsunterricht entgegenstellen. Das Wort Konfession und konfessionell hat ja für uns den Beigeschmack des Abgeschlossenen und Abgeschotteten, des Engen, Verkrusteten und Verhärteten. Wenn wir jedoch das Wort *katholisch* in seiner ursprünglichen Bedeutung verstehen, dann hat es dieses Wort mit Offenheit und Universalität zu tun. Ökumenisch und dialogisch-offen dürfen deshalb keine Gegenbegriffe zum Katholischen sein, sondern müssen Wesenselemente einer wahrhaft katholischen Einstellung und Haltung sein.

Das Zweite Vatikanische Konzil hat uns mit großem Nachdruck gesagt, dass Gott uns nicht als isolierte Einzelne beruft, dass er uns als soziale Wesen vielmehr als sein Volk und zu seinem Volk beruft. Bereits im dritten Jahrhundert hat der Kirchenschriftsteller Tertullian formuliert: »Ein Christ ist kein Christ.« Die Einwurzelung in einer kirchlichen Gemeinschaft ist gerade im Zeichen einer zunehmenden Diasporasituation, des Isoliert- und Alleinseins in einer anonym gewordenen Welt wichtig. Deshalb haben die deutschen Bischöfe bei ihrer letzten Vollversammlung bei aller Offenheit für besondere Situationen die grundsätzliche Konfessionalität des Religionsunterrichts nochmals nachdrücklich betont.

Ich möchte Sie an dieser Stelle einfach bitten, bei allem Ärger aufgrund einzelner Geschehnisse in der Kirche, die Ihnen schwer oder gar nicht verständlich sind, nicht einer unfruchtbaren und destruktiven, letztlich billigen Kirchenkritik zu verfallen.

Versuchen Sie nicht den Feigenbaum der Kirche vorschnell umzuhauen. Geben Sie ihm, wie im Gleichnis gefordert, für sich und für Ihre Schülerinnen und Schüler trotz mancher negativen Erfahrung immer wieder neu eine Chance. Versuchen Sie, mit den jungen Menschen eine Kirche mit menschlichem Antlitz aufzubauen und ihnen so eine geistige Heimat zu geben.

V. Glaubensweitergabe durch Zeugen

Noch ein letztes, meine lieben Religionslehrerinnen und Religionslehrer! Ich erfahre es immer wieder und es wird mir immer wieder von Religionslehrern, von Eltern und Schülern bestätigt: Die entscheidende Rolle beim Religionsunterricht spielt der Religionslehrer oder die Religionslehrerin. Gute Religionsbücher und Lehrpläne, eine gute theologische und pädagogische Ausbildung sind wichtig. Der Glaube entsteht und wächst allein über menschliche Beziehungen. Die Glaubensweitergabe geschieht durch Zeugen, die das was sie sagen auch zu leben versuchen und die Zeit und vor allem ein Herz für ihre Schüler und Schülerinnen haben, die sich menschlich und christlich um sie kümmern und sich ihrer Nöte und Probleme annehmen. Religionslehrer und Religionslehrerinnen sollten nicht nur gute Schulmeister, sie sollten auch Seelsorger und Seelsorgerinnen sein.

Ich sage dies weiß Gott nicht um irgendjemand auch nur im Geringsten verantwortlich zu machen für mangelnde aufweisbare Erfolge. Nein, die heutige Missionserteilung soll ganz im Gegenteil zum Ausdruck bringen und öffentlich dokumentieren, dass Sie das Vertrauen des Bischofs besitzen. Ich sage Ihnen dies als Ausdruck meiner Wertschätzung und um Ihnen Mut zu machen, auf Ihre Schüler zuzugehen und dem Wirken Gottes in ihnen eine Chance zu geben. Geben Sie nicht auf und sagen Sie mit dem Arbeiter im Weinberg im heutigen Evangelium: »Vielleicht trägt er doch noch Früchte.« *(Lk 13,8)*

Ich wünsche Ihnen von Herzen ein fruchtbares Wirken. Ich erbitte Ihnen dazu die Kraft und den Segen Gottes und ich danke Ihnen nochmals für Ihren Einsatz und Ihren Dienst. Geben Sie Gott, den Jugendlichen und auch unserer Kirche immer wieder neu eine Chance. Amen.

Religion im Gegenwind

Liebe Religionslehrerinnen und Religionslehrer,
liebe Schwestern und Brüder![1]

Sehr herzlich begrüße ich Sie alle, die Sie heute zur Feier der Verleihung Ihrer Missio gekommen sind. Mit den Religionslehrerinnen und Religionslehrern, welche heute zur Erteilung der kirchlichen Missio gekommen sind, begrüße ich deren Ehepartner, Verwandte und Freunde. Ich heiße auch willkommen die Vertreter der staatlichen Schulbehörden, denen ich für die gute und vertrauensvolle Zusammenarbeit zum Wohl der Schüler und Schülerinnen danke.

Vor allem aber danke ich den Religionslehrerinnen und Religionslehrern, die sich zu dieser zumal heute wahrlich nicht leichten, aber heute umso wichtigeren Aufgabe als Religionslehrerin und Religionslehrer bereit erklärt haben.

Ich brauche Ihnen nicht zu sagen, was auf Sie wartet: sicher viele gute und schöne Erfahrungen mit Kindern und Jugendlichen, aber auch viele Schwierigkeiten. Wie die Kirche allgemein, so befindet sich auch der Religionsunterricht gegenwärtig in mancher Hinsicht im Gegenwind. In vielen Fällen können Sie nicht mehr auf eine religiöse Sozialisation in der Familie zurückgreifen; Sie müssen praktisch von vorne anfangen und dabei manchmal auch gegen Interesselosigkeit ankämpfen. Dennoch haben Sie Ja gesagt, weil Sie überzeugt sind, dass es gerade angesichts des rasanten Wandels in unserer Gesellschaft wichtig ist, jungen Menschen ein festes Fundament und eine klare Sinnorientierung für ihr Leben mitzugeben.

---

1 Predigt anlässlich der Missio-Verleihung an die Religionslehrerinnen und -lehrern am 07. März 1999 (3. Fastensonntag).
Evangelium: Joh 4,5–42.

Worauf Sie sich seit Jahren vorbereitet haben, findet heute seinen kirchlichen Abschluss im Rahmen einer Eucharistiefeier. Damit kommt zum Ausdruck, dass Ihr Dienst als Religionslehrerin und Religionslehrer ein kirchlicher Dienst ist; sie tun ihn im Auftrag des Bischofs und mit seinem Segen. Sie haben mein Vertrauen.

I. Erziehung im Glauben

Worum geht es in Ihrem Dienst? In unserem katholischen Gebets- und Gesangbuch, dem Gotteslob, heißt es mit Blick auf die Grundlegung des christlichen Lebens in Taufe, Firmung und Eucharistie: »Wenn Gott in der Taufe Kinder in seine Kirche aufnimmt, übernimmt die Pfarrgemeinde mit den Eltern die Pflicht, dem Kind durch Unterricht und durch Vorleben des Glaubens, die spätere persönliche Glaubensentscheidung möglich zu machen.«

Und bei der Feier der Kindertaufe sagt der Taufspender zu den Eltern des Täuflings: »Liebe Eltern! Sie haben für Ihr Kind die Taufe erbeten. Damit erklären Sie sich bereit, es im Glauben zu erziehen. Ihr Kind soll Gott und den Nächsten lieben lernen, wie Christus es uns vorgelebt hat. Sind Sie sich dieser Aufgabe bewusst?«

In einem einzigen Satz wird gesagt, was christliche Erziehung ist: Gott und den Nächsten lieben lernen wie Jesus es uns vorgelebt hat! Pädagogisch formuliert: Gottes- und Nächstenliebe lernen am Modell Jesus, verstärkt und bestätigt durch Eltern und andere Erziehungspersonen im Raum der Familie, der Schule, der Pfarrgemeinde und vertieft durch Erfahrung. Unser Schulreferent, Domkapitular Peter Schmid, nennt dies ein Liebe-Lern-Programm.

Genau dies ist gemeint, wenn die amtlichen Texte der Kirche immer wieder von der heiligen Pflicht des Bischofs, der Pfarrer, der Eltern und der Religionslehrer und Religionslehrerinnen sprechen, die Kinder und die Jugendlichen in den Glauben und in das Leben der Kirche einzuführen.

Ich möchte dies als den Grundauftrag der Kirche bezeichnen. Es geht darum, Kindern und Jugendlichen die Liebe Gottes zu erschließen, die sie umfängt und sie so zur Liebe zu Gott und den Menschen hinzuführen.

II. Gehorsam gegenüber dem Willen des Vaters

Eine Modellstunde in diesem Liebe-Lern-Lehrplan ist das heutige Evangelium. Die Begegnung Jesu mit der samaritanischen Frau am Jakobsbrunnen.

Jesus ist nicht in der besten Tagesform. Er ist hungrig und durstig und müde von der Reise, aber er bleibt ansprechbar und er ist sensibel für das, was die Frau, der er da begegnet, sucht und will. Vorurteile, weil dies eine Frau und dazu auch noch eine samaritanische Frau mit einer durchaus problematischen Lebensgeschichte ist, sind ihm offensichtlich fremd.

Ihm geht es um den konkreten Menschen. Er spürt: Es geht dieser Frau nicht nur um das äußere Wasserschöpfen; er bemerkt den tieferen Durst in ihrem Herzen, der durch alle die Affären, durch die diese Frau gegangen ist, nicht gestillt worden ist.

Mit dieser Haltung und Einstellung ist Jesus gehorsam gegenüber dem Willen und dem Auftrag Gottes. Er weiß, dass Gott, der Vater, immer am Werk ist. Er erkennt, dass für diese Frau jetzt der Augenblick ist, an dem Gott ihre Lebensgeschichte versöhnen will. Es ist, wie wir am Ende der Geschichte hören, für ihn eine Speise, die sein Herz satt macht, dieses Werk Gottes zu tun.

Zu solchen Mitarbeitern Gottes im Dienst an Menschen sind wir alle berufen, auch und gerade Sie als Religionslehrer und Religionslehrerinnen. Hier gilt: Selig, die ein reines Herz haben, denn sie sehen bei ihren Mitmenschen Gott am Werk, und es ist ihnen eine Freude, Gottes Werk zu vollenden. Oder wie es verheißungsvoll im Epheserbrief heißt: »Gottes Geschöpfe sind wir, in Christus Jesus dazu geschaffen, die guten Werke zu tun, die Gott für uns im Voraus bereitet hat.« *(Eph 2,10)*

In der Schule sind Ihnen von Gott jeden Tag viele gute Werke, kleine und große, vorbereitet. Denn Sie dürfen überzeugt sein: In Ihren Schülern und Schülerinnen steckt mehr und rumort mehr als wir gewöhnlich ahnen. Die tieferen Fragen mögen oft verdeckt oder verdrängt sein. Aber Gott ist in ihnen längst vor Ihnen am Werk. Das zu erschließen, bewusst zu machen und zu vollenden, ist Ihre Aufgabe. Was Kinder dann vom Religionsunterricht mitnehmen, was von den Inhalten, Merksätzen, Bildern, sie sich wie aneignen, das entzieht sich uns, aber was sie an Liebe und an Gutem erfahren, das bleibt lebenslang wirksam. Die Liebe bleibt immer, sagt der Apostel Paulus.

Religionslehrerinnen und Religionslehrer, die sich um ein reines Herz mühen, werden im Schulalltag die guten Werke Gottes erkennen, und sie werden Schülerinnen und Schülern helfen, die tiefere Sehnsucht, die in ihren Herzen ist, zu erkennen, ebenso das Unversöhnte und Ungerade, das auch Kinder und Jugendliche mit sich herumschleppen, ansprechen. So kann es gelingen, sie zu einer persönlichen Glaubensentscheidung zu führen, durch die Versöhnung, Angenommensein und Liebe in ihr Leben kommt. Sie sollen den Glauben an den Gott, der sie trägt und der sie liebt, durch Sie als das große Geschenk ihres Lebens erfahren.

III. Gott im Geiste und in der Wahrheit anbeten

Noch ein weiteres wird in dieser Begegnung mit der samaritanischen Frau am Jakobsbrunnen deutlich. Jesus offenbart, worum es ihm selbst im Tiefsten geht und wozu er die Menschen führen will. Es geht ihm darum, »Gott im Geist und in der Wahrheit anzubeten«. Jesus sagt sehr präzise, was er damit meint und wie er das versteht. Es kommt ihm nicht darauf an, ob man Gott in Jerusalem oder auf dem Berg Garizim anbetet. Man kann ihm und seinen Spuren überall begegnen, in allen guten und beglückenden, in allen alltäglichen wie auch in negativen und aufrüttelnden Erfahrungen des Lebens. Gott ist immer und überall am Werk. Sobald wir in den kleinen wie in den großen Dingen unseres Lebens Zeichen Gottes erkennen, wird sich unser Leben und unser Alltag verwandeln. Dann werden wir innerlich versöhnter, froher, gelassener und auch dankbarer sein. Solche Lebens- und Glaubensfreude tut uns und tut unseren Schülern und Schülerinnen gerade heute not. Nur wer Gott kennt, kennt auch den Menschen. Wer aber Gott kennt, der wird nicht weniger Mensch, dem wird vielmehr sein Menschsein erst in seinen ganzen Höhen und Tiefen erschlossen.

So verschlüsselt und unterschwellig wie bei dieser samaritanischen Frau ist die Gottesfrage und die Frage nach dem Sinn des Lebens auch heute bei den Kindern und Jugendlichen da. Sie bewegt sie unbewusst weit mehr als wir oft denken. Aber diese ihre religiöse Sensibilität und ihr religiöses Bewusstsein muss entdeckt, entwickelt und praktisch gefördert werden. Der Religionsunterricht im Lebensraum Schule ist dafür immer noch ein geeigneter und – wenn dies gelingt – ein gesegneter Ort.

Religionslehrerinnen und Religionslehrer, die mit dem Respekt Jesu ihren Schülerinnen und Schülern begegnen und ihnen aus der eigenen »Anbetung im Geist und in der Wahrheit« begegnen, ermutigen sie, dem Gottesgeheimnis ihres Lebens zu vertrauen und darauf ihre Lebenspläne zu bauen. Sie dürfen ihren Schülern und Schülerinnen sagen: Du bist wertvoll. Dein Leben hat Sinn. Du bist angenommen, gewollt, geliebt. Du darfst dein Leben wagen, weil Gott es mit dir wagt.

IV. Vertrauen und Dank

Mit der Verleihung der Misso spreche ich Ihnen heute mein Vertrauen und meinen Dank aus für ihren Dienst am Glauben der Kinder und Jugendlichen. Damit verbinde ich das Versprechen, auch für Ihren Dienst zu beten.

Mögen Sie erfahren, was die Lesung aus dem Römerbrief uns zugesprochen hat: Sichere Hoffnung aus dem Glauben und aus der Liebe Gottes, die ausgegossen ist in unsere Herzen durch den Heiligen Geist, eine Hoffnung, die Kraft gibt zur Geduld in aller Bedrängnis. Amen.

Berufe und Dienste in der Kirche

Der Diakon im Dienst von Sammlung und Sendung der Kirche

Liebe Diakone,
liebe Schwestern und Brüder,[1]

einen ganzen Tag sind wir nun schon beieinander, um einander zu begegnen und miteinander zu sprechen. Wir alle haben es an diesem Tag wieder neu erfahren, wie wichtig die persönliche Begegnung und das persönliche Gespräch sind und wie es uns gut tut. In bin zutiefst dankbar für diesen Tag, und ich danke allen, die ihn mitgestaltet haben.

Jetzt, wo wir mit der Eucharistiefeier am Ende, oder besser am Höhepunkt unseres Diakonentages angelangt sind, sind wir eingeladen, nicht mehr selber zu reden, sondern zu hören und dabei nicht mehr nur uns selber, sondern einem anderen zu begegnen, der für die Begegnung untereinander und für das Gespräch miteinander Grund und Richtmaß ist. Nicht um Standesanliegen und um Standesinteresse sollte es ja an diesem Diakonentag gehen, sondern um Jesus Christus und seine Frohe Botschaft. Auf Jesus Christus und sein Evangelium wollen wir deshalb jetzt hören, an ihm Maß nehmen und daraus Kraft schöpfen für den Weg ins dritte Jahrzehnt diakonalen Dienstes in unserer Diözese.

---

1 Predigt anlässlich des Diakonentags am 07. April 1990 in der Christkönigskirche in Stuttgart-Vaihingen.
Lesung: Ez 37,21–28; Evangelium: Joh 11,45–57.

I. Verheißung Gottes für uns

Die Lesung aus dem Propheten Ezechiel konfrontiert uns mit der Urabsicht Gottes in der Geschichte des Heils. Diese Lesung enthält die Grundverheißung Gottes für uns, für unsere Kirche und für die Menschheit insgesamt. Es ist eine Botschaft von der Befreiung: »Ich hole sie heraus«, und eine Botschaft von der Versöhnung: »Ich sammle sie von allen Seiten«. Das Summarium, gleichsam die Kurzformel der Botschaft des gesamten Alten Testaments, lautet: »Dann werden sie mein Volk sein und ich werde ihr Gott sein«. Diese Urverheißung des Alten Testaments findet sich in der heutigen Lesung gleich zweimal und außerdem an vielen anderen Stellen des Alten Testaments.

Es ist die Urabsicht Gottes, die Menschen zu seinem Volk zusammenzuführen, ihnen Versöhnung zu schenken und Frieden zu schaffen. Wer denkt da nicht an die vielen Einsamen und Isolierten, denen Sie in der Seelsorge oft genug und, wie mir scheint, heute zunehmend begegnen. Wer denkt da nicht an die vielen Entfremdungen, Verwundungen, Trennungen im Leben vieler Familien, vieler Betriebe, zwischen Völkern und auch in unserer Kirche. Wem fiele da aber nicht auch der tiefere christliche Sinn dessen ein, was wir gegenwärtig bei uns in Deutschland und in Europa erleben, wo unerwartet plötzlich Mauern und Grenzbefestigungen abgerissen und Stacheldrahtzäune beseitigt werden.

Menschen zu sammeln, sie zusammenzubringen, zu versöhnen wie es Gottes Heilsabsicht ist, das ist unsere, das ist Ihre Aufgabe als Diakone. Diese Aufgabe ist gerade heute, in der Krise vieler herkömmlicher Gemeinschaften vonnöten, heute, da in unserer Massengesellschaft die Menschen zwar enger zusammenrücken und da doch die Einsamkeit wächst und die Versuchung zunimmt, sich in die eigenen vier Wände zurückzuziehen und sich abzukapseln. In dieser anonym gewordenen Welt muss die christliche Gemeinde und müssen möglichst viele kleine Gemeinschaften innerhalb der Gemeinde zu einem sozialen Auffangnetz werden, wo Menschen menschliche Nähe, christliche Geschwisterlichkeit erfahren können, und wo ihnen in menschlicher und christlicher Gemeinschaft aufgehen kann, dass Gott weder fern ist, und noch weniger – wie viele argwöhnen – tot ist, dass er vielmehr, wie es in der Lesung heißt, mitten unter uns wohnt, so dass wir nicht nur ein Volk, sondern sein Volk sind, von dem gilt: »Wo die Güte und die Liebe wohnt, da nur wohnt der Herr«.

So hat die Sammlungsbewegung Gottes keinen Selbstzweck. Sie zielt nicht nur nach innen: sie zielt auch nach außen. Sie hat eine universale, eine missionarische Dimension. Die Völker sollen – so sagt es die Lesung – erkennen, dass Gott der Herr ist. Die Kirche ist also nicht mit einer Thermoskanne zu vergleichen, die nur nach innen wärmt und nach außen möglichst wenig abgibt. Die Kirche soll vielmehr Stadt auf dem Berg, Licht auf dem Leuchter sein. Die Sammlung dient der Sendung in die Welt. Denn die Kirche ist – so sagt es das letzte Konzil – ihrer Natur nach missionarisch. Sie ist ihrem Wesen nach Zeichen und Instrument der Einheit und des Friedens in der Welt.

Sammlung und Sendung sind darum die zwei Pole, welche auch die Existenz und die Aufgabe des Diakons umschreiben. Er soll sich aktiv hineinnehmen lassen in die Sammlungsbewegung Gottes. Er soll Menschen sammeln um Gottes Wort und um das Sakrament der Einheit, die Eucharistie. Darum ist jedem von Ihnen, liebe Diakone, bei Ihrer Diakonenweihe das Evangelienbuch in die Hand gegeben worden. Es bezeichnet Ihre zentrale Aufgabe und zugleich den alleinigen Maßstab Ihres Dienstes. Deshalb sagt das Konzil vom Diakon aber auch, er sei eng dem Altar verbunden. Der Altar ist die Kraftquelle, von der Sie leben sollen und er ist zugleich das Ziel Ihrer Arbeit. Sie sollen die Menschen um den Tisch der Eucharistie versammeln.

Von dieser Mitte her sind Sie hinausgesandt in die Welt Ihrer Familie, Ihres Berufes, in die Welt der Krankenhäuser, Gefängnisse, der Erwachsenenbildung, der Jugendarbeit, der Freizeit und was immer es sonst sein mag.

Sie sollen in den Grenz- und Bruchzonen von Kirche und Gesellschaft die Versprengten und Verwundeten unserer Zeit heilen und sammeln. Sie sollen diejenigen, welche sozial wie kirchlich an den Rändern leben, zur Mitte hinführen, und sie sollen zugleich diejenigen, die in der Mitte sind beziehungsweise meinen, in der Mitte zu sein, sensibel machen und aufschließen für die menschliche, soziale und religiöse Not, welche es auch gerade in unserer Wohlstandsgesellschaft gibt. Gerade eine Kirche, die sich heute neu ihres missionarischen Auftrags besinnt und die Weitergabe des Glaubens als ihre große Herausforderung begreift, ist – so sagt es wiederum das letzte Konzil – auf diesen diakonalen Dienst in besonderer Weise angewiesen. Der Diakon ist in besonderer Weise Scharnier zwischen der Kirche und der heutigen Welt.

Ich weiß um die vielfältigen Spannungen, die diese Aufgabe mit sich bringt. Sie sollen einerseits für Ihre Familie verantwortlich und für sie da sein und andererseits den anspruchsvollen Dienst des Diakons übernehmen. Sie sollen einerseits in der Mitte der Gemeinde verwurzelt sein und dann doch denen, die wirklich oder vielleicht auch nur vermeintlich draußen sind, offen und verständnisvoll begegnen. Ich weiß, welche Welten Sie da überbrücken und welche Spannungen Sie aushalten müssen.

Deshalb danke ich Ihnen ganz herzlich für den Dienst, den Sie teilweise nun schon seit vielen Jahren tun. Ich danke nicht zuletzt auch Ihren Ehefrauen und Familien, welche Sie dabei unterstützen und tragen. Ohne das positive Ja Ihrer Ehefrauen zu Ihrem Diakonendienst könnten Sie dies alles nicht leisten. Nicht selten sind Ihre Frauen der ausgleichende Faktor und oftmals der Prellbock zwischen den Pflichten und Aufgaben in der Familie und in den Herausforderungen Ihres Diakonendienstes. Deshalb danke ich ihnen und auch Ihren Kindern, ob sie nun kleiner oder bereits erwachsen sind.

II. Wir gehören Jesus Christus

Das alles geht weit über die rein menschlichen Kräfte. Deshalb ist es gut, dass das heutige Evangelium über die alttestamentliche Lesung hinaus den letzten und tiefsten Grund und die eigentliche Kraftquelle Ihres diakonalen Dienstes bezeugt.

Im Evangelium tritt der Hohepriester Kajaphas auf mit der Aussage, dass es besser ist, »wenn ein einziger Mensch für das Volk stirbt, als wenn das ganze Volk zugrunde geht«. Wohl wider Willen hat damit ausgerechnet der Hohepriester, der Jesus ans Kreuz gebracht hat, besser als viele der Jünger Jesu, verstanden, worum es Jesus zuletzt und zutiefst geht: »Der Menschensohn ist nicht gekommen, um sich dienen zu lassen, sondern um zu dienen und sein Leben hinzugeben als Lösegeld für viele«. Dieses »für die Vielen« ist eingegangen in die neutestamentlichen Abendmahlstexte. Wir hören es jedes Mal bei den Wandlungsworten der Eucharistie. Dieses »für die Vielen« bezeichnet die innerste Mitte des Lebens Jesu. Seine Existenz war Pro-Existenz,

Dasein für andere, ja Lebenshingabe für uns alle. Durch seine Lebenshingabe am Kreuz, im Gehorsam gegenüber dem Willen des Vaters und im Dienst für uns, war Jesus der Diakon schlechthin. Das Kreuz ist darum Grund, Kraft und Maß aller Diakonie. Ich weiß, dass das Wort vom Kreuz wie in den Tagen des Apostels Paulus auch heute vielen als Torheit, ja als Ärgernis gilt. Für uns und besonders für Sie als Diakone soll es aber Gottes Kraft und Gottes Weisheit sein.

Einmal sagte ein junger Priester zu seinem Bischof, dem verstorbenen Joseph Kardinal Höffner: »Ich kann mich doch nicht verheizen lassen«. Der Kardinal antwortete ihm in seiner ruhigen und überaus bescheidenen Art: »Nein, verheizen lassen brauchen Sie sich nicht. Aber Sie dürfen ihr Leben an andere verschenken«. In der Tat, als Christen, als Diakone und als Priester gehören wir nicht uns selbst. Wir gehören Jesus Christus, unserem Herrn, und in der Nachfolge Jesu Christi den Menschen, die uns brauchen.

Dieser Anspruch, in der Nachfolge Jesu sein Leben hinzugeben für andere, enthält eine Aufgabe, bei der wir stets hinter dem Ziel zurückbleiben werden. Umso mehr müssen wir gerade in diesen Tagen, da »das Passahfest nahe« ist, in den bevorstehenden Kar- und Ostertagen uns tiefer in das Passahgeheimnis Christi hineinnehmen lassen und lernen, ganz aus der Eucharistie, in der die Selbsthingabe Jesu immer wieder neu gegenwärtig wird, zu leben. Nur wenn wir aus dieser Mitte heraus leben, können wir glaubwürdig Zeugnis geben, indem wir uns hinaussenden lassen, um Menschen zu sammeln. »Wenn das Weizenkorn nicht in die Erde fällt und stirbt, bringt es keine Frucht«.

Dieses in Tod und Auferstehung Jesu Christi begründete Grundgesetz pastoraler Fruchtbarkeit fällt uns allen, wenn wir ehrlich sind, schwer. Es fällt uns heute vielleicht besonders schwer. Besonders als Diakone mit einem zivilen Beruf leben Sie in einer gesellschaftlichen Welt, welche nicht von hochherzigem Schenken, sondern oft genug von kleingeistigem Egoismus und von karrierebewusstem Prestigedenken geprägt ist. Es ist schnell gesagt, aber schwer getan, hier die christliche, die diakonale Alternative konkret zu leben und sein Leben zum Geschenk für Gott und die Anderen zu machen. Doch genau dies ist der tiefste Sinn der Diakonie in der Nachfolge des gekreuzigten und auferstandenen Jesus Christus. Wer sie wagt, der wird freilich auch immer wieder freudig erfahren: »Wer sein Leben sucht, wird es verlieren, wer es verliert, der wird es finden«.

In diesem Sinn wünsche ich Ihnen, liebe Diakone, liebe Ehefrauen der Diakone und liebe Familien der Diakone, eine gnadenreiche und eine frohe Mitfeier der kommenden Kar- und Ostertage. Ich wünsche Ihnen, dass Sie neu Freude und Schwung finden für die große Aufgabe, welche Sie bei Ihrer Diakonenweihe übernommen haben: Gottes Volk zu sammeln, Gemeinschaft zu stiften mit Gott und unter den Menschen.

Die Gnade Gottes, die Kraft und das Licht von Gottes Heiligem Geist, der Friede und die Freude Jesu Christi sei mit Ihnen. Amen.

Der vorbereitende Dienst

Meine lieben Mesner und Mesnerinnen,[1]

ich begrüße Sie alle ganz herzlich beim diesjährigen Mesnertag. Ich freue mich darüber, dass Sie in so großer Zahl nach Ehingen gekommen sind.

Sie haben alle eine anstrengende Woche hinter sich. Der Höhepunkt des Kirchenjahres in der Kar- und Osterwoche bedeutet für Sie auch den Höhepunkt der Arbeitsbelastung. Was gibt es da alles zu organisieren, an was müssen Sie da nicht alles denken, damit Ihre Gemeinden eine würdige Feier von Tod und Auferstehung unseres Herrn haben.

Sie selbst sind oft mit so vielen Dingen der Vorbereitung beschäftigt und müssen nebenher noch so viel erledigen, dass Sie oft kaum zur eigenen Mitfeier kommen. Während andere mit ihren Familien Osterferien machen konnten, waren Sie mit Ihrem Dienst durch die reiche Liturgie gefordert und manchmal sogar überfordert.

Ich danke Ihnen von ganzem Herzen für Ihren wichtigen und unersetzlichen Dienst und Ihren Einsatz – nicht nur in der vergangenen Woche – sondern während des ganzen Jahres. Bei vielen von Ihnen sind es inzwischen viele Jahre, wenn nicht Jahrzehnte. Ich sage Ihnen für alles, was Sie für die Gemeinden im Dienst der Kirche tun, ein herzliches Vergelt's Gott!

1 Predigt anlässlich des Mesnertags am 18. April 1990 in Ehingen/Donau.

I. Die Feier der heiligen Eucharistie

Ich habe mir lange überlegt, unter welches Schriftwort ich diese Predigt beim Mesnertag stellen soll. Ihr Diözesanpräses, Msgr. Heribert Sautter, hat mich auf die Spur gebracht. Er schrieb mir, er schreibe über einen Gratulationsbrief bei einem Mesnerjubiläum: »Die Jünger taten, was Jesus ihnen aufgetragen hatte, und bereiteten das Paschamahl vor« *(Mt 26,19)*.

Ja, dieser Auftrag Jesu an seine Jünger, das Paschamahl vorzubereiten, ist Ihr Auftrag. Er steht in Zusammenhang mit dem Wichtigsten und Größten, dem Zentralsten und Heiligsten im Leben einer Gemeinde, mit der Feier des Paschamahls des Neuen Bundes, der Feier der heiligen Eucharistie. Das Konzil nennt die Feier der heiligen Eucharistie »Quelle und Höhepunkt des ganzen christlichen Lebens«. Jesus Christus selbst ist ja das Paschalamm, dessen Opfertod in der heiligen Messe gegenwärtig gesetzt wird. Im Paschamahl des Neuen Bundes werden wir von Jesus Christus selbst an seinen Tisch geladen, um unter der Gestalt von Brot und Wein ihn selbst zu empfangen und eins mit ihm zu werden.

Dieses heilige Geschehen dürfen Sie vorbereiten. Man nennt den Mesner deshalb auch den Sakristan, das heißt denjenigen, dem die sacra, die heiligen Geräte und die Paramente anvertraut sind. Der sie aufbewahren, sauber zu halten und herzurichten hat, der den Altar und den Kirchenraum in Ordnung hält, ihn schmückt und für den Gottesdienst bereitet. Er ist der Küster, lateinisch der Custos, der Wächter des Gotteshauses und der heiligen Geräte.

Das alles ist nicht ein rein äußerlicher oder gar nebensächlicher Dienst. Die Ordnung, die Sauberkeit und der Schmuck in Kirche und Sakristei trägt ganz wesentlich zur Würde, Andacht, Ruhe und Stille und auch zur Festlichkeit und Feierlichkeit beim Gottesdienst bei. Was Sie tun, bestimmt die Atmosphäre des Gottesdienstes entscheidend mit. Jedes Mal, wenn ich in eine Gemeinde komme, dann schaue ich, wie es in der Sakristei aussieht und zugeht und wie die Altarwäsche aussieht. Dann weiß ich schon fast alles über die Gemeinde. »Wie der Herr so's Gscherr!«

Es gehört ja zur Menschwerdung Gottes, dass uns das Heilige in und durch äußere Zeichen vermittelt wird: durch das Wasser bei der Taufe, das Chrisamöl und die Handauflegung bei der Firmung, Brot und Wein bei der Eucharistie. Die Blumen und die Kerzen, die Gewänder, die Altarwäsche und vieles andere mehr, gehören zum äußeren Kranz dieser zentralen Zeichen. Sie sollen hinführen zum tieferen Sinn der Sakramente, das Auge und alle unsere Sinne aufschließen für das heilige Geschehen der Liturgie. Sie schaffen eine Atmosphäre, in der wir sinnenhafte und heute oft so überlenkte und abgelenkte moderne Menschen erst zur Ruhe, zur Besinnung, zum Nachdenken und zum Beten kommen. Ihr Dienst hat sehr viel mit der Weitergabe des Glaubens zu tun!

So ist Ihr Dienst nicht nur ein äußerer, rein technischer Dienst; er ist ein heiliger Dienst. Er bewegt sich im Umkreis des Heiligen. Ihr Dienst darf darum nicht in der äußeren Geschäftigkeit aufgehen. Er verlangt nach einer inneren Haltung und nach einem gläubigen Mitvollzug. Die Gemeinde braucht nicht nur den aktiven, praktisch veranlagten Mesner, der oft genug »Mädchen für alles« ist. Sie braucht den gläubigen Mesner, der in den vielen äußeren Dingen den tieferen Sinn erkennt und um das heilige Geheimnis weiß, in dessen Umfeld er sich bewegt.

Die Haltung eines Mesners muss darum in erster Linie bestimmt sein von tiefer Ehrfurcht, ja von einer Haltung der Anbetung. Ich meine, diese Haltungen der Ehrfurcht und der Anbetung müssen wir moderne, von der Technik geprägte Menschen wieder neu lernen. Auch in der Kirche und in den Gemeinden müssen wir diese Haltung neu einüben. Das Heilige darf nie zum Alltäglichen und Gewöhnlichen werden. Diese Gefahr ist groß, gerade dann, wenn man wie Sie, täglich und berufsmäßig damit umgeht. Deshalb ist es wichtig, dass Sie immer einmal wieder innehalten und sich fragen: Was tue ich denn da? Womit habe ich es zu tun? Sie müssen immer wieder von den äußeren Sachen, mit denen Sie zu tun haben, zur eigentlichen »Sache« durchstoßen und sich – so wie Maria von Magdala im heutigen Evangelium – immer wieder zur persönlichen Begegnung mit dem auferstandenen und gegenwärtigen Jesus Christus führen lassen. Nur der Mesner, der noch Zeit und Ruhe zum persönlichen Gebet findet, wird ein guter Mesner sein.

Das Wort »Mesner« kommt vom lateinischen mansionarius, das heißt derjenige, der bei der Kirche wohnt. Das gilt nicht nur äußerlich. Die Kirche, das Gotteshaus soll Ihre innere Heimat sein. Dort sollen Sie innerlich und mit Ihrem Herzen zu Hause sein.

II. Der vorbereitende Dienst

Lassen Sie mich darum noch ein Zweites sagen: Ihre Aufgabe – so sagen wir – ist es, das Paschamahl, das heißt den Gottesdienst vorzubereiten. Ein solcher vorbereitender Dienst weist über sich hinaus. Man darf nicht bei ihm stehen bleiben. Man muss weiterschreiten zum Paschamahl selbst. Das gilt nicht nur für die anderen, für die Gemeinde, für die Sie diesen Dienst tun. Das gilt nicht zuletzt auch für Sie selbst. Ich kann das auch etwas anders und einfacher ausdrücken und sagen: Wie jeder Christ, so muss auch der Mesner ein ganz und gar österlicher Mensch sein, der aus dem persönlichen Glauben an die Auferstehung und aus der Hoffnung auf das neue und ewige Leben selber lebt.

Die frohe Botschaft von Ostern lautet: Jesus Christus ist nicht im Tod geblieben. Er ist auferstanden aus dem Grab zu einem neuen, verklärten, ewigen Leben. Damit ist er auch für uns zum Grund der Hoffnung auf ein neues und ewiges Leben geworden. Ja, weil wir auf seinen Tod und seine Auferstehung getauft sind, und weil Tod und Auferstehung Jesu jedes Mal beim Paschamahl des Neuen Bundes, bei der heiligen Eucharistie feiernd gegenwärtig werden, sollen und dürfen wir schon jetzt im neuen Leben wandeln. Wir sollen wissen: Wir sind im Leben und Sterben gehalten von Gott, der die Toten lebendig macht. Wir sind für immer bei ihm geborgen. Nichts kann uns scheiden von seiner Liebe – auch nicht der Tod.

Diese österliche Botschaft trifft heute auf eine Situation, die man oft als Säkularisierung beschreibt. Das heißt: Unsere Welt und unser Leben werden immer weltlicher und diesseitiger. Wir hängen an diesem Leben als ob es das Einzige wäre. So halbieren, reduzieren und amputieren wir die Wirklichkeit und das Leben, und wir wundern uns, dass wir innerlich leer und hohl werden, dass wir nicht auf unsere Rechnung kommen und am Ende als die Betrogenen dastehen.

In der Lesung des Ostersonntags mahnt uns der Apostel Paulus: Strebt nicht nach dem, was unten ist, sucht nach dem, was droben ist. Sursum corda! Empor die Herzen!

Gebt Eurem Leben eine Richtung, die Richtung nach oben, die Richtung zum wahren und ewigen Leben. Nur wer so denkt und so lebt, kann mit den letzten Worten des »Te Deum«, des »Großer Gott, wir loben dich« sagen: »In Ewigkeit werd ich nicht zuschanden werden.«

Dieses neue und ewige Leben beginnt hier und heute. Es beginnt überall dort, wo einer aufbricht aus dem Grab der Hoffnungslosigkeit und Mutlosigkeit, wo er sich befreit vom Egoismus, der Raffgier und des Neides, wo einer sich öffnet für die Liebe, die Vergebung und Versöhnung.

Dieses neue Leben von Ostern ist vor allem schon jetzt gegenwärtig unter heiligen Zeichen in der Feier der Liturgie. Sie ist Vorwegnahme der himmlischen Liturgie. In ihrer Feierlichkeit und Festlichkeit soll schon jetzt ein Strahl von der Herrlichkeit des Himmels hereinbrechen in unsere oft so eintönige und freudlose Welt.

Dieser österlichen Hoffnung und Freude sollen Sie Ausdruck verleihen durch Ihren Dienst und durch Ihr ganzes Leben. Die österliche Liturgie, die Sie vorbereiten, soll Sie prägen in Ihrem Leben und sie soll weiterstrahlen in die Gemeinde hinein.

Ich danke Ihnen nochmals dafür, dass Sie diesen Dienst tun. Ich wünsche Ihnen die Kraft des Kreuzes und die Freude von Ostern für diesen Dienst. Der Friede des Auferstandenen sei mit Ihnen. Amen.

»Umsonst habt ihr empfangen, umsonst sollt ihr geben« (Mt 10,8)

Liebe Schwestern und Brüder,[1]

es ist heute das erste Mal, dass ich mit Ihnen beim geistlichen Tag der Kommunionhelfer die Heilige Eucharistie feiern darf. Es fällt gleichzeitig mit dem ersten Jahrestag meiner Bischofsweihe zusammen. Umso mehr freue ich mich, dass Sie in so großer Zahl nach Reute gekommen sind. Ich grüße Sie alle herzlich!

Wenn ich sonntags in die Gemeinden komme, ähnlich wie es im Evangelium beschrieben wird, wenn ich dort mit den Pfarreien Eucharistie feiere, wir uns dann anschließend bei einem Empfang näher kennenlernen und unsere Erfahrungen mit unserem Glauben und mit dem Leben in der Kirche austauschen, dann begegnet mir in jeder Gemeinde eine Gruppe von Kommunionhelferinnen und Kommunionhelfern. Sie gehören inzwischen fest zu jeder Gemeinde. Oftmals sind Sie auch Lektor, Leiter von Wortgottesdiensten oder noch in einem anderen Dienst der Pfarrei tätig. Ich erlebe sie als gläubige und als fest in der Kirche verwurzelte Menschen. Ich weiß deshalb, welch wichtige Helfer Sie im Leben der Gemeinde sind. Es ist mir bewusst, dass Ihr Dienst nicht immer leicht ist. Die Gläubigen schauen auf Sie und Ihre Familien, sie haben eine hohe Erwartung an Ihren Glauben und Ihren Lebensstil.

Ich danke Ihnen von ganzem Herzen für Ihren treuen Dienst während des ganzen Jahres über. Bei manchen von Ihnen sind es inzwischen viele Jahre. Ich sage Ihnen für alles, was Sie für unsere Gemeinden im Dienst der Kirche tun, ein herzliches »Vergelt's Gott«!

---

[1] Predigt anlässlich des Kommunionhelfertags am 17. Juni 1990 in Reute. Lesungen: Ex 19,2–6a; Röm 5,6–11; Evangelium: Mt 9,36–10,8.

I. Weitergeben, was wir empfangen

Für unsere heutige Zusammenkunft musste ich nicht lange überlegen, welches Schriftwort über diesem Sonntag stehen soll. Das Evangelium von der Aussendung der Jünger Jesu *(Mt 9,36–10,8)* kommt mir sehr entgegen. Es endet mit der Weisung Jesu: »Umsonst habt ihr empfangen, umsonst sollt ihr geben.« *(Mt 10,8)*

Welches Schriftwort eignet sich besser für einen Tag der Kommunionhelfer? Sie empfangen die heilige Kommunion und Sie nehmen sie sich nicht selbst. Mit dem zelebrierenden Priester teilen Sie die heilige Kommunion aus.

Sie geben weiter, was Sie selbst empfangen haben. Empfangen und Weitergeben ist ein Grundgestus christlicher Existenz. Es ist die Existenzweise Jesu. Er hat weitergegeben, was er vom Vater gehört und empfangen hat. Er hat sich weitergegeben und verschenkt. Jesus Christus selbst ist es, der sich uns schenkt als das Heil der Welt, als das Brot, das vom Himmel herabgekommen ist.

Unter den Gestalten von Brot und Wein ist Jesus Christus selbst die Speise, die er uns reicht. Wir empfangen seinen heiligen Leib und sein heiliges Blut als Brot und Trank für das Leben der Welt.

Dieses heilige Geschenk dürfen Sie empfangen und sollen Sie weiterreichen. Das ist nichts Nebensächliches! Jesus Christus hat seine Jünger beauftragt, seine heilende und heilbringende Nähe an die Menschen weiterzureichen. »Heilt Kranke, erweckt Tote, macht Aussätzige rein, treibt Dämonen aus!« *(Mt 10,8)* »Geht und predigt: Das Himmelreich ist nahegekommen.« *(Mt 10,7)* Darin müssen wir den Auftrag verstehen, in eine zerrissene und von der Sünde vergiftete Welt die Versöhnung Jesu Christi zu bringen. Wir müssen keine Wunder vollbringen, aber einer hungernden Welt Jesus Christus weiterschenken, der selbst das Brot ist für das Leben der Welt. Das ist das Wunder und das ist ein Auftrag von größter Dringlichkeit.

II. Brot für das Leben der Welt

Unsere Welt hungert. Hunger ist geradezu ein Merkmal unserer Zeit. Über die Medien erfahren wir fast täglich, dass über zwei Drittel der Menschheit in Armut und Elend leben, dass sie hungern und verhungern. Die meisten von ihnen haben keine menschenwürdige Wohnung, viele keinen Arbeitsplatz. Selbst in unserer reichen westlichen Überflussgesellschaft gibt es viele, vor allem ältere Menschen, die unter einer versteckten Armut leiden. Sie als Kommunionhelfer erleben das wohl oft, wenn Sie zu den Kranken nach Hause oder ins Hospital gehen, wie Menschen vereinsamen und auf jedes kleinste Zeichen der Zuwendung angewiesen sind, wie Sie hungern nach dem »Brot für das Leben der Welt.«

Doch der Mensch hungert nach mehr. Wir haben es erlebt im vergangenen Jahr und wir erleben es noch immer, wie ungebrochen stark der Hunger der Menschen nach einem Leben in menschlicher Würde, nach Frieden, Freiheit und Gerechtigkeit ist. Dabei spüren wir täglich das Vakuum und das Defizit, welches in unserer westlichen Welt entstanden ist. Viele Menschen in Ost und West hungern nach Sinn und Orientierung. Sie fragen nach dem, was im Wandel der Zeit bleibt und Bestand hat. Letztlich hungern wir alle, ob wir es zugeben oder nicht, nach Gott. Denn der Mensch, der nach dem Bild und Gleichnis Gottes geschaffen ist, wird immer solange hungern und dürsten, bis er Jesus Christus gefunden hat. Er allein ist letztlich das Leben der Welt. Er ist der Weg, die Wahrheit und das Leben. (vgl. *Joh 14,6*)

III. Selbsthingabe Jesu bis in den Tod

Ihr Dienst ist es also, das Brot des Lebens weiterzureichen, damit die Welt leben kann und wirklich satt wird. »Umsonst habt ihr empfangen, umsonst sollt ihr geben.« *(Mt 10,8)* Niemand kann aber das eucharistische Brot ehrlich teilen und weitergeben, wenn er nicht auch bereit ist, das tägliche Brot zu teilen mit denen, die arm sind und darben. Wir können nicht die Selbsthingabe Jesu bis in den Tod feiern, wenn wir selbst unser Herz dem Hunger der Welt egoistisch verschließen. So wie Jesus Christus sein Leben hingegeben hat als Geschenk für das Leben der Welt, so müssen auch wir uns zum Geschenk für andere machen. Lassen wir uns deshalb nicht anstecken von dem unverantwortlichen öffentlichen Gerede, das nur an Gefühle des Egoismus und des Sozialneids appelliert. Bewähren wir uns in dieser entscheidenden gegenwärtigen Stunde unseres Volkes und Europas als Christen, welche vom Brot des Lebens zehren und selbst anderen Brot schenken, damit auch sie leben. Seien wir wirklich ›Helfer der Communio‹, Helfer für die Gemeinschaft mit Christus und untereinander.

Deshalb bitte ich Sie: Tragen Sie Christus unter der Gestalt des Brotes zu den Menschen, beten Sie mit ihnen, feiern Sie Gottesdienst mit ihnen und machen Sie Ihr ganzes Leben zum Gottesdienst! Wir haben allen Grund, die Eucharistie als Höhepunkt und Mitte unseres Lebens zu begreifen. Besinnen wir uns neu darauf! Allein von einer neuen Kultur des Sonntags kann auch die Kultur des Werktags wieder gesund werden.

IV. Ein heiliger Dienst

Ihr Dienst als Kommunionhelfer und Kommunionhelferin ist nicht nur ein äußerer, rein technischer Dienst. Er ist ein heiliger Dienst. Darum darf Ihr Dienst nicht im äußeren Tun aufgehen. Er verlangt nach einer inneren Haltung und nach einem gläubigen Mitvollzug. Die Gemeinde schaut auf Sie und spürt, ob Sie »bei der Sache« sind oder nicht. Die Haltung des Kommunionhelfers muss darum in erster Linie bestimmt sein von tiefer Ehrfurcht, ja von einer Haltung der Anbetung. Ich meine, diese Haltungen der Ehrfurcht und der Anbetung müssen wir moderne, von der Technik geprägte Menschen wieder neu lernen. Auch in der Kirche und in den Gemeinden müssen wir diese Haltung neu einüben. Dazu hat Ihr Dienst ausdrücklichen Vorbildcharakter. Das Heilige darf nie zum Alltäglichen und Gewöhnlichen werden. Deshalb ist es wichtig, dass Sie immer wieder bedenken und sich fragen: Was tue ich eigentlich? Womit habe ich es zu tun? Empfange ich den Leib des Herrn ehrfürchtig und gesammelt? Bin ich konzentriert, auch bis in mein äußeres Verhalten? Wie halte ich es mit den äußeren Zeichen der inneren Ehrfurcht? Ist meine Danksagung eine Zeit gefüllten Gebetes? Lasse ich mich zur persönlichen Begegnung mit dem auferstandenen und gegenwärtigen Jesus

Christus führen? Von Ihrem Dienst gilt in entsprechender Weise, was den Kandidaten bei der Priesterweihe zugesprochen wird: »Ahmt nach, was ihr tut!«

Hier möchte ich kurz ein Wort zur Frage der Hand- und Mundkommunion anfügen. Immer wieder werde ich darauf angesprochen und in Briefen dazu aufgefordert, Stellung zu nehmen. Grundsätzlich ist es ganz einfach: sowohl Hand- wie Mundkommunion sind erlaubt. Ich meine, wir sollten in dieser Frage die persönliche Entscheidung jedes einzelnen Christen respektieren. Der Mund wie die Hand sind in gleicher Weise heilig oder auch unheilig. So war die Handkommunion in den ersten Jahrhunderten üblich. Sie ist also keine modernistische Erfindung! Entscheidend bleibt doch, dass wir die heilige Kommunion innerlich und äußerlich mit der Haltung der Ehrfurcht empfangen, ob mit dem Mund oder mit der Hand. Der heilige Cyrill von Jerusalem beschreibt im vierten Jahrhundert die ehrfürchtige Haltung bei der Handkommunion: »Die in Kreuzform übereinandergelegten Hände seien der Thron für den Empfang des Königs.« Dass aber eigentlich unser Herz den Leib Christi empfängt, zeigt uns der große Pastoraltheologe und Bischof Johann Michael Sailer in seinen geistlichen Texten: »So sollen wir hinzutreten zur Osterkommunion, voll Glaubens an den Gekreuzigten, voll Vertrauens auf den Wiederkommenden, voll Liebe gegen unsere Brüder, voll des zärtlichsten Dankes gegen den Vater Jesu Christi.«

Ich denke, es gibt eine Spiritualität des Kommunionhelfers, eine Spiritualität ›des Empfangens und Weitergebens‹. Sie kann dort wachsen, wo sich jemand immer mehr in das Geheimnis der Eucharistie hineinvertieft. Wer sich von Christus, von seiner Hingabe als Brot für das Leben der Welt ergreifen und sich von seinem Kreuzesopfer und seiner Auferstehung beschenken lässt, der erfährt auch die Versöhnung in seinem eigenen persönlichen Leben. Er lebt als neuer Mensch. Ja, wir sollen und dürfen schon jetzt im neuen Leben wandeln. Wir sollen wissen: Wir sind im Leben und Sterben gehalten von Gott. Wir sind für immer bei ihm geborgen. Wir gehören ihm »als ein Reich von Priestern und als ein heiliges Volk.« *(Ex 19,6)* So dürfen Sie teilnehmen an der Ausspendung der Geheimnisse Christi. Sie dürfen mithelfen, dass der Leib Christi, der die Kirche ist, wächst. Alle sollen ja erfüllt werden von dem neuen Leben in Christus, das dereinst vollendet wird. Ihr Dienst soll Ihnen Ansporn sein, auch persönlich zu wachsen, zu reifen und Frucht zu bringen. Was bleibt, so sagt uns der Völkerapostel Paulus, das ist die Liebe – eine Liebe, die weitergibt und sich verschenkt. Amen.

Ministranten –
Zum Dienst in der Kirche berufen

Liebe Ministrantinnen und Ministranten,[1]

als ich zum heutigen Ministranten-Tag eingeladen wurde und ihn mir im Kalender eingetragen habe, wusste ich noch nicht, dass es ein so großes Fest werden sollte. Ich ahnte nicht, dass so viele von Euch nach Rottenburg kommen würden. Umso mehr freue ich mich heute. Gerne würde ich jetzt jeden von Euch einzeln begrüßen – aber dann bräuchten wir sicher ein paar Tage dazu. Deshalb grüße ich Euch von hier aus und danke jedem Einzelnen für sein Kommen. Ich begrüße Eure Pfarrer und Vikare, die Diakone und alle, die Euch begleiten.

I. »Lebendige Steine«

Ihr wart heute schon unterwegs. Von verschiedenen Stationen aus seid Ihr hierhergelaufen, habt Euch kennengelernt, miteinander gesprochen, gesungen und gebetet. Ihr habt Euch auch ein wenig Gedanken gemacht zu unserem heutigen Fest, das das Motto hat: »Lebendige Steine.« Einige von Euch haben mir zu diesem Thema im Voraus einen Brief geschrieben. Die Ministranten von St. Ulrich, Stuttgart-Fasanenhof haben gemeint, dass ihnen zum Thema »Lebendige Steine sein« zuerst gar nichts eingefallen sei. »Mit Steinen werfen wir« – so schreiben sie – »und lebendige Steine kommen uns recht komisch vor. Wir stellen uns unter lebendigen Steinen Horrorfiguren vor, Steine, die gehen können, die fliegen können oder sich eben bewegen können. Tote Steine dagegen sind regungslos und kahl.«

---

1 Predigt anlässlich des Ministranten-Tages am 23. Juni 1990 in Rottenburg. Lesung: 1 Petr 2,4–9.

Die Munderkinger Minis haben mir aufgeschrieben, dass Steine für sie zunächst »eckig, hart, grau, kalt, spitz, schwer, kahl und stumm sind, dass sie störend und Hindernisse sein können«. Vielleicht hat der eine oder andere dabei sogar an einen Stein aus der Berliner Mauer gedacht, an Steine, die aufgebaut wurden, um Menschen voneinander zu trennen und ihnen die Freiheit zu nehmen.

Ich denke, wenn ich von lebendigen Steinen höre, an eine andere Geschichte. Sie hat mit dem heiligen Franziskus zu tun. Er war ein lebenslustiger und fröhlicher junger Mann. Seine Familie war reich, und er hatte alles, was er wollte. Er hat seine Zeit meistens mit Freunden verbracht, ihnen spendiert und mit ihnen tolle Feste gefeiert. Und doch spürt er eines Tages, dass ihm das alles nicht genügt. Er erkennt, dass das Leben mehr sein muss. In ihm wächst ganz neu der Glaube an Gott, an dessen Liebe zu den Menschen. Franziskus wird sozusagen von Jesus begeistert. In der verfallenen Kapelle San Damiano hört er, wie Jesus zu ihm sagt: »Franziskus, baue meine Kirche wieder auf.« Anfänglich dachte Franziskus, er solle die Kapelle renovieren. So trägt er die herumliegenden Steine zusammen und baut sie wieder auf. Erst langsam hat er verstanden, dass Jesus gar nicht die Kirche aus toten Steinen gemeint hat, sondern die Kirche, die aus Menschen besteht, die Kirche aus lebendigen Steinen. Er begreift, er solle selbst wie ein lebendiger Stein in der Kirche sein, mitbauen an der geistlichen Erneuerung der Kirche.

Franziskus hat das dann getan – und wie! Er hat ganz nach dem Evangelium gelebt und ist Jesus nachgefolgt. Immer mehr Menschen haben sich ihm angeschlossen. So hat Franziskus die Kirche erneuert.

II. Die Kirche aufbauen

In diesem Sinn wird in der Lesung, die wir vorher aus dem Petrusbrief gehört haben, von lebendigen Steinen gesprochen. Wir alle sollen solche lebendigen Steine sein. Wir alle sind ja die Kirche: Nicht nur der Bischof und die Priester, auch Ihr, Eure Eltern, Eure Kameraden, alle, die zu Eurer Gemeinde gehören und viele andere. Ihr seid die Kirche und Ihr sollt sie wie Franziskus aufbauen.

Wie könnt Ihr das? Die Lesung sagt, indem wir zu *dem* lebendigen Stein kommen, der von den Menschen verworfen, aber von Gott auserwählt worden ist. Damit ist in einem Bild Jesus gemeint. Jesus ist von Gott bestimmt, Grundstein und Eckstein zu sein. Ihr wisst: Wenn man ein Haus baut, kommt es auf die Grundmauern an. Sie müssen stabil und fest sein. Auch Euer Leben braucht einen stabilen Grund und einen festen Halt. Sonst kommt Ihr ins Wackeln und ins Rutschen. Sonst purzelt alles zusammen, was ihr aufgebaut habt.

Wenn Ihr Euch an Jesus haltet, habt Ihr einen soliden Grund. Auf Jesus Christus seid ihr getauft; die Älteren unter Euch sind auf ihn gefirmt. Ihm begegnet Ihr in der Heiligen Kommunion. Jesus ist wie das Fundament, wie der Eckstein. Er ist verlässlich, auf ihn kann man bauen. Auf ihn sollen sich die Christen deshalb stützen.

Jeder soll an dem Haus, an der Kirche mitbauen und einer sein, der die anderen hält und mitträgt. Dazu ist jeder Stein, also jeder Christ und auch jeder von Euch wichtig. Auf jeden Einzelnen kommt es an!

Das gilt besonders von Euch Ministranten und Ministrantinnen. Was täte denn ein Pfarrer, was täte ich als Bischof, wenn ich allein dastünde? Ich kann meinen Dienst nur zusammen mit allen anderen erfüllen, vor allem mit den Priestern. Wir brauchen aber auch dringend jeden Mitarbeiter und jede Mitarbeiterin, um Kirche zu bauen.

Dazu gehört auch Ihr. Wer kann besser lebendige Steine sein als viele Ministranten? Ihr könnt den Gottesdienst Eurer Gemeinde erst zu einem Fest machen. Ihr tragt die Fackeln zur Verkündigung des Evangeliums als Zeichen dafür, dass Licht und Wärme in die Welt kommen soll. Ihr bringt stellvertretend für die ganze Gemeinde Brot und Wein zum Altar, damit sie verwandelt werden in Leib und Blut Jesu Christi. Ihr gestaltet Prozessionen mit, die zeigen, dass wir als Kirche betend unterwegs sind. Ihr begleitet den Priester auch sonst. Ein Pfarrer hat mir einmal gesagt: »Ich bin froh über jeden Ministranten und jede Ministrantin, der oder die mit mir zur Beerdigung geht, der oder die mit mir dort das Kreuzzeichen macht und mit mir betet. Dann weiß ich, dass wir zusammen Kirche sein dürfen, welche die Menschen auch noch auf ihrem letzten Weg begleitet und dass dabei Jesus mitten unter uns ist.«

So helft Ihr, Gottesdienst zu feiern und das Evangelium zu den Menschen zu bringen. Dabei kommt es nicht allein darauf an, dass Ihr alles richtig macht. Ihr müsst mit dem Herzen dabei sein. Ihr sollt nicht nur äußerlich, sondern auch innerlich mitmachen. Dann kann Euer Beispiel ansteckend wirken. Mit allem: mit Eurer Haltung, Eurem

Gebet, Eurem Gesang gebt Ihr Zeugnis für Christus und Ihr könnt das in einer Art und Weise tun, wie es Erwachsene oft gar nicht mehr können. Ihr könnt für die ganze Gemeinde eine lebendige Einladung sein, dass möglichst viele mitmachen und mitbauen und so eine lebendige Gemeinde und eine erneuerte Kirche entsteht.

Das schafft Ihr nicht aus eigener Kraft. Dazu braucht Ihr Jesus, den Grundstein und Eckstein. Ihr könnt nur dann gute Ministranten und Ministrantinnen sein, wenn Ihr Freundschaft haltet mit Jesus. Er hat jeden von Euch in sein Herz geschlossen. Er will für Euch sogar ein Leben, das nicht einmal mit dem Tod aufhört, sondern im Himmel bei ihm auf ewig vollendet wird. Schließt auch Ihr Jesus in Euer Herz und haltet Freundschaft mit ihm! Tut Euren Dienst gern und aus innerer Begeisterung!

Wenn Jesus Christus Euch so mit Leben füllt, könnt Ihr wie Franziskus, wie der heilige Martin, wie Eure Namenspatrone, wie Pater Rupert Mayer oder Mutter Teresa lebendige Steine sein: fest im Glauben und zuverlässig in Eurem Dienst für Gott und die Menschen.

III. Erfüllt mit Zuversicht

Liebe Ministrantinnen und Ministranten, wenn ich Euch hier so zahlreich sehe und wenn ich Euch bei meinen Gemeindebesuchen bei Eurem Dienst zuschaue, dann bin ich froh und zuversichtlich. Ihr könnt Euch denken: Manchmal habe ich als Bischof die Sorge: Wie werden unsere Pfarreien und Gemeinden von morgen aussehen? Wie wird es weitergehen? Wenn ich Euch sehe, dann bin ich ganz sicher, dass es weitergehen wird und dass auch die Gemeinden von morgen aus lebendigen Steinen gebaut sein werden. Ihr seid die Zukunft der Kirche! Ihr werdet die Kirche von morgen bauen! Ihr widerlegt alle schadenfrohen Kritiker außerhalb der Kirche und alle Miesmacher in der Kirche, die meinen, es gehe mit der Kirche nur bergab. Ihr seid junge Kirche und Ihr sollt dazu beitragen, dass die Kirche jung bleibt und den Schwung nicht verliert. Ich verlasse mich auf Euch und ich vertraue Euch.

Deshalb möchte ich Euch noch ein Anliegen nennen, das mir ganz besonders am Herzen liegt. Lebendige Gemeinden brauchen Männer und Frauen, die sich ganz in den Dienst des Evangeliums stellen. Wir brauchen Kirchengemeinderäte und Verantwortliche für die Jugend, wir brauchen Gemeindereferentinnen und -referenten, Pastoralreferentinnen und -referenten, Religionslehrerinnen und -lehrer und Diakone. Wir brauchen nicht zuletzt Priester und Ordensleute. Liebe Jungen, wenn Ihr am Altar dient, dann kommt Euch vielleicht der Gedanke: Könnte nicht auch ich Priester werden? Ich bitte Euch, blockt diesen Gedanken nicht sofort wieder ab. Denkt ernsthaft über diese Frage nach. Vielleicht könnt Ihr auch in Eurer Familie und Schule, mit den Eltern oder dem Seelsorger darüber reden. Vor allem wäre ich Euch allen dankbar, wenn Ihr mit mir darum beten würdet, dass Gott den einen und anderen von Euch dazu befähigt und beruft. Ihr erlebt ja selbst, wie sehr unsere Gemeinden auf Priester warten. Ich kann Euch versichern: Das ist ein schöner Beruf, in dem man viele Menschen glücklich machen kann und in dem man darum selbst glücklich wird.

Meine Predigt möchte ich nicht aufhören, ohne Euch für Euren Dienst und Eure Bereitschaft zu danken. Ihr könnt mir glauben: Ich weiß, was Ihr für die Gemeinden seid und tut. Ich danke Euch für Eure Bereitschaft, weiterhin lebendige Steine zu sein. Die Ministranten von Waldburg haben mir versichert, »dass sie mithelfen wollen, dass auch in den Missionsländern der Glaube ausgebreitet werden kann, deshalb nehmen auch viele Ministranten aus unserer Gemeinde am alljährlichen Sternsingen teil«. Ich weiß, dass sie mir das stellvertretend für viele von Euch geschrieben haben, so wie auch die Minis von Weilimdorf, die als lebendige Steine mitreißend, mitziehend und gemeinsam aktiv sein wollen.

Vor einiger Zeit, so wird berichtet, fand eine internationale Jugendtagung statt, auf der man sich beriet, wie das Evangelium am besten verbreitet werden könne. Die jungen Menschen sprachen von Werbung, von Radio, Fernsehen, Zeitungen, Zeitschriften und vielem anderen mehr. Da meldet sich ein junges Mädchen aus Afrika zu Wort und sagte: »Wir in Afrika machen das ganz anders. Wir schicken in die Dörfer, die wir für das Evangelium gewinnen möchten, keine Schriften. Wir schicken eine gläubige Familie dort hin, damit die Dorfbewohner sehen, was christliches Leben ist.«

Liebe Ministrantinnen und Ministranten, so möchte ich auch Euch heute in Eure Gemeinden senden – als Zeugen für Christus. Was Ihr als Minis tut, ist kein Kinderspiel. Es ist ein heiliger Dienst für Jesus

Christus und für Eure Gemeinde. An Euch soll man sehen, was lebendige junge Christen sind. Seid lebendige Steine. Baut die Kirche von morgen auf. Ich verlasse mich auf Euch. Ich danke Euch. Amen.

Die Lebensfülle des Reiches Gottes verkünden

Liebe Mitbrüder,
liebe Mitarbeiterinnen und Mitarbeiter im pastoralen Dienst des Strafvollzugs,[1]

»Gehe und verkünde das Reich Gottes« *(Lk 9, 60)* – so haben wir eben im Evangelium des heutigen Tages gehört. Dieser Auftrag Jesu gilt uns allen. Er ist uns Seelsorgerinnen und Seelsorgern gesagt und besonders auch Ihnen, den Seelsorgerinnen und Seelsorgern in den Justizvollzugsanstalten Deutschlands. Ich möchte Ihnen zunächst danken, dass Sie sich diesem, keineswegs leichten und doch so wichtigen Feld der Seelsorge gestellt haben und sich für gefangene Menschen einsetzen.

I. Die leiblichen Werke der Barmherzigkeit

»Gefangene besuchen, Ihnen helfen« – das ist eines der leiblichen Werke der Barmherzigkeit. Also eines der entscheidenden Kriterien für das Christsein. Jesus Christus selbst ist die Richtschnur für solches Tun. Er hat uns vorgelebt, was in seiner Botschaft vom Reich Gottes ausgesagt ist. Ihm ging es in seinen Worten und in seinen Taten immer darum, den Menschen in die Mitte zu stellen. Der Mensch soll leben können, aufrecht und befreit von seinen Fesseln und Krankheiten. Jesu Anliegen war es, dem Menschen seine ursprüngliche Würde

---

[1] Predigt anlässlich der Eucharistiefeier während der Studientagung für geistliche Mitarbeiterinnen und Mitarbeiter im pastoralen Dienst des Strafvollzugs am 03. Oktober 1990 in Untermarchtal.
Evangelium: Lk 9, 57–62.

wiederzugeben, die er entweder aus eigener Schuld verschleudert oder die ihm andere weggenommen hatten. Sein Lebensprogramm klingt an bei seinem ersten Auftreten in der Synagoge von Nazareth: »Der Herr hat mich gesandt, damit ich den Armen eine gute Nachricht bringe; damit ich den Gefangenen die Entlassung verkünde.« *(Lk 4,18)*. Jesus kam, wie Johannes dann formulieren wird, damit wir das Leben haben und es in Fülle haben (vgl. *Joh 10,10*). Das meinen die Heilige Schrift und unser Glaube mit dem Ausdruck »Reich Gottes«: Leben in Fülle. Dieses Leben wird dort spürbar, wo Menschen nicht mehr gegeneinander, sondern mit- und füreinander leben. Jesus machte uns dies vor.

Wer ihm begegnete, der lebte auf und ahnte etwas von der Kraft dieses Lebens.

Damit sind Leitlinien auch für die Seelsorge an Gefangenen aufgezeigt. Es kommt darauf an, die Person des Inhaftierten wahrzunehmen und ihm so das Gefühl echter Annahme zu vermitteln. Der einzelne Mensch darf nicht auf seine Tat reduziert werden. Die Abscheu vor der Tat darf nicht zur Abscheu vor dem Täter führen.

II. Botschaft der Versöhnung und Befreiung

Uns ist es aufgetragen, Jesu Botschaft der Versöhnung und Befreiung zu verkünden. Der Auftrag des Evangeliums bedeutet nicht, das Thema Schuld auszuschließen. Es geht um eine Versöhnung mit der schuldhaften Vergangenheit.

Die Versöhnung ist der Maßstab einer Schuldverarbeitung. Dies geschieht in der Einladung zum echten Gespräch, im Hören auf die Lebensgeschichte des Gegenübers, wo der Gefangene als Mensch, ausgestattet mit einer von Gott herkommenden Würde, respektiert wird, wo ihm die Versöhnung mit Gott eröffnet und vermittelt wird.

Zu diesen Akten der Befreiung gehört auch, dem Straftäter zu helfen, den angerichteten Schaden – soweit das eben geht – wiedergutzumachen. Nach abgeleisteter Strafe ist es entscheidend, den Entlassenen zur Integration in das Leben draußen »vor den Mauern« zu verhelfen. Entlassene Häftlinge sind harten Prüfungen unterworfen, weil sie oft das Selbstvertrauen und das Vertrauen in die Gesellschaft verloren haben. Den Inhaftierten wie den entlassenen Gefangenen gilt es, Vergebung und Hoffnung für einen Neuanfang entgegenzubringen und zu vermitteln.

Vielleicht denken Sie jetzt: Das überfordert mich, das kann ich als einzelner Seelsorger und als einzelne Seelsorgerin im Strafvollzug nicht leisten. Gewiss, hier ist die Verantwortung der Kirche als Ganze gefragt. Die Gemeinden sind herausgefordert, die Seelsorge im Strafvollzug mitzutragen, diesen Heilsdienst und diesen Bruderdienst als ihre ureigene Aufgabe zu erkennen, sich ihm zu stellen und konkret zu helfen. Die Gemeinde ist der Ort der Wiedereingliederung der entlassenen Gefangenen. Deshalb muss die Gemeinde befähigt werden, diese Menschen anzunehmen und auf ein Gelingen von lebensvollen und guten Beziehungen für diese und mit diesen zu hoffen.

III. Die Lebensfülle des Reiches Gottes

Sie, liebe Mitbrüder und liebe Mitarbeiterinnen und Mitarbeiter im pastoralen Dienst, sind in diesen Tagen hier in Untermarchtal beieinander, um darüber nachzudenken, wie Sie als Seelsorger gerade den vielen Drogenabhängigen unter den Gefangenen helfen können. Gerade diese Menschen bedürfen der Zeugen und der Zeichen der Befreiung. Bei unserem Suchen nach Wegen der Hilfe aus dem Glauben, sind wir verwiesen auf den, der uns zur Lebensfülle in Gott finden hilft: auf Jesus Christus selbst. Er ist der Lebensquell für die ganze Schöpfung. Die lebendige und lebensvolle Beziehung zu ihm schenkt Vertrauen und Hoffnung, gerade auch im helfenden Umgang mit den Gefangenen und mit den Drogenkranken unter den Gefangenen. Lassen wir uns in der Begegnung mit Jesus Christus hier in der Eucharistiefeier stärken und ermutigen, um den uns anvertrauten Menschen helfen zu können, an sich und ihr Leben wieder zu glauben, von ihm etwas zu erhoffen und zur Lebensfülle des Reiches Gottes hinzufinden.

Das gilt auch für den gesellschaftspolitischen Kontext, in dem wir leben. Ein vereintes Deutschland muss Motor eines vereinten Europas sein. Europa aber darf nicht zur Bastion der Wohlhabenden und Reichen werden. Für Europa muss die Option für die Armen und die Ärmsten in der Welt gelten. Der Hunger in der Welt ist der Skandal unseres Jahrhunderts. Wir dürfen ihn über unseren eigenen Sorgen nicht vergessen. Nur eine gerechte Ordnung in der Welt kann einen dauerhaften Frieden in der Welt gewährleisten. Ein größeres wiedervereinigtes Deutschland bedeutet eine größere Verantwortung für Gerechtigkeit und Frieden in der Welt.

Die hohe Idee der Gerechtigkeit, das heißt der rechten, an der Würde jedes einzelnen Menschen orientierten Ordnung, gründet letztlich in Gott selbst. Weil der Mensch, jeder Mensch, Bild und Gleichnis Gottes ist, strahlt auf allem, was Menschenantlitz trägt, etwas wieder von Gottes Hoheit und Herrlichkeit. Die Ehrfurcht vor Gott garantiert die Ehrfurcht vor dem Menschen und Gerechtigkeit unter den Menschen. Unser Grundgesetz, das seit heute in ganz Deutschland Gültigkeit besitzt, spricht in seiner Präambel von der Verantwortung des deutschen Volkes vor Gott. Damit ist das letzte und letztlich allein tragfähige Fundament eines jeden Staates benannt. Aber wie steht es damit konkret im vereinigten Deutschland?

Die gottlosen und deshalb menschenverachtenden Systeme des Nationalsozialismus und des Kommunismus waren zum Scheitern verurteilt. Das muss uns zur Warnung gesagt sein. Ein auf religiöse Gleichgültigkeit und nur auf größtmöglichen wirtschaftlichen Wohlstand der großmöglichen Zahl aufgebautes System wird auf längere Sicht ebenso jämmerlich scheitern. Wo die Ehrfurcht vor Gott verloren geht, da wird bald auch die Ehrfurcht vor dem Menschen vergessen und verletzt. Da beginnt man das Leben der Menschen zu manipulieren, seine Geburt ebenso wie seinen Tod.

So ist der 03. Oktober für uns ein Tag der Besinnung auf die religiösen und die christlichen Wurzeln unseres Staates. Er ist ein Auftrag an uns Christen zu öffentlicher Verantwortung aus dem Geist des Glaubens. Verschlafen wir diese geschichtliche Stunde nicht. Nehmen wir nüchtern und wachsam unseren Auftrag an. Dabei schauen wir nicht nostalgisch zurück ins Mittelalter. Es geht uns nicht um die Restauration eines früheren Zustandes. Wir wollen das Rad der Geschichte nicht zurückdrehen. Wir wollen die Zukunft des bald anbrechenden dritten Jahrtausends gestalten.

Dabei wollen wir mit allen Menschen guten Willens zusammenarbeiten. Mit ihnen zusammen bauen wir an einer erneuerten, gerechten, friedvollen und freien Welt.

Als Christen tun wir dies in der Überzeugung unseres christlichen Glaubens. So werden wir nachher singend bekennen: »Auf dich hoffen wir allein: Lass uns nicht verloren sein«. Amen.

Schatzgräber für andere

Liebe Pastoralreferentinnen und Pastoralreferenten,
liebe Schwestern und Brüder,[1]

ein Jubiläum eines noch jungen Berufes feiern wir heute. Doch mit 20 Lebensjahren steht ein Mensch schon einige Jahre auf eigenen Beinen. Es ist ein Alter, bei dem bei den meisten jungen Erwachsenen die Richtung, in der das Leben weitergehen soll, schon im Blick ist.

Nicht anders beim noch jungen Beruf der Pastoralreferenten. Dieser Dienst ist inzwischen in unseren Gemeinden fest verwurzelt und gewinnt immer mehr an Profil. Ich begrüße und unterstütze das sehr.

In dieser Stunde soll es nicht darum gehen, Strukturüberlegungen zu diesem jungen Beruf anzustellen. Vielmehr möchte ich mit Ihnen bedenken, aus welchen Quellen dieser Beruf lebt, auf welchem Fundament er steht. Ich stelle die Frage nach der geistlichen Dimension und dem geistlichen Profil dieses Berufes.

I. Der Schatz im Acker

Im Evangelium, das Sie bei der Vorbereitung zu diesem Jubiläumsgottesdienst ausgesucht haben, haben wir das Gleichnis vom Schatz im Acker und von der kostbaren Perle gehört. Jesus erzählt von einem Arbeiter und einem Perlenhändler. Beide haben ein unwahrscheinliches Glück: Sie machen den großen Fund ihres Lebens! Der Kaufmann

---

[1] Predigt anlässlich der Eucharistiefeier zur Tagung des Berufsverbandes der Pastoralreferentinnen und Pastoralreferenten in der Diözese Rottenburg-Stuttgart am 29. April 1991 zum 20-jährigen Bestehen des Berufes.
Evangelium: Mt 13,44–46.

findet eine besonders kostbare Perle. Der Tagelöhner entdeckt bei Grab- oder Pflügearbeiten auf dem Feld seines Arbeitgebers einen Schatz. Nach dem damaligen Fundrecht hätte er zwar den im Acker entdeckten Schatz dem Eigentümer des Ackers abliefern müssen. Aber darum geht es der Gleichniserzählung gar nicht. Sie lässt eine Sehnsucht anklingen, die tief in jedem Menschen verborgen ist: die Sehnsucht nach Glück. Auf der Suche nach dem Glück haben beide Männer, der Kaufmann und der Tagelöhner, das große Los ihres Lebens gezogen. Wenn sich aber die Chance bietet, sein Glück zu machen, dann muss dieser Augenblick genutzt werden, koste es, was es wolle. »Voll Freude« – heißt es, »verkaufte er alles, was er besaß und kaufte den Acker« *(Mt 13,44)* – voll Freude packt er das Glück beim Schopf.

So ist es mit dem Himmelreich, sagt Jesus. Es ist der Schatz im Acker. Es ist die kostbare Perle, der große Glücksfund, die einmalige Chance. Im Kommen Jesu ist die einmalige Gelegenheit geboten, das Heil, das Himmelreich zu gewinnen.

Das Gleichnis will uns eine Antwort geben bei unserer Suche nach Glück. So wird es zur herausfordernden Frage: Warum nützen dieses einmalige Angebot, diese von Gott geschenkte Chance so wenige? Fehlt unserer Verkündigung jene Faszination, die mitreißt, die begeistert, sodass der Mensch aus der großen Freude seiner Entdeckung gar nicht mehr anders kann, als sich voll und ganz auf dieses Angebot einzulassen? Oder fehlt es uns an Schwung und Mut, alles andere zu lassen, um nur dem einen, dem Himmelreich nachzulaufen? Warum nur reißen wir Jesu Angebot nicht entschlossener an uns?

II. Unzufriedenheit und Freudlosigkeit heute

Das Lebensgefühl vieler Menschen heute ist paradoxerweise von einer trägen Sattheit und gleichzeitig von einer gähnenden Leere gekennzeichnet. Das Gefühl der Unzufriedenheit und Freudlosigkeit inmitten von früher ungeahnten Möglichkeiten hat auch vor den Christen nicht haltgemacht. Obwohl es die vornehmste Aufgabe der Kirche wäre, die Freudenbotschaft Jesu Christi zu verkünden und sie damit reich und glücklich zu machen, hat sich in ihr Resignation und Verbitterung breitgemacht.

Warum nur? Es lassen sich viele Gründe aufzählen: Wir alle kennen sie. Weiterführend kann jedoch nur sein, wieder neu den Schatz und den Reichtum zu erkennen, der uns als Kirche für andere geschenkt ist. Die Kirche muss wieder neu ihren ureigenen Auftrag, Zeichen der Hoffnung und Dienerin der Freude zu sein, erkennen. Es kommt darauf an, die »kostbare Perle«, den »Schatz im Acker«, der uns geschenkt ist, wieder neu zu suchen, ihn zu erkennen, ihn zu heben, von Schmutz und Staub zu befreien, der sich mit der Zeit auf ihn gelegt hat und ihn so wieder neu zum Leuchten zu bringen.

Der Schatz wird im Acker gefunden, die Perle beim Handel entdeckt. Acker und Handel, das sind Bereiche täglicher Arbeit. Sie stehen für die Sorgen und Mühen des alltäglichen Lebens überhaupt. Hier, verborgen unter dem Grau des Alltags, auf dem Feld unserer normalen Pflichten, wird sich der Schatz finden. Das ist Jesu Verheißung.

Das geht zunächst uns an, die wir in den Dienst der Kirche gestellt sind. Erst wenn uns selbst das Schöne, Kostbare und Faszinierende der Frohen Botschaft aufgegangen ist, können wir überzeugend von unserem »Schatz im Acker« und unserer »kostbaren Perle« künden.

III. Reich Gottes

Himmelreich, Reich Gottes – heißt dieser Schatz. Jesus selbst und das Neue Testament umschreiben ihn noch mit vielen anderen Bild- und Gleichnisworten: Leben, Gerechtigkeit, Frieden, Freiheit. Die theologische Tradition sagt einfach: beatitudo, Glückseligkeit.

Viele Menschen unserer Zeit sind wieder ganz neu auf der Suche nach Glück, nach dem Sinn ihres Lebens. Das brauche ich Ihnen nicht weiter auszuführen. Aus den Begegnungen mit den Menschen, für die Sie da sind, wissen Sie selbst darum. Immer mehr Menschen fragen wieder danach, woraus und wofür sie eigentlich leben. An Antworten scheint es nicht zu fehlen. Es gleicht schon fast einem Jahrmarkt, was da alles an »sinnstiftenden Angeboten« und »Glücksverheißungen« feilgeboten wird. Auffällig ist, dass, während die Zahl derer, die am Leben und Feiern der Kirchengemeinden teilnehmen, zurückgeht, das Angebot religiöser, christlicher wie nichtchristlicher Gruppen wächst. Offensichtlich ist ein Vakuum entstanden, in das die Vertreter verschiedenster Weltanschauungen hineindrängen. Sie alle verheißen das »Glück« und das »Heil«, nach dem sich viele Menschen so sehr sehnen.

IV. Personale Gemeinschaft mit Gott

Unsere Antwort auf diese Ursehnsucht des Menschen ist eindeutig: Das Evangelium, die Frohe Botschaft Jesu Christi, ist unser Schatz, unsere Perle. Wer sie gefunden hat, gehört zu den ganz Glücklichen. Er hat alles, wonach er sich sehnt: Freude, Geborgenheit, Leben – die Fülle des Lebens.

Freilich, wir tun uns schwer, dieses Faszinierende für uns selbst zu entdecken und es anderen zu vermitteln. Auch wir leiden an der Kirche, weil sie nicht so ist, wie sie nach unseren Wünschen und Erwartungen und wie sie vor allem im Licht des Evangeliums sein sollte. Wir müssen diese Verwundungen und Leiden an der Kirche ernstnehmen. Indem wir um diese Nöte wissen und sie auch teilen, können wir die Sehnsucht nach dem wahren Glück wachhalten. Die Kirche ist nur die Hüterin des kostbaren Schatzes, der unserem Leben den letzten und eigentlichen Sinn, Halt und Inhalt gibt. Sie ist nur das bescheidene Wegkreuz und Gefäß. Sie ist nicht die Sache selbst, um die es geht.

Die »Sache« heißt Reich Gottes, Reich des Himmels. Himmel aber ist dort, wo Gottes Herrlichkeit einem Menschen ganz und endgültig aufgeht. Himmel ist das Geschenk innigster personaler Gemeinschaft mit Gott, der allein uns ganz ausfüllen und erfüllen kann. Die Sache, die wir zu bezeugen haben, ist also Gott als Leben, Gerechtigkeit, Friede, Freude, Freiheit, als Glückseligkeit des Menschen. Nicht die Kirchenfrage, die Gottesfrage steht heute an! Die Gottleere und Gottferne ist unser eigentliches Problem.

V. Zeiten der geistlichen Erneuerung

Die eigentliche Not, vor der wir stehen, ist unsere Sprachlosigkeit, wenn es um Gott geht. Wir müssen unsere Armut bekennen. Es gelingt uns nicht, das Große, Überschwängliche, Allumfassende und alles Übersteigende, schlechterdings Beglückende, das Gott ist, uns selbst und anderen erfahrbar zu machen.

Ich kann Sie nur bitten: Schenken Sie sich immer wieder Zeiten der Stille, des Gebetes und der geistlichen Erneuerung. Sie sind keine Flucht aus dem Alltag, sondern die Bereitschaft tiefer in die Welt einzudringen, tiefer zu pflügen, um den Schatz zu finden.

Als geistliche, von Gott ergriffene Menschen können wir dann mithelfen, unsere Kirche etwas geistlicher zu gestalten, damit sie wieder mehr Freude und Zuversicht ausstrahlt, damit sie wieder befreiend anstatt bedrückend auf die Menschen wirkt. Dieses Umpflügen im Ackerfeld Gottes kann eine mühselige Arbeit sein, die viel Schweiß und Geduld kostet. Es ist normalerweise ein bescheidener, demütiger Dienst, Schatzgräber für andere zu sein.

Der große Fund und das große Glück, es lässt sich nicht »machen«. Es muss geschenkt werden. Eines aber können wir: uns bereithalten, notfalls alles aufzugeben, um des einen, des Reiches Gottes willen. Metanoia nennt die Bibel diese Haltung. Sie fällt uns schwer.

Das Gleichnis aber sagt uns: Diese Metanoia, dieses Loslassen geschieht »voller Freude«.

VI. Dank und Freude

Liebe Pastoralreferentinnen und Pastoralreferenten, ich danke Ihnen allen für Ihren Schatzgräberdienst in den letzten 20 Jahren. Ich danke Ihnen nicht zuletzt im Namen der vielen Menschen, denen Sie helfen durften, den Schatz ihres Lebens zu finden. Ich wünsche Ihnen weiterhin Freude in Ihrem Beruf. Ich hoffe und wünsche, er möge Ihnen immer mehr zu einem Schatz im Acker werden.

Einsatzbereitschaft und Treue

Liebe Mitbrüder,[1]

als ich vor zwei Tagen zusammen mit unserem Generalvikar aus Lateinamerika zurückkehrte und mich durch den Berg von Briefen und Akten, der sich in den vergangenen drei Wochen angehäuft hatte, durcharbeitete, da kam mir der Brief eines Mitbruders in die Hände, der mich vor allem anderen, was ich sonst noch an Erfreulichem und auch weniger Erfreulichem vorfand, nachdenklich machte.

I. Hoffnung wider alle Resignation

In diesem Brief heißt es unter anderem: »Ich muss Dir sagen, auch mich packt oft die Angst, ich weiß nicht mehr, wie alles in der Zukunft werden wird. Diese Angst spüre ich auch bei vielen Mitbrüdern. Einer hat mir vor kurzem gesagt: ›Uns wird es doch hoffentlich aushalten!‹ Aber das ist ein schlechter Trost – nach uns die Sintflut! Am meisten beschäftigt mich zur Zeit die Situation der Priester. Ich begegne so viel Resignation, so viel Müdigkeit und auch so viel kritischer Distanz zum Papst und den Bischöfen. Viele seufzen unter der Last der vielen Gemeinden, aber ich habe nicht den Eindruck, dass die Arbeit an Intensität zugenommen hätte … Kurz: ich fühle mich sehr angefochten«.

Liebe Mitbrüder, ich will und kann jetzt nicht auf die konkreten Fragen eingehen, die dieser Brief aufwirft. Das muss und das wird in

---

1 Predigt anlässlich des Priestertags am 21. Oktober 1991 im Dom zu Rottenburg. Evangelium: Lk 10,1–9.

anderem Zusammenhang geschehen. Hier geht es mir um die in diesem Brief angesprochene Grundstimmung. Sie erlebe ich auch sonst in vielen Begegnungen, Gesprächen und Briefen. Sie hat mich bei diesem Brief deshalb besonders betroffen gemacht, weil ich in Lateinamerika bei den zahlreichen Priestern und Ordensfrauen, denen ich dort begegnet bin, eine ganz andere Stimmungslage vorfand.

Die Arbeit in Lateinamerika ist wahrlich nicht weniger als in unseren pastoralen Verhältnissen, der Priestermangel ist dort unvergleichbar größer, die zur Verfügung stehenden Mittel weit geringer, von den Schwierigkeiten, ja Gefährdungen teilweise für Leib und Leben erst gar nicht zu reden. Trotz dieser enormen Schwierigkeiten fanden wir dort eine Kirche im Aufbruch vor, eine Kirche voller Hoffnung, eine Kirche, die mit den Armen und für die Armen die einzige Hoffnung ist.

Ich stelle unsere Situation hier und die Situation, wie ich sie in Argentinien und Brasilien erfahren habe, selbstverständlich nicht deshalb einander gegenüber, um den Problemen auszuweichen, die es bei uns gibt und die zu bestreiten ich der Letzte wäre. Auf unserer Diözesansynode, im Priesterrat, beim Jugendforum, bei der Sitzung des Diözesanrats in der nächsten Woche und bei vielen anderen Gelegenheiten wird offen über diese Fragen gesprochen und um Antworten gerungen. Dabei soll es bleiben. Schon gar nicht möchte ich mit dieser Gegenüberstellung irgendjemanden kritisieren oder kränken.

Ganz bewusst und unter Beifall habe ich beim Jugendforum mit Nachdruck öffentlich die ganz große Mehrheit der Mitbrüder in Schutz genommen, die ihren Dienst treu und offen für die Anliegen junger Menschen tun. Ich möchte Ihnen, liebe Mitbrüder, auch an dieser Stelle für Ihren Einsatz und für Ihre Treue herzlich danken. Gott wird es Ihnen lohnen.

Das alles vorausgesetzt, beschäftigt und bedrückt mich die in dem Brief des Mitbruders angesprochene Stimmung dennoch. Es handelt sich ja nicht nur um sein persönliches Problem. Irgendwie nistet und nagt diese Stimmung auch in unserem, auch in meinem Herzen. Die objektiven Probleme können – wie der Vergleich mit Lateinamerika zeigt – dafür nicht die einzige Ursache sein. Die Gemeinden in Lateinamerika, die wir besuchen konnten, ziehen ihre Kraft nicht aus besonders günstigen Umständen. Ganz im Gegenteil. Sie haben aber in ihrer notvollen Situation das Evangelium neu entdeckt. Sie lesen und diskutieren es in vielen kleinen Gemeinschaften. Das gibt ihnen Elan und Zuversicht. Das schenkt ihnen eine geradezu ansteckende Freude und Hoffnung.

II. Das Evangelium vom Reich Gottes verkünden

Das Evangelium, das wir vorhin gehört haben, weist auch uns auf die Tiefendimension unserer Fragen und Probleme hin. Lassen Sie mich kurz auf ein paar Aspekte hinweisen.

Das Evangelium spricht von der Aussendung, der Missio der Jünger. Sie werden ausgesandt, die Kranken zu heilen und den Leuten zu sagen: »Das Reich Gottes ist euch nahe«. Die Jünger sollen also weitersagen und weitertragen, was Kern und Stern der Botschaft und des Auftretens Jesu selbst war.

An diese Sendung und an diesen Grundauftrag, das Evangelium vom Reich Gottes zu verkünden, sind wir heute früh durch Bischof Franz Kamphaus eindrucksvoll erinnert worden. Damit ist die Perspektive aufgezeigt, die für die Kirche aller Zeiten verbindlich ist, die aber in unserer heutigen Situation in besonderer Weise aktuell ist. Wir sind heute auf die Anfänge und auf die Grundlagen verwiesen. Wir sollen und dürfen die frohe und befreiende Botschaft des Evangeliums, dass Gottes Reich, und das heißt, dass Gott selbst jedem einzelnen Menschen und uns allen nahe ist, bezeugen.

Nicht, nach uns die Sintflut – nach uns und mit uns das Reich Gottes – ist die Devise. Von dieser unumstößlichen Gewissheit dürfen wir ausgehen. Oder sind wir vielleicht schon so weit, dass wir selber nicht mehr recht an diese Botschaft glauben? Ich meine, unsere Situation ist in erster Linie eine Herausforderung des Glaubens.

Dieser Glaube ist knallhart, ja geradezu brutal realistisch: Eine riesengroße Ernte steht an, aber es sind viel zu wenige Arbeiter, dazuhin menschlich gesehen erbärmlich schlecht ausgerüstete Arbeiter. Sie sind wie wehrlose Schafe mitten unter Wölfen, keinen Geldbeutel, keine Vorratstasche, nicht einmal Schuhe an den Füßen sollen sie haben. Der Kontrast zwischen Anspruch und Realität könnte größer gar nicht sein. Aber wenn wir die Reich-Gottes-Gleichnisse Jesu betrachten, dann gehört dieser Kontrast zum Evangelium und zur Kirche. Die Kirche kann gar nicht anders Kirche des Evangeliums Jesu Christi sein, denn als angefochtene Kirche. Nicht anders sagt es uns der Apostel Paulus in der heutigen Lesung. »Gott setzt im Leeren an«, schreibt Johannes Bours.

So wird deutlich, dass das Übermaß der Kraft von Gott und nicht von uns kommt, sagt Paulus.

Deshalb ist die Kirche überall dort stark und gegen alle Hoffnung voller Hoffnung, wo der Kontrast, so wie in Lateinamerika, besonders krass zutage liegt und wo sie sich gegen die Realitäten dieser Welt ganz auf die Realität Gottes und seiner Vorsehung verwiesen sieht.

Starren wir dagegen vielleicht nicht zu sehr auf die irdischen Realitäten? Rechnen wir zu wenig damit, dass Gottes Reich stärker und mächtiger ist als alles, was man durchschnittlich so als die Realitäten bezeichnet?

Liebe Mitbrüder, ich möchte hier wiederholen, was ich schon öfter gesagt und geschrieben habe: Wir hier, die Kirche in Deutschland, bauen zu sehr auf Strukturen und Institutionen. In dieser Hinsicht sind wir reicher als fast alle Ortskirchen der Welt. Das macht uns fähig, mit den Armen und Ärmsten in der Dritten Welt zu teilen. Als Martinus-Diözese ist das für uns eine besondere Verpflichtung. Wir sind aber über unseren Reichtümern in der Gefahr, den wahren Reichtum und die wahre Stärke der Kirche aus den Augen zu verlieren und über allem Basteln an Strukturen den Inhalt, um dessen willen die Strukturen allein da sind, zu vernachlässigen: die Botschaft von Gott und seinem Reich. Glaubhaft sind nicht wir, nicht unsere Werke und unsere Strukturen, glaubhaft und gerade heute bitter notwendig ist allein die Botschaft vom Reich Gottes, von Gottes Gerechtigkeit, Erbarmen, Friede und Liebe.

Sorget nicht ängstlich!, sagt uns Jesus. Wenn ihr zuerst Gottes Reich und seine Gerechtigkeit sucht, dann wird euch alles andere dazugegeben werden.

III. Glaubwürdige Zeugen sein

Wichtig, liebe Mitbrüder, ist noch ein Weiteres. Bischof Kamphaus hat uns heute Morgen ebenfalls darauf aufmerksam gemacht. Die Glaubwürdigkeit unserer Botschaft ist an die Glaubwürdigkeit der Botschafter gebunden. Die Neuevangelisierung fängt bei uns selber und bei unserem Lebensstil an. Es geht heute nicht nur um bessere Methoden und Strukturen für die Verkündigung des Evangeliums. Es geht um die Evangelisierung der Kirche selbst.

Deshalb sind heute im Zuge der Neuevangelisierung die Räte des Evangeliums – Armut, Ehelosigkeit und Gehorsam – nicht weniger wichtig als früher. Sie sind schon gar nicht überholt. Ganz im Gegenteil. Sie lassen sich auch nicht rein pragmatisch von einem Nützlichkeits- und Zweckmäßigkeitsdenken her begründen. Sie sind vielmehr Zeichen der Offenheit des Menschen für Gott und sein Reich. Sie sind Gestalten der Freiheit und der Leidenschaft für Gott. So sind sie eine Form der Zeugenexistenz, weil sie uns transparent machen, für Jesus Christus und sein Reich.

Ich weiß, dass heute viele diese Aussagen nicht verstehen und ablehnen. Ich weiß auch um die konkreten Schwierigkeiten, welche sich im konkreten Lebensvollzug ergeben. Ich möchte zusammen mit meinen Mitarbeitern das uns Mögliche tun, um Mitbrüder, die in Schwierigkeiten sind, zu begleiten und ihnen nach Kräften zu helfen. Für jeden Hinweis, wie das noch besser und wirksamer geschehen könnte, bin ich dankbar. Auch über die Frage der Weihe von in Ehe, Familie und Beruf bewährten Männern kann man diskutieren. Diese Frage ist für mich kein Tabu. Es wäre nach meiner Überzeugung aber fatal, wenn über dieser Diskussion die Evangelischen Räte an den Rand gedrängt würden oder nur noch als Lippenbekenntnis beiläufig erwähnt würden. Manchmal sehe ich diese Gefahr, dass die Diskussion umkippt und eine einseitige, ja verkehrte Richtung nimmt. Es ist jedoch meine feste Überzeugung, dass die Kirche nicht mehr die Kirche des Evangeliums Jesu Christi sein könnte, wenn sie die Räte des Evangeliums nicht mehr hochhalten und konkret leben würde. Nur das Ganze und das radikal gelebte Evangelium schenkt neue Hoffnung und Zuversicht. Die Hoffnung und die Freude an unserem Dienst sind es, die wir gegenwärtig vor allem brauchen. Sie allein kann andere anstecken und motivieren.

Zum Schluss möchte ich noch einmal an die Erfahrung in Lateinamerika anknüpfen. Bei der Begegnung mit den Armen dort ist mir in den Sinn gekommen, was Paulus in der heutigen Lesung schreibt: Ihnen wird in den dortigen extrem ungerechten Verhältnissen Leid zugefügt, und sie sind doch jederzeit in unbeschreiblicher Weise fröhlich. Sie sind arm und machen durch ihre Fröhlichkeit und ihre Gastfreundschaft doch viele reich. Sie haben buchstäblich nichts und haben doch alles. Ich wünsche uns einen Funken dieser Hoffnung und dieser Freude. Amen.

Geistliche Berufe heute

Liebe Mitbrüder,
meine lieben Schwestern und Brüder![1]

Zunächst einen ganz herzlichen Gruß Ihnen allen. Ich freue mich, an diesem Vorabend des vierten Sonntags in der Osterzeit, des Sonntags vom Guten Hirten, des Sonntags des Tages der geistlichen Berufe mit Ihnen zusammen die Eucharistie feiern zu können. Ich freue mich umso mehr, da gestern der 37. Jahrestag meiner Primiz gewesen ist. Ich grüße die verschiedenen Gruppen geistlicher Berufe, die Priester, die Diakone, die Ordensfrauen, Pastoralreferenten und -referentinnen, die Gemeindereferentinnen und -referenten, die Katecheten und die sozialen Dienste.

I. 50 Jahre Werk für geistliche Berufe

50 Jahre sind es nun her, seit mein Vorgänger, der Bekennerbischof Joannes Baptista Sproll das Päpstliche Werk für geistliche Berufe in unserer Diözese gegründet hat. Dies ist für mich ein Anlass, zunächst Gott dem Herrn, dem Geber aller guten Gnadengaben zu danken für die Vielzahl der Impulse, der Initiativen, für die Vielzahl der geistlichen Berufe, die uns geschenkt worden sind durch dieses Werk und nicht zuletzt für die vielen, vielen Beter und Beterinnen, die in diesen 50 Jahren gebetet haben, um geistliche, um priesterliche Berufe. So richtet sich mein Dank auch an Sie, die Beter und die Beterinnen. Ich

---

[1] Predigt zum Begegnungstag anlässlich des Weltgebetstages um geistliche Berufe am 23. April 1994 in Untermarchtal.
Evangelium: Joh 10,11–18.

bin fest davon überzeugt: Das Gebet, dass Gott Arbeiterinnen und Arbeiter in seinen Weinberg sende, dieses Gebet ist der Boden, der Humus, die Quelle, aus der allein geistliche Berufe entstehen können. Gebet im Namen und im Sinne Jesu ist von Gott Erhörung versprochen. Bittet und ihr werdet empfangen. Um alles, was ihr den Vater im Namen Jesu bitten werdet, das wird er euch geben. Ich bin fest davon überzeugt, solches Gebet hält letztlich die Kirche zusammen. Deshalb sind die Beter und die Beterinnen das eigentliche Herz der Kirche.

Ich begrüße und bedanke mich in besonderer Weise bei der Diözesanstelle für geistliche Berufe, die in diesem Jahr 20 Jahre alt geworden ist. Diese Diözesanstelle hat sehr viel getan, sie hat sehr viel angestoßen, viele Menschen beraten, begleitet, sie hat vieles auf den Weg gebracht durch Gespräche, Schriften und Briefe. Mein Dank gilt vor allem Ihnen, lieber Herr Rolf Seeger, der Sie von Anfang an dabei gewesen sind und sich engagiert dieses Anliegens angenommen haben. Ich danke Ihnen herzlich. Ich danke auch Ihrer lieben Frau, die das alles mitgetragen hat.

II. Berufen, ein Guter Hirte zu sein

Worum geht es bei den geistlichen Berufen, denen dieses Werk für geistliche Berufe gewidmet ist? Das Evangelium gibt uns die Antwort. Es ist das Evangelium vom guten Hirten. Sagt uns das heute noch etwas, ein Hirte? Wir denken, wenn wir an Hirten denken, an Schäferhunde, die die Herde zusammenhalten oder an eine gewisse Schäferromantik. Sagt uns das noch etwas?

Man redet ja in diesem Jahr 1994 von dem Superwahljahr, ein Jahr, in dem Männer und Frauen gewählt werden sollen, die Führungsaufgaben übernehmen in unserem Volk, denen wir die Geschicke von Land und Leuten anvertrauen, die für das Wohl des Volkes insgesamt verantwortlich sind. Heute nennen wir solche Leute Abgeordnete, Minister, Ministerpräsidenten, Bundeskanzler, Bundespräsident und anders. Man ist froh, dass es solche Männer und Frauen gibt, die sich für diesen heute zumal sehr schwierigen Dienst zur Verfügung stellen, Zeit, Gesundheit, Kraft, Ideen dafür opfern und einbringen. Aber wir alle wissen, es gibt ja auch viel Verdrossenheit über die Politik, weil viele Menschen meinen, die Politiker machen es nicht so gut wie sie es eigentlich machen sollten. Man darf nicht ungerecht sein und das Kinde mit dem Bad ausschütten. Wir dürfen nicht höhere Maßstäbe ansetzen als die, die wir für uns selber ansetzen. Und doch gibt es solche Männer und Frauen, die man im Alten Testament als die schlechten Hirten bezeichnet hat. Was wir heute als Abgeordnete und Minister bezeichnen, war gemeint, wenn im Alten Testament von den Hirten gesprochen wird. Die Hirten, das waren die großen Leitgestalten, die Führer des Clans, des Volkes, die vorangegangen sind, die die Herden auf gute Weideplätze geführt haben, die reiche Erfahrung gehabt haben, Männer und Frauen, die Autorität hatten und als solche anerkannt waren.

Doch schon das Alte Testament weiß auch um solche Hirten, die sozusagen nur ihr eigenes Schäfchen ins Trockene bringen und in die eigene Tasche wirtschaften. Der Prophet Ezechiel polemisiert unglaublich gegen solche Hirten, die nur sich selber weiden, die sich nur selber mästen, die nur selber in die eigene Tasche schaffen. Und gegenüber diesem Bild sagt nun Jesus: »Ich bin der gute Hirte« *(Joh 10, 14)*, derjenige, der wirklich Verantwortung übernimmt für die Herde, für die Menschen, der sich nicht davonmacht, wenn Gefahr droht. Nein, der im entscheidenden Augenblick sein Leben drangibt, sein Leben hingibt für diejenigen, die ihm anvertraut sind. Der jedem Einzelnen nachgeht, der sich verlaufen, im Dornengestrüpp verfangen hat, der jeden Einzelnen auf die Schulter nimmt und zurückträgt zu den anderen. Ihm geht es nicht sozusagen um den eigenen Besitzstand, sondern er gibt alles auf für andere.

Mit dieser Aussage: »Ich bin der gute Hirte« *(Joh 10, 14)* wollte Jesus die wirkliche Alternative aufzeigen. Er wollte auf sich zeigen: Ich bin der Wegweiser und der Weg, ich bin für euch Wegbegleiter und Freund, der Hirte, der euch trägt, der jeden Einzelnen von uns trägt, nährt, sich um ihn sorgt, ihn rettet und befreit, ihn heilt und hilft.

III. Gute Hirten in der Nachfolge Christi

Meine lieben Schwestern und Brüder, das ist das große Geschenk, die frohe Botschaft unseres Glaubens, gerade in der heutigen Verwirrung, wo viele nicht mehr ein noch aus wissen, keinen Sinn und keine Richtung mehr sehen in ihrem Leben, kein Licht mehr am Ende des Tunnels, sich nur im Dunkeln befinden, mutlos werden und ratlos sind. Wir haben einen solchen Hirten, einen solchen Wegweiser und Weg, einen, dem man nachfolgen kann als dem großen Vorbild. Wo sollen wir sonst hingehen, wo finden wir sonst solche Gestalten wie Jesus eine war, der uns den Weg des Lebens, den Weg zur Fülle, zum ganzen und vollen Leben zeigen kann.

Doch Jesus braucht Menschen, die in seiner Nachfolge Hirten sind für sein Volk. Schon zu Lebzeiten hat er Jünger um sich gesammelt, damit sie bei ihm seien und er sie sende. Er konnte schon zu Lebzeiten nicht zu allen Menschen kommen, die zu ihm wollten. Er brauchte Helfer und Helferinnen, die er ausgesandt hat, damit sie an seiner Stelle und für ihn Hirten des Volkes seien. Nach seiner Auferstehung hat er die Zwölf in besonderer Weise hinausgesandt in alle Welt, um allen die frohe Botschaft von Gott, dem Gott der lebendig ist und der lebendig macht, dem Gott, der ein Freund des Lebens ist, zu bezeugen. In seinem Namen und in seinem Sinn sollten sie auftreten. Sie sollten es aber nicht wie die schlechten Hirten tun, sondern als Alternative zur Ellenbogen- und Egoismus-Gesellschaft. Sie sollten Perspektiven und Hoffnung geben, ein Licht aufstecken, trösten, Wärme verbreiten. Einfach deshalb, weil sie die österliche Botschaft verkünden sollten von der Option Gottes für das Leben, für die Gerechtigkeit, für die Liebe, gegenüber den Mächten des Todes, des Unrechts, des Hasses und der Gewalt.

Weil sie die Option Gottes gerade für die Armen und die Schwachen zum Ausdruck bringen sollten, sollten sie Verantwortung übernehmen für die Menschen, damit andere das Leben finden, den Sinn, den Weg, die Erfüllung, die Fülle des Lebens.

Dazu ist jeder Christ berufen. Jedem ist ein Ruf mitgegeben, schon von Anfang an. Jeder von uns entspricht einem ganz persönlichen Bild und Ruf Gottes, der tief hineingegraben, hineingepflanzt ist in unsere Seele. Es hängt alles davon ab und ist entscheidend für das Glück unseres Leben, dass wir diesen Ruf und dieses Bild, das Gott in uns hineingesenkt hat, erkennen und ihm gerecht werden, dass wir den Willen Gottes erkennen, für mich, für mein Leben, ganz persönlich. Für jeden von uns hat Gott etwas ausgedacht. Seit der Taufe sind wir alle hineingerufen in die Nachfolge des guten Hirten, sind alle teilhaftig des königlichen Priestertums, auch des Hirtenamtes Jesu Christi.

Jeder soll an seinem Platz, an seinem Ort, in seinem Beruf, in seinen Lebensverhältnissen ein Zeuge Jesu Christi sein: In der Familie, am Arbeitsplatz, in der Schule, in der Freizeit, in der Politik, in der Wirtschaft, wo immer das sein kann. Jeder hat diesen Auftrag, sich einzusetzen, dass das Licht, das an Ostern entzündet worden ist, an das uns die Osterkerze erinnert, dass das Licht, das leuchtet und wärmt, nicht ausgeht und ausgeblasen wird in dieser Welt.

Zu dieser Berufung, zu dieser Sendung gehört auch das Beten für andere, das ist sogar einer der wichtigsten Dienste, die man tun kann. Das Gebet, das ist die stärkste Macht und Kraft in dieser Welt. Es gehört für mich sozusagen zur Habenseite der gegenwärtigen Kirche, zu den positiven Aspekten. Da denkt man nur immer an das Negative, an das, was fehlt. Es gibt auch so viel Positives, so viel Licht und dazu gehört, dass wir vermutlich in der ganzen langen Geschichte der Kirche noch nie so viele Männer und Frauen gehabt haben, die sich eingesetzt haben in unseren Pfarreien, in unseren Verbänden und wo immer es ist, die sich zu Zeugen gemacht haben. Das ist ein Reichtum, ein Schatz in unserer Kirche.

IV. Die Berufung zum Beruf machen

Nun braucht Jesus auch solche, die diese Berufung, die alle haben, sozusagen zu ihrem Beruf machen, die ihr ganzes Leben ungeteilt der Sache des Reiches Gottes, der Sache Jesu Christi widmen wollen. Wir brauchen auch die Hauptberuflichen.

Seit dem Konzil haben wir den ganzen Reichtum und die Fülle dieser Berufe und Berufungen entdeckt. Ich bin dankbar dafür, dass es so vielfältige Berufe und Berufungen von Laien im pastoralen und im sozialen Dienst gibt. Ich danke auch für den wichtigen Dienst, den gerade in unserer Diözese so viele Ordensfrauen tun. Viele von ihnen sind für andere wirkliche Mütter des Glaubens gewesen. Viele unserer Klöster und Einrichtungen sind für andere Menschen zur Oase geworden, in der man wieder durchatmen und aufatmen kann, in der man wieder etwas finden und erspüren kann vom Sinn und Glück des eigenen Lebens. Wir brauchen solche vielfältigen hauptberuflichen

Dienste für Männer und für Frauen. Es gibt gerade für Frauen heute in der Kirche viel mehr Möglichkeiten, als es Ihnen in den Medien gewöhnlich vermittelt wird.

Schließlich brauchen wir auch und nicht zuletzt Priester, die in besonderer, eigener Weise Hirten ihrer Gemeinde sind. Die katholische Kirche wäre nicht mehr die katholische Kirche, wenn sie eine priesterlose Kirche wäre. Es liegt im Wesen des Christentums selbst begründet, dass man sich nicht selbst das Heil schenken kann, auch eine Gemeinde kann sich sich nicht selber schenken, nicht selber machen. Das Heil, die Gnade, die Hoffnung wird einem zugesprochen, sie wird einem geschenkt von oben und von außen und der Priester, der gesandt wird in eine Gemeinde und nicht einfach aus der Gemeinde herauskommt, soll sozusagen dafür zeichenhaft stehen, dass es Zuspruch, Zusage und Geschenk ist. Er soll Jesus Christus repräsentieren, Jesus Christus, der so ganz mit den Menschen und unter den Menschen gelebt hat. Der Priester soll Christ sein unter anderen Christen. Wie alle anderen, so ist auch er täglich angewiesen auf die Vergebung der eigenen Sünden und Schwächen, Ecken und Kanten. Auch er ist einer, der angewiesen ist, dass andere ihn annehmen, ihm ein gutes Wort sagen, ihm helfend, ratend und tröstend zur Seite stehen.

Der Priester ist Christ unter Christen, mit anderen Christen, aber zugleich auch Christ für die Gemeinde und für andere. Einer, der immer wieder erinnern soll an die Vision vom Reich Gottes, vom Reich des Lebens, der Liebe, der Gerechtigkeit und der Heiligkeit. Er muss schauen, dass diese Vision des Evangeliums, des Reiches Gottes nicht untergeht unter anderen Stimmungen und Interessen und Ideologien und Träumen dieser Welt. Solche Priester, die vom Evangelium, von Jesus Christus her leben und andere auf dem Weg begleiten, die sie zu anderen Menschen machen, zu Hirten machen im Sinn und Geist und nach dem Vorbild Jesu Christi, die sind eine Gabe, ein Geschenk für die Kirche. Ein Geschenk, das man nicht einfach machen und organisieren kann, ein Geschenk, das man nur erbitten kann, um das man nur beten kann.

Die Priesteramtskandidaten haben es heute schwerer als ich vor 37 Jahren. Und auch die Priester haben es heute schwerer, sie müssen mehr getragen werden von den Gemeinden, getragen werden nicht zuletzt dadurch, dass viele für sie beten. Ich kann das von mir sagen:

In vielen schwierigen Situationen und Entscheidungen, die man so als Bischof hat, meine ich, das Getragensein im Gebet zu fühlen und manchmal geradezu zu spüren. Überall wo ich hinkomme, sagen mir Menschen: Herr Bischof, ich bete jeden Tag für Sie. Das trägt, das hilft, das gibt eine innere Sicherheit, auch wenn es äußerlich manchmal hektisch und turbulent wird. Dafür möchte ich danken, nicht nur in meinem Namen, sondern im Namen aller meiner Mitbrüder.

Meine lieben Schwestern und Brüder, wir brauchen diese ganze Vielfalt geistlicher Berufe heute, wir brauchen mehr denn je heilende Hände, gütige, liebende Herzen, offene Augen und Ohren, denn Gott hat keine anderen Hände als unsere, keine anderen Augen und Ohren, die Klagen, die Nöte, die Anliegen der Menschen zu hören und er will vor allem unser Herz und immer dann, wenn wir anderen Menschen unser Herz schenken, dann gehen die Herzen auf, dann findet man auch zu den Herzen. Wie arm wären wir in unserer Welt, wenn diese Vision der Hoffnung auf das Leben, auf die Liebe, auf die Barmherzigkeit, die Versöhnung und Vergebung, wenn das alles nicht mehr wäre in unserer Welt. Wie arm, wie eng wären wir, gleichsam in einen Käfig dieser Welt eingesperrt. Wir müssen es wieder viel deutlicher machen: Diese Welt ist reicher und größer und höher und tiefer als all das, was man nur feststellen, was man machen, was man organisieren kann.

Diese Welt hat Höhen und Tiefen und sie findet zur Fülle ihres Lebens erst dann, wenn sie Gott findet. Unser Herz, das Herz jedes einzelnen Menschen von uns ist in all seiner Sehnsucht und Hoffnung so groß und tief, letztlich so unersättlich, dass Gott allein groß genug ist, um all unsere Sehnsucht ausfüllen zu können. Viele haben diese Sehnsucht heute aufgegeben, die Hoffnung begraben, begnügen sich mit dem, was der Fall ist. Wir brauchen mehr denn je heute solche Menschen, nicht nur für die Kirche, sondern für unsere Gesellschaft, um des Überlebens willen, denn überleben heißt ja nicht nur, gut leben. Überleben heißt als Menschen überleben, menschlich überleben mit Sinn und Erfüllung und Glück, das man nicht machen kann, das letztlich nur Gott schenken kann.

V. Gott lässt seine Kirche nicht allein

Meine lieben Schwestern und Brüder, ich bin überzeugt, bei aller Not, die wir heute haben, und dem Mangel an geistlichen Berufen: Gott lässt seine Kirche nicht im Stich. Vielleicht lässt er sie ein bisschen zappeln. Das tut der liebe Gott schon manchmal, damit wir zur Besinnung kommen und merken, dass das alles nicht so selbstverständlich ist, vielleicht auch, dass wir nicht so saturiert werden und uns wieder neu auf den Weg machen, nach vorwärts auf den Weg machen; das schon, aber im Stich lässt uns Gott nicht. Das Gebet um geistliche Berufe, dass er Arbeiter und Arbeiterinnen sende in seinen Weinberg, das ist nicht umsonst. Ich bin überzeugt, es gibt viel mehr Berufe und Berufungen als wahrgenommen, als entdeckt werden. Man kann Berufungen auch verkennen, verdrängen, sich dagegen sperren. Und deshalb meine Einladung an Sie alle, bei sich selber und bei anderen, Berufe, Berufungen der verschiedensten Art zu entdecken und zu wecken, andere einzuladen, sie zu begeistern für die Sache Jesu Christi, sie zu begleiten und sie zu fördern auf diesem Weg und immer wieder zu beten und zu beten und zu beten.

Und so kann ich danken für all das, was in den letzten 50 Jahren durch das Päpstliche Werk für geistliche Berufe und alle die vielen, die mitgearbeitet haben, geworden ist. Ich danke für die vielen geistlichen Berufe und Berufungen, die wir haben in unserer Diözese. Ich danke Ihnen allen für Ihr Interesse, für Ihren Einsatz und so dürfen wir miteinander jetzt von ganzem und frohem und österlich erfülltem Herzen Eucharistie feiern. Gratias agamus Domino Deo nostro. Lasst uns danken dem Herrn unserem Gott. Denn so ist es würdig und recht. Amen.

Jesus Christus – Mitte des Lebens

Liebe Mitbrüder,[1]

mit Bedacht habe ich als Lesung für diese Eucharistiefeier zum Abschluss unseres Priestertags einen Text aus dem Hebräerbrief ausgesucht. Unser Personalreferent hat mich auf diese Perikope hingewiesen und sie mir empfohlen, weil sie gleichsam ein Logbuch für uns heute sei. Das ist sie in der Tat. Denn kein anderes Buch des Neuen Testaments spricht so ausführlich vom Priestertum wie der Hebräerbrief. Kaum ein anderes neutestamentliches Buch spricht aber auch so deutlich in eine Situation hinein, die der unsrigen so ähnlich ist wie dieser Brief. So kann gerade diese neutestamentliche Schrift uns Orientierung und Ermutigung schenken für unsere Situation heute.

I. Leben in der Diaspora

Die Zeit der urkirchlichen Aufbrüche und der ersten Begeisterung war zur Zeit des Hebräerbriefes vorbei. Die Zeichen der Ermüdung und der Erschlaffung waren überdeutlich. Viele fielen wieder vom Glauben ab oder blieben den Gemeindeversammlungen, der sonntäglichen Eucharistie fern. Mutlosigkeit breitete sich aus. Zur Bedrängnis von innen kamen Bedrohung und Anfeindung von außen. Die christliche Gemeinde war in eine ihr fremde und ihr auch feindselige Umwelt hinein versprengt. Sie war in dieser Welt nicht zu Hause. Sie lebte als Minderheit in der Fremde und in der Diaspora.

---

[1] Predigt anlässlich des Priestertags am 30. Mai 1994 im Dom zu Rottenburg. Lesung: Hebr 12,2–3.

Man glaubt unsere Situation sei beschrieben, wenn man den Hebräerbrief zur Hand nimmt und dies alles auf sich wirken lässt. Ich brauche Ihnen unsere Lage nicht im Einzelnen zu schildern. Sie erfahren sie jeden Tag, und ich weiß, viele von uns leiden unter den Ermüdungs- und Krisenerscheinungen in der gegenwärtigen Kirche. In vielen Gesprächen, Briefen und auf Pastoralkonferenzen wird mir dies immer wieder verdeutlicht.

In dieser Situation können uns die Lektüre und Betrachtung des Hebräerbriefes wie viele anderer Dokumente der frühen Kirche sagen: Ganz so neu wie ihr oft denkt, ist eure Situation gar nicht. Die gute alte Zeit war gar nicht immer so gut, wie viele in rückwärtsgewandten Träumen meinen. Die Schwierigkeiten, mit denen wir heute konfrontiert sind, begegneten der Kirche in unterschiedlicher Gestalt von allem Anfang an und immer wieder. So wenig wir uns rückwärtsgewandten Illusionen hingeben dürfen, ebenso wenig führt es weiter, uns im Blick auf das bald beginnende dritte Jahrtausend eine »Wolkenkuckuckskirche« zu erträumen, die so ganz ideal und so ganz nach unserem Geschmack wäre. Wir müssen uns in jeder Richtung vor falschen Leitbildern, vor irrealen Kirchenträumen und selbst gebastelten trügerischen Wunschvorstellungen hüten. Sie können am Ende nur enttäuschen und uns dann in noch größere Resignation führen.

Der Hebräerbrief zeigt uns einen realistischeren Weg. Er malt uns keine ecclesia triumphans vor Augen, keine Kirche, die gut und groß dasteht vor der Welt, die bei allen hoch angesehen und aller Welt lieb Kind ist, keine Kirche, die nur so überbordet von Begeisterung und innerem Schwung. Das Bild, das uns der Hebräerbrief von der Kirche zeichnet, ist das einer pilgernden Kirche, die ähnlich wie das Gottesvolk des Alten Bundes unterwegs ist, unterwegs auf einer mühsamen und beschwerlichen Wanderung durch die Wüste.

Wüstenerfahrung, das ist in hohem Maß auch unsere gegenwärtige Kirchenerfahrung. Doch die Wüste war schon für das Alte Testament kein Schreckgespenst. Für die Propheten war die Wüstenzeit die eigentliche Heilszeit und Hochzeit Israels, die Zeit, da Gott seinem Volk besonders nahe war. Wüste, Dürre und Trockenheit sind auch für die großen Mystiker in der Geschichte der Kirche wichtige Bildworte für den Weg des Glaubens in dieser Zeit und zugleich für besonders intensive Erfahrungen des je größeren, uns unfasslichen verborgenen Gottes.

So mahnt uns der Hebräerbrief der Gegenwart, die wir oft als Wüste erfahren, weder durch eine Flucht zurück noch durch eine Flucht nach vorne auszuweichen. Er ermutigt uns dem Heute standzuhalten. »Heute, wenn ihr seine Stimme hört …«. Nicht das Gestern und das Morgen, das Heute ist die Stunde, in die uns Gott gestellt hat und in der wir uns bewähren müssen. Auch das Heute ist Gottes Zeit.

II. Neues Leben aus Jesus Christus

Meine lieben Mitbrüder, die Perikope aus dem Hebräerbrief lässt uns mit dieser Zumutung zum »Heute glauben« nicht allein. Er sagt uns, woher wir die Kraft zum Aushalten und Standhalten nehmen sollen. »Lasst uns mit Ausdauer in den Wettkampf laufen, der uns aufgetragen ist, und dabei auf Jesus blicken, den Urheber und Vollender des Glaubens.« »Auf Jesus blicken«, das ist das Entscheidende. Auf diese christologische Konzentration kommt es heute vor allem anderen an.

Denn gerade in einer schwieriger gewordenen Situation, da manches Gewohnte und lieb Gewonnene wegbricht und wo wir vieles lassen müssen, müssen wir uns umso mehr auf das besinnen, was wesentlich und unaufgebbar ist, auf das, was letztlich trägt. Der Hebräerbrief sagt es uns mit aller wünschenswerten Deutlichkeit: »Jesus Christus ist derselbe gestern, heute und in Ewigkeit«. Er muss in allem Umbruch und Wandel unverrückbarer Ausgangspunkt, Bezugspunkt, Mitte, Maßstab und Ziel bleiben. Zu ihm gilt es aufzuschauen. Allein von ihm her kann neues Leben ausgehen.

Der Aufblick zu Jesus macht uns Mut. Denn in ihm haben wir einen Hohepriester, der mitfühlen kann mit unseren Nöten. Er ist in allem unseren Weg gegangen. Obwohl er der Sohn war, ist er uns doch in allem gleich geworden, die Sünde allein ausgenommen. Er hat Schwachheit und selbst den Tod auf sich genommen. Er hat durch sein Leiden Gehorsam gelernt und ist durch Leiden zur Vollendung gelangt. So konnte er zum Ersten unter vielen Brüdern werden. So ist er Anführer und Vollender unseres Glaubens. Zu Jesus dürfen wir deshalb voll Zuversicht aufblicken. Denn er, der sein Blut für uns vergossen hat, steht nun für immer fürbittend für uns vor dem Vater.

Beim Blick auf Jesus Christus gibt es keinen Grund zur Resignation. Er macht die erschlafften Hände wieder stark und die wankenden Knie wieder fest.

Nichts, meine lieben Mitbrüder, ist deshalb für unser Leben und Wirken als Priester wichtiger als die persönliche Freundschaft mit Jesus. Er ist, wie der Hebräerbrief nicht müde wird zu betonen, der eigentliche und der einzige Hohepriester. Nicht wir, er ist der Herr und der Hirte der Kirche. Er lenkt und führt sie, und er ist treu, auch wenn wir untreu sind. Wir sind nur seine schwachen Werkzeuge, die ihm unsere Stimme, unsere Hände, unser Herz und unser ganzes Leben leihen und weihen. Das zu wissen und uns immer wieder neu bewusst zu machen, bewahrt uns vor innerer Hektik und äußerem Aktionismus, mit dem wir uns am Ende doch nur überfordern. Das gibt uns trotz allem und in allem innere Gelassenheit und inneren Frieden.

III. Dienst in der Nachfolge Jesu Christi

Meine lieben Mitbrüder, wir müssen unseren Dienst als Priester wieder ganz radikal von Jesus Christus her begründen und auch unsere Frage nach der heutigen Gestalt priesterlichen Dienstes ganz an ihm orientieren. Durch die Priesterweihe sind wir ihm in einer besonderen Weise gleichgestaltet und mit ihm auf besondere Weise verbunden. Seine Botschaft und sein Werk sollen wir weitertragen und gegenwärtig machen. In seinem Auftrag und in seiner Vollmacht dürfen wir dabei sprechen und handeln. Das ist ein hoher Anspruch, den man nicht herrisch, sondern nur in der Nachfolge Jesu demütig und dienend ausüben kann, den man aber auch nicht dadurch erträglicher macht, dass man ihn herabschraubt und möglichst nivelliert, sondern nur dadurch, dass wir uns tagtäglich neu bemühen, ganz für ihn und auf ihn hin transparent zu werden.

Wir haben heute viel darüber nachgedacht, was dies für eine heutige Gestalt priesterlichen Dienstes heißt. Vieles ist dabei zur Sprache gekommen, was ich jetzt nicht im Einzelnen wiederholen will. Auch ungelöste Fragen, auf die im Augenblick niemand – wenn er ehrlich ist – eine bündige und rundum befriedigende Antwort weiß, sind deutlich geworden. Auch dies gehört zur Wüstenwanderung und ist kein Anlass zur Panik, sondern zum Weitergehen und Weitersuchen im Vertrauen, dass er, Jesus Christus, mit uns auf diesem Weg ist.

Ein paar Hinweise und Fingerzeige gibt uns der Hebräerbrief freilich, und wir tun gut daran, sie zu beherzigen. Er mahnt uns zuerst und vor allem zur Treue und zur Geduld. Er sagt uns und belegt dies mit einer ganzen Wolke von Zeugen, dass Situationen, wie wir sie auch erfahren eine Bewährungsprobe für die Echtheit unseres Glaubens sind. Ein Boot, das auf hoher See in Seenot gerät, wird ja nicht dadurch sicherer, dass man möglichst viel scheinbaren Ballast über Bord wirft. Das Boot ist, wenn es leicht geworden ist und kein Eigengewicht mehr besitzt, erst recht den Wellen ausgeliefert. Wenn wir uns bis zur Unkenntlichkeit anpassen, gewinnen wir nicht an Profil; wir verlieren vielmehr jedes Profil und jeder nachdenkliche Zeitgenosse wird sich dann fragen, wozu es uns denn überhaupt noch braucht.

Bleiben wir deshalb auf Kurs. Stehen wir auch, ja gerade wenn es schwierig wird, in Treue zu dem einmal bei unserer Priesterweihe übernommenen Auftrag und Versprechen.

Noch einen zweiten Hinweis gibt uns diese Schrift aus dem Ende des ersten Jahrhunderts. Sie stellt uns Jesus Christus als einen Hohepriester vor Augen, der uns Menschen in allem ganz nahe ist und der mitfühlen kann. Damit scheint mir etwas vom Wichtigsten über die Gestalt des Priesters heute gesagt zu sein. Wenn es richtig ist, dass heute aus einer Komm-her-Kirche immer mehr eine Geh-hin-Kirche werden muss, dann muss der Priester dort sein, wo die Menschen mit ihren Sorgen und Problemen sind. Der Priester muss mitten unter ihnen sein. Er muss ein Herz für die Menschen haben. Er muss wissen, wo sie der Schuh drückt und er muss mit ihnen fühlen. Wir dürfen nicht bloße Funktionäre, Organisatoren und Administratoren sein. Wir müssen die persönliche nachgehende Seelsorge wieder mehr betonen. Als Priester muss man die Menschen gern haben und sie mögen, so wie sie sind, dann und nur dann erreicht man ihr Herz. Voll ausfüllen und erfüllen können wir die Herzen der Menschen freilich nur, wenn wir ihnen Gott bezeugen und bringen.

Ich höre die Einwände und ich kenne auch die Schwierigkeiten. Deshalb füge ich einen letzten Hinweis aus dem Brief an die Hebräer hinzu. Diese Schrift sagt, dass Jesus als Anführer und Vollender des Glaubens der Erste unter vielen Brüdern ist. Er hat eine neue Communio und eine neue Solidarität begründet. Wer als Priester in seinem Namen der Erst- und auch der Letztverantwortliche in der Gemeinde ist, der muss nicht alles und vor allem nicht alles alleine machen. Mehr als früher sind wir heute darauf angewiesen, möglichst viele Männer und Frauen zu finden, zu motivieren und sie zu begleiten, die verantwortlich mitdenken, mitarbeiten und mittragen. Vor allem in Gemeinden ohne einen eigenen Priester am Ort kommt es darauf an, ein Team zu bilden, das die konkrete Verantwortung in einem sehr weiten Umfang übernimmt. Eine solche kooperative Pastoral fällt vielen nicht leicht. Sie erfordert nicht nur eine äußere, sondern vor allem eine innere Umstellung. Aber in dem Maße, in dem unsere Situation der in den sogenannten Missionsländern ähnlich wird und wir selbst Missionsland sind und es noch mehr werden, wird sich auch die Gestalt unserer Gemeinden und unserer Seelsorge der in den sogenannten Missionsländern ähnlich werden müssen. Wenn ich in diese Länder komme, habe ich freilich nicht den Eindruck, dass dort der Glaube weniger lebendig wäre als hier, ganz im Gegenteil. Die gegenwärtige Situation, meine lieben Mitbrüder, enthält – das ist meine feste Überzeugung – auch viele ungeahnte Chancen. Sie ist ein Kairos, das heißt eine von Gott gegebene Stunde und Möglichkeit, die zugleich eine Herausforderung ist für uns.

Liebe Mitbrüder, von Jesus sagt uns der Hebräerbrief, er habe mit Freude das Kreuz auf sich genommen. Ich kann mir nicht denken, dass er damit das Kreuz romantisieren will. Das Kreuz ist, wenn es kommt, immer eine harte Realität. Sie bleibt freilich keinem erspart. Sie gehört zum Christsein. Da das Kreuz aber für uns unlösbar mit Ostern, Himmelfahrt und Pfingsten verbunden ist, dürfen wir unseren Dienst dennoch mit Zuversicht und mit Freude tun. Griesgrämigkeit, Jammerseligkeit und Bitterkeit lassen keinen Funken überspringen. Freude überzeugt und reißt mit. Als Christen und als Priester haben wir Grund zur Freude. Wir haben einen Urheber und Vollender unseres Glaubens. Wir haben einen, der uns vorausgegangen ist, der uns einen Weg gebahnt und eine Perspektive aufgezeigt hat, die einzig realistische und die einzig hoffnungsvolle Perspektive. Lasst uns also aufschauen zu ihm. »Dann werden wir nicht ermatten und den Mut nicht verlieren«. Amen.

Die Ernte ist groß – auch heute

Meine lieben Schwestern und Brüder![1]

»Die Ernte ist groß« *(Mt 9,37)*, das ist das unumstößliche Wort Jesu Christi, unseres Herrn, ein Wort auf das wir voll Zuversicht bauen und trauen dürfen.

I. Die Botschaft vom Reich Gottes

Worum geht es denn in unserem Christsein und Kirchesein? Das heutige Evangelium sagt uns, worauf es in unserem Christsein wirklich ankommt, und es sagt uns dies in einer ganz einfachen Weise. Es ist nur ein einziger Satz. Er ist Kern und Stern der Botschaft Jesu: »Das Reich Gottes ist nahe«.

Für die Menschen damals war diese Botschaft vom Nahegekommensein des Reiches Gottes eine Botschaft von für uns schier unglaublicher Sprengkraft und Wucht. Das Volk Israel lebte damals in einer menschlich gesehen völlig hoffnungslosen Situation. Israel war von fremden Mächten beherrscht, mit denen die Oberschicht kollaborierte. Das Volk war äußerlich bitterarm und geistlich ohne Führung. In dieser Situation erinnerte man sich der Verheißungen der Propheten, etwa des Propheten Ezechiel in der heutigen Lesung, wonach Gott seinen Geist ausgießen, das Volk sammeln und neu beleben wird, sodass allen offenkundig sein wird, dass er allein Gott, ja dass er unser Gott ist. Diese Erwartung, dass Gott selbst auf den Plan treten und

[1] Predigt anlässlich des Diözesantreffens der Charismatischen Erneuerung am 18. Juni 1994 in Zwiefalten.
Evangelium: Mt 9,35–10,1.6–8.

seinen Geist ausgießen wird, verdichtete sich in der Spätzeit Israels in dem alles zusammenfassenden Bild vom kommenden Reich Gottes.

Reich Gottes, das war der Inbegriff der Hoffnung, dass in Gott allein Hoffnung und Heil ist. Die Hoffnung, dass er selbst auf den Plan treten wird und dass er alles zum Besseren wende, indem er sein Reich der Wahrheit und der Gerechtigkeit herbeiführe. Reich Gottes war der Inbegriff von Leben in Fülle, Leben für die Lebenden wie für die Toten. In diesem ihrem Glauben waren die Menschen überzeugt: Gott allein kann uns retten, und er wird die Wende sozusagen todsicher herbeiführen. Sein heilbringendes Kommen ist absolut gewiss. Auf ihn ist absoluter Verlass.

Jesus verkündet nun: Jetzt ist es soweit. Jetzt ist die Zeit der Ernte. Jetzt ist der Tag, jetzt ist die Stunde. Kehrt um und glaubt dem Evangelium, dass Gott der Herr der Geschichte ist, dass er hier und heute im Kommen ist und dass auf ihn unbedingter Verlass ist. Hätten wir – so sagt uns Jesus – nur Glauben so groß wie ein Senfkorn, dann könnten wir Berge versetzen. Denn dem, der glaubt, ist alles möglich.

Meine lieben Schwestern und Brüder, diese Botschaft Jesu vom Kommen des Reiches Gottes ist heute so aktuell wie damals. Gott ist auch in unserer Zeit der Gott, der uns nahe ist, der bei uns ist und mit uns geht. Diese Botschaft gilt es heute angesichts des bald anbrechenden dritten Jahrtausends vor allem anderen auszurichten. Denn Gott ist auch heute im Kommen. Er ist auch heute der Herr und die Hoffnung unserer Zeit. Diesen lebendigen Gott gilt es mit ganzer Kraft zu bezeugen. Denn die Botschaft von Gott und seinem kommenden Reich gibt allem anderen, was wir sonst noch sagen und tun, erst den Grund. Sie fast alles andere zusammen. Sie ist das eine Notwendige. Nicht die Kirchenfrage, die Gottesfrage muss für uns im Mittelpunkt stehen. Allein der lebendige Gott, der im Kommen ist und der da ist, kann unserem Leben Halt und Inhalt geben. Er allein kann die ganze Sehnsucht unseres Herzens ausfüllen. Er allein gibt uns Richtung und Sinn, Freude und Trost auch in den Widrigkeiten dieses Lebens.

II. Die Ernte ist groß – auch heute

Oberflächlich betrachtet scheint mit dieser Botschaft heute nicht mehr viel auszurichten zu sein. Die meisten, die sich heute meist lautlos und stillschweigend von der Kirche abwenden, tun dies ja nicht aggressiv, sondern eher gelangweilt. Nicht der militante Atheismus ist unser Problem. Wo er auftritt, ist er eher das kleinere Problem. Denn mit einem militanten Atheisten kann ich wenigstens diskutieren und streiten. Das Problem ist die wirkliche oder scheinbare Gleichgültigkeit so vieler. Sie streiten nicht, sie gähnen. Sie scheinen überhaupt keine Antenne mehr für Gott und seine Botschaft zu haben.

Doch lassen wir uns nicht täuschen. Als Christen sind wir überzeugt, dass wir als Menschen geschaffen sind nach dem Bild und Gleichnis Gottes. Als Menschen können wir, selbst wenn wir es versuchten, Gott gar nicht abschütteln. Wir können uns gegen ihn sträuben und wehren, wir können ihn auch verdrängen. Aber wir werden ihn nicht los. Was steckt denn hinter der Angst, dem Verdruss, der Leere und Unerfülltheit so vieler? Tut sich da nicht ein großes gähnendes Loch auf, welches das Fehlen Gottes überdeutlich macht? Vielleicht könnte man dies als einen negativen Gottesbeweis bezeichnen. Umgekehrt gibt es auch heute viel mehr Menschen als wir gewöhnlich meinen, auch und gerade junge Menschen, die spüren, dass so wie das Leben heute gewöhnlich verläuft, es nicht alles sein kann. Viele fragen deshalb und suchen nach einem tieferen Sinn ihres Lebens. Ja, die Ernte ist auch heute groß, größer als die meisten ahnen.

Ich bin sogar fest davon überzeugt, dass der Geist Gottes heute etwas Großes vorbereitet. Gewiss, es bricht vieles zusammen und was zusammenkracht macht Lärm. Für dieses Negative, das es in der Tat gibt, interessieren sich die Medien. Schlechte Nachrichten sind für sie gute Nachrichten. Aber wer die Augen aufmacht und sehen will, der kann auch feststellen, dass sehr viel Gutes heranwächst in vielen Gruppen, Gemeinschaften und Bewegungen, in unzähligen unbekannten Betern, in vielen Männern und Frauen, die sich in unseren Gemeinden oder im caritativen Dienst meist ehrenamtlich einsetzen, sowie in vielen suchenden und fragenden Menschen. Was wächst macht freilich keinen Lärm. So kommt auch das Reich Gottes nicht mit äußerem Gepränge. Es imponiert nicht mit Zahlen und mit Machtdemonstrationen. Das Reich Gottes kennt andere Maßstäbe. Das Reich Gottes ist Gerechtigkeit, Friede und Freude im Heiligen Geist.

Nur der Geist Gottes, in dem wir erschaffen sind, kann die ganze Sehnsucht unserer Herzen ausfüllen. Er kann heilen was verwundet ist, tränken was dürre steht, lösen was in uns verhärtet ist. Er kann unendlichen Frieden und tiefe Freude vermitteln. Er ist Trost, Kraft und Schwung. Er ist vor allem die Liebe Gottes in Person und das Geschenk der Liebe, die Gott in unsere Herzen ausgießt. Für die Liebe, die unendliche, ewige Liebe sind wir geschaffen. Auf sie zielt unsere Sehnsucht und unser ganzes Verlangen. Unsere heutige Situation ist ein einziger Schrei nach dem Heiligen Geist. Vielleicht war die Ernte, die heranreift – ganz anders als die meisten meinen – noch selten so groß wie heute. Nicht umsonst hat der gute Papst Johannes XXIII. der Kirche ein erneuertes Pfingsten vorausgesagt. So können wir nur mit dem Gebet, das der Herr uns zu beten gelehrt hat, sprechen und rufen: »Dein Reich komme!« »Komm, Heiliger Geist, und erfülle die Herzen deiner Gläubigen!«

III. Was er euch sagt, das tut.

Auf den Heiligen Geist berufen sich freilich unterschiedlichste Leute und Gruppen. Viele verwechseln ihn mit dem eigenen Geist, den eigenen Träumen, Wünschen und Einfällen, oder auch nur mit der eigenen Aufgeregtheit. Oft ist es schwierig, den Heiligen Geist und die Geister dieser Welt zu unterscheiden. Ja, die Heilige Schrift sagt uns sogar, dass der böse Geist sich oft in einen Lichtengel zu kleiden versucht. Wie sollen wir da die Geister unterscheiden? Wie sollen wir wissen, wo wirklich Gottes Reich im Anbruch ist?

Sie, meine lieben Schwestern und Brüder, haben in Ihrem Programm für den heutigen Tag auf diese Frage eine klare Antwort gegeben. Sie zitieren dort das Wort der Mutter des Herrn: »Was er euch sagt, das tut!« In der Tat, Jesus Christus und die gelebte Nachfolge Christi sind für uns das entscheidende Kriterium für die Echtheit des Geistes. Der Apostel Paulus hat uns dieses Unterscheidungsmittel in die Hand gegeben, wenn er sagt, es sei kein Geist aus Gott, der sich nicht zu Jesus als dem Herrn bekennt. In Jesus, der aus der Kraft des Heiligen Geistes durch die Jungfrau Maria geboren wurde, hat der

Geist Gottes sozusagen den entscheidenden Durchbruch in der Geschichte geschafft. Jesus ist ganz Geschöpf des Heiligen Geistes. Durch die Macht des Geistes Gottes wurde er von den Toten auferweckt. So hat er die bösen Mächte des Todes besiegt und dem Leben endgültig Recht gegeben und ihm zum Durchbruch verholfen. In Jesus Christus ist durch den Heiligen Geist Gottes Reich ein für alle Mal angebrochen.

So wird das Wort der Mutter Jesu verständlich: »Was er euch sagt, das tut!« Auf ihn müssen wir schauen, ihn in allem hören, mit ihm und aus ihm leben. Er ist Grund, Maß und Ziel des Christenlebens. Das hat nichts mit Engstirnigkeit zu tun. Gerade in einer Zeit von so großer Verunsicherung, Ratlosigkeit und Verwirrung ist es vielmehr ein großes Geschenk in Jesus Christus ein konkretes Urbild und Vorbild zu haben und einem Lebensentwurf zu begegnen, der uns die Fülle des Lebens erschließt. Wir dürfen uns freilich nicht täuschen: Dieser Maßstab liegt quer zu vielem, was in unserer Welt gilt und Ansehen besitzt. Zu Jesus Christus gehört das Kreuz, und vom Kreuz kann und darf sich keiner, der als Christ den Namen Christi trägt, drücken. Man kann das Christsein nicht gleichsam im Windkanal stromlinienförmig konstruieren. Es wird immer anstößig sein. Wir werden immer wieder umdenken und uns immer wieder neu bekehren müssen.

Meine lieben Schwestern und Brüder, auf Jesus hören, das heißt zuerst, auf sein Wort hören, heißt wie er selbst die Heilige Schrift kennen, auf sie hören, sich an ihr orientieren und aus ihr leben. Alle kirchlichen Erneuerungsbewegungen haben so angefangen und aus dem Wort der Schrift Weisung, Maßstäbe und Kraft gewonnen. Was wir heute vor allem brauchen, ist ein biblisch erneuertes Christsein. Auf Jesus Christus hören, heißt Stillewerden und allein oder gemeinsam Beten und sich betend seinem Anruf öffnen. Auf Jesus Christus hören, heißt ihm in den Brüdern und Schwestern, die in Not sind, begegnen und auf dem Angesicht des Bruders und der Schwester in Not seinen Willen und seinen Auftrag erkennen. Auf Jesus Christus hören, heißt auch auf die Kirche, die ja im Heiligen Geist sein Leib ist, zu hören und sich bemühen, in ihrem Wort die Stimme Jesu zu hören.

Wo wir so in Jesus, mit ihm und durch ihn den Willen des Vaters zu hören und in der Kraft des Heiligen Geistes auch zu tun versuchen, da bricht Gottes Reich hier und heute an, da verwandelt sich unser Leben, da wird etwas anders in unserer Umgebung, da kehren – wie

Sie alle schon erfahren haben – Friede und Freude ein. Da geschieht Erneuerung der Kirche im eigentlichen Sinn des Wortes von der Basis, das heißt von Grund auf. Da wird unsere Welt neu. Da werden wir Mitarbeiter und Mitarbeiterinnen an der neuen Schöpfung, am neuen Himmel und an der neuen Erde.

IV. Arbeiter für die Ernte gesucht

Meine lieben Schwestern und Brüder, wenn das alles gilt, dann gilt umso mehr die Bitte: »Sende Arbeiter in deine Ernte«. Das Kommen des Reiches Gottes ist zwar ganz und gar Gottes eigene Tat. Wir können das Reich Gottes mit bestem Willen nicht »machen«. Wir können auch das Kommen des Heiligen Geistes nicht herbeizwingen. Er ist reines Geschenk, reine Gnade. Er weht wann, wo und wie er will. Dennoch, Gott braucht und will Menschen, die er auswählt und beruft und durch die er sein Heilswerk in der Welt vollbringt. Gott sucht Mitarbeiter und Mitarbeiterinnen gerade heute: Männer und Frauen, Junge und Alte, Gesunde und Kranke. Gott sucht Menschen, die ihr Herz ganz für ihn und seinen Geist auftun und die sich ganz für ihn und sein Reich zur Verfügung stellen, die sich dem Geschenk des Geistes öffnen und ihr Leben zum Geschenk für Gott und die Menschen machen.

»Die Ernte ist groß, aber es sind nur wenige Arbeiter«. Dieses Wort trifft zu, wie wir alle schmerzlich wissen. Viele meinen, man müsse halt Ordnungen und Strukturen ändern, dann wäre die Situation bereinigt. Ich bin überzeugt, dass dies allein und für sich genommen zu billig wäre. Das wäre nochmals die Machermentalität, die im Reich Gottes nichts ausrichtet. Auch Arbeiter und Arbeiterinnen bei Gottes Ernte sind ein Geschenk. Das einzige, was wir wirklich tun können und auch tun müssen, ist zu beten: »Bittet, dass der Herr Arbeiter in seine Ernte sende«. Deshalb kann ich nur inständig darum bitten, dass Sie, dass wir alle immer wieder neu beten, beten, beten, dass wir beten um Priester und Ordensleute und um Männer und Frauen, die sich als Laien in den Dienst des Reiches Gottes stellen. Seien wir überzeugt: Das Gebet ist die stärkste Macht in dieser Welt. Deshalb sind mir Gebetskreise und geistliche Bewegungen so wichtig in unserer Diözese. Sie sind für mich ein Geschenk des Heiligen Geistes für die Kirche. Deshalb möchte ich sie fördern so gut man das eben kann.

Meine lieben Schwestern und Brüder, ich bitte Sie inständig um dieses Gebet und ich danke Ihnen auch für Ihr Gebet. Ich weiß, wie wichtig Ihnen das vom Heiligen Geist getragene Beten ist. Bleiben Sie ihm treu und verbinden Sie es mit den großen Anliegen der Kirche: die neue Evangelisierung unseres Landes, die Erneuerung und Stärkung des Glaubensgeistes vor allem in unserer Jugend, die christliche Erneuerung des Familienlebens, die Erweckung geistlicher Berufe und nicht zuletzt der Friede und die Versöhnung in den Krisengebieten unserer Welt, besonders in Bosnien und in Ruanda.

Meine lieben Schwestern und Brüder, die Ernte ist groß, doch sie auch einzubringen kann nur die Frucht des Gebetes und unseres Gehorsam gegenüber Jesus Christus sein. Das Reich Gottes ist nahe. Doch sein Kommen hier und heute hängt davon ab, ob wir dem Wirken des Geistes hier und heute Raum geben, damit er uns reich machen kann mit seinen Gaben. Danken wir ihm, loben und preisen wir ihn, weil er sie unter uns so reichlich austeilt. Singen wir Gott dem Vater durch Jesus Christus im Heiligen Geist Lob und Preis. Er ist uns nahe, er ist mitten unter uns, er ist in uns. Sein ist das Reich, die Kraft und die Herrlichkeit. Amen.

Ich danke Gott, dass es euch gibt

Liebe Pfarrhaushälterinnen,
liebe Schwestern und Brüder,[1]

es fällt mir nicht schwer, das Wort des Apostels Paulus zu wiederholen: »Ich danke meinem Gott allezeit, wenn ich an euch denke« *(Phil 1,3)*. Ich meine damit Euch Pfarrhaushälterinnen und ich wiederhole ehrlich: »Ich danke meinem Gott, wenn ich an Euch denke.« Ich komme in viele Pfarrhäuser, bei Bischofstagen, bei Firmungen, bei Altarweihen, bei Gemeindefesten. Ich freue mich jedes Mal, wenn ich dort eine Pfarrhaushälterin antreffe, eine Frau, die schon mit ihrem Gesicht und ihrem Wort etwas von der Freundlichkeit und Fröhlichkeit unserer Kirche erfahrbar macht.

I. Dank

Wir feiern miteinander die Heilige Eucharistie, die große Danksagung unserer Kirche. Auch ich will zuerst danken.

Seit 75 Jahren gibt es die Gemeinschaft der Pfarrhaushälterinnen in unserer Diözese. Im Jahr 1920 gründete Maria Häring in Donzdorf den »Scholastika-Verein«, eine »marianische Kongregation für die Pfarrhausangestellten«.

Dieser Verein hat sich wichtige Aufgaben gestellt, die bis heute von bleibender Bedeutung sind: Religiöse Förderung und Vertiefung, hauswirtschaftliche Weiterbildung und dauerhafte wirtschaftliche

---

[1] Predigt anlässlich des Diözesantags der Pfarrhaushälterinnen am 17. Mai 1995 in Rottenburg.
Lesung: Phil 1,3–11; Evangelium: Joh 15,9–12.

Sicherstellung. Der erste Geistliche Beirat von 1920–1944 war Stadtpfarrer Anton Müller in Mühlacker. Er kam bei einem Fliegerangriff am 19. Dezember 1944 in Mühlacker ums Leben.

Wir danken den Gründern herzlich für ihre Initiative, ihre Energie und ihre Geduld. 1948 hat man die Stellenvermittlung für Pfarrhaushälterinnen dem Priesterverein St. Martinus zugeordnet. 1959 wurde der »Scholastika-Verein« umbenannt in »Berufsgemeinschaft Maria-Martha«.

Dass die Berufsgemeinschaft der Pfarrhaushälterinnen in unserer Diözese das geworden ist, was sie heute darstellt, verdanken wir besonders der Zielstrebigkeit von Prälat Johannes Barth und der bisherigen Diözesanleiterin Coletta Rupp. Sie haben mit dem Führungskreis und den Verantwortlichen des Priestervereins St. Martinus Direktor Karl Sehaal und Frau Walburga Bönsch die Berufsgemeinschaft der Pfarrhaushälterinnen zu einer auch pastoral bedeutsamen Einrichtung unserer Diözese gemacht.

Ich danke Gott, dass es Euch gibt. Ich kann das auch subjektiv ehrlich tun, weil ich in Erinnerung an meine Vikarszeit sagen muss: Ich habe sehr gute Pfarrhaushälterinnen erlebt. Ich danke Gott, dass es Euch gibt, wenn ich an die Franziskanerin Schwester Edelgard denke, die jetzt meinen Haushalt führt und nicht nur wäscht und bügelt, kocht und putzt, sondern die vielen Gäste freundlich aufnimmt und fröhlich bewirtet.

Ich danke Gott, wenn ich an Euren Glauben und Euer Glaubenszeugnis denke.

Sie haben für den heutigen Tag das Motto des Diözesantages vom Oktober gewählt »Im Heute glauben«. Frau Dr. Annette Schleinzer hat in ihrem Referat dazu hilfreiche Impulse vorgetragen. Sie wissen alle, dass der christliche Glaube heute nicht mehr selbstverständlich ist. Das gilt von Rottenburg und von Stuttgart, vom Unterland und vom Schwarzwald, von der Alb und vom Oberland. Die zuverlässigen Leute in den Gemeinden registrieren dankbar, wenn die Pfarrhaushälterin den pastoralen Dienst des Pfarrers durch ihr freundliches Gesicht, ihr gutes Wort und ihr Gebet unterstützt. Ich warne unsere Priester gelegentlich vor einer »pelagianischen Pastoral«. Ich will damit sagen: Die Arbeit in der Seelsorge, Verkündigung und Sakramentenspendung, Religionsunterricht und Gemeindekatechese brauchen als Voraussetzung den Heiligen Geist, die wirkmächtige Liebe Gottes in den

Herzen der Priester und ihrer Mitarbeiter und in den Herzen der Gläubigen. Ohne diese Vorgabe wäre alle pastorale Mühe zum Scheitern verurteilt. Ich danke Ihnen deshalb für Ihr Glauben und Ihr Beten, für Ihre Treue zur Werktagsmesse, für Ihr Rosenkranzgebet.

II. Zukunft

Unser Dank für Vergangenheit und Gegenwart lässt uns auch nach der Zukunft fragen. Wie sieht die Zukunft der »Berufsgemeinschaft Maria-Martha« aus, die Zukunft der Pfarrhaushälterinnen in unserer Diözese? Wir nehmen die gegenwärtige Situation nüchtern zur Kenntnis. In unserer Diözese leben zurzeit 774 Pfarrhaushälterinnen. Von ihnen sind etwa 400 noch aktiv tätig in einem Pfarrhaus oder bei Ordensgeistlichen. Leider trifft man nicht mehr in jedem Pfarrhaus selbstverständlich eine Pfarrhaushälterin an. Nur 36% der Priester haben eine Pfarrhaushälterin angestellt; das ist weniger als die Hälfte. Diese klare Feststellung tut weh, auch deshalb, weil ich davon überzeugt bin, dass der Pfarrhaushälterin eine wichtige Aufgabe im Pfarrhaus und in der Gemeinde zukommt, dass sie im Vorfeld der Pastoral eine bedeutsame Hilfe sein kann. Die kleiner werdende Zahl bereitet uns Kummer und Sorgen. Was sollen wir tun? Warum wird die Zahl der Pfarrhaushälterinnen kleiner, warum stellen unsere jungen Priester keine Haushälterin mehr an, was ist der Grund dafür?

Gott sei Dank hat sich das Image der Pfarrhaushälterinnen in den letzten Jahren zum Guten verändert, das Ansehen der Pfarrhaushälterinnen ist besser geworden. Sie brauchen sich als Frauen in der Kirche nicht zu verstecken; mit Recht ist Ihr Selbstbewusstsein gewachsen.

Vielfältige Weiterbildungsmöglichkeiten rüsten Sie für Ihre Aufgaben. Auch die jetzige finanzielle Regelung ist so, dass die einzelne Pfarrhaushälterin damit menschenwürdig leben kann. Unsere Diözese steht in dem Ruf, dass besonders die Altersversorgung der Pfarrhaushälterinnen gut geregelt ist.

Was können Sie selbst tun, um Ihre Berufsgemeinschaft auf die Zukunft hin zu öffnen?

Sie schämen sich Ihrer Aufgabe und Ihrer Arbeit nicht, Sie nehmen die Angebote wahr, um eine qualifizierte Ausbildung und Weiterbildung zu erhalten, Sie bemühen sich, mit heutigen Menschen unerschrocken und couragiert umzugehen, ohne Angst und ohne Anmaßung, verbindlich und freundlich.

Wahrscheinlich wird in Zukunft die Frau im Pfarrhaus – wie teilweise schon heute – nicht nur den Haushalt besorgen und verantworten, sondern sie wird auch pastorale Aufgaben wahrnehmen, auf dem Pfarrbüro tätig sein, in der Jugendarbeit und in Frauenverbänden Verantwortung übernehmen und bei der Gemeindekatechese tätig sein.

III. Bitte

Nach dem Dank und dem Ausblick in die Zukunft will ich einige Bitten formulieren:

Suchen Sie nach neuen Wegen! Tun Sie das mutig und gläubig! Auch unsere Zeit ist eine Zeit der Gnade, auch dieses Jahr ist ein Jahr des Heils. Jesus Christus ist der Weg auch in unserer gegenwärtigen Situation. Also überlegen Sie miteinander, fragen Sie miteinander, wie die Arbeit und die Aufgaben einer Frau im Pfarrhaus in Zukunft aussehen können! Ich bete wie der Apostel Paulus, damit Ihr herausfindet, worauf es ankommt. Ich will auch mit dem Priesterrat unserer Diözese diese Frage beraten.

Schauen Sie auf das Bild Ihres Programmheftes! Sie sehen eine Frau, die in der linken Hand Brot trägt und in der rechten eine Rose. Brot gehört zu unserem Leben, ohne Brot und Nahrung können wir nicht existieren. Sorgen Sie so gut Sie können, mit Fantasie und Liebe, für Ihren Haushalt, damit Pfarrer, Mitarbeiter und Gäste sich wohlfühlen und gern zu Ihnen kommen. Brot allein genügt aber nicht. Ich deute die Rose nach alter Tradition der Mystik als Symbol der Gottesgemeinschaft, der Gottesliebe. Ich bitte Sie, bleiben Sie betende Frauen und fröhliche Frauen in unseren Gemeinden und in unserer Kirche! Lassen Sie das Ora und das Labora beieinander, hören Sie nicht auf, die biblische Maria mit ihrer Schwester Martha zu versöhnen! Hören Sie auf das Wort Jesu im Johannesevangelium: »Bleibt in meiner Liebe!« *(Joh 15,9)* Das kleine Wörtchen »bleiben« ist ein Lieblingswort des Johannesevangeliums. Ich bitte Sie, bleiben Sie in der Liebe Jesu Christi, suchen Sie mit Fantasie und Energie Wege, damit Sie ein geistliches Leben führen können, damit das Gebet Platz hat in Ihrem Alltag! Wenn uns dieses »bleiben« gelingt, dann wird auch unsere Freude vollkommen sein. Das hat uns Jesus Christus verheißen. Amen.

»Christus erkennen« – Schritte auf dem Weg einer Berufungsgeschichte

Jeder Mensch und insbesondere jeder Christ haben von Gott her seine Berufung und das Glück und die Erfüllung des Lebens bestehen darin, diesen uns von Gott bestimmten Platz und diese unsere Aufgabe zu erkennen und zu finden.[1] Als Christen sind wir überzeugt, dass wir durch Taufe und Firmung zur Nachfolge und zur Gemeinschaft mit Jesus Christus berufen sind. Jesus Christus gibt unserem Leben Richtung und Perspektive. Er ist für uns »der Weg, die Wahrheit und das Leben.« *(Joh 14,6)* Alles kommt also darauf an »Christus zu erkennen« *(Phil 3,10)* und zu erkennen, was er konkret für mich bedeutet, welche meine je konkrete und persönliche Berufung als Christ ist.

I. Von Gott berufen

Berufungen kann man nicht »machen«. Man kann sie sich auch nicht selber geben oder verschaffen. Berufungen sind eine Gabe, ein Geschenk. Sie werden dem Menschen von Gott ins Herz gelegt. Ganz normale oder auch außerordentliche Erfahrungen und Begegnungen können Anlass und Auslöser sein, die etwas in uns in Bewegung bringen, ein Fragen und Suchen auslösen. Die Berufung meldet sich zunächst meist als leise aber dann immer mehr drängende, nicht abweisbare innere Stimme, als Wunsch und als Sehnsucht.

1 Impuls zum Thema Berufung aus dem Jahre 1997.

II. Berufung drängt zur Konkretion

Trotz ihres Geschenkcharakters fallen Berufungen nicht fix und fertig vom Himmel. Sie gleichen nicht einem himmlischen Telefonanruf. Sie müssen vielmehr erprobt und bewährt und schließlich eingeübt werden. Daraus ergibt sich eine persönliche Berufungsgeschichte und ein Weg, der unter Umständen lange dauern kann. Auf diesem Weg muss sich die Berufung klären und befestigen. Um diese Klarheit muss man vor allem immer wieder beten. Man braucht dazu auch Wegbegleiter und das Gespräch mit einem erfahrenen Ratgeber.

III. Berufung erfordert ein ganzheitliches »Ja«

Der Anruf Gottes wartet auf eine Antwort. Gott zwingt niemanden. Er will das freie und ungezwungene, aber auch das ganze »Ja« des Menschen. Man muss sich für den Anruf Gottes öffnen und sich schließlich auch dafür entscheiden. Eine Entscheidung ist immer auch ein Sprung, den man nie ganz absichern kann und den man nur wagen kann im Vertrauen, dass uns eine Hand, die uns hält, entgegengestreckt ist. Man kann freilich auch innerlich »zumachen«, sich taub stellen, den inneren Anruf verdrängen oder sich verweigern. So kann eine Berufung auch verloren gehen und es gehen heute sicherlich viele Berufungen verloren, weil sie im Lärm und in der Hektik des Alltags überhört oder aus innerer Gleichgültigkeit nicht beantwortet werden. Die Antwort muss zwar grundlegend einmal gegeben werden, sie muss aber immer wieder erneuert und in lebenslanger alltäglicher Treue durchgehalten werden.

IV. Mut zum persönlichen Weg

Berufungen rufen heraus und fordern heraus. Sie führen nicht auf die breite und bequeme Straße, auf der man geht. Sie führen in der Nachfolge Jesu auf einen steilen und oft steinigen Weg. Sie liegen quer zu den durchschnittlichen Glückserwartungen, stempeln unter Umständen zum Außenseiter ab und begegnen sehr oft Unverständnis, ja Spott. Sie können sogar zu Konflikten in der engsten Umgebung führen. »Wie kann der oder die nur?« »Der oder die könnte doch eine bessere Karriere oder Partie machen!« Berufungen erfordern also den Mut zum eigenen persönlichen Weg und zum Anderssein. Man muss zu seiner Berufung stehen und sich couragiert zu ihr bekennen.

V. Freundschaft mit Christus

Letztlich geht es auf diesem Weg darum, Jesus Christus immer besser und tiefer zu erkennen und in eine persönliche Freundschaft mit ihm einzutreten. Dies geschieht durch das Lesen und Betrachten der Heiligen Schrift, die häufige Teilnahme am sakramentalen Leben und nicht zuletzt durch die Zuwendung zu anderen Menschen, vor allem zu Armen, Schwachen, Kleinen, Hilfs- und Ratbedürftigen aller Art. Berufung darf nie elitär verstanden werden. Vielmehr ist die soziale Dimension der Berufung ganz wesentlich. Jesus selbst sagt uns, dass wir in den Notleidenden ihm selbst begegnen. (vgl. *Mt 25*)

VI. Zum Dienst berufen

Berufung hat man nie nur für sich und sein eigenes Heil und schon gar nicht zur persönlichen Selbsterfahrung und Selbstverwirklichung. Berufungen sind stets immer auch Berufungen für andere. Berufung ist immer Berufung zum Dienst und zum missionarischen Einsatz. Der Glaube ist ein Geschenk zum Weitergeben. Man kann das, was einem selbst zutiefst wert und teuer ist nicht für sich behalten, sondern muss andere daran teilhaben lassen.

»Wovon das Herz voll ist, davon läuft der Mund über.« Gerade heute brauchen wir Zeugen, die andere überzeugen. So gehören Sammlung und Sendung zusammen.

VII. Der Christ lebt in Gemeinschaft

Weder den Ruf noch die Sendung kann man sich selber geben. Man kann sich nicht eigenmächtig und eigensinnig auf seine Berufung berufen und sie nicht auf eigene Faust wahrnehmen. Man wird gerufen und man wird gesandt. Dies geschieht letztlich durch die Kirche, welche die subjektive Berufungserfahrung objektiv bestätigen muss. Alle Heiligen – man denke nur an Franziskus – legten auf die kirchliche Bestätigung größten Wert. Dahinter steht die Überzeugung des Glaubens, dass die Kirche nicht nur eine äußere Organisation, eine Struktur oder ein System ist, dass sie vielmehr der Leib Christi ist und dass Jesus Christus in ihr weiterwirkt und weiterlebt. In und durch die Kirche können wir also Jesus Christus erkennen. »Ein Christ ist kein Christ.« Nur in der Gemeinschaft der Kirche beziehungsweise in einer kirchlichen Gemeinschaft, in der wir uns gegenseitig tragen und auch ertragen, können wir unsere Berufung auf die Dauer wirklich leben.

Bitte um Berufungen

Liebe Schwestern und Brüder,[1]

zum diesjährigen Welttag der geistlichen Berufe begrüße ich Sie von ganzem Herzen: Ich begrüße die Jugendlichen, die gekommen sind, weil sie sich Gedanken machen über ihre Berufung und ihren künftigen Lebensweg. Ich heiße willkommen die Beter und Beterinnen des Päpstlichen Werkes für Priesterberufe. Ich freue mich über die Anwesenheit so vieler aus den Ellwangener Gemeinden, allen voran Dekan und Pfarrer Patriz Hauser. Ich bin froh, den Verantwortlichen für die Berufungspastoral in unserer Diözese zu begegnen und mit Ihnen zusammen Eucharistie zu feiern: mit unserem Weihbischof Johannes Kreidler, dem geistlichen Leiter des »Päpstlichen Werkes für geistliche Berufe« Pfarrer Josef Deppler, dem rührigen und engagierten Leiter der Diözesanstelle »Berufe der Kirche« Rolf Seger und seinen Mitarbeitern und Mitarbeiterinnen. Ihnen allen danke ich von ganzem Herzen für ihren wichtigen Dienst, für den wir gar nicht genug Mitarbeiter und Mitarbeiterinnen finden können.

I. Geistliche Berufe

Das Thema, das uns heute hier in der Basilika versammelt, ist grundlegend für unsere Kirche. Es gibt kaum ein wichtigeres Thema als das Thema »Berufung«, besonders das Thema »geistliche Berufe«. Jeder Mensch – und erst recht ein Christ – ist ein von Gott Berufener. Wir existieren alle nur, weil Gott uns gewollt und beim Namen gerufen

---

1 Predigt anlässlich des Gottesdienstes zum Welttag der geistlichen Berufe am 03. Mai 1998 in der Basilika in Ellwangen.

hat. Überall, wohin wir im Alten und im Neuen Testament schauen, begegnet uns aber auch immer wieder die Tatsache, dass Gott zu allen Zeiten einzelne Menschen in besonderer Weise berufen und in Dienst gestellt hat für ihr Volk und für die anderen.

Das beginnt mit Abraham, dem Stammvater des Glaubens, den Gott wegruft von Haus und Hof, den er auf den Weg setzt in ein Land, das er vorher nicht gekannt hat und den er zum Stammvater seines Volkes macht. Die Berufungsgeschichte geht weiter bei den anderen Erzvätern. Sie setzt sich fort beim jungen Samuel und beim jungen David. Sie geht weiter bei den Propheten: bei Amos, Jesaja, Jeremia, Ezechiel und vielen anderen.

Auch Jesus hat nicht nur das Volk Israel allgemein zur Umkehr und zum Glauben an das kommende Reich Gottes gerufen. Er hat einzelne Jünger namentlich in seine besondere Nachfolge gerufen, »damit sie bei ihm seien und er sie sende« *(Mk 3,14)*. Es hat ihn bedrückt, dass das Volk ohne Hirten orientierungslos und führungslos ist (vgl. *Mt 9,36*). So hat er Hirten auserwählt, dass sie in seiner Nachfolge und nach seinem Vorbild gute Hirten sind, Hirten, die gemäß dem heutigen Evangelium bereit sind, ihr Leben hinzugeben, das heißt ihr Leben einzusetzen, es dran zu geben und es zu verschenken damit andere das Leben in Fülle haben (vgl. *Joh 10,10f.*)

Berufung gehört von allem Anfang an zur Kirche. Die ganze Kirchengeschichte ist eine einzige Berufungsgeschichte. Immer wieder und zu allen Zeiten hat Gott einzelne Männer und Frauen berufen. Bei allen Heiligen und bei allen, die der Kirche neue Impulse gebracht haben und sie von innen her erneuert haben, ließe sich das zeigen. Berufungen kommen vor allem in Notsituationen, in denen Gott Menschen braucht, die bereit sind für ihr Volk einzuspringen. Und wo immer die Kirche wirklich lebt und lebendig ist, da entstehen Berufungen. Das zeigen uns gegenwärtig vor allem die jungen Kirchen in Afrika und Asien, wo die Berufungen gegenwärtig blühen und wachsen.

Bei uns ist es leider nicht so. Unsere kirchliche Situation ist gekennzeichnet durch einen schmerzlichen Mangel an geistlichen Berufungen. Wir sind gegenwärtig eine berufungsarme Kirche. Im Glauben dürfen aber auch wir von der Zuversicht ausgehen, dass Gott sein Volk zu keiner Zeit ohne Berufungen lässt. Es kommt nur darauf an, sie zu hören, sich ihnen nicht zu verschließen und sich auf sie einzulassen.

Oft müssen diejenigen, an die sie ergehen, zuerst mit Gott ringen, bis sie bereit sind und sagen: »Hier bin ich, Herr. Sende mich.« Damit werden sie unerwartet aus ihrem normalen Alltag herausgerufen. Sie erscheinen ihren Zeitgenossen fremdartig, erfahren Widerspruch. Aber wehe, wenn es solche Menschen nicht mehr gäbe, welche dazu bereit sind, anderen – ob gelegen oder ungelegen – den Weg, die Wahrheit und das Leben aufzeigen. Wir wären verloren. Es wäre aus mit der Kirche.

II. Sendung und Berufung

Die Kirche lebt von Berufungen. Kirche ist gesandt zu berufen und Berufungen zu wecken. Die Kirche ist Berufung. Die Kirche, griechisch: die *ekklesia*, ist die Gemeinschaft derer, die berufen sind. Paulus nennt alle Christen die berufenen Heiligen. Alle Christen sind berufen, Gottes Ruf weiterzugeben. Christsein, Kirche sein und Berufung gehören von allem Anfang an und für alle Zeiten wesentlich und unlösbar zusammen.

Wenn wir dieses Zeugnis des Alten und des Neuen Testaments, welches das Zeugnis der gesamten Geschichte unserer Kirche ist, betrachten, dann spüren wir die wohl tiefste Not der Kirche in dieser Zeit hier in unserem Land. Dann muss es uns durchs Herz fahren, dass wir in Deutschland äußerlich betrachtet eine relativ wohlhabende und eine reiche Kirche sind, aber in Wahrheit und aufs Wesentliche hin gesehen eine arme Kirche. Wir sind eine berufungsarme Kirche. Damit fehlt uns etwas Wesentliches an unserem Kirchesein. Die Tatsache, dass wir so wenige Berufungen haben, zeigt, dass etwas falsch läuft in unserer pastoralen Arbeit. Darum gibt es nichts Wichtigeres, als die Berufungspastoral ganz ins Zentrum unserer pastoralen Arbeit zu stellen. Wir müssen sie jetzt an der Schwelle zum dritten Jahrtausend zur Leitidee und zum Herz aller Pastoral machen. Die Berufung ist der Ernstfall der Pastoral.

Leider müssen wir feststellen, dass dies sehr oft nicht der Fall ist. Leider müssen wir sagen, dass die Berufungspastoral in vielen Gemeinden oft kaum mehr als ein nur stiefmütterliches Dasein fristet und kaum mehr als ein sehr bescheidenes Mauerblümlein ist. Viele, auch viele Priester, wagen es nicht mehr zu sagen, dass Gott gerade heute Menschen braucht, die ihr Leben ganz seinem Reich, dem Reich der Wahrheit, der Gerechtigkeit, der Freiheit und des Lebens, weihen. Viele halten hinter dem Berg, viele drücken sich und viele verstecken sich. Sie wagen es kaum mehr zu sagen und konkret zu zeigen beziehungsweise vorzuleben, dass dieser Dienst für Gott und für die Menschen, wenn man ihn von innen heraus lebt und wenn man ihn ganz lebt, dem Leben Sinn gibt und dass er deshalb auch menschlich betrachtet schön, erfüllend, frei und froh machend ist.

Doch wir leben in einer Kultur, die zutiefst berufungsfeindlich ist. So hat es ein europäischer Kongress über die Berufungen in Europa im Herbst des Jahres 1997 festgestellt. Es ist eine Kultur, welcher die Ideale abhandengekommen sind oder welcher der Mut und die Tapferkeit fehlen, nach Idealen zu leben. Alles ist auf momentanen Konsum eingestellt, auf Erfüllung hier und jetzt. Es gibt eine Überfülle von Möglichkeiten, Gelegenheiten, Anregungen. Unsere Welt gleicht einem großen Warenhaus, wo man sich alles zu möglichst billigen Preisen heraussuchen kann. Es ist eine Kultur der Zerstreuung. So sind viele desorientiert, unentschieden und unentschlossen, viele aber auch müde. Sie fühlen sich unnötig und überflüssig und deshalb ohne Schwung und ohne Hoffnung.

In dieser Situation braucht es Zeugen und Bekenner für Jesus Christus. Er ist der Weg, die Wahrheit und das Leben (vgl. *Joh 14,6*). Er zeigt uns, was wahres Leben ist, nicht das möglichst viel Haben, sondern dass möglichst viel Sein für andere. Wir brauchen Hirten, die diesen Weg der Wahrheit und des Lebens nicht nur zeigen, die ihn selber gehen: mit anderen und für andere. Das strahlt aus und das überzeugt. Denn glaubhaft ist allein die Liebe. Eine größere Liebe hat jedoch niemand als derjenige, der sein Leben hingibt für seine Freunde (vgl. *Joh 15,13*).

Deshalb meine dringende Bitte an die Eltern und die Erzieherinnen und Erzieher, vor allem aber an die Priester: Machen Sie sich das

Anliegen der Berufungspastoral zu eigen. Seien Sie sensibel für junge Menschen, die fragen und suchen. Begleiten und ermutigen Sie sie. Entdecken und fördern Sie Berufe. Diese Bitte geht auch an alle, welche in der Jugendpastoral tätig sind. Helfen wir alle mit, dass junge Menschen ihren Platz im Leben, den Sinn und die Berufung ihres Lebens entdecken und leben können.

IV. Berufungspastoral heute

Wie sieht eine solche Berufungspastoral aus? Wie können wir andere, wie können wir junge Menschen überzeugen? Wie könntet ihr junge Menschen diesen Weg für euch erkennen und ihn gehen?

Das Thema des diesjährigen Weltgebetstags für geistliche Berufe gibt die Antwort: »Dem Geist Raum geben«. Der Geist ist der Kirche für immer verheißen. Er ist heute ebenso wirksam gegenwärtig wie zu anderen Zeiten. Die Frage ist nur, ob wir ihm Raum geben, oder ob wir ihm den Zugang und den Raum versperren, weil wir bis oben vollgestopft sind mit anderen Dingen, weil wir buchstäblich besessen sind vom Ungeist in der Welt.

Was heißt das, dem Geist Raum geben? Vieles wäre zu sagen. Nur drei Gesichtspunkte möchte ich nennen:

Der erste ist gleich der wichtigste: Der Stille und der Besinnung Raum geben. Wir leben in einer Kultur der Zerstreuung und des Vielerlei, der rasch wechselnden Angebote und der Fastfood-Erfüllung. Wir schürfen dauernd nur an der Oberfläche und verlieren den Sinn für das tiefe Geheimnis des Lebens. Das macht uns so hektisch, so orientierungslos und innerlich so leer.

Deshalb mein Rat und meine Bitte an euch junge Menschen: Nehmt euch Zeit, in euch hineinzuhören, das Geheimnis der Dinge und besonders eures Daseins zu erspüren. Lernt die Ehrfurcht vor allem was ist. Lernt zu hören, was sich in eurem Herzen bewegt und auf die Stimme Gottes zu achten, die sich zunächst meist leise bemerkbar macht, dann aber, wenn man sie aufnimmt, immer stärker und drängender werden kann. Gott hat von jedem von euch eine Idee, einen Traum. Er hat jedem von Ewigkeit her seinen Platz und seine Aufgabe zugedacht, und das Glück eures Lebens steht und fällt damit, dass ihr diesen Platz, diese Sendung und diesen Sinn in eurem Leben findet. Berufungspastoral ist also Dienst am Leben par excellence.

Ein Zweites kommt hinzu: Jesus Christus Raum geben. Jesus Christus ist der neue Mensch. In ihm hat Gott uns konkret gezeigt, wer wir Menschen sind, welches der Wert und welches die Würde unseres Daseins ist, wozu wir berufen sind, was also Sinn und Sendung unseres menschlichen Daseins sind. Der Geist Gottes ist der Geist Jesu; er will Jesus Christus in uns und in dieser Welt Gestalt gewinnen lassen.

Berufung besteht darin, in die Nachfolge Jesu, in die Gemeinschaft und in die Freundschaft mit ihm berufen zu sein. Dazu zwingt Jesus niemanden; aber er lädt uns ein wie die ersten Jünger: »Kommt und seht!« *(Joh 1,39)*. Er geht eine Wegstrecke mit uns wie mit den Jüngern von Emmaus; er erklärt uns den Sinn der Schrift und damit den Sinn unseres Daseins (vgl. *Lk 24,13f.*). Berufungen entdecken und klären wir, indem wir uns von Jesus einladen lassen, bei ihm zu sein; uns von ihm begleiten zu lassen und von ihm unser Leben deuten zu lassen. Berufungen entstehen und reifen im Umgang mit Jesu Wort, besonders mit der Heiligen Schrift und in der Begegnung mit Jesus Christus in den Sakramenten. Letztlich reifen Berufungen nur in einem Klima des Gebets. Berufungen kann man nicht machen und schon gar nicht erzwingen. Aber man kann und man muss sie erbeten – für sich und für andere. »Bittet den Herrn der Ernte, dass er Arbeiter in seine Ernte sende.« *(Mt 9,38)*.

Schließlich noch ein Drittes und Letztes: Der Hoffnung Raum geben. Durch Ostern hat Gott endgültig die Hoffnung aufgerichtet. Ostern hat uns gezeigt: Diese Hoffnung ist stärker als alle Furcht und aller Zweifel; sie ist selbst stärker als der Tod. Sie überlebt und besiegt alle Mächte dieser Welt. Sie wird endgültig recht behalten. Der Geist Gottes, der der Kirche für immer verheißen ist, ist der Sachverwalter dieser Hoffnung. Wir wären schlechte, ja wir wären gar keine Christen, wenn wir die Hoffnung aufgäben.

Berufungen haben es mit dieser Hoffnung zu tun. Denn das Ja zur Berufung kann nur aus der Großmut des Herzens geschehen, sich auf eine große Sache einzulassen und dafür sein Leben einzusetzen. Auch das Ja zur Ehelosigkeit ist ein Ja, um eines größeren Ja willen. Es steht unter der Verheißung, dass wer den großen Schatz des Reiches Gottes gefunden hat, in der Freude darüber alles andere verkaufen kann *(Mt 13,44)*.

Solche Hoffnung ist das genaue Gegenteil des Missmuts und der Schwermut, der Müdigkeit, Resignation, der Schwunglosigkeit und Lethargie, die uns in der Kirche gegenwärtig befallen hat und die das Leben in der Kirche oft vergiftet und letztlich tötet. Wir brauchen eine neue Pastoral der Hoffnung, und die Pastoral der Hoffnung ist die beste Berufungspastoral. Aus der Hoffnung kommt dann Geduld, die durchhält im grauen und beschwerlichen Alltag. Aus der Hoffnung wächst vor allem Freude und sie ist es, die ansteckt und mitreißt. Im Klima der Hoffnung können darum Berufungen wachsen.

Ich bin überzeugt: Von Gott her gibt es auch heute viel mehr Berufungen als wir ahnen. Beten wir, dass Gott sie noch reichlicher schenke. Beten wir, dass wir sie erkennen. Beten wir, dass sich Menschen finden, die sie begleiten und ermutigen. Beten wir für die jungen Menschen, welche um ihre Berufung ringen, dass sie den Mut und die Kraft finden Ja zu sagen und sie anzunehmen. Beten wir für alle, dass sie ihre Berufung in Treue ein Leben lang durchhalten. Gott ist treu und lässt seine Kirche nicht im Stich – auch heute nicht. Er schenkt uns auch heute immer wieder Berufungen als Zeichen seiner fortdauernden Treue. Jammern wir nicht. Seien wir vielmehr froh darüber und sagen wir ihm dafür von Herzen Dank. Amen.

Unterwegs mit dem guten Hirten

Liebe Mitbrüder,[1]

am Ende dieses Priestertags kann ich nur dankbar zurückschauen. Dieser Priestertag war ein guter Tag der Gemeinschaft, der Begegnung und des Austauschs. Es ist heute schon viel Gutes und Hilfreiches gesagt worden, vieles für das ich und wir alle dankbar sind. Ich möchte jetzt am Ende dieses reichen Tages im Anschluss an das heutige Evangelium nur noch ein paar wenige Gedanken, die mir wichtig sind, hinzufügen.

I. »Ich bin der gute Hirte«

Beginnen wir mit der Aussage, welche im Laufe der Jahrhunderte immer wieder grundlegend wurde für die Beschreibung des priesterlichen Dienstes: »Ich bin der gute Hirte«.

In den letzten Jahrzehnten gab es viele lebhafte und teilweise kontroverse Diskussionen über das Selbstverständnis des Priesters. Wer sind wir eigentlich? Was ist unsere Identität? Für mich war das biblische Bild vom Hirten immer maßgebend. Pastoraler Dienst ist, wie schon das Wort »pastor« (Hirte) sagt, Hirtendienst.

Man muss den Hirten im Sinn des Alten und Neuen Testamentes freilich von einem Schäfer und gar von Schäferromantik unterscheiden. Die Hirten waren im Alten Testament die Führer ihres Clans und ihres Volkes. Sie hielten es zusammen. Beim Zug durch die Wüste

---

1 Predigt zum Abschluss des Priestertags am 04. Mai 1998 im Dom zu Rottenburg.
Evangelium: Joh 10,1–21.

wussten sie den Weg und gaben Orientierung. Sie führten zum lebenspendenden Wasser. Abraham, der Stammvater des Glaubens, ist die Urgestalt eines Hirten. Jesus wählt das Bild des Hirten, der dem Einzelnen nachgeht und der in der Stunde der Gefahr sein Leben einsetzt.

Ich denke, dies zu sagen ist nötig nach den vielen und teilweise verwirrenden Diskussionen um den Priester als Gemeindeleiter. Dieses Wort ist nur sinnvoll, wenn wir Gemeindeleitung nicht äußerlich als Gemeindemanagement verstehen, sondern als profane Umschreibung des biblischen Hirten, der die Menschen zu den Wassern und Quellen des Lebens führt, der ihnen die Oasen in der Wüste des Lebens zeigt. Dem Hirtendienst entspricht der Dienst der Einheit, aber auch der nachgehenden Seelsorge gegenüber dem Einzelnen. Dem Hirtendienst entspricht es, sein Leben ganz dran zu geben, sein Leben zum Geschenk zu machen für die anderen. »Eine größere Liebe hat keiner, als wer sein Leben hingibt für seine Freunde.«

II. Der Weg, die Wahrheit und das Leben

In diesem Zusammenhang ist mir auch eine zweite Aussage aus dem heutigen Evangelium wichtig: »Ich bin die Tür«. Auch sie sagt uns, worum es in unserem priesterlichen Dienst geht: Jesus Christus als Tür zu den Menschen, als Tür zum Geheimnis und zum wahren Leben der Menschen erschließen. Denn er ist der Weg, die Wahrheit und das Leben.

In unserer pluralistischen Welt ist es – für junge Menschen zumal – nicht leicht, die Tür und den Weg zum Leben und ins Leben zu finden. Vielerlei Angebote, Möglichkeiten und Gelegenheiten begegnen ihnen. Vielerlei Stimmen dringen an ihre Ohren. Sie sind einem riesigen Stimmengewirr ausgesetzt. Kein Wunder, dass sie oft nicht mehr wissen, wo ihnen der Kopf steht, worauf sie hören sollen und hören können.

In dieser Situation ist es unsere erste Aufgabe, Wegweiser als Wegbegleiter zu sein und – so wie der Auferstandene es gegenüber den Emmausjüngern getan hat – die Heilige Schrift zu erschließen und von der Heiligen Schrift, und das heißt von Jesus Christus her, ihr Leben und ihre Lebenserfahrungen zu deuten und zu entschlüsseln. In diesem Sinn ist unsere erste Aufgabe, Seelsorger zu sein.

Ich weiß: Wir klagen über Überlastung, und in der Tat, es ist sehr oft einfach zu viel, was uns zugemutet wird. Wir wissen oft nicht, wie wir das alles schaffen sollen und erst recht nicht, wie es in Zukunft damit gehen soll. Das geht dem Bischof nicht anders als Ihnen. Das Phänomen der Überlastung ist nicht neu. Es scheint zur Kirche seit ihren apostolischen Anfängen zu gehören. Bereits in der Jerusalemer Urgemeinde klagen die Apostel darüber und klagen auch Gemeinden, dort die hellenistische Gemeinde, darüber, dass sie zu kurz kommen *(Apg 6)*. Auch der Apostel Paulus seufzt im zweiten Korintherbrief hörbar über den täglichen Andrang und die Sorge für alle Gemeinden *(2 Kor 11,28)*. Also nichts Neues. Es ging damals nicht, und es geht heute nicht ohne Delegation nach klaren Prioritäten.

Die Prioritäten der Urkirche sind klar: »Es ist nicht recht, dass wir das Wort Gottes vernachlässigen und uns dem Dienst an den Tischen widmen« *(Apg 6,2)*. Der Dienst am Wort Gottes, die Verkündigung, die Predigt kommen zuerst. Sie kamen jedenfalls vor Administration und Organisation. Das können auch andere tun. Darin können und sollen wir uns vertreten lassen. Die Verkündigung ist – so sagt es auch das letzte Konzil – unsere erste Aufgabe.[2]

Sie ist es gerade heute, wo so viele im Wirrwarr der Meinungen und Angebote, auch des neu entstandenen religiösen Marktes, nicht mehr ein noch aus wissen, nicht mehr fertig werden mit der Sinnfrage und orientierungslos geworden sind und hungrig und durstig sind nach einer Deutung ihres Lebens aus dem Evangelium. Sie ist gerade heute nötig, wo zwar alle mitreden wollen, das Glaubenswissen aber auf einem Tiefpunkt angelangt ist, weshalb viele die unterschiedlichsten religiösen Versatzstücke zusammenbasteln. Ohne Verkündigung hängt alles andere in der Luft, und ohne Verkündigung geht auch allen anderen Aktivitäten sehr bald die Luft aus. Wie sollen denn die Menschen lieben, was sie gar nicht mehr kennen?

Also: Evangelisierung, Verkündigung, Glaubensgespräche, Katechese! In dieser Aufgabe können wir uns am aller Wenigsten vertreten lassen. Sie braucht Zeit, Zeit auch zum Vorbereiten und zum Lesen. Sie sollte uns nicht zu schade sein.

---

2 PO 3.

III. Angst ist ein schlechter Ratgeber

Schließlich noch ein Letztes und für mich das Wichtigste: Wie im gesamten Johannesevangelium finden sich auch im heutigen Evangelientext die für Johannes typischen »Ich-bin«-Aussagen, »Ich bin der gute Hirt«. »Ich bin die Tür«.

Für mich sind dies tröstliche Worte. Sagen sie doch: Nicht ich bin der Hirt, nicht ich bin die Tür. Es ist nicht meine Kirche, nicht meine Gemeinde, nicht meine Diözese. Ein anderer ist Herr, Haupt und Hirt. Und er ist ein guter Hirt. Er hat sein Leben hingegeben für seine Herde. Er hat es auch hingegeben für meine Gemeinde, auch für unsere Kirche heute. Er ist treu und lässt sie nicht im Stich. Auch nicht, wenn manches abbricht und zusammenbricht. Unsere Kirche ist in seinen Händen, und seine Hände sind gute Hände.

Das zu wissen, vertreibt alle Angst um die Kirche, die Angst der Rückwärtsgerichteten, die meinen, alles Bisherige gewaltsam festhalten zu müssen, aber auch die Angst der Progressiven, die meinen, schnell alles Mögliche über Bord werfen zu müssen, um wieder freie Fahrt zu bekommen. Angst ist immer ein schlechter Ratgeber.

Aus dem Wissen, dass Jesus Christus der Hirt seiner Kirche ist, folgt eine Pastoral der Gelassenheit, des Gleichmuts und der Glaubenszuversicht, daraus folgt eine Pastoral der Hoffnung. Denn seit Ostern ist die Hoffnung ein für alle Mal und endgültig aufgerichtet.

Erhofftes kann man nicht sehen. Die christliche Hoffnung ist sogar kontrafaktisch. Sie setzt sich selbst über den Tod hinweg. Menschlich gesprochen ist sie töricht und naiv. Aber genau so gehört sie zu unserem Glauben an Kreuz und Auferstehung. Angesichts dieses Grundes unserer Hoffnung sieht unser ängstliches Gejammer reichlich kleingläubig und kleinmütig aus. Diese Missstimmung und Verdrießlichkeit, diese Verdrossenheit und Verzagtheit vergiften das Klima der Kirche und wirken mehr und mehr tödlich. Dem müssen wir eine aus dem Glauben kommende Pastoral der Hoffnung entgegensetzen.

Hoffnung erweist und bewährt sich in Geduld (hypomone), im Drunter- und Dranbleiben, in Ausdauer in all den Widrigkeiten und Mühen des Alltags. Sie erweist sich aber ebenfalls in der Freude, und Freude steckt an. Wo Freude ist, da will man gerne sein. Aber an Glaubens- und Kirchenfreude mangelt es uns. Wir sagen immerzu nur, was uns fehlt und wo es fehlt. Sagen wir den Leuten, sagen wir uns selbst doch wieder mehr, was sie und was wir am Glauben und an der Kirche haben, welches Licht und welche Kraft vom Glauben ausgeht. Eine Pastoral der Hoffnung und eine Pastoral der Glaubensfreude tut uns heute not. Sie ist der erste und grundlegende Beitrag zu einer neuen Evangelisierung.

IV. Eine Pastoral der Hoffnung

Eine solche Pastoral der Hoffnung ist auch der wichtigste Beitrag zu einer neuen Berufungspastoral. Gestern haben wir den »Welttag der geistlichen Berufe« begangen. Das war für mich ein ganz wichtiger Termin. Denn Berufung ist ein Grundwort des Alten und Neuen Testaments.

Jeder Mensch, auch jeder von uns, verdankt sein Dasein dem schöpferischen Ruf Gottes. Von allem Anfang an hat Gott aber auch Einzelne in besonderer Weise berufen und sie damit in Dienst gestellt für sich und für die Menschen. Gott braucht Menschen. Und die Kirche braucht Hirten. Die Kirche als ekklesia ist Berufung und sie ist dazu da, den Ruf Gottes weiterzugeben, Berufungen zu entdecken, sie zu wecken, sie zu fördern.

Einer neuen Berufungspastoral kommt damit erste Priorität zu. Berufungspastoral ist der Ernstfall der Pastoral. Deshalb meine Bitte: Machen Sie das Anliegen der Berufungspastoral zu Ihrem Anliegen. Das eigentliche Gift, das tödliche Gift für neue geistliche Berufe, die wir so dringend brauchen, die unsere Zukunft sind, ist der gegenwärtige Missmut und die Freudlosigkeit in unserer Kirche. Es fehlt an Glaubensüberzeugung und an Glaubenszuversicht. Berufungspastoral ist nur möglich aus der Hoffnung und aus der Freude des Glaubens, der Freude, die ansteckt.

Kehren wir nochmals zurück zum heutigen Evangelium. Dort sagt Jesus »Ich bin die Tür.« Er ist die Tür und der Zugang zu den Menschen, die Tür und der Zugang zu den Herzen der Menschen, zu ihren Sehnsüchten, Glückserwartungen, Freuden und Hoffnungen, wie zu ihrer Trauer und ihren Ängsten, ihren Fragen und Problemen. Er ist das Brot des Lebens, und was will er anderes, als dass wir das Leben haben und es in Fülle haben. Pastoraler Dienst ist Hirtendienst, und das heißt Dienst am Leben, Dienst an der Freiheit und an der Freude.

Kehren wir von diesem Priestertag nach Hause zurück mit dem Bewusstsein: Dies ist ein fordernder und gerade heute wahrlich kein einfacher Dienst, aber es ist gerade heute ein notwendiger Dienst, und er ist – trotz allem und in allem – ein schöner und erfüllender Dienst. Tun wir ihn neu mit Zuversicht, tun wir ihn mit Freude. Amen.

Priester werden und Priester sein heute

Liebe Mitbrüder,
liebe Schwestern und Brüder,[1]

in diesen Wochen durfte ich dankbare Rückschau halten auf 85 Lebensjahre, die mir der Herrgott geschenkt und in denen er mich geführt hat. Zu dieser Rückschau gehört selbstverständlich auch der Rückblick auf den Weg der Berufung zum Priester und auf nunmehr 61 Priesterjahre. Ich wollte ja nicht Bischof und nicht Kardinal, auch nicht Professor werden. Ich wollte Pfarrer werden. Das habe ich nie geschafft. Aber die Pfarrer und die Pfarreien liegen mir noch immer am Herzen. So bin ich mit 85 Jahren noch immer neugierig und frage: Wie wird es und wie kann es weitergehen mit den Pfarrern? Wie kann es weitergehen mit unseren Gemeinden? Diese Frage treibt mich um und bereitet mir zunehmend Sorge.

Im heutigen Evangelium hören wir: »Amen, Amen, ich sage euch, wenn jemand an meinem Wort festhält, wird er auf ewig den Tod nicht schauen« *(Joh 8,51)*. Das ist ein starker Satz und man kann verstehen, dass die Juden empört waren und Jesus für verrückt erklärten, ja ihn der Gotteslästerung bezichtigen, weil er sich – nach ihrer Meinung – als Gott aufspiele, der doch allein ewig ist. Doch stark ist der Satz auch deshalb, weil er sagt: Wer auf Gott baut, der hat auf ewig Bestand, der hat Zukunft und darf über den Tod hinaus hoffen. »Non confundar in aeternum« so endet das »Te Deum«. In dieser zuversichtlichen Hoffnung ist eingeschlossen: Der Herr lässt auch seine Kirche nicht im Stich. Gott ist treu, wenn nur wir treu sind. Er hat seine Kirche auf Felsenfundament gebaut, so dass die Pforten der Unter-

---

[1] Predigt anlässlich des Symposions »Priester sein heute« am 23. März 2018 in Vallendar.

welt, die Pforten des Todes sie nicht überwältigen *(Mt 16, 18)*. Non confundemur in aeternum!

I. Die Not des Priestermangels

Mit dieser Gewissheit des Glaubens schaue ich auf die gegenwärtige Situation unserer Kirche bei uns in Deutschland und in Westeuropa. Viele sehen da nur Auflösung und Verfall, und in der Tat, man kann die Probleme, die Anlass zu Sorge geben, nicht leugnen. Aber wer Augen hat zu sehen, der kann auch sehr viel Positives finden: Viele Mitbrüder, welche sich im Weinberg des Herrn nach besten Kräften buchstäblich abrackern, pastorale Mitarbeiter und Mitarbeiterinnen, die ihr Bestes geben, junge Menschen, Männer und vor allem Frauen, die sich ehrenamtlich unermüdlich in der Kirche und für die Kirche einsetzen und nicht zuletzt viele Beter. Sie kommen in der Zeitung nicht vor, aber sie sind das schlagende Herz der Kirche. So findet Jesu Botschaft vom kommenden Reich Gottes auch heute in unserem Land Gehör. Sie stiftet auch heute Hoffnung und erweist sich auch heute als inspirierende Kraft im Dienst an Menschen in ihren vielfältigen Nöten. Das Reich Gottes ist auch heute mitten unter uns (vgl. *Lk 17,21*). Dafür dürfen wir dankbar sein.

Doch die Frage lässt sich nicht unterdrücken: Wie soll es weiter gehen in unserer Kirche, wenn es schon heute und nach aller realistischen menschlichen Voraussicht schon in naher Zukunft noch mehr an Hirten für unsere Gemeinden fehlt? Die Kirche kann ja, so sagten es die frühen Christen in der Zeit der ersten Verfolgungen, nicht ohne Eucharistie sein. Es ist apostolische Tradition, dass sich die Christen gemäß dem Auftrag Jesu Christi am Tag des Herrn zur eucharistischen Feier versammeln. Sie ist Quelle und Höhepunkt des christlichen und kirchlichen Lebens. Was also, wenn die Eucharistie wegen des Mangels an Priestern an immer weniger Orten möglich ist und die Kirche sich immer mehr aus der Fläche zurückzieht und sich viele Gläubige von der Kirche verlassen fühlen?

Zu Recht wird gesagt: Das ist dann die Stunde der Laien und des Laienapostolats. Das Zweite Vatikanische Konzil hat uns die Wahrheit vom königlichen Priestertum aller Getauften neu ins Gedächtnis gerufen und wir Priester werden in Zukunft noch viel mehr lernen müssen, mit Laien – wie man heute sagt – auf Augenhöhe zusammenzuarbeiten. Es ist ein großer Reichtum, dass wir so viele Männer und vor allem Frauen haben, die sich nach Kräften einsetzen und dem Priester viele Aufgaben in Katechese, Caritas und Verwaltung abnehmen, die Priester in der Vergangenheit wahrnahmen, die jedoch nicht notwendig mit dem priesterlichen Amt verbunden sind.

Das alles ist richtig und wichtig. Das alles darf uns aber nicht vergessen lassen, dass Jesus im Blick auf das Kommen des Reiches Gottes aus dem Kreis seiner Jünger die Zwölf in besonderer Weise erwählt, sie bevollmächtigt und ausgesandt hat *(Mk 3,13–18)*. Nach Ostern hat er diese Berufung bestätigt und ausgeweitet *(Mk 16,15; Mt 28,19f.)*. Die Zwölf haben, wie es die Apostelgeschichte und die Briefe des Apostels Paulus bezeugen, durch Handauflegung und Gebet Nachfolger eingesetzt *(Apg 6,5f.; 1 Tim 4,14; 2 Tim 1,6)*.

Wenn wir katholische Kirche bleiben und keine neuprotestantische oder neupentekostale Freikirche werden wollen, dann brauchen unsere Gemeinden Hirten, die Sorge tragen für die ihnen anvertraute Herde Gottes *(1 Petr 5,2)*, Hirten, welche nicht pausenlos von Ort zu Ort unterwegs sind, um die ihnen vorbehaltenen liturgischen Funktionen auszuüben, gute Hirten vielmehr, welche die Ihrigen kennen, bei ihnen und mit ihnen leben, die – wie Papst Franziskus sagt – den Geruch der Schafe annehmen, die sie führen und begleiten, sie schützen und verteidigen, wenn Mietlinge eindringen oder gar reißende Wölfe, welche sie verfolgen *(Joh 10,11–18)*. Kurzum: Die Kirche braucht Priester und der Priestermangel ist eine wahre geistliche Not.

II. Jesuanische Berufungspastoral

Priesterberufe kann man nicht machen, man darf sie einem jungen Menschen auf keinen Fall aufreden und einreden. Man kann sie auch nicht organisieren. Der Priesterberuf ist Berufung durch Gott. Seine Stimme ist meist leise. Sie drängt sich nicht auf. Man kann sie im Lärm und in der Hast des Lebens überhören und auch unterdrücken und zum Schweigen bringen. Ich bin überzeugt, es gibt viel mehr Berufungen als wir gewöhnlich meinen, bei denen der Ruf ungehört und überhört wird oder gar unterdrückt wird. Ein Junge, der Priester werden will, findet heute oft auch in katholischen Familien, bei den Eltern und

Geschwistern kaum Unterstützung, vielmehr oft Widerstand. Er wird von seinen Mitschülern und auch in unseren Gemeinden gehänselt: Wie kannst du nur so blöd sein? Und leider gibt es auch Mitbrüder, die selbst frustriert sind und abraten. Dies alles wirkt wie eine Mauer, welche den Ruf Gottes abschirmt. Das macht es jungen Menschen schwer, den Weg zum Priesterberuf in Erwägung zu ziehen, ihn einzuschlagen und dann auf diesem Weg dorthin durchzuhalten. Der Priestermangel ist auch Folge solcher wenig berufungsfreundlicher und berufungsfördernder Mentalität in unseren Gemeinden.

Ich wiederhole: Priesterberufe kann man nicht machen, aber man kann sie fördern. Jesus selbst zeigt uns, wie man das tun kann. Das Lukasevangelium berichtet: Jesus hat, bevor er die Zwölf berufen hat, die Nacht zuvor im Gebet verbracht *(Lk 6,12)*. Uns hat Jesus gesagt: »Bittet den Herrn der Ernte, damit er Arbeiter für seine Ernte aussende« *(Mt 9,38)*. Priesterberufe kommen aus dem Gebet der Gemeinde. Ich kann das auch aufgrund meiner eigenen Berufungsgeschichte sagen. Ich hatte eine Klostertante, die hat den Himmel geradezu »eingebetet«, dass aus dem Lausbub was Rechtes, ein guter Priester werden möge, und sie hat am Ende eine schwere lange Krankheit dafür aufgeopfert. Es gibt Beispiele, was vor allem das Gebet vor dem Allerheiligsten »bringt«. Es müsste in jeder Gemeinde Gebetsgruppen für Priester und Priesterberufe geben. Dieses Anliegen müsste in den Fürbitten der Sonntagsgottesdienste einen regelmäßigen Platz haben. Aus meiner Jugendzeit kenne ich noch den regelmäßigen Priestersamstag als Gebetstag für Priester.

Auf der Grundlage des Gebets ist Berufungspastoral möglich. Wieder hat es uns Jesus selbst vorgemacht. Nach der Taufe am Jordan sind ihm auf das Zeugnis des Täufers hin zwei seiner späteren Jünger einfach nachgelaufen. Als Jesus sie bemerkte, sich umdrehte und sie fragte, was sie suchen, war ihre Antwort: »Meister, wo wohnst du?«, was heißt: Wie lebst du? Wie ist es bei dir? Jesu Antwort: »Kommt und seht!« *(Joh 1,35–51)*. Diese Perikope gehört auch zu meiner eigenen Berufungsgeschichte. Ich weiß noch heute, es ist etwa 70 Jahre her, wo ich in der Konvikts-Kirche in Ehingen saß, als der spätere Weihbischof der Diözese über diese Perikope gepredigt hat und ich dachte: Ja, das ist's.

Man muss den Mut haben junge Menschen anzusprechen und sie zumindest nachdenklich zu machen. Ein einziges Wort kann zu einem Samenkorn werden, das im Herzen des Jugendlichen aufgeht. Vielleicht auch nicht, das haben wir nicht in der Hand. Aber wenn es zu keimen beginnt, dann soll man einen jungen Menschen begleiten und ihn ermutigen. Pastoral ist ein Handwerk, das man wie jedes Handwerk bei einem Meister abgucken muss, um dann Lust zu gewinnen und zu lernen, es selber zu können. Man muss also eine Art Meister-Schüler-Verhältnis aufbauen und, wie Jesus es gemacht hat, einen Jüngerkreis aufbauen, Begegnungen mit Gleichgesinnten, gemeinsame Freizeiten und Besinnungstage organisieren, wo Priesterwerden und Priestersein nicht länger ein Tabu ist, sondern als etwas Erfüllendes und Beglückendes bezeugt und erfahren wird.

III. Der Priester als Hirte – ein Mann Gottes

Wenn wir Priester wollen, dann müssen wir auch wissen und sagen, noch mehr: wir müssen es überzeugend vorleben, was ein Priester ist und was diesen Beruf schön und beglückend macht. Dazu haben Sie in den Vorträgen dieser Tagung viel Gutes gehört. Ich will das jetzt nicht wiederholen, sondern das Wesentliche nur ganz einfach sagen. Der Apostel Paulus schreibt an seinen Schüler Timotheus: »Du aber sei ein Mann Gottes« *(1 Tim 6,11)*.

Ein Mann Gottes ist ein Mensch, der in der Begegnung und Freundschaft mit Jesus Christus in der Tiefe seines Herzens von Gott berührt wurde, der aus und mit Gott lebt und der die Frohe Botschaft vom Gott Jesu Christi weitergeben will und der in der Nachfolge Jesu mitten unter den Menschen lebt. Jesus ist wahrer Gott und wahrer Mensch, ganz eins mit Gott seinem Vater, und ganz bei den Menschen und für die Menschen ohne jede klerikalistische und neo-klerikalistische Attitude, die mit gelebter Nachfolge Jesu absolut nichts zu tun hat. In unserer säkularisierten Gesellschaft soll der Priester mitten in der Welt den Blick auf Gott und den Himmel offen halten.

Dazu muss der Priester ganz Mensch unter Menschen und ganz Christ unter Christen sein. Nur so hat er das Zeug, ein guter Hirte zu sein, der nicht Herr, sondern Typos der Gemeinde ist *(1 Petr 5,3)*. Die Leute sollen nicht nur an unserem Wort, sondern an unserem Leben ablesen können, was Christsein ist und wie Christsein geht. »Mit euch bin ich Christ, für euch bin ich Bischof«, sagte Augustinus und fügte hinzu: »Ich will nicht in den Himmel kommen ohne euch.« Zu Jesu

Leben gehörte nicht nur der galiläische Frühling und die Begeisterung der Anfangszeit, sondern auch der Weg nach Jerusalem, der Weg ans Kreuz und durch das Kreuz zur Auferstehung. Kreuz und Auferstehung Christi feiern wir in der Eucharistie. In ihr wird das »Für-uns-Sein« Christi gegenwärtig. Die Feier der Eucharistie ist Mitte und Höhepunkt im Leben des Priesters.

Aber Höhepunkt heißt, dass es einen Weg gibt hin zum Gipfel und einen Weg vom Gipfel zurück ins Tal. Es gibt keine geistliche Hubschrauberlandung auf dem Gipfel. Höhepunkt kann die Eucharistie nur sein, wenn man zuerst zur Eucharistie hinführt durch die Verkündigung der Frohen Botschaft, durch Taufe mit Tauf- und Firm-Katechese, dadurch, dass man dem verlorenen Schaf nachgeht, es auf die Schulter nimmt und zurückträgt *(Luk 15,3–6)*. Nach der Feier der Eucharistie führt das »Ite missa est« in die Welt zurück zur Sorge für die Familien, für die Kinder und die Alten, die Kranken und die Sterbenden, zur sozialen und karitativen Arbeit wie zur gemeinsamen gemeindlichen Feier der Agape. Das alles gehört zum Leben und zur Sendung der Priester. Es gibt keinen anderen Beruf, der das ganze Leben der Menschen begleitet von der Geburt bis zum Tod. Diese Ganzheitlichkeit gibt dem Priester seine geistliche Ausstrahlung als Mann Gottes, der von der Wiege bis zur Bahre das Leben der Menschen von Gott her und auf Gott hin deutet, es mit seinem Segen begleitet und es durch die Sakramente heiligt. In diesem Sinn hat mich bei meiner Primiz der Prediger daran erinnert: Sacerdotis est benedicere, praedicare et sanctificare.

Damit stoßen wir heute auf einen kritischen Punkt, der mir in manchen diözesanen Pastoralplänen aufgestoßen ist: Die Gefahr des Priestermangels führt dazu, das Priestersein als Bündel von Funktionen zu begreifen, die man in einer »Salamitaktik« immer mehr zurückschneidet, um möglichst viel Laien zu übertragen oder wie man heute in der Wirtschaft sagt: um möglichst viele Funktionen ›auszusourcen«, das heißt auszulagern. Was bei einer solchen funktionalen Betrachtungsweise dem Priester vorbehalten bleibt, ist ein einseitig kultisch-sazerdotales Verständnis, im Extrem: der Priester als Zelebrant, der Priester als Wandler, oder wie man früher sagte: Der Priester als Kultdiener.

Diese Reduktion wird in den Pastoralplänen mit dem Typ des modernen Managers kombiniert. Ein Manager kann und soll nicht alles selber tun, seine Funktion ist es vielmehr durch gutes Management seinen Laden im Griff zu haben. Unser »Laden« ist die Seelsorgeeinheit von oft fünf und mehr Pfarreien, die, was die Zahl der Mitarbeiter und der ausgesourcten Funktionen angeht, die Größe eines mittleren Betriebs hat. Doch wer Pfarrer und Seelsorger werden will, der will nicht Manager werden, ganz abgesehen davon, dass er dazu oft nicht geeignet und auch nicht ausgebildet ist. Damit kombinieren die Seelsorgeprogramme etwas, was nicht zusammenpasst: Einerseits den etwas archaisch daherkommenden Kultdiener und Zelebrant, andererseits den modernen Manager. Diese funktionale Betrachtungsweise nimmt dem Priesterberuf genau das, was seine Attraktivität, seine Freude und seine Berufung ausmacht, als »Mann Gottes« ganz Mensch unter Menschen und für die Menschen zu sein, um ihnen in allen entscheidenden Situationen ihres Menschseins die Frohe Botschaft von Gott als Freund des Lebens *(Weish 11,26)* zu bezeugen und ihnen durch die Sakramente das Leben in Fülle *(Joh 10,10)* zu vermitteln.

Das funktionale Verständnis nimmt der Ehelosigkeit des Priesters jede Evidenz und macht sie zwangsläufig zum Stein des Anstoßes. Nur wenn man das Priestersein in seiner Ganzheitlichkeit versteht, wird einsichtig, dass man das Ganze als ungeteilten Dienst *(1 Kor 7,34)* nur ganz tun kann. Ich bin darum der Überzeugung, dass die um des Himmelreiches willen frei gewählten Ehelosigkeit *(Mt 19,12)* – bei allen Schwierigkeiten, welche damit wie mit jedem anderen Stand verbunden sind – auch in Zukunft die Regelform des priesterlichen Dienstes sein wird. Das schließt nicht aus, dass wir in Zukunft auch Viri probati haben können. Ich halte das sogar für wahrscheinlich und angesichts der Situation für unumgänglich. Je mehr ich jedoch über die Kriterien, die Form der Ausbildung und des Einsatzes nachdenke, komme ich zu der Überzeugung: Die Einführung von Viri probati kann nicht die Lösung unseres Problems sein. Gerade in der schwieriger werdenden Diasporasituation, der wir in Europa entgegen gehen, brauchen wir Priester, die – biblisch gesprochen – mit der Kirche als der Braut Christi, konkret: mit ihrer Gemeinde gleichsam verheiratet sind und dies in guten und in schlechten Tagen. Paulus bezeichnet die Gemeinde als seine Freude und seinen Ehrenkranz *(1 Thess 2,19)*, auch wenn er mit seinen Gemeinden wahrlich nicht immer nur Freude gehabt hat.

Ich bin überzeugt: Wenn priesterliche Existenz in dieser ganzheitlichen Weise gelebt wird, leuchtet in ihr etwas auf von der Faszination des jesuanischen ganz Für-Gott- und ganz Für-die-Menschen. Dann erhält priesterliche Existenz ihre geistliche Ausstrahlung, gleichsam ihr Flair in neuer Weise zurück, das heute weit mehr Menschen als wir gewöhnlich denken neu suchen. Dann kann man auf längere Sicht gesehen unbesorgt in die Zukunft schauen.

IV. Pioniergeist und eine neue Weise Kirche zu sein

Wir werden junge Menschen nur dann begeistern können, Priester zu werden, wenn wir ein Zukunftsprojekt, einen Zukunftstraum und eine Zukunftsvision haben, wenn wir ihnen eine Sendung vor Augen stellen, für die es sich lohnt, alles auf eine Karte zu setzen und sein Leben zu wagen. Gerade in einer Situation, in welcher die Weltordnung, wie sie sich aus den Krisen des 20. Jahrhunderts herausgebildet hat, unter vielen Umbrüchen und Krisen zu Ende geht und in der auf Anregung von Gottes Geist seit dem Zweiten Vatikanischen Konzil unter Geburtswehen eine neue Gestalt der Kirche im Entstehen ist, brauchen wir Priester, die nicht einfach den Mangel recht und schlecht verwalten, wir brauchen Priester mit Pioniergeist, wir brauchen eine neue Gründergeneration von Priestern. Dazu braucht es Freiräume für pastorale Neuansätze, wie sie in ihrer Zeit und je in ihrer Weise große heilige Seelsorger wie Karl Borromaeus, Philipp Neri, Vinzenz Pallotti, der Pfarrer von Ars, Don Bosco, Don Orione und andere entwickelt haben. Starre bürokratische Pastoralpläne dagegen schrecken junge Menschen ab, statt sie einzuladen.

Wir müssen Kirche hineinstellen in die große Vision Jesu vom kommenden Reich Gottes und in die Aussendung seiner Jünger als Boten dieses Reiches und seiner Gerechtigkeit in alle Welt. Dazu muss ein Ruck durch die deutsche Kirche gehen. Sie ist gegenwärtig viel zu sehr mit dem Rückbau ihrer bisherigen Gestalt beschäftigt. Wir haben zu wenig Personal, also ziehen wir uns aus den Gemeinden zurück. Wir haben zu wenig Geld, also können wir uns nicht mehr alles leisten und geben Einrichtungen auf, schließen ausgerechnet Schulen, die doch Zukunftsinvestitionen sind. Aus solchem Rückbau wird kein Aufbau und kein Aufbruch, zu dem uns Papst Franziskus aufruft. Er will eine »chiesa in uscita«, eine Kirche im Aufbruch, eine missionarische Kirche. Wir dürfen nicht nur den Mangel verwalten, wir müssen Zukunft gestalten. Es darf nicht die Zeit der Kirchenschließungen sein, es muss eine Zeit der Kirchengründung werden, das heißt eine Zeit, neue Weisen und Formen des Kircheseins auszuprobieren und zu realisieren.

Wie eine solche neue Gestalt der Kirche und des Dienstes in der Kirche aussehen könnte, darüber müsste eigens ausführlich nachgedacht werden. Das kann in diesem Zusammenhang nicht geschehen. Das schlimmste Gift ist der Geist der Verzagtheit *(2 Tim 1,7)* und unsere Jammerseligkeit. Jammern zieht niemanden an. Freude dagegen steckt an. Um weiterzukommen, braucht es Bereitschaft und Mut, sich wie Abraham auf den Weg zu machen, dazu braucht es Freude an Gott und an seinem Reich, Freude an Jesus Christus, der uns Weg, Wahrheit und Leben ist *(Joh 14,6)*, Freude an und in der Kirche, dem Volk Gottes, das auf den staubigen Straßen der Geschichte unterwegs und doch von einer durch nichts zerstörbaren Hoffnung beseelt ist. Jesu Wort – »Wer an mich glaubt, wird in Ewigkeit nicht sterben« – schenkt solchen Glaubensmut und solche Glaubensfreude. Non confundar in aeternum. Unser Motto lautet nicht Bonjour tristesse. Unser Motto kann nur lauten: Gaudium et spes, Freude und Hoffnung. Amen.

Kirchenmusik

»Singt Gott in euren Herzen Psalmen, Hymnen und Lieder« (Kol 3,16)

Meine lieben Schwestern und Brüder,[1]

herzlich begrüße ich Sie zu diesen Dekanatskirchenmusiktagen und zugleich danke ich Ihnen für den Dienst, den Sie für die Kirche und die Gemeinden als Kirchenmusiker tun. Kirchenmusik ist ja ein integraler Bestandteil der kirchlichen Liturgie. Der Kirchenmusiker hat darum einen wichtigen kirchlichen Dienst, der nicht etwa am Rand, sondern in der Mitte der Kirche, in der Feier der Eucharistie, angesiedelt ist.

I. Der Lobgesang Jesu

Dass dieser Dekanatskirchenmusiktag ausgerechnet in der Karwoche stattfindet, ist nicht ohne tieferen Grund. Sucht man nämlich nach einer theologischen Begründung der Kirchenmusik, so findet man sie im Abendmahlsaal und auf dem Weg Jesu zum Ölberggarten. Der Evangelist Markus berichtet uns: »Nach dem Lobgesang gingen sie zum Ölberg hinaus« *(Mk 22,26)*. Jesus hat also den Psalm nicht nur gebetet, er hat ihn mit seinen Jüngern gesungen.

Über den singenden Jesus hat man in der Theologie leider wenig nachgedacht. Hätte man es getan, müsste man die Kirchenmusik noch viel mehr schätzen und pflegen. Denn Kirchenmusik – das ist nichts anderes als einstimmen in den Lobgesang Jesu. In der Kirchenmusik bei der Feier der Eucharistie tönt Jesu Lobgesang durch die Jahrhunderte weiter aus dem Mund des Leibes Christi, der die Kirche ist. So

[1] Predigt anlässlich des Dekanatskirchenmusiktags am 10. April 1990 in Rottenburg am Neckar.

mahnt und ermutigt uns schon das Neue Testament: »Singt Gott in eurem Herzen Psalmen, Hymnen und Lieder« *(Eph 5, 19)*.

II. Fest und Feier

Es gab immer wieder Bilderstürmer und Puristen, welche alle Kunst und auch alle Musik aus der Kirche und aus dem Gottesdienst verbannt wissen wollten. Es gibt auch gegenwärtig die Gefahr, dass viele unserer Gottesdienste verarmen und langweilig werden, weil sie ihren Glanz und ihre Schönheit verlieren, künstlerisch anspruchslos, ja primitiv und banal werden.

Ich bin der festen Überzeugung, dass es an der Zeit ist, uns neu auf den Sinn und die Bedeutung des Gottesdienstes zu besinnen. Nicht umsonst haben wir in unserer Diözese die Feier des Sonntagsgottesdienstes zu einem der Schwerpunkte der Pastoral in den nächsten Jahren gemacht. Ich betone: die Feier des Gottesdienstes. Denn auf ihre feierliche und festliche Begehung scheint es mir gerade heute, da unsere Welt zunehmend säkularisiert und banal wird, besonders anzukommen.

Fest und Feier sind ja etwas Urmenschliches. Denn in Fest und Feier, da begehen wir die urreligiöse Überzeugung, dass unser Leben getragen und geborgen ist von einer tieferen und umfassenderen Wirklichkeit, von einem letzten Geheimnis, das wir in der Sprache der Religion Gott nennen. In der christlichen Liturgie feiern wir, dass Gott in Jesus Christus endgültig sich als unser Gott, als Gott der Menschen erwiesen hat, dass er uns erlöst und befreit und zum ewigen Leben bei ihm und mit ihm berufen hat. In der Liturgie feiern wir voll Freude und Dank, was Gott für uns getan hat, da erinnern wir uns der Großtaten Gottes in der Geschichte des Heils, da ist Gott durch Jesus Christus im Heiligen Geist mitten unter uns gegenwärtig. Schließlich halten wir in der Liturgie zugleich Ausschau nach dem ewigen Ziel, dem kommenden Reich Gottes. Da bricht schon jetzt etwas herein in unsere Welt von der Herrlichkeit des Himmels und vom ewigen Gesang des »Heilig, Heilig, Heilig« der himmlischen Liturgie. Liturgie ist die Unterbrechung des grauen Alltags. Und brauchen wir nicht gerade heute diese andere Dimension, die Spuren und Zeichen des Himmels auf Erden, wenn unser Leben nicht ganz banal und eintönig werden soll? Ja, wir brauchen die festliche Feier der Liturgie und ihres Glanzes. Wir brauchen die Kirchenmusik.

Denn die Musik bringt wie keine andere Kunst die Harmonie zum Klingen, welche den Kosmos durchwaltet; sie bringt die Sehnsucht des menschlichen Herzens nach dem Ewigen zur Sprache. In ihr drückt sich aber auch die Klage und die Trauer aus, welche uns in dieser Welt oft befällt. Zugleich schenkt sie Trost und Zuversicht. Sie ist wie ein Hoffnungsfunke auf die endgültige Versöhnung dieser unversöhnten friedlosen Welt. So ist die Musik ein einziges »Sursum corda«, ein »Erhebet die Herzen«.

Sie reißt uns hinein in das alles umfassende und alles durchwaltende Geheimnis des Göttlichen; sie ist eine Ahnung und ein Vorgeschmack unserer wahren Berufung.

Wir wissen alle: Es gibt verschiedene Arten der Musik. Es gibt auch die Musik, die wegführt von uns, die Musik, die uns berieselt und einlullt, die nicht zur Stille kommen lässt. Es gibt sogar so etwas wie eine »musikalische Umweltverschmutzung«. Es gibt aber auch die Musik, die die innere Stimme und alle Fasern unseres Herzens zum Schwingen und Singen bringt, die nicht wegführt, sondern hinführt und hineinführt ins Beten, Loben und Danken.

Diesen Elan und Schwung brauchen wir gerade heute, wenn wir nicht in Geistlosigkeit dahindarben und in der Banalität des Alltags menschlich verkommen wollen. Die Musik als geistigste aller Künste muss uns herausreißen aus der Gefahr des Materialismus. Sie soll uns immer wieder neu daran erinnern, dass wir als Menschen mehr sind, dass wir zur Freiheit, zum ewigen Leben berufen sind.

III. Kirchenmusik als Ausdruck der christlichen Sendung

Die Kirchenmusik ist also Ausdrucksgestalt dessen, was wir sind als Christen, die Kirchenmusik ist aber auch eine Hilfe, um unsere christliche Sendung in der Welt zu erfüllen. Schon immer war christliche Kunst eine wichtige Brücke zwischen Kirche und Welt und ein wichtiges Mittel, um die Herzen der Menschen, auch derer, die außerhalb der sichtbaren Kirche stehen, anzuziehen und zu gewinnen. Sie spricht eine Sprache, die auch die Herzen derer erreicht, die unsere normale Sprache nicht mehr verstehen.

Es gibt ein klassisches Beispiel für diese Möglichkeit christlicher Kunst. Es findet sich in den Bekenntnissen des heiligen Augustinus. Im neunten Buch seiner Bekenntnisse beschreibt Augustinus, wie er als noch nicht Getaufter nach Mailand kam, dort Gottesdienste in der Bischofskirche des heiligen Ambrosius erlebt. Er schreibt: »Wie weinte ich bei den Hymnen und Gesängen auf dich, mächtig bewegt vom Wohllaut dieser Lieder deiner Kirche! Die Stimmen drangen in mein Ohr und in ihrem Strom träufelt die Wahrheit in mein Herz, das Gefühl für Gott taute auf, es flossen die Tränen und mir war dabei wohl«.

Es ist das Drama unserer Zeit, dass diese Synthese von christlichem Glauben und weltlicher Kultur weithin zerbrochen ist. Oft führen keine Brücken mehr hinüber und herüber. Kirche und weltliche Kultur leben weithin nebeneinander her; sie sind sich fremd und manchmal sogar feindlich geworden. Diese Situation beraubt unsere Kultur ihrer tiefsten Möglichkeiten. Sie reißt ihr die Seele aus dem Leib.

Sie beschneidet aber auch die Strahlkraft unseres Glaubens. So ist es eine der wichtigsten Aufgaben der Kirche heute wieder neu präsent zu sein in der Gegenwart.

Ich wüsste kaum eine bessere Möglichkeit dazu als die Musik. Sie bringt die Harmonie der Welt nicht nur zur Sprache, sie hat in unserer unversöhnten Welt eine heilende und versöhnende Kraft.

Erinnern wir uns deshalb neu an die Wahrheit: Die Verherrlichung Gottes ist das Heil des Menschen; sie ist das Heil der Welt. Feiern wir darum Liturgie mit allen uns zu Gebote stehenden Ausdrucksmitteln menschlicher Kunst. Stimmen wir ein in den Lobgesang Jesu: »Lasset uns danken dem Herrn, unserem Gott«. »Das ist würdig und recht«. Amen.

Musik als Ausdruck des Glaubens

Liebe Schwestern und Brüder![1]

Mit einem feierlichen Gottesdienst eröffnen wir den festlichen Sommer der »Europäischen Kirchenmusik Schwäbisch Gmünd 1990«. Wer das Programm studiert, wird staunen über die geistige Weite, die sich in den vielen Konzerten dieses Sommers widerspiegelt. Es ziemt sich, ein wenig darüber nachzudenken, was wir hier beginnen.

I. Sursum corda – Empor die Herzen

Vordergründige Motive dürfen nicht Geist und Gehalt überlagern oder verdrängen. Nicht unser Reichtum, nicht die Ehre und der Ruf einer Stadt, nicht das Wohlwollen der Gönner und Mäzene, nicht die Publicity sollen das entscheidende Motiv dieses Kirchenmusiksommers sein, so sehr dies alles auch – an seinem Ort – mitspielt.

Was uns zutiefst bewegen soll, wird deutlich in dem Text aus dem Kolosserbrief, den wir als Lesung gehört haben. »Singt Gott in Eurem Herzen Psalmen, Hymnen und Lieder, wie sie der Geist eingibt.« *(Kol 3,16)* Was heißt das anderes, als dass die Musik unmittelbarer Ausdruck des Glaubens und Ausfluss des vom Geist Gottes erfüllten Herzens ist? Sie ist ein einziges »Sursum corda«, »Empor die Herzen«. Sie will uns herausreißen aus dem grauen und bleiernen Alltag und hinüber hören lassen in die himmlische Welt. Sie zieht uns hinein in das

[1] Predigt anlässlich des ökumenischen Eröffnungsgottesdienstes der »Europäischen Kirchenmusik Schwäbisch Gmünd 1990« am 06. Juli 1990.
Lesung: Kol 3,14–17.

alles umfassende und durchwaltende Geheimnis des Göttlichen. Sie ist eine Ahnung und ein Vorgeschmack unserer ewigen Berufung.

II. Die Spur des Ewigen

Brauchen wir diese Brücke und diese Spur des Ewigen in unserer so weltlich gewordenen Welt nicht ganz besonders? Dies wurde mir neulich wieder klar, als ich bei Friedrich Nietzsche las: »Bessere Lieder müssten sie mir singen, dass ich an ihren Erlöser glauben lerne: erlöster müssten mir seine Jünger aussehen!« Bessere Lieder und wirkliche Erlöste könnten hinführen, den Glauben an den Erlöser neu zu lernen oder den gelernten Glauben besser zu verstehen.

Die Töne der Kirchenmusik können auch diejenigen noch erreichen, welche das Wort der Verkündigung längst nicht mehr erreicht. Sie können Hinweis und Wegweiser zu Gott sein.

So kann die Kirchenmusik das Schisma zwischen Glauben und Leben, Glauben und Kultur, das das Drama unserer Epoche ist, überbrücken und aufheben. Durch die Musik sollen Kirche und Welt wieder versöhnt werden. »Wenn die Kirche die Welt verwandeln, verbessern, ›humanisieren‹ soll – wie kann sie das tun und dabei zugleich auf die Schönheit verzichten, die mit der Liebe eng zusammen gehört und mit ihr der wahre Trost – die größtmögliche Annäherung an die Auferstehungswelt ist? Die Kirche … muss eine Heimstatt des Schönen sein« (Joseph Ratzinger).

III. Kirchenmusik verbindet

Kirchenmusik verbindet uns auch untereinander. Wenn wir hier gemeinsam Musik hören, geschieht mehr, als dass wir den Raum und die Zeit miteinander teilen, die gleiche Luft atmen. Schon dies ist nicht wenig. Was hier zusammenklingt aus einer Vielzahl von Tönen, Melodien, Stimmungen, Färbungen, das verbindet ganz Europa zu einer Kultur. Das Programm dieses Sommers vereint Chöre, Organisten und Ensembles von Moskau und Sofia bis Hilversum, Bergamo und Perugia, um nur wenige Namen zu nennen. Es erklingen Werke unterschiedlichster Epochen, Traditionen und Länder, vom slawischen Kirchengesang über die Gregorianik, die Klangwelten des Mittelalters, der Renaissance, der Neuzeit bis hin zu gegenwärtiger Musik.

Trotz der vielen Sprachen, die Musik können alle verstehen. Sie ist wesentlich übernational und überzeitlich: Alle können sich daran erfreuen und keine Grenze kann auf Dauer verhindern, dass diese Musik Europa, ja fast alle Kulturen verbindet und die Herzen aller Völker zusammenführt.

IV. Musik als Ausdruck des Glaubens

Da die musica sacra Ausdruck des Glaubens und Ausfluss des vom Geist Gottes erfüllten Herzens ist, werden durch sie alle miteinander und untereinander tiefer verbunden, die, wie Papst Johannes XXIII. einmal sagte, den gleichen Herrn lieben und die gleiche Heilige Schrift lesen.

Die Kirchenmusik, die in den verschiedenen Konfessionen gerade unseres Landes eine jeweils reiche Tradition entfaltete, wirkt heute ökumenisch verbindend. Sie bezeugt, dass die Spaltung der Christenheit nicht bis an die Wurzel gegangen ist.

Die Musik eines Johann Sebastian Bach, der über seine Werke »Ad majorem Dei gloriam« schrieb, ist für katholische Christen heute kein Fremdkörper mehr, Mozart nicht nur für berühmte evangelische Theologen wie Karl Barth, sondern für viele evangelische Mitchristen ein täglicher Lebensbegleiter. Noch wichtiger ist es, dass in unseren Gesangbüchern der Austausch von Liedern beider Traditionen zugenommen hat. So lernen wir, mit einer Stimme und schließlich mit einem Herzen zu singen und uns untereinander besser zu verstehen. Nicht zuletzt durch die Kirchenmusik kann das Nahziel ökumenischen Bemühens erreicht werden: dass der Spaltung das Gift der Feindseligkeit entzogen wird und der gemeinsame Reichtum des Glaubens neu entdeckt wird.

V. Eine verbindende ökumenische Kraft

So wichtig die europäische Dimension der Musik ist und so wesentlich ihre ökumenisch verbindende Kraft: das Allerwichtigste ist damit noch nicht gesagt. Die musica sacra sucht in ihrem tiefsten Wesen ja nicht Menschen untereinander zu verbinden. Sie will Band sein zwischen Gott und den Menschen. Sie will sich jenes Wort, das aus dem Munde Gottes kommt und das uns Menschen lebensnotwendig ist, mit Herz und Mund zu eigen machen und mit Lob und Dank, unter Klage und mit Bitten Gott zurückgeben.

Für Gott ist die musica sacra nicht nötig. Er ist maior omni laude, größer als all unser menschliches Loben-Können. Die Musica sacra ist für uns notwendig, uns, die wir nur in und mit Gott verbunden leben können. Denn Musik vermag es, in die tiefen Kammern des Gemütes hinunter und in die verborgenen Winkel unseres Herzens hinein zu dringen. Ja, sie gelangt bis auf den Grund, auf dem die Urmächte des Lebens nach uns greifen. Aus dem Glauben heraus, in dem die musica sacra verankert ist, kann sie Trost in unsere Angst hineinsingen, unserer Bitte und unserer Klage Ausdruck verleihen, unser Leid mit Tönen der Hoffnung durchsetzen und die Schönheit endgültiger Vollendung aufleuchten lassen mitten im Chaos der Welt.

So verstanden ist Musik gleichsam eine Ausdrucksform des Gebets, ebenso vielschichtig, ebenso individuell wie zugleich universal. Sie trägt unser ganzes Menschsein vor Gott hin, verbunden mit dem Flehen um Erlösung und Heil.

Stellen wir also allen Tendenzen der Spaltung und Vereinzelung die versöhnende Kraft der Musik entgegen!

Versöhnen wir Kirche und Welt, Kult und Kultur, Gottesdienst und Weltdienst. Lassen wir uns anrühren vom Hauch des Ewigen und hinüber- und hinaufheben dorthin, wo wir ewig zu Hause sein werden. »Singt Gott in eurem Herzen Psalmen, Hymnen und Lieder, wie sie der Geist eingibt. Alles, was ihr in Worten und Werken tut, geschehe im Namen Jesu, des Herrn.« Amen.

Sursum corda – Empor die Herzen

Liebe Schwestern und Brüder![1]

Das Evangelium, das wir soeben gehört haben, beginnt mit sehr düsteren Motiven. Die Rede ist von der Stunde, da die Jünger versprengt werden und in der alle ihren Herrn und Meister allein lassen. Es ist die Stunde der Passion, in der sich alle Verirrung und Verwirrung dieser Welt zuspitzt und in der der Gerechte einsam und verlassen allein dasteht. Dieselbe Bedrängnis sagt Jesus auch seinen Jüngern voraus. Sie gehört zur Situation dieser Welt.

Dann aber wandelt sich die Farbe. Geradezu triumphierende Töne klingen an: »Aber ich bin nicht allein, denn der Vater ist bei mir.« Ähnlich an die Adresse der Jünger: »Habt Mut: Ich habe die Welt besiegt.«

Ich habe dieses Evangelium nicht eigens für meinen heutigen Besuch in der Kirchenmusikschule ausgesucht. Es ist einfach das Tagesevangelium, so wie es im liturgischen Kalender vorgesehen ist. Es scheint mir aber sehr viel auch mit Musik, insbesondere mit Kirchenmusik, zu tun zu haben.

Musik hat es, wie jede Kunst, mit sinneshaften Dingen zu tun. Da gibt es nicht nur Instrumente aus Holz oder Metall, da gibt es auch physikalische Gesetzmäßigkeiten von Schwingungen und Rhythmen. Diese materielle Basis (wenn ich es einmal so nennen darf) ist keineswegs unbedeutend oder nebensächlich. Der wäre kein Künstler, der davon nichts verstehen würde oder damit nicht umgehen könnte.

---

1 Predigt anlässlich der Eucharistiefeier mit Dozenten und Studenten der Kirchenmusikschule Rottenburg am 13. Mai 1991.
Evangelium: Joh 16,29–33.

Dennoch, aus alledem entstehen Geräusche, aber noch keine Musik. Musik greift diese materielle Basis auf, sie verwandelt und vergeistigt sie aber. Musik ist sogar die geistigste aller Künste. Sie ist am Ende reines Tönen und reines Schwingen.

So ist Musik für mich ein Gleichnis, ja sogar ein Vorgeschmack der österlichen Verklärung der Welt, von der das Evangelium spricht. Sie ist für mich ein Analogon des Werkes, das wir in diesen vorpfingstlichen Tagen vom Geist Gottes erflehen: Die Heilung der Verwundungen, die Auflösung der Erstarrungen, die Wärme der Erkaltungen dieser Welt.

Darum ist es auch gar nicht so zufällig, dass man sich die Engel im Himmel musizierend vorstellt. Nach dem großen Theologen Karl Barth: unter sich Mozart, vor dem Angesicht Gottes aber Bach. Musik überwindet sozusagen die Welt. Sie ist Gleichnis des österlichen Sieges und Vorgeschmack der Verklärung. Sie hat innere Kongenialität mit liturgischem Geschehen.

Trotzdem war es, wie Sie wissen, in der alten Kirche lange Zeit umstritten, ob Musik im Gottesdienst zugelassen sein soll oder ob sie nicht etwas so Heidnisches sei, dass sie daraus strikt verbannt sein sollte. Es gab nicht nur einen Bilderstreit, es gab auch einen Musikstreit.

Schaut man genauer nach, warum manche Kirchenväter zu ihrem so strengen Urteil kamen, so wird deutlich, welche Art von Musik sie im Visier hatten: die heidnische Musik, das heißt eine wilde, aufputschende Musik, die nicht den Weg der Vergeistigung, sondern den der Versinnlichung weist, eine Musik, die nicht frei macht von der Schwerkraft nach unten, sondern die besinnungslos, ja wahnsinnig macht oder die einlullt und einschläfert.

Solche Musik gibt es auch heute. Auch heute kann nicht jede Musik Kirchenmusik sein und sakralem bzw. liturgischem Gebrauch dienen. Ich weiß, dass ich damit ein umstrittenes Thema anschneide, das schwierige Diskussionen heraufbeschwören kann. Es geht mir jetzt gar nicht um irgendwelche Abgrenzungen und Ausgrenzungen. Der Strich lässt sich nicht einfach mit dem Lineal ziehen. Es geht mir um die grundsätzliche Notwendigkeit der Unterscheidung, die ein geistliches Gespür voraussetzt. Im Grunde geht es mir um eine positive Aussage über den tiefen theologischen Sinn der Kirchenmusik. Sie ist für mich eine adäquate Ausdrucksgestalt dessen, was in der liturgischen Feier geschieht: Die Vergegenwärtigung von Tod und Auferstehung Jesu Christi und die Verwandlung der Gestalten von Brot und Wein. Sie muss ein einziges »Sursum corda«, ein »Empor die Herzen« sein.

Dazu gehört, ich sagte es schon, Können. Ich weiß – weil ich früher selbst etwas musiziert habe – wieviel Übung und Konzentration das voraussetzt, und ich bewundere solches Können ehrlichen Herzens. Aber die perfekte Technik allein tut es nicht. Jede Kunst, am meisten die Musik, bedarf des Mediums künstlerischer Subjektivität. Sie wissen selbst am besten, wie unterschiedlich man ein Musikstück interpretieren kann und wie sehr dies vom Einfühlungsvermögen wie von der Kreativität des Künstlers abhängt.

Das bedeutet für den Kirchenmusiker, dass er ein geistlicher Mensch sein muss, ein Mensch mit einer Sensibilität für das Geistliche, mit einem Sinn für Liturgie und Gebet. Er muss die österliche Wandlung und Verwandlung der Welt an sich und in sich selbst mitvollziehen. Er muss Kirchenmusik als einen liturgischen Dienst verstehen und vollziehen können.

Deshalb meine Bitte an Sie: Bemühen Sie sich um diese geistliche Dimension der Kirchenmusik, nicht nur theoretisch, sondern ganz praktisch und persönlich. Lassen Sie sich vom Geist ergreifen, um geistliche Lieder singen und spielen zu können. Mit dieser Bitte verbinde ich meinen Dank und meine Anerkennung für alles, was in der Kirchenmusikschule Rottenburg geleistet wurde und geleistet wird. Dieser Dank und diese Anerkennung gilt Dozenten und Studenten gleichermaßen. Bei meinen Gemeindebesuchen kann ich immer wieder erfreut feststellen, auf welch hohem Niveau die Kirchenmusik in unserer Diözese ist. Das ist nicht zuletzt ein Verdienst der Rottenburger Kirchenmusikschule.

Mit meiner Bitte und meinem Dank verbinde ich darum meinen Wunsch für das weitere Gedeihen der Kirchenmusikschule. Ich wünsche Ihnen allen die Gaben des Heiligen Geistes, dass er Sie persönlich erfüllt, mit Freude und Friede erfüllt, dass er Sie und Ihre Musik verwandelt zum Lobe Gottes und zum Heil der Menschen. Amen.

Qui cantat bis orat – Wer singt, der betet doppelt

Liebe Mitbrüder,
liebe Schwestern und Brüder,
vor allem aber liebe Sängerinnen und Sänger,
liebe Mädchen und Jungen,[1]

Euch, den Kindern und Jugendlichen und Ihnen, den Verantwortlichen in der chorischen Nachwuchsarbeit für die Kirchenmusik, sage ich ein herzliches Grüß Gott hier in Friedrichshafen am Bodensee. Ich freue mich sehr, dass das erste Nationale Jugendchortreffen des Chorverbandes der Pueri Cantores hier in der Diözese Rottenburg-Stuttgart stattfinden kann und die Verantwortlichen dazu die herrliche Bodenseelandschaft und die Stadt Friedrichshafen ausgewählt haben.

Ihr, liebe Kinder und Jugendlichen, habt in den vergangenen drei Tagen vieles erleben dürfen. Mit Interesse habe ich von Eurem reichhaltigen Programm hier in Friedrichshafen gelesen. Sicher habt Ihr viele neue Gesichter, andere Kinder und Jugendliche, kennengelernt. Ihr konntet voneinander erfahren, wie anderswo Gottesdienst gefeiert und gesungen wird und wie Ihr alle zusammen eine große Gemeinschaft bildet.

Denn obwohl Ihr aus verschiedenen Städten Deutschlands stammt, hat Euch doch eines hier verbunden: Die Freude am gemeinsamen Singen, die Musica sacra, wie die Kirchenmusiker sagen, die Heilige Musik. Wir wollen ein wenig bedenken, welche große Bedeutung Eurem Dienst zukommt, den Ihr als Sängerinnen und Sänger in Euren Ge-

---

[1] Predigt anlässlich des Schlussgottesdienstes zum ersten Nationalen Jugendchortreffen des Chorverbandes der Pueri Cantores am 23. Mai 1993 in St. Petrus Canisius in Friedrichshafen.
Evangelium: Joh 17,1–11a.

meinden während des Kirchenjahres verrichtet. Schauen wir zunächst auf das Evangelium des heutigen siebten Sonntags der Osterzeit.

I. Christus verherrlicht den Vater

Wir haben eben einen Abschnitt aus dem Johannes-Evangelium gehört. Jesus hat sich vor seinem Gang zum Leiden und zum Kreuz von seinen Jüngern verabschiedet. Er hat Ihnen sein Vermächtnis, sein Testament zugesprochen. Im heutigen Abschnitt des Evangeliums fasst er seine Abschiedsworte zusammen in einem großen Abschieds- und Weihegebet an Gott, seinen Vater. Es sind sehr feierliche Worte, die das Johannes-Evangelium Jesus in seiner Abschiedsstunde sprechen lässt. Es sind sehr dichte und gedrängte Worte und sie sind gewiss nicht leicht zu verstehen.

Vielleicht ist Euch beim Hören aufgefallen, dass in diesem Abschnitt sehr oft das Wort »verherrlichen« und »Herrlichkeit« vorkommt. Zweimal taucht es schon im ersten Satz auf und insgesamt sechsmal im ganzen gehörten Abschnitt. Jesus richtet seine Augen auf zum Himmel und betend redet er Gott als seinen Vater an. Das, was der Vater ihm aufgetragen hat, in der Welt zu tun, hat er vollbracht. Jesus hat sein ganzes Leben Gott, seinem Vater zur Verfügung gestellt. Alles, was er gesagt hat, was er den Menschen gepredigt und auch was er getan hat, wie er den Menschen begegnet ist, all das galt nicht seiner eigenen Ehre, sondern war Verweis auf Gott seinen Vater, ihm wollte er die Ehre geben, die ihm allein zusteht. Gott allein ist der Herr. Ihm gilt »alle Herrlichkeit und Ehre« wie wir am Ende jedes Hochgebetes durch den Mund des Priesters hören.

Was ist das für eine Herrlichkeit, die Gott allein zukommt? Ist das die Herrlichkeit eines Gottes, der weit weg hoch über den Menschen thront, der sich nicht darum kümmert, was die Menschen auf der Erde bewegt, was sie belastet und was ihnen das Leben schwer macht? Nein, Gott zeigt seine Herrlichkeit in der wunderbaren Natur, in den Pflanzen und Tieren, in den Spiegelungen und Wellen des Sees, in den Menschen und auf deren Gesichtern.

Jesus verdeutlicht noch mehr worin die Herrlichkeit Gottes besteht, indem er sagt: »Vater, die Stunde ist da. Verherrliche deinen Sohn, damit der Sohn dich verherrlicht.« *(Joh 17, 1)* Die Stunde von der Jesus spricht ist seine Passion, seine Hinrichtung, sein schmählicher Tod am Kreuz. Jesus weiß, dass dieser Tod auf ihn zukommt. Er hat ihn nicht gesucht, aber er weicht ihm auch nicht aus, weil er sich selbst treu bleiben will. Und so paradox dies klingt: Diese menschliche Katastrophe ist seine Verherrlichung und zugleich die Verherrlichung Gottes. Wie ist das möglich? Jesus zeigt Gottes Liebe in seiner ganzen Herrlichkeit. In ihm verschenkt Gott sich ganz. Er will bei uns sein, selbst noch im Leiden und Sterben. Gott zeigt sein Ansehen, seinen Glanz nicht mit Feuer und Schwert, sondern er zeigt sie gerade darin, dass er sich aller Macht entäußert und den Weg der hingebenden Liebe geht. Jesus als der Gesandte Gottes, als der Sohn, sagt uns, wer Gott wirklich ist. Gott ist der Vater, der sich um uns sorgt, der uns zum wahren, zum ewigen Leben führen will.

Diese Herrlichkeit der Liebe Gottes, seiner Güte und Barmherzigkeit, leuchtet über unserem Leben. Deshalb sollen wir Gott loben und preisen, ihn verherrlichen.

II. Gottesdienst: Die Verherrlichung Gottes

Das Johannes-Evangelium ist ganz erfüllt von der Beziehung zwischen Vater und Sohn. Der Eine verherrlicht den Anderen. Und dieses Duett der Verherrlichung wird da zum Dreiklang, wo wir Menschen in diese Verherrlichung einbezogen werden. Damit stehen wir bei dem, was die Liturgie, was der Gottesdienst der Kirche im Innersten zum Ziel hat: Die Liturgie will uns hineinnehmen in den Lobpreis Jesu an seinen Vater. Sie zieht sozusagen den Vorhang zum Himmel auf. Dort geschieht ewiger Lobpreis Gottes. In diese Liturgie dürfen wir einstimmen, uns vereinen mit den Engeln und Heiligen, wie es in den Präfationen immer wieder heißt.

Welche Glaubens- und Überzeugungskraft in der Kirchenmusik steckt, kann uns am besten ein großer Heiliger der Kirche erzählen. Er lebte vor etwa 1.600 Jahren. Ich meine den heiligen Augustinus – vielleicht habt Ihr schon von ihm gehört. Er wurde von seiner Mutter Monika zwar christlich erzogen. Als er aber in die Weltstadt Rom kam, schob er seinen christlichen Glauben beiseite. Erst im Alter von 33 Jahren wurde er dann nach seiner Bekehrung vom heiligen Ambrosius in Mailand getauft. In einer seiner Schriften hat er aufgeschrieben, wie das zuging. Er nahm an den feierlichen Domgottesdiensten in Mailand teil und hörte den Gesang der Chöre. Darüber schreibt er: »Wie weinte ich bei den Hymnen und Gesängen auf dich, Gott, mächtig bewegt vom Wohlklang dieser Lieder deiner Kirche! Die Weisen drangen an mein Ohr, und die Wahrheit strömte in mein Herz, und die Frömmigkeit wallte auf in meinem Gemüt; die Tränen flossen, und es war mir wohl bei ihnen.«[2]

Augustinus war also von dem Gesang im Mailänder Dom tief beeindruckt und in seinem Innern erschüttert. Durch die Hymnen und Lieder, die er hörte, wurde er im Innersten von Gott berührt. Die Musik machte ihn zu einem neuen Menschen. Sie führte ihn zu Gott zurück.

Was Augustinus damals erlebt hat, das gilt auch heute. Durch die Lieder und Gesänge, die Ihr, liebe Mädchen und Jungen, im Gottesdienst vortragt, kann Gott auch heute die Menschen anrühren und seine Liebe und Nähe in ihr Herz einströmen lassen und sie aus ihren innerweltlichen Verstrickungen lösen. Die Musica sacra, die Kirchenmusik, hat eine Kraft, die die Herzen verwandelt und uns zur Begegnung mit Gott führt. Sie bahnt einen Weg in die Herzen und Sinne der Menschen. Kirchenmusik ist ein wichtiges Instrument einer neuen Evangelisierung.

Das Zweite Vatikanische Konzil scheut sich nicht, der Liturgie den höchsten Stellenwert zuzuerkennen, indem sie vom Gipfel spricht, dem das Tun der Kirche zustrebt und von der Quelle, aus der all ihre Kraft strömt.[3] »Kein anderes Tun der Kirche« erreicht ihre Wirksamkeit »an Rang und Maß«.[4] In diesen Worten des Konzils wird deutlich, was Benedikt von Nursia vor über 1.400 Jahren in seiner Regel so ausgedrückt hat: »Dem Gottesdienst ist nichts vorzuziehen!« Der evangelische Theologe Karl Barth formulierte in unserem Jahrhundert: »Der christliche Gottesdienst ist das wichtigste, dringlichste und herrlichste, was auf Erden geschehen kann.« Warum ist das so? Die Liturgie zeigt uns die Größe unserer Berufung. Unser Leben ist nicht eingeengt und eingespannt auf die wenigen 60, 70, 80 Jahre, da wir hier auf Erden sind. Es ist kein Kerker, nein, es ist höher, weiter und tiefer.

---

2 Aug. conf. IX,6.
3 SC 10.
4 SC 7.

Auf vielfache Weise stimmt die Kirche in den Lobpreis und in die Verherrlichung Gottes ein. Eine der schönsten und ansprechendsten Weisen ist ohne Zweifel die Musik. Von jeher hat sie ihren festen Platz in der Liturgie der Kirche und wird zum Raum, in dem sich das Gebet, der Dialog mit Gott, verwirklichen kann. Lobpreis und Jubel, aber auch Klage, Sehnsucht und Hingabe kommen hier zu ihrer höchsten Entfaltung. Es gibt ein altes Sprichwort: »Qui cantat bis orat – Wer singt, der betet doppelt.«

III. Die Heiligung der Gläubigen

Liebe Jungen und Mädchen, was wäre ein feierlicher Gottesdienst ohne singende Stimmen und ohne Orgelklänge? Es ist ein wichtiger und unverzichtbarer Dienst, den Ihr durch Euer Singen und Musizieren erfüllt. Mit Euren Gesängen helft Ihr den anderen Mitfeiernden in den Gottesdiensten, einen Zugang zu Gott zu eröffnen und zu finden. Ist es nicht immer wieder eindrucksvoll, wie uns die großen geistlichen und liturgischen Musikwerke ergreifen, erheben und begeistern: sei es die schlichte und doch so großartige Melodik des Gregorianischen Chorals, die geistlichen Chorwerke eines Palestrina, der »Messias« von Händel, die Passionen und Cantaten Bachs, die Messen von Mozart, die »Missa solemnis« von Beethoven oder das gewaltige »Te Deum« von Bruckner. Auch viele moderne geistliche Chorwerke und neue geistliche Lieder, die besonders in Jugendgottesdiensten verwendet werden, schaffen es, uns immer wieder neu im Innersten anzurühren und anzusprechen. Immer wieder bestätigen sich die Worte des Dichters Peter Rosegger, der einmal gesagt hat: »Das Höchste muss man singen, weil man es nicht sagen kann.«

Die Musik im Gottesdienst ist also keineswegs nur Zierrat, nur bloße Ausschmückung und feierliche Umrahmung der Liturgie wie etwa der Blumenschmuck auf dem Altar, nein, die Musik ist »notwendiger und integrierender Bestandteil der feierlichen Liturgie« (SC 112). Ein Gottesdienst in dem nicht gesungen wird, ist nur eine verstümmelte Form christlichen Feierns. Der Mensch will sich mit all seinen Fähigkeiten in den Gottesdienst einbringen und den Lobpreis Gottes ausdrücken. Deshalb sollen wir die Gottesdienste feierlich gestalten.

Hier soll man etwas schmecken und fühlen können von der Herrlichkeit Gottes.

IV. Musik als Glaubenszeugnis

Wir Christen brauchen gerade heute voneinander das Zeugnis des Glaubens. Im Singen und Musizieren innerhalb des Gottesdienstes sehe ich ein solches hervorragendes Glaubenszeugnis. Der Glaube drängt ja nach außen, er will verkündet und bezeugt sein. Er soll andere überzeugen. Wie schwierig das ist, erfahren wir heute immer wieder. Viele Menschen haben Schwierigkeiten, den Glauben und die Glaubensformeln zu verstehen. Hier kann die Kirchenmusik weiterhelfen.

Liebe jungen Chorsängerinnen und Chorsänger: Ihr seht, was für eine großartige Aufgabe und was für einen wichtigen Dienst Ihr habt: Durch Euer Singen und Musizieren dürft Ihr die Menschen mit Gott in Berührung bringen, dass sie von Gottes Freude und Friede erfüllt werden.

Euer Singen und Musizieren ist ein großes Geschenk für unsere Kirche. Es sind wertvolle Talente, die Ihr mit Euren Stimmen habt und die Ihr in das Ganze einbringt. Dass Ihr die Begabung habt, schön und gut zu singen und diese mit Hilfe Eurer Betreuer und Betreuerinnen pflegt und vieles Neue dazulernt, ist ein Geschenk, das Ihr nicht für Euch selber behalten wollt, sondern das Ihr anderen weiterschenkt.

Nicht zuletzt tut Ihr aber auch einander Gutes. Euer Mitmachen in den Chören verbindet Euch untereinander zu einer Gemeinschaft. Es sind ja nicht nur die Chorproben und Gottesdienste, die Euch zusammenführen, auch bei vielen Unternehmungen kommt Ihr das Jahr über zusammen. Ihr lernt, so wie heute bei diesem großen Chortreffen, auch andere Kinder und Jugendliche kennen; neue Freundschaften entstehen. Die Freude miteinander und aneinander – auch sie ist wichtig und wertvoll.

Liebe Mädchen und Jungen, liebe Sängerinnen und Sänger, ich möchte Euch von Herzen danken, dass Ihr bereit seid, Eure Stimmen einzubringen zur Verherrlichung Gottes und zur Heiligung aller Gläubigen. Ihr vollzieht einen wichtigen Dienst!

Ich rufe Euch zu: Psallite! Singet Lob und Preis dem Herrn. Sagt ihm Dank. Denn so ist es würdig und recht. Amen.

»Die Hoffnung hebt sich wie ein Lied«

Liebe Schwestern und Brüder,
liebe Freundinnen und Freunde der Kirchenmusik![1]

Seien Sie ganz herzlich gegrüßt. Ich grüße unter Ihnen die Mitglieder der Gemeinde St. Martin. Ich grüße unter Ihnen ganz besonders die Gäste, die aus nah und fern nach Ulm gekommen sind, um am Diözesankirchenmusiktag teilzunehmen und ihn mitzugestalten. Ich grüße Sie alle, die sie sich in dieser herrlichen Basilika versammelt haben, um gemeinsam Gott für seine Taten zu danken und ihn zu loben.

I. Lobpreis Gottes

Ich freue mich, dass ich diesen Gottesdienst mit Ihnen feiern kann, dass wir gemeinsam einstimmen dürfen in das Lob der Schöpfung, wie wir es im Eingangslied in besonders ausdrücklicher Weise getan haben.

In diesem Lobpreis Gottes findet die Kirchenmusik, die in diesen Tagen die Kirchen Ulms so herrlich erfüllt, ihr eigentliches Ziel. Kirchenmusik und Liturgie bilden daher eine innere Einheit. Die Liturgie ist wesentlich auf die Kirchenmusik angewiesen. Das Zweite Vatikanische Konzil hat sich nicht gescheut zu sagen, dass der gottesdienstliche Gesang einen »notwendigen und integrierenden Bestandteil der feierlichen Liturgie ausmacht«.[2] Einer liturgischen Feier, in der nicht

---

[1] Predigt anlässlich des Diözesankirchenmusiktags am 09. Oktober 1994 in der Basilika St. Martin zu Ulm-Wiblingen.
Lesung: Röm 5,1–5; Evangelium: Mk 10,17–30.

[2] SC 112

gesungen wird, fehlt ein wesentliches Element und wer in der Kirchenmusik nicht mehr sehen möchte als schmückendes Beiwerk, der unterschätzt ihren Wert.

Kirchenmusik als notwendiger Bestandteil der Liturgie bedeutet: Sie, liebe Sängerinnen und Sänger in den Kirchen-, Kinder- und Jugendchören, Sie, liebe Organisten, Komponisten und Dirigenten, Sie alle, die Sie sich – auf welche Weise auch immer – einsetzen für die Pflege der Kirchenmusik, Sie leisten in der Kirche einen entscheidend wichtigen, einen wertvollen und unverzichtbaren liturgischen Dienst, einen Dienst, dem hohe Anerkennung gebührt und für den ich Ihnen als Ihr Bischof von Herzen danken möchte.

II. Der innere Zusammenhang von Liturgie und Musik

»Die Hoffnung hebt sich wie ein Lied« – so lautet das Motto des diesjährigen Diözesankirchenmusiktages. Das Motto gefällt mir sehr gut. Denn es bringt etwas zur Sprache von dem inneren Zusammenhang zwischen Liturgie und Musik. Es weist uns die Richtung für die Beantwortung der Frage, warum es Kirchenmusik überhaupt geben kann und warum Musik für die Kirche so wichtig ist. Das entscheidende Stichwort ist das Wort »Hoffnung«.

Wer hofft, sieht etwas, was der Hoffnungslose nicht sieht. Er sieht über das Gegebene hinaus. Er sieht selbst in der größten Dunkelheit ein Licht am Horizont, ein Licht, das ihn auf seinem Weg führt, ein Licht, das ihm Mut macht und ihn stärkt. Hoffnung ist für uns nicht nur wichtig, wenn wir in einer verzweifelten Lage stecken. Letztlich ist alles, was wir tun und denken, von irgendeiner Hoffnung getragen. Wir hoffen, dass wir Begonnenes gut zu Ende bringen, dass wir eine Idee verwirklichen können. Wenn wir morgens aufstehen, beginnen wir den Tag in der Hoffnung, dass wir ihn auch gut beenden. Wenn wir uns abends schlafen legen, sind wir zuversichtlich, dass wir am nächsten Tag wieder aufwachen.

Als Menschen sind wir Wesen der Hoffnung und in der Hoffnung überschreiten wir uns selbst. Denn hoffend sind wir uns immer selbst voraus, sind wir bei dem, was noch nicht ist. In letzter Konsequenz zielt echte Hoffnung immer auf das Absolute. Daher kann sie letztlich nur in Gott Erfüllung finden. Daher können wir Menschen als Wesen der Hoffnung nur in Gott ganz bei uns selber sein. Er allein kann die Antwort sein auf die Frage, die wir uns selber sind.

Was Hoffnung heißt, findet in der Musik einen einzigartigen Ausdruck. In der Musik kann die Sehnsucht des Menschen nach dem Ewigen in ganz besonderer Weise zur Sprache kommen. Sie ist die Geistigste aller Künste. Sie spricht unser Herz am unmittelbarsten an. Ein zeitgenössischer Philosoph nannte die Musik einmal einen »Spiegel der Hoffnung«, und ein anderer, der den Begriff »Hoffnung« ins Zentrum seines Denkens rückte, schrieb einmal: »Musik zeigt an: Es gibt ein Reis, nicht mehr aber auch nicht weniger, das zu der ewigen Freude blühen könnte und das in der Finsternis fortbesteht.«

Bestimmt haben auch Sie schon einmal erfahren, wie die Musik Ihr Herz erhebt, wie sie in Ihnen etwas zum Schwingen bringt und ihr ganzes Wesen erfasst, wie eine wunderbare Macht. Bestimmt haben auch Sie schon einmal beim Musizieren oder beim Musikhören die Gewissheit gehabt: Ja, das ist es, das trifft mich mitten ins Herz, das drückt aus, was ich nicht in Worte fassen kann. In solchen Augenblicken fühlen wir uns dann herausgehoben aus dem Üblichen, ja wir fühlen uns eins mit uns selbst. Dann werden wir innerlich still und schöpfen neue Kraft.

Natürlich gibt es auch die andere Erfahrung: die Musik, die uns wegführt von uns, die Musik, die uns berieselt und einlullt, die uns nicht still werden lässt, sondern aufregt und zerstreut, die Hintergrundmusik, die Musik, die tagtäglich auf uns einströmt und die wir konsumieren wie einen Schnellimbiss. Auch solche Musik kann ein Spiegel sein, ein Spiegel eines oft dumpfen und unbestimmten Verlangens, ein Spiegel unserer Zerstreutheit und Ziellosigkeit. Ein Spiegel unserer Illusionen, mit denen wir uns gerne aus der Wirklichkeit davonstehlen, aber auch ein Spiegel unserer eitlen Selbstgenügsamkeit.

Als Menschen stehen wir ja immer in einer zweifachen Gefahr, dass wir uns falsche, illusionäre Hoffnungen machen und dass unsere Hoffnung zu kurz greift, dass sie sich nur auf das Nächstliegende richtet und wir Menschen daher weit hinter unseren Möglichkeiten zurückbleiben, wie Vögel, die das Fliegen verlernt haben. Oft kommt beides auch zusammen. Aus der Angst, uns falsche Hoffnungen zu machen, klammern wir uns an das Gegebene und bauen damit gerade auf das, was uns letztendlich weder tragen noch halten kann.

III. Grund der Hoffnung

Meine lieben Schwestern und Brüder, das heutige Evangelium trifft genau in diese Situation. Es führt uns zunächst das Trügerische falscher Hoffnung anschaulich vor Augen. Der Mann, der auf Jesus zugeht, hofft, das ewige Leben zu erlangen. Aber sein Vertrauen zu Jesus ist nicht stark genug. Er ist nicht bereit, auf Jesu Wort hin um des ewigen Lebens willen auf seinen Reichtum zu verzichten. Nicht der Reichtum an sich versperrt ihm den Weg ins Gottesreich, wohl aber die Tatsache, dass sein Herz an seinem Reichtum kleben bleibt. Damit greift er jedoch zu kurz. Er begnügt sich mit dem, was er hat, und verpasst so die Chance, sich auf das wahrhaft Neue einzulassen, auf das, was wirkliche, ewige Zukunft verheißt.

Der christliche Glaube gibt der menschlichen Hoffnung einen Grund, ein Ziel, einen Namen: Jesus Christus. Der Glaube setzt die Dinge zu Gott ins Verhältnis und lässt sie somit in einem anderen Licht erscheinen. Durch den Glauben an Jesus Christus erhält unser Leben ein Ziel und damit eine Richtung, sodass wir mit Paulus sagen können: »Wir rühmen uns unserer Hoffnung auf die Herrlichkeit Gottes.« *(Röm 5,2)*

Meine lieben Schwestern und Brüder! Wenn wir heute miteinander Gottesdienst feiern, dann feiern wir diese Hoffnung. Insbesondere die Eucharistie ist ein Fest der Vorfreude. Hier halten wir Ausschau nach dem ewigen Ziel. Aber es geschieht noch unendlich viel mehr: Unser Ziel, Jesus Christus selbst, er, der die Vollendung bereits erlangt hat, schenkt sich uns selbst im Zeichen von Brot und Wein. So wird die vollendete Zukunft, der wir entgegengehen bereits heute zeichenhaft gegenwärtig. Inmitten unserer Zeit scheint etwas auf von der künftigen Herrlichkeit.

Natürlich feiern wir die Eucharistie als Menschen, die noch unterwegs sind. Natürlich begleiten uns unsere Sorgen und Nöte auch bei diesem Fest. Natürlich gibt es auch Stimmungen, die uns wenig empfänglich machen für das Wunder der Gegenwart Christi und unser Herz schwer machen. All dies können wir ja nicht einfach ablegen, weil wir das Ziel noch nicht erreicht haben. Aber wir können es vor unseren Herrn hintragen im Vertrauen, dass er es annimmt und heiligt.

Gerade dies ist ja das Wunderbare: Dass die künftige Herrlichkeit nicht abseits von unserem Leben aufscheint, sondern mitten in unserem Leben, mitten in unserer Unzulänglichkeit und Gebrechlichkeit. Deshalb dürfen wir uns freuen, deshalb sind Festlichkeit und Feierlichkeit wesentliche Elemente der Liturgie, deshalb bilden Liturgie und Musik einen inneren Zusammenhang. Die Musik drückt aus, was in der Liturgie zutiefst geschieht. Die Kirchenmusik ist inniger und sinnlicher Ausdruck unserer christlichen Hoffnung auf die endgültige Ankunft Jesu Christi. Sie ist zugleich ein Vorschein des himmlischen Lobgesangs, der erschallen wird, wenn Gott alles in allem ist. Nicht umsonst schildert der Evangelist Johannes in der Geheimen Offenbarung die Menschen in ihrer Vollendung bei Gott als singende und musizierende Menschen.

IV. Ziel des Lebens

Meine lieben Schwestern und Brüder! Als Ausdruck der Hoffnung und der Vorfreude ist die Kirchenmusik gerade heute von enormer Bedeutung für die Kirche wie für die Welt. Es gibt so viel Resignation in dieser Welt, soviel Hoffnungs- und Perspektivlosigkeit. Es gibt nicht nur die Hoffnungslosigkeit von Leidenden, Einsamen und Verzweifelten, sondern auch die Hoffnungslosigkeit derer, die keine Not leiden, die aber nicht mehr so recht wissen, welches Ziel sie ihrem Leben geben sollen, wofür sie sich einsetzen sollen, die Hoffnungslosigkeit derer, die sich im Konsum verlieren oder in der oberflächlichen Unterhaltung oder im besinnungslosen Taumel ihrer Betriebsamkeit.

Solche Hoffnungslosigkeit kann uns als Christen nicht gleichgültig sein. Wir sind gesandt, Zeugnis zu geben von der hoffnungsfrohen Botschaft des Evangeliums, von der Botschaft, dass wir uns nicht mit uns selber zu begnügen brauchen, dass wir in Jesus Christus viel mehr Anteil erhalten haben am Leben Gottes, dass sich uns Gott selber mitgeteilt hat, damit uns nichts mehr von ihm trennen kann, nicht einmal der Tod. »Seid jederzeit bereit, allen Rechenschaft zu geben vom Grund der Hoffnung, die euch erfüllt.« *(1 Petr 3,15)* So haben wir nach der Lesung gesungen. Dieser Ruf ergeht an uns alle.

Wenn Sie, meine lieben Freunde der Kirchenmusik, vor Gottes Angesicht gemeinsam singen und musizieren, dann folgen Sie diesem Ruf. Wenn Sie die Gottesdienste und das liturgische Jahr musikalisch gestalten, wenn Sie Menschen an den wichtigen Stationen ihres Lebens begleiten, angefangen von der Taufe über die Eheschließung bis zum Tod, dann sind Sie Künder christlicher Freude und christlicher Hoffnung, dann helfen Sie mit, den Menschen das Herz zu öffnen für Dimensionen, die es heute so vielen neu zu erschließen gilt. Die christliche Botschaft ist in den Werken der Kirchenmusik in einer Weise lebendig, dass sie selbst das Herz jener berührt, die – aus welchen Gründen auch immer – meinen, diese Botschaft gehe sie nichts mehr an.

So möchte ich Ihnen zurufen: Lassen Sie sich die Freude an der Kirchenmusik durch nichts nehmen. Seien Sie hoffnungsfrohe Menschen, Menschen, die sich aus den Wurzeln christlicher Hoffnung nähren. Seien Sie durch Ihr Singen und Musizieren anderen Künder dieser Hoffnung. Dazu wünsche ich Ihnen den Segen Gottes. Amen.

Gott durch Musik danken und loben

Meine lieben Schwestern und Brüder![1]

I. Musik zur Ehre Gottes

Wir stehen am Abschluss eines großartigen, eines ergreifenden und erhebenden Ereignisses. Der gestrige und der heutige Tag waren erfüllt von Musik. Von Musik, die zur Ehre Gottes komponiert und aufgeführt wurde. Von Musik, die uns zutiefst ergriffen und unser Herz berührt hat. Wir waren, wie die Lesung sagt, fröhlich in der Hoffnung.

Es waren Tage, in denen die reich gefüllte Schatzkammer der Kirchenmusik für uns geöffnet wurde. Wir durften uns erfreuen an dem breiten Fächer der Stile kirchenmusikalischer Kultur. Wir durften teilnehmen an der Vielfalt von Möglichkeiten, Gott durch die Musik zu danken und zu loben.

Es waren auch Tage der Gemeinschaft. Wir durften die gemeinschaftsstiftende Kraft der Musik erleben. Wir durften erfahren, wie gut wir uns in der Sprache der Musik verstehen. Es gibt keine zweite Sprache, die der Musik an Universalität gleichkommt. Musik braucht keinen Dolmetscher. Sie geht von Herz zu Herz und kann überall in der Welt verstanden werden.

Es waren schließlich auch Tage, die uns vor Augen führten, wie reich, vielfältig und lebendig das kirchenmusikalische Leben in unserer Diözese ist. Die 2.000 Mitwirkenden dieses diözesanen Kirchen-

---

[1] Predigt anlässlich der Abschlussvesper des Diözesankirchenmusiktags am 09. Oktober 1994 in der Basilika St. Martin zu Ulm-Wiblingen.
Lesung: Röm 12,9–12.

musikfestes stehen ja nicht nur für sich allein. Sie stehen für eine Gemeinschaft von über 28.000 Frauen, Männern und Kindern, die einen großen Teil Ihrer Freizeit investieren, die auch manche Mühe und Anstrengung nicht scheuen, um dem Lobpreis Gottes zu dienen.

Dies alles ist Grund genug für uns, unserem Gott und Schöpfer für diese wunderbaren Tage zu danken und ihn zu loben. Dieser Dank und dieser Lobpreis ist der Grund, der uns hier zu dieser Abschlussvesper zusammenführt. »Wir wollen uns freuen und jubeln und ihm die Ehre erweisen.« So haben wir im Canticum gesungen.

Es schmälert den Dank an Gott keineswegs, wenn ich an dieser Stelle auch einen Dank ausspreche an alle, die den Diözesankirchenmusiktag vorbereitet haben und durch ihre Mitwirkung so trefflich haben gelingen lassen.

Haben Sie bitte Verständnis dafür, wenn ich meinen Dank im Rahmen dieser liturgischen Feier nicht namentlich entfalte. Zu viele Namen müssten genannt werden. Seien Sie jedoch versichert: Mein Dank kommt von Herzen. In diesen Dank schließe ich all diejenigen ein, die jahrein und jahraus sich um die Kirchenmusik mühen, die einen Beitrag leisten zur Liturgie in unserer Diözese, die einen echten und wahren liturgischen Dienst verrichten.

Wenn wir zu danken haben, dann haben wir uns auch darauf zu besinnen, was wir als Beschenkte mit dem Geschenk anfangen. Wir haben nicht nur dankbar zurückzuschauen, sondern auch nach vorne zu blicken, auf das, was auf uns zukommt. Zwar haben wir uns zu einer Abschlussvesper zusammengefunden, doch bedeutet Abschluss immer auch einen Anfang.

Morgen beginnt für uns alle wieder der Alltag in gewohnter Umgebung, in der Familie, am Arbeitsplatz, in der Schule, im Kreis der Freunde, Bekannten und Nachbarn. Die Erinnerung an diese Tage wird uns begleiten. Vielleicht werden Sie erzählen von der Musik und der Gemeinschaft, von dem, was Sie erlebt haben, was sie beeindruckt, möglicherweise auch gestört hat. Vielleicht werden Sie auch eine Zeit lang von den Erlebnissen zehren. Unter Umständen wird Ihnen die eine oder andere Melodie für einige Tage immer wieder in den Sinn kommen. Natürlich werden unsere Eindrücke allmählich verblassen, wird der Eindruck dieser Tage sich mehr und mehr verwischen, aber auf irgendeine Weise wird die Freude dieser Tage in unseren Alltag hineinwirken und sei die Wirkung auch noch so klein und unscheinbar. Wenn wir nur gestärkt und ermutigt, mit frischem Sinn und erneuertem Glauben in diesen Alltag hineingehen, dann hätten sich diese Diözesanmusiktage schon gelohnt.

II. Seid fröhlich in der Hoffnung

»Lasst euch entflammen vom Geist und dient dem Herrn. Seid fröhlich in der Hoffnung.« *(Röm 12,11)* Dieses Wort gilt uns, es gilt uns heute in ganz besonderer Weise. Denn wir finden so wenig Begeisterung und so wenig Schwung vor in diesen Tagen. Wir finden dafür viel Hoffnungslosigkeit und Resignation und so wenig Glut und Flamme – auch im Glauben. So wenig ist spürbar vom Heiligen Geist, so viel aber vom Ungeist der Zeit, so wenig Freude am Glauben und so viel Verdruss und Trostlosigkeit. Aber, wo die Sprache des Glaubens und der Kirche nicht mehr verstanden werden, da vermögen die Sprache der Musik und der Kirchenmusik noch immer die Herzen zu erreichen. Sie reißt uns heraus aus der Stumpfheit des Alltags, sie kündet von einer Sehnsucht und von einer Hoffnung, von einer Welt und einem Leben, das mehr gibt als das, was man sieht und ertasten kann, was man feststellen, was man machen und was man planen und organisieren kann. Diese Musik ist ein Schrei aus der Tiefe, ein Flehen um Hilfe, eine Hilfe, die letztlich nur von oben kommen kann. Sie ist ein Ruf um das Erbarmen, das wir alle so bitter nötig haben. Kyrie eleison! Herr, erbarme dich!

Aber diese Musik, sie kündet dann auch davon, dass dieser Gott, zu dem wir rufen und schreien und den wir oft genug nur anschweigen, nicht stumm geblieben ist, dass er uns nicht fern ist, dass er uns nahegekommen ist wie ein Freund, dass er Mensch geworden ist, so wie Du und wie ich, und dass er uns Frieden, Versöhnung und Heil geschenkt hat. So singt diese Musik Gloria in excelsis Deo, Ehre sei Gott in der Höhe und Friede den Menschen auf Erden. Sie wird zum Lobpreis dessen, dass wir nicht allein sind in dieser Welt, nicht nur eine Laune des Schicksals, nicht nur ein Zufallstreffer der Evolution, sondern Menschen, die ganz individuell geliebt und angenommen sind, mit denen sich Gott verbündet hat und die er groß machen will, denen er eine Zukunft, eine ewige Zukunft schenken will.

Aber dieser Gott, der uns so nahe ist, der mit uns auf dem Weg unseres Lebens ist, ist überschwänglich groß, unaussprechlich und unausdenkbar. Man kann ihn nicht ausdenken und aussprechen, aber man kann von ihm auch nicht nur schweigen, man muss singen, man muss jubilieren von ihm. Schließlich sind wir als Menschen am größten, wenn wir niederfallen auf die Knie und ihn anbeten: Sanctus. Heilig, heilig, heilig bist du Herr Gott, Zebaoth. In diesem Heilig, da dürfen wir schon jetzt, mitten in den Bedrängnissen unseres Lebens, mitten in der Alltäglichkeit, mitten in unseren Sorgen und Problemen, in unseren Ängsten, teilnehmen an der Liturgie des Himmels. Denn die Musik ist ein Vorschein der ewigen Erfüllung. Dort dürfen wir hinschauen und teilnehmen, wo die ewige Liturgie des Lammes Gottes gefeiert wird, des Lammes, das geschlachtet wurde für uns, das sein Blut vergossen hat für uns, um uns zu befreien, um uns zu erlösen von »der Last unserer Sünde und Schuld, von all dem Hass, der Lüge und der Gewalt unserer Welt.« Wir dürfen eintreten in diesen ewigen Lobgesang des Lammes im Himmel, das uns neues Leben verheißen hat und das eine neue Welt heraufführen will, eine Welt des Friedens, der Liebe, der Erbarmung, der Versöhnung, wo Leid und Tod nicht mehr sind. Zu diesem Lamm Gottes dürfen wir rufen: Miserere nobis – erbarme dich unser, dona nobis pacem – schenke uns deinen Frieden.

Ja, fürwahr, die Kirchenmusik ist Ausdruck der Freude unserer Hoffnung, sie weitet unser Herz, sie nimmt uns all das Dumpfe und Träge, sie gibt unserer Seele wieder Flügel, sie ist eine Frucht des Geistes, der der Atem der Seele ist und der uns mitten in der Bedrängnis Geduld schenkt und Hoffnung. Lassen wir uns also diese Freude, die Freude an der Kirchenmusik, nicht nehmen.

Kirchenmusik und Kirche, Kirchenmusik und Liturgie, sie gehören zusammen. Der Glaube ist sozusagen die Musik, die uns bewegt und trägt, die uns erhebt und die uns alle zusammenführt. Liturgie ohne Kirchenmusik, das wäre eine halbe Sache, sie wäre öde und arm. Lassen wir uns aber auch die Freude an unserem Glauben nicht nehmen. Stimmen wir nicht ein in die Trauersymphonien und Klagechöre, die heute so verbreitet sind, in das Gejammer über den Zustand von Kirche und Welt. Gott ist da, er ist mitten unter uns in Jesus Christus, er ist mit uns und bei uns. Wer kann uns denn größeres sagen? Wo finden wir sonst solche Worte des Lebens? Seien wir also fröhlich in der Hoffnung! Lasst die Hoffnung sich erheben wie ein Lied! Amen.

Verkünder der Hoffnung sein

Meine lieben Schwestern und Brüder,[1]

seien Sie herzlich willkommen bei diesem Wortgottesdienst, mit dem Sie das diesjährige »Forum Kirchenmusik« beschließen wollen. Ich freue mich darüber, dass ich den Gottesdienst mit Ihnen feiern kann, dass wir hier in der altehrwürdigen Sülchenkapelle zusammengekommen sind, um gemeinsam Gott zu loben und das vor ihn zu tragen, was uns bewegt, was uns durch den Kopf geht, was wir im Herzen tragen.

I. Die Bedeutsamkeit der Kirchenmusik

Für mich ist dieser Gottesdienst eine willkommene Gelegenheit, Ihnen für Ihren Dienst, den Sie als Kirchenmusikerinnen und -musiker in der Kirche leisten, von ganzem Herzen zu danken. Wie dürftig wäre die Gestaltung unserer Gottesdienste ohne Kirchenmusik? Was wäre aber die Kirchenmusik ohne die sorgsame Pflege und Weiterentwicklung durch kompetente Kirchenmusikerinnen und -musiker und ihre Ausbilderinnen und Ausbilder? Was wäre das kirchenmusikalische Leben in den Gemeinden unserer Diözese ohne Sie, liebe Schwestern und Brüder? Sie leisten einen für unsere Gemeinden und die gesamte

---

[1] Predigt anlässlich des Wortgottesdienstes zum Abschluss des »Forums Kirchenmusik«, der Karwochentagung der haupt- und ehrenamtlichen Kirchenmusikerinnen und -musiker der Diözese Rottenburg Stuttgart am 02. April 1996 in Sülchen.
Lesung: Jes 49,1–6.

Diözese unverzichtbaren Dienst, und für diesen Dienst sage ich Ihnen ein herzliches Dankeschön.

Kirchenmusik ist mehr als schmückendes Beiwerk zur Liturgie. Kirchenmusik und Liturgie bilden vielmehr eine innere Einheit. Das Zweite Vatikanische Konzil hat sich nicht gescheut zu sagen, dass der gottesdienstliche Gesang einen »notwendigen und integrierenden Bestandteil der feierlichen Liturgie ausmacht«[2]. Einer liturgischen Feier, in der nicht gesungen und musiziert wird, fehlt also ein wesentliches Element. Die Liturgie ist wesentlich auf die Kirchenmusik angewiesen und der Dienst der Kirchenmusiker ist selbst ein liturgischer Dienst. Unsere Diözesansynode hat die Aussagen des Konzils aufgegriffen und betont, dass das kirchenmusikalische Wirken »der Weitergabe des Glaubens an die kommende Generation dient«[3]. Damit ist nicht weniger gesagt, als dass die Kirchenmusik auf ihre Weise teilnimmt am Verkündigungsdienst der Kirche.

Heute, in einer Zeit, in der es schwieriger geworden ist, den Glauben an die kommende Generation weiterzugeben, hat dieser Dienst sogar an Bedeutung gewonnen. Die Musik erreicht heute viele, die das Wort der Verkündigung kaum noch erreicht. Das zeigt sich in Gottesdiensten, die kirchenmusikalisch niveauvoll gestaltetet sind, das zeigt sich auch auf Musiktagen und in Konzerten mit kirchenmusikalischen Werken.

Wie keine andere Kunst spricht die Musik die Menschen unmittelbar an. Wie keine andere Kunst vermag sie, die Menschen über sich selbst hinauszuführen. Sie bringt Menschen zusammen, kann überall auf der Welt verstanden werden und hat somit eine universale, völkerverbindende Dimension. Wie Arnold Schönberg sprach auch Theodor W. Adorno von der Wahrheit der Musik. Die Musik kann das aufscheinen lassen, was das faktisch Vorhandene übersteigt. Sie lässt mehr an den Dingen sehen, als was sie sind. Wie keine andere Kunst vermag Musik die Sehnsucht des Menschen nach Vollendung wachzuhalten und zum Ausdruck zu bringen. Adorno nannte die Musik daher einmal ein »Bild der Hoffnung«, und Ernst Bloch, der bedeutende Philosoph der Hoffnung, sagte einmal: Musik ist das

---

2 SC 112.

3 VI, 76.

»Pfand des Drüben … Nachtblume des Glaubens, die stärkt im letzten Dunkel, und mächtigste transzendente Gewissheit zwischen Himmel und Erde.«

Liebe Schwestern und Brüder, ist es nicht gerade das, was die Musik und die christliche Frohbotschaft so eng miteinander verbindet? Denn die christliche Botschaft ist eine Botschaft der Hoffnung und des Lebens. Auch sie will die Sehnsucht nach endgültigem Heil wachhalten. Sie will nicht, dass wir uns zufrieden geben mit den bescheidenen, oft genug spießigen Vorstellungen vom bürgerlichen Glück. Sie will uns vielmehr über uns hinausführen und uns öffnen für die Möglichkeiten, die wir von Gott her empfangen.

II. Das Lied vom Gottesknecht

In dem zweiten Lied vom Gottesknecht, das wir soeben gehört haben, kommt die Verheißung vom universalen Heil in bewegender Weise zum Ausdruck. »Ich mache dich zum Licht der Völker, damit mein Heil bis an das Ende der Erde reicht.« *(Jes 49,6)* Wenn wir während der Kar- und Ostertage, in denen wir des Leidens und Sterbens wie der glorreichen Auferstehung Jesu Christi gedenken, das Lied vom Gottesknecht erklingen lassen, dann bekennen wir damit: Die Verheißungen des Alten Testaments sind in Jesus Christus in Erfüllung gegangen. In Jesus Christus leuchtet das verheißene Licht der Völker bereits mitten unter uns.

Aber das neue Leben kommt auf dem Weg des Kreuzes, der Schmerzen, des Leidens und des Sterbens. Es geht hindurch durch die Klage: »Vergeblich habe ich mich bemüht, habe meine Kraft umsonst und nutzlos vertan.« *(Jes 49,4)* Auch das gehört zum Glauben und dieses Klagen bringt auch die Kirchenmusik in der Passionsmusik herzergreifend zum Ausdruck. Doch im Lied vom Gottesknecht wandelt sich die Klage wiederum in den Lobpreis Gottes und seiner Treue. »Aber mein Recht liegt beim Herrn, und mein Lohn bei meinem Gott.« *(Jes 49,4)* In der Auferweckung Jesu, die wir am bevorstehenden Osterfest feiern, hat Gott endgültig den Tod bezwungen und uns das Leben in Fülle erwirkt. Unsere Sehnsucht läuft nicht ins Leere. Ihre Erfüllung ist inmitten aller Bruchstückhaftigkeit und Unvollendetheit bereits real und hat einen Namen: Jesus Christus. Ihm gilt das festliche Osterhalleluja. Denn in ihm und mit ihm hat die neue Heilszeit, das Reich Gottes schon begonnen.

In den Klageliedern der Karwoche, wie im österlichen Halleluja geben wir unserer Glaubensgewissheit Ausdruck, wir stimmen ein in die Klage wie in das Lob der Schöpfung. Die Musik, die in diesen Tagen in unseren Gottesdiensten erklingt, drückt aus, was in der Liturgie geschieht: die Besinnung auf unsere Verlorenheit ohne Gottes rettende Tat wie die Vergegenwärtigung des Heils, das uns in Jesus Christus endgültig zuteil geworden ist.

III. Verkünder der Hoffnung

Aber, so mögen Sie sich heute gefragt haben, kann die Kirchenmusik diesem hohen Anspruch gerecht werden? Kann sie ihm insbesondere heute gerecht werden? Ist sie wirklich noch Ausdruck unseres eigenen Glaubens und unserer persönlichen Frömmigkeit? Ist sie nicht viel zu oft Zitat der Ausdrucksformen früherer Generationen? Wird sie nicht oft genug zerrieben zwischen den Vorgaben liturgischer Formen, den Ansprüchen heutigen Kunstverständnisses und den Forderungen des Gemeindegeschmacks? Ist die Kirchenmusik nicht längst schon Opfer der spürbaren Entfremdung zwischen kirchlicher Tradition und Gegenwartskultur?

Dies sind ernstzunehmende Fragen. Ich will nicht versuchen, hier irgendwelche Antworten zu geben. Ich weiß jedoch: Die Erfahrung der Begrenztheit und Bedingtheit kirchenmusikalischer Praxis kann für Sie oft schmerzhaft sein.

In solchen, oft schmerzlichen Erfahrungen zeigt sich eine innere Spannung im Musizieren selbst. Musik ist immer nur realisierbar in der Verstrickung mit oft ganz banalen Gegebenheiten. Inmitten des erhebendsten Kunstgenusses kann uns ein herabfallendes Gesangbuch in sehr drastischer Weise an die Schwerkraft unserer Existenz erinnern. Die Musik jenseits ihrer konkreten Bedingtheit gibt es nicht.

So weist Musik letztlich noch einmal über sich selbst hinaus. Ihr Wesen geht niemals ganz in ihrer geschichtlichen Konkretheit auf. Konkret bleibt sie bei aller Perfektion, Erhabenheit und Ausdruckskraft hinter ihrer eigenen Verheißung zurück. Als solche ist sie selbst noch einmal Verweis auf die ausstehende Vollendung ihrer eigenen Wirklichkeit, Symbol der Verwiesenheit unserer Existenz.

Auch darin manifestiert sich ihre Wahrheit. Noch mehr: darin manifestiert sich die Wahrheit unserer Erlösung. Denn nur indem Gott in der Menschwerdung, im Leiden und Sterben seines Sohnes selbst eingeht in die Bedingungen unserer Welt, in menschliches Leiden und Sterben, indem er selbst unsere Klagen aufnimmt, kann er sie in Freude und österlichen Jubel verwandeln.

Scheuen Sie sich daher nicht, bei allen berechtigten und notwendigen Bemühungen um eine gute Kirchenmusik auch die Bedingtheiten und Grenzen, die Spannungen und Widersprüche kirchenmusikalischer Praxis anzunehmen und für den liturgischen Dienst fruchtbar zu machen. Eben in den konkreten Bedingtheiten unserer Welt ist Ihr Dienst vor Gott zugleich ein Dienst an den Menschen, deren Klagen wie deren Sehnsüchten, Hoffnungen und Freuden sie künstlerischen Ausdruck geben dürfen.

Liebe Freunde der Kirchenmusik, ich wünsche Ihnen trotz aller Niederungen und Mühen, die auch der Kirchenmusikeralltag kennt, viel Freude an ihrem Dienst.

Mögen Sie in den verbleibenden Tagen der Karwoche und in der bevorstehenden Osterzeit etwas spüren von der heiligenden und befreienden Kraft, die von der Liturgie und ihrer musikalischen Gestaltung ausstrahlt. Seien Sie Menschen, die sich aus den Wurzeln christlicher Hoffnung nähren. Seien Sie durch Ihr Musizieren anderen Verkünder dieser Hoffnung. Dazu wünsche ich Ihnen Gottes Segen. Amen.

Singt dem Herrn ein Lied

Liebe Schwestern und Brüder![1]

Seien Sie herzlich willkommen zu diesem ökumenischen Wortgottesdienst, mit dem wir die diesjährige Festreihe »Europäische Kirchenmusik Schwäbisch Gmünd« eröffnen wollen. Ich freue mich darüber, dass ich den Gottesdienst gemeinsam mit Ihnen feiern kann, dass wir in der wunderschönen, lichtdurchfluteten Augustinerkirche zusammengekommen sind, um gemeinsam Gott zu loben und zu preisen.

I. Der Sinn der Kirchenmusik

»Singet dem Herrn ein Lied«. Unter diesem Leitwort begegnen sich in den nächsten Wochen Musiker und Musikliebhaber aus ganz Europa. Sie erfüllen die herrlichen Kirchen Schwäbisch Gmünds mit den Klängen europäischer Kirchenmusik und verwandeln die Stauferstadt und ehemalige Freie Reichsstadt einen ganzen Sommer lang gleichsam in ein Gesamtkunstwerk.

Das diesjährige Motto lässt den Geist dieses Musikfestivals sehr gut deutlich werden. Es lässt den tiefsten Sinn von Kirchenmusik deutlich werden, macht klar, dass die Musik, die hier zur Aufführung kommt, zur Ehre Gottes erklingt, dem Lobpreis unseres Schöpfers dient.

Die Aufforderung, dem Herrn ein Lied zu singen, findet sich vielfach in der Bibel, insbesondere in den Psalmen. Das alttestamentliche Buch der Psalmen ist ja selbst eine Sammlung von religiösen Liedern.

---

1 Predigt anlässlich des ökumenischen Eröffnungsgottesdienstes zur Festreihe »Europäische Kirchenmusik Schwäbisch Gmünd 1996« am 19. Juli 1996. Lesung: Phil 2,5–11.

Es enthält Hymnen, Danklieder, Klagelieder, Bittpsalmen, Wallfahrtslieder, Königslieder, Weisheitslieder und »messianische Psalmen«. Diese Lieder gehen nicht etwa über das konkrete Leben der Menschen hinweg. In ihnen kommt vielmehr das Leben der Menschen voll zur Sprache: ihre Hoffnungen und ihre Sorgen, ihre Freude und ihr Leid, ihre Ängste und ihr Gottvertrauen und immer wieder die Erfahrung von Gottes rettender Hilfe. Die Lieder der Bibel legen Zeugnis davon ab, dass Gott mitten in unserem Alltag, mitten in der Geschichte und in den Geschicken von Menschen da ist. Sie singen von Gottes Liebe zu uns Menschen, von der unverbrüchlichen Treue, mit der er zu seiner Verheißung steht, von Gottes befreiendem und heilendem Handeln in der Geschichte.

II. Jesus Christus ist der Herr

Bei der Schriftlesung, die wir soeben hörten, handelt es sich ebenfalls um ein Lied, konkret um einen Christushymnus. Vermutlich wurde er in urchristlicher Zeit in Gottesdiensten gesungen. Paulus greift das Lied auf und zitiert es in seinem Brief an die junge Christengemeinde der Stadt Philippi. Für uns klingt dieser Hymnus wie eine Auslegung des diesjährigen Leitwortes der Schwäbisch Gmünder Musiktage. Er endet ja mit dem Bekenntnis: »Jesus Christus ist der Herr.« *(Phil 2, 11)*

Damit sagt er uns: In Jesus Christus ist Gott selbst eingegangen in die Sklaverei und Plackerei unseres Alltags. Er hat selbst den schimpflichen Tod am Kreuz auf sich genommen. Aber er hat all das überwunden und besiegt. Er hat dem Leben Recht gegeben gegenüber dem Tod. So ist dieser Hymnus ein Jubel der Erlösten und Befreiten. Aufgrund dieses Triumphes des Lebens dürfen wir durch Jesus Christus Gott loben und preisen. Denn in ihm hat der Gott Abrahams, Isaaks und Jakobs uns endgültig befreit. Durch ihn können und dürfen wir darum Gott dem Herrn ein neues Lied singen. Mit all den Mächten und Gewalten, den Engeln und Erzengeln dürfen wir vor ihm die Knie beugen, uns singend zu ihm bekennen zur Ehre Gottes des Vaters.

Mit dem Bekenntnis »Jesus Christus ist der Herr«, ist auch gesagt: Er und kein Anderer ist der Herr. Die Maßstäbe unserer Welt: Erfolg, Karriere, Einfluss, Reichtum, Ansehen, Schönheit, Fortschritt verlieren damit ihre letzte Gültigkeit und so auch ihre gnadenlose Unerbittlichkeit. Gott ist nicht in erster Linie mit den Siegreichen unserer Geschichte. Er ist in ganz besonderer Weise mit den Ohnmächtigen und Entrechteten, den vielen Namenlosen, derer niemand gedenkt. Er ist jedem von uns nahe, und wir dürfen uns seiner bleibenden Nähe von Herzen freuen und dem Herrn ein Lied singen.

III. Christus – eines Wesens mit dem Vater

Von jeher wurde es als Skandal, Ärgernis und Torheit empfunden, dass wir Christen in dem Menschen Jesus, im Gekreuzigten, Gott selbst verehren. Wie soll denn – so fragt man uns – dieser eine Mensch Jesus, dieser Eine von Milliarden von Menschen, geboren und aufgewachsen in einem bedeutungslosen Winkel unseres Planeten, dieser winzige, nur kurz aufflackernde Punkt in der unfassbaren Geschichte und Weite unseres Universums, wie soll gerade er und nur er der Messias, der Gesalbte, der Erlöser der Welt sein? Wie kann denn überhaupt ein Mensch Gottes eingeborener Sohn, eines Wesens mit dem Vater sein?

Heute ist man schnell dabei, das Bekenntnis als Mythos abzutun, als Bestandteil eines überwunden geglaubten Weltbildes, ohne Bedeutung für unsere konkrete Wirklichkeit. Nicht geringer ist die Versuchung, es gedankenlos nachzubeten, ohne sich seiner herausfordernden, provokativen Anstößigkeit überhaupt bewusst zu werden, es zurechtzudenken, bis es ins persönliche Weltbild passt oder es so lange zurecht zu schleifen, bis wir uns an ihm vorbeidrücken können, ohne uns Kratzer zu holen.

Auf vielerlei Weise wird immer wieder versucht, das Christusbekenntnis zu glätten, ihm seine Anstößigkeit und seine Einmaligkeit zu nehmen. Stets wurde und wird dabei die Identität des christlichen Glaubens aufs Spiel gesetzt. Denn dieses Bekenntnis »Jesus Christus ist der Herr« *(Phil 2,11)* ist die kürzeste Formel, sozusagen die Urformel des christlichen Glaubens. Mit ihr steht und fällt das Ganze unseres christlichen Glaubens.

Würden wir dieses Christusbekenntnis aufgeben oder auch nur abflachen, dann wäre dies letztlich auch die Preisgabe unserer christlichen Hoffnung. Jesus von Nazareth könnte für uns dann nur ein Vorbild sein, ein sympathischer friedliebender Mensch, er wäre nur ein Religionsstifter, ein Prophet oder Wunderheiler neben anderen, aber wir könnten nicht mehr glauben, dass inmitten unserer heillos zerrissenen Welt bereits eine neue, heilvolle Welt endgültig, unaufhaltsam im Entstehen ist. Wie könnten wir dann noch auf ihn unsere ganze Hoffnung setzen? Worauf könnten wir dann überhaupt noch unsere Hoffnung setzen? Wie könnten wir noch Gott unserem Herrn ein Lied singen?

Nur Gott selbst kann uns das Heil bringen, nach dem wir uns sehnen. Nur in ihm selbst finden wir die Antwort auf die Frage, die wir uns selber sind. Diese Antwort hat er uns ein für alle Male in Jesus Christus gegeben. Das Christusbekenntnis besagt, dass Gott ganz eingegangen ist in unser Menschsein, bis hinab in seine gewöhnliche Alltäglichkeit, seine Vergeblichkeit, sein Scheitern und seine Leere. Deshalb dürfen wir darauf vertrauen, dass gerade auch in der Bruchstückhaftigkeit unseres Lebens, in der Vergeblichkeit unseres Tuns, im Scheitern unserer Bemühungen die Saat der Vollendung heranreift. »De profundis«, aus den Tiefen dürfen wir Gott singen und spielen.

IV. Gottes Gegenwart feiern

Liebe Schwestern und Brüder, wir sind zu diesem Gottesdienst zusammengekommen, um Gottes Gegenwart mitten unter uns zu feiern. Wir dürfen seine Gegenwart feiern im Vertrauen auf das, was er in Jesus Christus ein für alle Mal für uns getan hat. Wir dürfen Gottesdienst feiern in der Gewissheit, dass wir Gott nicht erst gnädig stimmen müssen, damit er sich uns zuwendet. Er ist uns bereits zuvorgekommen, ist uns näher als wir selbst es uns sind. Was wir tun müssen, ist nicht mehr, als uns seiner Liebe zu öffnen, nicht mehr, als uns von Gott beschenken und froh machen zu lassen.

Der Gottesdienst ist etwas zutiefst Musisches. Im Gottesdienst geht es nicht um unsere Leistung. Im Gottesdienst unterbrechen wir vielmehr unseren Alltag, wir lassen die Arbeit ruhen und lassen uns Gottes heilendes und tröstendes Wort zusprechen. Wir dürfen uns sagen lassen, dass wir mehr sind als das, was wir leisten und haben, weil wir alles, was wir haben, letztlich aus Gottes Hand empfangen. Wir dürfen uns einfach vor Gottes Angesicht niederlassen, ihm ein Lied singen und vor ihm spielen.

Wenn wir uns diesen ganz göttlichen und ganz menschlichen Sinn des Gottesdienstes vor Augen führen, dann wird uns klar, wie eng das Verhältnis zwischen Liturgie und Musik ist. Dem Herrn ein Lied singen, was ist das anderes als Gottesdienst? Gottesdienst und Musik, das gehört einfach zusammen. Kirchenmusik und Liturgie bilden eine innere Einheit. Das Zweite Vatikanische Konzil hat sich nicht gescheut zu sagen, dass der gottesdienstliche Gesang einen »notwendigen und integrierenden Bestandteil der feierlichen Liturgie ausmacht«.[2] Musik ist also weitaus mehr als schmückendes Beiwerk zum Gottesdienst. Einer liturgischen Feier, in der nicht gesungen und musiziert wird, fehlt vielmehr ein wesentliches Element. Die Musik drückt aus und verkündet, was in der Liturgie geschieht: Die Feier der Gegenwart Gottes.

Die Liturgie ist also auf Kirchenmusik angewiesen. Doch was wäre die europäische Musiktradition ohne die Liturgie? Ist die Liturgie nicht der nährstoffreichste Wurzelgrund für musikalische Inspiration? Wer die Musik- und geistesgeschichtlichen Zusammenhänge auch nur ein wenig kennt, der weiß, wie sehr sich die Musiktradition Europas der Liturgie verdankt, wie sehr sie den Geist des Christentums atmet. Die kirchenmusikalischen Werke, an denen wir uns in den nächsten Tagen erfreuen dürfen, sind ein sinnenfälliger Ausdruck dafür, wie tief unsere abendländische Kultur von der christlichen Frohbotschaft geprägt und durchdrungen ist. Selbst jene Werke, die nicht erklärtermaßen zur Ehre Gottes erklingen, schöpfen aus dem reichen Schatz christlich inspirierter Musik.

Die Pflege und Weiterentwicklung dieses Erbes ist daher ein wesentlicher Beitrag zur Weitergabe christlicher Werte, ja des christlichen Glaubens selbst. Die Musik erreicht heute viele, die das Wort der Verkündigung kaum noch erreicht. Das zeigt sich in Gottesdiensten, die kirchenmusikalisch niveauvoll gestaltetet sind, das zeigt sich auch auf Musiktagen wie der Festreihe Europäische Kirchenmusik hier in Schwäbisch Gmünd. So gesehen ist die Pflege von Kirchenmusik ein Dienst an der Verkündigung. Ich möchte deshalb als Bischof wie als Schirmherr der Festreihe allen, die ihren Beitrag zu diesem hervorragenden Musiksommer leisten, ein ganz herzliches Dankeschön sagen.

---

2 SC 112.

In der Kirchenmusik wird die Sprache der Kunst zum Lobpreis Gottes. Wo dieser Lobpreis erklingt, da scheint in unserer Welt schon jetzt etwas auf von der Herrlichkeit der künftigen Vollendung. Mögen die Konzerte, Veranstaltungen und Gottesdienste dieser Festreihe einen kleinen Vorgeschmack geben auf diese Herrlichkeit. Mögen sie Freude und Hoffnung wecken. Dies wünsche ich allen, die sich hier in Schwäbisch Gmünd zu der Festreihe Europäische Kirchenmusik versammeln.

»Singt dem Herrn ein neues Lied, singt dem Herrn, alle Länder der Erde. Singt dem Herrn und preist seinen Namen, verkündet sein Heil von Tag zu Tag.« *(Ps 96, 1 f.)*

Die Botschaft unseres Glaubens

Liebe Schwestern und Brüder,[1]

zunächst möchte ich Sie, die Münstergemeinde Rottweil mit Ihrem Pfarrer und den Priestern, die aus dieser Gemeinde hervorgegangen sind und die diesen Festgottesdienst mit zelebrieren, herzlich grüßen. Mein besonderer Gruß gilt natürlich den Rottweiler Münstersängerknaben, den aktiven wie den vielen ehemaligen, ihrem Chorleiter und ihrem Vorstand. Heute vor genau 50 Jahren, am 06. Juli 1947, sang die Schola St. Tarcisius, wie sich die Sängerknaben zunächst nannten, zum ersten Mal beim Amt hier im Heilig-Kreuz-Münster. Gegründet wurden sie von meinem Vorgänger Bischof Carl Joseph Leiprecht, der in den bewegten Kriegs- und Nachkriegsjahren hier in Rottweil Stadtpfarrer war. Der mit 15 Jahren noch blutjunge Gründungsdirigent, Julius Müller-Dimmler, ist heute unter uns. Die Münstersängerknaben sind nicht der einzige Knabenchor in unserer Diözese geblieben, dessen Gründung mit seinem Namen verbunden ist! Einen runden Geburtstag gilt es also heute zu feiern – und dazu darf ich den Münstersängerknaben, der Münstergemeinde und der ganzen Stadt Rottweil die herzlichen Glückwünsche unserer Diözese überbringen!

---

[1] Predigt anlässlich des 50-jährigen Gründungsjubiläums der Rottweiler Münstersängerknaben am 06. Juli 1997 im Heilig-Kreuz-Münster in Rottweil. Evangelium: Mk 6,1b-6.

I. Jesus Christus – unser Heil

Zu diesem festlichen Anlass mag das Tagesevangelium des heutigen Sonntags auf den ersten Blick nicht so recht passen. Wir hörten von der Ablehnung und der Geringschätzung, die Jesus in seiner Heimatstadt Nazareth erfahren musste. Die Menschen, die Jesus von klein auf kannten und die wussten aus welchen einfachen Verhältnissen er stammte, wie er aufgewachsen war und was er gelernt hatte, diese Menschen konnten es sich offensichtlich nicht vorstellen, dass Gott mit dem Sohn des Zimmermanns etwas Besonderes vorhaben könnte. Was kann aus Nazareth schon Gutes kommen? Was soll uns der zu sagen haben, der doch einer von uns ist, den wir so genau kennen? Der kann uns doch nichts vormachen!

Auf solche Vorbehalte sind die Münstersängerknaben in ihrer Heimatstadt nicht gestoßen. Ganz im Gegenteil: Mit Recht ist man hier in Rottweil stolz auf das, was in den vergangenen 50 Jahren aufgebaut wurde. Neben der feierlichen Gestaltung der Münstergottesdienste und den regelmäßigen geistlichen Chorkonzerten, die im Kulturleben der Münstergemeinde und der Stadt Rottweil einen herausragenden Platz einnehmen, haben die Münstersängerknaben den Namen der ehemaligen freien Reichsstadt Rottweil auf vielen Konzertreisen weit über die Grenzen der Stadt und unseres Landes hinaus bekannt gemacht.

Und doch stellt uns dieses Evangelium eine wichtige Frage, die wir gerade am heutigen Tag nicht beiseiteschieben sollten. Es ist sozusagen die Schicksalsfrage, vor der wir alle stehen: Was halten wir, was hält jeder Einzelne von uns ganz persönlich von Jesus und seiner Botschaft? Ist er für uns der Sohn Gottes, der gekommen ist, uns zu erlösen? Sind wir wirklich überzeugt, dass Jesus Christus und er allein unser Heil ist? Ist er für uns der Weg, die Wahrheit und das Leben? Wollen wir ihm nachfolgen, oder orientieren wir uns an einem anderen? Woran orientieren wir uns überhaupt in unserem Leben? Aber wohin sollen wir gehen, wenn nicht zu Jesus und seiner Botschaft von Gott und seinem Reich?

Das sind Fragen, denen wir nicht ausweichen dürfen und auch nicht ausweichen können. Ich denke, dass sich gerade in der Orientierungslosigkeit unserer Tage solche Grundfragen erneut stellen. Auch heute wenden sich viele von Jesus und seiner Botschaft ab. In dieser

Situation müssen wir uns erneut auf die Grundlagen unseres Lebens und unseres Glaubens besinnen und uns fragen: Gibt es denn wirklich etwas Besseres? Etwas mit dem man besser leben und auch sterben kann?

II. Glaube braucht Selbstbewusstsein und Courage

Die Fragen, die wir soeben gestellt haben, haben auch für unser Jubiläum eine Bedeutung. Denn wenn wir fragen: welchen Platz haben die Münstersängerknaben im Leben der Gemeinde, welche Aufgabe, welcher spezifische Dienst kommt ihnen zu, dann kann sich die Antwort nicht mit der unbestritten hochqualifizierten Pflege der kirchenmusikalischen Kultur zufriedengeben. Auch die Münstersängerknaben haben eine Botschaft zu verkünden, auch sie haben teil am Verkündigungsauftrag der Kirche, und sie tun dies auf die ihnen gemäße Weise: durch die Verherrlichung Gottes. Sie hat ihren angemessensten Ort hier im Münster; sie soll aber von hier aus auch hinausgetragen werden zu Menschen in verschiedensten Lebenssituationen, zu Menschen, deren Kontakt zum christlichen Glauben und zum Leben der Kirche oftmals auf den Besuch eines geistlichen Konzertes beschränkt bleibt.

Freilich wissen wir, dass die Erwartungshaltung in der kulturell interessierten Öffentlichkeit in aller Regel eine ganz andere ist. Dort, wo die religiöse Grundorientierung immer mehr als Privatangelegenheit des Einzelnen angesehen wird, gehört oftmals ein ganz gehöriges Maß an Selbstbewusstsein und Courage dazu, in einer breiten und kritischen Öffentlichkeit für christliche Inhalte einzutreten und den Kopf hinzuhalten. Und jeder von uns weiß, dass dies mitunter gerade dort am schwersten ist, wo man zuhause und bekannt ist. Und doch gilt es daran festzuhalten, dass sich die Kultur in der Kirche nicht im ästhetischen Kunstgenuss erschöpfen kann oder gar zur Unterhaltung für gehobene Ansprüche degenerieren darf. Wir geben etwas von unserem Selbstverständnis als Kirche Jesu Christi auf, wenn wir darauf verzichten, die geistlichen Inhalte unserer kirchenmusikalischen Tradition immer wieder neu zum Klingen zu bringen.

Ich habe sogar den Eindruck, dass die Ohren vieler Menschen heute wieder neu offen sind für diese Musik. Ihr Klang kann viele, welche die Sprache der Kirche nicht mehr verstehen oder gar nicht mehr hören wollen auf besondere und unverwechselbare Art für die Wirklichkeit des Religiösen erschließen und Saiten in ihrem Inneren zum Klingen bringen, die über lange Zeit verstummt waren. Der Klang der Kirchenmusik erreicht ja nicht nur unser Ohr; er rührt auch an unser Herz. Ja, man kann sogar sagen, dass die Musik in gewisser Weise die vornehmste Platzhalterin des Religiösen in unserer säkularen Lebenswelt geworden ist. In ihr artikuliert sich die Sehnsucht nach dem Heiligen, das unserer Welt sonst weithin entschwunden zu sein scheint.

So habt Ihr, liebe Sängerknaben, durch Euer Singen und Musizieren den Menschen eine Botschaft zu bringen, und ich danke Euch dafür, dass Ihr das tut.

III. Geistliche Musik im Dienste des Glaubens

Der Dienst der Geistlichen Musik ist nicht nur für die Präsenz des Christlichen in unserer pluralistischen Gesellschaft wichtig, er ist auch unverzichtbar für die Kirche selbst. Denn in der Kirche und im christlichen Leben geht es im Grunde nur um das eine, was Jesus im Doppelgebot der Liebe zum Ausdruck gebracht hat. Als man ihn fragte, welches das größte Gebot sei, antwortete er: Du sollst Gott lieben aus ganzem Herzen und aus allen deinen Kräften, und du sollst den Nächsten lieben wie dich selbst. Gott verherrlichen und den Menschen dienen, das ist es, was ein christliches Leben ausmacht, das ist es, was unserem Leben Sinn, Wert und Würde verleiht. Und was will Kirchenmusik anderes, als Gott loben und preisen und dem Nächsten Freude bereiten?

Gott preisen und den Menschen Freude bereiten, das macht unser Leben zu einem Fest. Das haben wir heutzutage besonders nötig, wo so viel gejammert und geklagt wird, wo so viele resigniert und frustriert sind. Es fehlt uns an Lebensfreude, weil es uns an Lebenssinn fehlt, weil wir Gott vergessen und den Nächsten egoistisch beiseiteschieben. Mit der Lebensfreude ist uns auch die Glaubens- und die Kirchenfreude abhandengekommen. Wir wissen gar nicht mehr, was wir am Glauben haben. Umso mehr soll der Gottesdienst der Kirche ein Fest und eine Feier sein. Dazu brauchen wir die Kirchenmusik; dazu brauchen wir gute Kirchenmusik. Dazu brauchen wir Euch Sängerknaben. Euer

Singen und Musizieren sind ein wesentlicher Bestandteil des Gottesdienstes und der Kirche. Ihr könnt zeigen: Der Glaube ist nichts Langweiliges; er gibt dem Leben Glanz und Schwung. Er gibt dem Leben Sinn und Freude. Denn – so heißt es schon im Alten Testament – die Freude an Gott ist unsere Stärke.

IV. Pflegt den kulturellen Reichtum!

Noch ein Letztes! Es ist ein Verdienst der Kirchenmusik, dass der kulturelle Reichtum, der in Jahrhunderten herausgebildet wurde, erhalten, gepflegt und immer wieder neu für die Gegenwart erschlossen wird. Immer wieder bringen Sie die alten Meister: den Gregorianischen Choral, die alten Motetten, Giovanni Pierluigi da Palestrina, Johann Sebastian Bach, Wolfgang Amadeus Mozart, Anton Bruckner – und wie sie alle heißen – zur Aufführung. Wir alle spüren: Das ist nicht nur Vergangenheit. Das hat uns auch heute noch etwas zu sagen. Das hat bleibende Gültigkeit.

Es wäre sicher falsch, das Alte gegen das Neue, die Tradition gegen die heute unbestreitbar notwendige Erneuerung auszuspielen. Und doch dürfen wir uns der nüchternen Einsicht nicht verschließen, dass das Neue eben nicht schon aus sich heraus das Bessere ist. Jede Generation steht vor der Aufgabe, den Reichtum der Tradition neu zu entdecken und ihn für die Gegenwart fruchtbar zu machen. Nur wenn wir die Wurzeln kennen, aus denen wir selbst hervorgegangen sind, dann steht unser Tun auf einem soliden Fundament; nur dann hat das Neue, das es zu gestalten gilt, Halt und Bestand. Nur wer um seine Herkunft weiß, kann auch den Weg in die Zukunft finden.

Die Aufgabe, sich mit der Tradition auseinanderzusetzen, darf nicht nur das spezielle Interesse einiger weniger sein; das ist eine Grundaufgabe, der wir uns alle stellen müssen. Freilich, ohne Mühe und ohne Einsatz an Zeit und Kraft kann diese Aneignung nicht gelingen. Die Münstersängerknaben wissen am besten, wieviel Zeit und Mühe man investieren muss bis die »Alten Meister« so erklingen, dass man Freude an ihnen haben kann. Und doch ist es ein lohnendes Unterfangen, durch das jeder, der bis zum Schluss durchhält, reich beschenkt wird.

Wenn wir das Überlieferte für unsere Gegenwart fruchtbar machen wollen, muss freilich noch ein Weiteres hinzukommen: Nur wenn wir wache Augen und offene Ohren für die Gegenwart besitzen, können wir in der Vielfalt des uns Überkommenen das entdecken, was uns heute, in unserer Situation etwas zu sagen hat und unserem verengten Blick wieder eine neue Weite geben kann. Dann dürfen und sollen wir uns auch an neue Musik machen und neue geistliche Lieder pflegen.

Was in exemplarischer Weise an der Kirchenmusik deutlich wird, gilt in noch umfassenderer Weise für das Leben unserer Kirche insgesamt. Ohne Rückbesinnung auf die Wurzeln unseres Glaubens, wird uns der Weg in die Zukunft nicht gelingen. Gerade in der gegenwärtigen Zeit der Vorbereitung auf das Jahr 2000 ist mir dieses Anliegen besonders wichtig. Wenn wir gut ins bald beginnende dritte Jahrtausend kommen wollen, müssen wir uns auf die Fundamente besinnen und sie sichern. Wir sind zwar Kirche unterwegs, aber der Weg der Kirche ist keine Fahrt ins Blaue. Die Richtung ist uns durch Jesus Christus ein für alle Mal vorgegeben.

Damit wir nicht vom Kurs abkommen, müssen wir uns immer wieder am biblischen Glaubenszeugnis orientieren. Ohne diesen Kompass sind wir den Wechselwinden der Moden und Trends und den Stürmen der Zeit hoffnungslos ausgeliefert. Wir müssen uns auf die Glaubenszeugen der Vergangenheit wie der Gegenwart zurückbesinnen. Bei der Martinswallfahrt nach Tours vor wenigen Wochen ist uns erneut deutlich geworden, wie eindringlich und hilfreich solche große Heilige heute noch zu uns sprechen können und uns Wegweiser in den Umbrüchen der Gegenwart sein können. So war die große Diözesanwallfahrt zum Grab des heiligen Martin nach Tours für alle Teilnehmer das Erlebnis einer pilgernden Kirche, die zu ihren Ursprüngen zurückkehrt, um von dort her Kraft und Zuversicht für den Weg in die Zukunft zu schöpfen.

Zu einer solchen Entdeckungsreise möchte ich heute auch Sie, die Münstersängerknaben und die ganze Rottweiler Münstergemeinde, ermutigen. In einer Stadt, die so reich ist an Traditionen und an Zeugnissen der Vergangenheit, gibt es viele Anknüpfungspunkte, von denen aus es sich lohnt, zu den Wurzeln zurückzugehen. Schöpfen Sie aus diesem Reichtum, der unseren Glauben neu beleben kann und der uns die Kraft zum Zeugnis gibt für den Gott, den wir preisen wollen in Liedern und Hymnen – heute an diesem Festtag und alle Tage. Amen.

Reichtum der Musik

Liebe Freunde der Kirchenmusik, liebe Schwestern und Brüder,[1]

es ist schön, dass wir heute hier im Dom zusammengekommen sind, um miteinander Gottesdienst zu feiern, um Gott zu danken für all das Gute, mit dem er uns gesegnet hat und deshalb Eucharistie zu feiern. Wir haben heute besonderen Grund zu danken. Denn wir dürfen das 25-jährige Jubiläum unserer Kirchenmusikschule begehen.

I. Musik als Segen

Zu diesem Jubiläum gratuliere ich der Kirchenmusikschule, allen Dozentinnen und Dozenten sowie allen Mitarbeiterinnen und Mitarbeitern von ganzem Herzen. Mehr noch: Ich gratuliere der ganzen Diözese. Denn für unser Bistum ist die Kirchenmusikschule ein wahrer Segen. Was wäre unsere Kirchenmusik ohne diese Schule? Wie viele gründlich und gut ausgebildete Musikerinnen und Musiker hätten wir nicht, wenn wir diese wertvolle Einrichtung nicht hätten? Aber auch in anderen Diözesen würde mancher ausgezeichnete Organist und Chorleiter fehlen, hätte er nicht in unserer Kirchenmusikschule einen Ausbildungsplatz gefunden. So gesehen reicht es nicht einmal aus, nur die Diözese Rottenburg-Stuttgart zu beglückwünschen. Auch andere Bistümer können von Glück sagen, dass es die Kirchenmusikschule gibt.

Wir sind heute zusammengekommen, um in erster Linie Gott zu danken, für alles, was in diesen 25 Jahren möglich war und Wirklich-

[1] Predigt anlässlich des Pontifikalgottesdienstes zum 25-jährigen Jubiläum der Kirchenmusikschule Rottenburg am 30. November 1997 (1. Adventssonntag). Evangelium: Lk 21,25–28.34–36.

keit geworden ist. Ich möchte aber auch die Gelegenheit wahrnehmen, allen zu danken, die während der letzten 25 Jahre an der Kirchenmusikschule gewirkt haben, als Dozenten, als Auszubildende, als Mitwirkende in der Verwaltung. Dank auch den Freunden und Förderern der Musikschule.

Die Musik fällt ja nicht einfach vom Himmel. Wer gute Musik hören will, braucht Leute, die gute Musik machen und die Musik gut machen können. Das erfordert nicht nur Talent, das erfordert auch Fleiß, Energie, Anstrengung, Zeit, mühevoll erworbene Fertigkeiten. So kann ich mir denken, dass in den letzten 25 Jahren bei aller Freude am Musizieren auch mancher Schweiß geflossen ist. Auch hierfür mein Dank.

25 Jahre Kirchenmusikschule, das veranlasst auch zum Ausblick. Wir wollen die Kirchenmusik in unserer Diözese auch in Zukunft nach Kräften fördern und pflegen. Denn sie stellt, wie das Zweite Vatikanische Konzil sagte, einen Reichtum von unschätzbarem Wert dar. Sie dient der Ehre Gottes und der Heiligung der Gläubigen. Sie erreicht sehr oft auch noch diejenigen, welche das Wort der Kirche nicht mehr erreicht oder die es nicht mehr verstehen. Dies war für unsere Diözese der entscheidende Grund, heute die Erhebung der Kirchenmusikschule zur Kirchenmusikhochschule in feierlicher Weise vorzunehmen. Mit dieser Erhebung sind neue Rechte und Möglichkeiten verbunden, aber auch neue Verpflichtungen und neue Erwartungen gegeben. Ein neues Kapitel in der noch kurzen Geschichte der Kirchenmusikschule wird aufgeschlagen. Dazu und für alles, was die Zukunft für diese Einrichtung bereithält, wünsche ich von ganzem Herzen Gottes Segen.

II. Erwartung des Kommenden

Liebe Schwestern und Brüder, das Jubiläum unserer Kirchenmusikschule und ihre Erhebung zur Kirchenmusikhochschule hat sehr viel mehr mit der heute beginnenden Adventszeit zu tun, als es auf den ersten Blick scheinen mag. Es gibt ja kaum eine andere Zeit des Jahres, wo so viel gesungen und musiziert wird, wie in der Advents- und Weihnachtszeit. Warum?

Advent bedeutet Erwartung des Kommenden. Im Advent schauen

wir erwartungsvoll in die Zukunft, da erwarten wir mitten in der Kälte unserer Welt, eine neue Welt des Friedens und der Liebe. Die Musik mit ihren Harmonien hat die Fähigkeit, etwas von dieser Welt schon jetzt ahnungsweise hörbar und erfahrbar zu machen. Sie kann unserem Herzen die Gewissheit geben, dass da noch mehr ist, als was wir durchschnittlich und oberflächlich zu erfahren meinen. Die Musik birgt eine Verheißung und eine Hoffnung. Und Ermutigung sowie Hoffnung brauchen wir heute nötiger als vielleicht je zuvor.

Das Evangelium vom ersten Adventssonntag mag uns auf den ersten Blick eher niederschmettern und Angst machen. Es spricht vom Zusammenbruch und vom Ende der Welt und vom Kommen des Weltenrichters. Der Evangelientext gibt uns damit keine Reportage von den Ereignissen, die am Ende der Tage zu erwarten sind. Aber er sagt uns in eindrücklichen Bildern, was Bestand hat und was nicht.

Es sagt uns: Diese Welt mit all ihrer Pracht ist vergänglich und kommt ans Ende. Auf sie ist kein Verlass. Und spüren wir die Brüchigkeit unserer sogenannten Sicherungssysteme in den letzten Monaten nicht mehr und mehr? Müssen wir nicht wieder ganz neu fragen: Worauf ist denn wirklich Verlass? Worauf können wir unser Leben bauen? Was trägt und was hält?

Das Evangelium sagt uns freilich nicht nur, was letztlich nicht trägt, worauf wir uns letztlich nicht verlassen können und was letztlich keine Zukunft hat. In seiner Rede vom Ende der Welt fährt es fort: Der Menschensohn, Jesus Christus, wird erscheinen mit großer Macht und Herrlichkeit. Sein Reich wird Bestand haben; ihm gehört die Zukunft; auf ihn können wir bauen. Jesus Christus, der vor fast 2000 Jahren in einem verlassenen Winkel dieser Erde zur Welt kam, der am Kreuz starb und den Gott von den Toten auferweckt hat, er ist die Zukunft dieser Welt, unsere Zukunft. Sein Reich wird ein Reich der Gerechtigkeit und des Friedens, der Liebe und der Barmherzigkeit sein. Deshalb kann das Evangelium sagen: Richtet euch auf und fasst Mut!

Jesus Christus ist das Ziel und der Maßstab dieser Welt. Auf ihn hin ist alles geschaffen; in ihm findet alles seine Vollendung. Wenn alles vergeht, wenn Himmel und Erde keinen Bestand mehr haben, wenn die Gesetze von Raum und Zeit ihre Gültigkeit verlieren, dann wird endgültig offenbar, dass auf ihn alles ausgerichtet ist. In ihm hat alles Bestand. »Denn« – so sagt es der Kolosserbrief – »Gott wollte mit seiner ganzen Fülle in ihm wohnen, um durch ihn alles zu versöhnen. Alles im Himmel und auf Erden wollte er zu Christus führen.«

Weil auf Jesus Christus hin alles ausgerichtet ist, ist er der Richter. An ihm erweist sich endgültig das Unwahre als unwahr, das Wahre als wahr, das Unbeständige als unbeständig, das Beständige als beständig.

An Jesus Christus glauben, heißt: Maßnehmen an ihm, der da war, ist und sein wird in Ewigkeit. An Jesus Christus glauben heißt adventlich leben, auf Zukunft hinleben, sich nicht spießbürgerlich zufrieden geben mit dem, was uns umgibt, sich nicht blind ausrichten an den Scheinwahrheiten von Erfolg und Besitz, sich nicht auf Gedeih und Verderb an das ketten, was letztlich keinen Bestand hat.

Adventlich leben heißt sich festmachen in Gott, heißt seine Zeit in die Ewigkeit halten.

III. Jesus Christus ist die Zukunft

Wer an Jesus Christus glaubt, sein Leben auf ihn baut und aus Glaube, Hoffnung und Liebe lebt, in dem leuchtet schon jetzt etwas auf von dieser Zukunft, die Jesus Christus selbst ist. In dem wird schon jetzt etwas wirklich von dem Frieden und der Freude der kommenden Welt. Und wenn wir jetzt miteinander Gottesdienst feiern, dann feiern wir diese Hoffnung. Insbesondere die Eucharistie ist von der Vorfreude auf das Kommende geprägt. In ihr halten wir Ausschau nach dem ewigen Ziel. Aber es geschieht noch unendlich viel mehr: Unser Ziel, Jesus Christus, der die Vollendung bereits erlangt hat, kommt uns in den Zeichen von Brot und Wein nahe. So wird die vollendete Zukunft, der wir entgegengehen, bereits heute zeichenhaft gegenwärtig. Inmitten unserer Zeit scheint etwas auf von der künftigen Herrlichkeit. Advent geschieht hier und heute.

Natürlich feiern wir in der Eucharistie Advent als Menschen, die noch unterwegs sind. Natürlich begleiten uns unsere Sorgen und Nöte auch bei diesem Fest. Natürlich gibt es auch Stimmungen, die uns wenig empfänglich machen für das Wunder der Gegenwart Christi und unser Herz am Boden kleben lassen. All dies können wir ja nicht einfach ablegen, weil wir das Ziel noch nicht erreicht haben.

Gerade dies ist ja das Wunderbare: Dass die künftige Herrlichkeit nicht abseits von unserem Leben aufscheint, sondern mitten in unserem Leben, mitten in unserer Unzulänglichkeit und Gebrechlichkeit. Deshalb dürfen wir uns freuen, deshalb sind Festlichkeit und Feierlichkeit wesentliche Elemente der Liturgie.

IV. Musik und Liturgie

Deshalb auch gehört zur Liturgie ganz wesentlich die Musik. Die Musik drückt aus, was in der Liturgie zutiefst geschieht. Die Kirchenmusik ist inniger und sinnlicher Ausdruck unserer christlichen Hoffnung auf die endgültige Ankunft Jesu Christi. Sie ist zugleich ein Vorschein des himmlischen Lobgesangs, der erschallen wird, wenn Gott alles in allem ist. Nicht umsonst schildert der Evangelist Johannes in der Geheimen Offenbarung die Menschen in ihrer Vollendung bei Gott als singende und musizierende Menschen.

Der Philosoph Theodor W. Adorno nannte die Musik einmal einen »Spiegel der Hoffnung«, und Ernst Bloch, der den Begriff »Hoffnung« ins Zentrum seines Denkens rückte, schrieb einmal: »Musik zeigt an: es gibt ein Reis, nicht mehr aber auch nicht weniger, das zu der ewigen Freude blühen könnte und das in der Finsternis fortbesteht.« Wenn Philosophen so von der Musik im Allgemeinen sprechen, um wie viel mehr gilt das von der Kirchenmusik, die sich bewusst in den Dienst des Lobpreises Gottes stellt. Kirchenmusik ist sinnenfälliger Ausdruck adventlicher Hoffnung.

Meine lieben Schwestern und Brüder, gerade als Freunde der Kirchenmusik sollen Sie adventliche Menschen sein. Menschen, die nicht einfach an dem kleben und sich von dem bestimmen lassen, was ist und was allgemein und durchschnittlich gilt. Sie sollen Menschen sein, die nach dem fragen und suchen, was mehr ist und was die Musik zum Klingen bringt. Sie sollen hörende und horchende Menschen sein, welche die Verheißung aufnehmen, die sich darin ankündigt. Sie sollen hoffnungsfrohe Menschen sein, Menschen, die durch ihr Singen und Musizieren anderen Künder dieser Hoffnung sind. Dazu wünsche ich Ihnen Gottes Segen. Amen.

Erstkommunion

Freude teilen

Liebe Erstkommunikanten,[1]

in den vergangenen Tagen und Wochen habe ich immer wieder an Euch gedacht. Ich habe mich auf diesen Tag heute gefreut, an dem wir miteinander die Heilige Messe feiern dürfen. Nachher sind wir in der Festhalle noch miteinander zusammen. Ich freue mich, dass manche von Euch Geschwister und Eltern mitgebracht haben. Aus manchen Gemeinden sind die Frauen und Männer mitgekommen, die Euch in der Vorbereitung auf die Erstkommunion begleitet haben. Und nicht zuletzt freue ich mich, dass Eure Pfarrer mit Euch hierhergekommen sind. Ihnen allen und Euch danke ich für Euer Kommen und für die Vorbereitung auf die Erstkommunion.

Gestern habt Ihr in der Pfarrei mit der ganzen Gemeinde einen großen Tag gehabt. Manche werden vielleicht den Weißen Sonntag erst etwas später haben. Aber ich kann mir denken, wie feierlich dieser Tag für Euch gewesen ist. Sicher wart Ihr ein wenig aufgeregt, festlich gekleidet und Eure Verwandten sind angereist. Wollt Ihr mir erzählen, was Euch besonders gefallen hat? … Und was war für Euch wichtig?

Die heilige Kommunion war für Euch wichtig. In dem kleinen Brot ist Jesus zu Euch gekommen. Eigentlich war er das größte Geschenk am ganzen Tag. Warum? Fragt einmal die Erwachsenen! Sie werden Euch sagen – und sie haben es erlebt, dass alle anderen Geschenke irgendwann einmal alt werden. Die Uhr, das Buch, das Bild und in einem Jahr werdet Ihr nicht mehr daran denken.

---

[1] Predigt anlässlich des Begegnungstages der Erstkommunionkinder am 23. April 1990 im Dom zu Rottenburg.
Evangelium: Mk 7,31–37.

Jesus ist das größte Geschenk, weil er wie ein guter Freund für uns ist. Ihr wisst, was ein guter Freund, eine gute Freundin ist. Ein guter Freund verrät einen nicht. Man kann immer zu ihm hingehen; sogar mitten in der Nacht, wenn es sein muss. Einem guten Freund kann man alles erzählen was man sich wünscht, was man erlebt hat, was einem Kummer macht. Ein guter Freund bleibt für das ganze Leben und wir brauchen ihn; wenn schöne und schwere Tage kommen, in der Schule und zu Hause, wenn Ihr selbst erwachsen seid und Verantwortung habt.

Das Evangelium, das wir eben gehört haben, erzählt uns von Jesus als einem guten Freund. Wer von Euch kann es noch einmal kurz erzählen?

Ihr könnt Euch denken, wie es jemandem zumute ist, der nicht sprechen und nicht hören kann. Er hört keine Musik, keine Vögel, keine Autos und keine Stimme. Es geht ihm deshalb oft schlecht. Er fühlt sich allein. Aber Jesus ist sein Freund. Er hilft ihm und er heilt ihn. Er macht, dass er Hören und Sprechen kann. Sicher war das eine riesige Freude für diesen kranken Mann.

Aber dieses schöne Evangelium möchte auch jedem von uns sagen, dass Jesus auch unsere Ohren und unseren Mund geöffnet hat. Ihr werdet denken: »Wo hat das Jesus bei mir gemacht? Ich kann doch sprechen und hören!« Und doch können wir durch Jesus besser hören und besser sprechen. In der Taufe – daran könnt Ihr Euch nicht mehr erinnern – hat der Pfarrer Euch den Finger an das Ohr und den Mund gelegt und wie hier im Evangelium dazu gesagt: »Effata!« »Öffne dich!« Das bedeutet: Jesus hat Euch geholfen, dass Ihr gesund seid und größer geworden seid. Ihr habt sprechen und hören gelernt. Jesus hat Euch aber vor allem geholfen – und das will uns dieses Evangelium sagen – dass Euer Mund und Eure Ohren für das Gute und für den Glauben aufgemacht sind. Ihr könnt hören und verstehen, wie gut Gott zu den Menschen ist. Ihr könnt zu Gott sprechen und zu ihm beten. Ihr könnt miteinander Gottesdienst feiern und damit Gott loben und ihm danken. Jesus hat unseren Mund und unsere Ohren aufgemacht, damit wir merken und spüren, dass er in der Heiligen Kommunion zu uns kommt.

Jesus öffnet unsere Ohren und unseren Mund aber auch, damit wir teilen können. Ihr wisst, dass das nicht immer leicht ist. Wenn man etwas Schönes geschenkt bekommen hat, möchte man es manchmal ganz für sich allein haben. Und so hilft uns Jesus, dass wir nicht nur mürrisch teilen und zum anderen sagen: »Naja – dann bekommst halt auch du etwas!« Wir können vielmehr freudig teilen und unsere Freude weiterschenken.

Ein Missionar hat einmal erzählt, wie er in Indien eine ganz arme Familie besucht hat, die schon seit einigen Tagen nichts mehr zu essen hatte. Und so hat der Missionar etwas Reis mitgenommen und sie aufgesucht. Und kaum hatten sie sich begrüßt, hatte die Mutter dieser Familie den Reis bereits in zwei Hälften geteilt und die eine Hälfte der Nachbarfamilie an die nächste Tür gebracht. Daraufhin hat der Missionar die Mutter gefragt: »Wie viel wird denn noch für euch bleiben? Ihr seid zu Zehnt für dieses bisschen Reis.« Die Mutter aber hat geantwortet: »Die haben auch nichts zu essen und wir müssen doch unsere Freude teilen!«

Manche von Euch haben heute ein Kleidungsstück mitgebracht. Ihr wollt damit zeigen, dass Ihr die Freude vom Erstkommuniontag nicht für Euch allein behalten wollt, sondern ein wenig davon weiterschenkt. Ich finde das prima! Es gibt viele Möglichkeiten, jeden Tagen zu helfen, zu teilen und Freude weiter zu schenken. Ihr könnt mir sicher ein paar nennen …

Ihr seht, dass der große Tag Eurer Erstkommunion nicht gestern Abend aufgehört hat. Er geht heute weiter und er soll jeden Tag weitergehen. Eure Erstkommunion ist nicht das Ende, sondern eigentlich erst der Anfang! Und deshalb bitte ich Euch: Haltet Freundschaft mit Jesus Christus! Besucht regelmäßig den Gottesdienst und betet im Religionsunterricht, in der Familie und jeder für sich in seinem Zimmer. Die Freundschaft mit Jesus wird uns helfen, dass unser Leben gelingt und dass wir unsere Freude weitergeben können. So wollen wir nun miteinander die Heilige Eucharistie feiern, feiern, dass Jesus zu uns kommt. Amen.

Zu Gast am Tisch des Herrn

Liebe Erstkommunionkinder,
liebe Jungen und Mädchen,
liebe Eltern und Begleiter der Erstkommunionkinder![1]

I. Stellenangebote

Der eine oder die andere von Euch hat vielleicht einmal samstags die Zeitung der Eltern in die Finger bekommen und ihm ist dabei etwas aufgefallen. An diesem Tag ist die Zeitung immer dicker und umfangreicher als an anderen Tagen. Was ist wohl der Grund? In der Samstagszeitung sind viele Stellenanzeigen abgedruckt. Firmen und Geschäfte suchen neue Mitarbeiter und bieten Arbeitsplätze an. Ich lese Euch eine solche interessante und ausführliche Anzeige einmal vor:

»Wir suchen für den Ausbau unserer internationalen Marktstellung den Exportmanager. Sie sollten über eine entsprechende Erfahrung verfügen und die englische und die französische Sprache in Wort und Schrift beherrschen. Wir stellen hohe Anforderungen an Sie. Sie können von uns eine interessante berufliche Karriere, hohe Verantwortung und ein entsprechendes Gehalt erwarten. Richten Sie bitte Ihre vollständigen Bewerbungsunterlagen an uns.«

Da beschreibt also eine Firma einen ganz besonderen Arbeitsplatz und sie weiß genau, was der neue Mitarbeiter alles an Leistung erbringen soll. So ist es eben bei uns heute üblich.

---

[1] Predigt anlässlich des Wortgottesdienstes am Begegnungstag der Erstkommunionkinder mit dem Bischof am 08. April 1991 im Dom zu Rottenburg.

II. Wie Jesus Mitarbeiter beruft

Auch Jesus hat Mitarbeiter gesucht. Das wissen wir aus den Evangelien. Wir nennen diese Mitarbeiter Jünger und Apostel. Wie macht Jesus das, wenn er neue Mitarbeiter sucht? Jesus ging dabei anders vor als ein heutiger Personalchef!

Jesus ist einfach auf die Menschen zugegangen, die er haben wollte. Er hat kein Inserat geschrieben in der Zeitung. Er ist auf die Menschen zugegangen und hat gesagt: Dich möchte ich als Jünger haben. Folge mir nach!

Jesus stellt auch keine besonderen Anforderungen. Er beruft einige Fischer. Das waren damals ganz einfache Menschen. Damit macht Jesus etwas besonders deutlich: Jeder ist ihm wichtig, nicht nur die ganz besonders Gescheiten oder Schlauen oder die besonders Reichen und Einflussreichen, die das Sagen haben. Jesus kann jeden brauchen.

Und was haben die Mitarbeiter Jesu zu tun? Jesus sagt ihnen, dass sie nun eine neue Aufgabe haben. Sie sollen »Menschenfischer« sein. Was hat das zu bedeuten? So wie auch ein Fischer weiß, wo er Angel und Netz auswerfen muss, um einen Fang zu machen, so muss, wer sich um Menschen zu kümmern hat, wissen, wo er sie finden und wo er sie »abholen« kann. Er darf nicht warten, bis die Menschen zu ihm kommen, er muss zu ihnen hingehen und sie einladen, sich ebenfalls Jesus anzuschließen. Der »Menschenfischer« muss für seine Menschen, für die er da ist, Zeit und Geduld haben. So wie Jesus mit seinen Jüngern. Das ist also mit Menschenfischer gemeint.

III. Menschen verändern ihr Leben

Von vier Menschenfischern haben wir vorhin etwas gehört. Sie hießen Simon und Andreas, Jakobus und Johannes. Es ist schon beeindruckend, was da am See Genezareth mit diesen einfachen Fischern geschieht. Jesus kommt zu ihnen und ruft sie an: »Kommt her, folgt mir nach!« *(Mk 1,17)* Und von den Jüngern heißt es: *Sogleich* lassen sie ihre Netze liegen und folgen Jesus nach (vgl. *Mk 1,18*). Sie überlegen nicht lange. Sie lassen alles zurück, was ihnen bisher wichtig war: den Beruf, die Heimat, sogar den Vater, die Mutter und die Freunde. Warum tun sie das?

IV. Menschen wollen auf Jesus ihr Leben bauen

Ich denke, Ihr könnt das, was damals geschehen ist, nur verstehen, wenn Ihr Euch Jesus genauer anseht. Er muss ein ganz besonderer Mensch gewesen sein. Die Jünger haben gemerkt: Dieser Jesus meint es gut mit uns, wir müssen ihm folgen. So richtig erklären können sie es wahrscheinlich auch nicht. Ist es die Art, wie Jesus vom Reich Gottes erzählt, wie er von seinem Vater im Himmel spricht? Auf jeden Fall spüren sie: Diesem Menschen können sie vertrauen, mit ihm wollen sie gehen, mit ihm wollen sie leben. Diese einfachen Fischer waren ganz fest davon überzeugt: Wenn wir diesem Jesus folgen, dann gewinnen wir einen großen Schatz, dann wird unser Leben schön und wertvoll.

Erst viel später haben sie voll erkannt: Dieser Jesus ist weit mehr als ein Mensch. Er ist Gottes Sohn. Deshalb können wir ganz auf ihn bauen und ihm vertrauen. Deshalb kann er uns auch ganz reich und glücklich machen.

V. Jesus ruft auch uns heute

Auch heute ruft Jesus die Menschen. Jeden Einzelnen von uns ruft Jesus mit seinem Namen. Gestern, am Tag Eurer Erstkommunion, da war Jesus ganz nahe bei Euch. Da hat er auch Euch gerufen und Euch gesagt, dass Ihr seine besonderen Lieblinge seid.

Ihr könntet jetzt sagen: Ja, wenn ich einmal groß bin, dann will ich gern dein Jünger werden. Dann werde ich vielleicht Missionar, der den Glauben in fremde Länder bringt oder dann werde ich vielleicht Krankenschwester und pflege die Menschen gesund oder dann gehe ich in die Politik und treffe gute Entscheidungen für die Menschen.

Aber so haben die Jünger nicht gehandelt. Sie sagten nicht: Ich muss erst noch einen guten Fang machen und die Fische nach Hause bringen, ich will erst noch meine Netze in Ordnung bringen und für meinen Vater ein neues Boot kaufen. Nein, *sofort* folgten sie Jesus nach.

Jünger Jesu sein – dazu gibt es jeden Tag viele Gelegenheiten. Auch schon bei Euch Kindern. Dass Euch Jesus wichtig ist, dass Ihr es ernst meint mit Eurem Glauben, das könnt Ihr jetzt schon zeigen, wenn der eine oder die andere als Ministrant und Ministrantin treu und zuverlässig den Dienst tut, wenn Ihr in der Jugendgruppe Eure Fähigkeiten einsetzt, wenn Ihr nicht immer nur an Euch denkt, sondern auch, wie Ihr anderen eine Freude machen könnt, wenn Ihr als Kinder fröhlich seid und andere mit Eurer Freude ansteckt, vor allem wenn Ihr das Beten nicht vergesst und Jesus dankbar bleibt.

In der Einladung zu diesem Begegnungstag habe ich Euch um eine Geldgabe für Straßenkinder in Lateinamerika gebeten. Das sind Kinder, die buchstäblich bettelarm sind. Sie haben kein Zuhause, leben und schlafen einfach auf dreckigen Straßen und leben vom Betteln. In ein paar Monaten werde ich eine große Reise dorthin antreten. Ich werde Missionare und Schwestern aus unserer Diözese besuchen und dabei sicher auch vielen Kindern begegnen.

Ich freue mich schon jetzt, diesen Kindern von euch erzählen zu können und ihnen das mitbringen zu können, was Ihr mir heute für sie an Geldgaben mitgebt.

Die Missionare und die Schwestern dort, auch sie sind Menschenfischer, auch sie wollen diesen Kindern helfen, sie und deren Eltern zu Jesus hinführen, von ihm erzählen, sie für ihn begeistern. Damit sie das tun können, brauchen sie auch unsere Hilfe; die Hilfe von Euch kleinen Menschenfischern.

Macht es wie Simon und Andreas, Jakobus und Johannes, folgt Jesus nach. Lasst Euch von Jesus möglichst oft einladen und nehmt dabei Eure Eltern, Eure Geschwister und Eure Freunde mit. Er mag Euch. Er braucht Euch. Amen.

»Ihr seid das Salz der Erde!«
(Mt 5,13)

Liebe Erstkommunionkinder,
liebe Eltern und Betreuer der Jungen und Mädchen,
liebe Schwestern und Brüder![1]

Das Märchen von Maruschka, der Prinzessin mit dem Salz, hat es uns deutlich gemacht: Salz ist lebensnotwendig. Der König wäre ohne das Salz gestorben. Das unscheinbare alltägliche Salz ist auf einmal so wichtig geworden. Der König und Vater von Maruschka hat es zunächst abfällig betrachtet und abgelehnt. Doch bald musste er einsehen, dass es ohne Salz nicht geht. Salz ist lebensnotwendig.

Jesus geht im Evangelium einen Schritt weiter. Er sagt uns: »Ihr seid das Salz der Erde!« *(Mt 5,13)* »Ihr Christen seid lebenswichtig für die Welt. Ohne euch geht es nicht«!

I. Salz der Erde

Sicher wart Ihr, liebe Jungen und Mädchen, schon einmal bei einer Tauffeier mit dabei, vielleicht jetzt während Eurer Vorbereitung auf Eure Erstkommunion. Ihr erinnert Euch an all das, was bei einer Taufe geschieht: Da wird dem kleinen Kind Taufwasser über den Kopf gegossen, es wird mit Chrisam, dem heiligen Öl, gesalbt, es bekommt ein Taufkleid überreicht und eine Taufkerze wird entzündet.

Früher, als ich etwa so alt war wie Ihr, da geschah bei einer Taufe außer diesen wichtigen Dingen, die ich eben aufgezählt habe, noch

---

[1] Predigt anlässlich des Wortgottesdienstes am Tag der Begegnung mit Erstkommunionkindern am 19. April 1993 im Dom zu Rottenburg.
Evangelium: Mt 5,13–16.

etwas anderes: Der Priester legte dem kleinen Säugling bei der Taufe ein Salzkorn auf die Zunge und sagte dabei: »Empfange das Salz der Weisheit.« Ihr könnt Euch sicher denken und gut vorstellen wie das kleine Kind nach dem Salz schleckte. Empfange das Salz der Weisheit – das heißt, schmecke und verkoste etwas von dem, was wirklich wichtig ist für dein Leben. Ja, sei selber Salz und bring andere auf den rechten Geschmack.

II. Salz gehört zum Leben

Was heißt das? Ich will Euch dazu fünf Gedanken sagen. Ihr werdet wahrscheinlich nicht alle behalten können. Aber vielleicht könnt Ihr Euch eine Bedeutung von Salz merken und versuchen, diese Bedeutung ganz in Euch aufzunehmen und immer wieder daran zu denken. Einige Kinder aus der Domgemeinde haben dazu ein paar Bilder gemalt, die sie Euch jetzt nacheinander zeigen werden.

Salz kann Eis zum Schmelzen bringen. Das haben wir ja vor einigen Wochen erleben können. Es hatte kräftig geschneit und die Straßenwacht war mit ihren Lastwagen unterwegs und hat Salz verstreut, sodass die Menschen sicher an ihr Ziel kommen konnten und die Autos auf den Straßen nicht in den Graben fuhren. Das Salz, das in den Wintermonaten auf die Straße gestreut wird, frisst den Schnee und das Eis geradezu auf.

Es gibt aber nicht nur Eis und Schnee auf den Straßen. Es gibt auch zwischen Menschen Eis und Kälte. Da weht oft ein eisiger Wind zwischen Eltern und Kindern, zwischen Lehrern und Schülern, unter den Nachbarn, in einer Gemeinde. Was können wir tun?

Jesus sagt: »Ihr seid das Salz der Erde.« *(Mt 5,13)* Ihr könnt dazu beitragen, dass das Eis zwischen euch sich auflöst, aufbricht und die Menschen wieder zueinander finden, wieder miteinander sprechen, aufeinander zugehen.

Salz schützt auch vor Fäulnis. Vielleicht waren manche von Euch schon einmal auf einem Fischmarkt. Da kann man sehen, wie Fische verladen und zum Kauf bereitet werden. So ein Lastwagen, mit Fischen beladen, ist oft lange unterwegs. Damit nun die Fische nicht kaputtgehen, nicht so schnell verderben und verfaulen, werden sie in Salz gebettet. Das Salz macht sie haltbar und sie bleiben frisch.

Was kann das für uns heißen? Ich glaube, wo immer etwas »faul« ist, wo andere schlechtgemacht werden – in der Schule, zu Hause, wo faule Kompromisse geschlossen werden, da können wir Böses durch Gutes überwinden helfen. Unsere Welt würde oft ganz anders aussehen, wenn es mehr Menschen gäbe, die nicht nur mit der Masse mitschwimmen und zuschauen, wie manches in die Brüche geht, wie manches schlecht wird, sondern die gemäß dem Wort Jesu – »Ihr seid das Salz der Erde« *(Mt 5,13)* – sich all dem entgegenstemmen, was böse und was faul ist.

Salz gibt den rechten Geschmack. Stellt Euch einmal Speisen vor, eine Suppe oder ein Ei oder Pommes frites ohne Salz: Es würde einfach nicht schmecken. Es wäre langweilig, fad und geschmacklos. Erst das Salz macht solche Speisen schmackhaft. Wir Christen sollen die Würze für diese Welt sein, die anderen wieder mehr Mut zum Leben gibt. Was kann schon eine kleine Prise Freude bewirken! Und was wird erst geschehen, wenn immer mehr Menschen auf den Geschmack kommen, wirklich mit Jesus zu leben! Sie würden andere Gedanken denken und andere Maßstäbe einbringen als die, die sonst bei uns so gelten: Gedanken des Friedens statt des Hasses, den Maßstab des Teilens und der Sorge um den anderen statt den Maßstab der Ichsucht, des eigenen Vorteils.

Das Salz trägt. Wer von Euch schon einmal im Meer geschwommen ist, vielleicht sogar schon einmal im Toten Meer in Israel, dem Land, wo Jesus gelebt hat, der hat vielleicht schon gemerkt, dass Salzwasser einen besser trägt als Süßwasser und dass man nicht so schnell untergeht. Wer es noch nicht gesehen hat, kann es kaum glauben: In einem solchen Meer, das sehr viel Salz enthält, braucht man überhaupt nicht schwimmen zu können. Man legt sich einfach ins Wasser und kann sogar darin Zeitung lesen und geht doch nicht unter!

Jesus sagt: Ihr seid das Salz der Erde. Werdet für andere zum tragenden Grund, vor allem für die, die unterzugehen drohen, weil sie mit ihren Problemen nicht fertig werden. Wir sollen die mittragen, denen der Boden unter den Füßen brüchig geworden ist. Das Leben wird erträglicher, ja schöner, wenn wir uns besser miteinander vertragen. »Einer trage des Anderen Last« *(Gal 6,2)*, sagt der Apostel Paulus. Da ist vielleicht ein Freund oder eine Freundin traurig. Sie oder er braucht unseren Trost, um sich daran festhalten zu können.

Da hat jemand Sorgen und Probleme und wie gut tut es ihm, wenn einer ein gutes Wort für ihn übrighat.

Und schließlich hat das Salz die Kraft, Leben zu erhalten – die Menschen in den heißen Ländern Afrikas sterben oft nicht in erster Linie am Hunger, sondern – aus Mangel an Salz. An heißen Tagen im Sommer ist es wichtig, dass der Körper genügend Salz erhält.

Das Salz, das wir zum Leben brauchen, ist die Liebe. Wir brauchen jemand, der uns mag. Es gibt sehr viele Menschen, auch Kinder, die an Mangel an Liebe leiden. Wir sind aufgerufen, das Leben derer zu erhalten, die unter Mangel an Liebe und Geborgenheit leiden und daran zu zerbrechen drohen.

Ihr seht, das so unscheinbare und alltägliche Salz hat doch sehr viele wichtige Eigenschaften. Es lohnt sich, immer wieder darüber nachzudenken, was Jesus mit dem Satz meint: »Ihr seid das Salz der Erde!« *(Mt 5, 13)*

III. Jesus Christus – unsere Kraftquelle

Dem Auftrag Jesu »Ihr seid das Salz der Erde« *(Mt 5, 13)*, folgt noch ein wichtiger Hinweis: Er sagt weiter: Wenn das Salz seinen Geschmack verliert, womit kann man es wieder salzig machen?« *(Mt 5, 13)* Übertragen auf uns heißt das: Wo beziehen wir die Kraft her, damit wir dieser Welt Würze geben können, damit diese Welt geschmackvoll bleibt?

Ihr, liebe Jungen und Mädchen, durftet gestern zum ersten Mal zum Tisch des Herrn gehen und Jesus Christus im Heiligen Brot empfangen. Genau das ist unsere Kraftquelle, um nicht zu erlahmen, um nicht schaal und fad zu werden. Die Heilige Eucharistie ist das wertvollste, was wir haben. Sie will immer wieder beleben, was in uns grundgelegt wurde. An Eurem Erstkommuniontag ist Euch Jesus noch mehr zum Freund geworden. Er will bei Euch und mit Euch sein, ein ganzes Leben lang. Ihr wisst: Eine Freundschaft kann nur dann eine Freundschaft sein und bleiben, wenn sie gepflegt wird. Das heißt, wenn die Freunde sich immer wieder treffen, immer wieder miteinander sprechen und beieinander sind. Wo dies nicht mehr geschieht, da geht eine Freundschaft in die Brüche und jeder geht eigene Wege.

Der Erstkommuniontag hat es Euch ganz deutlich gezeigt, ja sogar schmecken lassen, dass Jesus mit Euch verbunden bleiben will. Darum haltet die Freundschaft mit ihm aufrecht, bleibt in Verbindung mit ihm.

Wie sieht das nun genau aus? Es ist wie mit einem Freund in der Schule oder in der Nachbarschaft: Mit dem Freund sprechen, das heißt bei Jesus, das Beten nicht vergessen. Ihm all das sagen und anvertrauen, was einen freut, aber auch das zu sagen, was einen drückt und einem schwerfällt. Mit Jesus Verbindung halten, das heißt auch, jeden Sonntag für ihn eine Stunde Zeit nehmen, ihm im Gottesdienst zu begegnen, sein Wort zu hören und seinen Leib zu empfangen. Mit Jesus verbunden sein, das heißt weiter, ihm in den anderen Menschen zu begegnen, miteinander Gemeinde zu sein und die Gemeinschaft untereinander zu pflegen.

Salz der Erde zu sein: Das ist eine großartige Aufgabe und eine Herausforderung für uns Christen. Helfen wir einander, diesen Auftrag nicht zu vergessen, damit immer mehr Menschen Geschmack finden an Gott. Amen

Jesus – das Brot des Lebens

Liebe Erstkommunionkinder,
liebe Jungen und Mädchen,[1]

seit nahezu 2.000 Jahren haben sich die Menschen in der Welt immer wieder eine besondere Frage gestellt und wir stellen die gleiche Frage auch heute noch: Wer ist dieser Jesus, von dem wir gerade gehört haben? Was will er und was tut er? Eine wichtige Antwort kennen wir, wir haben sie schon oft gehört: Er ist Gottes Sohn. Das wissen wir und das glauben wir. Aber zugleich ist das auch sehr schwer zu verstehen.

Damit es uns leichter fällt, dies zu begreifen, stehen in der Bibel oft Vergleiche, die uns sagen wollen, wer Jesus ist. Auch in dem Evangelium, das gerade vorgelesen wurde, steht ein solcher Vergleich: Jesus ist das Brot des Lebens; wer zu ihm kommt, wird nie mehr hungern.

I. Vom Wert des Brotes

Jesus vergleicht sich mit dem Brot. Er will für uns wie Brot sein. Was hat es nun mit dem Brot auf sich? Was bedeutet uns überhaupt das Brot? Vielleicht werdet Ihr jetzt denken: Brot ist ja gar nichts Außergewöhnliches. Es gehört eben einfach dazu. Und doch: Denken wir uns nur einen Augenblick einmal das Brot in unserem täglichen Leben weg: Es würde uns sehr fehlen. Das Brot gehört zu unserem Frühstück und Abendessen. Was wäre die große Pause in der Schule ohne ein

---

1 Predigt anlässlich des Wortgottesdienstes am Begegnungstag der Erstkommunionkinder am 09. Mai 1994 im Dom zu Rottenburg.
Evangelium: Joh 6,24–35.

Pausenbrot? Das Brot ist also wichtig. Vielleicht habt Ihr auch schon von Euren Großeltern einmal erzählt bekommen, wie das früher war mit dem Brotbacken, wie viel das Brot den Menschen damals bedeutete und vor allem wie viel Arbeit es war, dieses Brot zu backen. Zuerst musste aus dem Getreide das Mehl gewonnen werden. Dann galt es, einen Teig zu kneten und zu formen. Schließlich wurde der Teig in das Backhaus zum Backen gebracht. Vielleicht habt Ihr selber schon einmal ein Brot gebacken oder seid dabei gewesen. Brot ist wertvoll, weil darin viel Arbeit steckt. Brot ist lebensnotwendig, es nährt und stärkt uns. Ist das heute noch genauso wie damals?

Ein englischer Journalist wollte das einmal genau wissen und hat deshalb einen Test gemacht. Er hat ein dreipfündiges Brot genommen und in verschiedenen Städten der Welt die Menschen auf den Straßen angesprochen und sie gefragt: »Wie viel Geld wäre Ihnen dieses Brot wert? Wie viele Stunden würden Sie für dieses dreipfündige Brot arbeiten?«

Ihr könnt Euch denken, er hat ganz verschiedene Antworten erhalten. In Hamburg wurde er auf diese Frage hin ausgelacht. In der Stadt New York in Amerika wurde er sogar von der Polizei festgenommen, nachdem er diese Frage gestellt hatte. Ganz anders in Afrika. In Nigeria waren mehrere Personen bereit, für dieses dreipfündige Brot drei Stunden zu arbeiten und in Neu-Delhi, das liegt in Indien, gab es für ihn die Überraschung. Nachdem er die Frage gestellt hatte, haben sich rasch mehrere hundert Personen angesammelt, die alle bereit waren, für dieses dreipfündige Brot einen ganzen Tag lang zu arbeiten.

Ihr seht, die Reaktionen sind sehr unterschiedlich. Die Menschen, die nur sehr wenig Brot oder gar keines haben, wissen noch am meisten, wie lebensnotwendig Brot ist. Wir brauchen das Brot zum Leben. Zwar gibt es noch viele andere Lebensmittel, aber wenn jemand von uns mehrere Wochen kein Brot essen könnte, ich glaube, er würde sich nichts mehr wünschen, als wieder ein Stück Brot essen zu können. Er würde einen richtigen Heißhunger nach Brot bekommen.

Wenn Jesus im heutigen Evangelium von sich sagt: »Ich bin das Brot des Lebens« *(Joh 6,35.48)*, so will er sagen, ich bin für euch so lebensnotwendig wie Brot. Ich will nicht nur euren leiblichen Hunger stillen, sondern auch euren Hunger des Herzens. Was meine ich damit? Der Mensch hat nicht nur Hunger nach Brot, nach etwas zu Essen, sondern er hat auch Hunger nach Freundschaft, nach Angenommensein durch andere. Der Mensch hat Hunger nach Frieden, nach Trost und nach Gemeinschaft mit anderen Menschen. All diesen Hunger will Jesus stillen.

II. Füreinander Brot sein

Liebe Jungen und Mädchen, bevor Jesus damals zu den Menschen sagte: »Ich bin das Brot des Lebens« *(Joh 6,35.48)*, wird uns im Evangelium ein Ereignis berichtet, von dem Ihr alle schon gehört habt. Ich meine die Erzählung von der Speisung der 5.000 Menschen durch Jesus. Er nimmt von dem Wenigen, was zum Essen da ist und verteilt es, gibt es den Jüngern und die Jünger geben es weiter an die Menschen. In diesem Zeichen des Teilens und Weitergebens will Jesus uns etwas Wichtiges sagen. Er zeigt uns damit: Was ich für euch bin, das könnt auch ihr füreinander sein. So wie ich für euch das Brot des Lebens bin, so könnt auch ihr füreinander wie Brot sein, das wir zum Leben brauchen.

Doch wie geschieht das, wie können wir füreinander Brot sein? Wie ich gehört habe, habt Ihr Euch Zuhause in Euren Gruppen und Schulklassen mit dieser Frage beschäftigt. Ihr habt dazu Bilder vorbereitet und nun seid Ihr an der Reihe, uns allen eine Antwort zu geben auf diese Frage: Wie und wo können wir füreinander Brot sein?[2]

III. Den Leib Christi empfangen

Liebe Jungen und Mädchen, wie Ihr seht, haben wir hier vorne schon eine Menge Möglichkeiten und zugleich Antworten auf unsere Frage: Wie können wir füreinander Brot sein? Es gibt viele Möglichkeiten dies zu tun. Was Jesus für uns ist, das soll in dem sichtbar werden, wie wir miteinander umgehen, was wir füreinander sind und tun.

Vor wenigen Tagen und Wochen seid Ihr zum ersten Mal zum Altar hinzugetreten und habt in der Heiligen Kommunion den Leib

---

[2] Sieben Kinder präsentieren ihre selbstgefertigten Bilder und erklären die Darstellungen.

Christi empfangen. Im Zeichen des Brotes hat sich Jesus Euch ganz geschenkt. Für Euch alle war es sicher ein großer und schöner Tag. Doch wer dieses Brot des Lebens, das Jesus selber ist, empfängt, der kann nicht so weiterleben wie bisher. Diese kostbare Gabe wird für uns zu einer Aufgabe. Die Menschen um uns sollen sehen und merken, dass wir von Jesus herkommen, dass er uns mit dem Brot des Lebens beschenkt hat und dass er uns damit verändert, zu neuen Menschen gemacht hat, die leben und handeln wollen wie er. Daran sollen wir uns immer erinnern, wenn wir zur Heiligen Kommunion gehen.

Jesus sagt: »Ich bin das Brot des Lebens – und auch ihr könnt füreinander Brot sein.« Amen.

Gottes Bund mit den Menschen

Liebe Erstkommunionkinder,
liebe Mädchen und Jungen,[1]

zu Beginn unseres Wortgottesdienstes haben die Erstkommunionkinder aus Hailfingen den wunderschönen Regenbogen über dem Altar hier im Rottenburger Dom aufgerichtet.

I. Der Regenbogen als Zeichen des Bundes

Dieser Regenbogen erinnert uns an eine Geschichte aus dem Alten Testament, aus der wir eben einen kleinen Abschnitt gehört haben. Ihr alle kennt diese Geschichte sicher aus dem Religionsunterricht: es ist die Geschichte von der Sintflut. In ihr wird uns von einer großen Flut berichtet, die über die Erde gekommen ist und alles Leben vernichtet hat.

Vielleicht könnt Ihr euch auch noch erinnern, wie es zu dieser großen Flut gekommen ist? Ganz am Anfang der Bibel wird uns berichtet, dass Gott die Welt erschaffen hat und dass alles, was er erschaffen hatte, sehr gut war. Doch weil es den Menschen zu gut ging, vergaßen sie, dass ihnen dies alles von Gott geschenkt worden war. Sie dachten nur noch an sich und an ihren Vorteil. Und so kam es, dass die Menschen untereinander immer mehr uneins wurden. Streit und Gewalt kamen in die Welt und zerstörten die gute Ordnung, die Gott den Menschen gegeben hatte.

---

[1] Predigt anlässlich des Wortgottesdienstes am Begegnungstag mit den Erstkommunionkindern am 29. April 1996 im Dom zu Rottenburg.
Evangelium: Lk 22,14–20.

Einige von Euch werden sicher schon bemerkt haben, dass dies nicht nur eine alte Geschichte ist, die uns von Dingen erzählt, die längst vergangen sind. Auch Ihr kennt solche Erfahrungen: Da gibt es jemanden, der nicht genug haben kann, der nur an sich denkt und sich dabei ganz rücksichtslos seinen Freunden gegenüber verhält. Zu was das führt, habt ihr selbst schon oft erlebt: Es kommt zu Zank und Streit und sehr schnell schlägt das Ganze in rohe Gewalt um. Solchen Streit gibt es überall wo Menschen zusammenleben, zu Hause zwischen den Geschwistern, in der Schule mit den Schulkameraden, in der Freizeit oder auf dem Sportplatz mit den Freunden. Solchen Streit gibt es auch zwischen ganzen Völkern. Jeden Tag könnt Ihr im Fernsehen davon hören, wie viele Menschen auf unserer Welt unter Krieg und Gewalt zu leiden haben.

II. Der Weg der Versöhnung

Dort, wo Menschen nur noch an sich denken, wird es kalt und ungemütlich auf unserer Welt. Die Freude am Leben wird zerstört, alles wird grau und farblos. Und dort, wo nur noch Gewalt und Hass regiert, wird am Ende das Leben selbst zerstört.

Über diese Welt, in der die Menschen so schlecht miteinander umgehen, hat Gott seinen großen Regenbogen gespannt. Dieser Regenbogen soll uns zeigen, dass Gott die Menschen nicht im Stich lässt: So wie Gott Noah und die vielen Tiere vor der großen Flut gerettet hat, so wird er auch Jede und Jeden von uns vor Unheil und Untergang bewahren.

Was auch immer geschehen mag, wie groß die Sorgen auch immer sind, die uns plagen und bedrücken, diese Welt ist nicht verloren, weil Gott seinen Bund mit den Menschen geschlossen hat. So wie der Regenbogen den Himmel mit der Erde verbindet, so verbündet sich Gott mit uns Menschen. Er reicht uns die Hand zur Versöhnung. Und weil er uns die Hand reicht, sollen auch wir einander die Hand reichen, um uns zu versöhnen und Frieden miteinander zu schließen.

Wo das geschieht, wo Menschen einander die Hand zur Versöhnung reichen, dort kommt wieder neue Farbe und neues Leben in unsere Welt – so wie durch Eure bunten Tücher eben beim Regenbogenlied Farbe und Bewegung in unseren Dom gekommen sind.

III. Gottes Liebe zu den Menschen

Wie das geschehen kann, hat uns Gott in seinem Sohn Jesus Christus gezeigt. Jesus konnte die Menschen spüren lassen, dass sie von Gott geliebt sind, dass Gott es gut mit ihnen meint und ihnen dort, wo sie Fehler gemacht haben, einen neuen Anfang schenkt. Ihr alle kennt viele solche Geschichten: Zum Beispiel die Geschichte vom Zöllner Zachäus, der die Menschen betrogen und ausgebeutet hatte. In der Begegnung mit Jesus hat er seinen Fehler eingesehen und sein Leben geändert.

In Jesus hat uns Gott gezeigt, wie groß seine Liebe zu uns Menschen ist. Jesus war bereit, alles für seine Freunde zu tun, sich bis zum Letzten für sie einzusetzen, ja sogar sein Leben für sie herzuschenken.

Davon haben wir eben im Evangelium gehört. Wir haben die Worte gehört, die Jesus gesprochen hat, als er zum letzten Mal mit seinen Jüngern Mahl gehalten hat. Damals hat Jesus das Brot in Stücke gebrochen, an seine Jünger ausgeteilt und dazu gesagt: »Das ist mein Leib, der für euch hingegeben wird« *(Lk 22,19)*. Und ebenso hat er seinen Jüngern den Wein zu trinken gegeben und dazu gesagt: »Dieser Kelch ist der neue Bund in meinem Blut, das für euch vergossen wird« *(Lk 22,20)*.

Brot und Wein sind also die Zeichen des neuen Bundes, den Gott in Jesus Christus mit uns Menschen geschlossen hat.

Das, was uns schon der Regenbogen gesagt hat, wird in den Zeichen von Brot und Wein noch deutlicher und klarer zum Ausdruck gebracht:

Jesus ist unser Verbündeter, er ist ganz für uns da. Er ist uns so nahe, wie das Brot, das wir essen und der Wein, den wir trinken. Wenn wir dieses Mahl in seinem Namen halten, dann sind wir ganz eng mit ihm verbunden. Dann spüren wir: Jesus ist unser Verbündeter! Wer ihn zum Freund hat, der braucht nichts mehr zu fürchten, der wird nie allein und verlassen sein, weil er weiß, dass sich Jesus für seine Freunde einsetzt und sie nie im Stich lässt.

IV. Leben in der Nachfolge Jesu

Diese frohe Botschaft soll niemals in Vergessenheit geraten. Das haben schon die allerersten Christen gewusst und deshalb sind sie immer wieder zusammengekommen, um sich von Jesus zu erzählen und sein Mahl miteinander zu feiern. Weil sie das getan haben, ist Jesus bis heute nicht in Vergessenheit geraten.

Ich möchte euch, liebe Jungen und Mädchen, ermuntern, es genauso zu tun! Auch wenn es manchmal etwas Überwindung kostet, am Sonntagmorgen aufzustehen und in die Kirche zu gehen – ihr werdet selber spüren, dass es sich lohnt! In der Feier der Eucharistie können wir nämlich immer wieder neu erfahren, dass Gott uns nahe ist. Wenn wir von Jesus hören und das Mahl halten, das er mit seinen Jüngern gehalten hat, dann gibt uns das Kraft und Mut für unser eigenes Leben. Dann wird es uns immer besser gelingen, so zu leben, wie Jesus gelebt hat.

Wenn euch das gelingt – und ich traue es euch allen zu, dass es euch gelingt –, dann wird euer Leben so bunt und so strahlend werden wie der Regenbogen, der die dunklen Wolken vertreibt und uns neue Hoffnung schenkt. Amen.

Firmung

Erfüllt vom Heiligen Geist

Liebe Firmlinge,
liebe Schwestern und Brüder![1]

I. Frucht des Glaubens

Mit großer Freude grüße ich Euch, die Ihr zusammen mit Euren Eltern, Paten und Freunden zu diesem Firmgottesdienst gekommen seid. Das ist Euer Tag. Über Wochen und Monate hinweg habt Ihr Euch vorbereitet. In kleinen Gruppen wart Ihr mit Euren Firmbegleitern zusammen und habt über Euren Glauben und Euer Christsein gesprochen. Ihr habt Euch eigenverantwortlich für die Firmung entschieden. Ich beglückwünsche Euch zu diesem Tag. Ich freue mich und danke Euch, dass Ihr Euch auf diese Zeit der Vorbereitung eingelassen habt. Nehmt die Eindrücke und Erfahrungen, die Ihr dabei gemacht habt, mit in Euer junges Leben.

Herzlich grüße ich auch die Firmbegleiterinnen bzw. -begleiter. Auch Ihnen wünsche ich, dass das, was Sie mit den Jugendlichen erlebt haben, für Ihren Glauben und Ihr Leben Frucht trägt.

II. Christsein – sich an Jesus Christus orientieren

Mit der Entscheidung zur Firmung ist die Entscheidung zum Christsein verbunden. Oder besser: zum Christwerden, denn damit sind wir nie am Ende.

---

[1] Predigtentwurf zur Spendung der Firmung aus dem Jahr 1991. Evangelium: Mk 1,14–20.

Christsein, das heißt zunächst, sich an Jesus Christus orientieren. Ihn zum Maßstab nehmen. Es heißt auf ihn hören, was er mir zu sagen hat, was er tut. Was hat uns Jesus zu sagen? Welchen Weg weist er Dir und mir?

Sein Lebensprogramm heißt: »Die Zeit ist erfüllt, das Reich Gottes ist nahe. Kehrt um und glaubt an das Evangelium!« *(Mk 1, 15)* Das ist sein Anspruch. Mit diesen knappen Sätzen fasst es das älteste Evangelium zusammen. Einfache und doch schwerwiegende Worte sind das.

Anders ausgedrückt heißt das doch: »Die Zeit des Wartens ist zu Ende. Mit mir, mit Jesus von Nazareth, bricht etwas Neues an. Gott will endlich herrschen, wie im Himmel so auf Erden, und seine Herrschaft soll eine Segensherrschaft sein. Habt Vertrauen zu mir und meiner Frohen Botschaft. Kehrt um, das heißt ändert euer Denken, wendet euch mir zu. Verlasst die ausgetretenen Trampelpfade, die euch doch nicht weiterbringen. Lasst euch ein auf meinen Weg. Lasst euch auch befreien aus den Fesseln eurer Schuld, eurer Angst, eurer Verstrickungen und Erstarrungen. Lasst euch von mir beschenken mit einem neuen Leben, einem Leben in Fülle!«

Ein neues Leben beginnen; ein Leben wie es »eigentlich« (das heißt von Gott her) sein müsste; ein Leben ohne all die unglücklichen Abhängigkeiten, Einschränkungen und Prägungen; ein Leben mit einem großen Ziel in einer hellen Zukunft.

III. Die Botschaft vom Reich Gottes

Jesus spricht vom Reich Gottes. »Das Reich Gottes ist nahe« *(Mk 1, 15)*, sagt er, »es ist im Kommen«. Was ist das? Und wo ist es, das Reich Gottes? Ich will Euch dazu eine kleine Geschichte erzählen:

Es waren einmal zwei Mönche, die lasen miteinander in einem alten Buch, am Ende der Welt gäbe es einen Ort, an dem Himmel und Erde sich berührten und das Reich Gottes begänne. Sie beschlossen, ihn zu suchen und nicht umzukehren, ehe sie ihn gefunden hätten. Sie durchwanderten die Welt, bestanden unzählige Gefahren, erlitten alle Entbehrungen, die eine Wanderung durch die ganze Welt fordert und alle Versuchungen, die einen Menschen von seinem Ziel abbringen können. Eine Tür sei dort, so hatten sie gelesen. Man brauchte nur anzuklopfen und befinde sich im Reich Gottes. Schließlich fanden sie, was sie suchten. Sie klopften an die Tür, bebenden Herzens sahen sie, wie sie sich öffnete. Und als sie eintraten, standen sie zu Haus in ihrer Klosterzelle und sahen sich gegenseitig an. Da begriffen sie: Der Ort, an dem das Reich Gottes beginnt, befindet sich auf der Erde, an der Stelle, die Gott uns zugewiesen hat.

Reich Gottes – das hat mit mir zu tun. Da, wo wir hingestellt sind, da sollen wir dem Reich Gottes zum Durchbruch verhelfen, es sichtbar machen. Das Reich Gottes ist nicht am Ende der Welt, wie sich auch Himmel und Erde nicht am Ende der Welt berühren, sondern es ist mitten in der Welt, wo der Himmel schon als Keim in der Erde steckt; das Reich Gottes ist an dem Ort, den Gott uns zugewiesen hat. In der Schule, am Arbeitsplatz, in Freundschaften, in Begegnungen und Gesprächen, in Freud und Leid, im Gebet und Gottesdienst.

Überall da will das Reich Gottes aufbrechen und sichtbar werden: Da, wo Menschen die Situation annehmen und gestalten, in die sie gestellt sind. Da, wo Menschen einander annehmen, einer den anderen, so wie er ist.

IV. Jesus ruft – auch heute

Jesus ruft Menschen zu sich, die diese gute Botschaft den Menschen weitersagen: »Kommt und folgt mir nach!« *(Mk 1,17)*

Da steht nichts von: »Das und das bekommt ihr dafür«, sondern nur die Aufforderung und die merkwürdige Zusicherung: »Ich werde euch zu Menschenfischern machen.« Das ist alles. Eine sehr kurze Predigt mit sofortiger Wirkung. Die angesprochenen Jünger lassen alles stehen und liegen und machen sich mit Jesus auf den Weg, ohne absehen zu können, was ihnen die Zukunft bringt. Allein das unwiderstehliche Wort Jesu lässt diese Menschen sich aufmachen. Diese einfachen Fischer vom See Genezareth haben gespürt: »Das geht mich an, ich bin gemeint.« Der Ruf Jesu hat sie ganz erfasst und in Beschlag genommen. Sie machen sich an seiner Frohen Botschaft fest, suchen darin Halt und verlassen sich darauf.

Jesus ruft auch heute. Er ruft auch Euch Firmlinge. Jeden bei seinem Namen. Er traut Euch eine Menge zu. »Du hast mehr Möglichkeiten als du ahnst, ganz zu schweigen von den ungeahnten Möglichkeiten Gottes mit dir« (Bischof Kamphaus). Auch Du bist gerufen, Menschenfischer für Jesus zu sein. Menschen fischen, fangen, das hört sich zunächst einmal bedrohlich an. Andere gefangen nehmen, so besetzen, so einnehmen, dass sie nicht mehr anders können als gehorchen und folgen. Gegen Sektenvertreter und Fanatiker wird der Vorwurf zu Recht erhoben: Dass sie Menschen so in den Bann ziehen, bis sie sich selbst nicht mehr kennen! Doch Menschenfischer im Sinn Jesu sind Menschen, die andere mitziehen, mitnehmen, Gemeinschaft schenken, sie daran teilhaben lassen, sie mit dem »Netz Jesu Christi« herausziehen aus der Gefahr des Versinkens, des Versumpfens und Absackens. Menschen für Christus zu gewinnen, für ihn zu begeistern, das dürft Ihr nicht den vermeintlichen Profis überlassen, den Pfarrern und Bischöfen. Das ist die Mission von uns allen.

Liebe Firmlinge, bitte lasst nicht nach, Euch zu fragen, wo Ihr steht; wie Ihr das Wort Jesu von Umkehr und Glauben aufnehmen könnt; wo Ihr seinem Ruf folgen könnt. Christus ruft auch heute und Menschen warten auf Mitmenschen, die mit ihrem Leben und Glauben eine Antwort auf diesen Ruf geben. Amen.

Jesus will, dass alle eins werden

Liebe Firmlinge,
liebe Eltern und Paten der Firmlinge,
liebe Schwestern und Brüder![1]

Ihnen allen sage ich ein herzliches »Grüß Gott!« Es ist für mich eine große Freude, heute wieder einmal die Firmung spenden zu dürfen, was ich in meiner Zeit als Bischof einer großen Diözese so oft und so gerne getan habe. Es war mir immer eine Freude, jungen Christen zu begegnen und ihnen durch das Sakrament der Firmung sagen zu können: Jetzt seid ihr in vollem Sinn Christen. Jetzt habt ihr das christliche Vollalter erreicht. Denn die Firmung ist die Vollendung der Taufe und die Vollendung der Einführung ins Christsein.

Durch die Taufe wurde die Grundlage gelegt. Die meisten oder vielleicht alle von euch haben sie schon als Kleinkinder empfangen. Dann seid ihr mit der Erstkommunion weiter ins Christsein hineingewachsen. Die Erstkommunion war ein wichtiger weiterer Schritt auf eurem Weg ins Christsein. Nun wird es mit der Firmung – so kann man sagen – ernst mit eurem Christsein. So wollen wir heute fragen: Was heißt das, ein Christ sein?

[1] Predigt anlässlich der Firmung am 09. Mai 2010 in S. Maria dell'Anima in Rom.
Lesung: Apg 7,55–60; Evangelium: Joh 17,20–26.

I. Ein Christ sein wie Stephanus

Was das bedeutet, sagt uns die erste Lesung, die wir gehört haben. Sie führt uns weit zurück in die Zeit der ersten Christen. Das Christentum war damals noch jung und sehr im Wachsen begriffen. Jeden Tag kamen neue Christen hinzu. Die Apostel hatten alle Hände voll zu tun und schafften es nicht mehr, mit dem Andrang fertig zu werden.

Das war eine Situation, die sich von der heutigen sehr unterscheidet. Heute sieht die Christenheit für viele – wenigstens hier bei uns in Europa – eher etwas alt und für manche etwas lahm aus. Das ist freilich nicht überall so. Ich war in meinem Leben sehr oft in den so genannten jungen Kirchen, in Afrika und Asien. Dort wächst die Kirche auch heute. Sie ist jung, frisch und fröhlich und schaut mutig und zuversichtlich in die Zukunft. Doch ein bisschen davon ist heute auch hier zu spüren. Ihr, die Firmlinge, kommt ja neu hinzu und darüber freuen wir uns. Ihr seid die Zukunft der Kirche.

Was taten nun die Apostel in dieser Situation? Sie schafften es alleine nicht mehr. Sie wählten sieben tüchtige junge Männer aus, auf die sie setzen und sich verlassen konnten. Sie ließen sie vortreten. Ihnen legten sie unter Gebet die Hände auf und erbaten für sie den Heiligen Geist. Ganz ähnlich wie es nachher mit euch geschieht, wenn ihr vortretet und euch die Hand aufgelegt sowie mit Chrisam ein Kreuz auf die Stirn gemacht wird als Zeichen des Heiligen Geistes, um den wir alle, und besonders der Bischof, für euch betet.

Unter diesen sieben Männern war einer, der besonders hervorragte: Er hieß Stephanus. Von ihm heißt es: er war erfüllt von Glauben und voll des Heiligen Geistes, an anderer Stelle: er war voll Gnade und Kraft. Also: ein überzeugter Christ, der Feuer im Herzen hatte und der das auch nach außen zeigte. Er hielt nicht hinter dem Berg. Er setzte sich für seine Sache, für den Glauben an Jesus Christus, ein. Er war ein vom Glauben und von Jesus Christus Begeisterter.

Aber er merkte auch bald und bekam es zu spüren: Als Christ kann man sein Fähnchen nicht einfach in den Wind hängen und sich einfach anpassen an das, was alle tun und sagen, was alle für richtig halten. Man muss als Christ auch den Mut haben, gegen den Wind zu segeln und gegen den Strom zu schwimmen. Nur tote Fische schwimmen immer mit dem Strom und das heißt sie schwimmen stromabwärts und den Bach hinunter.

Das kam für Stephanus nicht in Frage. Als er vor den Hohen Rat gezerrt wurde, da hielt er nicht nur eine begeisterte Rede, sondern auch eine Rede, welche seine Zuhörer vor Wut schäumen ließ, denn sie konnten ihm nicht widerstehen. Es heißt: Sie waren empört und knirschten mit den Zähnen. Sie konnten seinen Argumenten nichts entgegensetzen. Was ihnen übrig blieb, war die nackte Gewalt. Sie stürmten voll Wut auf ihn los, trieben ihn aus der Stadt hinaus und steinigten ihn. Stephanus aber war erfüllt vom Heiligen Geist. Er blickte nicht nach unten, er blickte nach oben, zum Himmel hinauf, er schaute auf Jesus Christus. Er allein war für ihn maßgebend. So verhielt er sich ganz wie Jesus am Kreuz. Er schlug nicht zurück. Er betete: Rechne ihnen diese Sünde nicht an. Dann starb er getroffen von den Steinen, die auf ihn fielen.

Wir fragten: Was heißt das, Christ zu sein? Stephanus gibt uns die Antwort: Von Jesus Christus begeistert sein, seinen Geist im Herzen haben, sich nicht nach allen Anderen richten, sondern sich an ihm orientieren, ihn zum Vorbild machen und für diesen Glauben dann auch mutig einstehen.

Liebe Firmlinge, ich kann euch heute auch nichts anderes und schon gar nichts Besseres sagen. Wenn ihr euch nach einem Vorbild umseht für euer Leben, nach jemand, an dem ihr euch ausrichten könnt und für den es sich lohnt, zu leben und, wenn es sein muss, auch zu streiten, dann ist das Jesus Christus. Christsein heißt, so zu sein wie dieser Stephanus. Nicht unbedingt ein Märtyrer, wohl aber ein Zeuge, der für seinen Glauben hin steht und eintritt. Der nicht einfach kapituliert.

II. Orientierung an Jesus kraft des Heiligen Geistes

Ich weiß: Das ist nicht immer leicht, zumal heute. Aber das war es – wie man sieht – auch damals nicht. Das war es von Anfang an nicht. Das führt mich nun zu dem zweiten Text, den wir gehört haben, zum Evangelium.

Es ist ein besonderes Evangelium. Denn was wir da gehört haben, die Worte, die uns da von Jesus überliefert werden, sind die Worte, die er am Abend vor seinem Leiden und Sterben sprach. Es sind also besonders wichtige und besonders heilige Worte, sozusagen Jesu Testament.

Jesus schaut auf seinen bevorstehenden Tod voraus und weiß, dass er nicht mehr länger bei seinen Jüngern ist. Er muss sie alleine lassen und weiß, dass sie es nicht leicht haben werden. Er erinnert sie nochmals, was er ihnen gegeben hat: Die Botschaft von Gott dem Vater. Er sagt ihnen damit: Ihr lebt nicht in einer Welt der Zufälle oder in einer Welt blinder Gesetzmäßigkeiten. Da ist vielmehr einer, Gott, der euch kennt und liebt. In seiner Hand seid ihr geborgen, was immer kommt. Aber es gibt eben auch andere Mächte in der Welt. Es gibt Hass und Streit in der Welt. Ihr werdet es also nicht leicht haben.

Und was tut Jesus in dieser Situation? Wie sorgt er vor? Was gibt er seinen Jüngern auf den Weg? Es heißt im heutigen Evangelium gleich im ersten Satz: »Ich bitte nicht nur für diese hier, sondern auch für alle, die durch ihr Wort (das heißt durch das Wort der ersten Apostel) an mich glauben.« Jesus betet also für die damaligen und für all seine künftigen Jünger. Er betet, liebe Firmlinge, auch für euch, seine Jünger. Ihr und jeder Einzelne von euch seid in Jesu Gebet eingeschlossen. Ihr habt in Jesus nicht nur ein großes Vorbild, ihr habt in ihm auch einen mächtigen Fürsprecher. Ihr steht in seinem und unter seinem Segen. An anderer Stelle sagt uns Jesus in demselben Johannesevangelium, das wir heute hören, was es bedeutet, in seinem und unter seinem Segen zu stehen. Jesus sagt: Ich verlasse euch und gehe weg, aber ich schicke euch einen anderen Beistand. Ich schicke euch meinen Heiligen Geist.

Liebe Firmlinge, wenn ihr heute nur das mitnehmt für euer Leben, dann wäre es schon viel: Wir werden nicht einfach in die raue Welt, sozusagen in Wetter und Sturm hinausgeschickt. Nein, wir werden begleitet von Jesus. Er ist mit uns mit seinem Gebet und seinem Segen. Er ist mit uns – wie er mit Stephanus war – durch seinen Heiligen Geist. Und der Apostel Paulus sagt: Der ist ein Christ, der sich vom Heiligen Geist leiten, wörtlich sagt er sogar, der sich vom Heiligen Geist treiben und umtreiben lässt. Wohl gemerkt: Nicht vom Geist und Ungeist dieser Welt, sondern vom Heiligen Geist.

Jesus lässt dann keinen Zweifel daran, was das heißt, sich vom Heiligen Geist leiten zu lassen. Mit einem Wort: Er will, dass alle eins sind. Er will, dass wir in Liebe beieinander bleiben. Er will die Einheit. Er will den Frieden unter seinen Jüngern. Sich vom Heiligen Geist leiten lassen, heißt also: Nicht vom Geist des Egoismus, wo jeder gegen den Anderen steht und den Anderen ausstechen will; wo keiner genug haben kann und alles nur für sich selber haben will und sich dabei für den Anderen nicht interessiert. Dazu sagt Jesus: Nein! Er sagt: Daran soll man erkennen, dass ihr meine Jünger seid, dass ihr einander liebt, dass ihr füreinander eintretet und füreinander da seid. Und wenn das der Fall ist, dann macht euch keine Sorgen um das Christentum. Denn nichts steckt so sehr an wie die Liebe. Dann wird die Welt euch glauben und ihr werdet Glauben finden.

Damit haben wir eine zweite Antwort auf die Frage: Was heißt es, Christ zu sein? Wir sagten: Ein Christ ist jemand, der sich an Jesus Christus orientiert. Dann sagten wir zudem: Ein Christ lebt aus seinem Heiligen Geist. Und jetzt heißt es schließlich, dass ein Christ aus dem Geist der Liebe lebt. Die Liebe ist das größte und höchste Gebot. Sie fasst alles zusammen. Ihr seht, dass das Christsein gar nicht so kompliziert ist. Man kann es ganz einfach sagen, auch wenn es nicht immer einfach zu leben ist.

Doch dazu, dass es doch gelingt, dazu wird uns der Heilige Geist gegeben. Er ist die Kraft von oben und von innen. Allein und aus eigener Kraft schaffen wir es nicht. Wir alle sind schwache Menschen. Wir brauchen einen Beistand. Auch Stephanus brauchte diesen Beistand. Dieser Beistand, liebe Firmlinge, wird euch heute durch die Firmung für euer Leben mit auf den Weg gegeben. Er soll euch Kraft und Schwung, er soll euch Freude am Christsein machen. Ich kann euch nur sagen: Es ist eine gute Sache.

III. Der Atem der Seele

Ich werde gelegentlich gefragt: Ja, wie sollen wir uns denn das vorstellen mit dem Heiligen Geist. Ich will euch zum Schluss noch kurz erzählen, wie ich das immer den Firmlingen in meiner Diözese zu erklären versucht habe.

Als ich noch etwas jünger war, da bin ich im Urlaub gerne Bergsteigen gegangen. Heute schaffe ich nur noch das Bergwandern. Aber damals ging ich mehrfach auf Drei- und einige Viertausender. Wenn man dann so über die Dreitausend kommt, dann wird es nicht nur steil und mühsam, sondern dann wird die Luft auch merklich dünner und man kommt leicht aus dem Atem. Ich erinnere mich noch, wie mir der Bergführer anfangs immer wieder zugerufen und mich manchmal sogar fast angeschrien hat: Du musst atmen. Ich sagte: Das tue ich doch. Nein, bei jedem Schritt zwei – dreimal atmen. Da denkt man zunächst, bei diesem Tempo kommst du nie auf den Berg hinauf. Aber dann merkt man: Wenn man so richtig durchatmet, dann ist es wie beim Schwimmen. Der Atem trägt einen; der Rucksack, den man mit sich schleppt, wird plötzlich leichter. Es trägt einen nach oben und man erreicht tatsächlich den Gipfel. Das ist dann ein tolles Erlebnis, das man kaum beschreiben kann.

Aber, meine lieben jungen Freunde: Nicht nur unser Leib braucht Atem, auch unsere Seele braucht Atem, damit wir nach oben kommen und uns die Schwerkraft nicht nach unten zieht. Kräfte, die uns nach unten und unter Umständen auch in den Abgrund ziehen, gibt es genug. Wir brauchen die Kraft, die uns nach oben zieht und die uns hilft, den Gipfel des Lebens zu erreichen. Dieser Atem der Seele, den wir brauchen, dass unser, dass euer Leben gelingt, das ist der Heilige Geist, der Gottesgeist, der Geist Jesu Christi. Von ihm war Stephanus beseelt. Ihn wünschen wir euch heute, er wird euch heute in der Firmung geschenkt. Lebt aus diesem Geist. Dann wir euer Leben gelingen. Amen.

Sternsinger

Die Botschaft des Evangeliums bezeugen

Liebe Sternsinger!
Liebe Schwestern und Brüder![1]

Zunächst einmal möchte ich Euch, liebe Sternsinger, danken, dass Ihr da seid. Danken auch für Euer Spiel. Ihr habt uns sehr schön dargestellt, was uns das Evangelium erzählt. Die Könige brechen von zu Hause auf und machen sich auf die lange Reise zum Stall nach Bethlehem. Mit Ihnen, da habt Ihr auch Euch dargestellt. Ihr seid aufgebrochen, um hierher zu kommen.

I. Zur Krippe kommen

In Euren Pfarreien und Gruppen habt Ihr Euch schon lange auf das Sternsingen vorbereitet. Ihr habt Euch heute mit den Königskleidern schön angezogen und hergerichtet und manche von Euch haben sich auch die schwarze Farbe ins Gesicht malen lassen. Dann habt Ihr Euch alle aufgemacht, wie die Könige im Spiel und seid hierher ins Münster zur Krippe gekommen. In den kommenden Tagen werdet Ihr nun viele Stunden in Euren Gemeinden von Haus zu Haus ziehen. Manchmal werdet Ihr vom Laufen und Singen ziemlich müde sein, manchmal wird Euch kalt sein und Ihr werdet frieren. Gelegentlich werdet Ihr sogar unfreundlich abgewiesen werden.

Meint Ihr, den drei Königen sei es anders gegangen? Sie waren ja mächtige und reiche Leute – so erzählt die Legende, ganz schön reich

---

[1] Ansprache anlässlich der Aussendung der Sternsinger am 01. Januar 1990 in Schwäbisch Gmünd.
Evangelium: Mt 2,1–12.

und verwöhnt, dazu weise, das heißt gelehrt und gescheit. Sie verstanden etwas von Sternkunde. Und machen sich auf einen langen, elenden Weg. Nicht durch Schnee, sondern durch die Wüste. Da war es nicht kalt, sondern staubig und heiß. Manchmal war es sogar ganz gefährlich und abenteuerlich. Am Schluss gingen sie dem grausamen Herodes fast in die Falle.

Meint Ihr nicht, dass auch die drei Könige manchmal etwas Angst hatten? Und wohin kamen sie: in einen einfachen armseligen Stall zu einem Kind. Warum wohl taten sie dies? Warum tut ihr dies?

Das Evangelium gibt uns die Antwort. Ihr habt sie gehört! Sie haben einen Stern gesehen! Einen außergewöhnlichen Stern am Himmel. Dem sind sie nachgelaufen. Da haben sie nicht mehr nach unten geschaut auf die staubigen, beschwerlichen Straßen, sondern nur noch nach oben. Das hat ihnen Mut und Vertrauen gemacht. Am Schluss ihrer Reise ist ihnen aufgegangen, wer dieser Stern ist, der ihnen geleuchtet hat und der sie geführt hat: Das Kind in der Krippe, Jesus Christus.

Da haben sie alles vergessen. Nichts war ihnen zu viel. Sie haben sogar alles hergegeben, das Wertvollste, was sie hatten: Gold, Weihrauch und Myrrhe. Jesus gefunden zu haben, das genügte ihnen.

Ihr habt mich vorhin gefragt: Woher ich das Vertrauen nehme, Euer Bischof zu sein. Eine gute Frage. Ich will sie Euch beantworten.

So ein Amt wie das Bischofsamt, das kann man nur annehmen, wenn man auch an einen Stern glaubt, an den Stern, der Jesus Christus ist. Wenn man überzeugt ist: Ja, das ist der wahre Stern. Das ist kein Irrlicht. Dieses Licht möchte ich den Menschen bringen. Dem kann ich vertrauen. So habe auch ich mich auf den Weg gemacht.

Dabei habe ich bald gemerkt: Ich bin nicht allein. Da ziehen viele mit. Die strengen sich ebenfalls an. Und wisst Ihr, was mir am meisten Freude macht und Vertrauen gegeben hat? Was mir besonders Mut gemacht hat, war, dass so viele Jugendliche mitmachen.

Jeden Sonntag, wenn ich eine Gemeinde besuche, dort Gottesdienst feiere und mit den Gläubigen spreche, freue ich mich, wenn Jugendliche und Kinder auf mich zugehen. Sie erzählen mir dann von ihrer Jugendgruppe, wie sie miteinander ihre Freizeit gestalten, miteinander beten und mit der Kirche leben. Das sind für mich Zeichen, die Vertrauen geben können. Und ich denke an große Jugendtage unserer Diözese, an den Jugendtag in Sießen, an den Martinustag in Stuttgart, an die Jugendwallfahrt in Ellwangen. Wenn hunderte und tausende von jungen Menschen zusammen sind und so zeigen, dass sie ihren Glauben leben und feiern wollen, dann hilft mir das über viele auch schwere Tage hinweg.

Ihr, liebe Sternsinger, macht mir Mut und Vertrauen. Ihr seid die Zukunft der Kirche. Auf Euch verlasse ich mich! Euch danke ich

So danke ich Euch Sternsingern von ganzem Herzen für Euer Glaubenszeugnis, für Euren Mut und für die Zeit, die Ihr hergebt. Ihr opfert einen Teil Eurer Ferien. Ich danke auch den Müttern und Frauen, die jedes Jahr für Euch die Kleider herrichten und nähen. Ich danke allen, auch Euren Pfarrern und Seelsorgern, die Euch begleiten und beistehen. Ich danke den Familien und allen, die Euch aufnehmen und ihre Gabe spenden. Alle geben dabei etwas von sich her. Sie bringen wie die Könige ihre Gaben zur Krippe. Und es ist ganz sicher: Jeder der zu Jesus kommt und sich selbst bringt, wird nicht leer weggehen. Er wird mit dem Segen Gottes reich beschenkt werden. Ein Stern wird auch ihm aufgehen, der ihm leuchtet und der ihn führt.

II. Gottes Segen für die Menschen

Noch ein Zweites möchte ich Euch sagen. Das, was Ihr tut, ist nicht nur ein schöner Brauch oder ein frommes Spiel. Ihr zeichnet mit Eurer Kreide die Buchstaben eines Segens über die Türe: »C+M+B«. Ihr wisst, was diese Abkürzung bedeutet? »Christus Mansionem Benedicat!« – »Christus segne dieses Haus.«

Christus soll mit dem Haus auch die Menschen und das kommende Jahr segnen. Sein Stern soll leuchten! Diesen Segen bringt Ihr damit den Familien und Alleinstehenden, den Kindern und Kranken und verkündet so die Frohbotschaft vom Weihnachtsfest. Gott ist mit uns. Als kleines Kind ist er mitten unter uns. Niemand braucht mehr Angst zu haben vor dem Dunkeln, das heißt vor dunklen und schlimmen Tagen.

Vielleicht denkt Ihr aber auch daran, dass die Könige, die nach Bethlehem gekommen sind, aus einem fernen und fremden Land waren. Wir haben es vorher in der Weihnachtsgeschichte gehört und gesehen. Das ist wichtig. Denn Gott wollte, dass alle Menschen aus den nahen und fernen Ländern, aus allen Kontinenten und Sprachen zu Jesus Christus finden. Jesus gehört allen Menschen. Sein Stern soll allen leuchten.

So feiern wir mit der Kirche Weihnachten zusammen mit allen Christen auf der ganzen Welt. Manchen davon, besonders Kindern geht es aber nicht so gut. Zum Beispiel müssen viele Kinder mit ihren Eltern zusammenarbeiten oder sogar für ihre kranken Eltern Geld verdienen. Diese Kinder haben keine Schule und keine Ferien. Ein Lehrer in einer Schule in Peru sagt: »Nach 10 Uhr sind die Kinder in der Schule nicht mehr ansprechbar, weil sie kein Frühstück und den Tag über zu wenig zu essen haben.« Und dennoch sind es fröhliche Menschen, die in ihrer Muttersprache Weihnachtslieder singen. Sie stehen wie wir vor der Krippe und freuen sich, dass Jesus geboren wurde.

Ihr als Sternsinger tragt auf Eure Weise dazu bei, dass Kinder auf dieser Erde leben können. Dadurch, dass Ihr Geld sammelt – und es waren im letzten Jahr wieder über zweieinhalb Millionen D-Mark allein in unserer Diözese, siebenundzwanzig Millionen in der Bundesrepublik – verhelft Ihr vielen Kindern an rund zweitausend Orten in der Welt, vor allem in Äthiopien, zum Überleben, zur Schule und Ausbildung. Wenn Ihr mich also gefragt habt, welche hoffnungsvollen Zeichen ich sehe, die Vertrauen geben, so möchte ich zunächst auf Euch Sternsinger zeigen. Ihr seid die Hoffnung für viele. Durch Euch segnet Christus nicht nur die Häuser, in die Ihr kommt, sondern viele andere Häuser und Hütten auf der ganzen Welt.

So finde ich es einfach enorm, wenn in jedem Jahr die Aktion »Sternsingen« größer und bedeutender wird. Jedes Jahr haben mehr Kinder und Gemeinden mitgemacht. Am Anfang machten nur hundert Gemeinden mit, dieses Jahr werden es in der Bundesrepublik wohl zehntausend Gemeinden sein, in denen Kinder und Jugendliche für den Glauben und für die ganze Welt Verantwortung übernehmen.

III. Wagt Vertrauen

Noch ein Drittes und Letztes! Ihr kennt sicher das Thema für die Sternsingeraktion 1990 auswendig!? Es heißt: Weesige. Es ist ein Wort aus der Sprache der Bugunda im afrikanischen Uganda und bedeutet so viel wie: »Wagt Vertrauen!«

Sicherlich habt Ihr schon einmal darüber nachgedacht, dass Vertrauen etwas sehr Wesentliches ist. Jeder Mensch muss vertrauen können, sonst kann er nicht leben. Wir Christen glauben, dass Vertrauen ein Geschenk Gottes ist. Es kommt aus seiner guten Hand, und deshalb haben wir auch den Auftrag, dieses Geschenk und damit das Vertrauen weiter zu schenken und zu bewahren. Wir sollen mithelfen, dass die Menschen einander vertrauen und Gott vertrauen. So kann die Erde allein zum Guten hin verändert werden.

Dazu eine kleine Geschichte. Eines Tages machte sich ein Mann auf und besuchte seinen Freund und dessen Frau in einem weit entfernten Dorf. Sie haben ihn mit großer Freude empfangen und stellten ihn den anderen Dorfbewohnern vor. Auch sie empfingen ihn herzlich. Sie schickten ihm jeden Tag, einer nach dem anderen eine Kürbisschale mit gutem Essen gefüllt, das er mit seinen Gastgebern teilte. Er füllte die leere Kürbisschale dann jedes Mal mit wertvollen Muscheln und schickte sie an den Spender zurück. Aber nach einigen Tagen des Feierns und der Freude musste er zurückreisen. Weil er aber so großzügig gewesen war, hatte er jetzt keine Muschel mehr als Geschenk für die Gastgeber übrig. »Ich habe keine Muschel mehr, aber ich lasse dir als Geschenk einen Kürbiskern. Er ist mir noch geblieben. Er wird dir meine Freundschaft und meine Dankbarkeit beweisen.« Als er fort war, warf der Freund wütend und voller Zorn den Kürbiskern fort. Aber seine Frau hob ihn sorgfältig auf und steckte ihn in fruchtbaren Boden. Der Kürbiskern war doch eine Erinnerung an den Besuch des Freundes! Der Samen ging auf und es wuchs eine große Staude daraus, an dem viele schöne Kürbisse hingen. Eines Tages wählte die Frau eine reife Frucht aus und trug sie in die Hütte. »Möchtest du sie öffnen?« fragte sie ihren Mann. Als die Frucht aufgeschnitten war, waren beide sehr überrascht. Denn der ganze Kürbis war mit wertvollen Muscheln gefüllt.

Es gibt Menschen, die handeln wie diese Frau. Sie lassen sich nicht beeindrucken, auch wenn manches sehr unscheinbar und klein aussieht. Wo sie können, helfen sie und lassen so Früchte und Segen wachsen. Aus Kleinem kann Großes werden!

Immer wieder bin ich erstaunt, wenn mich Missionare besuchen kommen und mir von ihrer Arbeit berichten. Eine Ordensschwester aus unserer Diözese hat mir erzählt, dass dort, wo sie arbeitet, alles sehr teuer ist. Die Armen können sich kaum das tägliche Brot leisten.

Aber als sie sah, dass nur die Erde umsonst war, hat sie sich hingesetzt und aus dem Lehm Formen und Figuren hergestellt. Heute ist daraus eine Fabrik geworden, die den Armen gehört und durch die sie leben können. So haben die Erwachsenen und Kinder dort gelernt, dass Gott alle Menschen liebt und auch ihr Leben segnet.

Wagt also Vertrauen:

- Vertrauen in Eure Sternsingeraktion, die von Jahr zu Jahr wächst, dieses Jahr sind sogar Jugendliche aus der DDR dabei!
- Vertrauen in Euer Leben. Der Stern von Bethlehem leuchtet Euch voran! Schaut nach oben und nicht nach unten, Vertrauen in die Kirche, wo es Menschen wie Schwester Martina und Mutter Teresa gibt.
- Vertrauen in die Menschen. Sie brauchen Euch. Denkt nicht nur an Euch. Denkt auch an die anderen. Bringt ihnen den Stern. Nicht nur in diesen Tagen, sondern jeden Tag. Auf Euren Gesichtern, in Euren Augen und Herzen soll der Stern leuchten. Spielt nicht nur Sternsinger – seid Sternsinger und Sternbringer.

Dazu werdet Ihr jetzt ausgesandt. Dazu will ich Euch jetzt den Segen Gottes erbitten. Der Stern von Bethlehem sei mit Euch. Amen.

Esperanza – Hoffnung, damit Kinder leben können

Liebe Sternsingerinnen und Sternsinger,
liebe Mädchen und Jungen![1]

Ich freue mich sehr, dass Ihr auch in diesem Jahr wieder so zahlreich zur Aussendungsfeier der Sternsinger zusammengekommen seid. Ihr Jungen und Mädchen habt Euch als Könige gekleidet. Prächtige Kleider und schöne Königskronen sind es, die Ihr angezogen habt. Was Ihr da tut, hat nichts mit Fasching zu tun. Nein, Ihr wollt Euch wieder auf den Weg zu den Wohnungen und Häusern machen, um den Menschen die Botschaft von der Geburt Jesu Christi zu verkünden. Ihr wünscht den Bewohnern der Häuser und Wohnungen mit Euren Liedern und Gedichten den Frieden und den Segen Gottes für das Neue Jahr.

I. Esperanza – Hoffnung, damit Kinder leben können

Sicher habt Ihr schon das Plakat zur diesjährigen Sternsingeraktion gesehen. Wer weiß, wie es aussieht? Kinder sind darauf abgebildet. Sie schauen uns an mit einem Lächeln im Gesicht. Sie freuen sich. Warum? Quer über das Plakat steht ein Wort, das uns zunächst fremd ist. Wer weiß es? »Esperanza« heißt es. Auf deutsch heißt dieses Wort Hoffnung. Die Kinder freuen sich, weil sie Hoffnung haben.

Wenn ich Euch jetzt fragen würde, auf was Ihr hofft, so würden sehr viele verschiedene Antworten kommen. Ich hoffe auf einen schönen Sommer, ich hoffe auf ein neues Fahrrad, auf gute Freunde, auf

[1] Predigt anlässlich der Aussendungsfeier der Sternsinger am 01. Januar 1992 in Ulm-Wiblingen.

gute Noten, auf ein langes glückliches Leben. Ich hoffe auf mehr Taschengeld. Die Kinder, die von Kroatien zu uns hierher nach Deutschland geflüchtet sind, werden sicher sagen, ich hoffe auf Frieden in meiner Heimat, und ich hoffe darauf, bald meine Familie wiederzusehen.

Das Wort »Esperanza« kommt aus Ecuador. Was hoffen die Menschen dort? Der kleine Jose, der seine Eltern verloren hat, hofft auf einen Platz in einem Kinderheim. Sinang, der schon als Kind Geld verdienen muss, hofft auf etwas Zeit zum Spielen. Der kleine Thong hofft darauf, dass er einmal keinen Hunger mehr hat. Nayendia hofft auf die Rückkehr in ihr Dorf, aus dem sie vertrieben wurde. Alfredo hofft auf ein Stück Land, von dem er und seine Familie nicht vertrieben werden. Der jugendliche Kim hofft auf einen Arbeitsplatz. Juan hofft auf einen gerechteren Lohn für seine schwere Arbeit.

Sie alle hoffen auf etwas, das sie nicht haben, dass sie aber dringend brauchen, um überleben zu können.

II. Eine kleine Hoffnungsgeschichte

Was ist das also Esperanza, Hoffnung? Um dieser Frage näher zu kommen, möchte ich Euch eine kleine Geschichte erzählen. Sie heißt: »Die Blume in der Wüste«.

Es war einmal eine kleine Blume, die stand mitten in der Wüste. Täglich wartete die kleine Blume auf einen Regentropfen. Jemand hatte ihr mal erzählt, wie wichtig und schön der Regen sei. Doch, wenn es wirklich nach Regen roch, kamen die Geier und fingen alle Hoffnung ab. Mit Mühe hielt sich die kleine Blume im lockeren Boden und hatte einfach Angst. Angst vor der sengenden Hitze, Angst vor der Einsamkeit, Angst vor dem nächsten Sturm. Ein Kolibri, das ist ein kleiner Vogel, sah ihre Traurigkeit und sagte dies den anderen Tieren weiter. Doch der Stier hatte kein Interesse. Für ihn galt nur, was stark ist. Auch der Bernhardiner blieb kalt. Ihn rührte nichts. Sein Hobby war die Langeweile. Und die Elster, die immer so große Töne schwang, sagte, sie habe zu viele Termine und deshalb wirklich keine Zeit. Da war der Kolibri verzweifelt; denn, was sollte ausgerechnet er, der kleinste unter den Vögeln, tun? Da schwirrte er kurzentschlossen zu den Ameisen und berichtete ihnen von den großen Traurigkeiten der

Blume. Ohne zu zögern bildeten die kleinen Ameisen eine lange Kette, schleppten Grassamen und Früchte bis an die Wurzel des Kummers. Sie benetzten alles ein wenig mit Tau und es dauerte nicht lange: Da wuchs Leben mitten in der Wüste und die kleine Blume entwickelte sich zu strahlendem Glanz, den ihr vorher niemand zugetraut hatte. Das alles war nur möglich, weil der Kolibri die Ameisen benachrichtigt hatte.

Was also ist Hoffnung?

Hoffnung ist eine Kraft, die die Welt verändern und zum Blühen bringen kann. Ohne Hoffnung kann niemand leben. Ohne Hoffnung verdorren wir wie die kleine Blume. Dabei ist es wichtig, dass der einzelne Mensch nicht nur still für sich alleine »dahinhofft«. Er muss seine Wünsche und Hoffnungen anderen mitteilen und so Freunde gewinnen. Wo zwei gemeinsam eine Hoffnung haben, ist der erste Schritt zur Erfüllung schon getan. Der kleine Kolibri hat gemerkt, was der kleinen Blume in der Wüste fehlte. Er hat sich dafür eingesetzt, dass die kleine Blume wieder hoffen kann, dass es ihr besser geht. Er hat dazu verholfen, dass die Blume aufblühen und so anderen Freude machen konnte.

III. Hoffnung für die Kinder in Ecuador

Wenn Ihr in den nächsten Tagen mit Euren Sammelbüchsen von Haus zu Haus geht, dann sammelt Ihr, ähnlich wie die Ameisen, Hoffnung in diesem Jahr besonders für die vielen notleidenden Kinder in Ecuador. Das, was Ihr zusammentragt, hilft Kindern, um heute leben zu können – wie es auf dem Plakat heißt. Denn das Geld, das Ihr sammelt, wird zum Zeichen der Hoffnung, damit Kinder in diesem südamerikanischen Land wieder Mut zum Leben bekommen.

Im Sternsingerbrief, den ich an alle Sternsinger geschrieben habe, konntet Ihr bereits etwas davon lesen, wie die Kinder dort leben. Das Land ist ungefähr so groß, wie der westliche Teil von Deutschland. Trotz der reichen Natur leben dort viele Menschen in schrecklicher Armut. Wie an vielen anderen Orten in Südamerika auch, leben viele Kinder auf den Straßen. Sie sind vor ihren Eltern geflohen oder von ihnen verstoßen worden. Sie haben kaum etwas zu essen und sind ohne ein Dach über dem Kopf schutzlos jedem Wetter und auch der

Gewalt von anderen Menschen ausgesetzt. Seit einigen Jahren versuchen Missionare und Missionsschwestern diesen Straßenkindern zu helfen. Sie teilen deren karges Leben und versuchen, ihr Vertrauen zu gewinnen. Sie errichten Heime und Schulen für diese Kinder, damit sie auf ein hoffnungsvolles Leben zugehen können.

Liebe Mädchen und Jungen, ich möchte Euch herzlich danken, dass Ihr Euch für diese Kinder einsetzen wollt. Ich danke Euch, dass Ihr bereit seid, mit Eurer Sternsingeraktion etwas gegen die Not und das Elend in der Welt zu tun. Als Sternsingerinnen und Sternsinger leistet Ihr in diesem Jahr einen Beitrag für ein hoffnungsvolleres Leben der Straßenkinder in Ecuador.

Vor wenigen Tagen haben wir Weihnachten gefeiert. Wir haben daran gedacht, dass Gott in Jesus für uns Mensch geworden ist. Wir haben gefeiert, dass Gott auf unserer Seite steht. Gott wird Mensch, weil er uns liebt. Gott wird ein Kind, weil er besonders die Kinder liebt. Wir stehen und leben nie mehr allein, denn Gott steht immer an unserer Seite. Er ist bei uns. Für ihn ist jeder Mensch, jedes einzelne Kind wichtig. Er will jedem Esperanza, Hoffnung, schenken.

Diese Frohe Botschaft dürft Ihr weitersagen und singen: »Gott liebt jeden Menschen, Gott steht auf der Seite der Menschen, niemand braucht mehr allein zu sein, weil Gott die Sorgen und Nöte der Menschen versteht«.

IV. Hoffnung für die Menschen bei uns

Wenn Ihr diese Botschaft hinaustragt zu den Menschen in ihren Häusern und Wohnungen und deren Gaben für die Straßenkinder in Ecuador sammelt, dann werdet Ihr nicht nur für diese armen Kinder in Südamerika zu Boten der Hoffnung. Dann werdet Ihr auch zu Boten der Hoffnung für die Menschen hier bei uns. Wenn Ihr mit Eurem Stern, mit Euren Gewändern, Liedern und Gedichten zu den Menschen kommt, dann bringt Ihr auch ihnen ein wenig Licht in ihr Leben.

Vorhin habt Ihr uns in einem Spiel gezeigt, was einem als Sternsinger so alles passieren kann, wenn man an einer Haustür klingelt. Manche Menschen sind traurig – vielleicht haben sie einen lieben Menschen verloren und sie sind nun einsam und allein. Ihnen könnt

Ihr ein wenig Hoffnung bringen, ein wenig Licht in ihre dunkle Situation. Oder da sind andere, die Euch nicht anhören wollen, die Euch die Tür vor der Nase zuschlagen. Es sind vielleicht verbitterte Menschen, weil sie einmal schlechte Erfahrungen gemacht haben. Auch sie brauchen das Licht der Hoffnung. Oder Ihr trefft auf Menschen, die aus einem anderen Land kommen, ausländische Menschen. Sie fühlen sich fremd und haben vielleicht Heimweh. Auch sie warten auf ein Zeichen der Hoffnung, dass sie bei uns angenommen und willkommen sind.

Ihr seht, liebe Jungen und Mädchen, Ihr habt eine großartige Aufgabe vor Euch. Diese Aufgabe, die Ihr nun auf Euch nehmt, habt Ihr aber nicht nur ein oder zwei Tage im Jahr – sie gilt für das ganze Jahr. Ja, für Euer ganzes Leben: Wir sollen als Christen unser ganzes Leben hindurch den Stern, Jesus Christus, zu den Menschen tragen. Wir sollen für Jesus Christus Zeugnis geben, den Menschen von ihm erzählen, von seiner guten Botschaft und so die Menschen frohmachen und ihnen Hoffnung schenken. Esperanza, Hoffnung zu verbreiten, das ist unsere Aufgabe. Amen.

Trái dát moi – Eine neue Erde, damit Kinder heute leben können

Liebe Sternsinger,
liebe Mädchen und Jungen![1]

Ich freue mich sehr, Euch alle hier begrüßen zu können. Es ist ein prächtiges Bild, das ich hier vorne vor mir habe. In dieser herrlichen alten Kirche sehe ich viele Könige und Königinnen vor mir. Prächtige Kleider habt Ihr angelegt. Wie in den Jahren zuvor, so wollt Ihr Euch auch zu Anfang dieses Jahres wieder auf den Weg machen zu den Menschen in den Wohnungen und Häusern Eurer Gemeinden, um ihnen allen die Botschaft von der Geburt Jesu Christi zu verkünden. Dabei wünscht Ihr den Menschen, denen Ihr begegnen werdet, mit Euren Liedern und Gedichten den Segen und den Frieden Gottes für das neue Jahr.

Vor wenigen Tagen wurde mir das Ergebnis des letzten Jahres mitgeteilt. Ich war erstaunt und überrascht zugleich. Wieder konnte das Sammelergebnis im Vergleich zum Vorjahr gesteigert werden. In ganz Deutschland beteiligen sich nirgends so viele Gemeinden und Jugendgruppen beim Sternsingen wie hier in Südwestdeutschland in den beiden Diözesen Freiburg und Rottenburg-Stuttgart. Im vergangenen Jahr waren es 911 Gemeinden unseres Bistums, 20 mehr als im Vorjahr, die sich an der großen Sternsingeraktion des Kindermissionswerkes in Aachen beteiligt haben. 3,9 Millionen DM, eine unvorstellbar große Summe, wurden 1993 allein in unserer Diözese gesammelt. Das ist ein großartiges Ergebnis und eine großartige Hilfe von Kindern für andere Kinder in Not.

---

[1] Predigt anlässlich der Aussendungsfeier der Sternsinger am 01. Januar 1994 in St. Verena in Rot an der Rot.

I. Trái dát moi – Eine neue Erde, damit Kinder heute leben können.

Trái dát moi – Eine neue Erde: so heißt das diesjährige Motto der Sternsingeraktion. Es wurde uns vorhin bereits vorgestellt. Auch die Lesung aus dem letzten Buch der Heiligen Schrift, der Offenbarung des Johannes – wir haben sie gerade eben gehört – spricht von einer neuen Erde. In eindrucksvollen Bildern wird diese neue Erde beschrieben: Ein gewaltiger Strom mit klarem, frischem Wasser durchzieht das Land. An beiden Ufern stehen Bäume, die so fruchtbar sind, das zwölfmal im Jahr davon geerntet werden kann. Eine unvorstellbare Fülle an Früchten, wenn wir daran denken, dass wir hier bei uns nur einmal im Jahr Früchte von den Bäumen ernten können. Auf dieser neuen Erde geschieht alles so, wie Gott es sich vorgestellt und gedacht hat.

Kommt Euch das nicht irgendwoher bekannt vor? Was hier in herrlichen Bildern beschrieben wird im letzten Buch der Bibel, erinnert an das, was im ersten Buch der Bibel steht, an die Schöpfungsgeschichte. Gott hat die Welt geschaffen und er hat sie gut geschaffen. Doch was ist aus ihr geworden? Die Geschichte vom goldenen Fisch hat es uns gezeigt. Die Menschen haben ihren Auftrag, den sie von Gott erhalten haben, nämlich, auf seine schöne Schöpfung achtzugeben, vergessen. Sie haben die Schöpfung vernachlässigt, ja ausgebeutet, verschmutzt und schlechtgemacht. Dabei haben sie nur noch an sich und ihren Vorteil gedacht und so Gottes schöne Schöpfung ins Chaos gestürzt. Indem sie sich immer mehr von Gott abgewandt haben, sind sie auch untereinander zu Feinden geworden. Viel Ungerechtigkeit und Not ist entstanden.

Ihr Kinder erfahrt es auch immer wieder, Ihr hört es im Fernsehen oder die Erwachsenen sagen es Euch, wie schlimm es in manchen Ländern dieser Erde zugeht. Wir hören und sehen die schrecklichen Bilder von Kriegen, von Tod und Gewalt, auch in unserer nächsten Umgebung.

Doch Gott findet sich mit diesem schlimmen Zustand nicht ab. Er wird, so sagt es uns die Offenbarung des Johannes, die Welt erneuern und vollenden, er wird seine Ordnung wiedererrichten, wo er der einzige Herr dieser Erde sein wird. Die Völker werden zu einem neuen und versöhnten Umgang untereinander und miteinander finden. Es wird nichts Trennendes und Feindliches mehr geben; den Menschen aller Völker wird es gleich gut ergehen. Ungerechtigkeit und Not werden guten und gerechten Verhältnissen für alle Menschen weichen. Gott wird Licht bringen in das Dunkel der Welt.

II. Unsere Mitarbeit am Aufbau der neuen Erde

Gott hat seinen Sohn in diese Welt gesandt, er ist Mensch geworden in Jesus Christus – wir haben es vor wenigen Tagen gefeiert – und er hat uns durch seinen Sohn den Weg gewiesen, wie wir zum Aufbau einer neuen Erde beitragen können. Er ruft uns alle auf, mitzuarbeiten an diesem großen Auftrag. Jeder kann dazu etwas beitragen, jeder Einsatz ist wichtig, und ist er auch noch so klein. Auch mit kleinen Schritten können wir die Welt aus dem Chaos herausführen und so unseren Beitrag zur neuen Erde leisten. »Viele kleine Leute an vielen kleinen Orten, die viele kleine Schritte tun, können das Gesicht der Welt verändern.«

Einer der schönsten Beiträge, die Kinder für den Aufbau einer neuen Erde machen können, ist das jährliche Mitmachen bei der Sternsingeraktion. Durch Euer Beten und Singen helft Ihr mit, dass Kinder in den armen Ländern dieser Erde das Nötigste zum Leben bekommen. Wie in den vergangenen Jahren, so wollen wir in der Diözese Rottenburg-Stuttgart auch in diesem Jahr wieder ein Projekt in Ecuador unterstützen. Vielleicht wisst Ihr es noch: Dieses Land liegt in Südamerika am Äquator. Es ist ein reiches Land mit vielen Bodenschätzen, aber doch leben viele Menschen in Armut. Ein großer Reichtum dieses Landes ist das Erdöl. Doch die Fabriken, die dieses Erdöl aus dem Boden gewinnen, lassen viele Abwässer ungeklärt in die Flüsse zurücklaufen. Viele Menschen aber beziehen ihr Trinkwasser aus diesen Flüssen. In den letzten Jahren sind viele Krankheiten aufgetreten aufgrund des schlimmen Zustandes der Flüsse. Deshalb wollen wir mit dazu beitragen, dass mit unserer diesjährigen Sternsingersammlung zwei Anlagen gebaut werden können, die das Wasser reinigen und wieder frisch und klar machen.

Mit dieser Aktion helft Ihr aber auch mit, den Menschen hier bei uns klarzumachen, dass wir in einem sehr reichen Land, in einem der reichsten Länder der Erde, leben können, dass wir diesen Reichtum aber auf Kosten vieler armen Länder genießen. Deshalb ist es unsere Aufgabe, die Menschen hier bei uns zum Nachdenken zu bringen und sie daran zu erinnern, das, was wir haben, miteinander zu teilen. Nur so können die Menschen auf der ganzen Welt in Gerechtigkeit und Frieden leben.

Unsere Sternsingeraktion will das weiterführen, was Jesus uns vorgelebt hat: Er hat die Menschen angenommen, ihre Not gesehen, ihren Hunger gestillt. Er hat sich besonders um die Armen, Kleinen und die an den Rand Gedrängten gekümmert. Wir sollen es ihm gleichtun.

III. Gottes neue Erde auch in unserer Umgebung

Liebe Jungen und Mädchen, wenn wir uns bei unserer Sternsingeraktion einsetzen für die Kinder in Lateinamerika, Asien, Afrika oder Ozeanien, so dürfen wir die Situation und die Lebensverhältnisse von Kindern hier bei uns in Deutschland nicht aus den Augen verlieren.

Auch hier bei uns gibt es viel Dunkles, viel Not und Leid. Überlegt Euch mal: Wo erleben Kinder in unserem Land Ungerechtigkeit, Gewalt und Hass? Wie ergeht es Kindern bei uns, die als Außenseiter leben, etwa weil sie eine andere Hautfarbe haben, eine andere Sprache sprechen, aus einem anderen Land zu uns gekommen sind?

Auch hier bei uns tut sich ein großes Aufgabenfeld auf. Ich glaube, Ihr könnt den Erwachsenen, die sich manchmal ganz schön schwertun, gut vorleben und vorzeigen, wie man einander helfen kann, fremde Kinder mit einbezieht in das gemeinsame Spiel und in das fröhliche Miteinander.

In meinem Brief zur diesjährigen Sternsingeraktion habe ich Euch geschrieben und gebeten zu überlegen, ob Ihr nicht auch ausländische Kinder in Eure Sternsingergruppen mit aufnehmen könnt. Das wäre ein großartiger Beitrag zum Aufbau einer neuen Erde hier bei uns. Vielleicht wisst Ihr auch, wo in Euren Gemeinden gerade solche Kinder mit Ihren Familien sind, vielleicht könnt Ihr gerade sie aufsuchen und ihnen mit der Botschaft von der Geburt Jesu eine Freude machen und Ihnen so zeigen, dass sie uns willkommen sind und zu uns gehören.

Ihr seht, liebe Jungen und Mädchen, Ihr habt eine großartige Aufgabe vor Euch als Sternsinger. Diese Aufgabe habt Ihr aber nicht nur ein oder zwei Tage im Jahr. Sie gilt für das ganze Jahr; ja, für Euer ganzes Leben: Jesus Christus ruft uns als Christen; unser ganzes Leben hindurch für ihn Zeugnis zu geben, den Menschen von ihm zu erzählen, von seiner guten Botschaft und so die Menschen froh und glücklich zu machen. Zu dieser Aufgabe, die jetzt vor Euch liegt, wünsche ich Euch viel Freude und Gottes Segen, der Euch immer begleiten möge. Amen.

Kaya Kwanga – Heimat für alle, damit Kinder heute leben können

Liebe Sternsingerinnen und Sternsinger,[1]

die Geschichte aus dem Alten Testament, die wir eben gehört haben, wird vielen von Euch bereits gut bekannt sein – aus dem Religionsunterricht oder aus dem Familiengottesdienst.

I. Von Gott gerufen

Wir haben von Abraham gehört, zu dem Gott eines Tages ganz unerwartet und völlig überraschend sprach: »Zieh weg aus deinem Land. Verlass deine Familie und deine Freunde, das Haus, in dem du aufgewachsen bist und gelebt hast, und ziehe in ein Land, das ich dir zeigen werde.« *(Gen 12,1)*

Was das bedeutet und wie sich Abraham gefühlt haben muss, das können diejenigen unter Euch am besten verstehen, die so etwas selbst schon erlebt haben: Eines Tages steht der Möbelwagen vor der Tür. Alles wird in Kisten und in Koffern verpackt und dann geht es weit weg an einen anderen, oftmals fremden Ort. Und ich vermute, dass viele von Euch bei diesem Gedanken nicht gerade vor Begeisterung einen Luftsprung gemacht haben.

Denn wer lässt schon leichten Herzens zurück, was ihm lieb und vertraut geworden ist:
– die Wohnung, in der man zu Hause ist,
– die Stadt, in der man jede Straße und jeden Winkel kennt,

---

[1] Ansprache anlässlich der Aussendungsfeier der Sternsinger am 30. Dezember 1994 in St. Eberhard in Stuttgart.
Lesung: Gen 12,1–7.

– und vor allem die vielen Freundinnen und Freunde, mit denen man so gerne gespielt und so vieles erlebt hat.

Besonders beklemmend ist die große Ungewissheit, die mit einem so einschneidenden Ereignis verbunden ist. Da fragt man sich: Was kommt alles auf mich zu? Wie wird es mir an dem neuen Ort ergehen? Werde ich wieder neue Freunde finden – und werde ich mich mit denen dann so gut verstehen wie mit meinen alten Freunden?

Ich bin mir aber genauso sicher, dass die allermeisten von Euch – vielleicht erst nach einiger Zeit – auch eine andere, eine gute und frohe Erfahrung gemacht haben: Ihr habt sicher gespürt, dass der neue Ort gar nicht so schlimm war wie zuerst befürchtet. Denn auch dort gab es Menschen, mit denen ihr auskommen und Freundschaft schließen konntet. Auch wenn ihr Eure alte Heimat aufgeben musstet, so habt ihr schließlich doch eine neue Heimat gefunden, von der ihr heute sicher auch nicht mehr gerne weggehen würdet.

II. Auf der Suche nach einer neuen Heimat

Aber, meine lieben Sternsingerinnen und Sternsinger, diese gute und wichtige Erfahrung ist gar nicht so selbstverständlich! In vielen Ländern unserer Welt müssen viele Menschen und vor allem auch viele Kinder ihre Heimat aufgeben – ohne eine neue Heimat zu finden: Diese Kinder wissen dann nicht mehr, wohin sie gehören und wie ihre Zukunft aussehen wird!

Der Junge, dessen Bild ihr auf der ersten Seite Eures Liedblattes seht, gehört zu diesen Menschen: Er heißt Tome und stammt aus Mosambik, dem Partnerland der diesjährigen Sternsingeraktion. In keinem Land unserer Erde gibt es so viele Kinder, die ihre Heimat verloren haben, wie in Mosambik. Tome lebt mit seinen Geschwistern und mit seiner Großmutter in einem großen Flüchtlingslager. Alles, was ihm geblieben ist, sind die Kleider, die er an seinem Leib trägt. Manchmal reicht auch das Essen nicht, das Tome im Flüchtlingslager bekommt. Dann geht Tome in die benachbarte Missionsstation zu Schwester Felizitas. Dort bekommt er immer etwas zu essen: In der Missionsstation bei Schwester Felizitas kann sich Tome mitten in der Fremde zu Hause fühlen – dieser Ort ist für ihn ein Stück Heimat.

Das ist nur ein Beispiel. Viele weitere könnten wir aufzählen: Von Kindern, die ihre Heimat verlassen mussten,

- weil sie – wie in Bosnien – vor dem Krieg und der Zerstörung fliehen müssen,
- weil ihre Familien verfolgt und bedroht werden,
- oder weil ihnen das fehlt, was sie zum Überleben brauchen.

Aber auch von Kindern, die sich nicht mehr zurechtfinden in ihrem Leben, die sich von anderen Menschen verlassen fühlen oder selbst ihre Familien verlassen und auf der Straße – ohne richtiges Zuhause – leben. Etwa 100 Millionen solcher Straßenkinder gibt es.

III. Geführt in eine neue Heimat

Liebe Sternsingerinnen und Sternsinger, solchen Kindern wollen wir helfen mit unserer Aktion Dreikönigssingen 1995. Unser diesjähriges Thema lautet daher: »Kaya Kwanga. Heimat für alle, damit Kinder heute leben können.«

Wir wollen ihnen helfen, weil auch diese Kinder spüren sollen, was damals Abraham erfahren durfte: dass Gott alle Menschen in eine neue Heimat führen will; dass er ihnen ein Leben ermöglichen will in Frieden und Gerechtigkeit, ein Leben, in dem sie spüren und erfahren können, dass sie angenommen und geliebt sind.

Wir wollen unseren Teil dazu beitragen, dass das für immer mehr Kinder auf dieser Welt Wirklichkeit werden kann. So wie ihr eben diese Steine zu einem Haus zusammengefügt habt, so wollen wir alle zusammen dazu beitragen, dass ein Haus entstehen kann, in dem sich alle Kinder dieser Welt wohlfühlen können, weil sie durch Eure Hilfe spüren, dass Gott bei ihnen ist und sie liebt.

Viele solcher Projekte werden auch dieses Mal wieder mit dem Geld unterstützt, das ihr in den nächsten Tagen in den Städten und Orten unseres Landes sammeln werdet. Das Geld, das bei der Sternsingeraktion 1995 in unsere Diözese Rottenburg-Stuttgart gesammelt wird, wird vor allem nach Indonesien in unsere Partnerdiözesen gehen. Mit diesem Geld soll dort die pastorale Jugendarbeit gefördert, Bücher angeschafft und Gruppenleiterinnen und Gruppenleiter für ihre Arbeit mit Kindern und Jugendlichen ausgebildet werden. Natürlich sollen diese Gruppen in den katholischen Gemeinden in Indonesien auch offen sein für Kinder, die einen anderen Glauben haben. Denn auch sie sollen spüren und erfahren, was auch ihr als Sternsingerinnen und Sternsinger erfahren und erleben könnt, dass es Freude und Spaß macht in einer kirchlichen Gruppe aktiv zu sein und dort Heimat zu finden.

IV. Gott liebt uns

Liebe Sternsingerinnen und Sternsinger, wenn ihr in den kommenden Tagen mit Eurem Stern durch die Straßen zieht, dann tragt ihr etwas von dem Licht in die Häuser und in das Leben der Menschen, das durch die Geburt Jesu in unsere Welt gekommen ist. Ich danke Euch für dieses Zeugnis und ich danke allen, die Euch bei Eurem Einsatz helfen.

Der Lohn, den ihr für Euren Einsatz bekommen werdet, sind nicht nur die Süßigkeiten, die Euch in manchem Haus zugesteckt werden, sondern vor allem die Dankbarkeit vieler Kinder in Mosambik, in Indonesien und in vielen anderen Ländern dieser Welt, die Euch zurufen: »Weil ihr uns geholfen habt, haben wir wie Abraham wieder Heimat gefunden; weil ihr uns geholfen habt wissen wir, dass Gott uns liebt.« Amen.

Keadilan – Gerechtigkeit für alle, damit alle Kinder heute leben können

Liebe Sternsingerinnen und Sternsinger,[1]

das ist ja ein Evangelium, das euch gefallen muss. Da stehen lauter Erwachsene um Jesus herum und fragen ihn, wer von ihnen wohl der Größte, das heißt der Wichtigste, ist. Und was macht Jesus? Er ruft ein Kind herbei und stellt dieses Kind in die Mitte. Er macht das Kind zur Hauptperson. Das hätte euch sicher auch gefallen, wenn Jesus euch in die Mitte gestellt hätte und zu den Großen, den Erwachsenen gesagt hätte: »Nehmt euch dieses Kind zum Vorbild!« Doch genau das tut Jesus heute mit euch. Er sagt euch, den Sternsingerinnen und Sternsingern: Ihr seid mir ganz wichtig. Ihr seid in den nächsten Tagen, wenn ihr mit eurem Stern von Haus zu Haus zieht, meine Boten – Boten der Hoffnung und der Liebe.

I. Werden wie die Kinder

Doch fragen wir uns: Was meint denn Jesus, wenn er sagt, dass nur diejenigen, die so werden wie die Kinder, in das Reich Gottes gelangen werden?

Sicher meint er nicht, dass sich alle Erwachsenen nun wie Kinder benehmen sollen. Wenn Jesus ein Kind in die Mitte stellt, so dass alle Augen auf es gerichtet sind, dann macht er damit deutlich, dass ihm die Kinder sehr wichtig sind. Er weiß nämlich, dass Kinder oftmals etwas können, was viele Erwachsene bereits wieder verlernt haben:

---

1 Predigt anlässlich der Aussendungsfeier der Sternsinger am 01. Januar 1996 in Reute.
Evangelium: Mt 18,1–5.

- Kinder trauen sich, Fragen zu stellen, während viele Erwachsene meinen, sie müssten schon alles wissen.
- Kinder trauen sich oft die Wahrheit zu sagen, wo sich die Erwachsenen vornehm zurückhalten.
- Kinder sind oft viel offener für das Schöne und Wunderbare in dieser Welt, sie können staunen, denn sie sehen manchmal Dinge, auf die die Erwachsenen schon lange nicht mehr achten.

Jesus möchte seinen Jüngern erklären, dass alle Menschen so offen sein müssen wie die Kinder, damit Gott in unserer Welt eine Chance hat. Damit sein Reich unter uns wachsen kann. Damit die Menschen gut zu- einander sind, so gut wie Jesus zu den Menschen war – besonders zu denen, denen es schlechter ging als den anderen: den Armen und Kranken, den Ausgestoßenen und Verachteten.

II. Jesus, ein Freund der Kinder

Jesus war ein Freund dieser Menschen und er war ganz besonders auch ein Freund der Kinder, weil gerade die Kinder oftmals benachteiligt und übersehen werden. Ihr wisst, dass ich in den letzten Tagen in Sarajevo war, in der Stadt, die bis vor wenigen Wochen fast täglich beschossen wurde. Ich habe festgestellt: Die Kinder sind die Hauptleidtragenden. Ich bin einer Gruppe von Kindern aus dem Kriegsgebiet begegnet. Einige hatten keine Füße mehr; sie waren von Mienen weggerissen; andere hatten keine Eltern mehr; fast alle hatten einen tiefen Schock erlitten. Kinder sind die Hauptleidtragenden dieses Krieges. Und Ihr selbst wisst, wie das ist, wenn man von den anderen nicht beachtet oder links liegengelassen wird. Wenn sich niemand dafür interessiert, wie es euch geht, wenn niemand nach euren Wünschen und Vorstellungen fragt, dann bekommt auch ihr das Gefühl, dass ihr den Erwachsenen nicht wichtig seid, dass sie nur an sich denken und euch vergessen haben.

Jeder und Jede von euch kennt dieses Gefühl – und doch wisst ihr auch, dass es euch im Vergleich zu vielen anderen Kindern, etwa den Kindern von Sarajevo oder den Kindern in Indonesien, für die ihr jetzt sammelt, gar nicht so schlecht geht. Jeder von Euch hat das, was er zum Leben braucht und meist viel mehr als das. Ihr alle geht in die Schule und werdet einmal eine Ausbildung machen, damit ihr später einmal ein gutes Leben führen könnt. Ihr wisst, dass das gar nicht so selbstverständlich ist. Viele Kinder auf dieser Welt leben unter ganz anderen Bedingungen. Viele Kinder können nicht zur Schule gehen, die allermeisten Kinder müssen mit viel weniger auskommen und es sind gar nicht so wenige Kinder, denen sogar das Lebensnotwendige fehlt, die hungern müssen, weil sie zu wenig zu essen haben.

In der Geschichte, die uns eben vorgespielt wurde, habt ihr ein besonders schlimmes Beispiel gehört: Die beiden indonesischen Kinder (Toetoenafoe und Izanulo) sollten verkauft werden, weil ihre Familie hoch verschuldet war. Diese Geschichte ist keine erfundene Geschichte. Sie hat sich wirklich so zugetragen und ist uns von den Reutener Schwestern erzählt worden.

Seit vielen Jahren leben Schwestern aus dem Kloster, in dem wir heute zu Gast sein dürfen, in Indonesien, in der Diözese Sibolga auf der Insel Sumatra. Ich selbst habe die Schwestern dort vor fast genau einem Jahr besucht und mit eigenen Augen gesehen, wie sehr sie sich darum bemühen, damit die Menschen und ganz besonders auch die Kinder auf dieser Insel besser leben können. Ich habe selbst ein Kinderheim besucht, dass von diesen Schwestern betreut wird und ich habe mit meinen eigenen Augen gesehen, wie bettelarm diese Kinder sind. Anita Schick und Angelika Zick, die hier mit uns in diesem Gottesdienst sind, werden in wenigen Tagen ebenfalls nach Sibolga aufbrechen, um dort ein halbes Jahr mit den Schwestern zu leben und ihnen bei ihrem Dienst an den Menschen in Indonesien zu helfen.

III. Stellt die Kinder in die Mitte

Liebe Sternsingerinnen und Sternsinger, natürlich kann nicht jeder von uns in die verschiedenen Teile dieser Welt reisen, um den Menschen zu helfen, die auf unsere Hilfe dringend angewiesen sind. (Vielleicht überlegt sich aber die eine oder der andere doch, ob das nicht auch etwas für ihn sein könnte – später als Missionar oder Missionarin in einem fremden Land den Menschen zu helfen).

Was wir aber alle tun können, ist, diese Menschen so gut es geht zu unterstützen. Dazu leistet gerade Ihr als Sternsinger einen wichtigen Beitrag. Mit dem Geld, das ihr sammelt, kann viel Gutes getan werden. Mit diesem Geld können zum Beispiel Kinderdörfer eingerichtet werden, in denen Kinder wie Toetoenafoe und Izanulo unter menschenwürdigen Bedingungen leben und lernen können.

Noch wichtiger als das Geld, das durch eure Sternsingeraktion gesammelt wird, ist mir, dass Ihr daran denkt, für wen dieses Geld bestimmt ist – für die vielen Kinder auf dieser Welt, denen es nicht so gut geht wie euch, deren Wünsche meist unerfüllt bleiben und die oft nicht wissen, was ihnen die Zukunft bringen mag.

Wenn Ihr an diese Kinder denkt, wenn euch ihr Schicksal nicht egal ist und wenn Ihr sie auch immer wieder in euer Gebet mit einschließt, dann tut Ihr das, was auch Jesus in der Geschichte aus dem Matthäusevangelium getan hat: Dann stellt Ihr diese Kinder in die Mitte. Dann werden diese Kinder nicht nur Geld bekommen – sie werden erfahren, dass es fern von ihrer Heimat andere Kinder gibt, die an sie denken und ihnen helfen wollen.

IV. Licht in die Häuser bringen

Liebe Sternsingerinnen und Sternsinger, wenn Ihr in den kommenden Tagen mit Eurem Stern durch die Straßen zieht, dann tragt etwas von dem Licht in die Häuser und in das Leben dieser Kinder. Eure Botschaft lautet: »Keadilan – Gerechtigkeit für alle, damit Kinder heute leben können.« Damit seid Ihr Boten der Hoffnung. Ihr zeigt, dass wir eine junge Kirche sind, welche Kinder in den Mittelpunkt stellt. Denn Kinder sind unsere Zukunft. Ich danke Euch für dieses Zeugnis und ich danke allen, die Euch bei Eurem Einsatz helfen.

Der Lohn, den ihr für Euren Einsatz bekommen werdet, sind nicht nur die Süßigkeiten, die Euch in manchem Haus zugesteckt werden, sondern vor allem die Dankbarkeit vieler Kinder in Indonesien und in vielen anderen Ländern dieser Welt. Tragt als Sternsinger die Botschaft von Haus zu Haus, dass uns Jesus, der für uns geboren wurde und für uns gestorben ist, den Auftrag gegeben hat, Gerechtigkeit für alle Kinder dieser Welt zu schaffen. Dazu erbitte ich Euch, Euren Eltern und Geschwistern und allen, die Euch bei dieser Sternsingeraktion unterstützen, von ganzem Herzen Gottes Segen! »Keadilan«. Amen.

Offene Türen

Liebe Sternsingerinnen und Sternsinger,[1]

zunächst möchte ich Euch alle ganz herzlich hier in Friedrichshafen in der Pfarrkirche zum Guten Hirten willkommen heißen. Ich freue mich, dass Ihr zum Teil weite Wege auf Euch genommen habt, um an diesem Eröffnungsgottesdienst für die Sternsingeraktion im Neuen Jahr teilzunehmen.

Ich begrüße auch alle, die mit dazu beitragen, dass diese Aktion auch in diesem Jahr wieder durchgeführt werden kann: Allen voran Eure Eltern, die Euch hierher begleitet haben und ohne deren tatkräftige Unterstützung vieles nicht möglich wäre. Ich grüße die Pfarrer Eurer Heimatgemeinden und alle Mitarbeiterinnen und Mitarbeiter in den Kirchengemeinden, die sich an der Vorbereitung und Durchführung der Sternsingeraktion beteiligen. Ich begrüße den neuen Leiter des Bischöflichen Jugendamtes, Pfarrer Hermann Friedl, mit allen seinen Mitarbeiterinnen und Mitarbeitern. Mein Gruß gilt auch dem Dekan des Dekanats Friedrichshafen und ganz besonders natürlich dem Pfarrer der Gut-Hirten-Gemeinde, in der wir heute mit dieser Eröffnungsveranstaltung zu Gast sein dürfen.

I. Verschlossene Türen – Verschlossene Herzen

Für uns haben sich heute die Türen hier in Friedrichshafen aufgetan. Doch dass die Türen oftmals auch verschlossen bleiben – das habt Ihr nicht nur in der Spielszene von eben gesehen, das könnt Ihr leider

---

1 Predigt anlässlich der Aussendungsfeier der Sternsinger am 01. Januar 1997 in Friedrichshafen.

auch am eigenen Leib immer wieder erleben, wenn Ihr als Sternsinger durch die Straßen Eurer Heimatgemeinden zieht: Da gibt es Menschen, die von den Sternsingern überhaupt nichts wissen wollen, die manchmal die Tür erst gar nicht auf machen oder – was oftmals noch viel schlimmer ist – verletzende und gemeine Dinge zu euch sagen. Wenn wir so etwas erleben, dann spüren wir ganz hautnah, dass geschlossene Türen in Wahrheit verschlossene Herzen sind.

Diese Erfahrung der verschlossenen Türen und der verschlossenen Herzen gehört irgendwie zu Weihnachten mit dazu: In der Weihnachtsgeschichte wird uns ja berichtet, dass auch für Maria und Josef die Türen verschlossen blieben.

Niemand war bereit, ihnen eine Unterkunft zu geben und so mussten sie schließlich mit einem einfachen Stall vorliebnehmen.

Unter einem solchen Stall dürft Ihr Euch gar nicht zu viel vorstellen. Im Grunde genommen war das nicht viel mehr als eine kleine dunkle Höhle. In solchen Höhlen lebten die einfachen Leute: die Hirten und die Tagelöhner, die sich keine eigene Wohnung leisten konnten und froh waren, dort einen Platz zu haben, an dem sie nachts schlafen konnten. Genau zu diesen Menschen wollte Jesus zuerst kommen. Dort, wo sie lebten, ist Jesus zur Welt gekommen. Diese einfachen und armen Menschen waren die ersten, die Jesus begegnen durften und die das Licht und die Freude erfahren haben, die durch die Geburt Jesu in unsere Welt gekommen ist.

II. Straßenkindern ein neues Zuhause geben

Deshalb, liebe Sternsingerinnen und Sternsinger, dürfen auch wir Christen die Menschen und vor allem die Kinder nicht vergessen, die heute unter ganz ähnlichen Bedingungen leben müssen.

In diesem Jahr denken wir besonders an die Kinder in Ecuador, einem Land in Südamerika. Viele Kinder müssen dort schon in jungen Jahren zur Arbeit gehen, weil ihre Familien viel zu wenig Geld zum Leben haben. Eine große Zahl hat sogar überhaupt keine Familie mehr und damit auch kein Zuhause.

Diese Kinder leben in den großen Städten auf der Straße, ohne ein Dach über dem Kopf und ohne ein warmes Bett für die Nacht. Diese »Straßenkinder« leben nicht nur unter entsetzlichen Bedingungen, sie haben – was noch viel schlimmer ist – auch keine Zukunft: Weil sie nicht zur Schule gehen können, fehlt ihnen auch die Chance, einen richtigen Beruf zu erlernen. Und so sind die meisten von ihnen zu einem Leben in Armut verurteilt.

Diesen Kindern soll mit dem Geld, das Ihr in dieser Sternsingeraktion sammeln werdet, geholfen werden. Schwestern von der Gemeinschaft »Buen Pastor«, was auf Deutsch übersetzt »Guter Hirte« heißt, leiten in einer großen Stadt Ecuadors ein Internat und eine große Schule, wo Mädchen und junge Frauen ein neues Zuhause und Ausbildungsmöglichkeiten finden können. Mit dem, was sie dort lernen, können sie sich später einmal eine eigene Existenz aufbauen und eine eigene Familie ernähren. Aber viel wichtiger ist, dass sie durch die Liebe und Zuwendung der Schwestern erfahren dürfen, dass sie wertvolle Menschen sind, dass sie nicht von Gott und der Welt vergessen sind, sondern geliebt und angenommen werden, dass sie Menschen sind, die eine Zukunft haben.

III. Die Türen zu den Herzen öffnen

Dies ist nur ein Beispiel für viele Projekte, die durch Euren Einsatz, liebe Sternsingerinnen und Sternsinger, möglich werden sollen. Durch jedes dieser Projekte wird eine Tür aufgemacht, durch die etwas von der Liebe Gottes zu uns Menschen in unsere Welt hineinleuchten kann. Durch jedes dieser Projekte soll Kindern, die auf der Straße leben müssen, ein Zuhause ermöglicht werden.

Wenn Ihr in den kommenden Tagen an die Türen in Euren Heimatgemeinden klopft, dann sollt Ihr an diese große Aufgabe denken. Denn Ihr seid Boten für dieses Licht, das durch die Geburt Jesu in unsere Welt gekommen ist und allen Menschen ein Leben in Frieden, Gerechtigkeit und Menschenwürde verheißt.

Ihr sollt mithelfen, dass wie beim ersten Weihnachten Jesus mit seiner Liebe unter den armen Menschen in Ecuador leben kann.

Ich wünsche Euch in den kommenden Tagen aber auch offene Augen und offene Herzen, damit Ihr bemerkt, wie viele Menschen auch bei uns auf diese Botschaft warten: alte und kranke Menschen, enttäuschte und einsame Menschen, Familien, die es nicht leicht haben, weil der Vater oder die Mutter den Arbeitsplatz verloren hat, weil sie an einer schwierigen Familiensituation hart zu tragen haben oder einfach, weil sie nicht wissen, wie es mit ihnen weitergehen soll.

Vielleicht begegnet Ihr auch Menschen, deren Herz für Jesus verschlossen ist und die nicht wissen, dass Jesus selbst die Tür ist, durch die Licht und Leben, Friede und Freude in unser Leben kommt. Denen sollt Ihr durch Euren Stern und Euer Singen sagen: Macht die Tür Eures Herzens neu auf: Lasst Gott herein und macht Platz auch für andere Menschen!

Wenn es Euch gelingt, die eine oder andere Tür eines Herzens, die verschlossen ist, wenigstens einen kleinen Spalt zu öffnen, damit es dort drinnen durch die Liebe Gottes ein wenig heller wird, dann wäre es in unserer Welt schon ein wenig heller und wärmer geworden.

Von Herzen danke ich Euch für dieses Zeugnis und ich danke allen, die Euch bei Euerem Einsatz helfen. Der Segen Gottes möge Euch auf Euren Wegen begleiten. Amen.

Jugendtage und Jugendwallfahrten

Der Glaube –
Kraft für eine säkulare Welt

Meine lieben jungen Freunde![1]

I. Glaubend unterwegs mit Maria

Wisst Ihr, was mich bei dem Evangelium, das wir soeben gehört haben, am meisten angesprochen hat? Es ist gleich der erste Satz: »Maria machte sich auf« *(Lk 1,39)*. Es steht im Text sogar noch genauer: Sie »machte sich eilends auf«.

Ich habe den Eindruck, dass dieser Satz auch Euch wichtig war bei der Vorbereitung dieser Wallfahrt. Ihr habt ja formuliert: »Glaubend unterwegs mit Maria«. Ich finde, das ist ein ausgezeichnetes Motto, ein Motto nicht nur für diesen Abend und für diese Wallfahrt, sondern ein Motto für Euer Leben.

Leben heißt ja unterwegs sein. Im Leben ist man nie fertig. Jeder Tag ist neu und anders, immer wieder neue Gesichter, neue Aufgaben, neue Herausforderungen, neue Erfahrungen und Erlebnisse. Wehe dem, der sitzen und stehen bleibt; er ist bald »out«; er wird abgehängt und überholt. »Wer rastet, rostet«. Ihr erfahrt es selbst jeden Tag, dass man am Ball bleiben muss, wenn man dabeibleiben will.

Leben heißt unterwegs sein. Doch unterwegs wohin? Wohin geht die Reise? Was ist das Ziel, welches der Sinn Eures Lebens? Wenn ich mit jungen Leuten rede und sie so frage, dann begegnen mir viele Antworten. Ihr kennt sie selbst: Ein Beruf, der einem gefällt und der auch etwas einbringt, Anerkennung, Freundschaft, Partnerschaft, eine glückliche Heirat, Geborgenheit in Ehe und Familie, eine Aufgabe, die

---

1 Predigt anlässlich einer Jugendwallfahrt im August 1989.
Evangelium: Lk 1,39–56.

Sinn macht und Befriedigung gibt. Viele denken diesbezüglich leider auch oberflächlich. Sie suchen einfach Konsum und Vergnügen. Doch nicht das plagt mich am meisten. Mich plagt vor allem, dass so viele überhaupt nicht mehr wissen, wozu sie da sind, dass sie keinen Sinn mehr sehen, dass am Himmel ihres Lebens kein Stern mehr leuchtet und dass sie von keiner Hoffnung mehr träumen. »No future«, »keine Zukunft« lautet ihre bittere Parole. Sie leben stumpf in den Tag hinein, werden gleichgültig, lassen sich für nichts begeistern und weil wir Menschen solche Gleichgültigkeit und Stumpfheit in der Regel nicht lange aushalten, greifen wir als Ersatz zu Alkohol und anderen Drogen.

Ihr habt Euch anders entschieden. Ihr wollt unterwegs sein und unterwegs bleiben. Glaubend unterwegs mit Maria. Mit Recht erwartet Ihr nun, dass ich Euch helfe herauszufinden, was das bedeutet und wie das geht.

Ich möchte Euch drei Gesichtspunkte nennen und Euch einladen, darüber etwas mit mir nachzudenken.

II. Unterwegs nach Innen

Der erste Gesichtspunkt ging mir auf, als ich die Geschichte von Maria, die aufbricht, um zu Elisabeth zu gehen, wieder las. Dabei ist mir aufgefallen: Längst bevor Maria sich auf den Weg über das judäische Gebirge machte, war sie schon unterwegs. Sie war ein junges Mädchen, vielleicht 13–15 Jahre alt, das nicht einfach dachte, urteilte und handelte, wie man damals unter jungen Leuten dachte, urteilte und handelte. Als sie den Ruf Gottes vernahm, die Mutter des Erlösers zu werden, da entschied sie sich zu einem Weg, der so ganz anders war als der, den jemals vor ihr und nach ihr eine Frau zu gehen hatte. Mit ihrem bereitwilligen »Ja« ging sie ein Wagnis ein gegen alles, was damals und auch heute üblich und gängig war und ist. Sie glaubte Gott mehr als den Menschen.

Glaubend mit Maria unterwegs sein, meine lieben jungen Freunde, das heißt zuerst kein außengeleiteter Mensch zu sein, kein Mensch, der wie ein Papagei nur all das nachplappert, was »man« heute sagt, was aus allen Lautsprecherboxen plärrt und über die Fernsehschirme flimmert. Wenn Ihr Euch einfach davon bestimmen lasst und Euch kein eigenständiges Urteil bildet, dann seid Ihr nur zum Schein mündige und freie Menschen. Ihr macht Euch dann frei von sogenannten traditionellen Vorstellungen, um Euch in ganz neue Abhängigkeiten zu begeben. Mündige und freie Menschen könnt Ihr nur werden und sein, wenn Ihr Euch wirklich offen haltet für die Stimme, die zu Euch spricht, wenn Ihr auf Euer Gewissen hört. Es gibt nicht nur Entdeckungsfahrten nach außen, man kann auch Entdeckungsfahrten zu sich selbst machen, eine Reise ins eigene Innere antreten. Dabei werdet ihr eine leise, aber doch unüberhörbare Stimme entdecken, die mahnt und warnt, die lobt und tadelt. Diesem inneren Kompass, der jedem von Euch mitgegeben ist, müsst Ihr folgen. Durch das Gewissen hat Gott jedem Menschen sein Gesetz ins Herz geschrieben (vgl. *Röm 2,14f.*). Das Zweite Vatikanische Konzil sagt, das Gewissen sei »die verborgenste Mitte und das Heiligtum im Menschen«.

Man kann das Gewissen übertönen und abtöten. Viele tun das und verlieren und verraten sich damit selbst. Versucht Ihr, Euch offen zu halten, Euch auf den Weg zu machen, um immer wieder neu hörende Menschen zu sein, die dieser inneren Stimme folgen und in der Stimme des Gewissens den Ruf Gottes an Euch und für Euch zu vernehmen. Und dann geht diesen Weg unbeirrt, bleibt Euch treu, bleibt Gott treu. Marschiert nicht einfach auf den ausgetrampelten Straßen, die alle gehen. Geht Euren Weg. Seid glaubend mit Maria unterwegs.

III. Unterwegs zum Anderen

Ein zweiter Gesichtspunkt, den ich Euch zu bedenken bitte, führt unmittelbar zum Text des Evangeliums. Maria hört auf die Stimme Gottes, sie sagt »Ja« zu dem Weg und zu der Aufgabe, die ihr ganz persönlich anvertraut ist. Dieser Weg führt sie zunächst über das Gebirge von Judäa zu ihrer Cousine Elisabeth, die eine ähnliche Aufgabe erhalten hat. Sie soll gegen alles, was üblich ist, noch in vorgerücktem Alter einem Kind das Leben schenken, das dem Herrn vorausgehen und ihm den Weg bereiten soll. Maria hält es sozusagen nicht allein bei sich in Nazareth aus; sie sucht Gemeinschaft.

Darin drückt sich wieder etwas ganz Wesentliches aus. Als Menschen sind wir keine Solowesen; wir brauchen und wir suchen andere, mit denen wir uns verstehen, mit denen wir sprechen und mit denen wir etwas gemeinsam unternehmen können. Wir brauchen Partnerschaft auf dem schwierigen und oft steinigen Weg des Lebens. »Vae soli«, »weh dem, der allein ist«. Einsam und unverstanden zu sein, das kann schwer und schlimm werden. Freundschaft und Liebe dagegen machen das Leben erst groß, weit, erfüllt und glücklich. Und wer von Euch sucht nicht das große Glück der Liebe? Aber Ihr habt wohl alle schon die Erfahrung gemacht: Partnerschaft, Freundschaft, Liebe – das sind große Worte und hohe Werte; es ist jedoch nicht einfach, sie in der Praxis einzulösen. Da gibt es Enttäuschungen, Krisen und – heute vielleicht mehr als zuvor – Zusammenbrüche und Katastrophen.

Wie Maria zu anderen unterwegs sein, das ist eine hohe Kunst – die Kunst der Liebe. Sie müssen wir heute wieder neu lernen; sie müsst Ihr vor allem lernen. Liebe bedeutet, wenn sie wahre Liebe und nicht bloß Liebelei ist, dass Ihr die Mitte und den Schwerpunkt Eures Lebens nicht mehr in Euch selber habt, dass Ihr nicht bloß um Euch und Eure Wünsche, Bedürfnisse und Interessen kreist, sozusagen immerfort nur Prozessionen um Euer eigenes liebes Ich macht, dass ihr vielmehr aus Euch selbst aufbrecht und das Gravitationszentrum eures Lebens in den Anderen verlegt. In der Liebe muss man die Welt sozusagen mit den Augen des Anderen betrachten, aus seiner Perspektive heraus denken und urteilen. Man muss – ganz einfach gesagt – den Egoismus, der in uns allen steckt, überwinden und für den anderen da sein. Liebe geht darum nicht ohne Taktgefühl, nicht ohne Rücksichtnahme und Ehrfurcht. Das verlangt Zucht und Maß. Liebe kann man nicht konsumieren. Sie ist kein Konsumartikel, den man für sich benutzt, Liebe ist ein Geschenk, das man empfängt, um es weiterzuschenken. Wer liebt, macht sich selbst zum Geschenk für andere, so wie Jesus Christus sich durch Maria zum Geschenk für uns gemacht hat. Meine lieben jungen Freunde, folgt Jesus Christus nach. Macht ihn zum Leitbild und macht Euer Leben zum Geschenk. Ihr werdet Euer Leben dann nicht verlieren, sondern Ihr werdet es finden. Es wird reich und erfüllt werden.

Mit Maria unterwegs sein zu anderen, ist nicht nur ein Programm für das eigene Leben. Es ist ein echtes politisches Programm. In unserer Gesellschaft nimmt der Egoismus zu, die Bereitschaft zur Solidarität, zur Rücksicht auf das Wohl des Ganzen aber nimmt bedrohlich ab. Das kann auf die Dauer nicht gut gehen. Ohne Solidarität kann kein Gemeinwesen bestehen. Solidarität ist heute vor allem von den reichen Völkern im Verhältnis zu den Armen und Ärmsten der Erde gefordert. Solidarität brauchen auch Flüchtlinge und Migranten. Solidarität brauchen die ungeborenen Kinder. Auch sie sind unsere Nächsten!

Wenn es uns nicht gelingt, eine gerechtere und eine barmherzigere Ordnung zu schaffen, dann wird es am Ende auch uns unbarmherzig treffen. Macht Euch also mit Maria glaubend auf den Weg zum andern. Brechen wir aus, aus dem Käfig unseres Egoismus, bauen wir eine solidarischere Welt, in der alle leben können.

IV. Unterwegs zu Gott

Meine lieben jungen Freunde, lasst mich noch einen dritten Gesichtspunkt nennen. Er ist mir besonders wichtig. Ich sagte: Maria war glaubend unterwegs, um auf die Stimme Gottes in ihrem Gewissen zu hören; sie war unterwegs zu Elisabeth, um mit ihr solidarisch zu sein. Das Entscheidende aber ist: Sie war unterwegs zu Gott. Sie ist aufgebrochen und hat sich auf den Weg gemacht, weil Gott es so von ihr wollte und weil sie bereit war, sich ganz für Gott und sein Reich in Dienst nehmen zu lassen. Weil sie so geglaubt hat, wird sie im Evangelium von Elisabeth seliggepriesen. Im Glauben ist ihr Leben sozusagen rundum geglückt. Es ist nicht irgendwie versandet. Maria ist – wie wir als katholische Christen bekennen – mit Leib und Seele aufgenommen worden in das ewige Leben, in die himmlische Herrlichkeit, in die Gemeinschaft mit Gott.

Ich weiß, dass diese Aussagen heute vielen jungen Leuten Schwierigkeiten machen. Sie können damit nichts anfangen. Wie soll ich Euch das kurz erklären? Am besten so: Ihr spürt alle eine Unruhe in Euch. Es gibt viele schöne und große Dinge in der Welt. Daran soll man sich freuen. Wir sind als Christen keine griesgrämigen Weltverächter. Gott liebt diese Welt. Er hat sie erschaffen, deshalb dürfen wir uns ihrer freuen. Aber Ihr spürt auch: Ganz ausfüllen kann Euch nichts; es bleibt immer ein Rest. Deshalb herrschen heute die Hast und Hetze: Immer mehr, immer schneller, immer größer, immer perfekter. Aber laugt uns dieser Fortschrittswahn nicht innerlich aus? Nein, er macht Euch nicht wirklich glücklich. Euer Herz und Eure Sehnsucht sind größer und tiefer. Das Herz des Menschen ist so groß und so weit, dass nur einer, nur Gott, groß genug ist, um es auszufüllen. Einer der größten Theologen, der heilige Augustinus, hat am Anfang seiner Bekenntnisse geschrieben: Du hast uns geschaffen hin zu dir und unruhig ist unser Herz, bis es ruht in dir.

Meine lieben Freunde, Ihr braucht in Eurem Leben einen festen Ruhepunkt. Allein in Gott und im Gebet könnt Ihr ihn letztlich finden. Gott kann, Gott will Eurem Leben Halt und Inhalt geben. Er sagt in Jesus Christus ein unbedingtes »Ja« zu jedem von Euch. Sagt auch Ihr »Ja« zu ihm.

Wohin es aber führt, wenn man Gott vergisst oder gar bewusst ausschaltet, das wird uns in diesen Tagen besonders bewusst. Am 01. September jährt sich zum 50. Mal der Beginn des Zweiten Weltkriegs. Damals hat ein gottloses, verbrecherisches Regime namenloses Leid über unser Volk, über Europa und die ganze Welt gebracht. Weil man die Ehrfurcht vor Gott liquidiert hat, konnte man auch die Ehrfurcht vor dem Menschen liquidieren. Weil Gott tot gesagt wurde, schickte man Millionen Menschen in den Tod auf den Schlachtfeldern, im Bombenhagel über unseren Städten und in den Konzentrationslagern. Und wie ist es heute? Der Gottesglaube ist weithin Privatsache. In der Öffentlichkeit gelten andere Maßstäbe. Aber spürt Ihr nicht selbst die gähnende Leere, die sich hinter der glitzernden Fassade des Wohlstands auftut. Leben wir nicht in einer Gesellschaft, die immer mehr hat, aber immer weniger ist? Unsere europäische Kultur ist einmal aus dem Geist des Christentums groß geworden. Sie kann nur überleben, wenn sie zum Geist des Christentums zurückfindet. Nur durch eine tiefgehende christliche Erneuerung werden wir Zukunft haben. An Euch, meine lieben Freunde ist es, Europa seine Seele zurückzugeben.

Am übernächsten Sonntag werde ich diese Aufgabe der christlichen Erneuerung Europas und unseres Landes in meinem ersten Hirtenbrief erläutern. Dabei zähle ich in erster Linie auf Euch. Ihr seid die Zukunft der Kirche. Ihr müsst die Zukunft der Kirche aktiv gestalten. Ich brauche jeden Einzelnen und jede Einzelne von Euch. Gott braucht Euch, damit sein Reich Gestalt annimmt. Gott braucht keine halben, keine weichlichen und kompromisslerische Christen. Er braucht heute zumal entschiedene Christen, welche wie Maria aus dem Geist des Evangeliums, aus dem Geist des Magnifikats leben und so einer verweltlichten, neuheidnischen Welt die junge Kraft des christlichen Glaubens zuführen.

Lasst uns wie Maria aufbrechen. Machen wir sie zu unserer Helferin und Fürsprecherin und Wegbegleiterin. Dann wird auch Gott mit uns sein. Amen.

Internationale Ministrantenwallfahrt in Rom

Liebe Ministrantinnen und Ministranten,[1]

es ist für mich und sicher auch für Euch eine große Freude, dass wir uns hier in Rom zur internationalen Ministrantenwallfahrt treffen und miteinander Gottesdienst feiern dürfen. Ich denke noch gerne an unser Ministrantentreffen in Rottenburg im Juni diesen Jahres zurück.

I. Lebendige Steine

Manche von Euch werden vielleicht noch wissen: »Lebendige Steine«, das stand als Thema über dem Treffen in Rottenburg. Wenn Ihr nun in den kommenden Tagen mit offenen Augen durch Rom geht und Euch ein wenig umseht, dann werdet Ihr vielen, sehr alten Steinen begegnen, zum Beispiel ganz alten Steinen im Forum Romanum oder im Kolosseum. Ihr werdet Kirchen sehen, die 2000 Jahre Geschichte hinter sich haben. Sie sind zusammengefügt aus vielen Steinen. Denkt nur einmal an die Kirche St. Peter, die größte Kirche der Welt oder schaut Euch einmal hier die schöne Kirche St. Maria Maggiore an. Wie viele Steine wurden hier wohl aufeinandergeschichtet? Daraus ist hier in St. Maria Maggiore eine der ältesten und schönsten Kirchen der Welt geworden. Für mich ist St. Maria Maggiore die Lieblingskirche hier in Rom.

---

[1] Predigt anlässlich der internationalen Ministrantenwallfahrt am 29. August 1990, dem Gedenktag der Enthauptung Johannes des Täufers, in Rom. Evangelium: Mk 6,17–29.

Aber viel wichtiger als solche Kirchen aus toten Steinen ist die Kirche aus lebendigen Steinen – aus lebendigen Menschen. Ihr werdet in diesen Tagen vielen solchen Steinen begegnen. Ministrantinnen und Ministranten aus aller Welt sind ja hier in Rom zusammengekommen, nicht um Ferien zu machen. Das gemeinsame Erlebnis und das Feiern gehört ohne Zweifel mit dazu! Vor allem seid Ihr hierher gepilgert, um mit Jugendlichen aus vielen Ländern und aus der ganzen Welt eine große Gemeinschaft zu sein. Ihr wollt und sollt erleben, dass Ihr zu Hause in Euren Gemeinden nicht nur ein kleines Häuflein und eine kleine Gruppe von Ministrantinnen und Ministranten seid. Zu Euch gehören viele Jungen und Mädchen aus der ganzen Welt. Sie alle zusammen bilden aus vielen lebendigen Steinen die eine große Katholische Kirche. Hier in Rom könnt Ihr besonders spüren, dass Ihr lebendige Kirche seid in Gemeinschaft mit unserem Papst Johannes Paul II., mit den Bischöfen aus aller Welt, mit ihren Vorgängern, bis zurück zu den Aposteln, deren Gräber in St. Peter und in St. Paul vor den Mauern verehrt werden.

Mit ihnen allen zusammen glauben wir, dass unsere Kirche letztlich auf Jesus Christus gebaut ist. Er ist der feste Grundstein für das ganze Haus. Auf ihn sollen wir uns stützen, auf seine Freundschaft bauen. In seinem Namen seid Ihr getauft und in seine Kirche hineingenommen. Er ist gegenwärtig in der Feier der heiligen Eucharistie. Er hält seine Kirche und beschützt sie, sodass sie niemals untergehen wird.

Auch das könnt Ihr hier in Rom erfahren. Ihr werdet sicher die Stätten besuchen, wo die Christen in den ersten Jahrhunderten in den Christenverfolgungen den Märtyrertod erlitten haben und begraben sind. Etwa im Kolosseum, in den Katakomben. Damals waren die Christen ein kleines Häuflein, das brutal verfolgt wurde. Aber es gelang nicht, sie auszurotten. Jesus Christus stand seiner Kirche bei und die Christen blieben standhaft und tapfer. Sie waren noch im Sterben lebendige Steine!

II. Johannes – der Vorläufer für Christus

Heute feiern wir das Fest eines besonders lebendigen Steins der Kirche, eines Heiligen, der berühmt wurde, weil er Jesus getauft hat. Wir nennen ihn deshalb: Johannes den Täufer. Heute begehen wir seinen

Todestag. Eigentlich ist das eine traurige Geschichte. Ihr habt sie im Evangelium soeben gehört. Johannes wird enthauptet, weil er standhaft und tapfer blieb, weil er die Wahrheit gesagt hat und weil er sich für Recht und Gerechtigkeit eingesetzt hat. Er war keine schwache Figur, die sich ängstlich zurückzieht, wenn es ernst wird. Ganz im Gegenteil! Er war ein mutiger Mann.

Johannes hat am Jordan – das ist ein Fluss im Heiligen Land – viele Menschen getauft und zu ihnen gesagt: »Gott kommt bald! Handelt deshalb gerecht und tut nichts Böses!« Immer wieder hat er den Menschen ins Gewissen geredet. Ihr könnt Euch denken, dass man dazu viel Mut und Kraft braucht. Es ist manchmal viel einfacher, nichts zu sagen und den Mund zu halten. Es gehört Mut dazu, sich wie Johannes der Täufer nicht selbst in den Vordergrund zu stellen und sich wichtig zu machen. Johannes hat nicht gesagt: »Ich bin der Größte«, wie wir das manchmal tun möchten. Er hat vielmehr auf Jesus gezeigt und zu den Leuten gesagt: »Auf Jesus müsst ihr hören. Er ist der Größere. An ihn und an seine Botschaft sollt ihr euch halten.« Johannes hat also für Jesus den Weg bereitet.

Er ist vor ihm hergegangen, ihm vorausgelaufen. Er war der Vor-Läufer für Jesus – ein besonders wichtiger und lebendiger Stein.

III. Ministranten – die Läufer für Christus

Ich glaube, wir können uns von dem Mut des Johannes eine ganze Scheibe abschneiden. Von ihm könnt Ihr lernen, wie Ihr standhafte Christen und tapfere Ministranten, das heißt übersetzt: Diener und Dienerinnen Gottes sein könnt. Zwar könnt Ihr keine Vor-Läufer mehr sein. Denn wir stehen bereits auf der Geschichte von 2.000 Jahren Christentum. Aber wir wollen auch keine Mit-Läufer sein, die nicht wissen, um was es eigentlich geht und wohin wir laufen, die sich einfach mitreißen lassen und mitlaufen, wohin alle anderen auch laufen. Was wir aber nach dem Vorbild des Johannes sein können, das sind Läufer für Christus.

Wer ein Läufer ist – das wisst Ihr vom Sport her – der muss zunächst eine gute »Puste« haben. Er muss gut ein- und ausatmen. Sonst kann er bald nicht mehr und muss am Rande sitzen bleiben. Diese »Puste« war für Johannes der Geist Gottes. Er hat Johannes ergriffen und ihn zu einem Propheten gemacht. Das gilt für Euch Ministranten in ähnlicher Weise. Ihr seid getauft, manche von Euch auch gefirmt. Damit habt Ihr die Gabe des Heiligen Geistes empfangen. Daraus könnt Ihr atmen, daraus könnt Ihr leben und Euren Dienst tun. Ihr könnt Läufer für Christus sein, weil er Euch die »Puste«, die Kraft, dazu gibt. Aber es kommt auch darauf an, dass Ihr daraus schöpft und atmet, dass Ihr regelmäßig betet. Es ist wichtig für Euch, dass Ihr im Gottesdienst, besonders bei der Heiligen Messe, bei »der Sache seid«, das heißt, dass Ihr Euch vor allem für Christus öffnet, der Euer Freund sein will. Ministrieren heißt zuerst, die Freundschaft mit Christus pflegen und dann aus dieser Freundschaft den Ministrantendienst zu tun.

Wer Läufer für Christus ist, darf nicht stehen bleiben und gelangweilt herumstehen. Er muss sich auf den Weg machen und los spurten. Das gilt für Euch als Ministrantinnen und Ministranten ganz konkret. Denkt einmal an die verschiedenen Wege und Prozessionen bei der Liturgie. Mit Kreuz und Leuchtern gestaltet Ihr einen feierlichen Einzug im Gottesdienst. Ihr tragt das Licht und den Weihrauch vor dem Evangelium her. Ihr bringt die Gaben der Gemeinde zum Altar und manche sammeln auch das Opfer ein. Ich denke aber auch an die großen und festlichen Prozessionen, am Palmsonntag, an Christi Himmelfahrt und an Fronleichnam. Ihr seid also mit Jesus Christus unterwegs.

Ihr seid Läufer für Christus im Gottesdienst. Er ist auch mit Euch unterwegs, wenn Ihr von der Kirche nach Hause geht. Ihr sollt Jesus Christus hinaustragen in die Familie, zu Euren Freunden und Kameraden, in die Schule und Gemeinde. Wie Johannes der Täufer sollt Ihr mutig von ihm reden und Euch nicht schämen, wenn Ihr nach Eurem Glauben gefragt werdet. Ich weiß, dass das nicht immer einfach ist. Doch viele andere warten darauf! Vielleicht wird der eine oder andere von Euch einmal einen geistlichen Beruf ergreifen und wie Johannes ganz im Dienst für Jesus Christus stehen. Denkt an Johannes, denkt an die Märtyrer, deren Gräber Ihr hier in Rom besucht. Seid mutig und seid lebendige Steine für eine lebendige Kirche.

Liebe Ministranten und Ministrantinnen, in den kommenden Tagen werdet Ihr viel unterwegs sein. Ihr werdet viel mit dem Bus fahren, viel stehen müssen und viel laufen. Dann bitte ich Euch: Denkt an Eure Berufung! Ihr seid Läufer für Christus!

Wer ein echter Läufer ist, der denkt daran, dass er am Ende einen Preis erhält. Schaut auf Eure Plakette von dieser Ministrantenwallfahrt! Dort ist der Siegeskranz abgebildet, der das Kreuz und das Christuszeichen (XP) umschließt. Es lohnt sich, Ministrant zu sein und es lohnt sich, Christ zu sein!

In Eurem Wallfahrtsheft steht ein schönes Gebet von dem Theologen Karl Rahner. Es ist eine Bitte um die Nachfolge, mit der ich schließen will: »Wir wollen deine Zeugen und deine Apostel sein, Zeugen deiner Wahrheit und deiner Liebe, Gesandte deiner Sendung zum Heil der Welt. Gib uns die Gnade, dir in Treue nachzufolgen. Amen.«

Lebendige Zeugnisse des Glaubens

Liebe Jugendliche aus Ellwangen und Umgebung![1]

Mit großer Freude heiße ich Euch hier auf dem Schönenberg willkommen. Ich danke Euch, dass Ihr zu dieser Wallfahrt gekommen seid. Ihr habt Euch dieses Mal mit Pater Philipp Jeningen befasst und Euch gefragt, was er Euch heute zu sagen hat.

Ich möchte Euch heute Abend als Antwort drei Zeichen vor Augen stellen und damit sozusagen drei Signale aussenden: die Bibel mit dem Evangelium – das Kreuz – und Maria. Es sind dieselben drei Symbole, welche Jugendliche aus der ganzen Welt vor wenigen Tagen beim Weltjugendtreffen mit dem Papst in Tschenstochau auf der Tribüne vor über einer Million Teilnehmer aufgestellt haben.

I. Die Bibel – Botschaft des lebendigen Gottes

Zuerst die Bibel. Sie bezeugt den lebendigen Gott; sie erzählt die Geschichte Gottes mit den Menschen. Sie verkündet vor allem Jesus Christus, der als Gottes ewiger Sohn unser aller Bruder geworden ist und sie sagt, dass Gottes heiliger, lebendig machender Geist immer befreiend und versöhnend mit uns, bei uns und in uns ist und wirkt.

Diese Botschaft von Gott und unserer Erlösung hat Pater Philipp Jeningen unermüdlich verkündet. Er ging weit über seine schwächlichen gesundheitlichen und menschlichen Kräfte, wie er als Volksmissionar in Ellwangen und im gesamten Ries überall predigte, Katechesen hielt, in Einzelgesprächen und im Beichtstuhl einzelnen Menschen die Barmherzigkeit Gottes verkündete. Jährlich besuchte er

---

[1] Predigt anlässlich der Jugendwallfahrt am 25. August 1991 in Ellwangen.

40 bis 50 Pfarreien. Im Sommer stand er um zwei Uhr, im Winter um vier Uhr auf. Das Heil der Menschen, die nach dem schrecklichen Dreißigjährigen Krieg verarmt und verunsichert, oft auch abgestumpft und verroht waren, ließ ihm keine Ruhe. Er wollte Licht, Trost und Hilfe spenden, vor allem für die Kranken, Armen und Schwachen. Wenn bis heute hier im Ellwangen'schen Raum der Glaube noch verwurzelt ist, dann ist dies eine bis heute dauernde Frucht seines apostolischen und missionarischen Wirkens.

Aber, liebe Jugendliche, Ihr merkt es ja selbst, wie der Glaube heute auch hier in Ellwangen und auf Euren Dörfern abbröckelt. Viele haben nur noch ein müdes Lächeln oder gar Spott auf den Lippen, wenn von der Kirche und vom Papst die Rede ist. Sehr viele haben mit dem Glauben gleich gar nichts mehr am Hut. Was Pater Philipp Jeningen damals tat, das ist uns, das ist Euch heute neu aufgetragen. Denn die Geschichte und Kultur unseres Landes, besonders des Ellwangener Raumes, ist so tief vom Geist des Christentums geprägt, dass wir ohne lebendige Weitergabe des Glaubens keine Zukunft haben werden. Der Papst und wir Bischöfe sprechen darum immer wieder von einer Neuevangelisierung Europas und unseres Landes, das heißt, wir müssen uns zuerst die befreiende Botschaft der Bibel neu sagen lassen und sie dann anderen weitersagen. Auf Euch kommt es dabei an. Ihr seid die Zukunft der Kirche. Ihr seid meine Hoffnung.

Auf was kommt es denn in Eurem Leben an? Gewiss, wir brauchen etwas zum Essen und Trinken, ein Dach über dem Kopf, Arbeit, Freizeit. Aber genügt das? Ich sage: Nein. Ihr müsst auch wissen, woher wir kommen und wohin alles geht, Ihr braucht eine Perspektive. Ohne Gott und ohne Jesus Christus hat Euer Leben letztlich keinen Sinn, keine Richtung und keine Orientierung. Ohne Gott haben auch die Gesellschaft und der Staat auf Dauer keinen Bestand. Das habe ich als Junge 1945 erlebt, als das Hitlerreich zu Ende ging, und das habt Ihr erfahren, als vor zwei Jahren die kommunistischen Systeme in der ehemaligen DDR und in Osteuropa wie ein Kartenhaus zusammenfielen.

Seid deshalb dankbar, dass Ihr – heute, wo viele andere junge Menschen orientierungslos geworden sind – durch die Bibel und durch Jesus Christus eine Orientierung habt. Macht die Bibel zum Leitfaden und zur Richtschnur Eures Lebens. Lernt sie kennen, lest darin, sprecht darüber miteinander, fragt, was sie für Euer Leben bedeutet und werdet dann ähnlich wie Pater Philipp in Eurer Umwelt, in der Schule, am Arbeitsplatz, in der Freizeit und auch in Euren Familien zu Aposteln. Schämt und scheut Euch nicht, Euren Glauben zu bekennen und dafür zu werben.

II. Das Kreuz – Zeichen der Hingabe Gottes

Zur Bibel kommt als zweites Zeichen das Kreuz. Ihr kennt vielleicht das Bild, das Pfarrer Siger Köder von Pater Philipp Jeningen gemalt hat. Pater Philipp Jeningen steht da ganz überschattet vom Kreuz; sein Schatten zeichnet und prägt seine ganze Gestalt. Dieses Bild trifft sehr genau, worum es Pater Philipp ging. Er war geprägt von einer ganz tiefen Liebe zu Jesus Christus, besonders zum gekreuzigten Jesus Christus. Mit ihm verband ihn eine innige Freundschaft. Das ging so weit, dass er am 2. August 1696 innerlich von den Wunden Jesu gezeichnet wurde. Er wollte und er durfte die Passion Jesu mitdulden. Das hatte für ihn ganz konkrete Konsequenzen. Denn nicht alle waren dem eifrigen Missionar hold. Er wurde manchmal wie Jesus beschimpft. Einmal hat man bei Nacht im Wald aus dem Hinterhalt auf ihn geschossen. Zweimal haben sie ihn verprügelt und blutig geschlagen.

Auch seine schwächliche Gesundheit und seine körperlichen Leiden machten ihm zu schaffen. Er klagte nicht, er freute sich darüber. Er wollte so leben und leiden wie Jesus und ganz mit ihm verbunden sein.

Liebe Jugendliche, vorhin habe ich Euch gesagt, dass Ihr einen Sinn für Euer Leben braucht. Jetzt kann ich Euch genauer sagen, welches dieser Sinn ist und wie Ihr, auch wenn es Euch mal schlecht geht, glücklich werden könnt.

Die Freundschaft mit Jesus Christus, die Liebe zu ihm und die Nachfolge Jesu, die geben Eurem Leben Halt und Inhalt. Sie können Euch froh und frei machen.

Ich will Euch nichts vormachen. Wenn Ihr Euch an Jesus orientiert und mit ihm durchs Leben geht, dann ist das kein schöner vergnüglicher Sonntagsspaziergang. Zwar habt Ihr einen verlässlichen Weg; aber es ist auch manchmal ein steiler und steiniger Weg. Die Gebote Jesu fallen Euch (und auch mir) nicht immer leicht. Sie verlangen

Ordnung und Zucht und auch Opfer. Aber wer sich nur ausleben will, der wird bald merken, dass er so nicht lange weiterleben kann. Deshalb sind Jesu Gebote, auch wenn sie manchmal schwerfallen, dennoch in Wirklichkeit Wegweiser zum wahren und glücklichen Leben.

Im Übrigen stellt Jesus ja nicht nur Forderungen. Er gibt Euch auch Kraft, Schwung und Mut sie zu erfüllen. Ihr müsst nur innerlich mit ihm verbunden sein durch das Gebet und die Mitfeier der Eucharistie. Das Beten ist das Atmen der Seele. Wer im Gebet immer wieder und jeden Tag gut durchatmet, der kann als Christ im Alltag durchkommen. Wer dagegen das Beten vergisst und vernachlässigt, dem geht bald die Puste aus.

Schaut auf Pater Philipp: Halbe Nächte hat er durchgebetet. Nur so hat er es geschafft, das Kreuz Jesu auf sich zu nehmen und innerlich froh zu bleiben. Denn das Kreuz ist keine Last, es ist eine Kraft. In ihm ist Sieg, in ihm ist Leben.

III. Maria – Mutter Gottes

Die Bibel, das Kreuz und nun das dritte Zeichen: Maria, die Gottesmutter. Sie dürfen wir hier auf dem Schönenberg nicht vergessen. Er ist ihr Berg; hier steht ihr Heiligtum. Pater Philipp Jeningen hat ihr diese herrliche Kirche mit Hilfe des Grafen von Adelmannsfelden erbaut. Er war ein glühender Verehrer Mariens und hatte ein ganz inniges Verhältnis zu ihr. Ihr vertraute er sich ganz und gar an.

Ich könnte mir denken, dass die Marienverehrung von Pater Philipp manchen von Euch Schwierigkeiten macht. Vielleicht könnt Ihr auch gar nichts damit anfangen. Mir scheint sie wichtig zu sein. Denn Maria zeigt uns wie keine andere Gestalt, was Gott von uns Menschen denkt und was er mit uns vorhat. Sie zeigt vor allem, wie hoch er von der Würde und der Aufgabe der Frauen denkt.

Bei der Begrüßung sagt der Engel zu Maria: »Sei gegrüßt, du Begnadete, der Herr ist mir dir.« *(Lk 1,28)* Das gilt auch von jedem und jeder von Euch. Gott, der Herr, ist mit Euch. Er sagt sein Ja zu jedem und jeder – sei er oder sie gescheit oder nicht, erfolgreich oder nicht, gesund oder beeinträchtigt, Mann oder Frau, Deutscher oder Ausländer. Jeder und jede ist angenommen, geliebt, begnadet. Jeder und jede ist aber auch ähnlich wie Maria eingeladen, Mutter im Glauben für andere zu werden und mitzuwirken am Heil der Anderen. Ihr Jugendlichen, Ihr seid keine passiven Glieder der Kirche. Ihr seid Subjekte in der Kirche; Ihr tragt Mitverantwortung. Das ist der Grund, weshalb ich für den Monat September ein Jugendforum nach Wernau einberufen habe. Ihr sollt aktiv mitüberlegen und mitgestalten können. Ihr dürft sicher sein, dass ich das, was Ihr zu sagen habt, sehr ernst nehmen werde.

Macht Maria zu Eurem Vorbild und Leitbild. Macht sie auch zu Eurer Wegbegleiterin, Helferin und Fürsprecherin. Maria, das versichere ich Euch, wird Euch nicht im Stich lassen; sie wird auch Euch helfen. Ich bin im Unterschied zu manchen anderen Stimmen fest davon überzeugt: Wir können unsere Kirche nicht erneuern, ohne eine gesunde Marienverehrung.

Liebe Jugendliche! Die Bibel, das Kreuz und Maria – drei Signale und Symbole wollte ich Euch im Sinn von Pater Philipp mit auf den Weg geben. Wir dürfen nicht nur den Pater Philipp von damals bestaunen, wir müssen heute selber ein Philipp Jeningen werden. Wir können möglichst viele brauchen. Überlegt Euch, wo Euer Platz und Eure Aufgabe sind. Gott segne Euch. Amen.

Gott – das Licht meines Lebens

Meine lieben Schwestern und Brüder,[1]

das Jugendforum ist zu Ende – das Jugendforum beginnt. Ich habe am Schluss dieser drei Tage ein gutes Gefühl. Wir haben offen und ehrlich miteinander gesprochen. Es waren bewegte, manchmal – zum Glück – auch kontroverse Diskussionen. Aber wir sind einander immer mit Respekt begegnet. Wir sind einander nähergekommen. Das scheint mir das Wichtigste zu sein. Es ist Vertrauen aufgebaut worden. Ängste wurden abgebaut. Wir haben das Vertrauen wieder neu gewonnen, dass man es mit dieser Kirche und in dieser Kirche wagen kann.

I. Kirche – Volk Gottes unterwegs

Was habe ich selbst in diesen Tagen erfahren? Ich habe in diesen Tagen Kirche erfahren. Ich habe Kirche erfahren, wie sie in unseren Visionen und Träumen, unseren Vorstellungen sein soll. Aber auch Kirche, wie sie jetzt ist. Kirche mit vielen Fragen und vielen Nöten. Kirche mit all ihren Verwundungen und Schwächen, mit ihren Sünden und Lasten. Aber ich habe auch schon Kirche erfahren, wie sie sein kann: dialogisch offene, geschwisterliche Kirche. Wir alle waren in diesen Tagen Kirche Jesu Christi.

Diese Kirche hat sich in diesen Tagen hier in Wernau beim Jugendforum dargestellt als das, was sie sein will und was sie ist: Kirche als

---

1 Predigt anlässlich des Abschlussgottesdienstes des Jugendforums am 15. September 1991.
Evangelium: Mk 8,27–35.

eine große Gemeinschaft. Kirche nicht als System, Struktur und Apparat; Kirche vielmehr als die Gemeinschaft derer, die an Gott und sein Evangelium glauben, Kirche als Gemeinschaft derer, die von ihrer Hoffnung nicht lassen, auch wenn sie von Ängsten angefochten sind. Kirche der Liebenden, das heißt Kirche von Schwestern und Brüdern. Jeder und jede hat in dieser Kirche die gleiche Würde, ob es nun Laien oder Kleriker, Männer oder Frauen, Ausländer oder Deutsche, gesunde oder beeinträchtigte Menschen sind. Alle sollen und müssen in dieser Kirche ihre Chance haben, sich einzubringen, jeder nach seinen Gaben und Fähigkeiten, jeder nach seiner Berufung. Diese Mitverantwortung und auch Mitentscheidung wollen und müssen wir in den nächsten Jahren stärken, auch in unserer Diözese.

Ich habe Kirche erfahren als Gemeinschaft. Ich habe aber auch Kirche erfahren als Volk Gottes, das unterwegs ist. Ja wirklich, diese unsere Kirche ist heutzutage kein stabiles Haus, keine Festung mit Türmen und hochgezogenen Brücken.

Diese Kirche macht momentan, wie das Volk Gottes im Alten Testament, eine Wüstenphase, eine Suchphase durch. Erst durch die Umrisse und Spuren wird sichtbar, wie die Kirche einmal sein wird im bald beginnenden dritten Jahrtausend. Gewiss, die Fundamente sind ein für alle Mal gelegt in Jesus Christus und im Evangelium. Aber was wir aus diesem Evangelium heute und morgen machen, das müssen wir diskutieren; darüber müssen wir uns klarwerden. Das ist unser Beitrag. Mir scheint es eine große Herausforderung zu sein, zu fragen: Kirche, wohin gehst du?, wohin gehen wir alle? – jetzt, am Ende des zweiten, kurz vor Beginn des dritten Jahrtausends. Wir sind Kirche unterwegs. Das ist ein urbiblisches Bild für unsere Kirche. Die Kirche darf und sie kann darum nicht stehenbleiben. Kirche muss sich weiterentwickeln. Aber in all dem dürfen wir wissen – und ich hoffe, das haben wir auch erfahren –, dass wir auf diesem Weg nicht alleine sind. Gott ist mit uns, er ist bei uns. Wir sind getragen und gehalten von ihm.

II. Der Weg der Wahrheit und des Lebens

Wir haben in diesen Tagen Kirche erfahren. Aber es geht um mehr als die Institution Kirche. Die Kirche ist keine Letztwirklichkeit. Die Kirche ist nicht um ihrer selbst willen da. Es geht um Jesus Christus.

Genau dies ist die Frage des heutigen Evangeliums: »Für wen halten mich die Menschen?« *(Mk 8,27)* Im Evangelium, ähnlich wie heute, gibt es ein großes Stimmengewirr von Antworten.

Jesus ist damit nicht zufrieden. Er will es genauer wissen. Er fragt ganz konkret: Für wen haltet ihr mich? Für wen hältst du mich? Das ist die entscheidende Frage unseres Christseins. Was bedeutet Jesus Christus für mich? Ist er wirklich für mich, so wie Petrus es bekennt, der Messias, der Retter, der Heiland, der Immanuel, das heißt, der Gott mit uns?

Ist er für mich der Weg, die Wahrheit und das Leben? Ich will Euch meine Antwort geben: Ich bin dankbar, dass ich in dem Chaos des Stimmengewirrs von heute eine Richtung weiß, die Jesus mir weist, dass ich in all diesen Umbrüchen einen Halt spüre in ihm. Ich bin dankbar, dass ich in ihm ein hilfreiches Wort habe bei all den vielen Wörtern, dass ich in ihm ein Licht habe mitten in der Nacht unserer Welt.

Mehrfach ist in diesen Tagen gesagt worden, das Gewissen ist die letzte Instanz. Ich kann dazu nur Ja sagen. Aber, Gewissen, was heißt das? Gewissen, das heißt, tief in sich selber hineinhören, lang und ehrfürchtig in sich hineinhören, welche Stimme sich dort meldet und dann zu fragen, was Jesus den Petrus fragt: Ist das, was ich da höre, der Wille Gottes? Oder ist das die Meinung der Vielen? Nicht was man sagt, was man tut, wie man sich verhält, wie man denkt, nicht wie man urteilt ist das Entscheidende, sondern wie Gott zu mir im Gewissen spricht durch sein Evangelium. Wir müssen bereit sein, von Jesus her auch unsere Wünsche und Vorstellungen und Träume immer wieder zu hinterfragen. In Jesus Christus und mit seinem Evangelium haben wir einen gemeinsamen Boden und auf diesen Boden müssen wir uns stellen und fragen: Wie können wir die frohe und befreiende Botschaft heute weitersagen? Wie können wir sie heute leben?

In dem Maße, in dem wir uns an Jesus und sein Wort halten, bauen wir die neue Stadt. Denn seine Botschaft ist eine Botschaft von Barmherzigkeit und Liebe, Gerechtigkeit und Wahrheit, Treue und Versöhnung. Beginnen wir deshalb neu mit diesem Jesus Christus.

III. Glauben und Leben

Wenn wir so fragen und uns so entscheiden, dann gehören Glauben und Leben zusammen. Oder wie es die Jugendlichen auf unserer Diözesansynode formuliert haben: dann gehören Mystik und Politik zusammen. Dann müssen wir uns einmischen in dieser unserer Welt. Dann kann es uns nicht gleichgültig sein, was gegenwärtig Schreckliches und Skandalöses in Jugoslawien geschieht. Dann kann es uns nicht egal sein, dass Christen im Sudan unterdrückt werden. Dann kann es nicht egal sein, was das Militärregime in Burma tut. Dann kann es uns nicht egal sein, dass täglich, auch jetzt, wo wir hier zusammen sind, Menschen hungern und verhungern, während wir im Überfluss leben.

Wir suchen nicht nur die neue Stadt, wir brauchen die neue Stadt. Wir brauchen eine Welt und eine Kirche, wo Menschen zu Hause sind, wo Menschen, so wie sie sind, angenommen werden, wo keiner ausgegrenzt wird, wo alle geliebt und verstanden werden, wo Menschen leben können und nicht nur überleben können.

Eine solche Stadt, meine lieben Schwestern und Brüder, können wir nicht ohne Gott bauen. Ich meine, die letzten Jahre, seit der Wende im Jahr 1989, haben uns gezeigt, wie ein riesiges Reich, das angetreten war, eine Stadt ohne Gott zu bauen, fast wie ein Kartenhaus zusammengebrochen ist. Dieses Schicksal, wie ein Kartenhaus zusammenzubrechen, gilt nicht nur dieser Welt eines gottlosen Kommunismus. Auch unser westlicher Konsumismus wird keine Zukunft haben, wenn er meint, menschliches Glück ohne Gott gewähren zu können. Es ist die große Herausforderung an uns alle, besonders an euch junge Christen von heute, anstelle einer Stadt ohne Gott, eine Stadt Gottes zu bauen. Denn der Mensch ohne Gott ist eine lebensgefährliche Amputation des Menschen.

Deshalb, meine lieben Schwestern und Brüder, werden wir jetzt gemeinsam singen: »Tu sei la mia vita, altro io no ho. Tu sei la mia strada, la mia verità.« Du, Gott, bist mein Leben, du bist meine Straße, mein Weg. Du bist die Wahrheit, das Licht meines Lebens. »Non avro paura se tu sei con me io ti prega resta con me Dio.« Ich hab keine Angst, alle Angst wird vertrieben, wenn du mit mir, bei mir bist auf meinem Weg. Deshalb bitte ich dich, bleibe bei mir, mit mir, du mein Gott. Amen.

Eine neue Stadt entsteht

Lieber Mitbruder Bernhard Huhn,
liebe Jugendliche,
liebe Schwestern und Brüder![1]

Zuerst Ihnen und Euch allen ein herzlicher Gruß. Lasst es mich auf süddeutsch ausdrücken: Ich sage Euch allen ein herzliches »Grüß Gott!« Ich freue mich, bei dieser großen Jugendwallfahrt bei Euch sein zu können. Ich bringe Euch die herzlichen Grüße der Jugendlichen in unserer Diözese Rottenburg-Stuttgart.

I. »Wir sehen schon die neue Stadt«

Vor zwei Jahren veranstaltete unsere Diözese ein viertägiges Jugendforum, bei dem Euer Bischof mit dabei war. Viele Impulse gingen von diesem Forum aus. Bemerkenswert scheint mir vor allem zu sein, dass Eure Jugendwallfahrt und unser Jugendforum dasselbe Leitwort gewählt haben: »Wir sehen schon die neue Stadt«.

Ganz gleich, was man sonst sagen mag, Ihr Jugendliche in den neuen Bundesländern und unsere Jugendliche in den alten Bundesländern liegen gar nicht so weit auseinander. Ihr seid offensichtlich von denselben Anliegen, Sehnsüchten, Träumen und Hoffnungen beseelt. Euch bewegen aber auch dieselben Sorgen und Ängste. Ihr fühlt und empfindet: So kann es nicht weitergehen, wenn es überhaupt weitergehen soll. Ihr sucht nach einer Alternative, einer neuen Stadt.

---

[1] Predigt anlässlich der Jugendwallfahrt am 06. Juni 1993 in Neuzelle.

Denn in der alten Stadt, in Staat und Gesellschaft, wie sie sich uns gegenwärtig darstellen, fühlt Ihr Euch nicht Zuhause. Zwar ist seit der Wende auch bei Euch das Wirklichkeit geworden, was man eine freie Gesellschaft westlichen Zuschnitts nennt: Ihr könnt Euch frei informieren und frei äußern, ohne Repressalien befürchten zu müssen. Ihr könnt Euch frei bewegen und reisen, die Volksvertreter und damit die Regierung frei wählen. Das alles ist gerade für Euch keine Selbstverständlichkeit, sondern Grund zur Dankbarkeit. Man soll es nicht geringachten oder gar leichtsinnig aufs Spiel setzen.

Aber Ihr spürt auch, dass diese freie Gesellschaft etwas ungeheuer Kompliziertes, schwer Durchschaubares und sehr Anonymes ist. Ihr fühlt Euch allein, vielen Prozessen hilflos und ohnmächtig ausgeliefert, erfahrt wie alte Seilschaften noch immer funktionieren, wie geldgierige Geschäftemacher, welche die neue Freiheit schamlos ausnutzen und missbrauchen, am Werk sind. Ihr seht die Kluft zwischen den Worten und den Taten leider oft auch bei den neuen öffentlichen Repräsentanten. Mit Sorge erfüllt uns alle, dass die Wende leider nicht den sicheren Frieden gebracht hat. Schon wieder wird mitten in Europa aus einem verblendeten Nationalismus heraus ein fürchterlicher Krieg mit unsäglichen Grausamkeiten geführt. Und leider Gottes gibt es auch in unserem Volk blinden Fremdenhass und eine Verführbarkeit durch rechts- wie linksradikale Parolen, welche gefährliche Emotionen aufheizen, aber keine rationale Lösung der komplizierten Probleme bieten.

Nicht nur die marxistische Ideologie ist jämmerlich in sich zusammengebrochen, auch vom westlichen Glauben an den Fortschritt durch Wissenschaft und Technik ist nicht viel übriggeblieben. So fehlt es an Perspektiven und tragenden Werten; ein Sinnvakuum tut sich auf. Viele sind orientierungslos geworden und wissen nicht mehr ein noch aus. Jeder sucht so gut es geht sich selbst durchzuschlagen, aber wohin die Reise geht, weiß letztlich keiner. So irrt jeder allein umher und sucht eben für sich das Beste. Die Frage erhebt sich: Wozu bin ich denn da? Für was kann ich mich einsetzen? Es ist die alte und neu aktuelle Katechismusfrage: Wozu sind wir auf Erden?

II. Visionen, Sinn und Hoffnungsperspektiven

Was wir brauchen ist eine neue Vision. Ohne Vision kann niemand leben, kein Einzelner und kein Volk. Euer Leitwort: »Wir sehen sie schon, die neue Stadt« ist eine solche Vision, eine Sinn- und Hoffnungsperspektive, wie wir sie brauchen. Sie stammt aus dem letzten Buch der Heiligen Schrift. Dort wird beschrieben wie Johannes, der Seher von Patmos, das neue Jerusalem, die Stadt Gottes unter den Menschen, vom Himmel herabkommen sieht. Er hört dabei eine Stimme: »Seht die Wohnung Gottes unter den Menschen … Gott wird alle Tränen von ihren Augen abwischen: Der Tod wird nicht mehr sein, keine Trauer, keine Klage, keine Mühsal. Denn was früher war, ist vergangen. Er, der auf dem Throne saß, sprach: Seht, ich mache alles neu.« *(Offb 21,3–5)*

Jerusalem, das heißt Stadt des Friedens, und der Friede (Schalom) ist ja die große Sehnsucht, die große Glücks- und Heilserwartung der Menschheit. Er ist irgendwie das höchste Gut. Frieden ist freilich mehr als Nicht-Krieg, obwohl auch das, wie man sieht, sehr viel ist. Doch Frieden ist mehr als dass nicht geschossen und niemand vertrieben wird. Friede ist da, wo man jeden in Frieden und in Freiheit leben lässt und wo alle in Frieden und in Freiheit zusammenleben können, wo Wert und Würde jedes Einzelnen von allen solidarisch anerkannt werden.

Der Friede basiert also auf der Achtung vor Wert und Würde jedes Einzelnen – auch des Fremden, auch des Beeinträchtigten, auch des unheilbar Kranken, auch der ungeborenen Kinder. Nur wo von allen anerkannt wird, dass in jedem, der Menschenantlitz trägt, etwas aufstrahlt von Gottes Herrlichkeit und Hoheit, so dass menschliches Leben unbedingt zu schützen, ja nach Kräften zu fördern ist, kann Friede sein. Die Verkennung und Missachtung der Personenwürde jedes Einzelnen war der Erzfehler des Marxismus. Die Anerkennung der Personenwürde jedes Einzelnen ist die Grundvoraussetzung des Friedens.

Zum Frieden gehört damit die Achtung vor jedem Einzelnen wie die Solidarität aller. Das bedeutet eine Ordnung der Gerechtigkeit, wo jeder das Seine hat. Ohne Gerechtigkeit kein Frieden! Solange die Güter der Welt nicht gerecht verteilt sind im eigenen Volk und zwischen den Völkern, kann und wird es keine Ruhe geben. Solange jeder egoistisch nur seinen Interessen, seinem Profit, seinem Fortkommen nachjagt, kann es nur zum Kampf aller gegen alle kommen. Nur wenn jeder auch für das Recht des anderen, alle für jeden Einzelnen und jeder Einzelne für alle anderen und das Ganze einsteht, ist Friede möglich. Bloße Gerechtigkeit allein wird freilich nicht genügen. Sie kann kalt und unpersönlich sein. Ja, höchste Gerechtigkeit kann höchstes Unrecht werden. Was wir über die Gerechtigkeit hinaus brauchen, ist Barmherzigkeit, das heißt ein Herz für andere, ein Herz, das an der Not nicht achtlos vorübergeht, sondern sensibel und einfühlsam ist, sich des Anderen in seiner Not erbarmt. Was wir also brauchen, ist eine neue Zivilisation der Gerechtigkeit, des Mitgefühls, der Barmherzigkeit, wo niemand allein gelassen wird.

Ein solches neues Jerusalem, eine solche Stadt des Friedens kann auf die Dauer nicht Bestand haben, ohne ein gemeinsames Fundament aller. Nur wenn wir alle den einen gemeinsamen Vater im Himmel anerkennen, können wir uns als eine Familie von Brüdern und Schwestern verstehen. Die Gottvergessenheit, ja Gottlosigkeit ist die tiefste Not der Zeit. Weil wir Gott außer Acht lassen, sind wir grund- und ziellos, halt- und inhaltslos geworden. Weil uns Gott nicht mehr heilig ist, ist auch in dieser Welt nichts mehr heilig. Mit dem Atheismus lässt sich auf die Dauer keinen Staat machen. Die neue Stadt, die wir suchen, kann nur vom Himmel herkommen. Nur Gott ist groß genug, um die Größe unserer Sehnsucht und Hoffnung, um die Weite und Tiefe unseres Herzens auszufüllen. Nur wenn Gott unter uns und in uns wohnt und wir im Frieden mit ihm leben, können wir in Frieden mit- und untereinander leben.

III. Friede ist keine weltferne Spekulation

Ist dies ein Traum? Eine Utopie? Reine Fantasie? Oder gar eine Überforderung? So mag es vielen scheinen. Nicht uns Christen! Denn als Christen wissen wir, und das ist das Zentrum unseres Glaubens, dass diese neue Stadt, die Stadt Gottes und des Friedens, nicht eine weltferne Spekulation darstellt, sondern in Jesus Christus schon Wirklichkeit geworden ist. In ihm ist Gott leibhaftig erschienen. Er ist Eckstein und Anfang, bleibendes Maß der neuen Welt. In seiner Person, seinem Leben, Wirken und Sterben, seinem Tod und seiner Auferstehung sehen wir sie schon, die neue Stadt. Er ist in Person unsere Vision vom neuen Menschen und von der neuen Menschheit. An ihm können wir uns orientieren in der Orientierungslosigkeit unserer Tage. Es gibt keinen besseren Maßstab. Er ist der Weg, die Wahrheit und das Leben (vgl. *Joh 14,6*)

Was Jesus uns bringt und was er selbst lebt, ist die Botschaft von Gott und seinem Reich. Sie besagt im Grunde: Gott will, Gott liebt dich, jeden Einzelnen und alle zusammen. Er nimmt dich an, bejaht und trägt dich im Leben und noch im Tod. So kannst und darfst du auch dich und alle anderen annehmen, kannst ja sagen und dein Leben mutig wagen. Denn das heißt glauben: trauen und bauen auf Gott und sein Kommen in die Welt. Das gibt Mut und Hoffnung, Kraft und Trost. Ohne eine Erneuerung dieses Glaubens wird und kann es keine neue Ordnung, kein neues Europa geben.

Was Jesus uns bringt und was er selbst lehrt ist zweitens die Nächstenliebe. Sie folgt notwendig aus der Gottesliebe. Sie ist das neue Gebot, das Jesus uns gibt. Wir spüren es doch alle: Die materiellen Werte – so wichtig sie sind – können unser Herz nicht ausfüllen; sie lassen uns im Letzten kalt und leer. Nicht das Haben, das Schenken macht glücklich.

Wir finden das Glück nur, wenn wir in Beziehungen leben, wenn wir auf Freundschaft und Gemeinschaft setzen. Wir müssen bereit sein, um für andere und für das Ganze Verantwortung zu übernehmen. Solches Dasein für andere hat Jesus uns vorgelebt bis zur totalen Hingabe seines Lebens. Er stellte sich ganz auf die Seite der Armen, Kleinen, der Leidenden, Verachteten. Es gibt nichts Größeres und Schöneres als sein Leben zum Geschenk zu machen für andere.

Liebe Jugendliche, liebe Schwestern und Brüder, Ihr sollt Euch anlässlich dieser Jugendwallfahrt überlegen, wo Euer Platz ist, wo Ihr Euch einsetzen könnt, wo Ihr Euer Herz und Euer Leben verschenken wollt. Ihr sollt Euch fragen, wo und was Eure Berufung ist. Man kann Gott und dem Nächsten in jedem Beruf und in jedem Stand dienen. Es könnte aber auch eine besondere Berufung sein, die Berufung, Euer Leben ganz und radikal zum Geschenk zu machen: als Priester, als Ordensfrau oder in einem sonstigen kirchlichen Dienst. Hört sorgfältig in Euch hinein und lasst Euch nicht betören durch alles Mögliche unverständige Gerede, durch Werbung und Stimmungen. Nicht was man sagt, man tut, man für richtig hält, hilft Euch weiter. Ihr müsst Euren eigenen Weg gemäß Eurem persönlichen Gewissen finden.

Die neue Stadt, das neue Jerusalem, das mit Jesus Christus angebrochen ist, fängt bei jedem Einzelnen von Euch an, und alle zusammen sind wir schon eine stattliche Zahl. Wenn dann von jedem wieder ein Funke von Hoffnung ausgeht, dann wird die Welt schon bald anders aussehen. Wir sehen sie schon, die neue Stadt – in jedem Einzelnen von uns. Jeder ist ein Baustein. Keiner ist dabei allein. Gott wohnt schon jetzt mitten unter uns. Er ist unser Gott und wir sein Volk. Was sollen wir mutlos sein! Lasst uns deshalb anfangen. Lasst uns Zeugen Christi sein. Amen.

Der Ruf Gottes heute

Liebe junge Mitchristen,
liebe Schwestern und Brüder,[1]

ich war tief beeindruckt, als ich heute Morgen die Berufungsgeschichte der heiligen Klara gehört habe. Eine großartige junge Frau, die so mutig und hochherzig »Ja« gesagt und aufgebrochen ist und die standhaft ihrer Berufung ein Leben lang treu geblieben ist. Dann kam mir in den Sinn: Was sich da bei der heiligen Klara zugetragen hat, das ist immer wieder geschehen: bei Franz, Dominikus, Hildegard, Bernhard, Benedikt und Scholastika, bis hin zu den ersten Jüngern und Jüngerinnen Jesu. Dass dies nicht immer so glatt und problemlos ging, zeigt das heutige Evangelium.

I. Not in den Herzen

Aber wie ist es heute? Oder ganz direkt: Wie ist es mit mir und Dir? Wie ist es mit uns? Ich kann es bezeugen: Es gibt auch heute solche Berufungen und es gibt junge Menschen, die sich darauf einlassen. Ihr alle wärt nicht hier, hättet Ihr nicht auch irgendwie einen Ruf, eine Einladung gehört.

Danke, dass Ihr gekommen seid! Und die Tatsache, dass Ihr in so großer Zahl hierher nach Sießen gekommen seid, widerlegt die These, für die Kirche interessieren sich nur noch alte Menschen, die Kirche sterbe folglich bald aus. Ihr seid der beste Gegenbeweis.

---

1 Predigt anlässlich des Franziskusfestes am 26. September 1993 im Kloster Sießen.
Evangelium: Mt 21, 28–31.

Trotzdem, wir müssen ehrlich sein. Es sind heute weniger als früher, die eine Berufung zum Christsein und gar eine Berufung zu einem geistlichen Dienst verspüren und ihm folgen. Das ist eine große Not in unserer Kirche. Noch mehr. Das ist eine große Not in den Herzen vieler Menschen, vielleicht auch ein bisschen in meinem und in Eurem Herzen. Viele, auch wir, fragen: Wozu bin ich denn da? Warum bin ich in der Welt? Wer bin ich? Wofür lebe ich? Welchen Sinn hat mein Leben? Was kann ich tun? Was darf ich hoffen? Viele wissen darauf keine rechte Antwort. Sie leben in den Tag hinein oder sie verzweifeln am Sinn ihres Lebens. Hier ist unsere tiefste Not. Hier liegt aber auch der Schlüssel zum Glücklichwerden im Leben. Nur wer um seine Berufung weiß und sie so gut er kann erfüllt, ist glücklich und zufrieden.

II. Reich der Gerechtigkeit

Aufgaben gibt es heute in hohem Maße. Das Evangelium beschreibt die Welt als einen Weinberg, der bestellt werden muss. Schon die Propheten sprechen davon, wie Gott die Welt als einen herrlichen Garten angelegt hat. Aber er ist verwüstet worden durch die Habgier und Machtgier der Menschen; sie haben ihn ausgebeutet und brachliegen lassen. Wir spüren es ja alle: Die Wüste wächst. Sie wächst nicht nur in der Sahara; sie wächst in uns und um uns.

Aber es wächst und reift im Verborgenen auch vieles. Es gibt viel mehr Menschen als wir ahnen, die suchen und fragen, weil sie unzufrieden sind mit dem Zustand der Welt, die letztlich nach Gott suchen und fragen, auch wenn sie das vielleicht selbst nicht so sagen. Es gilt auch heute das Wort Jesu: Die Ernte ist groß. Aber es fehlen Arbeiter für den Weinberg des Herrn. Es fehlt an Menschen, die wie Klara und Franz und viele andere vor und nach ihnen bereit sind, sich rufen zu lassen, damit das Reich Gottes, Reich der Gerechtigkeit, Freiheit, Wahrheit und Liebe wachsen kann.

Gott braucht immer wieder neu Menschen wie Klara und Franz, die ihm ihre Hände und Füße, ihre Augen und Ohren, ihren Mund und nicht zuletzt ihr Herz, ja ihr ganzes Leben zur Verfügung stellen, damit aus der Welt ein Garten, ein Weinberg wird.

III. Der Ruf Gottes heute

Ruft Gott heute niemanden mehr oder nicht genügend? Weit gefehlt. Gott ruft und beruft seit dem Anfang der Schöpfung. Jeder Einzelne von uns, Du und ich, sind ein leibhaftiger Ruf Gottes. Denn alles was wir sind und haben, alle unsere Anlagen und Fähigkeiten, wir selbst als Mann und Frau sind, weil Gott gesagt hat: Ich will, dass du bist. Ich mag dich, ich liebe dich, ich trage und führe dich und ich sende dich. Keiner von uns ist einfach eine Seriennummer, ein bloßes Rädchen im Räderwerk der Welt, eine Laune des Schicksals oder ein Zufallsprodukt. Jeder und jede ist einmalig, sozusagen ein Unikum und ein Original. Jeder ist und hat Berufung und es liegt alles, buchstäblich alles daran, diese Berufung zu erkennen und sie zu leben.

Bei der Taufe, da sind wir alle bei unserem Namen gerufen worden. Seither sind wir nicht mehr namenlos anonym. Da hat auch uns, so wie die ersten Jünger und Jüngerinnen der Ruf Jesu getroffen: »Du folge mir nach!« Das kann sehr verschieden aussehen. Nicht nur Priester und Ordensleute, auch Laien haben eine Berufung. Sie ist gewöhnlich mit ihren Fähigkeiten und ihrem Beruf verbunden als Lehrer, Erzieherin, Krankenschwester, Arzt, Handwerker und so weiter. Ehe und Ehelosigkeit sind Berufungen. Jeder und jede muss seinen Dienst an seinem Platz tun.

Gott ruft auch immer wieder Einzelne in besonderer Weise: Abraham, Mose, die Propheten, Frauen wie Sara, Hanna, Debora, Ester, Judith und vor allem Maria. Sie haben alle oft lang und schwer um ihre Berufung gerungen. Warum ich? Kann ich das? Soll ich das? Schließlich haben sie ihre eigenen Pläne und Wünsche, ihr ganzes Lebensprojekt dem Plan Gottes unterstellt. Sie haben sich frei gemacht, haben losgelassen und sich ganz, sozusagen mit Haut und Haaren, ihrer Berufung verschrieben. So sind sie zum Segen geworden für andere, für ihr Volk, für die Menschheit. Denn bei jeder Berufung sagt Gott wie bei Abraham: »Du sollst ein Segen sein!« *(Gen 12,2)* Wir sind berufen zur Liebe, zum Dienst. Und die Liebe, die man schenkt, mit der man sich schenkt, die kehrt ins eigene Herz zurück.

IV. Denkt über eure Berufung nach!

Berufungen fallen nicht vom Himmel. Da erhält niemand ein Telegramm vom lieben Gott. Es ist vielmehr meist ein längerer Weg, seine Berufung zu erkennen und ein noch längerer, sie zu leben. Das heutige Evangelium stellt uns zwei solcher Wege vor. Da ist der erste Sohn. Er ist schnell dabei, »Ja« zu sagen. Aber die Begeisterung ist ein kurzlebiges Strohfeuer. Sie ist ein Feuerwerk, das kurz toll aufsteigt, aber ebenso rasch wieder verglüht. Gott zwingt niemanden. Er lässt vollkommene Freiheit. So ist da auch der Andere, der zuerst gar nicht will, der sich sperrt und verweigert, den es aber dann doch nicht in Ruhe lässt, der sich durchkämpft bis er endgültig »Ja« sagen kann.

Meist steigen Berufungen zunächst zaghaft anklopfend im Herzen auf. Sie sind zuerst ein zartes Pflänzchen, das wachsen und reifen muss, das man hegen und pflegen muss, das man freilich auch ersticken und ausreißen kann. Meist braucht es einen längeren Weg des Überlegens, Erprobens, des Gesprächs mit anderen und Erfahrungen, nicht zuletzt des Gebets. Enttäuschungen, Durststrecken, Krisen gehören zu diesem Weg. Dann aber auch die Freude und das übergroße Glück, seinen Weg gefunden zu haben. Ich lade Euch heute ein, über Eure Berufung nachzudenken. Ich will zusammen mit den Schwestern von Sießen ein Stück weit diesen Weg mit Euch gehen und ihn begleiten.

V. Auf Gott ist Verlass

Letztlich schaffen wir es nicht aus eigener Kraft. Das wäre eine grenzenlose Überforderung. Doch Gott überfordert niemanden. Er gibt und schenkt, was er fordert. Berufungen und das Leben aus der Berufung sind ein Geschenk, sind eine Gnade. Man kann die Jesusnachfolge nur aus inniger Freundschaft mit Jesus leben. Er geht voran; er bahnt den Weg. Wer sich auf seine Berufung einlässt, der setzt auf Gott und seine Treue: »Auf dein Wort hin«. Er lässt sich ein auf ein Abenteuer der Liebe. Er weiß – so sagten es die Gemeindereferentinnen vor zwei Wochen in Böblingen mit dem Psalmisten: »Mit meinem Gott überspringe ich Mauern.« Denn auf Gott ist immer Verlass und bei ihm ist kein Ding unmöglich.

So lade ich euch ein: Hört nicht auf das, was »man« Euch sagt, was »man« tut und denkt, wie »man« sich heute verhält. Hört hinein in Euer Herz, folgt Eurer inneren Stimme. Hört auf Jesu Wort und Ruf im Evangelium, das zu Euch spricht. Lasst Euch von Jesus anschauen, schaut auf ihn und fragt, was er von Euch will. Entscheidet Euch für einen Weg mit ihm. Überlasst es ihm, wohin er Euch führt. Mein Segenswunsch begleite Euch. Amen.

Der Regenbogen als Zeichen der Hoffnung

Liebe Jugendliche,
liebe Schwestern und Brüder,[1]

da habt Ihr ja einen super Regenbogen gespannt. Wenn man ihn so anschaut, dann geht es wenigstens mir so wie jedes Mal, wenn ich einen Regenbogen sehe. Es ist jedes Mal wie ein wunderschöner Traum. Etwas von Sehnsucht, ja von Hoffnung kommt dann in mir auf.

Ich denke jedes Mal: Ja, so könnte, so sollte es sein. Himmel und Erde versöhnt, all die Menschen dieser Welt wie mit einem großen Bogen umfangen, alle versöhnt: die Frauen mit den Männern, die Jungen mit den Alten, die Mächtigen mit dem Volk, die Reichen mit den Armen, die Evangelischen mit den Katholischen, die Serben mit den Kroaten und mit den Muslimen und so weiter.

Aber es ist nur ein Traum. Wirklich nur? Alles nur Träume und Schäume? Bleibt am Ende nur das Nichts, die pure Verzweiflung, der blanke Zynismus? Bleibt wirklich nichts von unseren Idealen? Können wir sie alle in den Mülleimer werfen?

Das kann es doch nicht sein. Die Geschichte vom Regenborgen, die ihr eben in der Lesung gehört habt, meint jedenfalls etwas anderes.

Chaos gab es damals auch, eigentlich nur Chaos. Die Bibel beschreibt das im Bild von der Sintflut. Alles brach zusammen, alles kollabierte. Die Sintflutgeschichte ist eine Urgeschichte. Sie ereignet sich immer wieder – auch heute. Denn Chaos erleben wir in der Umwelt, die wir vergiften, verdrecken, zerstören. Chaos in unserer Mit-

[1] Predigt anlässlich des Jugendgottesdienstes am 20. Februar 1994 (1. Fastensonntag) in St. Eberhard in Stuttgart.

welt: sinnlose brutale Kriege – zerbrechende Ehen und Familien – die einen werden immer reicher, die anderen immer ärmer – einigen kann man sich auch nicht mehr in unserer Gesellschaft, es steht nur noch jeder gegen jeden. Chaos aber auch in uns: Zweifel, Probleme, Skrupel, Frust …

Doch wo damals und wo heute alles zusammenzubrechen drohte, da setzt Gott ein Zeichen: den Regenbogen als Zeichen, dass er Frieden und Versöhnung will und garantiert. Damit garantiert er, dass alles doch mehr ist als ein Traum und eine leere Sehnsucht.

Der Regenbogen ist für uns ein Zeichen. Es sagt uns: Habt Mut, habt Vertrauen, diese Welt steht, sie geht nicht unter. Auch euer Leben steht und fällt nicht sinnlos in sich zusammen. Gott garantiert den Bestand der Welt. Er allein kann ihn garantieren.

Das ist auch die Botschaft Jesu, wie wir sie im heutigen Evangelium vernommen haben: Das Reich Gottes ist nahe. Das meint: Gott ist nahe, er kommt, ja er ist da. Er hält die Welt, er hält dich und mich, er ist Halt und Inhalt. Er zieht uns alle voll Liebe und herzlichem Erbarmen an sein Herz.

Leere Worte? Sind sie nicht selbst ein Traum, eine Selbsttäuschung, eine fromme Lebenslüge? Denn woran erkenne ich das? Niemand erwartet, dass Gott uns persönlich erscheint. Gott kann man selbstverständlich nicht feststellen. Auch sonst im Leben kann man nicht alles handgreiflich beweisen. Liebe und Vertrauen zum Beispiel. Der Schriftsteller Antoine de Saint Exupéry sagte einmal: Nur mit dem Herzen sieht man gut. Aber Zeichen, die möchten wir schon gern sehen. Zumal heute, wo die Antizeichen so übermächtig sind.

Jesus selbst hat solche Zeichen gegeben. Wir nennen sie Wunder. Es waren Zeichen, dass dort, wo Gottes Reich im Anbruch ist, die Welt wieder heil und ganz wird, Zeichen, dass Gott – wie der Regenbogen es andeutet – alles wieder versöhnt.

Gibt es auch heute solche Zeichen? Zeichen des Reiches Gottes? Regenbogenzeichen? Und ob! Nur ein paar will ich nennen. Jesus selbst nennt sie uns. Seht die Lilien des Feldes! Schaut euch eine Blume an! Nehmt etwa eine Rose! Ist sie nicht wunderbar? Und ist jede nicht etwas anders? Und wie viele gibt es nicht davon? Warum nur blühen sie so schön? Wer hat sich das alles ausgedacht? Wer könnte das schon ausdenken? Ist nicht jede dieser Rosen ein Argument gegen den Sinnlosigkeitsverdacht?

Ein zweites Zeichen: Seht da den Menschen! Schaut seine Hände, seine Gesichtszüge, sein Lachen, sein Weinen, seine Augen, sein schlagendes Herz. Ja, jeder Mensch ist ein Zeichen Gottes, ein Bild und Gleichnis Gottes. Auf jedem Menschenantlitz strahlt etwas auf von der Herrlichkeit Gottes.

Schließlich: Schaut auf die Zeichen der Zeit! Jesus sagt: Die Anzeichen von gutem oder schlechtem Wetter könnt ihr deuten, aber die Zeichen der Zeit versteht ihr nicht! Verstehen wir sie? Was bedeutet das Scheitern der großen Utopien und Hoffnungen, des Fortschrittsglaubens, des Marxismus? Was bedeutet die daraus entstandene Perspektivenlosigkeit, der Sinnlosigkeitsverdacht, die Einsamkeit der schreckliche Individualismus? Was bedeutet es, dass dies alles in Gewalt umschlägt? Es sind Signale, dass Nietzsche, der große Gottesleugner, recht hat: Wenn Gott tot ist, dann gibt es kein oben und kein unten mehr, alles ist dann grund- und haltlos.

Sind das alles nicht auch Signale, Einladungen, Aufforderungen, neu und tiefer nachzudenken, uns umzuorientieren? Zeichen, dass das äußere Haben leer und hohl, unerfüllt macht, wenn nicht in der Tiefe der Innerlichkeit eine andere Quelle strömt und ein anderer Reichtum verborgen liegt?

Ich möchte hier abbrechen. Ich möchte euch einladen, still zu werden und nachzudenken, über den Regenbogen in euch, über die Stimme in eurem Inneren. Es ist das Echo der Stimme Gottes, der auch zu uns, zu jedem von uns spricht und uns Zeichen seiner Gegenwart gibt.

Wenn wir jetzt Eucharistie miteinander feiern, dann wird da auch ein Regenbogen aufgestellt. Er ist mehr als Schein, er ist Realität pur. Wir feiern die Versöhnung, die Jesus Christus ein für alle Mal am Kreuz gestiftet hat. Er hat uns Zeichen seines Friedens und seiner Versöhnung hinterlassen: Das Brot, das wir brechen – sein Leib, und den Wein, den wir teilen – sein Blut. Sie sind uns Unterpfand seiner bleibenden Gegenwart mitten unter uns.

Habt also Mut! Gebt eure Ideale und Hoffnungen nicht auf! Gott ist mit euch und mit eurer Hoffnung. Werdet selbst zu Zeichen der Hoffnung, setzt solche Zeichen für andere. Auch über dein Leben hat Gott einen Regenbogen gestellt. Amen.

»Mensch, ich sage dir, steh auf!« (Lk 7,14)

Liebe Jugendliche,
meine lieben Schwestern und Brüder![1]

»Mensch, ich sage dir, steh auf!« *(Lk 7, 14)* Dieses Motto habt ihr euch zu eigen gemacht. Ihr habt euch aufgemacht und seid nach Untermarchtal gewandert. Ich begrüße euch ganz herzlich. Ich begrüße auch diejenigen, die erst heute zu uns stoßen konnten, um an diesem Gottesdienst teilzunehmen. Ich begrüße nicht zuletzt die Untermarchtaler Schwestern und danke ihnen, dass sie diesen Jugendtag wieder mit so viel Mühe und mit noch mehr Fantasie vorbereitet haben.

I. Aufstehen – nicht wegschauen

Liebe Jugendliche, Ihr habt euch jetzt schon seit Tagen über das Thema dieses Jugendtages Gedanken gemacht und darüber miteinander gesprochen. Dabei ist euch eines aufgegangen: Dieses Motto »Mensch, ich sage dir, steh auf!« trifft auch unsere Situation. Dieser junge Mann von Naïn aus dem heutigen Evangelium, der sind wir selber. Nicht nur ihr Jugendliche, auch wir Erwachsene fühlen uns oft wie tot am Boden. Es fehlt uns an Mut und an Schwung. Wir sehen keine Perspektive. Wir denken: Was soll es? Was bringt es? Es hat doch alles keinen Sinn. Oft haben wir ja in der Tat den Eindruck, dass wir gegen eine Wand laufen. Wir sind enttäuscht und gefrustet. Manchmal aber sind wir – seien wir ehrlich – auch zu bequem und zu faul, ähnlich wie morgens, wenn wir aufstehen sollten und nicht aus den Federn kommen.

---

[1] Predigt anlässlich des Jugendtages am 29. Mai 1994 in Untermarchtal.

Manchmal fühlen wir uns freilich nicht wie tot, aber wir stellen uns tot. Wir schauen weg oder hören weg, wo wir aufstehen und uns mit etwas Zivilcourage einmischen müssten. Wenn dumm und unverantwortlich über Ausländer hergezogen wird oder wenn sie gar tätlich angegriffen werden, wenn billige und primitive Witze gemacht werden, wenn der Glaube und die Kirche in den Dreck gezogen werden, wenn es darum ginge, konkret zu helfen und sich einzusetzen.

II. Worte der Ermutigung und Mahnung

In der Bibel steht an sehr vielen Stellen, was Jesus im heutigen Evangelium zu dem jungen Mann vor dem Stadttor von Naïn sagt: »Ich sage dir, steht auf!« *(Lk 7, 14)* Das ist ein Wort der Ermutigung und der Mahnung. Gott selbst sagt es uns. Denn Gott hat uns Menschen im Unterschied zu allen anderen Lebewesen aufrecht geschaffen. Wir dürfen und wir sollen aufrecht gehen und unser Gesicht zeigen. Jeder und jede von uns hat eine einmalige Würde und einen einmaligen Wert. Wir alle sind geschaffen nach dem Bild Gottes. Keiner ist nur eine Laune des Schicksals, keiner bloß ein zufälliges Produkt der Evolution, sozusagen ein Zufallstreffer, keiner eine bloße Nummer oder ein austauschbares Rädchen im großen Räderwerk der Welt. Gott sagt zu jedem und jeder Einzelnen von uns: Ich will, dass du bist. Ich will dich, ich mag und liebe dich, ich nehme dich an und führe dich, denn du hast für mich einen unendlichen Wert. Du bist wertvoll. Ohne dich würde etwas fehlen und ohne dich wäre die Welt ärmer. Steh auf, hab Mut, du darfst sein. Du wirst aber auch gebraucht. Du hast eine Aufgabe, die nur du tun kannst. Steh also auf!

Wie ernst es Gott damit ist, hat er uns durch Jesus gezeigt. Jesus hat ja mit seiner Botschaft vom kommenden Reich Gottes in ganz besonderer Weise den Armen, den Kranken, den Kleinen und den Schwachen Mut zugesprochen. Er war besonders gut zu den Frauen. Er hat für alle sein Leben radikal hingegeben und ist stellvertretend für uns alle sogar in den Tod gegangen. Doch Gott hat bei Jesus und bei ihm sogar in besonderer Weise gesprochen: »Ich sage dir, steh auf!« *(Lk 7, 14)* Gott hat ja Jesus von den Toten auferweckt. Was Gott so an Jesus getan hat, wird er einmal auch an uns tun. Jeder und jede von uns hat eine ewige Zukunft bei Gott.

Mit der Auferweckung Jesu von den Toten hat Gott gezeigt, dass nicht Hass und Gewalt, sondern Gerechtigkeit und Liebe, nicht die Lüge, sondern die Wahrheit das letzte Wort haben, und dass am Ende nicht der Tod und die Mächte des Todes siegen, dass vielmehr am Ende das Leben triumphieren wird. Gott selbst – so sagt es die Heilige Schrift – wird aufstehen. Er wird dafür sorgen, dass den Gewalttätern die Bäume nicht in den Himmel wachsen, er wird die Lügner, die die Wahrheit verdrehen, zum Schweigen bringen, er wird die Armen aus dem Dreck und Staub erheben und die Mächtigen vom Thron stürzen. Gott ist ein Freund des Lebens; er wird dem Leben recht geben. Seit Ostern ist endgültig kein Grund mehr zu resignieren oder gar zu verzweifeln. Seit Ostern gibt es Hoffnung. Seit Ostern gibt es Grund, Mut zu haben, aufzustehen und sich für das Leben, für die Wahrheit und die Gerechtigkeit, sich für die Liebe einzusetzen. Als Christen sollen wir wie Jesus nicht nur für uns selber leben, sondern unser Leben zum Geschenk machen für andere. Dann, das darf ich euch versichern, wird es glücken, dann wird es einen Sinn haben.

Durch Ostern, meine lieben jungen Freunde, dürfen wir uns freuen, uns unseres Lebens froh sein und dazu beitragen, andere froh zu machen. Das Evangelium ist eine frohe Botschaft. Unser Christsein darf darum keine traurige Sache sein und nicht süß-säuerlich auf andere wirken.

III. Aufstehen gegen Ungeist und Unrecht

»Mensch, ich sage dir, steh auf!« Dieses Wort trifft uns heute. Wir haben als Christen gerade heute allen Grund aufzustehen und Farbe zu bekennen. Wo so viel Mutlosigkeit und Hoffnungslosigkeit ist, da müssen wir – wer denn sonst – aufstehen und sagen, nein: nicht nur sagen, wir müssen es vormachen und vorleben, dass es Sinn macht, zu leben, dass es Sinn macht, gut zu leben, dass es Sinn macht, sich für das Gute einzusetzen, dass es Sinn macht, etwas Gutes zu tun.

Aufstehen müssen wir darum gegen alles, was das Leben gefährdet und zerstört. Das fängt an bei der Zerstörung der Umwelt und beim Raubbau an der Natur. Das betrifft den aufkeimenden Hass gegen Ausländer und Menschen mit Beeinträchtigung. Das meint den Skandal der Tötung so vieler ungeborener Kinder. Das richtet sich gegen die extrem ungerechte Verteilung der Güter und der Lebenschancen auf der Welt und die immer mehr auseinanderklaffende Schere zwischen Armen und Reichen. Und warum protestiert und demonstriert denn eigentlich niemand bei uns gegen das unvorstellbare himmelschreiende Unrecht, das nur zwei Flugstunden von hier in Bosnien an wehrlosen und unschuldigen Menschen, an Frauen, Kindern und Alten geschieht? Warum klagt hier niemand das katastrophale Versagen europäischer Politik an? Erst in der letzten Woche hat mir der Bischof von Banja Luka einen bewegenden und erschütternden Bericht geschickt, der einem unwillkürlich die Zornesröte ins Gesicht treibt.

Aufstehen gegen Ungeist und Unrecht bedeutet schließlich, dass wir aufstehen und uns gegen die öffentlich zur Schau getragene und propagierte Kultur im sexuell-erotischen Bereich wenden. Sie ist alles andere als Ausdruck von Leib- und Lebensbejahung. Sie ist ein Angriff und eine Verletzung der Würde des Menschen, besonders der Frauen.

Meine lieben Jugendlichen, in den letzten Wochen und Monaten haben wir ein – wie mir scheint – gutes Gespräch über diese Fragen begonnen, und wir werden es noch wesentlich weiterführen müssen. Ich bin dazu bereit. Damit es ein wirklich offenes Gespräch ist, habt ihr ein Recht darauf, dass ich hier im Blick auf Diskussionen und Auseinandersetzungen der letzten Wochen und Monate und die vielen Briefe, die ich dazu täglich bekomme, ganz offen rede. Ich meine, katholische Jugend und katholische Jugendverbände müssten in ihren Positionsbestimmungen zu Sexualität und Partnerschaft viel deutlicher aufstehen gegen diese Unkultur, die nicht glücklich und frei, sondern letztlich unglücklich und unfrei macht. Katholische Jugendverbände müssten geradezu prophetisch eine Alternative deutlich machen und entschiedener als sie es tun vom christlichen Menschenbild her denken und urteilen, um so ein authentisch christliches Gesicht zu zeigen.

Für den Christen ist Sexualität etwas Positives. Sie ist eine gute Schöpfungsgabe Gottes. Sie ist uns wie ein Geschenk zur persönlichen Verantwortung anvertraut. Als eine uns von Gott gegebene Gabe ist sie sozusagen die vitale Schubkraft für das Glück personaler Liebe, einer Liebe, die sich in lebenslanger Treue vollendet und die fruchtbar wird in der Weitergabe des kostbaren Gutes menschlichen Lebens. Das alles ist viel zu wertvoll, als dass man damit spielen könnte. Das persönliche Glück eures Lebens hängt vielmehr ganz entscheidend davon ab, ob es euch gelingt damit in verantworteter Weise umzugehen. Auf diesem Weg will Gottes Gebot euer Leben und eure Lebensfreude nicht beschneiden und einengen. Gottes Gebot, das heute kein anderes ist als in früheren Zeiten, ist ein Wort des Lebens. Es will euch helfen, zum Glück eures Lebens zu finden. Ich bitte euch, steht auf und versucht es neu.

IV. Wir sind bei unserem Namen gerufen

»Mensch, ich sage dir, steh auf!« *(Lk 7,14)* Das gilt, meine lieben Jugendlichen, noch in einem weiteren Sinn. Gott will euch auch zu einem aufrechten Gang in der Kirche ermuntern. Ich weiß, viele von euch haben einiges auszusetzen an der Kirche, so wie sie sich konkret für euch darstellt. Ihr dürft es mir glauben, auch ein Bischof ist nicht über alles froh. Auch ich wünschte mir entschieden mehr Leben und Schwung. Aber ändern kann das nur, wer mitmacht, und dazu gibt es viele Möglichkeiten. Durch die Taufe und die Firmung ist jeder von uns bei seinem Namen gerufen und aufgerufen, ein lebendiger Baustein und ein lebendiges Glied zu sein. Ich bitte euch darüber nachzudenken und in euer Herz hineinzuhören, um herauszufinden, welches eure ganz persönliche Berufung ist, wo euer Platz in der Kirche ist und wo ihr euch einbringen könnt.

Es ist zumindest auf den ersten Blick nicht immer leicht diesem Ruf zu folgen. Auch die eigene Bequemlichkeit kann dem im Wege stehen. Doch es ist Jesus, der ruft, und wozu Jesus ruft, dazu gibt er auch die Kraft. Im Vertrauen auf ihn können wir aufstehen; im Blick auf ihn brauchen wir keine Angst zu haben, die entscheidenden Schritte zu tun. Er ist an unserer Seite. Er reicht uns die Hand. Er ist uns Wegbegleiter und Freund. Er heilt unsere Gebrechen und verzeiht unsere Fehler und Schwächen. Bei ihm dürfen wir, wenn wir einmal down sind, immer wieder und jeden Tag neu aufstehen. Bei ihm dürfen wir immer aufrecht gehen und brauchen wir nicht für immer geknickt sein.

Stehen wir also auf und schließen wir neu Freundschaft mit ihm. Nicht nur heute hier in Untermarchtal, sondern auch nachher, wenn wir wieder in unseren Familien, in der Schule, am Arbeitsplatz oder in der Freizeit sind. In jeder Situation ruft Jesus uns zu: »Komm, steh auf, geh mit, sei aufrecht, tapfer und froh. Sei ein aufrechter Christ heute. Denn die – und die allein – kann ich brauchen«. Amen.

Du hast mich gesandt

Liebe Jugendliche,
liebe Schwestern und Brüder,[1]

zuerst auch von meiner Seite Euch allen ein herzlicher Willkommensgruß und ein herzliches Grüß Gott! Ein herzliches Grüß Gott denen, die an der Sternwallfahrt teilgenommen haben, und ein herzliches Grüß Gott denen, die heute zu diesem Jugendtag neu dazugestoßen sind. Ich freue mich, bei Euch zu sein.

Das Motto und die Losung, auf die hin wir hier zusammengekommen sind, lautet: »Du hast mich gesandt«. Eine wichtige und grundlegende Aussage, wie das Evangelium, das wir soeben gehört haben, zeigt. Dieses Evangelium erzählt eine erstaunliche Geschichte. Da kommt Jesus in seine Heimatstadt, genauer in sein Heimatdorf Nazareth. Alle kennen ihn, kennen seine Eltern, die einfache Leute sind, wissen, dass er ein schlichter Zimmermann ist, also ein junger Mann, der nicht studiert hat, der kein gebildeter Schriftgelehrter ist und ausgerechnet der hat den Mut und wagt es, am Sabbat vor die versammelte Synagoge hinzutreten und die Heilige Schrift auszulegen. Und nicht nur das, auch wie er es tut, ist außergewöhnlich, ja aufreizend, und stachelt die Zuhörer zum Zorn an. Er tritt auf und sagt: Gottes Geist ruht auf mir. Ich bin gesandt, die gute Nachricht zu bringen.

Er sagt dies nicht nur, er tut und er lebt es. Er setzt sich ein für die Kleinen und Armen. Er setzt sich auseinander mit den Schriftgelehrten und Pharisäern. Er duckt und versteckt sich nicht und er riskiert alles, auch sein Leben. Er geht dafür ans Kreuz und stirbt für uns alle.

---

[1] Predigt anlässlich des Jugendtags 1997 in Untermarchtal.
Evangelium: Lk 4,14–30.

Er weiß auch noch in dieser extremen Situation: »Du – Vater im Himmel – hast mich gesandt.«

»Du hast mich gesandt« – das sagten nach Pfingsten die ersten Jünger, die Jesu Sendung weiterführten. »Du hast mich gesandt« – das haben in der Geschichte immer wieder tapfere und gläubige Männer und Frauen gesagt. Hier in Untermarchtal erinnere ich nur an Vinzenz von Paul und Luise von Marillac, die sich für Kranke und Gefangene einsetzten, so wie es die Vinzentinerinnen von Untermarchtal tun. Dank Euch, liebe Schwestern, für Euren Dienst! »Du hast mich gesandt« – das können wir aufgrund unserer Taufe und Firmung, das kann jeder und jede Einzelne von Euch sagen.

Aber was heißt das? Was bedeutet und was meint das? Was bedeutet das für mich? Versuchen wir einmal, diesen kurzen Satz – »Du hast mich gesandt« – Wort für Wort zu buchstabieren.

I. Du

Jeder von uns ist auf der Suche nach einem Du, einem Du, dem er sich anvertrauen kann, das ihn versteht, das mit ihm geht und zu ihm steht. Wir alle sind auf Liebe und Treue angewiesen. Glücklich ist darum, wer dieses Du gefunden hat. Wir wissen aber auch, wie schwierig diese Suche und wie zerbrechlich solches Glück ist. Gewöhnlich finden wir es nur der Spur nach. Vielleicht sind wir sogar schon bitter enttäuscht worden. Trotzdem, die Sehnsucht bleibt. Sie ist in unser Herz eingebrannt. Die Hoffnung, der Hunger und der Durst nach Liebe und Geborgenheit lassen sich nicht auslöschen. Sie gehören zu uns Menschen.

Es ist die Grundüberzeugung und die Grundbotschaft unseres Glaubens: Gott ist dieses Du, das wir suchen und das uns allein ganz ausfüllen kann. Er ist längst da vor uns, längst bevor wir waren. Sonst wären wir gar nicht. Er ist da als unser Schöpfer. Wir haben uns ja nicht selbst gemacht. Alles, was wir sind und haben, ist, weil er es gut mit uns meint. Und wie wunderbar hat er uns doch ausgedacht und gemacht. Schauen wir doch nur unsere Hände an. Schauen wir einander in die Augen. Hören wir auf das Schlagen unseres Herzens. Wie wunderbar funktioniert alles. Was für ein Wunder ist unser Leib mit seinen Kräften, unsere Seele, mit all ihren feinen Empfindungen. Wie wunderbar und wie schön hat Gott uns ausgedacht und geschaffen. Wir sind, weil er gut ist, weil er uns will, weil er »Ja« sagt zu uns, zu jedem von uns.

Er steht nicht nur am Anfang. Er ist bei uns, wenn wir allein sind – wenn wir betroffen sind – uns ausgestoßen fühlen – nicht mehr weiterwissen – Angst haben – nicht mehr mögen – Hilfe brauchen – Schmerzen und Krankheit zu ertragen haben – wenn wir Fehler begangen haben und »in der Patsche« sitzen. Er ist auch da, wenn wir Fragen haben und Zweifel uns plagen: Warum so viel Unrecht? Warum so viel Leiden? Warum der Krebs? Warum Kriege? Warum, warum, warum? Er ist auch da, wenn wir heiter und fröhlich, wenn wir gut aufgelegt sind, wenn äußerlich und innerlich die Sonne scheint, wenn uns etwas gut gelingt, wenn wir lieben Menschen begegnen, wenn wir Freude haben an den Schönheiten der Natur. In all den kleinen und großen Dingen des Alltags begegnet er uns. Immer sind wir bei ihm geborgen, immer nimmt er uns an, so wie wir sind. Niemals lässt er uns im Stich. Immer hat er Zeit für uns. Er ist immer ansprechbar. Vor ihm können wir jederzeit unser Herz ausschütten. Die Leitung zu ihm ist nie besetzt.

Dieses Du Gottes passt in keine unserer Schubladen. Gott sprengt alle unsere Vorstellungen und unsere bornierten Schemen. Gott ist unbegreiflich, unendlich, unfassbar und unsichtbar. Aber er hat sich fassbar und sichtbar gemacht in Jesus. Durch Jesus hat er ganz und endgültig gezeigt wie und wer er ist: ganz Liebe, ganz Barmherzigkeit, ganz Sanftmut und ganz Zärtlichkeit; aber auch ganz Feuer und Glut. Dieses Du ist das Herz der Welt und hat ein Herz für jeden, auch für die Fremden, auch für die uns Unsympathischen, auch für dich und mich. Zu ihm dürfen wir schlicht »Du« sagen. Du Gott bist meine Freude, Du mein Friede. Du hältst mich in Deinen Händen. Bei Dir bin ich geborgen jetzt und für immer.

II. Mich

Mich – einer aus Milliarden von Menschen auf der Erde. Mich mit meiner kurzen Lebenszeit innerhalb von Milliarden Jahren seit der Erschaffung der Welt. Mich – ein winziges Moment, fast nur ein Hauch. Mich – aus einer ganz bestimmten Familie mit all ihren Problemen. Mich aus diesem Volk mit seiner guten aber auch mit seiner bösen Geschichte. Mich mit all meinen geringen Fähigkeiten und meinen weniger geringen Fehlern, mit all den Halbheiten, den Bruchstücken und Brüchen in meinem Leben. Mich, der ich oft so mutlos und traurig bin, voller Fragen und mit manchen Schrammen, mit Verwundungen, mit Ecken und Kanten. Mich mit meinen Fragen: Wer bin ich?

Woher komme ich und wohin gehe ich? Was ist mein Leben, welches der Sinn und was das Glück meines Lebens?

Genau mich hat Gott gemeint, mich hat er von aller Ewigkeit her im Sinn. Mich hat er, so wie ich bin, ausgedacht und liebevoll gestaltet. Mich hat er gewollt, gemacht, gerufen. Mich mit Leib und Seele und mit allen meinen Kräften. Mich hat er an sein Herz gedrückt. Ganz verrückt ist er auf mich. So ist er mir ganz persönlich nachgelaufen, hat mich gesucht und auch gefunden in Jesus Christus. Mir wollte und will er Freund sein. Für mich ist er deshalb am Kreuz gestorben. Mir hat er seinen Heiligen Geist geschenkt, und mir hat er seine Liebe ins Herz ausgeschüttet. Vor ihm, bei ihm darf ich einfach sein. Für ihn bin ich unendlich liebenswert. Das gibt meinem Leben Wert und Würde, gibt ihm Ansehen und Glanz.

Deshalb bin ich ganz einmalig, unwiederholbar, unnachahmlich. Ohne mich würde etwas fehlen in der Welt; ohne mich wäre die Welt ärmer. Deshalb darf ich mich nicht vernachlässigen, mich nicht wegwerfen, mein Leben nicht verpfuschen. Im Gegenteil! Ich bin wertvoll. Ich soll, kann und darf »Ja« sagen zu mir selbst. Ich soll, ich kann, ich darf mich annehmen. Ich soll, ich kann, ich darf mein Leben leben und mein Leben wagen. Es gehört mir. Ich darf mein Leben wagen, weil Gott es mit mir wagt. Es wurde mir geschenkt. Gott, Du hast es mir geschenkt. Du hast mich mir zum Geschenk gemacht. Ich danke Dir, und ich lobe und preise Dich dafür.

III. Gesandt

Ich lebe nicht allein. Ich bin mit anderen zusammen: mit meinen Eltern und Geschwistern, Freunden und Freundinnen, Kollegen und Kolleginnen, Nachbarn, Mitbürgern, Mitchristen, Mitmenschen. Gemeinsam sind wir auf dem Weg. Sie alle haben ähnliche Freuden und ähnliche Sorgen wie ich. Wir brauchen einander und sind aufeinander angewiesen. Für sich allein kann keiner leben. Wir haben Erwartungen an andere, so wie die anderen Erwartungen an mich haben. Wie gut tut es mir, wenn andere ein Gespür für mich haben, wenn sie aufmerksam, rücksichtsvoll, freundlich, hilfsbereit und auch ein wenig barmherzig mit mir umgehen. Wenn mir das gut tut, warum tue ich dieses Gute nicht auch anderen? Liebe, die man schenkt, macht ja kein bisschen ärmer; sie kehrt ins eigene Herz zurück.

So bin ich nicht nur eine Gabe, ein Geschenk für mich; ich habe in meinem Leben eine Aufgabe. Ich bin nicht nur für mich, sondern für andere auf der Welt. Ich trage Verantwortung für andere und für das Glück anderer Menschen. So ist es das Vorbild Jesu. Er war der Mensch für die anderen Menschen. Er hat sein Leben für alle hingegeben. So soll, so darf auch ich mein Leben zum Geschenk für andere machen. Daran hängt nicht nur ihr Glück, davon hängt mein Glück ab.

Ich bin gesandt, durch meine Zuwendung anderen eine gute Nachricht, die gute Nachricht von Gott, der alle liebt, zu bringen. Ich selbst soll eine gute Nachricht sein. Denn Gott braucht mich. Seit Jesus in den Himmel aufgefahren ist, hat Gott keine anderen Hände, um anderen zu helfen als die meinen – keine anderen Füße, um zu anderen zu gehen als die meinen – kein anderes Gesicht, um andere zu erfreuen als meines – kein anderes Herz, um für andere zu sorgen, anderen in spürbarer Weise Liebe zu bezeugen als meines. Gott braucht Menschen. Er braucht dich und mich, um in dieser Welt etwas mehr Licht und Hoffnung, Freude und Frieden, Trost und Barmherzigkeit zu verbreiten. Und viele warten auf mich, dass ich das tue, damit es heller und wärmer werde und es gerechter, ehrlicher und barmherziger zugeht in der Welt.

Jeder und jede von euch hat seine und ihre Berufung, und das Glück Eures Lebens hängt davon ab, dass Ihr diese Berufung erkennt und dass ihr »Ja« sagt zu ihr. Jedem und jeder ist sein und ihr Platz zugedacht in der Welt und das Weltgefüge kann nicht stimmen und nicht in Ordnung sein, wenn ich diesen Platz nicht einnehme und ausfülle.

Es gibt viele Berufungen und Aufgaben: in einer Familie, in einem Beruf, in einem pastoralen Dienst in der Kirche, vielleicht als Priester oder in einer Ordensgemeinschaft. Das wäre auch nicht das Schlechteste, auch wenn man diese Berufung sehr oft herabsetzt und lächerlich macht. Ich kann es Euch bezeugen: Ich könnte mir keine glücklichere denken. Ich bin fest überzeugt, auch unter Euch den hier Anwesenden sind solche, die Gott als Priester oder als Ordensfrau ganz in seinen Dienst und in den Dienst an vielen Menschen stellen möchte. Auf jeden Fall: Wenn Ihr Euren Weg und Eure Berufung sucht, dann denkt nicht nur an Euch, an Euren Vorteil, Eure Karriere, Euer kleines Glück. Denkt auch daran, für wen und für was Ihr berufen seid.

In einem Lied in Eurem Textbuch zur Sternwallfahrt heißt es: »Wo Menschen sich vergessen, die Wege verlassen und neu beginnen, ganz neu, da berühren sich Himmel und Erde, dass Frieden werde unter uns. Wo Menschen sich verschenken, die Liebe bedenken und neu beginnen ganz neu, da berühren sich Himmel und Erde, dass Frieden werde unter uns.«

Ja, meine lieben Jugendlichen, das ist meine Hoffnung, dass Ihr Himmel und Erde wieder zur Berührung bringt und so Frieden schafft. Es ist ja die große Katastrophe, dass man beides auseinandergerissen hat. Der Himmel ohne die Erde erscheint uns fad; die Erde aber ohne den Himmel ist die Hölle. Beides wieder zusammenzubringen, ist Eure Aufgabe.

Vielleicht scheint Euch die Aufgabe, den Himmel wenigstens ein bisschen wieder zu erden, zu schwer. Aus eigener Kraft schaffen wir das nicht. Doch Gott kann das Unmögliche tun, für uns ist es genug, das Mögliche zu tun. Gottes Geist, der auf Jesus ruhte, ist auch uns zugesagt. Er macht auch Großes durch uns möglich. Und die Sache Jesu – so sagt es ein anderes Lied – braucht Begeisterte. Deshalb hat Jesus seinen Jüngern bei der Sendung zugleich den Heiligen Geist geschenkt. Er lässt auch Euch nicht allein. Er schenkt auch Euch, wenn Ihr Euch auf Eure Berufung und Sendung einlasst, den Geist der Erkenntnis und der Stärke, der Ausdauer, des Friedens und der Freude. Denn er will, dass Ihr die gute Nachricht seid und bringt, und das fängt gleich nach diesem Gottesdienst, das fängt heute an.

»Du, Gott, hast mich gesandt«. Du bist bei mir. So habe ich keine Angst. Auf Dein Wort hin gehe ich meinen Weg. Amen.

Jesus lebt in seinem Wort

Liebe Jugendliche![1]

Zunächst möchte ich Sie alle ganz herzlich begrüßen. Mit diesem Gruß möchte ich Ihnen zugleich diejenigen vorstellen, die mit mir diese Katechese und den daran anschließenden Gottesdienst vorbereitet haben. Es sind zusammen mit Jugendlichen einige Verantwortliche des Jugendhauses in Wernau in der Diözese Rottenburg-Stuttgart. Sie haben in einem Brainstorming viele gute Gedanken für die heutige Katechese zusammengetragen und die Gestaltung des Gottesdienstes übernommen. Dafür sage ich auch in Ihrem Namen herzlichen Dank!

Das Thema der heutigen Katechese lautet: »Jesus lebt in seinem Wort«. Als Ausgangspunkt dieser Katechese wurde von der zentralen Planung dieses Weltjugendtages die Geschichte der Berufung der ersten Jünger Jesu aus dem Anfang des Johannesevangeliums vorgeschlagen. Ich schlage vor, dass wir diesen Text zunächst einmal im Wortlaut hören. Pfarrer Hermann Friedl wird ihn vortragen.

I. Von Gott berufen

Ich bin sehr froh, dass ich gerade über diese Berufungsgeschichte zu Ihnen sprechen kann. Denn diese Geschichte spielt in meiner eigenen Lebensgeschichte eine wichtige Rolle. Als ich etwa 16 oder 17 Jahre alt war – ich war damals Schüler in einem kirchlichen Internat – hörte ich eines Sonntags just über diese Berufungsgeschichte eine Predigt. Sie wurde von unserem damaligen Weihbischof Wilhelm Sedlmeier gehalten. Diese Predigt hat mich damals so beeindruckt, dass ich ei-

[1] Predigt anlässlich des Weltjugendtages vom 20.–22. August 1997 in Paris.

nige Passagen bis heute fast wörtlich auswendig weiß. Diese Berufungsgeschichte und diese Predigt sind für meine eigene Berufsentscheidung und für meinen Weg, Priester zu werden, aber auch für mein Leben in diesem Beruf und für mein persönliches Verhältnis zu Jesus Christus wichtig geworden.

Was hat mich daran so fasziniert, und was fasziniert mich bis heute? Im Grunde dasselbe, was die Jünger damals so fasziniert hat und weshalb sie Jesus nachgelaufen sind.

Es war damals eine aufregende Zeit. Dem Volk ging es miserabel. Es war bitter arm, und es lebte unter der römischen Besatzungsmacht. Die von den Römern eingesetzten Zöllner beuteten die Leute rücksichtslos aus. Die eigenen Führer kümmerten sich wenig um die Nöte der kleinen Leute. Entweder kollaborierten sie mit der Besatzungsmacht oder sie legten den Leuten mit ihrer Auslegung des mosaischen Gesetzes unerträgliche Lasten auf, die im normalen Alltag kaum zu erfüllen waren. So waren die einfachen Leute weitgehend sich selbst überlassen; sie waren – wie Jesus sagte – wie verlorene Schafe, die keinen Hirten haben.

Umso mehr war es in dieser Situation eine Sensation, dass am Jordan ein Täufer mit Namen Johannes auftrat, der diese Missstände und das Unrecht furchtlos, frei und öffentlich anprangerte und beim Namen nannte. Er rief zur Umkehr und zu einer grundsätzlichen Umorientierung des persönlichen wie des öffentlichen Lebens auf. Johannes musste dafür bekanntlich mit seinem Leben bezahlen. Sein Landesfürst Herodes ärgerte sich über die Kritik an seinem Lebensstil, ließ ihn einsperren und später in der Laune einer Ballnacht enthaupten.

Doch Johannes ging mit seiner Message noch einen entscheidenden Schritt weiter. Er begnügte sich nicht mit Kritik. Er hatte ein positives Anliegen. Er erinnerte an eine alte Hoffnung, die von den Propheten her im Volk, besonders in einigen Zirkeln weiterlebte und die besagte: Am Ende wird Gott selbst eingreifen. Er wird seinen Messias senden und seine Herrschaft, sein Reich der Gerechtigkeit, des Friedens und der Freiheit aufrichten. Johannes verkündete: Genau dies steht jetzt unmittelbar bevor.

Die Erregung war groß. Es entstand eine riesige Volksbewegung. Die Leute strömten in Massen an den Jordan, um sich als Vorbereitung auf die angesagte Wende und zum Zeichen ihrer Umkehr von Johannes taufen zu lassen. Auch Jesus von Nazareth, ein damals völlig unbekannter junger Mann von etwa 30 Jahren, reihte sich in diese Bewegung ein und ließ sich von Johannes taufen.

Die Frage lag in der Luft: Wer und wo ist der Messias, der von Gott gesandte Heilsbringer? Johannes war eindeutig: Ich bin es nicht! Als er aber Jesus sah, da ging es ihm plötzlich auf: Der ist es! Deshalb mahnte er seine Jünger: Auf, lauft ihm nach!

Nun, schöne Worte haben die beiden Johannesjünger schon viele gehört, genau wie wir auch. So wie uns heute, so hat man den Leuten auch damals schon viele Versprechungen gemacht, aus denen nachher nichts wurde. Die Römer waren nicht gerade bescheiden, wenn es darum ging, das Friedensreich des Kaisers Augustus hochzupreisen. Es gehörte damals geradezu zum guten Ton der Mächtigen, sich als Wohltäter bezeichnen und feiern zu lassen. Und die Propheten? Was war aus ihren Verheißungen bislang geworden? Die weit verbreitete Meinung war damals: Der Himmel ist verschlossen; es gibt im Augenblick keine Perspektive, keine konkrete Hoffnung.

Das Wort des Johannes ließ darum aufhorchen. Doch Worte können billig sein. Sie können unter Umständen mehr verschleiern als klären und oft sind sie schlicht und einfach verlogen. Heute zumal, wo so unheimlich viel gesprochen und versprochen, gesagt und angesagt wird und wo nachher meist recht wenig geschieht, wenn nicht gar das Gegenteil geschieht, sind wir der großen Worte überdrüssig geworden. Wir sind skeptisch geworden und hören meist schon gar nicht mehr hin.

Bei den beiden Jüngern war es anders. Sie hörten hin, nicht weil sie naiver und gutgläubiger gewesen wären, sondern einfach deshalb, weil sie spürten, dass es bei Jesus anders ist.

Maßgebend waren für sie nicht die großen Titel: Messias, König von Israel, Prophet, Lamm Gottes, Sohn Gottes. Die beiden Jünger waren sogar recht skeptisch. Als Jesus sie fragt, was sie wollen und suchen, da fragen sie nicht nach einem 10-Punkte-Programm. Sie fragen vielmehr, wo er wohnt. Die Wohnung ist mehr als vier Wände und ein Dach über dem Kopf. Die Wohnung ist ein Stück von uns selbst. Sie gehört zu uns und ist ein Spiegelbild von uns selbst. Wie man sich einrichtet, zeigt wer wir sind und wie wir sind. In diesem Sinn wollen die beiden Jünger sehen, wo er wohnt, das heißt, sie wollen nicht nur wissen, was er sagt und was man über ihn sagt. Sie wollen sehen, wie er lebt. Sie wollen sich nichts vormachen lassen, sondern selber sehen und selber urteilen.

Es ist auffallend, wie oft in unserem Text das Wort beziehungsweise das Wortfeld »sehen« vorkommt: Johannes blickt Jesus an, Jesus blickt die Jünger an und lädt sie ein: »Kommt und seht!« *(Joh 1,39)* Immer geht es um unmittelbaren Blickkontakt, um direkte Begegnung. So macht auch Jesus keine leeren Versprechungen. Er predigt den Jüngern nicht nur. Er lädt sie ein, bei ihm zu wohnen und mit ihm Erfahrungen zu machen. Sie sollen sich selbst ein Bild machen. Jesus schenkt also Verantwortung und Freiheit und fordert dadurch zur Entscheidung heraus.

Durch die persönliche Begegnung und Erfahrung kommt bei den beiden Jüngern etwas in Bewegung. Sie fangen Feuer und sie lassen sich schließlich auf Jesus ein. Es geht ihnen auf: Ja, der ist es wirklich. Der ist ganz anders als die anderen. Der ist echt. Der lullt und seift uns nicht ein mit seinen Worten. Seine Worte sind nicht einfach daher gesagt, nicht einfach wohltönender Klang und rasch wieder verhallender Schall. Seine Worte sind verbindlich. Er lebt, was er sagt. Ja er ist, was er sagt. Er ist glaubwürdig und verlässlich. Er ist authentisch und identisch. Sein Wort ist durch sein Leben gedeckt. Sein Wort ist von ihm durchlebt. Er ist in seinem Wort ganz als er selbst gegenwärtig. Jesus lebt in seinem Wort.

Erst viel später ging den Jüngern die ganze Tiefe dieser Erfahrung mit Jesus auf. Sie merkten immer mehr: Weil Jesus ganz mit seinem Wort identisch ist, hat er ihnen mit seinen Worten nicht nur irgendetwas mitgeteilt, auch nicht nur etwas Großes und Wichtiges, das hilfreich und weiterführend ist. Er hat sich in seinem Wort selbst mitgeteilt. Er war und er ist ganz Wort, ganz Mitteilung, ganz Gabe, die sich verschenkt. Er ist nichts für sich und er hält auch nichts für sich zurück. Deshalb lässt er bei sich wohnen, teilt alles, was er hat und was er ist. Er ist, wie es Johannes der Täufer im Anschluss an das Buch des Propheten Jesaja sagt, das Lamm Gottes, das sich aufopfert und verzehrt, das sich hingibt und sein Leben zum Geschenk macht für die Vielen, das heißt für alle Menschen und für das Heil der Welt.

Solche sich selbst verzehrende Liebe ist glaubwürdig und überzeugend. Sie ist das einzig Glaubwürdige. Denn darauf kann man sich verlassen. Darauf kann man bauen. Wo man angenommen und selbstlos geliebt wird, da kann man wohnen, das heißt, da kann man leben, da kann und da darf man sein. Da braucht man sich nicht sorgen, ausgenutzt, vereinnahmt und am Ende im Stich gelassen zu werden. Da ist man geborgen und endgültig zu Hause. Da hat man einen Freund gewonnen, auf den Verlass ist, mit dem man durch dick und dünn gehen kann. Genau diese Freundschaft bietet Jesus den Jüngern und uns allen an. »Ich nenne euch nicht Knechte, sondern Freunde« *(Joh 15,15)*, hat er gesagt. Christsein ist – auf eine kurze Formel gebracht – nichts anderes als Freundschaft mit Jesus, bei ihm und mit ihm wohnen, Anteil an seinem Leben zu haben und mit ihm das Leben zu teilen.

Das war für die beiden Jünger alles andere als die Einladung zu einem bequemen Leben. Oft haben die Jünger später nicht verstanden, was er sagte und was er tat. Vor allem am Ende seines Lebens, als es auf das Kreuz zuging, sind sie ängstlich, feige und verschreckt zurückgewichen und davongelaufen.

Weil Jesus so ganz anders war und ist, ist die Einladung, bei ihm zu wohnen und sein Leben zu teilen, keine geringe Herausforderung. Sie ist eine Zumutung, so wie er sein Leben zu riskieren. Deshalb wird unser Christsein, so wie Johannes und wie Jesus eine Provokation für ihre Zeitgenossen waren, auch eine Provokation sein müssen. Wären wir Christen so angepasst, dass uns alle zustimmen und beklatschen würden, dann müssten wir uns allen Ernstes fragen, ob es mit unserem Christsein noch seine Richtigkeit hat. Dann würde mit unserem Christsein etwas nicht stimmen. Das Christsein wird immer herausfordernd sein.

Dies haben beide Jünger von Anfang an mitbekommen und zunehmend lernen müssen. Sie wurden von Jesus weggerufen von ihrem Beruf, von ihren Familien, mitgenommen nicht in eine behagliche Wohnung, sondern auf eine beschwerliche Wanderschaft und in eine Weggemeinschaft, in der sie auch Missverständnissen und Anfeindungen ausgesetzt waren. Aber nach seinem Tod und nach seiner Auferstehung haben sie verstanden und begriffen: In den Worten und Taten Jesu war die von Johannes angesagte Verheißung einer grundlegenden Wende Wirklichkeit geworden. In Jesu ganzem Auftreten war Gottes Reich, Gottes Gerechtigkeit, Barmherzigkeit und Liebe im Kommen. In der Offenheit, in der Jesus sich ihnen mitteilte, war der Himmel neu offen für sie und für alle. Deshalb drängte es sie, wie das Evangelium weiter berichtet, die Kunde davon weiterzutragen und andere einzuladen, sich ebenfalls Jesus anzuschließen, das Leben mit ihm zu teilen, den Weg mit ihm zu gehen und zu versuchen, so zu leben, wie er gelebt hat.

Der Evangelist Johannes, der uns dies alles berichtet, hat diese Geschichte am Anfang seines Evangeliums zusammengefasst, indem er Jesus als das Wort Gottes bezeichnete. Er wollte damit sagen: Jesus ist ganz Wort, ganz Selbstmitteilung, Selbsthingabe, ganz die Offenbarung der Liebe Gottes, die jeden Menschen annimmt, die jedem Wohnung und Lebensraum schenkt. Er ist das von Johannes dem Täufer angesagte Reich Gottes in Person.

II. Jesus lebt in seinem Wort

Bisher haben wir versucht nachzuspüren, wie den beiden Jüngern unser Thema »Jesus lebt in seinem Wort« aufgegangen ist. Nun müssen wir noch etwas deutlicher fragen, was dies mit uns zu tun hat und was dies für uns heute bedeutet. Dabei geht es nicht um eine kurzschlüssige »Moral aus der Geschichte«. Es geht um etwas viel Wichtigeres. Wenn nämlich Jesus so in seinem Wort lebt und mit seinem Wort geradezu identisch ist, dann heißt das: Wo immer das Wort Jesu laut wird, da ist er immer wieder neu in seinem Wort lebendig da, da ist Jesus lebendig gegenwärtig. Dass dies so ist und dass er bleibend bei uns gegenwärtig ist, das hat Jesus selbst seinen Jüngern zugesagt und für immer versprochen. Habt keine Angst, hat er gesagt, ich bin bei euch bis ans Ende der Zeit (vgl. *Mt 28,20*).

Also: Auch heute spricht Jesus zu uns und lädt uns ein: »Kommt und seht!« *(Joh 1,39)* »Kommt und seht«, dann werdet auch ihr erfahren: Mein Wort ist mehr als schöne, leere Worte. In meinem Wort möchte ich auch euch heute als meine Freunde anreden, euch trösten und ermutigen, euch den Weg zeigen, auch euch auf eurem Weg begleiten, bei euch wohnen und euch bei mir wohnen lassen; in meinem Wort begegnet ihr mir selbst. Ihr könnt, wenn ihr euch darauf einlasst, ähnliche Erfahrungen machen, wie die beiden Jünger. Auch euch kann in meinem Wort der Himmel neu aufgehen und euch ganz neue Perspektiven für euer Leben eröffnen.

Diese Begegnung mit Jesu Wort, und damit mit Jesus selbst, geschieht in der Heiligen Schrift und in deren Verkündigung. Denn die

Heilige Schrift berichtet nicht nur über Jesu Wort, sie ist Wort Gottes, Wort Gottes für uns heute. Sie ist Anrede und Einladung Gottes an uns und jeden Einzelnen beziehungsweise jede Einzelne von uns. Die Aufgabe der Verkündigung der Kirche ist es, dieses Wort in unser Leben und in unsere Situation zu übersetzen und es für uns heute zugänglich und fruchtbar zu machen. Man soll die Heilige Schrift also nicht nur als historischen Bericht lesen und fragen, was damals geschehen ist. Man soll sie vielmehr in der Überzeugung lesen, dass Jesus durch sie heute zu uns und zu jedem Einzelnen spricht und uns mit seiner ganzen Zuneigung und Freundschaft begegnen will.

Ich weiß, dass sich viele Jugendliche damit schwertun. Sie haben den Eindruck, dass ihnen die Bibel und die Verkündigung für ihr Leben nichts sagt und nichts »bringt«. Vieles scheint ihnen schwer oder gar nicht verständlich.

Einmal ist nach einem Vortrag vor einer Studentengemeinde einer der Zuhörer zu mir gekommen und hat mir eine merkwürdige Geschichte erzählt. Er war ursprünglich ungläubig oder zumindest jeder kirchlichen Praxis fern. Eines Tages kaufte er in einer Buchhandlung ein Neues Testament. Er wollte mit seinem Auto heimfahren, hatte unterwegs aber einen schweren Unfall. Er konnte sich nachträglich gar nicht erklären, wie er überhaupt mit dem Neuen Testament in der Hand heil aus dem total zerstörten Auto herausgekommen ist; der Polizei war dies ebenfalls ein Rätsel. Er begann darauf, im Neuen Testament zu lesen. Immer wenn er etwas nicht verstand, machte er sich einen Strich an den Rand. Am Anfang waren dies sehr viele Striche. Doch er ließ nicht locker und fing mit großer Ausdauer immer wieder von vorne an zu lesen. Je öfter er las, umso mehr Striche konnte er wieder ausradieren. Aus dem Zusammenhang des Ganzen erschloss sich ihm der Sinn einzelner Stellen immer mehr. Am Ende sind ihm nur noch etwa fünf Striche übriggeblieben, über die er mich befragen wollte. Was hat dieser Student anderes getan, als sich von Jesus einladen zu lassen, bei ihm zu bleiben und bei ihm zu wohnen, es bei ihm auszuhalten, bei ihm in die Schule zu gehen und solange einen Weg mit ihm zu gehen, bis er ihn verstanden hat?

Das mag nicht jedem in gleicher Weise liegen. Darum möchte ich noch einen anderen Weg vorschlagen, im Grunde denselben, den Jesus selbst mit den zwei Jüngern gegangen ist. Jesus hat den beiden Jüngern ja nicht einfach die Bibel in die Hand gedrückt und gesagt:

Bitte, lest nach, was dort steht, dann braucht ihr nicht mehr so dumm zu fragen. Er hat ihnen auch keine Predigt gehalten und auch nicht gesagt: Hört her, ich sage euch, wo es lang geht. Er hat vielmehr gesagt: »Kommt und seht!« *(Joh 1,39)*

Wenn man wissen und erfahren will, wie und wo Jesus heute in seinem Wort lebendig ist, dann kann man und muss man auf Menschen schauen, Menschen begegnen und mit Menschen leben, die selbst das Wort Jesu leben beziehungsweise es zu leben versuchen. Denn zu 100 Prozent schaffen wir das nicht. Aber in Ansätzen gibt es das nicht nur bei den Heiligen der Vergangenheit, etwa bei einem Franz und einer Klara von Assisi und bei vielen anderen. Im Übrigen wurden die, welche wir heute als Heilige und als große Vorbilder verehren, meist erst nach ihrem Tod als solche erkannt und anerkannt. Zu Lebzeiten waren sie oft verkannt. Auch heute gibt es heiligmäßige Männer und Frauen. Mutter Teresa von Kalkutta ist nur ein Beispiel dafür.

Einmal war ich zusammen mit einem deutschen Missionar in einem Slum in der Peripherie von Nairobi in Kenia. Es war wohl der schlimmste Slum, den ich je gesehen habe. Ich wurde gefragt, ob ich am anderen Morgen für die Schwestern der Mutter Teresa, die mitten in dem Slum lebten, die heilige Messe feiern könnte. Natürlich. Als ich dann am frühen Morgen durch das Tor in deren Bereich eintrat, tat sich mir mitten in all dem Chaos, der Armut und des Elends, aber auch inmitten der Welt der Kriminalität und der Gemeinheit eine ganz andere Welt auf. Äußerlich war alles sehr arm und mehr als einfach, aber es herrschte eine Ordnung und ein Frieden; auf den Gesichtern der Schwestern lag eine herzliche Freude. Hier wurde Menschen selbstlos geholfen. Ein Strahl vom Reich Gottes war spürbar. Hier war das Wort Jesu lebendig geworden und Jesus in seinem Wort lebendig gegenwärtig. Erst kürzlich ist mir mitten in Sibirien wieder bei Schwestern der Mutter Teresa wie bei einer anderen Schwesternkommunität und bei jungen Franziskanerbrüdern in Petersburg Ähnliches begegnet.

Sobald man dann mit solchen Menschen spricht und ihr Leben beobachtet, merkt man: Sie schaffen das nicht aus eigener Kraft. Das sind vielmehr Menschen, die sich trotz, ja wegen ihres Einsatzes sehr viel Zeit nehmen für die Pflege der Freundschaft mit Jesus, die darum täglich Jesus in seinem Wort in der Heiligen Schrift begegnen, darüber meditieren und beten, um daraus Kraft, Ermutigung und Freude für ihren Dienst zu schöpfen, die täglich die heilige Messe mitfeiern und auch sonst regelmäßig Jesus in den Sakramenten begegnen. Das sind Menschen, die mit und bei Jesus wohnen, die mit und bei ihm leben, ja in ihm leben. Das Wort Jesu hat mit ihnen etwas »gemacht«. Es ist in ihnen und durch sie lebendig geworden.

Ich könnte jetzt von vielen, meist sehr einfachen Christen auch bei uns erzählen, von denen ich weiß, wie sehr sie sich – äußerlich meist ganz unscheinbar und ohne großes Aufsehen – für Gott und sein Reich, und das heißt auch für andere Menschen, besonders für Arme, Kranke, Beeinträchtigte, Sterbende, für Kinder wie für Alte einsetzen. Aus Freundschaft mit Jesus leben sie in einem guten Sinn alternativ zur gegenwärtigen Konsum- und Erlebniskultur. In ihnen ist Jesu Wort lebendig. In ihnen ist Jesus selbst lebendig, auch heute. Man muss nur die Augen aufmachen, kommen und sehen und bei ihnen etwas verweilen.

Diesen Männern und Frauen kann und muss man das Christsein sozusagen »abgucken« und sich von ihnen zum Glauben anstecken und anstiften lassen. Denn die Jesusnachfolge ist nicht nur Sache von Einzelnen. Sie geschieht immer in Gemeinschaft. In unserer katholischen Kirche befinden wir uns sogar in einer weltweiten Gemeinschaft von Brüdern und Schwestern.

Man kann an unserer Kirche sicher vieles vermissen und kritisieren. Meinen Sie denn, mir gefalle alles? Man kann und muss vor allem bedauern und beklagen, dass es nicht noch viel mehr solche lebendigen Zellen, solche Wohn- und Lebensräume gibt, in denen man Jesus als in seinem Wort lebendig erfahren kann, wo man sagen kann: »Komm und sieh!« Man muss freilich, wenn man das kritisiert, immer zuerst an die eigene Brust klopfen. Nur an die Brust der anderen zu klopfen und aus einem bequemen Lehnstuhl heraus andere aufzufordern, mal zu zeigen, was sie sind und können, ist billig. Das Gebet eines chinesischen Christen beginnt: »Herr erneuere deine Kirche und fang bei mir selber an.« Erfahrungen mit Jesu Wort kann man nur machen, wenn man sich selbst auf Fahrt begibt, dann wird man – das kann ich versichern – ganz von selbst immer mehr in Fahrt kommen.

Jesus hat seinen Jüngern versprochen, dass er mit seinem Wort immer bei seiner Kirche sein wird, dass er in seinem Wort immer lebendig ist, uns als seine Freunde ansprechen, trösten, ermutigen, anregen und anspornen und uns Kraft und Schwung schenken will.

Seine Einladung »Kommt und seht!« *(Joh 1,39)* gilt. Wir müssen uns nur einladen lassen. Das geht nicht, ohne dass wir manches loslassen von unseren lieb gewonnen Ideen, unseren eingefleischten Einstellungen, Vorurteilen, Verhaltensweisen und Gewohnheiten. Man muss bereit sein, selbst in seinem Wort zu leben, ehrlich und geradlinig zu sein, offen zu werden für andere, nicht nur an sich und seinen Vorteil zu denken, sondern wie Jesus selbstlos und solidarisch zu sein. Das geht auch nicht, ohne dass uns manche deshalb als Außenseiter abtun und sich über uns mehr oder weniger mokieren. Die Freundschaft mit Jesus und die Freundschaft vieler anderer wird uns umso mehr bereichern. Dazu sind wir alle eingeladen.

III. Suche nach Orientierungslinien

Mit dieser Einladung haben Sie heute wesentlich mehr Schwierigkeiten als ich es hatte, als ich als junger Schüler dem Evangelium von der Berufung der beiden Jünger durch Jesus und Jesu Einladung zum ersten Mal bewusst begegnet bin. Warum? Ich bin während des Krieges und in der unmittelbaren Nachkriegszeit aufgewachsen. Das waren äußerlich sehr schwere und harte Jahre. Aber die geistigen Orientierungslinien waren klar. Wenn man wie ich in einer katholischen Familie aufwuchs, dann war man selbstverständlich gegen Hitler und den Nationalsozialismus, und von den Evangelischen dachte man auch nicht sonderlich positiv. Die Kirche mit dem Papst war für uns damals der feste Fels in der Brandung der Zeit. Das Verhältnis zu den Evangelischen hat sich durch die ökumenische Bewegung inzwischen Gott sei Dank gründlich geändert. Aber geändert hat sich eben auch, dass die Orientierungslinien heute nicht mehr so klar und die Entscheidungen für Sie darum schwieriger geworden sind.

Unsere heutige Welt gleicht einem riesigen Warenhaus, in dem es die verschiedensten Angebote gibt, für jeden Geschmack etwas. Jeder sucht sich heraus, was er meint für sich brauchen zu können und bastelt damit sein persönliches Weltbild zusammen. Ein bisschen Jesus darf es schon sein, aber, warum eigentlich nicht, auch ein bisschen asiatische Religiosität, etwa Reinkarnation, dazu Versatzstücke aus moderner humanistischer Psychologie und selbstverständlich auch aus modernen Evolutionstheorien oder was man dafür hält und nicht zuletzt das, was sich so in den Medien findet und gerade »in« ist. Man probiert alles durch, ohne sich im Letzten zu binden und zu verpflichten. Wichtig ist, dass es interessant und spannend ist, und dass es möglichst wenig kostet und persönlich möglichst wenig weh tut. Aber sich ganz und allein auf Jesus und sein Wort zu verlassen und zu vertrauen, auch dort, wo es weh tut und wo es uns etwas abverlangt, ihn allein und endgültig als Meister zu akzeptieren und von ihm her alles andere zu beurteilen und einzuordnen, das fällt schwer. Das finden wir irgendwie intolerant und fanatisch. Dafür haben wir sehr schnell die Totschlagvokabel »Fundamentalismus« zur Hand.

Doch Hand aufs Herz! Verzetteln und verlieren wir uns dadurch nicht? Enden wir damit nicht total ausgelaugt in der totalen Leere? Brauchen wir nicht einen festen Standort oder besser gesagt: eine klare Richtung für unseren Weg? Das geht nicht ohne klare und verbindliche Entscheidung. Dieser Ausweg zu Jesus und zum entschiedenen Weg mit ihm ist für die meisten von Ihnen länger und läuft nicht selten über manche Umwege. Doch Sie dürfen wissen: Auch die ersten Jünger schafften es nicht auf einmal. Auch sie mussten erst eine Zeit lang bei Jesus wohnen und brauchten auch danach noch manche Nachhilfe. Jesus hat Geduld. Er wartet, lässt Zeit und schenkt Freiheit.

So möchte ich zum Schluss nur sagen, wie ich unsere Situation empfinde. Ich bin in all der Orientierungskrise und dem geistigen Durcheinander der Gegenwart einfach dankbar dafür, in Jesus und seinem Wort einen festen Bezugspunkt zu haben. Das gibt mir Halt und Orientierung. Das ist für mich ein großes Geschenk, das ich möglichst vielen Menschen wünsche und das ich darum weitergeben möchte.

Dabei erfahre ich immer wieder, dass mich dieser feste Bezugspunkt in keiner Weise eng macht. Im Gegenteil, weil Jesus das Wort ist, in dem sich Gott ganz ausgesagt hat, erschließen sich mir in diesem einen Wort alle anderen Wörter. Ich brauche also nichts verleugnen oder klein machen, was es sonst an Gutem, Wahrem und Schönem in der Welt gibt. Ich kann Spuren der Wahrheit Jesu in allen Religionen finden. Jesus ist verborgen und unerkannt auch dort gegenwärtig. Aber von Jesus und seinem Wort her erschließt sich mir der volle Sinn dieser überall zerstreuten Wahrheiten. Von ihm her fügen sie sich mir erst zu einem Ganzen zusammen. So bin ich dankbar, Jesus gefunden zu haben und ein Christ sein zu dürfen.

Ich bin auch dankbar, ein katholischer Christ zu sein und diesen Papst, dem Sie in diesen Tagen begegnen, zu haben. Ich weiß, dass das viele, auch viele katholische Christen bei uns in Deutschland anders sehen. Aber diesem Papst geht es, wenn ich ihn richtig verstehe, um zwei Dinge, um die es auch in dieser Katechese ging. Er will überall in der Welt die ermutigen, die sich für Menschen und für Menschenrechte einsetzen und die so Jesus und sein Wort lebendig werden lassen. Deshalb gilt dieser Papst in der Welt besonders bei den Armen – anders als im Durchschnitt bei uns – als einer der großen Hoffnungsträger und Fürsprecher der Menschlichkeit. Zum anderen geht es ihm darum, dass Jesus und sein Wort in der Kirche selbst nicht verkürzt und nicht verwässert wird. Das ist sogar die wichtigste Aufgabe eines Papstes, mit dafür zu sorgen, dass sich die Kirche nicht einfach den jeweiligen Modeströmungen anpasst, sondern die Kirche Jesu Christi ist und bleibt. Sie soll ein Lebensraum sein und bleiben, in dem man auch heute und in Zukunft bei Jesus wohnen und mit ihm leben kann, wo man Mut, Hoffnung und Trost schöpfen kann, wo man erfahren kann: Jesus ist in seinem Wort lebendig.

»Kommt und seht!« Lasst Euch einladen, in dieser weltweiten Gemeinschaft der Kirche Euren Weg mit Jesus zu gehen. Er ist in seinem Wort auch heute als Freund ganz für Euch da. Er ist auch heute in seinem Wort lebendig. Sein Wort ist ein befreiendes, ermutigendes und versöhnendes Wort. Es legt keinen Zwang auf, es setzt frei und stellt in Verantwortung. Es gibt Halt, Richtung und Orientierung, bringt Licht in das Leben, es eröffnet Horizonte. Es schenkt in der Freundschaft mit Jesus Leben in Fülle. So kann ich dasselbe antworten wie Jesus, als seine Jünger Zweifel bekamen und davonlaufen wollten. Ich kann mich und Sie alle fragen: Wohin sollen wir sonst gehen, wo finden wir, wo finde ich sonst solche Worte des Lebens? Amen.

Das Leben wagen mit dem Heiligen Geist

Liebe Mitbrüder,
liebe Jugendliche,
liebe Schwestern und Brüder![1]

I. Der Geist, der lebendig macht

Nach dem eben vorgetragenen Schrei »Komm, Heiliger Geist, mach du mich lebendig, mach du mich mutig« will ich mit einer anderen Geschichte beginnen. Der Geschichte von einem Schmetterling: Der Schmetterling war ein ganz junger Schmetterling, eben aus der Larve herausgekrochen, der kam aus dem Loch einer Mauer heraus und hatte wunderschöne bunte Flügel, aber er ist nicht fortgeflogen. Er blieb ängstlich auf der Mauer sitzen. Die anderen Schmetterlinge, die flogen vorbei, der Wind hat sie getragen und sie haben Honig von den Blumen geholt. Aber der neue Schmetterling hatte Angst vorm Fliegen. Die Bienen sind um ihn herumgesummt, die Mücken haben um ihn herumgetanzt und die dicken Hummeln sind über ihm durch die Luft gebrummt. Immer noch hatte der neue Schmetterling Angst vor dem Fliegen. Seine schönen Flügel haben gezittert, er hat die Fühler an seinem Kopf weit ausgestreckt, mit den Beinen hat er sich an der Mauer festgekrallt. Plötzlich ist der Wind gekommen. Dieser Wind hat den schönen kleinen Schmetterling einfach aufgehoben und ihn in die Luft getragen. Und da musste der Schmetterling fliegen, da konnte er auf einmal fliegen, da wollte er nur noch fliegen und fliegen. So herrlich, so schön war es.

---

[1] Morgenimpuls zum Jugendgottesdienst am 26. Oktober 1998 in Santa Sabina anlässlich der Romwallfahrt vom 23.–29. Oktober 1998.

Ich denke, dieser Schmetterling, das sind wir alle – Ihr und ich – auch ein bisschen. Wir haben Angst, loszulassen, uns dem Wind und dem Wetter auszusetzen. Wir sind irgendwie verbockt und flügellahm, angepasst, wir wollen nicht loslassen. Was uns fehlt, das ist der Wind und dieser Wind, das ist ein anderes Wort für den Heiligen Geist. »Pneuma« auf Griechisch und »Ruach« auf Hebräisch, das heißt Wind, das heißt Atem, das heißt Luft, und Ihr wisst, was der Wind alles machen kann. Der kann ganz schön kühlen, wenn es heiß ist im Sommer. Es ist angenehm, wenn ein frisches Wehen kommt. Es ist manchmal heiß und heftig in unserem Leben und dann brauchen wir diesen kühlenden, erfrischenden Wind, dass wir wieder atmen, wieder schnaufen können. Aber der Wind, der kann auch eine beängstigende Kraft entfalten. Jetzt, wenn es bei uns zu Hause November wird, kommt der starke Wind, da wird alles, was da lahm und was dürr geworden ist, die Äste und die Blätter, weggefegt. Wenn es ein richtiger Sturm ist, kann er aber auch gefährlich werden, kann Bäume ausreißen, Dächer abdecken. Ein solcher Wirbelwind, aber auch ein sanfter Wind, der erfrischt, das meint man eigentlich, wenn man vom Heiligen Geist redet. Es fehlt ja oft auch an Wind in uns, an der Kraft in uns, an der Frische in uns und an Mut. Wir brauchen diesen Wind, weil wir alle etwas bequeme Menschen sind. Wir haben einen Geist nötig, der die Angst vertreibt. Angst vor dem Neuen haben wir alle. Uns wird es leer, eintönig und langweilig im Leben. Dann hastet man von einem Vergnügen ins andere. Aber das macht ja nicht zufrieden.

II. Der mutmachende Geist

Irgendwie sind wir da wie die Jünger vor Pfingsten. Denen ist ja der Schreck in die Glieder gefahren als der Meister, Jesus Christus, gekreuzigt worden ist. Da wollten sie nicht, dass ihnen dasselbe passiert. Sie sind zurück in den Abendmahlssaal, haben die Türen verrammelt und verriegelt, gebetet haben sie noch vor Angst, hinauszugehen, ihr Gesicht zu zeigen, sich zu bekennen zu Jesus Christus. Das wollten sie nicht, da fehlte ihnen der Mumm, da fehlte ihnen der Schwung. Solche vorpfingstliche Christen sind wir manchmal. Wir sagen nicht gern, dass wir Christen sind. Irgendwie haben wir Angst, zu wenig

Kräfte und Mittel, ja wir sind so wenige. Da überkommen uns Zweifel und Ängste.

An Pfingsten hat der Gottesgeist voller Schwung alle Türen aufgemacht. Petrus selbst hat Angst gehabt, er hat Jesus verleugnet am Feuer im Hof des Hohepriesters. Er hat Angst gehabt vor diesen vielen Menschen, die zum Pfingstfest in Jerusalem waren. Nun hielt er eine große Predigt und alle verstanden ihn, obwohl er aramäisch gesprochen hat. Jeder hat ihn verstanden, jetzt waren alle Zweifel weg, so sehr, dass die Apostel hinausgezogen sind in alle Welt bis hierher nach Rom.

Ich habe erst gestern in Rom eine Karte gesehen vom Seeweg des Apostels Paulus. Er kam ja auch in den Sturm und ist dann irgendwo in Malta schiffbrüchig geworden, bis er hierher nach Rom kam und dann von den Jüngern, den Christen, die schon in Rom waren, empfangen wurde. Als Gefangener kam er nach Rom und wurde draußen, in Tre Fontane, enthauptet.

Sie sind hinausgegangen in alle Welt, diese ungebildeten Apostel, und haben das Evangelium verkündet. So ist das Evangelium auch zu uns nach Deutschland gekommen, hat sich ausgebreitet bis auf die heutigen Tage. Die Christen sind immer wieder sehr, sehr müde geworden und haben in der Geschichte auch sehr oft versagt, aber dennoch ist dieser Glaube, diese Hoffnung, diese Liebe bis in unsere Tage lebendig geblieben.

Diese alte Kirche, äußerlich alt, Jahrhunderte alt, die braucht Euch Junge, die braucht solche Leute, die vom Geist Gottes bewegt sind und nicht lange rechnen und nicht lange fragen und nicht große Angst haben, sondern sich wie der Schmetterling vom Wind des Geistes tragen lassen und sich einbringen in Kirche, sich einbringen in die Welt, einstehen für das, was Jesus Christus verkündet hat. Kirche braucht junge Leute, denen es nicht nur ums Geld, um Ansehen und Karriere geht, wo man dann über Leichen geht, sondern die Sinn haben für das Leben der Schöpfung und der Natur, aber auch für das Leben jedes Menschen, die für die Wahrheit eintreten, die Widerstand leisten gegen die Gleichgültigkeit, gegen die Vergnügungssucht, die es gegenwärtig gibt. So bitte ich Euch: Fasst Mut wie dieser Schmetterling – brecht auf, lasst los, lasst euch tragen, denn der Heilige Geist ist auch Euch zugesagt. Wagt das Leben mit ihm, dass er es mit Euch wagt, werdet und seid junge Kirche, nicht einfach angepasst an das, was man so sagt, was man so denkt, wie man so tut. Das hilft Euch letztlich überhaupt nichts. Lasst Euch tragen von Gottes Heiligem Geist. Er wird Euch vor allem innerlich froh und glücklich machen. Denn es kommt nicht darauf an, wie viel man äußerlich hat. Das macht im Letzten nicht zufrieden. Nur das macht Euch letztlich glücklich, was ihr im Herzen an Freude, an Friede, an Schwung, an Hoffnungskraft, an Leben und Mut tragt. Etwas von diesem Geist Gottes sollt Ihr hier in Rom spüren und erfahren, Euch tragen lassen, auch dann, wenn Ihr nach Hause kommt. Gottes Geist sei mit Euch. Amen.

Die Wahrheit als Tiefensinn menschlicher Existenz

Liebe Jugendliche!«[1]

I. »Wo ist der neugeborene König der Juden? Wir haben seinen Stern aufgehen sehen« (Mt 2,2)

Das Thema der heutigen Katechese lautet: »Wahrheit als Tiefensinn menschlicher Existenz«. Das klingt reichlich abstrakt und mit der Wahrheit ist es – wie wir gerade hörten – so eine Sache. Schon Pilatus hat spöttisch gefragt: »Was ist (das schon) Wahrheit?« Jeder dreht und wendet sie, wie er will. Die persönlichen Zeugnisse, die wir gehört haben, haben immerhin eines sehr eindrucksvoll gezeigt: Wahrheit ist nicht, was man einfachhin in eine Formel packen kann, nicht etwas, das zwischen zwei Buchdeckeln steht und das man getrost nach Hause tragen kann. Wenn wir sagen, das ist wahres Gold oder das ist ein wahrer Edelstein, dann meinen wir: Das sieht nicht nur so aus wie Gold oder wie ein Edelstein. Das scheint nicht nur Gold zu sein, das glänzt nicht nur wie Gold, nein, das ist echt, das ist wirklich Gold. Entsprechend ist wahre Liebe eine Liebe, die hält, auf die man sich verlassen kann und die auch dann trägt, wenn es schwierig wird.

Wahr ist also, was nicht enttäuscht, was nicht bloßer Schein oder ein leeres Versprechen ist; wahr ist was hält was es verspricht. Wahr ist vor allem, was im Leben trägt, worauf man bauen und trauen kann, wahr ist, worauf man sich im Leben unbedingt verlassen kann. Genau dies ist das biblische Verständnis von Wahrheit. Die hebräische Bibel hat ein einziges Wort, emet, das sowohl Wahrheit wie Treue bedeutet.

Die Frage, vor der wir stehen und vor der jeder von Euch steht,

[1] Katechese anlässlich des Weltjugendtages 2005 in Köln.

lautet also: Worauf kann ich mein Leben bauen? Worauf ist Verlass? Woran kann ich mich halten? Wo und wem kann ich trauen und vertrauen? Das ist eine Frage, die sich jedem Menschen stellt.

II. Wozu sind wir auf Erden?

Die Veranstalter des Weltjugendtages haben vorgeschlagen, dieser Frage im Anschluss an die Erzählung von den drei Königen nachzugehen. Einige von Euch werden jetzt vielleicht sagen: Was hat diese Geschichte mit meiner Geschichte, mit meinem Leben zu tun? Was gehen mich die drei Könige an?

Die Bibel spricht gar nicht von drei Königen. Sie spricht von Magiern. Das waren damals Menschen mit einem außerordentlichen Wissen und Können; in unserer Geschichte handelt es sich vermutlich um Astrologen, Sterndeuter. Das hatte in der alten Welt nichts mit Aberglauben zu tun. Die damaligen Astrologen hatten bereits teilweise erstaunliche astronomische Kenntnisse. Es handelt sich also um wissensdurstige gelehrte Leute, die man heute als Wissenschaftler und Weise bezeichnen würde. Es handelt sich um Heiden. Aber sie sind ehrliche und aufrechte Menschen. Sie sind nicht oberflächlich und sie geben sich nicht zufrieden mit den Alltagsantworten. Sie geben sich nicht zufrieden mit dem, was »man« so denkt und »man« so sagt, was »man« für richtig hält und wie »man« sich verhält und benimmt. Sie gehen den Dingen auf den Grund und wollen wissen, was hält und was trägt. Sie fragen also nach der Wahrheit.

Sie wollen wissen, warum und wozu sie da sind und sie benutzen dazu die Mittel, die ihnen damals zur Verfügung standen. So machen sie ihre eigenen Augen und Ohren auf; machen von ihrem eigenen Verstand Gebrauch. Sie befragen die Natur und die Konstellation der Sterne. Als Wissenschaftler, denen es ernst ist, machen sie es sich nicht leicht. Sie riskieren etwas. Sie suchen und fragen und gehen dabei mutig und entschlossen ihren eigenen Weg, auch wenn dieser kein einfacher Spaziergang, sondern mühsam und beschwerlich ist. Sie gehen aufs Ganze. Das ist die einzig mögliche Weise, der Wahrheit des eigenen Lebens näher zu kommen.

Es ging ihnen also genau um die Frage, mit der der alte Katechismus, den ich als Jugendlicher noch auswendig lernte, begann: »Wozu sind wir auf Erden?« Das war die Frage der drei Weisen und es ist auch unsere Frage heute. Warum und wozu sind wir da? Was können, was sollen wir aus unserem Leben machen? Was trägt und hält? Hat also mein Leben überhaupt einen Sinn?

III. Die Gefahr der Verblendung

Die drei Weisen waren nicht zufrieden, mit dem, was man ihnen sagte; sie spürten eine tiefere Sehnsucht. Sie liefen nicht der großen Masse nach. Sie folgten ihrem Stern, ihrem eigenen Ideal. Das war schon damals nicht so ungefährlich. Sie mussten unterwegs nicht nur die Wüste ertragen. Weit gefährlicher war, dass sie mit dem misstrauischen und gewalttätigen Herodes verhandeln mussten. Ihn mussten sie fragen: »Wo ist der neugeborene König der Juden?« Herodes hat sie als harmlose und naive Gutmenschen betrachtet und wollte sie hinterlistig für seine brutalen machtpolitischen Ziele einspannen; er wollte sie instrumentalisieren. Das war eine gefährliche Falle, die er stellte und auf die sie nicht hereinfallen durften.

Wenn man sich auf den Weg der Wahrheit macht, muss man also auf der Hut sein. Die Welt, in der wir leben, ist nicht harmlos; sie ist oft böse. Da werden uns oft falsche, hinterlistige Lösungen angeboten. Selbst die höchsten Ideale können schrecklich missbraucht und ins Gegenteil verkehrt werden. Der Teufel ist nicht so dumm und so blöd, um mit Pferdefuß und unter Schwefelgestank zu erscheinen. Die Bibel ist hier sehr realistisch. Sie sagt, der Teufel sei ein Lügner und verkleide sich oft in einen Engel des Lichtes, er verdrehe alles und wolle auch uns die Augen verdrehen. Dabei ist er leider sehr erfolgreich, auch heute. Nicht nur bei Einzelnen. Er kann geradezu eine Massenhysterie, einen Massenwahn und Massenverblendung herbeiführen.

Als ich aufwuchs, war es die Zeit des dritten Reiches. Heute weiß – außer ein paar unbelehrbaren Wirrköpfen – jeder was damals an Bösem geschehen ist. Doch damals wurde uns vormacht, es gehe um Ordnung und um Ehre und das Ansehen Deutschlands. Solche Vaterlandsliebe und Hochschätzung der eigenen Kultur ist an sich nichts Schlechtes, im Gegenteil. Schlecht wird sie jedoch, wenn aus gesundem Patriotismus ein bornierter Nationalismus wird, der zum Fremdenhass führt, der alle anderen verachtet, verfolgt oder gar vernichtet. Nicht wenige sind damals auf das Täuschungsmanöver hereingefallen. Nicht anders war es mit dem Kommunismus. Gegen Unterdrückung und Verelendung von Menschen, gegen himmelschreiendes Unrecht und für eine gerechte Verteilung der Güter dieser Erde einzutreten, ist sicher eine gute Sache, aber zu diesem an sich guten Zweck, andere, ja Hunderttausende und viele Millionen in Gulags zu bringen oder sie gleich zu erschließen, verkehrt die an sich gute Absicht ins Gegenteil. Auch darauf sind viele hereingefallen. Leider bis heute.

Solche Versuchungen und Verkehrungen sind nicht nur Vergangenheit. Ihr könnt Euch selber fragen, wo solche Gefahren auch heute lauern, wo Euch etwa die Massenmedien sehr oft ein ganz bestimmtes, einseitiges Bild von der Wirklichkeit vormachen, wo Wirklichkeit nicht mehr von Bildern, Kommentaren und Meinungen, nicht mehr von Tatsachen unterscheidbar ist. Oder wenn Euch die Werbung einreden und soufflieren will, was »man« heute alles haben und tun muss, was heute »in« und was »out« ist. Es geht nicht darum, altmodisch und gestrig zu sein; natürlich wollen und sollen wir im Heute leben. Aber nicht alles was gestern war, ist falsch und nicht alles was heute modern ist, ist gut. Mode ist dadurch definiert, dass sie schon morgen wieder aus der Mode ist. In der Bergpredigt warnt uns Jesus vor der breiten Straße, auf der alle dahinmarschieren und auf der es sich bequem gehen lässt. Er sagt uns, man müsse den schmalen und steilen Pfad wählen, um das Ziel zu erreichen.

Demokratie ist sicher die beste Staatsform, welche die Menschheit bisher erfunden hat; man kann mit Winston Churchill, der es ja wissen musste, auch sagen, sie sei die am wenigsten schlechte Staatsform. Immerhin, es lohnt sich, sich für die Demokratie einzusetzen und sie, wenn es nottut, mit angemessenen Mitteln zu verteidigen. Demokratie muss wehrhafte Demokratie sein. Aber Demokratie kann kein Letztwert sein. Man kann oder darf etwa nicht durch Mehrheitsbeschlüsse Minderheiten unterdrücken oder sonstiges Unrecht legitimieren. Demokratische Mehrheitsbeschlüsse können verkehrt und sie können sogar verhängnisvoll sein. Das müssten gerade wir Deutsche wissen. Adolf Hitler ist nicht etwa durch einen Staatsstreich oder einen Putsch, sondern durch eine demokratische Wahl an die Macht gekommen. Mit anderen Worten: Wahrheit lässt sich nicht demokratisch festlegen.

Heute droht der Demokratie die Gefahr von der anderen Seite. Toleranz gegenüber Andersdenkenden und Andersgläubigen ist sicher eine gute Sache, ja eine notwendige Voraussetzung der Demokratie und eine sittliche Verpflichtung. Doch diese Toleranz wird ins Gegenteil verkehrt, wenn sie dazu führt, jede Meinungsäußerung, die der herrschenden öffentlichen Mehrheitsmeinung widerspricht, als intolerant zu bezeichnen und sie zu unterdrücken. Toleranz wird dann selbst intolerant und repressiv. Genau dies ist heute die Gefahr, wenn man jede feste Überzeugung gleich als Fundamentalismus beschimpft. Ein durchaus toleranter, aber überzeugter Christ wird dann einem intoleranten islamistischen Fundamentalisten gleichgestellt. Wenn man nur noch einen allgemeinen Relativismus und Indifferentismus gelten lässt, wenn alles gleich und gleichgültig ist, dann leuchtet kein Stern mehr, dem man wie die drei Weisen nachfolgen kann. Dann ist alles grau in grau.

IV. Gefahr des Relativismus

Welche Meinungen stehen heute zur Diskussion? Manche sagen uns: Wir sind ein Zufallsprodukt der Evolution und auch alle unsere Moralvorstellungen sind ein reines Zivilisationsprodukt. Sie sind deshalb alle relativ und letztlich alle gleichgültig. Ob Christentum, Islam, Buddhismus oder sonst eine Religion, alles ist gleich gültig. Man muss sich, so gut es eben geht, arrangieren und aus unserem Leben das Bestmögliche machen, herausholen, was herauszuholen ist. Nach einem Sinn kann man fragen, aber eine letztgültige und allgemein verbindliche Antwort gibt es nicht. Also: »Carpe diem!« »Nimm dir, was dir jeder Tag bietet!«

Doch diese letztlich materialistische Rechnung geht nicht auf. Uns Menschen unterscheidet von anderen Lebewesen, dass wir nicht nur einfach da sind. Wir wissen auch, dass wir da sind. Wenn es uns schlecht geht, dann wissen wir auch, dass es uns schlecht geht. Wir denken darüber nach und fragen: Warum ist das so? Wozu das alles? Warum gerade ich? Wir können also »Ich« sagen. Wir können fragen: Warum und wozu passiert das gerade mir? Warum und wozu geht es mir dreckig und anderen gut? Warum und wozu muss gerade ich leiden? Warum und wozu bin ich auf Erden?

Hinzu kommt: Wir können nicht nur »Ich«, wir können auch »Du« sagen. Wir haben alle einen inneren Kompass, das Gewissen, das uns sagt: »Was ich nicht will, dass man mir tut, das füg auch keinem anderen zu.« Man nennt dies die Goldene Regel. Sie findet sich in allen Kulturen. Es ist also nicht wahr, dass es nur Zufälliges und Gleichgültiges gibt, es gibt auch Verbindliches, etwas, was man nicht und unter keinen Umständen tun darf und wenn man es tut, dann fühlen sich Menschen tief in ihrem Herzen schuldig. Umgekehrt gilt: Wenn wir uns einem anderen Menschen öffnen, wenn wir ihn gar gern und wirklich liebhaben, dann spüren wir, dass in ihm und in mir etwas Wunderbares, etwas Staunen Erregendes und etwas wirklich Liebenswertes ist. Ein Mensch ist für uns nicht ein beliebiges Zufallsprodukt der Evolution. Wir sind nicht nur eine Nummer oder ein Serienprodukt. Jeder von uns ist etwas Einmaliges. Jeder trägt den Stern, dem die Weisen nachliefen, in seinem Herzen. Jeder fragt: Wohin führt uns dieser Stern? Wozu sind wir auf Erden?

V. Der Mensch als Abbild Gottes

Die Bibel gibt uns auf diese Frage bereits auf der ersten Seite eine Antwort: »Gott schuf den Menschen nach seinem Bild und Gleichnis« *(Gen 1,26)*. Das war damals eine revolutionäre Antwort, und sie ist es auch noch heute. Denn als Bild Gottes galt in der alten Welt nur der König. Die Bibel sagt: Nein, nicht nur der König, alle haben diese Würde. Alle, das hieß und heißt auch heute: Nicht nur unsere Familie, nicht nur unser Stamm, unser Volk und unsere Nation, nicht nur die Angehörigen unserer westlichen Kultur, auch nicht nur die Männer, die Frauen, nicht nur die Geborenen, auch die Ungeborenen, nicht nur die Gesunden, auch die Kranken, die Alten und Beeinträchtigten.

Jeder Mensch ist ein Gedanke Gottes. Jeden hat Gott in Liebe ausgedacht. Jeder hat einen unendlichen Wert. Jeder hat seinen Stern, sucht nach Glück und Liebe.

Die Konsequenz findet sich indirekt schon im alten Katechismus, ausdrücklich im neuen Katechismus, der erst vor ein paar Wochen erschienen ist und dessen deutsche Übersetzung der Papst in diesen Tagen für die Teilnehmer des Weltjugendtages mitbringen wird. Dort wird gesagt: Weil jeder von uns dieses Bild, diesen Funken der Liebe

Gottes tief in seinem Herzen trägt, deshalb ist jedem von uns tief ins Herz die Sehnsucht nach Gott eingebrannt. Der Katechismus fügt sogar hinzu: Auch wenn wir uns dessen vielleicht nicht bewusst sind, so zieht uns Gott mittels dieser Sehnsucht unaufhörlich an sich. Der Prophet sagt sogar, Gott ziehe uns mit Seilen der Liebe an sich und an sein Herz.

Deshalb ist unser Herz so weit und die Sehnsucht unseres Herzens so tief, dass wir letztlich mit nichts in der Welt endgültig zufrieden und glücklich sind. Es könnte immer noch mehr sein, es könnte immer noch besser sein; wir Menschen sind unersättlich. Es bleibt ein letztes Ungenügen, ein gewisser Frust. Ein Fest, eine Begegnung kann herzerfrischend, begeisternd, schön, toll und was immer gewesen sein. Am Ende kommt wieder der graue Alltag.

Deshalb schrieb einer der größten Philosophen und Theologen, Augustinus, zu Beginn seiner Lebensbekenntnisse (Confessiones): »Du bist groß Herr und allen Lobes würdig … Du hast uns auf dich hin geschaffen, und unser Herz ist unruhig bis es ruht in dir.« Allein Gott ist ein untrügliches verlässliches Fundament; allein er ist groß genug um die ganze Sehnsucht unseres Herzens zu erfüllen. Allein Gott kann uns ganz und für immer glücklich machen. Allein er. Deshalb soll man ihn, so sagt es Jesus, über alles lieben, ihm in allem dem Vorzug geben und wenn man ihn hat, dann wird einem, wie Jesus sagt, alles andere dazugegeben werden. Wer Gott wählt, dem geht nichts verloren. Im Gegenteil, alles andere wird umso schöner, weil es nicht irgendetwas ist, sondern ein persönliches Liebesgeschenk Gottes, ein Erweis, ein Zeichen und Abglanz der Liebe Gottes ganz für mich persönlich.

VI. »Die Wahrheit wird euch frei machen« (Joh 8,32)

Die Frage ist jetzt, nach welchem Maßstab wir entscheiden und unterscheiden können, was von Gott kommt und was – wie man so sagt – vom Teufel ist. Wir sagten schon, der Teufel ist schlau, er verdreht alles. Gibt es also ein objektives Kriterium?

Mit dieser Frage kommen wir nochmals auf die Geschichte der Weisen zurück. Ihnen wurde auf ihrem Weg durch den falschen und verlogenen Herodes eine Falle gestellt. Aber sie waren wirklich weise und ließen sich nicht beirren. Sie fanden zum angestrebten Ziel: zum Kind in der Krippe. Nicht vor dem König Herodes, sondern vor diesem Kind fielen sie auf die Knie, um es als den verheißenen Heiland anzubeten.

Mit diesem Akt der Anbetung machen sie deutlich, was letzter Maßstab ist, was Kriterium ist, um zu entscheiden und zu unterscheiden: Jesus Christus. In ihm ist der unsichtbare und verborgene Gott, der im unzugänglichen Lichte wohnt und für uns Menschen ein Geheimnis ist, sichtbar und konkret geworden, in ihm hat er Fleisch angenommen und ist einer von uns geworden. Damit hat er uns geholfen, den wahren Gott von den falschen Götzen zu unterscheiden. Wer auf ihn schaut und auf ihn hört, der geht nicht in die Irre. Jesus Christus sagt von sich selbst, wer ihn sieht, der sieht den Vater. Er ist der Weg, die Wahrheit und das Leben (vgl. *Joh 14,6*).

Die Wahrheit, so wie wir Christen sie verstehen, ist also nicht ein abstraktes Prinzip, nicht ein Kodex von Doktrinen, von Geboten und Verboten. Wahrheit ist nicht eine starre und statische Angelegenheit. Die Wahrheit ist nicht etwas, was man zwischen zwei Buchdeckeln findet. Die Wahrheit ist eine Person; sie ist Jesus Christus. Er sagt uns, wer und wie Gott ist. Er sagt uns, wer wir als Menschen sind, wie wir als Menschen leben sollen und wie wir leben können, um das Leben in seiner Fülle zu haben und das wahre Glück des Lebens zu finden.

Das, meine lieben jungen Freunde, ist das Große und das Schöne am Christentum, dass wir in der großen Orientierungslosigkeit von heute in Jesus Christus einen konkreten Maßstab und Orientierungspunkt haben, einen guten Hirten, einen Begleiter durchs Leben haben, dem wir uns unbedingt anvertrauen können. Viele wissen heute nicht mehr, was sie mit ihrem Leben anfangen sollen, worauf sie sich noch verlassen können, woher sie kommen und wohin sie gehen. Da ist es wirklich ein Geschenk, Christ sein zu dürfen!

Wenn wir in Jesus Christus die Wahrheit über uns und über Gott gefunden haben, dann müssen wir ihn immer besser und immer tiefer zu verstehen suchen. Dazu müssen wir die Heilige Schrift lesen. Sie sagt uns, wer Jesus war, wie er gelebt und welche Weisungen des Lebens er uns gegeben hat. Ein Kirchenvater, der selbst ein großer Schriftgelehrter war, Hieronymus, sagte: »Die Schrift nicht kennen, heißt Christus nicht kennen.« Also Hand auf's Herz: Wann hast du zum letzten Mal die Bibel aufgeschlagen und darin gelesen?

Auch der Katechismus ist in diesem Zusammenhang wichtig. Auch die Heilige Schrift kann man falsch oder einseitig verstehen. Man muss deshalb jeweils alle anderen mithören, die vor uns die Schrift gelesen haben. Der Katechismus ist gleichsam die Zusammenfassung des Lesens und Hörens vieler Generationen vor uns. Er kann die persönliche Begegnung mit Jesus nicht ersetzen, aber er ist eine wertvolle Hilfe zum rechten und unverfälschten Hören auf Jesus und sein Wort.

Normalerweise wird euch am Anfang vieles schwer verständlich vorkommen. Viele Aussagen sind für uns heute sperrig. Doch wenn die Bibel uns gleichsam vor den Kopf stößt, kann sie uns zum Nachdenken bringen und uns zeigen, dass das, was uns heute als so selbstverständlich erscheint, gar nicht so selbstverständlich ist. Jesus sagt: »Die Wahrheit wird euch frei machen« *(Joh 8,32)*. Sie zeigt uns Alternativen auf und befreit uns von kollektiven Wahnvorstellungen und Verblendungen.

Das ist nicht erst heute so, das war schon am Anfang so. Schon zur Zeit des irdischen Lebens Jesu waren viele entsetzt und sind weggelaufen. »Diese Rede ist hart. Wer kann sie hören?« Als Jesus dann seine Jünger fragte: »Wollt auch ihr weggehen«, da antwortete Petrus: »Wohin sollen wir denn gehen? Du hast Worte des ewigen Lebens.« *(Joh 6,67f.)*. So können auch wir antworten, wenn uns Zweifel und Fragen überkommen: Wohin wollen wir denn sonst gehen? Wo finden wir bessere Antworten, wo sonst finden wir überhaupt eine Antwort auf die Fragen unseres Lebens?

VII. Glauben und Wissen

Die drei Weisen hatten also Recht, wenn sie dort niederknieten, wo es in der Welt alleine einen Sinn macht, niederzuknien. Nirgends sonst darf man einen Kniefall machen. Wenn man ihn aber vor Jesus macht, dann verliert man ganz und gar nichts von seiner menschlichen Würde, dann fällt einem kein einziger Zacken aus der Königskrone, dann braucht man überhaupt nichts aufgeben von menschlicher Weisheit und Einsicht. Wer glaubt, gibt seinen Verstand nicht an der Garderobe ab. Papst Johannes Paul II. hat es 1998 in seiner vorletzten Enzyklika nochmals ganz klar gemacht: Glauben und Wissen sind kein Gegensatz. Sie unterstützen sich gegenseitig. Sie sind – wie er es formulierte – die beiden Flügel des Geistes.

Bereits bei seinem ersten Deutschlandbesuch hat dieser wirklich große Papst am Grab eines der größten Weisen der Kirchengeschichte, eines wirklichen Universalgenies, Naturwissenschaftlers, Philosophen und Theologen, des in Köln lehrenden und begrabenen heiligen Albert, der als einziger Theologe den Titel »der Große« erhalten hat, deutlich gemacht, dass Glauben und Wissen zusammengehören. Aus der jüngeren Geschichte kann man auf die heilige Philosophin Edith Stein verweisen, die als Schwester Theresia Benedikta vom Kreuz im Kölner Karmel lebte und als Jüdin von den Nazis in Auschwitz ermordet wurde. Sie schrieb: »Wer die Wahrheit sucht, sucht Gott.«

Die drei Weisen sind also nicht allein geblieben. Sie haben viele Nachfolger und Nachfolgerinnen gefunden. Heute braucht die Kirche und die Welt nichts nötiger als solche Weisen, welche Glauben und Wissen, Kirche und moderne Kultur wieder zusammenbringen. Wir brauchen gerade heute einen Glauben, der sich nicht ängstlich versteckt und verkriecht, der das helle Licht des Wissens und der Wissenschaft nicht scheut, sondern sich offen den Fragen stellt und so die Orientierung gibt, welche Wissenschaft, so wichtig sie ist, für sich allein nicht geben kann. Wir brauchen Weise, das heißt Christen, die nachdenken und den Dingen auf den Grund gehen und die Wahrheit vom Gott Jesu Christi als tragenden Grund, als die Hoffnung, als das Licht auf dem Weg des Lebens neu herausstellen und den Mut haben, sich gegen eine oberflächliche Kultur, der alle diese Fragen egal sind, zu stellen.

Liebe jungen Freunde: Ihr seid gefragt! Macht es Euch mit der Wahrheit nicht zu leicht. Begeisterung ist gut, aber man muss auch den Kopf anstrengen. An Euch liegt es, durch Euer Denken, Euer Glauben, Euer Leben einem Stern zu folgen, ja nach den Sternen zu greifen und so Licht in Euer Leben und in eine Welt zu bringen, die dunkel und müde geworden ist. Ihr sollt durch Euer Leben die Geschichte von den drei Weisen neu schreiben. Ihr werdet nicht enttäuscht werden.

Christus in der Eucharistie begegnen

Liebe Jugendliche![1]

I. »Sie sahen das Kind und Maria, seine Mutter.
Da fielen sie nieder und beteten ihn an« (Mt 2,11)

Das Thema der heutigen, dritten Katechese lautet: »Christus in der Eucharistie begegnen«. Dieses Thema schließt an die beiden bisherigen Katechesen an. Gestern und vorgestern haben wir uns – ähnlich wie die drei Weisen – auf den Weg gemacht und erfahren: Wir sind Menschen, die unterwegs sind. Wir sind suchende und fragende Menschen. Wir dürfen uns nicht bequem mit dem abfinden, was »man« so sagt und »man« so tut, wie »man« sich verhält. Als Menschen steckt mehr in uns. Wir sind mehr und sehnen uns nach mehr. Ein Stern leuchtet uns voran. Wir dürfen unsere tieferen Sehnsüchte nicht verraten. Wir sollen buchstäblich nach den Sternen greifen. Das heißt: Wir müssen uns aufmachen, um die Wahrheit zu finden. Die Wahrheit ist keine Formel, die man getrost nach Hause tragen kann. Wahr ist, was wirklich trägt und was hält, was es verspricht. Für uns Christen ist die Wahrheit eine Person: Jesus Christus. Er ist der Weg, die Wahrheit und das Leben *(Joh 14,6)*.

In der heutigen Katechese gehen wir einen Schritt weiter. Auch die drei Weisen sind ja nicht ewig weitergezogen. Ihr Weg war keine Fahrt ins Blaue und erst recht keine Irrfahrt. Sie sind schließlich am Ziel ihres Weges angekommen. Endlich war es so weit. Doch was sehen sie? In der Bibel heißt es knapp: »Sie sahen das Kind und Maria, seine Mutter.« Keinen großartigen, märchenhaften Königspalast. Sie

---

[1] Katechese anlässlich des Weltjugendtages 2005 in Köln.

sehen ein winziges kleines Kind, das armselig in einem Stall in der Krippe liegt. Sie sehen keinen großen prächtigen Hofstaat. Sie sehen das Kind zusammen mit Maria seiner Mutter. Dass auch ein Ochs und ein Esel dabei waren, ist eine erst spätere Legende. Sie unterstreicht nur nochmals die ganze Armseligkeit und Gewöhnlichkeit der Situation. Trotzdem, die drei Weisen waren überwältigt. »Sie fielen nieder und beteten das Kind an«, besser: »Sie beten ihn als ihren Herrn an.«

II. Wie und wo kann ich Jesus begegnen?

Unsere Frage heute ist: Wie und wo kann ich heute Jesus begegnen? Wie und wo zeigt er sich mir? In den Stall von Bethlehem kann ich ja nicht zurück. Dort wo er nach alter Tradition vermutet wird, in der Grotte unter der Geburtskirche in Bethlehem, finde ich zwar einen altehrwürdigen Ort der Verehrung, aber nicht unmittelbar Jesus. Man kann sich dort und auch sonst an Jesus erinnern. Man kann an ihm ein Vorbild nehmen, sich von ihm begeistern lassen, wie es in 2000 Jahren unzählige Menschen getan haben. Unzähligen hat er so geholfen, gut zu leben und getrost zu sterben. Das ist schon viel. Aber wie kann ich ihm heute persönlich begegnen? Wie ist das heute möglich?

Vielleicht denken manche an außerordentliche Erlebnisse, an aufwühlende innere seelische Erfahrungen oder gar an Ekstasen und Visionen. Das mag es im Einzelfall geben. Menschen, die solches suchen, nehmen heute sogar eher zu. Doch von alledem ist in der Geschichte der drei Weisen nicht die Rede.

Die drei waren wirklich weise Männer. Sie begreifen: Gott begegnet uns normalerweise nicht im Außerordentlichen, Außergewöhnlichen, Ausgefallenen, Spektakulären, Abenteuerlichen, Aufsehenerregenden, im Nervenkitzel. Solche wunderbare Erfahrungen kann man nicht ausschließen, aber sie sind nicht das Normale. Die großen Heiligen waren sogar immer sehr zurückhaltend, ja überaus kritisch gegenüber allem Mirakulösen. Das eigentlich Wunderbare liegt nicht im Außergewöhnlichen. Es liegt darin, dass mitten im ganz Gewöhnlichen und ganz Alltäglichen das ganz Ungewöhnliche geschieht. Gott macht kein Spektakel und keine Show.

Gott ist – wenn man so sagen darf – diskret, so wie auch echte menschliche Liebe nie aufdringlich, sondern immer diskret ist. So auch

Gott. Er steigt zu uns herab, er neigt sich uns zu. Er will mitten unter uns gegenwärtig sein. Er will uns dort ganz nahe sein, dort auffindbar und antreffbar sein, wo wir uns in unserem Alltag und in unserem realen Leben befinden. Von diesem Wunder übergroßer Liebe sind die drei Weisen überwältigt. Gott ist in Jesus Christus Mensch geworden, ein Mensch so wie du und ich, die Sünde allein ausgeschlossen. Er ist geboren worden, war ein kleines Kind, hat Hunger und Durst gehabt, Freude und Freundschaft erfahren, Leid erlitten und ist gestorben.

Diese Liebesgeschichte Gottes mit uns Menschen geht mit seinem irdischen Leben nicht zu Ende. Im Johannesevangelium lesen wir: »Da er die Seinen liebte, liebte er sie bis ans Ende.« Liebe hört nicht auf. Liebe will Endgültigkeit. Liebe kann sich auch mit dem Tod nicht abfinden. Ein französischer Philosoph, Gabriel Marcel, sagte: »Einen anderen lieben heißt sagen: Ich will, dass du ewig bist.« Liebe setzt alles auf das Spiel. Sie ist also keine Spielerei und etwas ganz anderes als Liebelei. Liebe geht das Risiko des Lebens, das Risiko des Todes ein.

Genau so war es mit Jesus. Er wollte ganz konkret real bei uns und unter uns bleiben. Mit dieser Intention feiert er am Abend vor seinem Sterben mit seinen Jüngern das letzte Abendmahl. Er tut es nach jüdischem Brauch, wahrscheinlich nach dem Ritus des jährlichen Pessach-, oder wie wir gewöhnlich sagen, Paschamahles zur Erinnerung an die Befreiung und den Auszug aus Ägypten. Doch dann sagte er: »Tut dies zu meinem Gedächtnis!«. Das war eine Neustiftung. Es ging jetzt nicht mehr bloß um das Gedächtnis der Befreiung aus Ägypten, sondern um sein Gedächtnis, um das Andenken an ihn. Gedächtnis, Erinnerung, Andenken meint im biblischen Sinn jedoch nicht nur, dass wir ihn nicht vergessen und uns immer wieder an ihn erinnern sollen. Im biblischen Verständnis ist die Sache, das Ereignis oder die Person, deren man gedenkt, im Gedenken real gegenwärtig.

Das kommt beim letzten Abendmahl klar zum Ausdruck. Jesus ändert nämlich den jüdischen Ritus. An der Stelle, an der er den Jüngern das Brot reicht, sagt er: »Das ist mein Leib, für euch dahingegeben«. Ähnlich beim Darreichen des Bechers mit Wein: »Das ist mein Blut, für euch vergossen«. Jesus sagt nicht: Brot und Wein sind ein Zeichen und ein äußerlich verstandenes Symbol. Jesus sagt vielmehr klar und deutlich: Das bin ich in meiner Selbsthingabe für euch. Denn im biblischen Sprachgebrauch sind Leib (Fleisch) und Blut nicht nur Teile der menschlichen Person. Sie stehen vielmehr für die Person selbst. Jesus will also sagen: In diesen alltäglichen Gaben von Brot und Wein bin ich gegenwärtig mitten unter euch und für euch. In ihnen bin ich da und zwar da als der, der sich für euch hingibt. In ihnen ist also meine Hingabe für euch, die sich am Kreuz vollzieht, real gegenwärtig.

Jesus will sagen: Das Kreuz – so schlimm, so schmerzlich und so bitter es ist – ist keine endgültige Katastrophe. Ich bin über meinen Tod hinaus bleibend da. Mein Tod am Kreuz ist kein Verhängnis. Es ist Ausdruck meiner Liebe und deshalb der Sieg der Liebe über den Hass, des Lebens über den Tod. Es ist Durchgang und Verwandlung zum neuen Leben der Auferstehung. Wenn Jesus also sagt: Das bin ich in meiner Hingabe für euch, sagt er zugleich: Das bin ich als der Gekreuzigte und Auferstandene. In der Verwandlung von Brot und Wein wird der Durchgang vom Tod zur Auferstehung gegenwärtig.

Wenn ihr also zusammenkommt und zu meinem Gedächtnis Eucharistie feiert, dann will ich euch gerade in den bittersten Erfahrungen, in Leiden und Sterben ganz nahe sein. So sehr liebe ich euch dass ich euch ganz solidarisch und in allem gleich sein will, die Sünde allein ausgenommen. Selbst in euren bittersten Stunden, ja gerade in euren bittersten Stunden, wenn alles zusammenzubrechen scheint, wenn ihr total enttäuscht seid, wenn kein Licht mehr am Ende des Tunnels leuchtet, wenn nichts mehr läuft, wenn kein Ausweg mehr offen zu sein scheint, wenn ihr einfach fertig und ganz am Ende seid, bin ich da. Auch dann dürft ihr noch Hoffnung haben, Hoffnung gegen alle Hoffnung. Denn nicht Hass, nicht Unrecht und nicht Gewalt, auch nicht der Tod haben das letzte Wort, sondern die Liebe, die Gerechtigkeit und das Leben.

Ich bin nicht nur da, so zu sagen neben euch und bei euch. Denn wenn ihr dieses Brot, das mein hingegebener Leib ist, esst, und den Wein, der mein für euch vergossenes Blut ist, trinkt, dann bin ich in euch und ihr in mir. Dann geschieht, was in jeder menschlichen Liebe geschieht, ja es geschieht noch auf eine viel innigere Weise, dann geschieht in der communio persönliche Begegnung als persönliche Vereinigung. Dann ist es – so deuten es die Kirchenväter – wie wenn die Flammen von zwei Kerzen sich zu einer einzigen Flamme verschmelzen und vereinigen.

Die persönliche Vereinigung mit Jesus Christus vereinigt uns auch untereinander. »Wir nehmen an dem einen Brote teil, wir bilden einen Leib«, sagt der Apostel Paulus. In der Eucharistie begegnen wir ganz persönlich Jesus Christus und den Brüdern und Schwestern. Das kann nicht folgenlos sein. Man kann das eucharistische Brot nicht teilen, ohne auch das tägliche Brot zu teilen. Deshalb waren schon in der Urkirche die Eucharistiefeiern mit Kollekten für die Armen verbunden. Als Geheimnis der Liebe ist die Eucharistie darum zugleich eine Verpflichtung und eine Aussendung zur sozialen Tat. So wie Jesus uns ganz nahe ist, so sollen auch wir uns einander nahe sein und solidarisch erweisen.

Selbstverständlich begegnen wir nicht nur in der Eucharistie Jesus Christus. Wir begegnen ihm auch in seinem Wort, besonders in der Heiligen Schrift. Wir begegnen ihm in unseren Nächsten, besonders in den Armen und Notleidenden aller Art. Denn was immer wir dem Geringsten unter ihnen getan haben, haben wir Christus getan. Wir begegnen ihm, wo immer zwei oder drei in seinem Namen versammelt sind. Dort ist er mitten unter ihnen. Am intensivsten aber begegnen wir Christus in der Eucharistie. Dort begegnen wir ihm sozusagen leibhaftig, dort sind alle anderen Weisen der Begegnung mit Jesus Christus zusammengefasst: Die Verkündigung des Wortes, die Versammlung und die Sammlungen für den Dienst an den Armen. So ist die Eucharistie die Quelle und der Höhepunkt der christlichen Existenz und des gesamten kirchlichen Lebens.

Ich kann das alles nur andeuten. Die Eucharistie ist ein so reiches Geschehen, dass man damit nicht so schnell an ein Ende kommt. Der neue Katechismus, den der Papst in diesen Tagen für euch in deutscher Übersetzung mitbringt, führt das Gesagte im Einzelnen viel breiter aus, als das hier möglich ist. Es lohnt sich, das dort nachzulesen und dadurch euer Verständnis der Eucharistie zu vertiefen. Das ist sogar sehr notwendig. Denn oft ist unser Verständnis recht bruchstückhaft und oberflächlich geworden.

Manche betrachten die Eucharistie nur noch als eine brüderliche Mahlfeier. Das ist die Eucharistie zweifellos auch. Aber sie ist nicht nur ein brüderliches Mahl. Sie ist wesentlich mehr. In ihr geschieht die reale Gegenwart Jesu Christi und die Vergegenwärtigung seines Kreuzes und seiner Auferstehung. In ihr wird die künftige neue und verwandelte und verklärte Welt vorweggenommen. Deshalb soll sie möglichst feierlich begangen werden. Die Gewänder, das Licht, die Gesänge und die Musik sind kein äußerlicher Pomp, sondern Zeichen und Symbole dafür, dass hier die neue Schöpfung anbricht und der verklärte Herr mitten in unserem Leben gegenwärtig ist. Der Himmel ist nicht mehr bleiern verhangen, der Himmel ist mitten unter uns offen. Er ist offen, wo immer Eucharistie gefeiert wird, in jeder kleinen Dorfkirche, in ärmlichsten Verhältnissen, in Gefängnissen, in Slums, wo oft unter einfachsten, ärmlichsten, ja menschlich trostlosen Verhältnissen Eucharistie gefeiert wird.

III. Mitfeier der Eucharistie

Wenn das alles so ist, dann fragt man sich: Wie sollen wir der Eucharistie begegnen? Oft und zu Recht wird uns gesagt: Wir sollen nicht nur passive Zuschauer sein, sondern aktiv mitfeiern und mitgestalten. Das ist sicher richtig. Es soll bei der Feier der Eucharistie eine möglichst breit gefächerte Verteilung der Funktionen geben: Lektoren, Kantoren, Ministranten usw. Im Allgemeinen ist das heute auch der Fall. Doch wenn das bisher Gesagte stimmt, dann kann es nicht nur um ein äußeres Mitmachen und Mitgestalten gehen. Die innere Beteiligung, das innere Mitgehen und Mitmachen ist entscheidend.

So war es bei den drei Weisen. Als sie das Kind und seine Mutter fanden, fielen sie nieder und beteten das Kind an. Sie können nur staunen, dass so etwas möglich ist. Vor einem Gott, der sich so ganz anders verhält als die meisten ihn sich vorstellen, können sie nur in die Knie sinken. Anbetung ist hier Zeichen des dankbaren Staunens und der Gegenliebe. Als Zeichen ihrer Gegenliebe bringen sie Gold, Weihrauch und Myrrhe dar.

Man kann die symbolische Bedeutung dieser Gaben verschieden deuten. Papst Johannes Paul II. hat seine Auslegung dieser Gaben in seiner Botschaft zum Weltjugendtag, die er noch vor seinem Tod veröffentlichen konnte, dargelegt. Er schreibt: »Durch das Gold unterstreichen sie die königliche Gottheit; mit dem Weihrauch bekennen sie ihn als Priester des Neuen Bundes; indem sie ihm die Myrrhe darbieten, preisen sie den Propheten, der das eigene Blut vergießen wird, um die Menschheit mit dem Vater zu versöhnen.«

Die eucharistische Anbetung ist kein isolierter Akt neben oder nach der Eucharistie. Sie hat ihren Platz vor allem innerhalb der eucharistischen Feier selbst. Immer wieder beugt der Priester sein Knie. Am Ende des eucharistischen Hochgebets spricht oder singt er die feierliche Doxologie (Lobpreis): »Durch ihn, mit ihm und in ihm sei dir allmächtiger Vater … alle Ehre und Verherrlichung«.

Während des ersten Jahrtausends ist es bei dieser Verehrung innerhalb der eucharistischen Feier geblieben. Man hat die übrig gebliebenen eucharistischen Gestalten ehrfürchtig für die Krankenkommunion aufbewahrt, aber eine eigene Verehrung außerhalb der eucharistischen Feier war nicht vorgesehen. Sie entwickelte sich erst im Laufe des zweiten Jahrtausends. Es kam zur Anbetung des im Tabernakel gegenwärtigen Herrn, zur sogenannten Besuchung des Allerheiligsten während des Tages, zur Aussetzung des Allerheiligsten in der Monstranz, zu eucharistischen Prozessionen, besonders zur Fronleichnamsprozession. In vielen katholischen Gegenden wurde Fronleichnam fast zum höchsten kirchlichen Festtag.

Das, was in der Feier der Eucharistie geschah, sollte in der eucharistischen Anbetung nochmals nachklingen. Es sollte persönlich verinnerlicht und vertieft werden. Man kann ja nicht einfach die Eucharistie feiern und empfangen und damit basta. Man wollte vielmehr nochmals darauf zurückkommen und nochmals sagen »Danke!« In Hymnen wie »Pange lingua«, »Preiset Lippen das Geheimnis« oder »Adoro te devote« »Gottheit tief verborgen, betend nah ich dir« klingt die große Doxologie (der große Lobpreis) bei der Eucharistie weiter nach: »Durch ihn und mit ihm und in ihm sei dir Gott, allmächtiger Vater, … alle Herrlichkeit und Ehre«. Natürlich bedeutet die eucharistische Anbetung nicht, dass wir die Gestalten von Brot und Wein anbeten. Wir beten nicht die Gestalten als solche an, sondern den in ihnen gegenwärtigen Herrn und durch ihn richtet sich der Lobpreis an den Vater.

Leider hat sie sich dann teilweise allzu sehr von der eucharistischen Feier losgelöst und isoliert. Nach dem Zweiten Vatikanischen Konzil hat man dann leider manchmal nicht nur den Überschwang und die Fehlentwicklung zurückgeschnitten, sondern auch die berechtigten Formen vernachlässigt. Dies ist dann zum Schaden der Ehrfurcht bei den eucharistischen Feiern selbst geschehen. Deshalb war es das berechtigte Bestreben der letzten Enzyklika Papst Johannes Pauls II., *Ecclesia de Eucharistia*, dass der Zusammenhang zwischen der eucharistischen Feier und der eucharistischen Anbetung wieder deutlich wird.

Das ist ein berechtigtes Anliegen. Denn wenn die eucharistische Anbetung aufgegeben wird, dann geht gewöhnlich sehr schnell die

Ehrfurcht vor der Eucharistie selbst verloren. Und sicher haben viele von Euch schon die Erfahrung gemacht: Vor dem Tabernakel betet es sich besser, persönlicher und intensiver als in einem anderen Raum. Mir jedenfalls geht es so, und deshalb mache ich gerne in einer Kirche, an der ich vorbei gehe, einen kleinen Stopp zur Einkehr und zu einem kurzen Verweilen bei Jesus. Oft tut es mir einfach gut, bei ihm ein wenig auszuruhen. Ich kann das jedem und jeder von Euch empfehlen.

IV. Die eucharistische Anbetung

Ich weiß, Anbetung ist für viele heute ein Problem und ein schwieriger Akt. Das Problem betrifft nicht nur die eucharistische Anbetung, es betrifft die Anbetung überhaupt. Denn als moderne Menschen wollen wir vor niemandem kriechen, sondern mit aufrechtem Gang und erhobenen Hauptes durch die Welt gehen. Damit haben wir Recht! Nicht zu kriechen, sondern aufrecht zu gehen, ist Zeichen unserer menschlichen Würde. Sie ist uns von Gott gegeben. An einer französischen Kathedrale steht in Stein gehauen: »Magna cum reverentia creavit Deus hominem«, »Mit großer Ehrfurcht hat Gott den Menschen geschaffen«.

Doch heute kippt das Bewusstsein von der eigenen Würde sehr oft um. Wir verstehen die menschliche Würde oft nicht mehr als von Gott gegeben und als Abglanz der göttlichen Würde, sondern völlig autonom. Wir erleben es jeden Tag, was geschieht, wenn Menschen meinen, gar nichts und gar niemanden über sich zu haben und einfach frei schalten und walten zu können.

Wenn die Würde des Menschen losgelöst wird von dem, der sie uns geschenkt hat, dann führt das entweder zum Götzendienst oder zur Tyrannei. Götzendienst ist nicht nur eine Sache von früher. Es gibt auch die neuen Heiden. Es gibt auch heute Götzendienst in vielen Spielarten. Zum Götzendienst kommt es immer, wenn nicht mehr Gott der Höchstwert ist, sondern wenn andere Werte zum Letztwert hochgejubelt werden, wenn etwa alles dem Geld oder der Macht, dem eigenen Ansehen, dem Image, dem Erfolg oder dem Vergnügen untergeordnet wird. Götzen können auch kurzlebige Moden und lügenhafte Illusionen sein, denen man wie einer Fata morgana nachläuft. Diese Götzen versklaven dann den Menschen. Sie machen ihn unfrei und geradezu blind gegenüber anderen Werten. Man sieht dann nur die Rendite, den Kontostand, den Erfolg, man ist wie betrunken von bestimmten Ideologien und Utopien und geht um ihretwillen unter Umständen sogar über Leichen.

Eine andere Möglichkeit ist, wenn nicht mehr Gott, sondern der Mensch das Letzte und Höchste ist, und wenn der Mensch nichts Höheres mehr über sich anerkennt, dass er sich selbst wie ein Herrgott und Halbgott fühlt und dann leicht zum Tyrannen über andere wird. So haben zum Beispiel die Nazis von Friedrich Nietzsche – allerdings in mehr als simplifizierter und primitiver Form – die Theorie vom Herrenmenschen übernommen. Welch fürchterliche Tyrannei daraus geworden ist und wie das dazu geführt hat, dass die Würde von Millionen von Menschen mit Füßen getreten wurde, wissen wir inzwischen. Die Verweigerung der Anbetung Gottes hat zur Tyrannei von Menschen über Menschen geführt.

Die Verweigerung der Anbetung hat Europa und die Welt in die Irre und in die Katastrophe geführt. Nur die Erneuerung der Anbetung kann uns wieder aus der tiefen Krise, in der wir uns befinden, herausführen. Nur wenn wir keine Herrenmenschen sein wollen und uns nicht gleichsam wie Halbgötter benehmen, sondern Gott allein die höchste und absolute Ehre geben, dann bleibt die Würde jedes Menschen geschützt. Der große Kirchenvater Irenäus hat gesagt: »Die Ehre Gottes ist der lebendige Mensch.«

Wir dürfen nicht vergessen, dass die Würde des Menschen nur Abglanz der Würde und der Herrlichkeit Gottes ist. Als Menschen verdanken wir uns einem Höheren. In diesem Sinn schreibt Romano Guardini: »Die Anbetung ist der lebendige Vollzug der Tatsache, dass Gott einfachhin ›groß‹, der Mensch aber ebenso einfachhin ›klein‹ ist; dass Gott durch sich und in sich, der Mensch aber durch Gott und in Gottes Macht besteht. Die Anbetung sagt: ›Du bist Gott; ich bin der Mensch. Du bist der wahrhaft Seiende, aus Dir selbst wesenhaft und ewig, ich bin durch Dich und vor Dir. Du hast alle Mächtigkeit des Wesens, alle Fülle des Wertes, alle Hoheit des Sinns, bist Deiner selbst Herr und genügest selig Dir selbst. Der Sinn meines Daseins hingegen kommt mir durch Dich: ich lebe aus deinem Licht, und die Maße meines Daseins sind in Dir.‹«[2]

---

[2] R. Guardini, Vorschule des Betens, 84.

Anbeten dürfen wir nur Gott, nur ihn können wir über alles lieben und über alles stellen. Allein Gott ist absolut. Alles andere ist relativ. Die katholische Lehre sagt: Niemandem gebührt Anbetung, allein Gott. Wir folgen deshalb nicht blindlings einem Führer. Wir beten auch Maria und die Heiligen nicht an, wir verehren sie. Auch den Papst beten wir nicht an, wir achten ihn und begegnen ihm mit angemessener Ehrfurcht und Gehorsam (der freilich auch hier nie ein blinder Gehorsam sein kann) und fühlen uns ihm verbunden. Aber Anbetung gebührt nur Gott. Im Gloria heißt es: »Du allein bist der Heilige, du allein der Allerhöchste«.

Die Anbetung neu zu lernen ist heute eine, ja die grundlegende Aufgabe. Sie allein schafft die Grundlage einer wahrhaft menschlichen und menschenwürdigen Kultur. Hier sind heute dringend Kursänderungen angesagt. Ihr seid die Jugendlichen, die Protagonisten dieser neuen Kultur.

Die drei Weisen sind in den 2000 Jahren der Kirchengeschichte nicht allein geblieben. Sie haben viele Nachfolger gefunden. Ich denke etwa an die großen Heiligen von Köln: Die heilige Ursula und ihre Gefährtinnen, frühkirchliche Märtyrerinnen und Zeuginnen für den Glauben an Jesus Christus – die Kraft dazu bezogen sie aus dem Gebet –, der heilige Albert der Große, einer der größten Gelehrten des Mittelalters, aber zuerst und vor allem ein großer Beter, der selige Adolph Kolping, der Gründer des Gesellenvereins, des heutigen Kolpingwerkes und damit einer der Väter der kirchlichen Sozialarbeit. Das konnte er, weil er seine Kraft aus dem Gebet und der Feier der Eucharistie zog. Schließlich zählt zu den Heiligengestalten von Köln die heilige Edith Stein (Schwester Theresia Benedikta vom Kreuz); sie war eine große moderne Philosophin, die sich dem kontemplativen Orden der Karmelitinnen in Köln anschloss und schließlich von den Nazis in Auschwitz vergast wurde.

Ich denke auch an Mutter Teresa. Sie war ja nicht etwa einfach eine Sozialarbeiterin, auch wenn sie auf diesem Gebiet Großartiges geleistet hat. Die ausführliche tägliche Anbetung vor dem Allerheiligsten spielt in der Regel der Schwestern der Mutter Teresa eine grundlegende Rolle. Sie ist für sie nicht verlorene Zeit. Sie ist Quelle und Kraft für ihren Dienst an den Armen und Ärmsten überall in der Welt.

Für den Vater und Patron Europas, den heiligen Benedikt, galt der Grundsatz »ora et labora«, »beten und arbeiten«. Darauf gründet unsere gesamte europäische Kultur, aus dieser Kraftquelle wird sie gespeist. Allein wenn wir an diesem Spannungsbogen von Gebet und Arbeit festhalten, kann Europa sich wieder erneuern, neue Kraft und neue Zukunft gewinnen. Es ist eure Aufgabe, diese Erneuerung voranzubringen. Ihr seid die Hoffnung der Kirche. Ihr sollt Europa in die neue Zukunft führen. Das könnt ihr nur, wenn ihr die Anbetung neu lernt. Wenn man euch deshalb nach dem Weltjugendtag fragt: Was wollt ihr eigentlich?, so könnt Ihr mit dem Motto des Weltjugendtages antworten: »Wir sind gekommen, um anzubeten.«

Die Eucharistie – Brot des Lebens

Liebe junge Freunde![1]

Das heutige Evangelium aus dem sechsten Kapitel des Johannesevangelium führt uns genau dorthin, wo wir partout nicht sein wollen: in die Wüste. Eine Abenteuertour durch die Sahara mag ja spannend sein, aber leben möchte dort auf die Dauer keiner. Dort wächst nichts und ist nichts zu holen, ganz abgesehen von den Gefahren für Leib und Leben, die dort drohen. Kein Wunder, die Menschen haben Hunger und Durst. Sie waren damals bitter arm und fühlten sich von ihren Führern im Stich gelassen. So liefen sie Jesus nach, in der Hoffnung, bei ihm Hilfe und Orientierung zu finden.

In der Tat, Jesus erkennt ihre Not. Er weiß, wir Menschen brauchen nicht nur Nahrung für das tägliche Leben. Wir brauchen ein Dach über dem Kopf, Kleidung und heutzutage vor allem Arbeit und Ausbildung. Wir Menschen sind Bedürfniswesen. Jesus selber lehrt uns beten: »Unser tägliches Brot gib uns heute.« Viele, ja Millionen von Menschen, auch jungen Menschen, mangelt es an diesem täglichen Brot und allem, was dazu gehört. Dies ist ein Skandal in einer Welt, die reich genug wäre, allen das zum Leben Nötige zu gewähren.

Doch Jesus kennt noch einen anderen Hunger und Durst: den Hunger nach Leben in seiner Fülle. Das tägliche Brot ist notwendig, aber es macht nur für den Augenblick satt. In diesen irdischen Bedürfnissen dürft ihr nicht aufgehen. Ihr dürft eure tiefere Sehnsucht nicht verdrängen: den Hunger und Durst nach dem Glück. Das sagt er gerade uns heute. In dieser Hinsicht befinden wir uns heute tief in der Wüste. So sagt Jesus auch zu uns: Ihr seid gekommen, weil ihr von dem Brot

[1] Predigt anlässlich des Weltjugendtags am 19. August 2005 in Köln. Evangelium: Joh 6,51–58.

gegessen habt und satt geworden seid. Doch ihr müsst auch nach der Speise für das ewige Leben suchen.

Ewiges Leben, das scheint weit weg zu sein. Viele mögen denken, das kommt erst ganz am Schluss, wenn es auf das letzte Stündchen zugeht. Dafür habe ich mit meinen 16, 18, 20 und auch 25 Jahren noch Zeit. Falsch gerechnet! Hört doch in Euch selbst hinein und befragt Euer Herz. Leben ist mehr als Essen und Trinken. Es ist auch mehr als mäßiger Wohlstand, den man niemandem verwehren möchte, es ist auch mehr als Sport, Spaß und Vergnügen, die im rechten Maß ebenfalls nicht zu kritisieren sind. Aber da ist tief drinnen in der Seele eine Sehnsucht, die will, dass das Glück bleibt und dauert, die nach dem Sinn fragt und eine Antwort erwartet auf die tiefere Frage: Woher komme ich und wozu bin ich da? Wozu sind wir auf Erden? Das sind Fragen, die sich schon in Eurem Alter stellen und die dringend auf eine Antwort warten.

Auf diese Frage aller Fragen gibt Jesus eine überraschende Antwort. Er antwortet nicht mit einer komplizierten Philosophie und einem abstrakten philosophischen System. Nein, die Wahrheit, mit der Jesus uns konfrontiert, ist konkret. Jesus sagt einfach: »Ich bin das Brot des Lebens.« Solche Sätze finden wir oft im Johannesevangelium. Es heißt dort: »Ich bin das Licht der Welt.« »Ich bin der Weg, die Wahrheit und das Leben.« Damit will Jesus sagen: Was ihr sucht, Brot, Licht, Leben, Wahrheit: hier ist es. Ich bin es. Im Christentum ist die Wahrheit also konkret. Die Wahrheit ist eine Person: Jesus Christus.

Dieser Jesus ist ganz und gar einer von uns. Er ist ganz Mensch. In ihm ist Gott ganz herabgestiegen, nicht nur in die Höhen, sondern auch in die Tiefen des Menschseins, bis ins Leiden und Sterben. Er wollte jedem nahe sein, auch dem Kleinsten, den Verlassensten, Elendsten. Keiner ist wertlos, keiner ist vergessen. Jeder ist wertvoll. Jeder, auch jeder und jede von Euch ist so wertvoll, dass der unendliche große Gott sich ihm ganz für Zeit und Ewigkeit schenken will. Er will, dass wir das Leben haben und es in Fülle haben. Deshalb ist Jesus ganz Mensch und ganz Gott, um uns ganz zu Söhnen und Töchtern Gottes zu machen. Darüber, dass das so ist und dass wir dazu berufen sind, kann man nur staunen und dafür unendlich dankbar sein.

Um dies nochmals konkreter und anschaulicher zu machen, um es uns sozusagen zum Schmecken zu geben, sagt Jesus nicht nur: »Ich bin das Brot des Lebens«, sondern darüber hinaus: »Ich gebe Euch das Brot des Lebens.« In diesem kleinen Stückchen Brot bin ich bei Euch und mit Euch bis ans Ende der Welt. Ich bin bei euch und mit euch als Speise des ewigen Lebens. »Denn wer mein Fleisch isst und mein Blut trinkt, der hat das ewige Leben.«

So wie wir die irdische Nahrung in uns hineinnehmen, dass sie uns nährt und stärkt, so geht Christus durch die Kommunion in uns ein, so dass er in uns und wir in ihm sind. Das ist die innigste Freundschaft und Gemeinschaft, die man sich denken kann. Wie die irdische Nahrung uns kräftigt und stärkt, so stärkt uns die Gemeinschaft mit Christus in der Kommunion. Sie heilt die Krankheiten und Schwächen unserer Seele, gibt uns Kraft und Lebensmut. Zugleich gibt sie uns einen Vorgeschmack der himmlischen Seligkeit.

Vielleicht wird Euch jetzt verständlich, dass der Priester und auch die Gläubigen vor der Eucharistie, das heißt dem gegenwärtigen Herrn Jesus Christus, das Knie beugen. Mit der Eucharistie und vor der Eucharistie und erst recht bei der Kommunion kann man sich nicht lässig, sondern nur ehrfürchtig benehmen. Da müssen wir manches wieder neu lernen. Wir müssen wieder lernen, anzubeten. Dabei fällt niemandem ein Zacken aus der Krone. Die Anbetung ist Dank und Anerkennung für das Geschenk des Lebens und für das Brot des Lebens.

Deshalb sollen unsere Eucharistiefeiern auch nicht traurig, sondern freudig bewegt sein. Sie sollen ein Gloria, ein Halleluja sein, dass wir nicht in der Wüste darben und leben müssen, sondern dass uns durch Jesus Christus das Leben in ganzer Fülle geschenkt ist. Die Feier der Eucharistie soll jedes Mal ein Ausdruck der Freude darüber sein, dass wir Christen sein dürfen und als solche uns vor niemandem verstecken müssen. Eucharistie heißt ja Danksagung. Sagen wir also von Herzen »Danke, Jesus, dass Du da bist!«, »Danke, dass wir da sein dürfen!«, »Danke!« Amen.

Familien

Glauben – Leben – Welt gestalten

Liebe Frauen und Männer,
liebe Jugendliche und liebe Kinder,[1]

ich sage Ihnen allen einen ganz herzlichen Willkommensgruß hier auf dem Dreifaltigkeitsberg. Aus den Dekanaten Balingen, Oberndorf, Rottweil, Spaichingen und Tuttlingen, aber auch aus anderen Orten unserer großen Diözese sind Sie heute Morgen von Spaichingen aus als Wallfahrer hierhergekommen, um Ihren Glauben zu bekennen, um gemeinsam Eucharistie zu feiern und sich als Christen neu hinaussenden zu lassen in die Welt und in das Leben. Ich freue mich, dieses Jahr zum ersten Mal als Bischof bei Ihnen und mit Ihnen sein zu können.

Das Thema dieses Wallfahrtsgottesdienstes wird uns vom Heiligen des heutigen Tages klar vorgegeben. Johannes der Täufer wird uns vorgestellt als Zeuge für Jesus Christus. Vom Mutterleib an war er berufen, in Israel aufzutreten, um die Botschaft vom Kommen des Reiches Gottes, die Botschaft aber auch von der Notwendigkeit zur Umkehr auszurufen. In der Tat, er war kein Leisetreter, der seine Meinung diplomatisch geschickt versteckt hätte. Hart und unmissverständlich hat er seine Botschaft allen gesagt: den Mitgliedern des Hohen Rates, den Landsknechten, den einfachen wie den reichen Leuten von damals. Für alle hat er nur die eine Botschaft: Ihr müsst umkehren. Ihr müsst euch bekehren. Ihr müsst euren Kurs ändern und euch neu orientieren. Sonst werdet ihr alle miteinander verloren sein.

Doch Johannes hat diese Botschaft nicht nur verkündet. Er hat sie selbst gelebt und selbst getan. Er ist hinausgezogen in die Wüste. Er ist

---

[1] Predigt anlässlich des Familientages am 24. Juni 1990, dem Hochfest der Geburt Johannes des Täufers, auf dem Dreifaltigkeitsberg bei Spaichingen. Evangelium: Lk 1,57–66.80.

der Konsum- und Luxuswelt des Jerusalems von damals entflohen und hat einfach und schlicht gelebt. Noch mehr, er hat für seine Botschaft sein Leben eingesetzt, Kopf und Kragen riskiert. Weil er dem lüsternen Herodes sagte: »Es ist dir nicht erlaubt ...«, wurde er ins Gefängnis geworfen und schließlich hingerichtet. Dieser Johannes war durch sein Leben und durch sein Sterben ein Zeuge des Glaubens, ein Zeuge für Jesus Christus.

Was würde er uns heute sagen? Ich glaube, er würde uns dasselbe sagen wie damals, genauso hart und genauso unerbittlich: Ihr müsst umkehren und umdenken! Ihr müsst euer Koordinatensystem überprüfen! Ihr müsst neu Kurs nehmen! Was das heißt, das kann man mit den Worten aus dem Motto dieser Wallfahrt zusammenfassen: »Glauben – Leben – Welt gestalten«.

I. Glauben

»Kehrt um und glaubt«, das war die Botschaft des Johannes, das war auch die Botschaft Jesu. Das Evangelium sagt uns klipp und klar: »Wer glaubt und sich taufen lässt, wird gerettet; wer aber nicht glaubt, wird verdammt werden«. Allein im Glauben ist Heil, Rettung, allein im Glauben ist Leben.

Das anzunehmen, fällt uns heute oft schwer. Von nicht wenigen wird es heute bestritten. Sie sagen, der Glaube sei überholt, veraltet, passé. Er sei ein auslaufendes Modell, welches wir heute durch modernere Anschauungen ersetzen müssen. Doch welches sind die neuen Modelle, die uns vorgestellt werden? Ist es der Marxismus, den bis vor kurzem auch viele bei uns als zukunftsweisend betrachtet haben? Der Marxismus hat behauptet, Religion und Glauben seien Opium des Volkes. Inzwischen hat sich der Marxismus selbst gründlich als Opium erwiesen, er hat jämmerlich versagt und ist fast über Nacht wie ein Kartenhaus in sich zusammengebrochen. Er war nicht in der Lage, den Menschen ein menschenwürdiges Leben zu geben und ihre Sehnsucht und Hoffnung zu erfüllen.

Was also ist das neue Modell? Sind es Wissenschaft und Fortschritt? Gewiss, wir brauchen sie. Kein Vernünftiger will zurück ins Mittelalter. Aber muss man nicht fragen: Fortschritt wohin? Wissenschaft und Technik lösen viele Probleme, aber sie produzieren immerzu auch neue Probleme. Das gilt nicht nur in Bezug auf unsere Umwelt.

Wir müssen auch fragen: Ist es wirklich ein Fortschritt, wenn wir heute statt mit Steinschleudern mit Atombomben uns gegenseitig bedrohen? Zweifellos wissen wir heute über viele Dinge weit besser Bescheid als unsere Vorfahren; aber wissen wir besser Bescheid, wenn es darum geht, zu sagen, was der Sinn des Lebens, der Sinn der Liebe, des Leidens und des Sterbens ist? Die Antwort ist bedrückend eindeutig. Einer der großen Philosophen des 20. Jahrhunderts hat sinngemäß einmal gesagt: Wenn wir alle wissenschaftlichen Probleme gelöst haben, dann werden unsere Lebensprobleme noch nicht einmal berührt sein.

Unsere Lebensprobleme, das ist die Frage: Woher kommen wir? Wohin gehen wir? Wozu sind wir auf Erden? Warum das Leiden und Sterben in der Welt? Weil sehr viele Menschen heute auf diese entscheidenden Fragen ihres Lebens keine Antwort mehr wissen, deshalb erfasst sehr viele eine namenlose Angst, deshalb greifen sie zu Ersatzbefriedigungen, deshalb lassen sie sich ein auf eine atemberaubende Hektik, mit der sie dem Leben nachlaufen und es doch nie erjagen. Denn die Haltung des bloßen Habens und immer mehr Habenwollens macht nicht glücklich, sondern leer und hohl, sie macht uns ausgebrannt und hinterlässt einen schalen Nachgeschmack.

Gibt es denn eine bessere Antwort auf die Frage nach dem Woher unseres Lebens und unserer Welt als die Aussage des Glaubensbekenntnisses: »Ich glaube an Gott, den Schöpfer des Himmels und der Erde«? Mag ja sein, dass die Welt, so wie sie heute ist, in einem jahrtausende und jahrmillionen langen Prozess der Evolution geworden ist. Aber wie hat das alles angefangen, woher die Kraft und Dynamik dieses Werdens, woher die wunderbare Gesetzlichkeit in der Natur? Und gibt es eine bessere Antwort auf die Frage nach dem Wozu als die Antwort des christlichen Glaubens, dass unser Leben immer und in jeder Situation gehalten ist und am Ende einmündet, nicht in eine Wüste des Nichts, sondern in Gott und sein ewiges Leben?

Glauben, das heißt, Grund, Mitte und Ziel, Halt und Inhalt des Lebens in Gott zu haben. Glauben, das heißt, auf Gott trauen und bauen. Und wohin sollten wir sonst gehen, wo begegnen uns sonst solche Worte des Lebens?

Dennoch ist es in der Gegenwart zu einer gefährlichen Krise in der Weitergabe des Glaubens gekommen. Sie alle erfahren in ihren Familien, wie schwierig es heute ist, den Glauben an die nächste Generation weiterzugeben. Viele sehen nicht einmal mehr, dass die Weitergabe des Glaubens ein wichtiges, ja das wichtigste Erziehungsziel schlechthin ist. Denn was brauchen unsere Kinder wichtigeres für ihr Leben als Halt, Orientierung und Perspektive. Der Glaube ist der größte Reichtum, und die wichtigste Zukunftsinvestition für ihre Kinder.

Deshalb danke ich den Eltern, welche in ihrer Familie und für ihre Kinder das ihnen Mögliche tun. Ich weiß um die Schwierigkeiten, welche heute damit verbunden sind. Ich danke auch den Religionslehrern, den Katecheten und den Pfarrern für ihren wichtigen Dienst an der kommenden Generation.

Ich bitte Sie zugleich: Sprechen Sie in Ihren Familien nicht nur über Belanglosigkeiten und Tagesereignisse; sprechen Sie auch über Ihren Glauben. Leben und tun Sie vor allem den Glauben und nehmen Sie die alte, bewährte Tradition wieder auf, in Ihren Familien regelmäßig zu beten. Sie werden es nicht bereuen. Wenn wir den Glauben nicht in der Familie grundlegen und weitergeben, wenn wir die Familie nicht zur Schule des Glaubens machen, dann werden alle anderen Bemühungen weitgehend in der Luft hängen und ins Leere gehen.

Hören wir deshalb nochmals auf Johannes den Täufer und auf seinen Ruf zur Umkehr. Setzen, bauen und trauen wir auf Gott und sein Reich. Lassen wir uns aufrütteln aus der Gleichgültigkeit. Erinnern wir uns wieder, was Mitte, was »Sache« ist.

II. Leben

Der Glaube ist zum Zweiten eine Botschaft vom Leben. Der Glaube bezeugt: Gott ist Leben und schenkt Leben. Er ist Ursprung und Ziel des Lebens. Ja, die Heilige Schrift bezeichnet ihn sogar als Freund des Lebens. Die Mitte unseres Glaubens, der Glaube an die Auferstehung Jesu Christi bedeutet den endgültigen Sieg des Lebens über den Tod und die Mächte des Todes in der Welt. Das bedeutet für uns: Als Christen müssen wir Anwälte und Freunde des Lebens sein.

Anwälte des Lebens sollen wir sein zunächst in der Schöpfung. Weil alles, was ist, von Gott ausgedacht, geplant, gewollt und geschaffen ist, verdient alles Ehrfurcht. Sie müssen wir heute wieder neu lernen. Als moderne Menschen sind wir immer wieder in der Gefahr, mit unserem technischen Können rücksichtslos und brutal mit der Welt umzugehen, sie einseitig für unsere Interessen auszubeuten, sie zu zerstören und damit auch unsere eigenen Lebensgrundlagen zu zerstören. Nach der Bibel ist uns die Welt anvertraut, nicht damit wir sie zerstören und ausbeuten, sondern damit wir sie bebauen, kultivieren, hegen und pflegen. Wir dürfen nicht alles machen, was wir wollen und was wir können. Die Bewahrung der Schöpfung ist eine der ganz großen Herausforderungen der Gegenwart und der Zukunft. Erhalten wir doch diese schöne Landschaft hier auf der Schwäbischen Alb, im Donautal und im Schwäbischen Oberland. Erhalten wir sie unseren Kindern und Kindeskindern. Bewahrung der Schöpfung, das ist praktizierte Nächstenliebe für die kommende Generation.

Anwälte des Lebens sein, das bedeutet zweitens, Anwälte des menschlichen Lebens zu sein. Denn der Mensch ragt nach dem Zeugnis der Bibel aus den anderen Geschöpfen hervor. Er allein ist nach dem Bild und Gleichnis Gottes geschaffen. Deshalb hallt aus allem, was Menschen Antlitz trägt, etwas wider von der Würde, von der Hoheit und Herrlichkeit Gottes. So hat jeder Mensch einen einmaligen Wert. Er ist mehr wert als die toten Dinge, mehr wert als noch so viel Geld, Hab und Gut. Anwälte des menschlichen Lebens zu sein, das heißt, die menschlichen Werte wieder mehr zur Geltung zu bringen: Treue, Wahrhaftigkeit, Hilfsbereitschaft, Solidarität.

Als Anwälte des menschlichen Lebens müssen wir auch Anwälte des neuen Lebens, der ungeborenen Kinder sein. Die deutschen Bischöfe haben immer wieder betont, und ich wiederhole dies heute mit aller Entschiedenheit: Wir werden uns mit der gegenwärtigen Regelung, die den Schutz des ungeborenen Lebens betrifft, nicht zufriedengeben. Noch weniger werden wir uns einverstanden erklären können, dass es im Zug der Vereinigung unseres Vaterlands zu einem Status quo minus, zu einem geminderten Rechtsschutz für die ungeborenen Kinder kommt.

Dabei reden wir nicht nur, wie uns manche vorwerfen. Beide Kirchen setzen sich tatkräftig und praktisch ein für die geborenen Kinder, auch für die alleinerziehenden Mütter, für Kinderhorte und Kindergärten, Kindertagesstätten, für kinder- und familienfreundliche Wohnungen, Spielplätze und was immer dazugehört. Letztlich geht es dabei nicht nur um Geld, es geht um eine veränderte Einstellung, um ein verändertes Bewusstsein, welches Kinder nicht als Belastung, sondern als Reichtum, als Geschenk Gottes betrachten.

Schließlich sind wir Anwälte des Lebens und Anwälte der Hoffnung auf ewiges Leben. Der Glaube an das ewige Leben ist nicht eine Vertröstung oder eine Flucht aus diesem Leben. Er besagt vielmehr, dass unser Leben endgültigen Wert hat, dass es am Ende nicht versandet in einer Wüste des Nichts, sondern einmündet in das ewige Leben bei Gott und in Gott. Diese Zuversicht vertröstet nicht, im Gegenteil, sie macht uns Mut und ist uns Ansporn in diesem Leben und für dieses Leben.

Sie hilft uns, auch das Scheitern, die Enttäuschung, Krankheit und Tod anzunehmen. Unser christliches Ja zum Leben ist jedoch so umfassend, dass es auch am Tod keine Grenze kennt. Es sagt ja zum endgültigen Sinn und endgültigen Sieg des Lebens.

III. Welt gestalten

So wird, meine lieben Männer und Frauen, drittens deutlich: Der Glaube als Botschaft vom Leben ist zugleich ein Auftrag, die Welt zu gestalten. »Geht hinaus in alle Welt!«, so ruft der auferstandene Herr seinen Jüngern zu. Unser Glaube ist nicht Privatsache oder gar nur eine Herzensangelegenheit. Er darf sich auch nicht zurückziehen in eine wirkliche oder vermeintliche Gemeindeidylle von Gleichgesinnten. Er ist hinausgesandt, als Christen sollen wir, so wie Johannes der Täufer, öffentlich auftreten. Gerade heute können wir nicht länger eine Komm-her-Kirche sein, wir müssen immer mehr zu einer Geh-hin-Kirche werden. Dabei können und dürfen wir unsere demokratische Ordnung, die wir schätzen und achten, als Chance und als Auftrag begreifen, uns einzubringen und aktiv mit schöpferischer Phantasie, mit Zähigkeit und Geduld die Welt zu gestalten.

Wie sollen wir das machen? Welcher Plan, welches Leitbild ist für uns als Christen maßgebend? Ich meine, der Dreifaltigkeitsberg, auf dem wir uns hier versammeln, gibt uns die Antwort. Denn das Bekenntnis, dass Gott dreifaltig einer ist, besagt, dass Gott von Ewigkeit her Liebe zwischen Vater, Sohn und Geist ist, und dass damit der tiefste Grund der Welt nicht Schicksal, nicht Zufall, nicht sture Gesetzmäßigkeit, sondern Liebe ist.

Deshalb ist das Gebot der Gottes- und der Nächstenliebe die Zusammenfassung des ganzen Gesetzes, deshalb ist es uns aufgetragen, in dieser Welt eine Zivilisation der Liebe, eine neue Kultur des Teilens und der Barmherzigkeit zu entwickeln. Was aber heißt das anderes, als dass der Mensch Vorrang hat vor den Sachen, die Arbeit Vorrang vor dem Kapital, dass wir uns neu bemühen müssen um Gerechtigkeit und Solidarität für alle Menschen, für eine Welt, in der Raum ist für alle: für Kinder ebenso wir für Alte, für Kranke und Beeinträchtigte ebenso wie für kinderreiche Familien, für die Menschen in den Entwicklungsländern ebenso wie für uns, die wohlhabend in der nördlichen Hälfte unseres Globus leben.

Der Einsatz für eine Kultur des Teilens betrifft die beiden Hälften unseres deutschen Vaterlands, deren Teilung wir nur durch Teilen überwinden können. Sie betrifft Europa, das heute neu eine Chance hat und sie betrifft nicht zuletzt die Entwicklungsländer, in denen mehr als zwei Drittel der Menschen dieser Welt hungern und darben. Sie betrifft schließlich die Asylsuchenden, die zu uns kommen und die Anspruch haben auf eine menschenwürdigere Behandlung und denen wir barmherziger begegnen sollten als es gegenwärtig bei uns geschieht. Es ist eine alte christliche Tradition, Mitchristen, welche in ihrer Heimat bedrängt und drangsaliert werden, als Brüder und Schwestern aufzunehmen. Deshalb kann und werde ich mich nicht mit der unbarmherzigen Asyl- und Abschiebepraxis, wie sie teilweise in unserem Land herrscht, abfinden.

Meine lieben Schwestern und Brüder, wir haben am Anfang gesagt, dass die Gestalt Johannes des Täufers uns herausfordert, umzudenken und umzukehren. Sie fordert von uns, zu prüfen, ob das Gravitationszentrum unseres Lebens noch stimmt oder ob sich die Achse unserer Lebensorientierung nicht gefährlich verschoben hat. Leben wir wirklich aus dem Glauben, leben wir unseren Glauben? Bewähren wir uns als Anwälte des Lebens? Sind wir glaubwürdige Vorkämpfer einer neuen Zivilisation der Liebe?

Die Antwort auf diese Frage muss sich jeder von uns selber geben. Was wir hier gemeinsam tun können und tun wollen aber ist, dass wir miteinander beten, dass die Kraft des Geistes, welche Johannes den Täufer erfasst und bestimmt hat, auch uns ergreift, dass auch wir wieder mehr begeisterte Zeugen Jesu Christi werden, und dass der Geist Jesu Christi unser Leben und unsere Welt neu macht und verwandelt. Dazu lasst uns jetzt gemeinsam Eucharistie feiern. Amen.

»Wo zwei oder drei in meinem Namen versammelt sind …« (Mt 18, 20)

Liebe Schwestern und Brüder,[1]

»wo zwei oder drei«, hier bei dieser Begegnung auf Schloss Zeil müssen wir sagen: »wo zwanzig oder dreißig«, »wo zweihundert oder dreihundert«, »wo zweitausend oder dreitausend in meinem Namen versammelt sind, da bin ich mitten unter ihnen«. Ja, wir spüren es in dieser Stunde buchstäblich, seit wir hierher gewandert sind und gemeinsam singen: Der Herr ist mitten unter uns. Er war bei uns und mit uns auf dem Weg hierher, er schenkt uns diese Begegnung, er ist bei uns in seinem Wort, unter uns in den Zeichen von Brot und Wein und er will bei uns bleiben alle Tage unseres Lebens.

So grüße ich Sie alle, die Sie heute so zahlreich aus den Dekanaten Ravensburg, Friedrichshafen, Bad Waldsee, Wangen und Leutkirch hierhergekommen sind. Ich grüße die älteren Mitchristen, die Väter und Mütter, die Jugendlichen und nicht zuletzt die Kinder. Ich grüße auch die Mitbrüder, die mit mir zusammen die heilige Eucharistie feiern.

I. Leben in Gemeinschaft

In unserem Alltag erfahren wir es immer wieder schmerzlich oder auch beglückt, dass wir als Menschen Gemeinschaft suchen und Gemeinschaft brauchen. Wir spüren: Ich brauche jemanden, mit dem ich sprechen und bei dem ich mich aussprechen kann, jemand, der zuhört

---

[1] Predigt anlässlich des Begegnungstages am 09. September 1990 auf Schloss Zeil.
Lesung: Röm 13, 8–14; Evangelium: Mt 18, 15–20.

und Anteil nimmt an meinen Sorgen, bei dem ich weinen und mich, wenn es sein muss, auch mal ausweinen kann, der mich in den Arm nimmt und mir Geborgenheit schenkt. Jemanden, mit dem ich meine Freude teilen kann, mit dem ich lachen und Spaß machen kann.

Schon auf den ersten Seiten der Bibel heißt es: Es ist nicht gut, dass der Mensch allein sei. So wusste schon die antike Philosophie: Der Mensch ist kein Solowesen, er ist ein Gemeinschaftswesen. Er kann gar nicht leben als »einsamer Robinson« auf einer Insel. Er ist in vielfacher Weise auf andere Menschen angewiesen.

Aber wo finden wir diese Gemeinschaft? Gehört es nicht zu den Zeichen unserer Zeit, dass wir sehr individualistisch und oft auch recht egoistisch geworden sind? Ist die Welt, in der wir leben, nicht oft sehr anonym? Viele Menschen müssen sagen wie der Kranke im Evangelium: »Ich habe keinen Menschen« *(Joh 5, 7)*. Das gilt nicht nur für unsere alten Mitbürgerinnen und Mitbürger; das gilt – Gott sei es geklagt – auch für viele Kinder und Jugendliche. Äußerlich ist unsere moderne Welt sehr zusammengerückt. Aber viele sind mitten in der Masse bitter einsam. Kein Wunder, dass sie in den Alkohol fliehen oder nach Drogen greifen. Kein Wunder, dass die Selbstmordraten zunehmen.

II. Einsamkeit – Zeichen und Struktur der Sünde

Für uns als Christen ist diese Vereinzelung und Einsamkeit Zeichen und Struktur der Sünde. Gott hat den Menschen für die Gemeinschaft und die Liebe geschaffen und berufen. Dass Menschen sich gegeneinander abschotten, dass zwischen ihnen oft so etwas wie eine undurchdringliche Glaswand ist, dass sie absurde Waffensysteme gegeneinander aufbauen und sich damit bedrohen, das alles ist Widerspruch zur gottgewollten Ordnung der Welt. Die Wurzel dieses Egoismus und dieser Feindschaft ist Trennung von Gott.

Denn Gott ist Grund, Mitte und Ziel aller Wirklichkeit; er ist der gemeinsame Vater aller Menschen. Er umgreift uns alle und umfängt jeden Einzelnen von uns mit seiner Liebe. Gott selbst ist kein einsames Wesen; er ist ein Gott der Gemeinschaft. Er ist von Ewigkeit her der eine Gott, der in der Gemeinschaft von Vater und Sohn und Heiligem Geist lebt. Den Menschen aber hat er nach seinem Bild und Gleichnis geschaffen. Er hat ihn zur Liebe berufen, und nur in der Gemeinschaft und in der Liebe findet der Mensch seine Erfüllung.

Als wir Menschen uns durch die Sünde von Gott und voneinander getrennt haben, als seit Kain und Abel Mord und Totschlag in die Welt kam, ist Gottes Sohn in Jesus Christus selbst unser Bruder geworden. Er kam in die Welt, um Zeugnis von der Barmherzigkeit und Vergebungsbereitschaft Gottes zu geben. Er hat am Kreuz die Arme ausgebreitet, um uns allen zu verzeihen und uns alle wieder zu versöhnen.

Die Erlösung durch Jesus Christus ist die große Gegenaktion Gottes gegen das von der Sünde angerichtete Chaos. Durch sie sollte wieder Einheit, Frieden, Versöhnung, Gemeinschaft mit Gott und unter den Menschen in unsere Welt kommen.

Viele sagen heute, es sei nicht mehr klar, was die christliche Botschaft ist. Alles sei so kompliziert geworden, alles werde zerredet. Nein! Was Christentum ist, das lässt sich in einem einzigen Satz aussagen. Der Apostel Paulus sagte uns in der heutigen Lesung: »Die Liebe ist die Erfüllung des Gesetzes.« (vgl. *Röm 13, 10*)

III. Familie – Keimzelle der Gesellschaft

Liebe, das ist freilich nicht nur ein bisschen Gefühl und schon gar nicht eine allgemeine Idee. Liebe ist konkret und will konkret werden. Der Ernstfall der christlichen Liebe ist zunächst die Ehe und die Familie.

Gott hat den Menschen als Mann und als Frau geschaffen und er hat beide füreinander geschaffen. Miteinander sollen sie durchs Leben gehen und glücklich werden. Jeder von Ihnen weiß, dass dies mehr ist als etwas romantische Liebelei. Liebe bewährt sich in Treue, in guten und in bösen Tagen. Liebe will durch gemeinsame Freude und auch durch gemeinsames Leid wachsen und reifen. Sie ist darauf angewiesen, dass man sich immer wieder verzeiht und neu miteinander anfängt. Das »Ja«, das am Traualtar gesprochen wird, muss täglich neu gesprochen und neu verwirklicht werden. Das ist nur möglich, weil unser »Ja« getragen und umfangen ist vom größeren »Ja« Gottes. Durch das Sakrament der Ehe ist die eheliche Liebe aufgenommen in die göttliche Liebe. Sie wird durch Gottes Liebe unterfangen, durchwaltet, gereinigt, gestärkt und gleichsam geweiht.

So wie Gottes Liebe in vielfältiger Weise fruchtbar wird, so wird die eheliche Liebe fruchtbar in den Kindern, sie sind Geschenk Gottes. Ihnen dürfen die Eltern nicht nur das menschliche Leben, sondern den Glauben weitergeben.

Denn wir sollen unseren Kindern ja nicht nur materiellen Wohlstand vererben. Was sie für die Zukunft brauchen, sind nicht zuletzt auch geistige Werte und Wertorientierungen. Wenn sie in der Familie nicht grundgelegt werden, dann kommen Schule, Religionsunterricht und auch Pfarrgemeinde meistens zu spät.

Die Zukunft unseres Volkes geht über die Familie. Ehe und Familie sind die Grundzelle der Kirche und der menschlichen Gesellschaft. Das ist ihre Würde, das ist aber auch ihre Aufgabe und Verpflichtung.

Deshalb bitte ich Sie, pflegen Sie das Gespräch in Ihren Ehen und Familien. Sprechen Sie nicht nur über Belanglosigkeiten und Oberflächlichkeiten. Sprechen Sie darüber, was Ihr Leben wirklich trägt und was Sie letztlich zusammenbindet. Sprechen Sie über die bleibenden Werte. Vor allem aber pflegen Sie wieder mehr die alte, heute leider Gottes weithin vergessene Tradition des Familiengebets. Sie dürfen gewiss sein: Wo Sie in Ihrer Familie zu zweit, zu dritt, zu viert oder zu fünft im Namen Jesu versammelt sind, da ist der Herr mitten unter Ihnen. Er ist mitten unter Ihnen, um Ihnen Frieden, Versöhnung, Freude und Kraft für den Alltag zu schenken.

IV. Gemeinschaft christlicher Familien

Ich weiß, liebe Schwestern und Brüder, wie schwer es eine christlich orientierte Familie heute hat. Nach meinem Hirtenbrief über die Weitergabe des Glaubens in Ehe und Familie, habe ich viele bewegende Briefe von Jugendlichen, von Eltern und von Großeltern erhalten. Teilweise war es ein Notschrei, teilweise aber auch das beglückende Zeugnis gelungener Partnerschaft und glücklichen Familienlebens aus dem Geist Jesu. Teilweise war es die Bitte oder auch die Forderung danach, dass die Kirche noch mehr tue und mehr helfe für die Familien, besonders für die in unserer Gesellschaft leider noch immer benachteiligten kinderreichen Familien. Ich denke, dass wir auf diesen Punkt in der nachmittäglichen Diskussion noch einmal zurückkommen werden.

Hier möchte ich nur auf einen Aspekt eingehen. Eine christliche Familie ist heute mehr denn je auf die Gemeinschaft mit anderen christlichen Familien angewiesen. Sie braucht die Abstützung und die Unterstützung durch die ganze Gemeinde. In der Pfarrgemeinde wird Kirche konkret. Die Pfarrgemeinde ist nach einem Wort unseres Heiligen Vaters die Kirche mitten unter den Häusern der Menschen. Eine Pfarrgemeinde darf darum nicht eine anonyme Größe bleiben. Sie muss die Gemeinschaft von vielen Gemeinschaften, von vielen Gruppen, Gesprächskreisen, Aktivitäten, Initiativen, Vereinen und Verbänden sein. In ihr muss es auch Kreise junger und älterer Familien, Kreise zweifellos auch für alleinlebende, alleingelassene und verlassene wie für alleinerziehende Mitchristen geben. Ich halte die Bildung von Ehe- und Familienkreisen für eine ganz wichtige pastorale Aufgabe.

Bei einem solchen Tag der Begegnung erfahren wir ja, wie wichtig es ist, zu wissen, dass wir nicht allein stehen, wie wichtig es auch ist, uns auszutauschen, uns gegenseitig zu trösten und zu ermutigen, einander zu helfen und auszuhelfen, nicht zuletzt miteinander und füreinander zu beten. Früher funktionierte das mehr oder weniger im Rahmen der Großfamilie, der Nachbarschaft oder der Dorfgemeinschaft. Heutzutage, wo solche traditionellen Bande und Bindungen schwächer geworden oder gar zerbrochen sind, müssen wir in unseren Gemeinden ein neues Netz knüpfen. Unsere Gemeinden müssen Heimat werden für alle, nicht zuletzt für diejenigen, die sonst keine Heimat haben.

Das ist keine Aufgabe, die allein den Bischof und den Pfarrer angeht. Kirche, das sind wir alle; das sind Sie alle. Kirche, das sind wir alle durch den gemeinsamen Glauben und die eine Taufe, durch die gemeinsame Teilnahme an der einen Eucharistie und durch das Band der Liebe Christi, die uns alle umschließt und uns alle verpflichtet.

Kirche ist, wo zwei oder drei, wo zwanzig oder dreißig, zweihundert oder dreihundert, zweitausend oder dreitausend im Namen Jesu versammelt sind und wo er, Jesus Christus, unser Herr, unter uns ist.

V. Kirche Jesu Christi

Meine lieben Schwestern und Brüder, lassen Sie mich noch ein Letztes sagen. Die Kirche ist nicht für sich selber da; sie ist Kirche in der Welt und für die Welt. Die christliche Botschaft von der Liebe, von der Versöhnung und Barmherzigkeit und die Wirklichkeit der Gemeinschaft, zu der wir durch Gott berufen und in der wir durch Gott gehalten werden, muss hinausstrahlen in unsere Welt. Die Welt braucht unser christliches Zeugnis durch unser Wort und noch mehr durch unsere Tat und unser ganzes Leben.

Wir werden noch in diesem Jahr die ersten freien gesamtdeutschen Wahlen seit dem Schicksalsjahr 1933 haben. Nationalsozialismus und Kommunismus haben versucht, in unserem Land eine Ordnung ohne Gott, ja gegen Gott zu schaffen. Sie haben in der Folge menschenverachtende Systeme aufgebaut, die unsägliches Leid über unser Land und über ganz Europa gebracht haben. Sie sind jämmerlich gescheitert. Denn, wenn Gott das Haus nicht baut, dann bauen die Bauleute umsonst.

Was aber bedeutet dies anderes für uns, als dass wir als Christen nunmehr die Aufgabe haben, eine neue und erneuerte Ordnung auf der Grundlage der Ehrfurcht vor Gott und vor den Menschen aufzubauen. Eine Ordnung auf der Grundlage der Gerechtigkeit für jedermann, aber auch der Barmherzigkeit für diejenigen, die nicht auf der Sonnenseite des Lebens stehen. Die christliche Liebe muss sich bewähren in neuer Solidarität und in einer Kultur des Teilens. Ich finde es deshalb abstoßend und unverantwortlich, in dieser wichtigen Situation unseres Volkes, wie manche Politiker durch Rechenspiele über die mutmaßlichen Kosten der Einheit den Egoismus, den Sozialneid und die Angst schüren.

So können die Christen nicht denken und nicht handeln. Ohne Gemeinsinn geht ein Volk zugrunde. Für uns Christen gilt in einer ganz besonderen Weise, was der Apostel Paulus in der heutigen Lesung sagt: »Bedenkt die gegenwärtige Zeit: Die Stunde ist gekommen, aufzustehen vom Schlaf.« *(Röm 13,11)* Die Stunde ist, eine gesellschaftliche Ordnung aufzubauen und auszubauen, wo zwei oder drei, wo zwei oder drei Millionen und noch wesentlich mehr Menschen in Freiheit, Gerechtigkeit und Frieden zusammenleben können, wo Platz ist für jeden Menschen, wo Schutz ist für jedes menschliche Wesen, angefangen von der Zeugung bis zum Tod. Die neue Ordnung, welche aufzubauen wir jetzt die Chance haben, wird genauso jämmerlich scheitern wie die Systeme des Nationalsozialismus und Kommunismus, wenn es uns als Christen nicht gelingt, die humanen und christlichen Grundwerte einzubringen, die in der Ehrfurcht vor Gott und den Menschen wurzeln. Das heißt auch: wenn nicht wieder mehr Gemeinsinn und Solidarität füreinander wachsen.

Meine lieben Schwestern und Brüder, Gott ist ein Gott der Gemeinschaft, er hat uns zur Gemeinschaft berufen, er schenkt uns in dieser Stunde Gemeinschaft mit sich und untereinander. Wir wollen nun Eucharistie feiern, das heißt ihm dafür danken und ihn loben. Wir wollen uns nachher beim gemeinsamen »Vater unser« und beim Friedensgruß die Hand reichen und eine große Kette, welche vom Altar ausgeht, bilden. Ich hoffe: Wir werden dann auch zusammenbleiben in unseren Familien, in unseren Gemeinden, in unserem Land und Volk. Gott schenke uns dazu seinen Frieden und seinen Segen. Amen.

»Verschaffe mir Recht« (Lk 18,3)

Liebe Schwestern in Christus,[1]

von einer sehr resoluten Frau war da eben im Evangelium die Rede. Zu einem Richter, der Gott nicht fürchtet und auch auf keinen Menschen Rücksicht nimmt, wagt sich diese Frau. Wie wohl »nur« eine arme Witwe, verlangt sie von diesem mächtigen und gewalttätigen Menschen, dass er ihr gegen ihren Feind Recht verschaffe. Der Richter will die Sache hinziehen, doch die Frau lässt nicht locker. »Verschaffe mir Recht« – so bedrängt sie ihn immer wieder.

»Verschaffe mir Recht« – das ist auch heute die Forderung vieler Frauen angesichts vielfältiger Nöte, Zurücksetzungen und Benachteiligungen. Auch sie wollen sich nicht mehr länger hinhalten lassen.

I. Die Stellung der Frau

Die Stellung der Frau in der Gesellschaft und in der Kirche gehört zu den wichtigsten Themen unserer gegenwärtigen Zeit. Papst Johannes XXIII. hat dafür, wie für viele andere Fragen auch, ein sicheres Gespür gehabt. In seiner Friedensenzyklika hat er die Teilnahme der Frauen am öffentlichen Leben und das Bewusstwerden von ihrer Menschenwürde als eines der wichtigsten »Zeichen der Zeit« gedeutet.[2] Das sagte dieser weise und weitsichtige Papst bereits vor 27 Jahren. Heute ist

[1] Predigt anlässlich des Wallfahrtsgottesdienstes des Katholischen Deutschen Frauenbundes der Diözese Rottenburg-Stuttgart am 17. Oktober 1990 im Dom zu Rottenburg.
Evangelium: Lk 18,1–8.

[2] Vgl. Johannes XXIII., Enzyklika Pacem in terris (1963), 41.

die Kirche durch die Frage der Stellung der Frau und die damit verbundene Frauenbewegung in besonderer Weise herausgefordert.

Was sind die Grundlagen der Lehre der Kirche? Die erste und grundlegende Aussage findet sich auf den ersten Seiten der Heiligen Schrift. Im Schöpfungsbericht der Bibel heißt es eindeutig: »Gott schuf den Menschen nach seinem Bild, nach dem Bild Gottes schuf er ihn, als Mann und Frau schuf er sie« *(Gen 1,27)*. Deutlicher kann die Würde des Menschen, jedes Menschen nicht ausgesagt werden. Den Menschen gibt es jedoch nur in der »Doppelausgabe« von Mann und Frau, die beide gegenseitig aufeinander angewiesen sind. Gott-Ebenbildlichkeit und Zweigeschlechtlichkeit gehören also zusammen. Mann und Frau sind beide Bild Gottes. Beide sind nicht gleich, aber gleichwertig und ebenbürtig. In der Gleichheit ihrer Würde stehen sie in einem partnerschaftlichen Verhältnis zueinander.

Vor diesem Hintergrund wird verständlich, dass in der Bundesgeschichte Gottes mit seinem Volk nicht nur Männer, sondern auch Frauen hervortreten und im Namen des ganzen Volkes sprechen und handeln können: Sara, Hanna, Debora, Ruth, Esther, Judith und wie die großen Frauengestalten des Alten Testaments heißen. Im Neuen Testament ist es wieder eine Frau, Maria, die im Namen der ganzen Menschheit das Ja zum Neuen Bund Gottes mit den Menschen spricht. Das junge Mädchen aus Nazareth wird zur Einlasspforte des Heils in die Welt.

Die Frau ist in der Heilsgeschichte also keineswegs rein passiv, keineswegs Objekt, sondern durchaus selbstverantwortlich und handelt als eigenständige Person. Mann und Frau sind mit ihrem Miteinander und Zueinander aktiv einbezogen in die Geschichte Gottes mit den Menschen.

Jesus weiß um die menschliche Hartherzigkeit, die Sünde, die auch das Verhältnis von Mann und Frau verdorben und die zu Gewalttätigkeit gegen Frauen und zur Entwürdigung und Unterdrückung von Frauen geführt hat. Jesus verkündet das Reich Gottes. Darin soll die ursprüngliche Absicht der Schöpfungsordnung neu zur Geltung gebracht und unüberbietbar verwirklicht sein. So verbietet Jesus den Männern, die Frauen wie eine Sache zu behandeln und sie einfach aus der Ehe zu entlassen. Diese neue Schöpfung ist in Kreuz und Auferstehung Jesu Christi Wirklichkeit geworden. Für Paulus war es deshalb selbstverständlich, dass Frauen und Männer ebenbürtige Glieder

der Kirche sind. Er schreibt den Galatern: »Es gibt nicht mehr Juden und Griechen, nicht Sklaven und Freie, nicht Mann und Frau, denn ihr alle seid einer in Christus Jesus« *(Gal 3,28)*. Vor Gott und in Christus gibt es keine Unterordnung oder Minderbewertung der Frau. Da verlieren alle Unterschiede ihre trennende und diskriminierende Bedeutung.

II. Anspruch und Wirklichkeit

Die Kirche ist in der Geschichte nicht immer dieser Überzeugung treu geblieben. Sie ist oft hinter diesem Anspruch zurückgeblieben. Daran werden wir heute mit Recht erinnert und von neuem herausgefordert.

Auf der anderen Seite ist die Kirche von Frauen reich beschenkt worden. Die Kirche lebt von vielfältigen Frauentraditionen, besonders im Bereich der Spiritualität. Frauen wie Teresa von Ávila, Katharina von Siena, Hildegard von Bingen, Hedwig, Elisabeth von Thüringen, Edith Stein und noch viele andere sind aus der Frömmigkeitsgeschichte der Kirche nicht wegzudenken. Sie lassen die tiefe existenzielle Betroffenheit von der Wirklichkeit Gottes erkennen, die sich in ihrem ganzen Leben auswirkte. Sie wussten sich von Gott her gedrängt, das, was er in ihrem Innern tat und bewegte, an ihrem Platz weiterzubewegen: Als Ordensgründerinnen, Reformerinnen, Mahnerinnen oder Prophetinnen predigten sie selbst Bischöfen und Päpsten und lehrten das Volk. Auch daran werden wir heute mit Recht erinnert.

Die Kirche muss noch einiges tun und wird es tun, dass Frauen ihren spezifischen Beitrag zum Leben der Kirche voll einbringen können. Es ist schon einiges geschehen: Ich erinnere nur an die große Zahl von Frauen, die vielfältige pastorale Dienste in unseren Gemeinden tun, teilweise auch in leitender Verantwortung. Ich erinnere an die Frauen, die sich in den verschiedensten Gremien und Kreisen unserer Gemeinden und unserer Diözese engagieren. Prozentual sind es mehr als in vergleichbaren kommunalen oder politischen Gremien. Doch das alles ist noch nicht genug. Wir sind und bleiben herausgefordert, weiterzudenken und nach Antworten zu suchen, die nach vorne weisen.

III. Unrecht bewusst machen

Die diesjährige Wallfahrt des Katholischen Deutschen Frauenbundes bleibt mit Recht nicht bei einer innerkirchlichen »Nabelschau« stehen. Wir werden auf eine zum Himmel schreiende Not aufmerksam gemacht, die viele Frauen heute erleiden müssen. In der Vorbereitung auf diesen Tag habe ich von erschreckenden Zeugnissen gelesen, wo Frauen Gewalt angetan wurde, wo Frauen in einer unmenschlichen Weise gedemütigt und missbraucht wurden. Es ist eine erschreckende Bilanz, die einem die Schamröte ins Gesicht treibt und Wut ins Herz trägt.

Dabei dürfen wir den Blick nicht nur nach Thailand und in die Entwicklungsländer richten. Was dort den Frauen angetan wird, fängt hier bei uns an. Es zeigt sich in der frauenverletzenden Vermarktung des Körpers in der Werbung, der Vergnügungsindustrie und im Sextourismus. Tourismusunternehmen bei uns breiten diese Not aus, treiben Frauen, die sich in existenzieller Not befinden in die Hände von Geschäftemachern und damit oft in die Zwangsprostitution. Gegen diese Ausbeutung und Vermarktung von Frauen müssen wir die Stimme erheben. Wir müssen dieses Unrecht bewusst machen und nach Kräften helfen. Es geht vor allem darum, das rechte Bild der Frau wieder deutlich zu machen und Wert und Würde der Frau neu zu entdecken.

IV. Eva – Mutter alles Lebendigen

Die Frau ist richtig verstanden die Eva. Nicht im negativen Sinn als Evas Tochter – wie sie auch in der Geschichte des Christentums oft galt – als leicht verführbares schwaches Geschlecht, als Versuchung und Verführerin des Mannes. Nein, die Frau ist nach der Bibel die Eva, das heißt die Mutter der Lebendigen. Sie ist in besonderer Weise Hüterin und Bewahrerin des Lebens. Die Berufung der Frau ist die Berufung zum Dienst am Leben, nicht nur am biologischen, sondern am humanen Leben im umfassenden Sinn: an einem Leben, in dem auch Herz und Gemüt Platz haben und das inmitten aller zerstörerischen Kräfte zu hegen und zu pflegen sie in besonderer Weise berufen ist.

Indem Frauen so dem Leben dienen, sind sie zugleich Zeuginnen

Christi, der gekommen ist, »damit wir das Leben haben, und zwar in Fülle« *(Joh 10,10)*. Dieser Dienst am Leben wird sichtbar, wenn Frauen lebensfeindlichen Tendenzen widerstehen und für die Bewahrung der Schöpfung, das heißt für die Bewahrung unserer Lebensgrundlagen, eintreten.

Wenn Frauen dem Leben dienen, verwirklichen sie sich auch selbst. Das Wort »Selbstverwirklichung« wird von Frauen heute oft genannt, gewiss auch zurecht. Frauen sind ja nach Gottes Willen ebenbürtige Partnerinnen des Mannes. Sie haben Anspruch auf ein eigenes personales Leben und sind nicht nur um des Mannes willen da.

Eine Perversion des Wesens einer Frau ist es aber, wenn solche legitime frauliche Selbstverwirklichung sich zu einer egoistisch verstandenen, emanzipatorischen Selbstbefreiung wandelt. Beispiele dieser Art erleben wir häufig in unseren Tagen: Wenn Frauen plötzlich meinen, sie kämen durch eine Scheidung vom Mann und von den Kindern zu sich selbst. Wenn Frauen sich durch Muttersein und Kindererziehung gesellschaftlich herabgesetzt fühlen oder wenn Frauen gar vom Recht auf Abtreibung reden, um einer angeblichen Befreiung und Selbstverwirklichung willen.

Doch ist es nicht so, dass sich Frauen bei einer solchen Art der Selbstverwirklichung verlieren? Wirkliche personale Selbstverwirklichung gelingt im Dienst am Leben und nicht in der Flucht vor dem Leben.

Solcher Dienst am Leben ist Männern und Frauen gemeinsam aufgetragen. An Männern ist es, Frauen ihr Recht zu verschaffen, ihre Würde zu achten und Voraussetzungen zu schaffen, in denen Frauen menschenwürdig ihre Berufung leben können. Nicht gegeneinander, sondern nur miteinander können Frauen und Männer eine erneuerte, wahrhaft menschliche Welt gestalten.

Liebe Schwestern, wenn wir zum Schluss auf Maria schauen, so ist das kein frommes Anhängsel unserer Überlegungen. Maria ist das Leitbild der christlichen Frau.

Sie ist im rechten Sinn eine emanzipierte Frau. Sie singt das Magnificat: »Die Mächtigen stürzt er vom Thron und erhöht die Niedrigen«. Mutig geht sie einen ganz eigenen Weg. Und wie tut sie das? Sie hört auf den Zuspruch und die Verheißung des Lebens. Sie empfängt Leben und schenkt es der Welt. Als Mutter des Lebens ist sie auch unsere Mutter. Dies ist sie nicht nur im biologischen Sinn. Sie ist jene Frau, die sich mit ihrem ganzen Leben auf den überraschenden Ruf Gottes eingelassen hat. Zum Leben, das Gott ist, das Jesus Christus ist, sagt sie ihr Ja. So ist sie selbst eingegangen in die Fülle des Lebens.

An der Gestalt Marias werden auch die Frauen, die in unserer Generation neu fragen, was Gott von ihnen will und wozu sie berufen sind, Orientierung finden. Nicht zuletzt galt Maria von jeher als Zuflucht der Betrübten und Bedrängten. Empfehlen wir ihrem mächtigen Schutz auch all die Frauen in Not und Gewalt, derer wir heute besonders gedenken. Lassen wir uns von ihr neu begeistern zum Dienst am Leben. Amen.

Dienst an der Familie

Liebe Familienpflegerinnen![1]

I. Mariä Heimsuchung

Die Szene aus dem Lukasevangelium, die wir soeben gehört haben, mutet zunächst alltäglich an: Maria besucht ihre Verwandte Elisabeth. Sie macht sich auf den Weg zu einer Stadt im Bergland Judäas. Beide Frauen sind schwanger: Die junge Maria will der älteren Elisabeth helfen. Drei Monate bleibt sie dort und wird vermutlich Elisabeth im Haushalt unter die Arme greifen.

Diese Begebenheit fassen wir meist zusammen mit der Bezeichnung: »Mariä Heimsuchung«. »Heimsuchung« verstehen wir hier im ursprünglichen Sinn des Wortes. Es bedeutet: jemanden aufsuchen, ihm zu Hilfe kommen. Maria »sucht« Elisabeth »heim«, weil sie ihr helfen will. Die beiden werdenden Mütter haben sich viel zu sagen. Nicht nur ihre Schwangerschaft, sondern auch ihre Fragen, ihre Sorgen verbinden sie. Beide erfahren: Es tut gut, sich mit einem Schicksalsgefährten auszusprechen und seine Sorgen zu teilen. Den beiden Frauen im Evangelium gelingt es, sich füreinander zu öffnen, das Herz füreinander zu weiten und sich gegenseitig an ihrem Leben teilnehmen zu lassen. Das Evangelium spricht in diesem Zusammenhang vom »Jubel« der Elisabeth und davon, dass sie vom Heiligen Geist erfüllt wurde. Die Begegnung und die dienende Hilfe Mariens schenken Freude und Glück.

---

[1] Predigt anlässlich der Eucharistiefeier zum Diözesantag der Familienpflegerinnen am 23. November 1991 im Dom zu Rottenburg.
Evangelium: Lk 1,39–56.

II. Familienpflegerinnen heute

Ihr Dienst, liebe Familienpflegerinnen, ist auch ein Dienst in der Begegnung mit Familienangehörigen und der alltäglichen Hilfe in den verschiedenartigsten Situationen. Auch Sie sind über mehrere Wochen hinweg in fremden Familien, vor allem dann, wenn die Mutter ausfällt, sei es, dass sie krank geworden ist und sich in einem Krankenhaus ärztlich versorgen lassen muss oder krank zu Hause ist oder sei es, dass sie durch einen Kuraufenthalt für längere Zeit ihre Familie zurücklassen muss. Heute Nachmittag haben Sie darüber berichtet, wie es Ihnen dabei geht und was diese Aufgabe von Ihnen an Einsatz und Kraft, an hoher Verantwortung und großer Flexibilität im Umgang mit speziellen Situationen abverlangt.

Angesichts der oft großen Not, die Ihnen bei Ihren Besuchen und Einsätzen in den Familien entgegenkommt, fühlen Sie sich großen psychischen und physischen Belastungen ausgesetzt und oft auch überfordert. Sie wollen helfen und spüren Ihre eigene Hilflosigkeit. Dazu kommt es, dass Sie größtenteils alleingestellt sind an Ihrem Einsatzplatz. Die nächste Kollegin ist in den meisten Fällen weit entfernt.

Sicher werden Sie in den wenigsten Fällen, wenn Sie Kindern und Jugendlichen mit deren Problemen begegnen, gleich in Jubel ausbrechen wie Maria und Elisabeth bei ihrer Begegnung. Oft genug wird es wohl eher zum »Heulen« sein, was Sie vor Ort erleben.

Und doch ist Ihr Dienst in der Caritas, das heißt in der tätigen Nächstenliebe, ein Dienst der Hoffnung, eine Zuwendung, welche die Menschen hoffen lässt und ihnen in ihrer schwierigen und dunklen Situation ein Licht aufsteckt. Mir ist es ein von Herzen kommendes Anliegen, Ihnen heute am Diözesantag für Ihren wertvollen Dienst an den Menschen in Familien aufrichtig zu danken. Mit Herz und Händen wenden Sie sich den Menschen zu, die Ihnen für eine gewisse Zeit anvertraut sind. Mit Respekt und Anerkennung darf ich Ihnen versichern, dass ich Ihr Engagement sehr schätze.

In Ihrem Dienst als Familienpflegerinnen wird sichtbar, welche hohe Bedeutung die Kirche der Familie beimisst und dass sich die Kirche ihrer Verantwortung für die Familien bewusst ist. Das Zweite Vatikanische Konzil nennt die Familie die Grund- und Lebenszelle der Gesellschaft. Papst Johannes Paul II. hat in seinem Weltrundschreiben *Familiaris consortio* diese Aussage des Konzils aufgegriffen und vertieft. In der Familie wachsen die Kinder heran. In ihr lernen sie Gemeinschaft und das Anteilnehmen aneinander, die Bereitschaft zum Helfen und Teilen, die Achtung und Ehrfurcht voreinander. In der Familie werden die Orientierungen für das künftige Leben grundgelegt. Das Aufwachsen in einer Familie, zu wissen, ich habe ein Zuhause, ich werde von Eltern geliebt, bin von ihnen angenommen: all das ist unendlich wichtig und unersetzlich.

Dasselbe gilt auch für die Weitergabe des Glaubens. Auch hier kommt der Familie eine besondere Bedeutung zu. Die Familie ist eine kleine Weggemeinschaft im Glauben. Wo sollen Kinder zuallererst erfahren, dass sie von Gott geliebt sind, wo sollen sie eingeführt werden in den Glauben, wo sollen sie lernen, mit Gott zu sprechen, und das heißt zu beten, wenn nicht in der Familie? Wo sollen Kinder erfahren, dass miteinander glauben, auch miteinander feiern, Gott loben und preisen heißt, wenn nicht im gemeinsamen Familiengebet und in der Feier des Sonntags, wenn nicht in der Familie? Und wo sollen Kinder erleben, dass Christsein auch einander dienen heißt, so wie Jesus es uns vorgelebt hat, wenn nicht zuerst in der Familie? Das Glaubens- und Lebenszeugnis einer christlichen Familie ist für die Weitergabe des Glaubens unersetzlich.

III. Unsere heutige Familiensituation

Aus Umfragen der neuesten Zeit erfahren wir, dass die Familie wieder im »Kommen« ist, wie man das heutzutage zu sagen pflegt. Immer mehr junge Menschen entschließen sich bewusst zu einer Familie, wobei nicht mehr das Kind, sondern die Kinder im Mittelpunkt der Zukunft stehen sollen. Die Familie besitzt im Augenblick in unseren Breiten einen Pluswert auf der Werteskala von heute. Darum brauchen gerade Familien im hohen Maße »Außenstützen« und sie ergänzende und mittragende Einrichtungen in der Gesellschaft und in der Kirche. Die Familie war und ist immer noch die Beste aller Lebensformen. Sie ist der Raum für eine gesunde Entwicklung des Menschen.

Natürlich gibt es auch Kritisches zur Familie heute anzumerken. Oft geschieht es in der Tagespresse und in den Äußerungen der Politiker und in den Verlautbarungen der Kirchen.

Das soll nicht übersehen werden. Familien gehen oft auseinander und damit in die Brüche, zum größten Leidwesen der Kinder. Familien haben oft finanzielle Probleme, vor allem wenn mehrere Kinder in ihr leben. Die große Wohnungsnot stellt für viele Familien ein gewaltiges Problem dar.

Viele Frauen sind heute doppelt belastet durch Beruf und Familie. Über ein Drittel aller verheirateten Frauen ist berufstätig. Der Lebensrhythmus in den Familien hat sich im Vergleich zu früher grundlegend verändert. Der Vater geht morgens aus dem Haus und kommt abends erst spät wieder; oft ist er die ganze Woche auswärts berufstätig. Die berufstätigen Frauen stehen tagsüber für die Kinder ebenso wenig zur Verfügung wie die Väter. Familien sind also oft zerrissen durch Beruf und Freizeit, durch Verpflichtungen und Angebote, die dann das Gleichgewicht der Familie stören.

Ein anderes Problem ist in vielen Familien die Belastung durch Suchtgefahren und auch durch brutale Grausamkeit gegenüber den eigenen Kindern. Familien haben manchmal Tyrannen zu bewältigen und auszuhalten, das können auch die Kinder sein. Verhaltensauffälligkeiten bei Kindern haben ja in einem erschreckenden Maße zugenommen. Nicht zu vergessen sind die unvollständigen und gescheiterten Familien. Auch sie bringen viele Probleme und Fragen und vor allem Unsicherheiten.

All diese Schwierigkeiten und Bewährungen sollen gesehen werden. Wir wollen nun aber nicht klagen und anklagen und auch nicht den Zeigefinger der Besserwisserei erheben, sondern durch unseren Dienst den Familien Wege aufzeigen, damit ihr Miteinander und Zueinander gelingen möge. Die Familie hat Zukunft. Der nunmehr seliggesprochene Adolph Kolping hat einmal gesagt: »Das erste, das der Mensch im Leben vorfindet, das letzte, wonach er die Hand ausstreckt, das kostbarste, was er im Leben besitzt, ist die Familie.« Sie ist ein Kraftwerk, das Lebensenergie erzeugt, das Leben weitergibt und Leben entfaltet und erhält. Die Familie hat Zukunft.

Deshalb lohnt es sich, sich für die Familie einzusetzen. Wer etwas für die Familien tut, so wie Sie als Familienpflegerinnen, der tut also etwas für die Zukunft. Er schenkt Hoffnung und Zuversicht.

Schauen wir noch einmal auf Elisabeth und Maria im Evangelium. Sie teilen nicht nur ihre Sorgen miteinander, sondern sie legen auch ihre Hoffnung zusammen. Beide sind »guter Hoffnung«. Sie teilen sich ihre Hoffnung mit, dass Gott sie nicht allein lässt mit ihrem Schicksal;

er erhöht ja das Niedrige und nimmt das Schwache an. Sie bestärken sich gegenseitig in der Hoffnung, dass Gott ihrem Leben einen neuen Sinn gibt.

Die Hoffnung zusammenlegen. Sich in der Hoffnung bestärken, den Blick für Gott nicht verlieren, der will, dass alles heil wird: das ist es, was wir an Maria und Elisabeth ablesen können. Sie bezeugen den, der von sich sagt: »Ich will euch Zukunft und Hoffnung geben« *(Jer 29,11)*. Amen.

Die Frauenfrage im Lichte des Evangeliums

Meine lieben Frauen des Katholischen Frauenbundes,
liebe Schwestern und Brüder![1]

75 Jahre Katholischer Frauenbund in unserer Diözese, das ist für mich ein Anlass zur Freude und zum Dank. Zeigt dieses Jubiläum doch, dass die katholischen Frauen schon zu Beginn unseres Jahrhunderts hellwach die »Zeichen der Zeit« erkannt haben. Sie haben schon 1903 den Katholischen Deutschen Frauenbund gegründet und damit bewusst, ja selbstbewusst die gesunden Ideen der modernen Frauenbewegung aufgegriffen, wie sie im Gefolge der modernen gesellschaftlichen Umwälzungen, der Französischen Revolution, des demokratischen Aufbruchs von 1848 sowie der Arbeiterbewegung aufkamen.

I. Die Frauenfrage im Lichte des Evangeliums

Dieser Frauenbewegung ging es von Anfang an nicht nur um Gleichstellung der Frauen vor dem Gesetz und um aktives und passives Wahlrecht für Frauen. Es ging um die Entfaltung der eigenständigen Persönlichkeit der Frau, um Frauenbildung, um soziale Fürsorge für Frauen in Not, um den Kampf gegen Frauenhandel und Prostitution, Misshandlung und Ausbeutung von Frauen, um Fragen der Erziehung und um soziale und politische Mitverantwortung und Mitgestaltung überhaupt.

---

[1] Predigt anlässlich des 75-jährigen Bestehens des Katholischen Frauenbundes der Diözese Rottenburg-Stuttgart am 29. März 1992 in Stuttgart.
Lesung: 2 Kor 5,17–21.

Die katholischen Frauen wollten und konnten seit Beginn unseres Jahrhunderts nicht tatenlos zur Seite stehen. Sie wollten die Frauenfrage im Licht und Geist des Evangeliums mutig und beherzt einer Lösung näherbringen und so ihren christlichen Beitrag leisten. Dabei konnten sie sich neben manchem zweifellos auch vorhandenen finsterem Kapitel in der Kirchengeschichte auf große und einflussreiche Frauengestalten in der christlichen Tradition berufen: Elisabeth von Thüringen, Hildegard von Bingen, Katharina von Siena, Teresa von Ávila, um nur ein paar ganz große Namen zu nennen. Sie konnten zurückgreifen auf eigenständige Frauenorden und auf ältere Frauenorganisationen. Sie haben auch in unserem Jahrhundert bedeutende Persönlichkeiten aufzuweisen: Agnes Neuhaus, Helene Weber, Hedwig Dransfeld, Gerta Kabbel und nicht zuletzt Edith Stein, die als Dozentin der Pädagogik in den 30er Jahren richtungsweisende und damals sehr mutige Vorträge gehalten und Aufsätze veröffentlicht hat zu Wesen, Aufgabe, Ethos und Bildung von Frauen.

Der katholische Frauenbund unserer Diözese wurde 1917 als letzter deutscher Diözesanverband gegründet. Bischof Paul Wilhelm Keppler verhielt sich lange etwas zögerlich; aber die Frauen gaben schon damals nicht klein bei. Heute ist der Frauenbund mit 18.000 Mitgliedern der größte Verband in unserer Diözese, und er darf heute nach 75 Jahren auf bedeutende Leistungen zurückblicken. Ich erinnere an Agnes Philippine Walter, Maria Knöpfler (Newmanübersetzerin), Maria Gräfin von Linden (die erste Studentin in Tübingen), Luise Rist, Maria Bolz, Gertrud Ehrle, Maria Werfer. Ich erinnere an die segensreiche Bildungsarbeit, die Müttererholung, die ersten Eheberatungsstellen, die Landfrauentage, die Wallfahrten, Exerzitien, Einkehrtage, die Sorge um Priesterberufe und vieles mehr. Wann immer es etwas in einer Pfarrei zu machen gilt – der Frauenbund ist zu Stelle.

Meine lieben Frauen, ich möchte Ihnen heute einfach ein herzliches Dankeschön sagen und unumwunden feststellen: Ohne die selbstlose haupt- und vor allem die ehrenamtliche Arbeit zahlloser Frauen liefe in unseren Gemeinden und in unserer caritativen Arbeit nichts, absolut nichts. Wem anders als den Frauen, besonders den Müttern, haben wir die Weitergabe des Glaubens zu verdanken?!

Ich weiß, das Verhältnis sehr vieler wacher und engagierter Frauen zur Kirche ist gegenwärtig nicht ohne Probleme. Die Frauenbewegung ist in der zweiten Hälfte unseres Jahrhunderts in eine neue Phase eingetreten und auch die katholischen Frauen stellen kritische Fragen an die Kirche – an ihre Geschichte wie an ihre gegenwärtige Gestalt. Nicht wenige ziehen offen oder still und leise aus der Kirche aus. Schon Papst Johannes XXIII. hat 1963 in der großen Friedensenzyklika *Pacem in terris* das Bewusstwerden der Frauen von ihrer Menschenwürde und die Teilnahme der Frauen am öffentlichen Leben zu den »Zeichen der Zeit« gerechnet, durch welches die Kirche herausgefordert wird. Die deutschen Bischöfe haben vor mehr als zehn Jahren in einem ausführlichen eigenen Wort zur »Stellung der Frau in Kirche und Gesellschaft« diese Herausforderung aufzugreifen versucht. Seither haben sich die Probleme verschärft. Die Frauenfrage ist heute eines der drängendsten Probleme in der Kirche.

So ist dieser Tag, da wir 75 Jahre Katholischer Frauenbund in unserer Diözese begehen, nicht nur ein Tag des Dankens, sondern auch ein Anlass zur Besinnung. Katholische Frauen können und wollen ja nicht unbesehen alles aufgreifen, was gegenwärtig unter Emanzipation und Forderung nach Selbstbestimmung der Frauen auf dem öffentlichen Markt ist. »Prüft alles, das Gute behaltet« *(1 Thess 5,21)*, dieses Wort des Apostels Paulus gilt auch hier. Als Christen haben wir im Licht des Evangeliums zu prüfen und zu beurteilen. Es ist für uns fester Grund und letztes Kriterium. Das Evangelium ist aber gerade in diesen Fragen auch Inspiration und Ermutigung, nach vorne zu blicken und Neues zu wagen. Lassen wir uns darum einen Augenblick darauf ein!

II. Versöhnte Wirklichkeit

Paulus sagt uns in der heutigen Lesung aus dem Zweiten Korintherbrief ganz lapidar: »Wenn einer in Christus ist, dann ist er eine neue Schöpfung« *(2 Kor 5,17)*. Der Apostel greift damit die Hoffnung des Alten Bundes auf eine grundlegende Erneuerung des Menschen und der Welt, ein neues Volk, ein neues Jerusalem, ein neues Herz des Menschen, einen neuen Himmel und eine neue Erde auf. Sagen wir es ein wenig in unserer Sprache: Ein Christ schaut nicht nur zurück und trauert dem Alten nach, das ohnehin meist nicht so gut war, wie es in der verklärenden Rückschau aussieht. Ein Christ lebt aus der Hoffnung, er blickt nach vorne. Er weiß: »Das Alte ist schon vergangen; das Neue ist geworden« *(2 Kor 5,17)*, es ist endgültig ein für alle

Mal gekommen durch Jesus Christus. In ihm hat Gott die in sich zerrissene und zerstrittene Welt mit sich versöhnt.

Worin diese neue versöhnte Wirklichkeit besteht, das sagt uns Paulus gleich an mehreren Stellen, etwa im Galaterbrief: »Es gibt nicht mehr Juden und Griechen, nicht Sklaven und Freie, nicht männlich und weiblich; denn ihr alle seid einer in Christus Jesus« (*Gal 3,28*; vgl. *1 Kor 12,13*; vgl. *Kol 3,11*). In Jesus Christus sind alle diskriminierenden Unterschiede aufgehoben, auch der zwischen Mann und Frau. In Jesus Christus kann es keine patriarchalische Vorherrschaft und Überordnung der Männer geben, schon gar keinen die Frauen entmündigenden, unterdrückenden oder gar misshandelnden Männlichkeitswahn. Zwar sind nicht alle »eins«; es werden die natürlichen Unterschiede nicht in einer öden Gleichmacherei aufgehoben. Aber alle sind »einer«. In Jesus Christus haben diese Unterschiede ihren diskriminierenden Charakter verloren; in ihm sind sie versöhnt.

Wenn das keine revolutionäre Botschaft ist, damals wie heute. Sie fällt für Paulus nicht etwa senkrecht vom Himmel. Sie geht zurück bis in die Uranfänge der Schöpfung. Bereits auf der ersten Seite der Bibel lesen wir: »Gott schuf den Menschen nach seinem Bild und Gleichnis, männlich und weiblich schuf er sie« *(Gen 1,27)*. Mann und Frau sind gleichermaßen Bild Gottes. Sie haben dieselbe personale Würde und sie sind einander ebenbürtig. Sie sollen sich gegenseitig ergänzen und partnerschaftlich einander in Achtung und Ehrfurcht voreinander begegnen.

Dabei ist es nicht geblieben. Die Menschen haben ihre gottebenbildliche Würde verleugnet und sich untereinander entzweit. Sie haben mit der Achtung vor Gott auch die Achtung voreinander verloren. Die Bibel drückt es ganz realistisch aus: Mann und Frau werden sich fremd und schämen sich voreinander, und die Männer beginnen die Frauen zu unterdrücken. Diese Unterdrückung ist für die Bibel Zeichen der Sünde! Sie reicht – das müssen wir leider Gottes offen bekennen – auch in die Geschichte der Kirche herein. Sie feiert auch heute noch Triumphe in Mädchenhandel, Prostitution, Belästigung, Misshandlung, Benachteiligung und Zurücksetzung von Frauen.

Wie anders, ja revolutionär anders, ist Jesus den Frauen begegnet: voll Achtung und Rücksicht, verständnisvoll, erbarmend und verzeihend. Er hat sie in seine Nachfolge berufen, sie zu den ersten Zeugen seiner Auferstehung gemacht und die frühe Kirche kennt Frauen in wichtigen Gemeindediensten. Jesus Christus hat vor allem Maria berufen, durch ihr freies personales »Ja« Mutter Gottes, Einlasspforte Gottes in die Welt und damit Mutter aller Christen und Menschen zu werden. Eine größere Würde und Ehre, einen größeren Auftrag konnte einem Menschen, einer Frau gar nicht zuteilwerden. Maria, das Urbild der Kirche, zeigt uns, welches die wahre Würde der Frau ist.

Für katholische Frauen und den Katholischen Frauenbund gibt es darum auch heute viele Aufgaben und Herausforderungen, damit dieses Bild einer neuen Schöpfung und einer versöhnten Welt, in der Frauen und Männer partnerschaftlich zusammenwirken, konkrete Wirklichkeit wird. Jesus Christus, in dem Gott die Welt mit sich versöhnt hat, hat, wie Paulus in der Lesung sagt, uns – auch Ihnen, meine lieben Frauen – den Dienst der Versöhnung aufgetragen und anvertraut. Dienst der Versöhnung in einer unversöhnten Welt, das ist nach dem Evangelium Ihre und unsere gemeinsame Aufgabe gerade heute und gerade auch im Blick auf ein neues Verhältnis von Mann und Frau in der Kirche und in der Gesellschaft.

Lassen Sie mich dazu noch ein paar Sätze sagen, damit aus diesem Tag des Dankes und der Besinnung auch ein Tag der Sendung, das heißt ein neuer ermutigender Impuls für künftige Aufgaben wird.

III. Eigenverantwortliche Mitarbeit

Wenn es um die heutige und künftige Stellung der Frau geht, dann denken wir völlig berechtigter Weise auch an die Kirche. Es ist zwar nicht wahr und verrät blanke Unkenntnis, wenn heute noch jemand behauptet, in der Kirche dürften Frauen nur putzen, kochen und tippen. Diese alberne Sicht hat für den Katholischen Frauenbund noch nie gegolten und in dieser Hinsicht ist Gott sei Dank in den letzten 20 Jahren viel mehr geschehen als viele meinen, kritisch anmerken zu müssen. Aber wer wollte bestreiten, dass es noch sehr vieles zu verbessern gibt, um Frauen zu eigenverantwortlicher Mitarbeit und Mitbestimmung zu verhelfen. Und wer wollte bestreiten, dass die Kirche davor keine Angst zu haben braucht, dass sie vielmehr davon nur bereichert und beschenkt werden kann. Ich denke dabei auch, aber nicht nur, an Stellen und Posten, sosehr die Amtsfrage weiter diskutiert werden muss. Ich denke noch viel mehr daran, dass Frauen ihre Erfahrungen und ihr Wissen, ihre Fragen und Nöte, auch ihre Sprache einbringen können. Dazu braucht es noch viel Bewusstseinswandel bei Männern und mancherlei Ermutigung bei Frauen. Bildungsarbeit, Bewusstseins- und Gewissensbildung und nicht zuletzt Information über den katholischen Glauben ist hier angesagt und von Nöten. Ich bitte und ich ermuntere Sie, liebe Frauen vom Katholischen Frauenbund, diese Herausforderungen aufzugreifen und aus dem Geist des Evangeliums nach Antworten zu suchen. Sie werden bei mir ein offenes Ohr finden.

Lassen Sie sich aber nicht von den innerkirchlichen Fragen blockieren, als ob dies die einzigen Fragen der allermeisten Frauen wären. Werden Sie über mancherlei Engstirnigkeit, die es gelegentlich auch in der Kirche gibt, nicht blind und unempfindlich für die wirklichen Sorgen sehr vieler Frauen. Etwa die, die unter der Doppelbelastung in Familie und Beruf leiden und krank werden, die missbraucht und misshandelt werden, die wegen einer Schwangerschaft nicht mehr ein noch aus wissen, wegen einer Abtreibung nachher unsäglich leiden und sich ein Leben lang Vorwürfe machen, die alleinerziehend sind, mit ihrem Mann und ihren Kindern Probleme haben, keine Wohnung finden, sich als Ausländerinnen schwer tun und vieles mehr.

Der Katholische Frauenbund hat sich von Anfang an eine soziale Aufgabe gestellt unter dem Motto »Frauen helfen Frauen«; diese Aufgabe ist heute nicht kleiner, sondern größer geworden. Sie hat sich wesentlich erweitert, weil Frauen heute mit Recht einseitige sogenannte männliche Haltungen, besser gesagt: Untugenden anklagen und für ein neues versöhntes Verhältnis zur Schöpfung und für Frieden in der Welt eintreten. Ich erinnere in diesem Zusammenhang an den Weltgebetstag der Frauen in mehr als 150 Ländern der Welt.

Katholische Frauen und Katholischer Frauenbund im Dienst der Versöhnung, die Jesus Christus uns geschenkt hat, das ist ein eigenständiger und unter Umständen ein kritischer Beitrag zu manchen Richtungen der neueren Frauenbewegung. Sie sollen mit allen zusammenarbeiten im Landesfrauenrat und Rundfunkrat, im Kuratorium für Frauenfragen beim für Frauen zuständigen Ministerium und in anderen Gremien. Aber Sie sollen dabei auch Ihre christliche und katholische Überzeugung einbringen. Da verträgt sich der Dienst der

Versöhnung nicht mit der Ideologie einer rein individualistisch oder gar egoistisch verstandenen Selbstverwirklichung und Selbstbestimmung und nur auf das Geschlechterverhältnis übertragenen klassenkämpferischen Parolen. Es geht nicht um ein neues Gegeneinander, sondern um ein geschwisterliches Miteinander und um eine Selbstverwirklichung, die im Dienst am Leben geschieht, ein Dienst, der Frauen und Männern gleichermaßen aufgetragen ist.

Wo Selbstbestimmung und Selbstverwirklichung als ein Recht zur Abtreibung und damit zur Tötung verstanden wird, da kann dies von uns nur als fürchterliche Perversion bezeichnet werden. Hier gilt das Wort des Paulus: »Ihr seid zur Freiheit berufen, Brüder und Schwestern. Nur nehmt die Freiheit nicht zum Vorwand für das Fleisch, sondern dient einander in Liebe!« *(Gal 5,13)*. Nochmals: Der Dienst am Leben ist nicht allein Sache der Frauen. Die Männer tragen dieselbe Verantwortung und es ist feige, wenn sie sich drücken und davonstehlen.

Frauen tun ihren Dienst am Leben auf sehr unterschiedliche Weise: im Beruf, in öffentlicher Verantwortung, in der Kirche und nicht zuletzt als Mütter in der Familie. Lassen Sie sich diese Urberufung als Frauen nicht madig machen. Stehen wir aber auch alle zusammen, dass Familien-, Haus- und Erziehungsarbeit wieder mehr als das anerkannt werden, was sie sind: ein unersetzlicher und unschätzbarer Dienst an der Gesellschaft und ihrer Zukunft. Niemand hat das Recht, Frauen auf die drei berühmten »K«: Kinder, Küche, Kirche zu beschränken. Jede Frau muss frei sein, ihr Leben selbst zu gestalten; die Kirche muss ihr dabei helfen. Das heißt aber auch eintreten für familiengerechten Lohn und Steuern, familiengerechte Arbeitszeiten und familiengerechte Wohnungen zu erschwinglichen Preisen, kinderfreundliche Umwelt und vieles mehr. Frauenpolitik muss immer auch Familienpolitik sein, auch wenn sie sich darin nicht erschöpft.

Meine lieben Schwestern und Brüder, Dank für überreichen Einsatz, Besinnung auf die biblischen Quellen, Auftrag und Ermutigung, den Dienst der Versöhnung für das Kommen der neuen Schöpfung auf sich zu nehmen, das sollte das Thema an Ihrem 75. Geburtstag sein. Es sollte ein Wort der Hoffnung und der Ermutigung sein. Diese Hoffnung kommt nicht aus einem naiven Optimismus, dass schon alles weitergehe und recht werde. Diese Hoffnung ist verankert in unserem Glauben: In Jesus Christus hat Gott die Welt mit sich versöhnt.

Mag es noch so viele Gründe zum Aufhören und Aussteigen, zum Misstrauen und zum Beleidigt sein geben. Die Macht der Versöhnung ist stärker. Sie lässt neu anfangen; sie schafft Raum für Hoffnung. Wir und besonders Sie, die Frauen, können und dürfen die Welt verändern. Ich wünsche Ihnen dazu Gottes reichen Segen. Amen.

Zukunft gestalten für unsere Kinder

Liebe Schwestern und Brüder,[1]

seien Sie herzlich begrüßt und willkommen. Ich freue mich und es tut mir gut, heute wieder einmal im Allgäu sein zu können. Ich habe mich auf diesen Begegnungstag sehr gefreut. Ich wünsche Ihnen und mir, dass es ein Tag der Begegnung, des Austausches, der Ermutigung und auch der Freude wird.

I. Wir sind keine kinderfreundliche Gesellschaft

Das Thema dieser Begegnung lautet: »Für eine kinderfreundliche Gesellschaft«. Ich brauche Ihnen nicht zu sagen, wie aktuell dieses Thema ist. In unserem Volk gibt es mehr Särge als Wiegen; es sterben mehr Menschen als geboren werden. Sind wir noch ein kinderfreundliches Volk? Sind wir ein aussterbendes Volk?

Wer heute drei, vier oder gar noch mehr Kinder hat, gilt als asozial, altmodisch und dumm; man belächelt ihn. Wenn eine solche Familie gar eine Wohnung sucht oder in den Ferien unterkommen will, dann ist das ein schier aussichtsloses Unterfangen. Aber auch wer nur ein oder zwei Kinder hat, merkt, dass Kindergartenplätze knapp, in modernen Wohnvierteln oft kein Spielplatz vorhanden, die Autos im Verkehr die Vorfahrt haben und auf der Straße spielende Kinder schon fast eine romantische Erinnerung sind. Aber ist es in den Kirchengemeinden besser? Noch immer kommt es leider vor, dass Kinder eher

---

[1] Ansprache beim Morgenlob anlässlich des Begegnungstages der Familien am 30. August 1992 auf Schloss Zeil.

als Störung denn als Belebung des Gottesdienstes empfunden werden. Schließlich gibt es noch das traurige, aber leider wahre Thema der Gewalt gegen Kinder und des Missbrauches von Kindern. Kinderfreundlich ist unsere Gesellschaft wahrlich nicht! Das ist traurig. Denn die Kinder sind unsere Zukunft. Die Sorge für Kinder ist unsere beste Zukunftsinvestition. Leider sieht es damit insgesamt nicht gut aus.

II. Ein anderer Maßstab: Jesus und die Kinder

Als Christen fragen wir: Wie hat Jesus sich zu den Kindern verhalten? Was gibt er uns für unser Verhalten mit auf den Weg? Jesu Verhalten ist in dieser wie in anderen Fragen geradezu revolutionär. Es ist eine radikale Alternative. Im Evangelium gibt es dafür eine eindeutige Stelle (vgl. *Mk 10,13–16*). Es wird berichtet, wie die Leute Kinder zu Jesus brachten, damit er ihnen die Hände auflegte. Doch die Jünger wiesen die Leute schroff ab und schubsten die Kinder auf die Seite. Kinder galten damals nicht viel, man nahm sie nicht so recht ernst, ähnlich wie die Frauen. Interessant war das Kind nur als künftiger Erwachsener, das heißt als jemand, der später beiträgt zur Nachkommenschaft und zur Versorgung im Alter. Gegen diese Einstellung wendet sich Jesus; er wird geradezu unwillig über das Verhalten seiner Jünger. »Lasst die Kinder zu mir kommen … Denn ihnen gehört das Himmelreich.« *(Mk 10,14)* An einer anderen Stelle im Markusevangelium stellt Jesus sogar ein Kind in die Mitte; er macht es damit zur Hauptperson. »Wer ein solches Kind um meinetwillen aufnimmt, der nimmt mich auf.« *(Mk 9,36–37)*

Die Kinder sind für Jesus also die ersten Anwärter auf das Reich Gottes und die Repräsentanten Jesu. Sie stehen unter seinem besonderen Schutz (vgl. *Mk 9,41*). Für Jesus zählt nicht Ansehen, Leistung, Erfolg, praktischer Nutzen. Das sind nicht die einzigen Kriterien des Menschseins. Jesus dreht unsere normale Werteskala sogar um. Er hat eine Vorliebe für die Armen, Schwachen, Unterdrückten, Kranken – und für die Kinder. »Wenn ihr nicht werdet wie die Kinder, könnt ihr nicht in das Himmelreich eingehen.« *(Mk 10,15)* Das heißt nicht, dass wir als Erwachsene kindisch werden sollen, sondern dass wir uns bewusst sein müssen: vor Gott, unserem himmlischen Vater, sind und bleiben wir alle immer Kinder. Das Kindsein ist also maßgebend für die Erwachsenen und nicht umgekehrt.

In der Tat, wir Erwachsene können von Kindern vieles lernen. Kinder bereichern uns, machen Spaß und geben Aufwind. Kinder können uns Löcher in den Bauch fragen, uns beibringen, dass nichts einfach selbstverständlich ist, sie geben Anregungen zum Nachdenken, Fragen und Staunen. Kinder können uns anstecken mit ihrer Fröhlichkeit, Ungezwungenheit, Spontaneität und Kreativität. Kinder wollen schmusen, lieben und geliebt werden; sie bringen Wärme in unsere moderne Gefühlskälte. Kinder sagen arglos die Wahrheit und halten uns einen Spiegel vor. Schließlich: Kinder sind von Natur aus religiös; sie stellen auf ihre Art letzte Fragen und wissen, dass wir nicht alles machen können, dass das Leben letztlich Geschenk ist. Das meint Jesus, wenn er sagt, wir müssten werden wie die Kinder. Wir müssen es wieder lernen, alles als Geschenk zu erfahren.

III. Verantwortliche Elternschaft

Natürlich war Jesus realistisch genug, um die Kinder nicht zu idealisieren und naiv einfach die Unschuld, Demut und sündlose Reinheit der Kinder zu preisen (vgl. *Mt 11,16–19*). Kinder können ja auch ganz schön nerven. Sie können launisch, quengelig, undankbar, zornig sein, so wie wir Erwachsene auch. Das Aufziehen und Erziehen von Kindern können Eltern ganz ordentlich in Atem halten und anstrengend sein. Von nicht wenigen wird es auch oft als Last und als Fessel empfunden. Kinder können die berufliche Karriere vor allem von Frauen behindern und sie bedeuten Einschnitte und Verzicht im persönlichen Wohlstand, manchmal sogar auch sozialen Abstieg.

Auch die Kirche ist hier realistisch. Sie fördert eine kinderfreundliche Atmosphäre und Gesinnung. Sie sagt: Kinder, beziehungsweise besser: der Wille zu Kindern gehört zu einer Ehe. Kinder sind ein Reichtum. Aber sie sagt nicht: Ihr sollt Kinder haben so viel als möglich. Das wäre eine absolut unverantwortliche Einstellung. Es genügt ja nicht, Kinder in die Welt zu setzen; man muss ihnen auch Lebensraum und Lebenschancen eröffnen.

Was Kinder am meisten brauchen ist Annahme, Zuneigung, Liebe, Nestwärme.

Die Kirche vertritt deshalb das Prinzip der verantwortlichen Elternschaft. Es wurde durch das Zweite Vatikanische Konzil verbindlich und feierlich bekräftigt und besagt, dass die Eltern in ihrem Gewissen und in Verantwortung vor Gott selbst entscheiden müssen, wie vielen Kindern und in welchen Abständen sie verantwortlicherweise das Leben schenken können. Sie müssen dabei auf ihr eigenes Wohl und das Wohl der schon vorhandenen Kinder wie auf die geistigen und materiellen Verhältnisse der Zeit und ihres Lebens achten. Sie können dabei nicht willkürlich vorgehen, sondern sollen sich an Gottes Gebot ausrichten und auf die Weisungen der Kirche hören und es ernsthaft bedenken.[2] Das letzte praktische Urteil fällen sie dann in ihrem eigenen Gewissen. Hier sind sie in ihrer Verantwortung gefragt. Also: Nicht so viele Kinder wie möglich, sondern: so viele Kinder wie Sie verantworten können.

IV. Was für eine kinderfreundliche Gesellschaft nötig wäre

Die Verantwortung für die Kinder, ihre und unsere Zukunft ist freilich nicht nur Sache der Eltern und der einzelnen Familie. Es handelt sich um eine solidarische Verantwortung der gesamten Gesellschaft. In unserem Land ist inzwischen einiges gut auf den Weg gebracht mit Familien- und Kinderfreibeträgen und Erziehungsurlaub. Auch die Wirtschaft beginnt sich langsam, was die Arbeitszeitregelung betrifft, auf die Familien und besonders auf Alleinerziehende einzustellen. Das Grundproblem ist nach wie vor das Wohnungsproblem. Es geht nicht nur um mehr Wohnungen, es geht auch um familien- und kindergerechtere Wohnungen und nicht zuletzt um Wohnungen, die preislich für einen Normalverdiener auch erschwinglich sind. An zweiter Stelle steht die Versorgung mit Kindergärten, Kinderhorten, Kindertagesstätten und anderem.

Unsere Diözese versucht auf beiden Gebieten nach Kräften zu helfen durch ihr Siedlungswerk, die Stiftung Lebensraum für die Familie, ihr Kindergartenangebot, ihre Beratungsstellen, das Familienhilfs- und Familienerholungswerk, das Müttergenesungswerk und mancherlei akute Hilfen in konkreten Notsituationen unterschiedlichster Art.

---

[2] GS 50.

Wir können freilich nicht alles tun. Wir können die entsprechenden staatlichen Maßnahmen nicht ersetzen. Das Wichtigste, was wir tun können, ist öffentliche Bewusstseinsbildung. Denn in einer Demokratie kommt es entscheidend auf die Willensbildung von unten an.

Hier müssen wir ansetzen und zu einer Kurskorrektur der Werteskala beitragen.

V. Erziehung – eine enorme Herausforderung

Was unsere Kinder brauchen und was wir ihnen geben sollen, sind freilich nicht nur die materiellen Werte. Zumindest ebenso wichtig sind geistige Werte und Orientierungen, die ihnen Halt und Richtung geben im Leben. Hier ist gegenwärtig die Not groß und die Verunsicherung weit verbreitet. Fast alles ist im Wandel begriffen. Viele Eltern fragen sich: Was gilt heute und morgen noch? Was können wir unseren Kindern verbindlich mitgeben auf ihren Lebensweg? Viele Eltern sind selbst zutiefst verunsichert. Der Erziehungsauftrag ist heute für alle Beteiligten – Eltern, Lehrer, Kirche schwieriger geworden. Erziehung – das ist heute zu einer enormen Herausforderung geworden.

Es ist für mich keine Frage: Erziehung muss heute in einem doppelten Sinn offen sein, offen für toleranten und respektvollen Umgang mit anderen Sitten und Überzeugungen und offen für neue Entwicklungen. Mit dem Lernen ist man zumal heute nie fertig. Kinder müssen also das Lernen lernen. Sie müssen lernen, konstruktiv mit neuen Situationen selbständig und eigenverantwortlich fertig zu werden. Solche Offenheit ist aber keine Beliebigkeit oder gar Gleichgültigkeit. Einen anderen Standpunkt respektieren kann nur, wer selbst einen festen Standpunkt hat. Eine solche klare Wertorientierung ist heute nötiger denn je. Wer nur auf den Wogen der jeweils neuesten Mode reitet, der kommt im Leben ins Schwimmen. Er verliert den Halt und die Orientierung, und das erzeugt vor allem in schwierigen Situationen Angst.

Deshalb meine dringende Bitte: Machen Sie die Weitergabe des Glaubens und der Lebensorientierung aus dem Glauben zu Ihrer vordringlichsten Aufgabe in Bezug auf Ihre Kinder. Es gibt nichts Besseres als Jesus Christus und den Lebensentwurf, den er uns gebracht hat. Entscheidend ist dabei nicht, was Sie Ihren Kindern sagen, sondern was Sie selbst leben und vorleben. Entscheidend ist die ganze Atmosphäre in der Familie.

Wenn heranwachsende Kinder trotz allem ihre eigenen Wege gehen und sich von der Kirche distanzieren, dann helfen weder Zwang noch Schimpfen oder gar der Abbruch des Kontakts. Vielleicht hilft es aber weiter, wenn Sie selber einfach erzählen, was Sie in Ihrem Leben getragen und erfüllt hat, was Ihnen persönlich der Glaube an Halt und Sinn bedeutet. Dann können Sie Gegenfragen stellen, die zum Nachdenken anregen und darauf vertrauen, dass der gute Same, den Sie ausgesät haben, eines Tages mit Gottes Hilfe aufgeht. Umgekehrt sollen die kritischen Anfragen der heranwachsenden Söhne und Töchter uns veranlassen, neu und tiefer über unseren Glauben nachzudenken und im Glauben zu wachsen und zu reifen. Damit ist man ein ganzes Leben lang nicht fertig.

Für unsere Kinder Zukunft zu gestalten – das sei die Aufgabe, so sagten wir eingangs. Jetzt zum Schluss müssen wir sagen: Mit unseren Kindern Zukunft gestalten. Unsere Kinder prägen auch uns und die Prägung, die wir ihnen mitgeben, wird zukunftsbestimmend sein. Es geht um eine bessere Zukunft und eine kinderfreundlichere Gesellschaft, die wieder mehr die inneren Werte schätzt und nicht nur auf äußeren Fortschritt, Leistung und Erfolg setzt – eine Gesellschaft, die Maß nimmt an Jesus Christus, seiner Menschen- und Kinderfreundlichkeit. Diese neue Gesellschaft beginnt zu Hause, in der eigenen Familie. Die Familie ist nach wie vor die Keimzelle der Gesellschaft und der Kirche. In den Familien entscheidet sich letztlich die Zukunft, nicht in Parlamenten, Regierungskonferenzen oder auch Bischofskonferenzen.

Vor zwei Tagen wurde ich bei einem Seniorentreffen gefragt, was sich in der Kirche auf Zukunft hin ändern werde und ändern müsse. Ich antwortete unter anderem: Die Laien werden entscheidend sein und auch den Frauen wird eine größere Bedeutung zukommen. Ich halte diesen Satz zwei Tage später noch für richtig. Ich muss ihn heute aber ergänzen: Die Familie muss gestärkt werden und die christlichen Familien müssen sich neu und vertieft ihrer Sendung und ihrer Verantwortung bewusst werden. Das Konzil bezeichnet die christliche Ehe gleichsam als Hauskirche.[3] Der große Kirchenlehrer Augustinus

---

[3] LG 11.

hat deshalb die Väter einmal angeredet mit »meine Herren Bischöfe«. So betrachtet gibt es auch heute schon Bischöfinnen – unsere Frauen und Mütter. So sind wir Kollegen und Kolleginnen. Ich denke, wir müssen mit Gottes Hilfe zusammenarbeiten für die Zukunft unserer Kinder und mit unseren Kindern. Sie sind die Zukunft.

Wert und Würde des Alters

Liebe Schwestern und Brüder,[1]

mit großer Freude bin ich heute hierher nach Friedrichshafen gekommen, um zusammen mit Ihnen, den Frauen und Männern der älteren Generation, diesen Tag zu verbringen. Es soll ein Tag der Begegnung, des Austausches und der Ermutigung aus dem Glauben werden. Seien Sie alle herzlich gegrüßt und willkommen geheißen!

Ich weiß, es sind viele Fragen, die Sie bedrängen. Sie sind aus dem aktiven Arbeits- und Berufsleben ausgeschieden. Das gibt Ihnen mehr Freiheit und Freizeit. Viele, noch rüstig und unternehmenslustig, können sich noch nützlich machen in Familie, Pfarrei, Vereinen oder gehen ihrem Hobby nach. Aber Sie fragen sich oft auch: Was habe ich noch für einen Wert? Wozu bin ich noch nütze? Falle ich nicht oft genug anderen zur Last? Gehöre ich nicht zum alten Eisen? Zählt heute nicht allein der jugendlich frische, sportliche, lebenstüchtige und erfolgreiche Mensch? Viele machen sich auch Sorgen um ihre Zukunft. Was wird sein, wenn ich einmal pflegebedürftig werde? Wer wird sich dann um mich kümmern? Viele alte Menschen fühlen sich vereinsamt und alleingelassen, sie haben niemanden, der sie besucht, sie anhört, sie berät und ihnen hilft, wo es notwendig ist.

Dazu kommen heute nicht selten Enttäuschungen, wenn ihre Kinder, Enkel, Nichten und Neffen im religiös-sittlichen Leben andere Wege gehen als sie es erwartet haben und für richtig halten. Da fragen sich Eltern und Großeltern, was sie denn falsch gemacht haben, wenn sich ihre Kinder so vom Glauben wegentwickelt haben und auf Distanz zur Kirche gegangen sind. Vielleicht werden sie wegen ihres

---

[1] Predigt anlässlich des Seniorentages am 26. August 1993 in Friedrichshafen. Evangelium: Mt 6,25–27.34.

Glaubens und ihrer Treue zur Kirche sogar belächelt, für dumm und rückständig hingestellt. Oft machen sich alte Menschen auch Vorwürfe, sie fühlen sich schuldig angesichts der Gleichgültigkeit ihrer Kinder gegenüber dem Glauben der Kirche.

Und da ist schließlich noch ein anderes Problem, vielleicht sogar das schwerste von allen. Im Alter erfahren Sie zunehmend die Gebrechlichkeit und Hinfälligkeit des Menschseins. Die Kräfte schwinden, die Gesundheit lässt zu wünschen übrig, Krankheit, Leiden und Schmerzen melden sich zu Wort und machen das Leben oft genug zur Last.

I. Zuversicht aus dem Glauben

Selbstverständlich weiß ich auf all diese vielen Fragen kein Patentrezept, ein solches gibt es nicht und kann es auch nicht geben. Dennoch weiß uns unser christlicher Glaube Entscheidendes über Wert und Würde des Alters zu sagen.

Das Entscheidende haben wir soeben im Evangelium gehört. Das Evangelium spricht von Sorgen. Wer hätte keine Sorgen um das tägliche Leben, Sorgen um die Zukunft, Sorgen um Angehörige.

Das Evangelium spricht aber auch davon, dass wir mit unseren Sorgen nicht allein sind. Es ist ein Anderer da, der mit uns und für uns sorgt. Er sorgt sich selbst um die Vögel des Himmels und das Gras des Feldes. Um wie viel mehr um uns – um jeden Einzelnen von uns. Wir alle haben einen Vater im Himmel, der jeden von uns ganz persönlich liebt, dem sogar jedes Haar auf unserem Kopf wichtig ist. Er kennt auch unsere Gebrechen und unsere Schwächen. Bei ihm haben wir aber alle ohne Ausnahme Wert und Würde. Er bemisst niemanden nach seinen Leistungen, sondern nach dem, was er ist und vor ihm sind wir alle etwas, alle jemand, alle Söhne, Töchter, Kinder, die er liebt. Auch und gerade die Alten. Sie sogar besonders. Denn Gott liebt besonders die Armen, die Schwachen, die Kranken.

So sagt uns dieses Evangelium: Gott lässt Sie nicht allein, er ist mit Ihnen und bei Ihnen. Er kennt Ihre Fragen, er hört auf Ihr Klagen, er trocknet Ihre Tränen. Für Gott ist der Mensch mehr als das, was er leistet und produziert. Gott fragt nicht, ob ein Mensch nützlich ist oder nicht. Entscheidend für Gott ist nicht, was ein Mensch tut und leistet, sondern was er ist.

II. Älterwerden als Gabe und Aufgabe

Während der Zeit der beruflichen Tätigkeit ist für die meisten Menschen die Leistungsbilanz bestimmend. Im Alter tritt die Leistung in den Hintergrund und es tritt hervor, was im Letzten zählt, nämlich das Leben. Aus der Leistungsbilanz wird Lebensbilanz und auf sie kommt es letztlich an, nach ihr werden wir am Ende von Gott gefragt. Insofern bedeutet das Alter gegenüber der Jugend und der durch Beruf und Arbeit bestimmten Lebenszeit keinen Rückschritt, sondern einen Fortschritt und ein Ausreifen. Es tritt zurück, was im Grunde Oberfläche und Äußerlichkeit ist; es treten hervor die wahren und bleibenden Werte. Im Alter haben wir die Chance, das Leben ganz neu zu entdecken und es im Grunde intensiver zu leben als dies jungen Menschen gewöhnlich gegeben ist.

Stellen Sie sich deshalb entscheidenden Lebensfragen: Warum lebe ich? Für was und für wen lebe ich? Was gibt meinem Leben letztlich Halt und Ziel und Hoffnung? Eine solche Altersweisheit gibt innere Freiheit und Gelöstheit. Sie befreit von den Zwängen des Berufes und des Leistens, von der Hektik des Alltags; sie gibt Distanz und lässt über manche Torheiten jüngerer Menschen lächeln. Der altgewordene, weise Mensch ist ausgestattet mit einem kräftigen Schuss Humor und er verzweifelt nicht an Kleinigkeiten, er sieht hinaus in das Weite und er kann dabei auch einmal über sich selbst lachen.

Der jüdische Religionswissenschaftler und Philosoph Martin Buber hat einmal gesagt: »Alt sein ist etwas Herrliches, wenn man nicht verlernt hat, was anfangen heißt.« Das Lernen hört mit dem Älterwerden nicht auf. Es ist ein lebenslanger Vorgang. Das heißt nicht, jeder könne und müsse bis zu seiner letzten Stunde eine Schule besuchen oder Kurse absolvieren. Das kann gewiss nützlich sein. Lebenslang lernen heißt aber vor allem, auch im Alter Fragen stellen und sich Anfragen stellen. Auch als alte Menschen sollen Sie Anteil nehmen am Zeitgeschehen und offen bleiben für neuere Entwicklungen. Gewiss, nicht alles was neu ist, ist damit auch schon gut oder besser. Aber auch nicht alles, was alt und vergangen ist war gut und besser als es heute ist. Die junge Generation hat nicht immer unrecht, wenn sie manches an der Vergangenheit kritisch betrachtet, auch nicht, wenn sie kritische Fragen an die Kirche stellt. Wir müssen prüfen und unterscheiden. »Prüfet alles, das Gute behaltet« (vgl. *1 Thess 5,21*), so sagt es uns die Heilige Schrift.

In diese Diskussion sollen Sie sich als älter gewordene Menschen einschalten mit Ihrer Lebenserfahrung. Vielleicht können Sie die Jungen nicht sofort überzeugen. Aber Sie können sie nachdenklich machen, wenn Sie erzählen, was Sie erfahren und erlebt haben, was Ihr Leben gehalten und getragen hat in schwierigen Zeiten, was Sie gerettet hat in Krisensituationen. Kurzum: Sie können und sollen Zeugnis geben von Ihrem Glauben und der Hoffnung, welche uns der christliche Glaube schenkt.

Auch der Glaube ist nicht eine »Sache«, die man ein für alle Mal besitzt. Der Glaube ist etwas Lebendiges, was wächst und reift, auch noch im Alter. Wir sind im Glauben nie einfach fertig. So wie die Jungen von unserem Glauben und unserer Glaubenserfahrung lernen können, so können auch wir, die Ältergewordenen, von den Fragen und Anregungen der Jungen lernen. Im Glauben müssen wir stets jung bleiben. Es ist nicht immer bequem, sich diese kritischen, manchmal auch provozierenden Fragen anzuhören. Vielleicht tun Sie sich manchmal auch schwer mit der Entwicklung, welche die Kirche in den letzten Jahrzehnten genommen hat. Auch die Kirche kann und soll ja nicht stehenbleiben. Sie ist Gottes Volk, das unterwegs ist in der Geschichte. Dabei sind wir manchmal in der Gefahr, alte Werte und Einsichten zu vergessen. Aber vieles ist auch besser, verständlicher und wesentlicher geworden in unserer Kirche und in der Gestaltung der Gottesdienste. Schalten Sie nicht einfach ab, bleiben Sie mit Ihren Fragen und mit Ihren Anregungen dabei.

Bleiben Sie vor allem auch im Alter innerlich junge Menschen. Jemand hat einmal gesagt: Man ist so alt als man sich fühlt. Es gibt junge, die bereits sehr vergreist wirken und es gibt alte Menschen, die erstaunlich und erfrischend jung geblieben sind. Es gibt heutzutage ein großes und breitgestreutes Angebot für alte Menschen, auch im Alter noch etwas aus den ihnen anvertrauten Talenten, aus ihren Begabungen und Fähigkeiten zu machen und ihr Alter aktiv zu gestalten. Die Angebote der einzelnen Gemeinden, der Bildungswerke und Bildungseinrichtungen sind vielfältig. Ich lade Sie ein, diese, soweit es

Ihnen möglich ist, zu nutzen. Verstehen Sie das Alter als eine eigenständige, Ihnen von Gott geschenkte Phase des Lebens, welche auf ihre Weise schön, tief und erfüllt sein kann.

Damit will ich nichts wegreden von den Gebrechen des Alters, von Krankheit, Leiden und Schmerzen. Sie sind letztlich Vorboten dessen, dass unser Leben auf dieser Welt nicht endgültig ist, sondern eine Grenze hat am Tod, der am Ende unseres Lebens unausweichlich auf uns wartet. Man kann ihn verschweigen und verdrängen, abschaffen und vermeiden kann man ihn nicht.

In den Bekenntnissen des heiligen Augustinus findet sich ein wunderbares Kapitel, in welchem Augustinus den Abschied von seiner Mutter Monika beschreibt. Augustinus berichtet von einem sehr tiefen und innigen Gespräch über Tod und ewiges Leben. Das ist die eigentliche Hoffnung unseres Glaubens, dass dieses Leben nicht das Einzige und das Letzte ist, dass auch der Tod nicht das letzte Wort über unser Leben ist, dass uns vielmehr jenseits der Schwelle des Todes die Verheißung auf ewiges Leben bei Gott geschenkt ist. Dieses ewige Leben ist wie eine reif gewordene Frucht, welche vom Baum fällt, freilich nicht auf die Erde, um dort zu verfaulen, sondern in die Hände des gütigen Gottes, um dort auf ewig geborgen zu sein. Dort wird nichts von dem, was wir in diesem Leben aus Liebe an Gutem getan haben, was wir erlitten haben, verloren gehen. Nichts wird umsonst gewesen sein, alles wird aufbewahrt, gereinigt und verklärt werden. Dann wird alles Leiden sein Ende haben; alle Tränen werden abgewischt werden. Der Tod wird nicht mehr sein, keine Trauer, keine Klage, keine Mühsal. »Denn was früher war, ist vergangen«, Gott wird alles neu machen (vgl. *Offb 21,4f.*).

III. Rückblick im Dank

Meine lieben Schwestern und Brüder, wir haben gesprochen von Ihren Fragen und Sorgen; wir haben Hoffnung, Kraft und Mut geschöpft aus unserem christlichen Glauben. Eines fehlt uns noch. Wir haben Grund zum Danken. Unser verstorbener, unvergessener Bischof Georg Moser schrieb in seinem Brief an die älteren Mitchristen: Wer dankbar ist, der behält ein warmes Gemüt. Überlegen wir uns doch immer wieder, wie viel Grund wir zur Dankbarkeit haben, in jedem Falle. Ja, jeder von uns hat im Rückblick auf seine Lebensgeschichte Grund zum Danken und nichts war ja selbstverständlich. Alles im Leben ist letztlich Gnade und Geschenk.

Mein Dank gilt aber auch Ihnen für das, was Sie in Ihrem bisherigen Leben getan und auf sich genommen haben. Ich danke Ihnen für die Weitergabe des Lebens und des Glaubens an die nächste Generation. Sie haben Ja gesagt zu Ihren Kindern, ihnen das Leben geschenkt, sie großgezogen und das in einer schwierigen Zeit nach den beiden Weltkriegen. In all diesen Jahren sind Sie dem Glauben treu geblieben, haben mitgemacht in Ihren Gemeinden und sind oft genug zur tragenden Säule kirchlichen Lebens geworden.

In den Dank einschließen möchte ich auch in Ihrem Namen mit einem herzlichen Vergelt's Gott die Schwestern, all die vielen Helferinnen und Helfer in den Heimen, in den Pflege- und Sozialstationen, in der Nachbarschaftshilfe und wo immer.

Dass es auch heute Menschen gibt, die diesen Dienst tun, oft sehr im Verborgenen Zeugen der christlichen Nächstenliebe sind, ist des Dankes und der Anerkennung wert.

In erster Linie gilt unser Dank Gott, dem Geber aller guten Gaben. Er hat uns das Leben geschenkt. Er hat uns durch das Leben geführt und getragen, ihm haben wir alles zu verdanken was wir sind und was wir haben. Er wird auch am Ende unseres Lebens stehen. Denn das Ziel unseres Lebens heißt nicht Trauer und Tod, sondern Leben in Fülle bei Gott. Ihm gilt deshalb diese Eucharistie, diese große Danksagung. »Lasst uns danken dem Herrn unserem Gott«. »So ist es würdig und recht«. Amen.

Familien – Quellen des Lebens

Meine lieben Frauen und Männer,
liebe Kinder,
liebe Schwestern und Brüder,[1]

vorher habe ich Sie alle liturgisch begrüßt und Ihnen die Gnade, die Liebe und die Gemeinschaft des dreifaltigen Gottes zugesprochen. Das ist zweifellos das Wichtigste, denn ohne den Segen Gottes gedeiht und gelingt letztlich nichts, auch nicht und sogar besonders nicht in Ehe und Familie. Jetzt möchte ich Sie auch noch persönlich ganz herzlich begrüßen. Meine lieben Schwestern und Brüder, ich freue mich, jetzt zum Abschluss des Familientreffens des Familienbundes unserer Diözese mit Ihnen zusammen die Eucharistie, die tiefste Quelle unseres Lebens, feiern zu können.

Mein besonderer Gruß gilt Euch, liebe Kinder. Ihr wart Jesus besonders wichtig und nahe. Ihr seid auch mir und uns allen besonders lieb. Was ich jetzt zu den Erwachsenen sage, das sage ich deshalb, weil ich vor allem für Euch das Beste will.

In diesem Jahr, meine lieben Schwestern und Brüder, hat dieses Familientreffen eine besondere Bedeutung. Auf gemeinsame Veranlassung der UNO und der katholischen Kirche begehen wir das Jahr für die Familie. Diese Initiative war und ist bitter notwendig. Denn die Familien, vor allem die Familien mit mehreren Kindern, leiden Not. Sie drohen vergessen und unterdrückt zu werden. Wenn aber das Leben in den Familien austrocknet und abstirbt, dann trocknen und sterben auch Gesellschaft und Staat aus. Wir wollen deshalb dafür

---

[1] Predigt anlässlich des Familientreffens am 25. September 1994 auf dem Dreifaltigkeitsberg bei Spaichingen.
Evangelium: Joh 7,37–53.

sorgen, dass dieses Jahr für die Familie nicht nur zu schönen Sonntagsreden und frommen Lippenbekenntnissen verkommt. Wir wollen und wir müssen einen Wandel des persönlichen wie des öffentlichen Bewusstseins einleiten im Interesse und zu Gunsten der Familie.

Ich möchte deshalb ausgehend vom heutigen Evangelium mit Ihnen zusammen etwas nachdenken über die Familie als Quelle des Lebens für die Kirche und für den Staat. Wir wollen nachdenken über die Quellen, aus denen Familien Wasser schöpfen und leben können.

I. Die Familie – Quelle des Lebens

Meine lieben Schwestern und Brüder, wir müssen uns heute leider eine ganz schlichte und im Grunde ganz selbstverständliche Tatsache wieder ins Bewusstsein rufen: Die Familien sind die Quelle des Lebens für die Kirche wie für den Staat. Familien sind die Ur- und Keimzelle des Lebens. Gott hat Ehe und Familie bereits am Anfang der Schöpfung grundgelegt. Er wollte, dass aus der gegenseitigen Liebe von Mann und Frau die Quelle des neuen Lebens wird. Gott will uns Menschen als seine Mitarbeiter in der Weitergabe des Lebens. Gott hat ja den Menschen nach seinem Bild und Gleichnis geschaffen. Da Gott aber Liebe ist, hat Gott uns Menschen für die Liebe geschaffen. Nur wer Liebe erfährt und Liebe schenkt, findet zum Glück und zur Erfüllung seines eigenen Lebens und wird Quelle des Lebens für andere. Der konkrete Ort dafür ist nach Gottes Willen normalerweise die Partnerschaft in der Ehe und das Leben in der Familie.

Das ist wichtig gerade für uns heute. Denn heute meinen viele, Ehe und Familie hätten ausgedient; sie seien ein auslaufendes Modell. Sie wollen sie durch sogenannte alternative Lebensgemeinschaften ersetzen. Das kann auf die Dauer nicht gut gehen. Man kann die Schöpfungswirklichkeit Gottes nicht umkrempeln. Früher oder später wird sich die Natur des Menschen zu Wort melden und sich rächen. Und in der Tat, es deutet sich längst ein Umdenken an. Wenn man Umfrageergebnissen Glauben schenken darf, dann wünscht sich die ganz große Mehrheit der jungen Menschen, wenn man sie nach ihren Vorstellungen von einem glücklichen Leben fragt, ein Leben in lebenslanger Partnerschaft und mit Kindern. Das ist es, wozu Gott uns geschaffen und bestimmt hat. Das ist es, was der Staat zu schützen und zu fördern hat. Alles andere verstößt gegen Gottes Schöpfungsordnung und gegen das Glücksverlangen des Menschen.

Deshalb meine Aufforderung an die Medien und an die Politik: Stellen wir doch endlich die weithin schräge Diskussion um die alternativen Modelle für Ehe und Familie nicht mehr so in die Mitte. Tun wir etwas viel Wichtigeres! Muss es nicht ein Alarmzeichen sein, dass wir in unserem Volk, das trotz allen aktuellen Schwierigkeiten zu den reichsten der Erde gehört, weit mehr Särge gibt als Wiegen? Kümmern wir uns deshalb vorrangig darum, Ehe und Familie zu stützen, sie zu schützen und zu fördern. Ich hoffe, dass unsere Politiker, die jetzt im Wahlkampf dieses Thema aufgreifen, daran auch noch am Tag nach der Wahl denken, und dass sie dann endlich mit den eklatanten Ungerechtigkeiten gegenüber Familien mit Kindern aufräumen. Gegenwärtig ist viel von Zukunftssicherung die Rede. Aber wer tut denn mehr für die Zukunft unseres Volkes als Familien mit Kindern? Familien mit Kindern gehören also belohnt und nicht – wie es leider der Fall ist – bestraft.

Die Familien sind Urzelle der Gesellschaft und des Volkes. In der Familie kann man lernen, was man später im Beruf und im Staat braucht: offene Türen, das heißt gegenseitige Rücksichtnahme, Solidarität, Hilfsbereitschaft. Werden diese grundlegenden Verhaltensweisen nicht in der Familie gelernt und eingeübt, dann kommt es zu den bedauernswerten Ausbrüchen der Gewalt, wie wir sie gegenwärtig leider immer wieder erleben. Die Familie ist die Wiege und die Schule der Kultur und des sozialen Verhaltens. Sie ist die Lebensquelle eines Volkes.

II. Familien auf der Suche nach den Quellen ihres Lebens

Die Familien sind die Quellen des Lebens. Aber aus welchen Quellen leben die Familien selbst?

Das ist eine ernste Frage. Wir alle wissen, meine lieben Schwestern und Brüder, und Sie wissen es noch besser als ich, dass das Leben in der Familie keine Idylle und keine Insel der Seligen ist. Wir müssen sie realistisch sehen als Ort mannigfacher alltäglicher Konflikte. Partnerschaftliche Liebe ist ein großes Wort und ohne Zweifel auch eine ganz große Sache. Aber wir wissen auch, wie viele daran gegenwärtig scheitern. Für sie sind Ehe und Familie plötzlich kein Paradiesgarten mehr, sondern eine Wüste, in der sie zu verdursten drohen. Mehr als jede dritte Ehe in unserem Land scheitert. Das ist eine Tragödie für die Partner, ganz besonders für die Kinder und für unser ganzes Volk. Eheliche Partnerschaft will im Alltag in gegenseitigem Respekt, in gegenseitiger Toleranz und Geduld, in immer wieder neuem Gespräch gelebt und immer wieder neu erprobt werden. Sie ist jeden Tag eine neue Herausforderung.

Aber nicht nur im Verhältnis der Eltern zueinander, auch im Verhältnis zu den Kindern hat sich ein neuer und oft schwieriger partnerschaftlicher Stil herausgebildet. Im Evangelium erzählt uns Jesus einmal die Geschichte von einem Vater, der die schmerzliche Erfahrung machen muss, dass sein jüngerer Sohn plötzlich auszieht und ausflippt und einen Lebensstil anfängt, mit dem der Vater ganz und gar nicht einverstanden sein kann. Solche Erfahrungen machen heute viele Eltern. Sie müssen ihre Kinder auf verschiedenen Altersstufen immer wieder loslassen. Das ist notwendig, wenn die Kinder selbständig werden sollen, tut aber auch weh; und viele fragen sich, wenn ihre Kinder ihre eigenen Wege gehen: Haben wir denn etwas falsch gemacht?

Es ist erstaunlich, wie zurückhaltend das Evangelium mit seiner Wertung ist. Der Vater hält dem zurückkommenden Sohn keine Moralpredigt, macht ihm keine Vorwürfe, enterbt ihn nicht und weist ihm schon gar nicht die Tür. Im Gegenteil, er hält die Tür offen, er hält sogar Ausschau nach ihm, er geht ihm entgegen und geht auf ihn zu. Er empfängt ihn mit offenen Armen, setzt ihn wieder in seine vollen Sohnesrechte ein und veranstaltet sogar ein regelrechtes Familienwiedersehensfest.

Diese Geschichte kann uns zeigen: Die Familie soll ein Haus sein mit offenen Türen, ein Haus, in dem die Kinder gar nicht für immer bleiben können, ein Haus aber, in das sie jederzeit zurückkehren können. Ich könnte auch sagen: Die Familie soll ein Raum sein, wo man einander annimmt, aufeinander Rücksicht nimmt, füreinander Verständnis hat, miteinander teilt, miteinander offen redet, einander hilft, füreinander einsteht, einander immer wieder verzeiht und sich aneinander freut. Deshalb muss eine Familie nicht nur offene Türen haben; man muss in der Familie auch offene Augen, Ohren, Hände und offene Herzen füreinander haben. Familien sollen Oasen sein, Quellen der Kraft und der Freude.

III. Gott – die Quelle allen Lebens

Viele werden mich jetzt fragen: Wie schaffen wir dies? Sicherlich nicht aus eigener Kraft. Quelle des Lebens kann nur sein, wer selbst aus tiefen Quellen schöpft und lebt. Die eigentliche Not unserer Zeit ist die, dass wir Gott, den Urquell allen Lebens, weithin vergessen haben. Deshalb drohen wir zu verdursten und zu vertrocknen. So gilt uns heute der Ruf Jesu im heutigen Evangelium: »Wer Durst hat komme zu mir, und es trinke, wer an mich glaubt« *(Joh 7,37f.)*.

Im Evangelium vom verlorenen Sohn, oder besser vom guten und verzeihenden Vater, sagt uns Jesus: Schaut wie Gott sich zu euch verhält, wie er euch verzeiht und wie er euch trotz aller eurer Schwächen und Sünden immer wieder neu annimmt. So sollt auch ihr euch verhalten. In eurem Leben in der Ehe und in der Familie soll sich etwas widerspiegeln vom Verhalten Gottes zu euch. In einer partnerschaftlichen Ehe sollen die Ehepartner durch ihre Zärtlichkeit, Liebe und Treue, ihre Rücksicht und Hilfsbereitschaft einander und ihren Kindern etwas von der zärtlichen Liebe und unbedingten Treue Gottes erfahrbar machen.

Das, meine lieben Schwestern und Brüder, ist gemeint, wenn unsere Kirche sagt, die Ehe sei ein Sakrament. Viele können heute damit nichts mehr anfangen und verstehen nicht mehr was damit gemeint ist. Das Gleichnis vom guten Vater sagt es uns. Die Ehe und damit auch die Familie sind Zeichen und Werkzeug der Liebe Gottes. Ja, wir können mit dem Zweiten Vatikanischen Konzil sogar noch einen Schritt weiter gehen und sagen: Die Ehe ist ein Sakrament, weil die menschliche Liebe in der Ehe und in der Familie getragen und ganz durchwirkt ist von Gottes Liebe.

Nur wer um den gütigen Vater im Himmel weiß, sich an ihm und seinem Vorbild orientiert, sich und den anderen von ihm immer wieder angenommen und getragen weiß, sich gemeinsam bei ihm in guten und in weniger guten Tagen aufgehoben weiß, wer also bewusst mit Gott und aus Gott lebt, der hat auch in schwierigen und krisenhaften Situationen, die es wohl in jeder Ehe und Familie gibt, die Kraft durchzuhalten in einem Leben so wie Gott es zu unserem eigenen Besten von uns will.

Meine lieben Schwestern und Brüder, es gibt für mich gar nichts Wichtigeres als eine Rückbesinnung auf das religiöse Leben in der

Familie und auf das Gebet in der Familie. Wenn die Familie, die Kirche im Kleinen, nicht funktioniert, dann kann auch die Kirche im Großen nicht funktionieren, dann hängt alles buchstäblich in der Luft, was wir in den Gemeinden, in der Diözese und in der Kirche tun. Darum müssen wir die Familie stärken. Nur aus guten christlichen Familien kann Zukunft für die Kirche kommen. Nur aus guten christlichen Familien können auch wieder mehr Priester- und Ordensberufe wachsen.

Es hat mich schrecklich getroffen, als ich in Umfrageergebnissen las, dass die Mehrzahl der heutigen Eltern es nicht mehr als ihr Anliegen ansehen, ihren Kindern den Glauben weiterzugeben und den Glauben bewusst in der Familie zu leben. Ich weiß nicht, was es Wichtigeres gibt für das Leben der Kinder und für ihr Glück, als in Gott Halt und Inhalt ihres Lebens zu finden. Betrügen wir doch unsere Kinder nicht um Gott! Erzählen wir ihnen von ihm, erzählen wir ihnen vor allem, was er uns bedeutet. Gibt es denn Schöneres als mit den Kindern die christlichen Bräuche im Laufe des Kirchenjahres zu begehen: Advent, Weihnachten, Sternsinger, Palmsonntag, Ostern, Kräuterweihe, Erntedank, Martinusfest und vieles andere. Das können Glanz- und Höhepunkte des Familienlebens sein. Unsere katholische Kirche kennt gerade für das Familienleben einen unglaublichen Reichtum. Wir schätzen und wir nutzen ihn viel zu wenig.

Wir halten die Türen dadurch füreinander offen, dass wir die Türen und die Fenster wieder mehr nach oben aufmachen, nach oben, das heißt zu Gott unserem Vater im Himmel. Werdet also wieder mehr betende Familien, die sich nicht nur vor dem Fernsehen, sondern auch wieder vor dem Kreuz im Herrgottswinkel treffen. Das Fernsehen macht das Familienleben oft kaputt; das gemeinsame Gebet hält und kittet es zusammen. Gott gehört also zu Eurer Familie hinzu; er gehört mitten hinein in das Leben Eurer Familie. Schließt ihn nicht aus! Öffnet ihm die Tür! Macht ihn zur Quelle Eures Lebens!

Natürlich weiß ich, dass heute sehr viele ernsthafte Christen Schwierigkeiten haben mit manchen Positionen der Kirche hinsichtlich der Ehe- und Familienmoral. Ich weiß um die Verletzungen und Verwundungen, die es da gibt. Ich möchte dazu jetzt nur einen Satz sagen: Ein katholischer Christ wird sicher die Türen seines Herzens offenhalten müssen gegenüber der Lehre der Kirche; er kann sie nicht einfach abschreiben. Er ist gehalten, sich ihrem Anspruch zu stellen.

Aber er kann und darf, wenn er sich ehrlich damit auseinandergesetzt hat, dann auch entsprechend seinem persönlichen Gewissen entscheiden. Er soll vor allem wissen: Gott ist wie ein gütiger Vater, der die Türen seines Herzens für uns immer verständnisvoll und versöhnungsbereit offenhält.

Deshalb haben wir jetzt Grund, uns unseres Glaubens zu freuen, Gott, die Quelle unseres Lebens, unserer Kraft und unserer Freude zu loben und ihm zu danken. Wir wollen uns unserer Ehe und Familie erfreuen und danken, dass Gott uns zusammengeführt und zusammengefügt hat. Es wäre schön, wenn jetzt bei diesem Familientreffen möglichst viele von Ihnen ganz bewusst ihr einmal gesprochenes Jawort vor Gott und vielleicht auch voreinander erneuern würden, wenn sie neu die Türen ihres Herzens füreinander auftun und Gottes Liebe in sich hereinlassen würden.

Meine lieben Schwestern und Brüder, ich wünsche Ihnen in Ihrer Ehe und Familie die Erfahrung des gütigen Vaters im Evangelium. Ich wünsche Ihnen offene Türen und offene Herzen. Ich wünsche Ihnen frische und erfrischende Quellen des Lebens. Ich wünsche Ihnen allen Gottes Segen. Amen.

Zum Leben berufen – zum Dienst am Leben bestellt

Meine lieben Schwestern und Brüder,
liebe Familien,
liebe Senioren,
liebe Jugendliche und liebe Kinder,[1]

von ganzem Herzen grüße ich Sie alle. Ich freue mich, heute nach zwei Jahren Ihnen hier auf Schloss Zeil wieder zu begegnen und zusammen mit Ihnen hier inmitten dieser herrlichen Allgäulandschaft Eucharistie feiern zu können.

Wenn ich Sie hier um den Altar versammelt sehe, dann erinnert mich das an den großen Gottesdienst zum Abschluss des Offenen Tages beim Diözesantag, den wir vor einem Jahr in Rottenburg begangen haben. Damals ging ein Ruck durch unsere Diözese. Wir haben gespürt: In unserer Kirche, auch in unserer Kirche von Rottenburg-Stuttgart, gibt es Probleme, aber unsere Kirche von Rottenburg-Stuttgart ist deswegen noch lange keine sterbende Kirche. Sie lebt. Wir haben sogar gestaunt, was da alles los ist, und was Gottes Geist unter uns bewirkt, damit wir dem Geheimnis des Lebens auf der Spur bleiben. Heute wollen wir etwas aufleben lassen von der Begeisterung von damals. Wir wollen die Impulse von damals weiterführen in dieser traditionsreichen, landschaftlich so schönen Region unserer Diözese.

---

1 Predigt anlässlich des Familiengottesdienstes am 08. September 1996 auf Schloss Zeil.
Lesung: Ex 3,1–15.

I. Anfechtungen im Glauben

Damals wie heute soll uns der Text aus dem Alten Testament, den wir als Lesung gehört haben, helfen, besser und neu zu verstehen, was wir sind als Volk Gottes, was wir als Kirche sind und wie wir zur Fülle des Lebens berufen und befreit sind.

Das Volk Israel, das Gottesvolk des Alten Bundes, lebte als eine Minorität in Ägypten. Es lebte in der Fremde. Es wurde geknechtet und unterdrückt. Mose befand sich auf der Flucht vor den Schergen des Pharao. Er hält sich in Midian versteckt. Äußerlich und wohl auch innerlich einsam hütet er in der Wüste die Schafe seines Schwiegervaters Jitro, eines heidnischen Priesters. Aber er gibt nicht auf. Er treibt seine Herde über die Steppe hinaus, sucht neue Weideplätze, sucht neue Perspektiven und neue Horizonte. Er stößt vor bis zum Gottesberg Horeb.

Diese Geschichte sagt uns etwas, das wichtig für unser Volk-Gottes-sein ist. Sie zeigt uns: Die Kirche, das Gottesvolk des Neuen Bundes, muss wie das Gottesvolk des Alten Bundes manchmal den Weg in die Wüste antreten. Sie kann nicht damit rechnen, immer groß dazustehen und von aller Welt anerkannt zu sein. Sie lebt in der Fremde. Auch wenn man bei uns wahrlich nicht von einer Kirchen- oder Christenverfolgung sprechen kann, so gibt es doch oft Spott und Häme, die weh tun, manch mitleidiges Lächeln, das signalisiert: Ach, du bist auch noch von den Gestrigen und Blöden, die es noch immer nicht gemerkt haben und die noch immer dabei sind. Diaspora, Fremde ist heute für überzeugte und engagierte Christen fast überall, nicht selten auch in Oberschwaben. Als Volk Gottes müssen wir wie Mose der Versuchung widerstehen, mutlos zu werden und zu resignieren. Wüstenwanderungen sind sozusagen der Normalzustand.

Die eigentliche Gefahr besteht jedoch nicht darin, dass die bewussten Christen weniger geworden sind. Die Gefahr besteht darin, dass wir uns anpassen, weil wir uns unserer Sache nicht mehr ganz sicher zu sein scheinen. Wir sind sehr angepasst und kompromisslerisch geworden und zeigen wenig eigenes Profil. Wir passen uns an die herrschende Konsummentalität, an den weit verbreiteten Individualismus an. Wir lassen uns anstecken von allen möglichen Moden und Schlagworten. Es fehlt uns sehr oft an dem Glauben, dass das Evangelium die Botschaft vom Leben in der Fülle ist und dass wir nur dann Leben und

Zukunft haben, wenn wir uns am Wort Gottes, am Wort des Lebens orientieren.

II. Erneuerung und Weitergabe des Glaubens

In dieser Situation trifft uns wie damals das Volk Israel der Ruf aufzubrechen. Doch schon Mose musste erfahren, dass solcher Aufbruch nicht zum Nulltarif zu haben ist. So schreckt Mose zunächst zurück. Er gerät in Angst und Panik. »Wer bin ich denn ...«, »was soll ich denn sagen ...«. Doch Gott, der aus dem brennenden Dornbusch zu ihm spricht, befreit ihn von seiner Angst: »Ich bin mit dir«. So wie ich mit euren Vätern, mit Abraham, Isaak und Jakob war, so bin ich mit euch, bei euch und für euch. »Ich bin der Ich-bin-da«, der Gott, der da ist, der mit euch auf dem Weg ist, der Gott, der euch begleitet und der euch zum Leben in Freiheit führt.

Dieses »Ich bin bei euch« ist die zentrale Botschaft unseres Glaubens. Hier gilt es anzusetzen. Äußere Reformen sind gewiss immer notwendig, heute genauso wie in der Vergangenheit. Die Kirche ist immerfort zur Erneuerung gerufen. Gelingen kann sie jedoch nur, wenn wir tief genug ansetzen. Nur aus einer tiefgreifenden Erneuerung des Gottesglaubens heraus kann auch die Kirche sich erneuern. Nur durch eine religiöse Erneuerung können wir die gegenwärtige Stagnation und Frustration überwinden und wieder Schwung und Elan bekommen. Diese religiöse Erneuerung muss bei jedem Einzelnen persönlich ansetzen. Sie muss in unseren Familien Fuß fassen, und sie muss unsere Gemeinden ergreifen.

Wir müssen wieder ernst damit machen: Gott ist da; er ist eine Realität, er ist sogar die entscheidende Realität. Aus ihm sind wir, aus ihm und in ihm leben wir, und auf ihn hin sind wir geschaffen. Ohne ihn können wir nichts tun. Der Gott, an den wir glauben, ist nicht eine Realität fern über den Wolken. Er ist mit uns und bei uns. In allem, was wir sind und haben, können wir seine Spuren entdecken. Er ist der Gott, der unsere Klagen hört, unser Elend sieht. Er kennt jeden Einzelnen, jeden von uns ganz persönlich. Er ist bei uns, wenn wir uns freuen und gute Stunden erleben, er ist aber auch mit uns, wenn Sorgen, Ängste und Zweifel uns plagen, wenn wir uns einsam und allein gelassen fühlen, wenn wir enttäuscht sind und mutlos werden, wenn wir erschöpft oder krank sind. Er ist da, wenn wir keinen Ausweg mehr wissen. Gott ist da, und er hört unser Rufen. Gott ist auch da in der Kirche der Gegenwart. Er lässt sie nicht fallen. Gott ist treu.

Diese Überzeugung des Glaubens an Gott befreit uns von der Angst unseres Lebens. Sie gibt uns Halt und Orientierung. Sie kann unser Leben froh und frei machen. Sie schenkt vor allem inneren Frieden. Sie macht, dass wir das Leben haben und es in Fülle haben.

Diese Überzeugung müssen wir unseren Kindern weitergeben. Religiöse Erziehung ist die beste Mitgift für ihr Leben. Sie ist ein weit wichtigeres Kapital für ihr Leben als alle anderen Kapitale, die wir ihnen hinterlassen. Der Glaube ist ein Geschenk zum Weitergeben. Der Glaube erschließt uns das Leben und er befreit uns zum Leben.

III. Leben für Gott

Es ist die große Not heute, dass viele nicht mehr recht wissen, wozu sie eigentlich da sind. Dabei spüren wir alle: Es kann nicht der Sinn des Lebens sein, möglichst viel zusammenzuraffen und möglichst viel zu genießen. Am Ende werden wir nichts mitnehmen können. Es kann aber auch nicht der Sinn sein, nur ein Leben lang zu schuften. Wozu eigentlich? Was ist dann unser Leben noch wert, wenn wir einmal alt und krank sind, oder wenn wir keine Arbeit mehr haben? Gehören wir dann zum alten Eisen?

Die Geschichte von Mose gibt uns eine Antwort. Er antwortet: »Hier bin ich«. Er stellt sich und sein Leben Gott zur Verfügung, auch wenn er nicht weiß, wie alles werden soll und wie er alles bewerkstelligen soll und kann. So fasst er Mut, zieht weg aus seinem Versteck in Midian und kehrt mit seiner Familie ins feindliche Ägypten zurück.

Wir gewinnen das Glück unseres Leben, wenn wir erkennen, an welchem Platz Gott uns will. Der findet sein Leben, der sich auf Gott und seinen Willen einlässt. Der ist wahrhaft frei, der sich frei macht von Menschenfurcht und von trügerischen Sicherheiten, von Moden und Trends, der nicht einfach dem folgt, was »man« sagt, »man« tut, was »man« für richtig hält und wie »man« sich verhält. Die Bindung an Gott macht von alledem unabhängig und frei. Solche Menschen brauchen wir. Wir brauchen sie als Laien und wir brauchen sie dringend als Priester und Ordensleute, denen Gott und sein Reich zur Hauptsache wird, die darum vieles lassen, um sich ganz Gott und ganz den Menschen zur Verfügung zu stellen. Liebe Jugendliche: Zu solcher Freiheit und zu solchem Leben seid ihr berufen!

IV. Sendung zum Dienst am Leben

Wer so ganz für Gott da ist, der sondert sich nicht ab von der Welt und von den Menschen. Im Gegenteil, er wird erst recht solidarisch. Immer wieder heißt es in der Mose-Geschichte: »Geh!«, »geh zum Pharao«, »geh zu deinen Brüdern!«, »führe sie heraus!« Mose wird von Gott in den Dienst genommen und in die Verantwortung gestellt für sein Volk und für das Leben seines Volkes.

Wir gewinnen das Leben nicht, wenn wir immerzu nur auf uns, unseren Vorteil, unsere Interessen, unsere Wünsche starren. Wer sein Leben hingibt, wird es gewinnen, sagt uns Jesus. Leben und Freiheit der Kinder Gottes ist Leben und Freiheit für die Anderen. Wirklich frei ist nur, wer auch von sich frei ist, wer über den eigenen Schatten springen kann, wer auf andere zugehen, sich für andere und für das Ganze einsetzen kann, ohne zu zählen und ohne zu rechnen. Christliche Freiheit fragt nicht immerzu: Wie komme ich selbst auf meine Rechnung? Freiheit kann loslassen. Christliche Freiheit und Solidarität sind gleichsam siamesische Zwillinge.

Christlicher Glaube bedeutet also nicht Weltflucht, sondern Weltauftrag. Unsere Kirche ist nicht um ihrer selbst willen da, und sie darf sich deshalb auch nicht vor allem mit sich selbst beschäftigen. Wir sollen uns nicht zurückziehen in eine Sonderwelt, in ein Getto, in einen trauten Kreis von Gleichgesinnten, in unsere Kirchenräume und in die Sakristei, auch nicht nur in unsere Gemeindehäuser. Als Christen dürfen wir uns schon gar nicht in einen Schmollwinkel zurückziehen. Wir müssen vielmehr hinausgehen in alle Welt, um mitzuhelfen, dass den todbringenden Mächten Einhalt geboten wird. Deshalb wenden wir uns gegen die Zerstörung der Natur, gegen Abtreibung, gegen Euthanasie, gegen Fremdenhass, gegen zunehmende Gewaltbereitschaft und soziale Kälte. Deshalb treten wir ein für eine erneuerte Zivilisation des Lebens. Dazu müssen wir mitarbeiten in den Vereinen, in den Kommunen, in der Politik, in den Medien. Der Dienst am Leben geschieht vor allem in den Familien. Sie müssen darum in der Politik wieder einen höheren Stellenwert erhalten.

Unsere freiheitliche Kultur ist entscheidend aus dem Geist dieser christlichen Freiheit gestaltet und geprägt worden. Diese herrliche Kulturlandschaft Oberschwabens ist von unseren Vorfahren aus dem Geist des christlichen Glaubens gestaltet worden. Ohne diesen Geist würde sie ihre Seele verlieren. Sie könnte dann auf Dauer keine Zukunft haben. Nicht zuletzt im Interesse unserer Kinder müssen wir mithelfen, eine neue Zivilisation des Lebens, der Liebe und der Freiheit aufzubauen. Wir haben doch keinen Grund uns zu verstecken. Wer hat uns denn Besseres zu sagen und zu geben als unser Glaube?

V. Gott wird uns Leben schenken

Das Evangelium, das wir gehört haben, fügt dem Gesagten nochmals einen neuen Gedanken hinzu. Es erinnert an eine Wahrheit, die jeder Bauer und jeder Gartenliebhaber kennt. Man muss als Landwirt und als Gärtner vieles tun, aber man kann sich noch so anstrengen, das Wachsen und Gedeihen kann man nicht »machen«. Den Segen muss ein anderer geben. So ist es auch mit unserem persönlichen Glück wie mit dem Reich Gottes. Wir können weder das Glück noch Gottes Reich herbeizwingen. Gott muss beides schenken und er will uns beides schenken. Doch Gott kommt nicht mit großem »Trara«. Gott setzt beim Kleinen und Unscheinbaren an, und er kann auch aus unseren kleinen Schritten und Versuchen etwas Großes machen, so wie er aus dem winzig kleinen Senfkorn einen riesengroßen Baum wachsen lässt.

Bitten wir Gott, dass er aus unseren bescheidenen Anfängen einen neuen Aufbruch, einen neuen Frühling mache. Bitten wir, dass sein Reich komme auch in unsere Zeit, als Reich der Freiheit und des Lebens. Bitten wir, dass der Glaube an Gottes Dasein uns wieder mehr beschwingt und unser Leben bestimmt, dass er zum brennenden Feuer in uns wird, so dass wir aufbrechen. Gebe Gott uns dazu seinen Segen. Amen.

Die Familie – Garant der Zukunft

Liebe Schwestern und Brüder![1]

Unternehmen Zukunft ist der bekannte Slogan, mit dem für ein Fortbewegungsmittel geworben wird. Für mich ist die Familie die Institution schlechthin, die unsere Gesellschaft in die Zukunft bringen kann. Allerdings benötigt sie dafür ausreichende Unterstützung, damit – um im Bild zu bleiben – die Fahrt dorthin nicht zu einem »Bummelzug« wird.

Stichworte wie Steuerentlastung, Existenzminimum, Familienlastenausgleich sind seit Jahren in der Diskussion, aber selbst Urteile des Bundesverfassungsgerichtes haben den Familien unter dem Strich keine entscheidenden Verbesserungen gebracht. Bei der Suche nach bezahlbarem und ausreichendem Wohnraum, der Vereinbarkeit von Familien- und Erwerbstätigkeit, der Anerkennung von Kindererziehungszeiten, um nur einige Beispiele zu nennen, sind Familien benachteiligt.

So sind es wohl eher die Rahmenbedingungen in der Gesellschaft, als der Wunsch der Eltern nach weniger Kindern, die zu den allseits bekannten statistischen Zahlen führen! Selbst die Bundesfamilienministerin beklagt die strukturelle Rücksichtslosigkeit gegenüber Familien anlässlich der Bundesdelegiertenversammlung des Familienbundes der Deutschen Katholiken (18.–20.04.1997).

Das häufig genannte Argument, dass Familie und Kinder Privatsache sind, ist nur die halbe Wahrheit. Familien mit Kindern tragen in unserem Staat entscheidend zur Erfüllung des Generationenvertrages bei. Kinder sind die Beitragszahler der Zukunft und sichern

---

[1] Predigt anlässlich der Einweihung der Familienerholungsstätte Langenargen am 18. Oktober 1997.

den würdigen Lebensabend der heute Aktiven. Trotz des großen zeitlichen Engagements in der Familie sind es vor allem Mütter und Väter, welche als Ehrenamtliche in vielen Vereinen und in den Kirchengemeinden zu finden sind.

Ich bin dankbar dafür, dass die Familienpolitik in unserem Bundesland trotz der finanziellen Schwierigkeiten und mancher bitterer Einschnitte nach wie vor eine Priorität besitzt. Die Kirchen haben vielfältige Dienste, die den Familien unmittelbar oder mittelbar bei der Bewältigung ihrer Aufgaben helfen. Man denke nur an die Kindergärten und Kinderhorte, die Familienberatungsstellen, die finanziellen Hilfen in besonderen Notsituationen u. a. Davon soll heute nicht die Rede sein. Die Rede soll und muss aber sein vom Familienerholungswerk und den Familienerholungsstätten.

Für die meisten unter uns ist es eine Selbstverständlichkeit, aber auch eine Notwendigkeit, den Alltag einmal hinter sich und zwei Wochen oder länger Seele und Körper baumeln zu lassen. Und nicht umsonst ist es so, dass das Gespräch zwischen Kollegen, Verwandten und Bekannten nicht selten mit Urlaubserlebnissen bestritten wird, mit Erlebnissen, wo man – wie wir sagen – einmal wieder so richtig Mensch sein durfte. Junge Menschen kennen heute schon halb Europa, bevor Sie auch nur ihre nächste Umgebung erkundet haben. Für viele Deutsche ist der Urlaub inzwischen zum Prestigeobjekt geworden.

Doch leider gibt es auch hier Unterprivilegierte und zu ihnen gehören bedauerlicher Weise vor allem die Familien mit mehreren Kindern. Doch wo die Mittel für Erholungsmöglichkeiten fehlen, ist die Überlastung und nicht selten die Familienkrise vorprogrammiert.

Deshalb bin ich, sehr geehrte Frau Staatssekretärin, froh und dankbar dafür, dass es gelungen ist, die individuellen Mittel für die Familienerholung, wenn auch erheblich gekürzt, wieder im Landeshaushalt zu verankern, und dies sollte – lassen Sie mich diese Bitte aussprechen – auch so bleiben. Dieses Geld ist gut angelegt; es ist im wahren Sinn des Wortes Zukunftsinvestition. Denn zusammen mit ergänzenden Mitteln aus unserer Stiftung »Lebensraum für die Familie« kann damit vielen finanzschwachen Familien ein erschwinglicher Erholungsurlaub ermöglicht werden.

Manchmal wird gefragt: Was rechtfertigt es, Ferienstätten wie in Langenargen, Eglofs, Enzklösterle und Schramberg-Sulgen mit einem hohen finanziellen Aufwand von der Diözese zu unterstützen, obwohl sich diese Einrichtungen im betriebswirtschaftlichen Sinne nicht rechnen?

Zunächst ganz einfach: Den Familien helfen nicht leere Worte, sondern konkrete Unterstützung. Wenn in 40 Jahren weit über 50.000 Familien Gäste beim FEW waren, so sprechen diese Zahlen für sich.

Nur ein Zitat aus den vielen Dankschreiben an die Einrichtungen, in denen Familien zum Ausdruck bringen, dass Sie seit vielen Jahren das erste Mal Urlaub machen konnten und sich inmitten anderer Familien wohl gefühlt haben: »Wir, das sind meine beiden Töchter (10 und 13 Jahre) und ich. Als Alleinerziehende habe ich mich dort auch zum ersten Mal richtig erholen können. Nun waren wir so begeistert von diesen Ferien und der dortigen Atmosphäre, dass wir uns gleich wieder anmelden möchten.«

Zunächst war es die Not der in den fünfziger Jahren noch sehr zahlreichen Großfamilien, einmal aus ihren meist beengten Verhältnissen für zwei oder drei Wochen herauszukommen. Die Entlastung der häufig überlasteten Mütter war ein weiteres wichtiges Ziel. Dabei denken wir selbstverständlich auch an die alleinerziehenden Mütter. In unseren Ferienstätten sollen vor allem Familien die größeren Chancen erhalten, je mehr Kinder zur Familie gehören.

Zur Erholung gehört, dass die äußeren wie inneren Bedingungen stimmen. Das Familienerholungswerk hat darum von Anfang an Anlagen mit Dorfcharakter und viel Fläche geschaffen. Fast jede Familie verfügte über ein eigenes Häuschen.

Damit können noch heute die meisten Familien, die sonst in der Regel in Etagenwohnungen leben, zwei Wochen Hausbesitzer sein. Für die Kinder bieten die großzügigen Außenanlagen einen geschützten Spiel- und Bewegungsraum. Wie viel fröhlicher wäre die Welt gerade für die Kinder, wenn sie, wie dies in den Ferienstätten geschieht, ganz selbstverständlich mit vielen Gleichaltrigen aufwachsen könnten, Spielpartner in der Nachbarschaft hätten und wenn Kinderlärm nicht unangenehmer empfunden würde als der von Autos.

Nicht nur für Kinder gilt, dass wenn das Essen stimmt, auch der Urlaub stimmt. In den Küchen unserer Einrichtungen ist Fast-food ein Fremdwort. Besonders die Mütter schätzen es, wenn sie einmal nicht selber kochen müssen. Trotzdem gehört es zum Konzept, dass ein Teil der Mahlzeiten in den Familien zubereitet wird. Dies bietet Chancen für das Gespräch im Familienkreis. Im normalen Alltag ist dazu leider sehr oft kaum mehr Gelegenheit.

Viele andere Angebote kommen hinzu: Kreative Aktivitäten, Ausflüge in die Umgebung oder Rückengymnastik – freie Zeit für Eltern durch Kleinkindbetreuung und Animation für die Größeren – Kommunikation zwischen den Familien durch Grillfeste, Bunte Abende und dergleichen.

Dabei handelt es sich freilich nur um Angebote. Die Familien sollen sich beteiligen und selber aktiv werden. Dies gilt auch für die pastoralen Angebote. Ich weiß, dass das Familienerholungswerk hier mehr tun möchte und von der Diözese mehr erwartet. Bei meinen Besuchen in den Einrichtungen spüre ich die Bereitschaft, mit den Familien hierher zu kommen, um auch Fragen die Gott und die Welt wie die Kirche betreffen, in einer urlaubsgemäßen Weise zu besprechen.

Gerade im Urlaub kann uns ja wieder aufgehen, dass das Leben eben mehr ist als Arbeit, aber auch mehr als Vergnügen. Der Urlaub kann auch ein Weg und eine Reise nach innen und nach oben werden.

Zum Wohlbefinden der Gastfamilien tragen in erster Linie die Mitarbeiterinnen und Mitarbeiter in den Ferienstätten bei. Ihnen möchte ich besonders danken und ihnen auch in diesem Rahmen den Dank und die Anerkennung übermitteln, die mir viele Familien sagen. Eine solche Rückmeldung soll Ihnen guttun. Sie leisten ja nicht nur eine physische Arbeit. Besonders zu Beginn des Aufenthaltes gilt es manchmal eiserne Nerven zu bewahren, wenn die Gäste Frust und Aggressionen aus dem Alltag mitbringen. Dabei die Geduld nicht zu verlieren und Freundlichkeit zu bewahren, ist schon eine Leistung.

Aber es kommt sicher auch viel Motivation für sie hinzu, wenn Sie sehen, wie sich Familien innerhalb von Tagen auch verwandeln, wie sie sich loslassen können und Ihnen nach dem Aufenthalt solche Komplimente machen, wie ich sie eingangs zitiert habe.

Von meiner Seite sage ich den anwesenden Leitungen und allen Mitarbeiterinnen und Mitarbeitern ein herzliches Danke für Ihren Dienst, den Sie teilweise schon sehr viele Jahre in den Ferienstätten leisten. Ich denke, hier darf durchaus applaudiert werden.

Über Geld rede ich ganz bewusst erst jetzt zum Schluss, wohl wissend, dass es ohne das liebe Geld auch hier nicht geht.

Eine Zahl soll Ihnen deutlich machen, dass unsere Diözese der Familienerholung hohe Priorität eingeräumt hat. Allein zwischen 1993 und 1997 wurden Investitionszuschüsse zu den verschiedenen Vorhaben, in erster Linie für Langenargen, von mehr als 10 Millionen DM bewilligt. Das anstehende Umbauvorhaben noch gar nicht eingerechnet. Trotz der größten Sparmaßnahmen in der Geschichte der Diözese wird diese Baumaßnahme davon verschont. Dass das Gästehaus in Schramberg-Sulgen und der erste Bauabschnitt hier in Langenargen ohne öffentliche Zuschüsse realisiert werden, ist künftig nicht mehr vorstellbar.

Es muss aber eigens erwähnt werden, dass das Familienerholungswerk eine der wenigen Einrichtungen der Diözese ist, die trotz ihres sozialen Auftrages bisher praktisch ohne laufende Zuschüsse aus dem Diözesanhaushalt gewirtschaftet haben. Mir ist bewusst, dass es bei der gegenwärtigen finanziellen Situation, die bei dem sensiblen Gästekreis dieser Ferienstätten besonders durchschlägt, vieler Anstrengungen und kreativer Angebotsformen bedarf, dass dies auch in Zukunft so weitergeführt werden kann.

Natürlich hat es in den vergangenen Jahrzehnten und gerade in jüngster Zeit auch Diskussionen gegeben, ob die gemeinnützigen Familienferienstätten noch notwendig und zeitgemäß sind. Die Zeit ist ja nicht stehengeblieben. Es gibt im Tourismus unzählige Anbieter und der Süden lockt mit Sonnengarantie und günstigen Preisen. Aber der Massentourismus schafft auch zahlreiche Probleme, man denke nur an die Umweltzerstörung, Staus am Boden und am Himmel und nicht zuletzt zunehmende Anonymität. Ich bin sicher, die Nachfrage nach persönlicher Zuwendung wird wieder stärker in den Mittelpunkt treten. Hier liegt eine große Chance für die Familienerholungsstätten. Die individuelle und persönliche Weise, mit der die Gäste umsorgt werden, bleibt wertvoll und wird bei den Familien auch in Zukunft geschätzt. Natürlich gehören auch zeitgemäßer Wohnungskomfort, Spielgeräte und adäquate Begleitprogramme dazu.

Ferienstätten lassen sich in unseren Breitengraden einfach nicht das ganze Jahr mit Familienerholung betreiben. Das FEW stellt seine Einrichtungen deshalb auch für Freizeiten mit beeinträchtigten Menschen zur Verfügung. Aber auch Kirchengemeinden, Schulen, Familiengruppen und Fortbildungsträger kommen gerne hierher und dies hilft in der Familienerholung, die Preise nicht zu hoch werden zu lassen.

Wenn sich etwas für die Familien lohnt, dann kann Rentabilität eben nicht zum alleinigen Maßstab gemacht werden, so wie die Familien dies bei der Entscheidung zu Kindern auch nicht tun. Für die Diözese bleibt daher trotz der Knappheit der Mittel in den Haushalten die Hilfestellung für die Familie eine besondere Verpflichtung. Darauf können sich Familien und auch das Familienerholungswerk als dafür wichtiges Instrument verlassen. Amen.

Schule

Vom Säen und Ernten

Liebe Mitbrüder, liebe Lehrerinnen und Lehrer,
liebe Schülerinnen und Schüler des Gymnasiums Wangen,
meine lieben Schwestern und Brüder,[1]

Sie haben es vielleicht selbst bemerkt: Dieses Evangelium vom Sämann, der den Samen ausstreut, klingt im ersten Teil fast wie die Klage eines Lehrers, der am Ende des Schuljahrs denkt: »Es ist doch fast nichts hängengeblieben. Das war ein arg steiniger Grund mit viel Dornen und Disteln und einiges ist von anderen noch weggepickt worden«. Auch viele Eltern haben heute diesen Eindruck. Sie mühen sich, ihre Kinder menschlich und christlich zu erziehen. Sie tun alles ihnen Mögliche. Wenn die Kinder dann heranwachsen, gehen sie ihre eigenen Wege. Aber im letzten Teil des Evangeliums kommt eine frohere Sicht auf. Es gibt offensichtlich auch Schüler, bei denen die Saat aufgeht, bei denen sich die Mühe des Schulalltags lohnt.

So spreche ich Ihnen allen zuerst meinen herzlichen Dank aus, Ihnen, die Sie sich an diesem Gymnasium in den letzten 50 Jahren gemüht haben, den Lehrerinnen und Lehrern, den Eltern und den Schülern. Ich möchte danken für alles, was da wachsen und reifen durfte. Ich beziehe auch ausdrücklich die Lehrerinnen und Lehrer ein, die heute nicht mehr unter uns sind, die ich teilweise selbst noch erleben durfte.

Dabei möchte ich nur zwei Namen nennen und zwar deshalb, weil sie auch mit dieser Kirche St. Martin, in der wir uns jetzt befinden, eine innige Beziehung hatten: Oberreallehrer Welte, der bis in sein hohes Alter hinein, bis die Finger nicht mehr mittaten, hier in

1 Predigt anlässlich des Schuljubiläums am 15. Juli 1990 in Wangen/Allgäu. Evangelium: Mt 13,1–23.

St. Martin die Orgel gespielt hat und den geistlichen Oberstudienrat Dr. Franz Nassal, mit jedem Zoll ein geistlicher Studienrat alten Stils – dennoch für uns Junge eine hoch respektierte Autorität. Nur einen möchte ich nennen, der in diesen letzten 50 Jahren im Wangener Gymnasium sein Abitur gemacht hat: Mein Vorgänger im Amt, Georg Moser, hat 1942 hier in Wangen das Abitur gemacht, und es war ihm immer ein diebisches Vergnügen, Streiche, Ulks und Ähnliches aus seiner Schülerzeit zu erzählen.

Aber meine Aufgabe hier ist ja nun nicht, einen Rückblick auf die letzten 50 Jahre zu geben oder über die Wandlungen zu sprechen, die das Gymnasium und die das Abitur in dieser Zeit durchgemacht haben. Ich verstehe das heutige Evangelium vom Sämann, vom guten Samen, vom unterschiedlichen Ackerboden, als einen Impuls, um über die heutigen Aufgaben der »höheren Schule« – wie man so sagt – etwas nachzudenken. An aktuellen Diskussionen und Plänen, etwa wie das »Gymnasium 2002«, fehlt es ja nicht. Das Evangelium vom Sämann hat uns dazu etwas zu sagen.

I. Geheimnis vom Reich Gottes

Da ist vom Säen, Wachsen und Reifen die Rede. Jesus versteht es als ein Bild und Gleichnis vom Reich Gottes. Doch Säen, Wachsen und Reifen sind auch ein Bild und ein Gleichnis für die Erziehung und Schule. Junge Menschen sollen heranwachsen. Sie sollen zu reifen und mündigen Menschen werden. Eine Saat wird ausgestreut, welche erst im späteren Leben aufgehen soll und kann.

Mustert man nun freilich die gegenwärtigen Pläne und Konzeptionen für die Gymnasien, so finden sich dort andere Bilder. Ein stark naturwissenschaftlicher und technischer Zug mit viel Spezialwissen dominiert. Gewiss, unsere Zeit ist von Naturwissenschaft und Technik bestimmt. Man muss heute mehr wissen als früher, um im Leben durchzukommen und etwas zu werden. Ich bin der Letzte, der Naturwissenschaft und Technik verteufelt. Sie haben schon viel Fortschritt gebracht und niemand von uns könnte oder möchte weiterhin ohne ihre Hilfe leben. Wir brauchen sie – aber wozu? Ist alles nur Fortschritt? Fortschritt wohin? Ist es denn ein wirklicher Fortschritt, wenn wir uns heute statt mit Steinschleudern beziehungsweise mit Pfeil und

Bogen, mit Atombomben bedrohen, die ganze Landstriche auf einmal auslöschen können, wenn wir die Umwelt oft zerstören? Ist das Immermehr und Immer-schneller allein erstrebenswert?

Kommt da unsere Seele noch mit? Wir dürfen nicht alles machen, was wir technisch machen können.

Wir brauchen Maßstäbe, um Technik und Naturwissenschaft beurteilen zu können. Der gültige Maßstab aber ist der Mensch. Wir brauchen »humane Maßstäbe«. Aus dieser Sicht scheint mir die alte Idee des humanistischen Gymnasiums bedenkenswert. Nicht, dass wir einfach zurückkönnten, dass wir wiederholen könnten, was früher war. Wir müssen die Idee aufgreifen und sie neu übersetzen in unsere Gegenwart hinein. Es geht in Schule und Erziehung um den Menschen, um das Wachsen und Reifen von jungen Menschen.

Dazu brauchen wir ein ganzheitliches Bild vom Menschen, der ja nicht nur aus dem Kopf besteht, der auch nicht nur ein Computer ist, in den man möglichst viel eingibt und hineinstopft. Wir brauchen ein Bild vom Menschen, der Kopf, Verstand und Herz, Leib und Seele ist. Es bedarf einer ganzheitlichen Erziehung, in der musische Fächer, in der Sport und Spiel, Fest und Feier, in der aber auch Literatur eine Rolle spielt, die uns etwas sagt vom Drama alles Menschlichen. Wir sind heute daran, unser europäisches Haus neu einzurichten. Dies setzt aber voraus, dass wir Europa nicht nur als eine Wirtschaftsgemeinschaft oder eine politische Gemeinschaft verstehen. Wir müssen uns besinnen auf die gemeinsame Wurzel aller europäischen Völker und Kulturen. Sie haben ihre Wurzel im Christentum und in der griechischen und römisch-lateinischen Kultur. Diese Kultur ist die gemeinsame Wurzel aller europäischen Sprachen und man kann sie deshalb nicht verstehen ohne Kenntnis der alten Sprachen. Wir fangen heute nicht von vorne an. Wir sind gleichsam wie Zwerge auf den Schultern von Riesen.

Bildung und Erziehung haben also etwas mit dem Samenkorn zu tun. Es stammt aus der früheren Ernte, wird sorgfältig ausgewählt, aufbewahrt und dann neu dem Boden anvertraut, damit es im neuen Jahr Frucht bringt, reiche Frucht bringt. So müssen auch wir in unserer Erziehung und Bildung das große Erbe des ersten und zweiten Jahrtausends unserer Geschichte einbringen in das bald anbrechende dritte Jahrtausend, damit dieser Samen dort neu aufgeht und Frucht bringt, damit dieses dritte Jahrtausend nicht nur eine Welt der Computer, sondern eine menschliche Welt sein wird.

II. Chancen und Möglichkeiten heute

Der Sämann vertraut das Samenkorn der Erde an. Er kann den Boden bereiten. Er kann und muss düngen. Aber das Wachsen selber hat er nicht in der Hand. Dass ein solches Samenkorn wächst, ist im Grunde jedes Mal ein neues Wunder. Wie es wächst, hängt von sehr vielen äußeren Bedingungen ab. Vertrauen, Geduld, Gelassenheit ist hier notwendig.

Ist es in Erziehung und in der Schule anders? Es gibt heute sehr viele Lehrmittel und Lehrmethoden, von denen man in meiner Zeit noch nicht einmal träumen konnte. Wir mussten Fremdsprachen einfach pauken – kein Gedanke daran, einmal in den Ferien nach England und Irland zu reisen und dort »Everyday-English« zu üben und zu lernen. Und doch: Trotz dieser vielen Möglichkeiten kann man Erziehung nicht einfach »machen«, man kann sie nicht einfach »planen«. Der Schüler ist eine eigenständige Person. Er ist Subjekt. Er muss mithelfen, er muss selbst wachsen und reifen wollen. Es gilt deshalb, ihn zu respektieren als Persönlichkeit, als Person und nicht als Computer, den man mit Informationen füllt.

Aber auch der, welcher lehrt, muss sein eigenes Samenkorn diesem Erdreich anvertrauen. Da sind sehr viel Geduld und Gelassenheit, Vertrauen und auch Liebe notwendig. Das Gelingen von Schule und Erziehung hängt primär von menschlichen Haltungen und Einstellungen, menschlichen Begegnungen, einer menschlichen Atmosphäre ab. Die Persönlichkeit des Lehrers ist dabei von entscheidender Bedeutung. Nicht nur was er sagt, auch wie er es sagt und wie er lebt, ist entscheidend. Erziehung muss heute gewiss offen sein. Sie soll tolerant, aber nicht einfach wertneutral sein. Grundlegende Werte wie Ehrfurcht, Rücksicht, Solidarität, Treue, Verzicht, Gerechtigkeit und Liebe müssen die Erziehung und Schule bestimmen, und das nicht nur in Sonntags- und Festtagsreden, sondern auch im Alltag. Geben wir also unseren Schulen ein menschliches Gesicht! Haben wir mehr Geduld und Respekt voreinander! Machen wir die Schule zu einer Schule der Humanität!

III. Kennzeichen des christlichen Menschenbildes

Geduld, Respekt und Menschlichkeit im Umgang haben etwas zu tun mit dem christlichen Menschenbild, das etwas weiß von der Würde jedes einzelnen Menschen: sei er groß, klein, begabt, beeinträchtigt, jung, alt; von einer Würde des Schülers wie des Lehrers und der Eltern.

Dieser Gedanke, dass jeder einzelne Mensch einen unbedingten, unendlichen Wert hat, ist mit dem Christentum erst in die Welt gekommen. Die Antike kannte die Freiheit, aber sie unterschied noch zwischen Sklaven und Freien. Bereits auf den ersten Seiten der Bibel wird gesagt, dass jeder Mensch geschaffen ist nach dem Bild und Gleichnis Gottes, dass auf jedem, der Menschenantlitz trägt, etwas widerstrahlt von der Hoheit und der Herrlichkeit Gottes. Diese Idee von der Würde des Menschen hat unsere europäische Kultur und Geschichte gestaltet. Sie wirkt noch nach in unserer modernen Idee von den Menschenrechten. Sie ist grundlegend geworden auch für unsere baden-württembergische Verfassung und deren Schulartikel. Dort heißt es unter anderem: »Die Jugend ist in der Ehrfurcht vor Gott, im Geist der christlichen Nächstenliebe, zur Brüderlichkeit aller Menschen, zur Friedensliebe, in der Liebe zu Volk und Heimat … zu erziehen«.

Es ist gut, dass wir uns einen solchen Text immer wieder in Erinnerung rufen und uns auch dann der Spannung bewusst werden, die zwischen Verfassungstext und Verfassungswirklichkeit oft besteht. Denn das alles ist ja nicht nur vom Religionsunterricht, sondern vom Schulunterricht ganz allgemein gesagt.

Wie soll das geschehen? Jesus spricht in Bildern und Gleichnissen, welche die natürlichen Vorgänge des Wachsens, Reifens herannehmen und in ihnen Bilder und Spuren des Reiches Gottes sehen. Dahinter steht, dass die Welt ihre Gesetze hat, dass sie aber kein in sich geschlossenes System ist. Sie weist über sich hinaus. Sie ist Bild und Gleichnis einer anderen, einer höheren Welt. Wir wissen heute ungleich mehr von diesem Gesetz der Natur. Aber erscheint sie uns denn weniger geheimnisvoll? Wissen wir nicht heute viel mehr über die wunderbare Ordnung, die feinen Regelsysteme, die Größe, den Reichtum des Universums? Müssen wir heute nicht viel mehr fragen: Woher und wozu ist das alles? Die Naturwissenschaft selber kann uns auf diese letzte Frage keine Antwort geben.

Die letzte und die letztlich gewisse Antwort gibt allein Gott, der Herr und Schöpfer dieser Welt. Er ist die Mitte, um die alles angeordnet ist, von der alles abhängig ist, die alles trägt. Er macht diese Welt erst zu einem sinnvollen Ganzen, zu einem Gefüge.

Nimmt man diese Mitte hinweg, dann bricht alles auseinander, dann bleiben nur Bruchstücke und Trümmer übrig. Wo man aber dieses Geheimnis Gottes vergisst, da hat man dann bald auch keinen Sinn mehr für das Geheimnis der Welt und für das Geheimnis des Menschen.

Diese Ehrfurcht vor dem, was ist, die Ehrfurcht vor allem vor dem Menschen, müssen wir heute in erster Linie wieder neu lernen. An unsere Ehrfurchtslosigkeit, Respektlosigkeit und unserem Zynismus werden wir sonst zugrunde gehen.

Wir müssen also die Welt, die Wirklichkeit neu als ein Bild und als ein Gleichnis verstehen. Wir müssen die religiöse Dimension in aller Wirklichkeit wiederentdecken. Nicht umsonst war es ein wichtiger Grundsatz der Mystiker des späten Mittelalters, Gott in allen Dingen zu finden. Noch in einer Pfütze auf der Straße spiegelt sich der Himmel. Der Mensch ohne Gott aber ist eine lebensgefährliche Amputation des Menschen.

Unsere Welt und unser Leben ist der Acker, in den Gott den Samen seines Wortes, seiner Frohen Botschaft hineingelegt hat, damit daraus mehr wächst als nur Erde, als nur Acker. Er will aus unserer Welt und aus unserem Leben etwas machen. Er hat uns zu einem größeren, umfassenderen, weiteren Leben berufen, zu einem Leben, das nicht in die Wüste eines Nichts mündet, sondern das einmündet in die Gemeinschaft mit ihm. Er hat uns damit einen letzten und tiefsten Sinn, eine Richtung und Perspektive für unser Leben eröffnet.

Die Schule kann auf ihre Weise einen Beitrag leisten, damit in dieser Weise mitten unter uns das Reich Gottes wächst, damit jungen Menschen diese höhere, tiefere, umfassendere Perspektive eröffnet wird. Sie kann zum Segen werden für unser Volk und für die nächste Generation. Auch sie ist deshalb auf Gottes Segen angewiesen. An Gottes Segen ist auch in der Schule alles gelegen.

Deshalb, meine lieben Schwestern und Brüder, haben wir jetzt Grund, Eucharistie, das heißt Danksagung zu feiern. Wir danken für all das, was gewachsen, geworden, gereift ist in diesen 50 Jahren, an die wir jetzt denken. Wir haben auch allen Grund, um Gottes Segen zu bitten, ihn zu flehen, dass er mitten unter uns ist in unserem Schulalltag, dass er eine menschliche und auch christliche Schulgemeinschaft stifte. Darum bitten wir jetzt, dass dieses Wort Gottes, dass dieser Samen Gottes aufgehe und auch die nächsten 50 Jahre reiche Frucht bringe. Amen.

»Seid ohne Furcht, glaubt nur!« (Mk 5,36)

Meine lieben Mitbrüder,
meine lieben Schwestern,
meine lieben Schülerinnen![1]

Ich bin dankbar dafür, dass wir heute Vormittag hier zusammen Eucharistie feiern dürfen.

Das Domkapitel ist mit dem Bischof zusammengekommen, um über die Situation der Kirche hier in Deutschland und in besonderer Weise in unserer Diözese zu beraten. Sehr viele gute Ansätze sind festzustellen. Immer, wenn wir hinauskommen in die Gemeinden, machen wir gute Erfahrungen, Erfahrungen mit Menschen, die ehrlich und aufrichtig Gott suchen, die mit Gott und aus Gott leben. Wir begegnen Menschen, die viel beten, aber auch Menschen, die sich engagieren, Frauen und Männern in den Gemeinden und in den vielfältigen Gemeinschaften unserer Diözese.

Es gibt aber auch Sorgen. Ein Rückgang der Kirchlichkeit ist festzustellen. Die Bänke werden sonntags leerer beim Gottesdienst. Auch gibt es eine zunehmende Kirchenfeindschaft, ›Kirchenfrust‹ und Kirchenunmut. Der Priestermangel macht uns zu schaffen. Die Weitergabe des Glaubens ist in eine Krise geraten.

Unsere Kirche hier ist in einem großen Umbruch begriffen. In dieser Situation gilt uns in besonderer Weise das Wort aus dem heutigen Evangelium: »Sei ohne Furcht, glaube nur.« Nicht wir machen die Kirche. Nicht wir planen und organisieren sie. Nicht wir können den Glauben der Menschen machen durch Überlegung, durch geschickte Methoden. Ein anderer ist der Herr der Kirche, und der ist da, da auch

---

[1] Predigt am 04. Februar 1992 auf der Liebfrauenhöhe.
Evangelium: Mk 5,21–43.

in unserer Zeit. Auf ihn sollen wir trauen und bauen. Er sagt uns auch heute: Was jammert ihr denn so! Jammert doch nicht so viel, glaubt nur. Steht auf! Und es könnte schon bald der Fall sein, dass auch wir staunen müssen über die Großtaten, die Gott in unserer Welt, in unserer Zeit und in unserer Kirche wirkt.

Aber, meine lieben Schwestern und Brüder, dieses Wort »Sei ohne Furcht, glaube nur«, das gilt auch jedem und jeder einzelnen von uns. Es gilt vor allem Euch jungen Menschen. Furcht und Angst gehören zum Menschen.

Ein großer Philosoph unseres Jahrhunderts hat einmal gesagt, die Angst sei die Grundbefindlichkeit, die Grund- und Ursituation des Menschen. Das Leben ist nicht berechenbar und machbar. Es ist Zufälligkeiten ausgeliefert. Es ist gleichsam wie ein Ritt über den Bodensee, über einen Abgrund. Weil wir mit Freiheit begabt und beschenkt worden sind von Gott, müssen wir unser Leben immer wieder neu wagen, es sozusagen in die Hand nehmen, Verantwortung übernehmen. Wir müssen Großes wagen. Wer nur ein sicheres Nest und ein gemachtes Bett sucht, aus dem wird nichts. Zum Leben gehört Mut, gehört Tapferkeit, die den Kleinmut, die Furcht und die Angst überwindet. Auch zu uns wird gesagt: »Komm, steh auf, mach dich auf den Weg! Glaube nur. Gott ist mit dir und bei dir.« Er hat mit jedem und jeder von uns einen Bund geschlossen. Gott ist treu. Er will aus Eurem Leben etwas Großes machen. Aber Ihr müsst nur glauben an Werte und Ideale, glauben, dass die Weisungen Gottes Weisungen zum Leben bieten. Im Glauben gilt das, was in den letzten Worten des *Te Deum* steht: »Non confundar in aeternum« – »In Ewigkeit werde ich nicht zuschanden.«

Ihr, liebe Mädchen, habt Euch ein Symbol überlegt, ein Zeichen, das Euch, Eure Klasse und jede von Euch in Eurem Leben begleiten soll. Ihr seid auf das Symbol des Regenbogens gestoßen und habt es auf dieser Kerze, die wir am Schluss der Eucharistiefeier segnen wollen, dargestellt. Der Regenbogen ist Zeichen des Bundes Gottes mit uns Menschen, mit jedem und jeder von uns, Zeichen seiner unverbrüchlichen Liebe. Der Regenbogen ist gleichsam die Brücke zwischen Himmel und Erde. Er ist – das habt Ihr auch herausgestellt – Zeichen einer Einheit in der Vielfalt. Viele kleine, winzige Regentropfen sind notwendig, damit es zu einem solchen schönen Regenbogen, zu einer solchen Brücke kommt. Jeder Tropfen hat seinen Platz, hat seine Stellung. Aber erst alle zusammen, in der großen Vielfalt, bilden sie eine Sinfonie von Farben.

Ich wünsche Euch, ich wünsche uns, dass dieses Symbol uns begleitet, und dass Euer Leben so wie diese Kerze sei, die Licht ausstrahlt und Wärme verbreitet. »Seid ohne Furcht, glaubt nur!« Amen.

Das zentrale Ziel aller Bildung und Erziehung

Liebe Lehrerinnen und Lehrer,
liebe Schwestern und Brüder![1]

I. Der Alltag Schule

Unser Lehrertag hat ein wenig dem heutigen Evangelium entsprochen. So wie die Jünger sich versammelten und berichteten, was sie getan und gelehrt haben, so sind auch Sie zusammengekommen zu einem Erfahrungsaustausch. Sie haben ja nicht nur Referate gehört, sondern auch darüber gesprochen, wie Sie diese Anregungen schon bisher umgesetzt haben und wie Sie diese künftig umsetzen können im Alltag der Schule. Gemeinsam haben wir erfahren, wie nützlich und ermutigend eine solche Begegnung sein kann.

Wir haben gespürt, wie heilsam es ist, sich gelegentlich an einen ruhigen Ort zurückzuziehen, um sich nicht nur äußerlich auszuruhen, sondern auch innerlich auszupendeln.

II. Hoffnung gegen alle Hoffnung

Das Evangelium kann uns über das heute schon reichlich Gesagte und Gehörte hinaus noch eine weitere Dimension erschließen. Es heißt, dass Jesus, als er vom Boot ausstieg und die vielen Menschen sah, Mitleid mit ihnen bekam. »Denn sie waren wie Schafe, die keinen Hirten haben.« *(Mt 9,36; Mk 6,34)* Und dann folgt ein Satz, bei dem gerade

---

[1] Predigt anlässlich des Lehrertags in Böblingen am 19. September 1992. Evangelium: Mt 9,36–38; 14,13–21.

Ihnen, liebe Lehrer und Lehrerinnen, die Ohren klingeln müssten: »Und er lehrte sie lange«.

Jawohl, Jesus lehrte. Er trat auf als Lehrer. »Rabbi«, »Lehrer« ist sogar die häufigste Anredeformel für Jesus in den Evangelien. Sowohl bei den Kirchenvätern wie bei den großen mittelalterlichen Theologen finden sich viele und tiefe Aussagen und Abhandlungen über Jesus als Lehrer (didaskalos, magister), ja sogar als der eigentliche Lehrer, für den alle menschlichen Lehrer nur Werkzeuge sind. Denn so sagten die großen Theologen: Die menschliche Lehre erreicht nur das Ohr oder auch das Auge, bestenfalls den Kopf des Schülers. Aber dass die Lehre ihn innerlich im Herzen trifft, dass sie dort ankommt und angenommen wird, das haben wir nur bedingt in der Hand. Gott allein ist es, der in uns und unseren Schülern sprechen und wirken kann. Er ist es, der die Herzen kennt und aufschließen kann.

Ich denke, das ist eine Auszeichnung für Sie, die Lehrer und Lehrerinnen. Ihr Beruf, so nüchtern und weltlich er meist aussehen mag, hat etwas, nein: er hat sehr viel zu tun mit Ihrem christlichen Glauben. Er hat etwas zu tun mit Jesus Christus, dem eigentlichen Lehrer. Ihr Beruf ist ein wichtiger Dienst auch in der Kirche und für die Kirche. Diese Auszeichnung ist zugleich ein Trost und eine Ermutigung. Erziehung kann man ja nicht »machen«. Letztlich muss sie ein anderer tun. Wir können nur den Samen ausstreuen und die Pflänzchen etwas begießen. Das Wachstum und das Reifen muss ein anderer schenken. Auf ihn dürfen wir bauen. Bei ihm können wir Hoffnung haben, manchmal gegen alle Hoffnung.

III. Bild und Gleichnis Gottes

Solche Zuversicht ist gerade heute von Nöten. Denn im Blick auf unsere gegenwärtige Situation möchte man – so wie Jesus im Evangelium mit den Menschen damals – auch mit den jungen Menschen von heute Mitleid bekommen. Sie sind tatsächlich Schafe, die keinen Hirten haben. Wo finden sich eindeutige Leitfiguren und Vorbilder? Wo anerkannte Leitbilder und gemeinsame Ideale? Die jungen Menschen tun sich in der heutigen pluralistischen und sehr individualistisch gewordenen Landschaft entschieden schwerer als frühere Generationen, verbindliche und überzeugende Werte zu finden und sie als solche anzuerkennen. Und wenn wir ehrlich sind, wir selbst tun uns damit schwer genug. Unser ganzes Schul- und Bildungssystem krankt an diesem wunden Punkt. Wie bilden, wenn man kein Bild hat?

Wir können ein solches Bildungsideal nicht aufoktroyieren und aufzwingen. Wir müssen – auch als Kirche – argumentieren und überzeugen. Das tun wir nicht so sehr durch das, was wir sagen, sondern durch das, was wir tun, was wir leben, letztlich durch das, was wir selber sind. Der Lehrer- und Lehrerinnenpersönlichkeit kommt auch und gerade heute eine entscheidende Rolle zu.

Papst Paul VI. hat, als er von der Ausbreitung des Evangeliums heute sprach, einen wichtigen Satz gesagt, den ich so auf Sie, die Lehrer und Lehrerinnen, abwandeln möchte: Unsere Zeit sucht nicht so sehr Lehrer (der Papst sagte: Gelehrte) als Zeugen, und wenn sie Lehrer sucht, dann weil sie Zeugen sind.

Zeugen wovon? Zeugen davon, dass jeder einzelne Mensch, jedes Kind, ob gesund oder beeinträchtigt, ob intelligent oder mit Lernschwierigkeiten, ob deutscher oder ausländischer Abstammung, in jeweils ganz einmaliger Weise Bild und Gleichnis Gottes ist, davon dass auf jedem Gesicht, das Ihnen in der Schule entgegenschaut, je unterschiedlich und einmalig etwas aufleuchtet von der Hoheit, Herrlichkeit und Schönheit Gottes, so dass jedes Kind Achtung, Zuwendung, Liebe verdient. Der morgige Weltkindertag soll uns nochmals daran erinnern. Das letzte Ziel aller Bildung und Erziehung ist, mitzuhelfen, dass jeder und jede dieses jeweils ganz persönliche Bild erkennt, darin seinen Wert und seine Würde erfasst und sie nach Gottes Kräften zu verwirklichen strebt. Zu erfahren, dass man unbedingt bejaht angenommen und geliebt ist, das kann in der Orientierungs- und Vertrauenskrise von heute Boden unter den Füßen geben, kann Halt und Orientierung vermitteln. Nur wenn wir dieses Grund- und Urvertrauen wiederherstellen, kann der Glaube an einzelne Inhalte des Glaubens wieder aufkeimen und wachsen.

IV. Liebe – der letzte Sinn des Menschen

Welches ist dieser Inhalt? Wenn Sie Ihre Lehrpläne anschauen, dann erwecken diese oft den Eindruck einer riesigen, kaum zu bewältigender Materialschlacht. Im Grunde geht es jedoch um etwas ganz Einfaches. Der zweite Teil des Evangeliums mit der Speisung der 5.000 erinnert uns daran. Es geht dort ums Teilen und Austeilen. Es geht darum, dass dort, wo geteilt und ausgeteilt wird, das Brot paradoxerweise eben nicht ausgeht, sondern im Überfluss vorhanden ist und sogar immer noch etwas übrigbleibt.

Dies ist ein Symbol Gottes, der nicht nur teilt und austeilt, sondern selbst Mitteilung ist, der sich schenkt von Ewigkeit her zwischen Vater, Sohn und Heiligem Geist, in der Zeit in der Menschwerdung Jesu, in der Begnadung an jeden einzelnen Menschen. Dass Gott sich selbst mitteilende und sich selbst schenkende Liebe ist und darum Liebe der letzte Sinn des Menschen und der Welt ist – das ist der ganze Inhalt unseres Glaubens. Dass wir zur Liebe berufen sind und die Liebe das höchste, alles umfassende Gebot ist, das ist der ganze Inhalt christlicher Ethik.

Doch nur wer Liebe erfahren hat, kann an Liebe glauben und Liebe schenken. Damit stehen wir vor einem Grundproblem von heute, das uns abschließend zurückführt zur europäischen Dimension von Bildung und Erziehung heute. Ich denke, die bestürzenden Randale und Ausschreitungen gegen Ausländer, die wir in den letzten Wochen mit wachsender Besorgnis erlebt haben, gehen mithin von Jugendlichen aus, die nirgends angenommen und gebraucht sind, weder in der Familie, die sie oft sogar nie erfahren haben, noch in der Arbeitswelt, die wurzellos geworden sind. Kurzum: Die nie Liebe erfahren haben und sich so in Wut- und Hassgefühle hineinsteigern gegen Fremde, die sie als Bedrohung und Beeinträchtigung empfinden. Demgegenüber scheint es mir eine wichtige Aufgabe der Erziehung zu sein: Den Fremden und Anderen nicht als Bedrohung des Eigenen, sondern als Bereicherung erfahren zu können. Individualität und Solidarität sind zwei Seiten einer einzigen Medaille. Nur in der Begegnung mit anderen, auch mit anderen Kulturen, lernt man die eigene kennen, findet man wirklich zu sich selbst. Der Nationalismus wie der Provinzialismus sind Kümmer-, ja Zerrformen des Menschlichen. Sie verkennen, dass Gott Vater und Urbild aller Menschen ist, wir also alle Brüder und Schwestern in einer einzigen großen Familie sind, in der man es lernen muss zu teilen, ja zu schenken.

Als Lehrer und Lehrerinnen sind Sie besonders gerufen, mitzubauen an dem gemeinsamen Familienhaus Europa. Wenn es nicht ein Kinderhaus wird, wird es keine Zukunft haben. Deshalb gehört die

Begegnung mit anderen europäischen Kulturen, Sitten und Gebräuchen, Liedern und Sprachen notwendig in unsere Schulen und in unsere Lehrpläne. Dieser Aufgabe können Sie sich gerade als christliche Lehrer und Lehrerinnen nicht verschließen. Denn das Christentum und sein Bild vom Menschen war es letztlich, das Europa trotz aller Gegensätze geeint und groß gemacht hat. Ein Europa ohne Gott und ohne das christliche Bild vom Menschen könnte auf die Dauer keine Zukunft haben.

V. Freude und Zuversicht

Liebe Lehrer und Lehrerinnen, zum Schluss möchte ich Ihnen allen danken für den Dienst, den Sie Tag für Tag und Woche für Woche an unseren Kindern und Jugendlichen tun. Vielleicht hat dieser Tag mit dazu beigetragen, dass Sie über all der Last und den Schwierigkeiten dieses Dienstes wieder Freude und Zuversicht in Ihrem Beruf geschöpft haben. Ich wünsche Ihnen jedenfalls Gottes Kraft und Gottes Segen. Amen.

Das Kind in die Mitte stellen

Meine lieben Schülerinnen und Schüler,
liebe Lehrerinnen und Lehrer,
liebe Eltern,
liebe Schwestern und Brüder,[1]

da wurde uns im Evangelium soeben eine wunderschöne Geschichte erzählt, über die man gar nicht genug nachdenken kann. Vielleicht kann eines von euch Kindern nochmals sagen, worum es ging.

Ja, und warum ist denn diese Geschichte so schön? Was ist denn das Besondere an dieser Geschichte? Dass Jesus die Kinder nicht abweist. Sie sind ihm wichtig. Er nimmt sie ernst. Er geht sogar noch einen Schritt weiter: Er stellt ein Kind in die Mitte. Damit will er sagen: Dieses Kind ist die Hauptperson.

Warum seid ihr Kinder so wichtig für Jesus? Weil ihr besonders brav seid? Braver als die Erwachsenen? Auch nicht immer!

Wenn ihr genau hingehört habt, dann habt ihr erfahren, welche Antwort Jesus selbst gibt.

Jesus sagt: »Denn Menschen wie ihnen gehört das Himmelreich.« *(Mk 10,14)*

Natürlich hat Jesus alle Menschen berufen und alle gerne gehabt, auch diejenigen, die uns nicht so sympathisch sind. Aber Jesus hat besondere Lieblinge gehabt. Wen?

Alle, die schwach sind und sich nicht selber wehren können: Die Armen und die Kranken, die Frauen und ganz besonders die Kinder. Jesus sagt also: Gott liebt die Kinder in besonderer Weise. Deshalb

---

[1] Predigt anlässlich des Eröffnungsgottesdienstes des Rottenburger Gymnasiums am 02. August 1994 im Dom zu Rottenburg.
Evangelium: Mk 10,13–16.

nimmt er euch in die Arme. Auch euch will er besonders segnen. Euch stellt er unter seinen besonderen Schutz.

Weil die Kinder und die Jugendlichen für Jesus so wichtig sind, deshalb müssen die Kinder auch für die Kirche, für den Bischof, den Pfarrer, den Kirchengemeinderat und den Diözesanrat wichtig sein. Das Zweite Vatikanische Konzil hat sogar gesagt, für die Kinder und ihre Ausbildung dürfe dem Bischof kein Opfer zu viel sein. Das ist der Grund, weshalb wir heute für euch eine eigene Schule eröffnen und weshalb wir ab nächstem Jahr eine eigene neue Schule bauen wollen.

Vielleicht denkt ihr jetzt: Eine Schule, das ist gar kein so großes Geschenk für uns. Denn manche von euch gehen vielleicht gar nicht so gerne in die Schule. Aber überlegt: eine gute Schule ist wichtig für euer Leben. Nur wer etwas lernt, kann später im Leben weiterkommen. Im Grunde kann man in eurem Alter gar nicht genug lernen. Und im neuen Gymnasium wollen wir es so machen, dass das Lernen euch auch echt Spaß macht.

Aber wenn wir jetzt nochmals auf Jesus schauen und auf das, was er im heutigen Evangelium gemacht hat, dann genügt nicht, in der Schule nur lesen, schreiben und rechnen zu lernen und sonst vieles über die Menschen, die Länder, die Tiere, die Natur. Es genügt auch nicht, fremde Sprachen wie Englisch oder Latein zu lernen, womit ihr jetzt anfangt. Das alles ist wichtig, sogar sehr wichtig. In der Schule, vor allem in der katholischen Schule, mit der wir heute beginnen, sollt ihr auch etwas spüren von dem, was Jesus im heutigen Evangelium gesagt und getan hat. Ihr sollt erfahren und spüren, dass Jesus euch mag und dass jeder von euch für Jesus ganz wichtig ist, ja dass Jesus euch liebhat. Ihr sollt immer wieder neu erleben, dass ihr Kinder Gottes seid, und dass wir alle miteinander Kinder Gottes sind und dass wir deshalb die eine große Familie Gottes bilden, wo alle zusammenstehen und alle füreinander eintreten müssen.

Eine solche Schule kann Freude machen und es wäre für mich die größte Freude, wenn ihr mir schon bald sagen könntet: Lieber Bischof, diese Schule ist toll, sie ist spitze; in diese Schule gehen wir gerne

Liebe Eltern und liebe Lehrerinnen und Lehrer, Sie haben sich für ein katholisches Gymnasium entschieden und Sie haben sich unter hohem persönlichem Einsatz dafür engagiert. Ich denke, das heutige Evangelium gibt uns die Richtung vor und die Maßstäbe an, die für ein solches katholisches Gymnasium gelten. Wir wollen die Kinder und die Jugendlichen nicht ideologisch vereinnahmen und ihnen irgendeine Doktrin eintrichtern. Das Kind, der junge Mensch steht in der Mitte. Um ihn geht es. Ein katholisches Gymnasium und jede katholische Schule muss in allererster Linie ein kinder- und jugendfreundliches Gymnasium sein. Eine Schule, die das Kind und den jungen Menschen mit allen seinen leiblichen, seelischen und geistigen Gaben und mit seiner schöpferischen Phantasie, mit seinen Fragen und Ängsten, aber auch mit seinen Sehnsüchten und Hoffnungen ernstnimmt. Kinder und Jugendliche sind keine unfertigen Erwachsenen, die wir nach unserem Bild und Gleichnis zu formen hätten. Sie sind eigenständige Persönlichkeiten in einem Lebensalter, das seinen Eigenwert und seine Eigenbedeutung hat. Die Schule soll ihnen helfen, ihr Leben zu leben und zu finden, eigene Verantwortung zu übernehmen für sich und für andere und ihre ihnen von Gott gegebenen Kräfte und Fähigkeiten des Leibes und der Seele zu entfalten.

Das Kind, der junge Mensch soll in der Mitte stehen, weil nach unserer christlichen Glaubensüberzeugung jedes Kind und jeder junge Mensch geschaffen ist nach dem Bild und Gleichnis Gottes. Dass auf jedem Menschenantlitz etwas widerstrahlt von der Größe, der Schönheit und Herrlichkeit Gottes, ist für uns Christen der letzte und tiefste Grund unserer Achtung und Ehrfurcht vor jedem Menschen, auch und gerade vor jedem Kind und jedem jungen Menschen.

Unsere katholischen Schulen wollen dieses christliche Menschenbild im Bereich der Schule und der Erziehung in die Tat umsetzen. Deshalb sagen sie Ja zum ganzen Menschen, zu seinem Leib wie seinem Geist, zu seinen handwerklichen und sportlichen, zu seinen musischen und zu seinen geistigen Kräften. Deshalb wollen sie auch die sozialen Kräfte entfalten, Gemeinschaftsgeist pflegen und soziale Verantwortung wecken. Wir wollen keine Eliten, die nur am eigenen Fortkommen interessiert sind. Wir wollen aber und wir brauchen junge Menschen, die gebildet und ausgebildet sind, um später im Staat und in der Kirche Verantwortung übernehmen zu können, damit im Staat und in der Kirche in Zukunft wieder mehr, als dies gegenwärtig der Fall ist, der Mensch und nicht zuletzt das Kind in der Mitte steht. Katholische Schulen und katholische Erziehung sind für uns also ein Teil unserer gesellschaftlichen Verantwortung als Kirche. Sie sind ein Beitrag zur Zukunftssicherung, einer Zukunft in einer menschlichen, einer menschlicheren Welt.

Katholische Schulen wollen also auf ihre Weise verwirklichen, was Jesus im heutigen Evangelium mit schlichten und einfachen Worten und Gesten gesagt und getan hat: Das Kind in der Mitte, weil es Gottes Kind ist. Wo freilich die Ehrfurcht vor Gott entschwindet, da fehlt es auch bald an der Ehrfurcht vor den Menschen und vor der Natur, die Gottes wunderbare Schöpfung ist. Romano Guardini hat einmal gesagt: »Nur wer Gott kennt, kennt den Menschen.« Die weit verbreitete Gottvergessenheit scheint mit der tiefste Grund der Krise zu sein, in der wir gegenwärtig stecken.

Darum dürfen wir in unserer Erziehung, wie ein moderner Pädagoge sagt, unsere Kinder nicht um Gott betrügen. Wir betrügen sie sonst um das Wichtigste, was sie für ihr Leben brauchen, was ihnen Halt und Inhalt, Grund und Ziel gibt. Natürlich kann man Gott und den Glauben an ihn niemandem aufoktroyieren. Das wollen wir auch gar nicht. Aber man kann in Schule und Erziehung entweder den Gottesglauben als überholt, altmodisch, passé oder zumindest als mehr oder weniger gleichgültig hinstellen und ihn damit dem jungen Menschen von vorn herein verstellen, oder man kann die Schönheit und die Lebensdienlichkeit des Glaubens aufleuchten lassen und so den Glauben zur Einladung machen für junge Menschen.

Ich wünsche und ich hoffe, meine lieben Lehrerinnen und Lehrer, dass Ihnen durch Ihr eigenes persönliches Zeugnis das Letztere gelingt. Gewiss, Sie allein schaffen das nicht. Sie brauchen die aktive Mitwirkung und Mitverantwortung der Eltern. Diese wollen wir im neuen Gymnasium pflegen. Denn die Eltern sind die Erstberechtigten und auch die Erstverantwortlichen, wenn es um die Erziehung und um die Weitergabe des Glaubens an die nächste Generation geht. Nur wenn Eltern, Schule, Kirche, Stadt und der Staat je auf ihre Weise einträchtig zusammenwirken, um das Kind und den Jugendlichen wirklich in die Mitte zu stellen, kann aus diesem neuen Gymnasium etwas werden zum Segen und zum Nutzen unserer Kinder. Nur so kann etwas aufleuchten von der frohen Botschaft des heutigen Evangeliums.

Ich weiß, das ist ein sehr hoher Anspruch, dem wir nie voll, sondern immer nur fragmentarisch gerecht werden können. Aber packen wir es mit Gottvertrauen an. Für unsere Kinder und Jugendlichen darf uns keine Anstrengung zu viel sein. Sie sind das Wertvollste, was wir haben. So möge Gottes Segen walten über dem neuen Beginn. Er walte über Schülern und Lehrern und uns allen. Amen.

Die Weitergabe des Glaubens

Liebe Mitbrüder,
liebe Schwestern und Brüder,[1]

zu diesem festlichen Gottesdienst begrüße ich Sie alle sehr herzlich: die Schwestern vom Kloster der Heimsuchung Mariä, die Lehrerinnen und Lehrer, die Eltern und vor allem Euch, liebe Schülerinnen der Franz-von-Sales-Realschule Obermarchtal.

I. Lebendige Tradition

In der Kirche des alten Prämonstratenser-Klosters haben wir uns versammelt, an einem Ort, an dem seit über 800 Jahren gebetet und fast ebenso lange gelehrt und gelernt wird. Schon für die Zeit um das Jahr 1300 wird von Studenten in Marchtal berichtet. Im Jahr 1919 konnten Sie, liebe Schwestern von der Heimsuchung Mariä, an diese Marchtaler Schultradition, die 1802 durch die Säkularisation für ein Jahrhundert unterbrochen wurde, wieder anknüpfen. Die 75. Wiederkehr dieses denkwürdigen Datums feiern wir heute. Und ich möchte Ihnen allen dazu meine herzlichen Glück- und Segenswünsche aussprechen.

Ganz klein hat alles angefangen, als die ersten Schwestern aus dem Kloster Chotieschau in Böhmen kamen und am 10. Oktober 1919 mit ihrer Arbeit in Obermarchtal begannen: mit ihren eigenen Händen setzten sie das Klostergebäude, das über hundert Jahre leergestanden war, wieder in Stand. Am 15. September des darauffolgenden Jahres

---

[1] Predigt anlässlich 75 Jahre Franz-von-Sales-Schule Obermarchtal am 01. Oktober 1994.
Lesung: Kol 3,12–17; Evangelium: Joh 15,9–17.

konnte die erste »Schule für höhere Töchter« ihre Pforten öffnen. Eine lange, wechselhafte und doch segensreiche Geschichte schloss sich an: 75 Jahre, in denen Sie, liebe Schwestern, und Sie, liebe Lehrerinnen und Lehrer vorbildliche pädagogische Arbeit geleistet haben. Obermarchtal ist in diesen Jahren, nicht zuletzt durch die Gründung der Lehrerfortbildungsakademie und dem damit verbundenen Ausbau der Franz-von-Sales-Realschule zu einem pädagogischen Zentrum unserer Diözese geworden. »Marchtal« ist weit über die Diözese hinaus ein Begriff und ein Programm geworden.

Für all das, was in diesen vergangenen Jahren geleistet wurde, für den großen Einsatz und das große Engagement, das von unzähligen Frauen und Männern aufgebracht wurde, und für das Glaubenszeugnis, das sie damit abgelegt haben, möchte ich heute als Bischof ein herzliches »Vergelt's Gott« sagen!

II. Mut und Zuversicht

Doch, meine lieben Schwestern und Brüder, wir wollen an einem Festtag wie dem heutigen nicht nur in großer Dankbarkeit zurückschauen. Wir wollen mit Mut und Zuversicht vor allem in die Gegenwart und in die Zukunft schauen. Die Geschichte von Marchtal und seinen Bildungseinrichtungen soll ja weitergehen. Fragen wir darum: Was ist eine katholische freie Schule? Was will sie, was soll sie, was unterscheidet sie?

Ich denke, das Evangelium, das Sie sich für diesen Tag ausgesucht haben, gibt uns eine ganze Reihe von wichtigen Antworten. Gleich der erste Satz ist wichtig. »Wie mich der Vater geliebt hat, so habe auch ich euch geliebt.« *(Joh 15,9)* In einer Schule, in einer katholischen Schule zumal, soll man ja nicht nur lernen. Sicher, es ist gerade heute wichtig, sehr viel für das spätere Leben zu lernen. Man kann in seiner Jugend gar nicht genug lernen. Das gilt heute für Jungen und Mädchen gleichermaßen. Mädchen sollen genauso wie die Jungen einmal in Familie und Beruf ihre Frau stehen und Verantwortung übernehmen. Mädchenbildung ist darum etwas ganz Wichtiges. Dabei geht es jedoch nicht nur darum, etwas oder gar bloß irgendetwas zu lernen. Es gilt das wirklich Lernenswerte und Wissenswerte zu lernen. Es gilt zu lernen und zu erfahren, dass wir alle, jede Einzelne von euch, liebe

Schülerinnen, einen großen, einen unendlichen Wert und eine einmalige Würde besitzt. Denn – so sagt es uns das Evangelium – jede und jeder von uns ist ganz persönlich von Gott geliebt. Gott sagt zu jeder von Euch ganz persönlich sein unbedingtes Ja. Ja, ich will dich, ich mag dich, ich bin mit dir. Aus dir darf etwas Großes werden, dein Leben soll gelingen und glücklich werden, ewig glücklich werden.

Eine katholische Schule ist darum nicht nur eine Lerngemeinschaft. Sie soll zuerst eine Lebensgemeinschaft und ein Lebensraum sein, in dem man von dieser Liebe und von dem persönlichen Wert eines jeden Schülers, unabhängig von seinen Leistungen, etwas erfahren kann. Das ist, liebe Schwestern und Brüder, gewiss ein sehr hoher Anspruch, den es immer wieder neu einzulösen gilt. Geschehen kann dies nicht durch Erklärungen, Grundordnungen und Bildungspläne – so wichtig, unverzichtbar und verdienstvoll sie im Einzelnen sind. Geschehen kann dies letztlich nur im alltäglichen Miteinander von Schülern, Lehrern und Eltern – in der Art, wie wir miteinander und voneinander leben und lernen.

Weil das so ist, fügt Jesus diesem ersten Wort von der Liebe Gottes zu uns und zu jedem Einzelnen von uns ein Zweites hinzu. Es ist eines der schönsten und dichtesten Worte der Heiligen Schrift. Jesus sagt: »Ihr seid meine Freunde« *(Joh 15,14)*.

Meine lieben Schülerinnen, das habt Ihr selbst schon erfahren: Freundschaft ist für unser Leben etwas Entscheidendes. Sehr vieles hängt davon ab, dass wir Freunde haben und dass wir die rechten Freunde haben. Niemand von uns kann allein durchs Leben gehen. Wir brauchen Menschen, denen wir vertrauen und die uns vertrauen, auf die Verlass ist, die uns mögen und die wir mögen, die vor allem nicht nur dann zu uns stehen, wenn es gut geht, die uns vielmehr auch beistehen, wenn wir einmal in der Patsche sitzen. Wir brauchen Freunde, die gleichgesinnt sind wie wir und mit denen wir uns einfach verstehen. Ich wünsche Euch, durch Eure gemeinsame Schulzeit viele solche guten Freunde fürs Leben.

Ich wünsche Euch noch mehr. Ich wünsche Euch, dass Euch gerade in einer katholischen Schule aufgeht, dass Jesus selbst Euer Freund sein will und ist. Viele junge Menschen, vielleicht auch viele von Euch, fragen sich ja: An wen kann ich mich denn wirklich halten? Auf wen ist wirklich Verlass? Seht, das ist das Große und Schöne unseres christlichen Glaubens, dass es darauf heute, wo so viel Ratlosigkeit und

Orientierungslosigkeit herrscht, eine klare und eindeutige Antwort gibt. Ihr geht nie fehl, wenn Ihr Euch an Jesus Christus haltet, wenn Ihr ihn zu Eurem Freund macht. Er kann Euch wie kein anderer sagen, was es mit dem Leben auf sich hat, wie es glücken und gelingen kann. Schaut auf ihn, haltet Euch an ihn, folgt ihm nach!

Das Wort Jesu: »Ihr seid meine Freunde« *(Joh 15,14)* steht in einer langen Reihe von Aussagen der Heiligen Schrift, die alle deutlich machen, wer der Mensch ist und von wem er seine Würde und seine Bestimmung erhält. Schon am Anfang der Heiligen Schrift ist davon die Rede, dass der Mensch nach dem Bild und Gleichnis Gottes geschaffen ist: dass auf dem Antlitz eines jeden Menschen etwas widerstrahlt von der Größe und der Herrlichkeit des Schöpfers. Die Berufung des Menschen, teilzuhaben am Leben Gottes, zieht sich wie ein roter Faden durch die Schriften des Alten und des Neuen Testamentes.

Das Freundschaftsverhältnis, das Gott in seinem Sohn Jesus Christus zu uns Menschen begründet hat, drückt wohl am intensivsten aus, wie innig die Beziehung Gottes zu uns Menschen ist: In Jesus Christus ist Gott auf Augenhöhe gegangen zu uns Menschen. Er behandelt uns nicht von oben herab, wie der Herr seine Knechte, nein, sein Verhältnis zu uns ist wie das eines Freundes zu seinen Freunden: Bei seinem Freund darf jeder so sein, wie er wirklich ist, denn ihm braucht er nichts vorzumachen. Der Freund zwingt dem Freund nichts auf, er respektiert seine Freiheit und doch ist uns das Schicksal des anderen nicht gleichgültig, hat er es doch mit seinem eigenen so sehr verbunden, dass ihm das Wohl des anderen zum eigenen wird. Der Freund behält nichts für sich zurück.

Es drängt ihn, alles mit dem anderen zu teilen, was für sein Leben wichtig geworden ist. »Ich habe euch alles mitgeteilt, was ich von meinem Vater gehört habe« *(Joh 15,15)*, mit diesen Worten umschreibt Jesus die liebevolle Hingabe zu seinen Freunden, die so umfassend ist, dass sie sogar vor der Hingabe des eigenen Lebens nicht zurückschreckt.

Wenn wir das Vorbild Jesu wirklich ernstnehmen, dann müssen auch unsere Beziehungen durch den Geist dieser Freundschaft geprägt sein. Dieser Freundschaft, die sich im gegenseitigen Respekt vor der Person des anderen zeigt, vor seiner Einzigartigkeit und Unverwechselbarkeit. Dieser Freundschaft, die das Wohl des anderen in den Mittelpunkt stellt und so eine wirkliche Entfaltung seiner Persönlichkeit mit all ihren Fähigkeiten und Anlagen ermöglicht. Dieser Freundschaft, in der ein Klima der gegenseitigen Offenheit und Toleranz wachsen kann und die den Einzelnen in einen verantwortlichen Umgang mit seiner Freiheit führt. Diese Freundschaftsbeziehung hat zugleich immer auch eine geistliche Dimension, weil sie ihren Wurzelgrund und ihre Kraftquelle in der Freundschaft hat, die Jesus zu uns gestiftet hat.

Schließlich noch ein letztes Wort Jesu im heutigen Evangelium: »Ich nenne euch nicht mehr Knechte« *(Joh 15,15)*. Das heißt doch nichts anderes als: Ihr seid keine Sklaven und keine Herdentiere. Ihr seid frei, berufen zur Freiheit der Söhne und Töchter Gottes. Das ist wiederum ein großes Wort. Kaum ein anderes Wort ist für uns moderne Menschen so entscheidend geworden wie das Wort von der Freiheit und der Befreiung. Mit Recht! Denn die Freiheit gehört zu unserer Würde als Menschen und es ist die wichtigste Aufgabe einer katholischen Schule, Euch, liebe Schülerinnen, zu dieser christlichen Freiheit zu führen.

Doch was ist das, Freiheit? Ich denke darüber tobt gegenwärtig ein gewaltiger Streit. Wir sind froh, dass wir in einer freien Gesellschaft leben dürfen und wir wissen uns verantwortlich für diese Gesellschaft. Aber nicht wenige gaukeln uns vor, Freiheit sei einfach, wenn man alles tun und lassen kann, was man will. Sie verwechseln Freiheit mit Willkür und sie appellieren an die niedrigsten Instinkte im Menschen und machen ihm vor: Wenn du das alles auslebst und dabei weder nach Gott noch nach der Kirche fragst, dann kannst du dich selbst verwirklichen, dann bist du wirklich frei. Ein schlimmer und verhängnisvoller Irrtum! Eine große Versuchung! Denn wer sich nur an das hält, wonach ihm Lust und Laune steht, der ist ja eben nicht frei, der ist ein jämmerlicher Sklave seiner Leidenschaften, der wird abhängig und hörig von Geld, von Alkohol und Drogen, von Sex, von Image und Prestige, von der jeweiligen, sich rasch wandelnden Mode. Der und die verpfuscht sein Leben und ruiniert sich selbst.

Wahre Freiheit gibt es nur mit Verantwortung, und Verantwortung heißt Antwort geben auf grundlegende Werte wie Gerechtigkeit, Liebe, Freundschaft, Treue, Wahrheit, Friede und Versöhnung. Wahre Freiheit gibt es zuletzt und zutiefst in der Freundschaft mit Jesus Christus. Darum, meine lieben Schülerinnen, lasst Euch nichts vormachen. Geht Euren Weg. Folgt Eurem Gewissen. Bleibt bei Eurem christlichen Glauben. Darum meine lieben Lehrerinnen und Lehrer, sehen Sie es als Ihre höchste Aufgabe an, junge Menschen zur christlichen Freiheit zu führen und sie auf diesem Weg über entscheidende und prägende Jahre ihres Lebens zu begleiten. Einen größeren Freundesdienst können Sie ihnen gar nicht leisten.

III. Halt und Orientierung

Meine lieben Schwestern und Brüder, wir brauchen Orte wie Obermarchtal in unserer Diözese – wir brauchen sie vielleicht heute mehr denn je! Das sage ich auch und gerade deshalb, weil heute von vielen Seiten her kritisch angefragt wird, ob es angesichts der veränderten Situation in unserer Gesellschaft, aber auch angesichts knapper werdender finanzieller Mittel überhaupt noch zeitgemäß sei, dass die Kirche Schulen in eigener Trägerschaft unterhält. Gewiss, in den vergangenen 75 Jahren hat sich die Schullandschaft in unserem Land gewaltig verändert: Wo früher die kirchlichen Schulen und Internate oftmals die einzige Möglichkeit einer qualifizierten Ausbildung im ländlichen Raum boten, da gibt es heute eine flächendeckende Versorgung mit sehr differenzierten Schul- und Bildungsangeboten.

Mag also die äußere Notwendigkeit für Schulen in kirchlicher Trägerschaft nicht mehr in dem Maße gegeben sein, wie dies früher der Fall war, so besteht doch mehr denn je eine innere Notwendigkeit für einen qualifizierten kirchlichen Beitrag in diesem Bereich! Wer die Veränderungen in unserer Gesellschaft mit offenen Augen verfolgt, dem kann ja nicht verborgen bleiben, wie groß die Verunsicherung darüber geworden ist, was in einer Welt, in der alles im Fluss zu sein scheint, noch Halt und Orientierung geben kann. Was einst unbestritten war, ist heute vielen fraglich geworden: Die Suche nach neuen Begründungen für neue Werte hat für nicht wenige in eine zunehmende Rat- und Orientierungslosigkeit geführt. In einer solchen Zeit ist es – so glaube ich – wichtiger denn je, dass wir als Kirche deutlich Farbe bekennen, wo wir stehen und woraus wir leben!

Unsere freien katholischen Schulen können und müssen Orte sein, an denen erfahrbar wird, dass ein aus dem Geist christlichen Glaubens gestaltetes Leben nicht in eine weltabgewandte Innerlichkeit führt, sondern mitten hinein in die Realität dieser Welt, weil hier das Fragen und Suchen der Menschen ernstgenommen wird und Antworten gegeben und gelebt werden, die tragfähig und glaubwürdig sind.

Darin sind wir nicht zuletzt dem Vorbild des heiligen Franz von Sales verpflichtet, dessen pädagogische Maxime es war, dass echte Frömmigkeit nichts verdirbt, sondern alles erst vollkommen macht. Franz von Sales war es, der das Leben mit dem Glauben verbunden hat, in dem er ihn mitten in das Alltagsleben hineinstellte.

Die Schulgemeinschaft soll zu einem Ort werden, an dem durch die Erfahrung eines vom Glauben getragenen und inspirierten Miteinanders der Glaube eines jeden Einzelnen wachsen und reifen kann. Franz von Sales, dessem Namen und dessem Vermächtnis Ihre Schule in besonderer Weise verpflichtet ist, hat großen Wert darauf gelegt, dass jede wahre Freundschaft diese geistliche Dimension besitzt: Wir sollen jedem Menschen mit herzlicher Teilnahme begegnen, aber wir sollen Freundschaft nur mit solchen schließen, die uns im Guten fördern können. Und je höher das Gute, das dadurch zur Entfaltung kommt, umso höher die Freundschaft. Wertvoll ist schon die Beziehung, die unter Gelehrten auf wissenschaftlichem Austausch der Gedanken beruht. Wertvoller ist die Freundschaft, in der gewisse menschliche Vorzüge, Klugheit, Menschenkenntnis, Willenskraft oder Gerechtigkeitssinn, Anregung finden.

Aber wie besonders ist eine Freundschaft, deren Band die Liebe, die Frömmigkeit, die Religion ist! Vollkommen ist sie, weil sie von Gott kommt und zu ihm hinführt; vollkommen ist sie, weil sie Gott zum Beweggrund und Inhalt hat; vollkommen, weil sie in Gott von ewiger Dauer ist.[2]

Liebe Schwestern und Brüder, liebe Schulgemeinschaft, ich wünsche Ihnen und Euch allen diesen Geist der Freundschaft, in dem die Liebe zum Ausdruck kommt, die nach den Worten des Apostels Paulus das Band ist, das alles zusammenhält und vollkommen macht. Möge die Franz-von-Sales-Realschule auch in Zukunft ein Ort bleiben an dem der Geist der Freiheit und der Liebe des Evangeliums lebendig ist. Das erbitte ich ihnen heute und rufe ihnen mit den Worten des Apostels zu: »Alles, was ihr in Worten und Werken tut, geschehe im Namen Jesu des Herrn. Durch ihn dankt Gott, dem Vater.« *(Kol 3,17)* Amen.

---

2 Franz von Sales, Philothea, 3. Teil.

Gelebter Glaube im Alltag

Liebe Schülerinnen und Schüler,[1]

gemeinsam mit Euren Lehrerinnen und Lehrern, mit den Vertretern der Eltern und der verschiedenen Einrichtungen, begrüße ich Euch heute Morgen sehr herzlich in der neuen Heilig-Kreuz-Kirche auf dem Sonnenbüchel. Ich freue mich, dass ich gemeinsam mit Euch diesen Gottesdienst feiern kann. Ich freue mich vor allem deshalb, weil durch diese gemeinsame Feier wohl am deutlichsten zum Ausdruck kommt, was mir bei meinem Besuch besonders wichtig ist.

I. Zum Wesen einer »katholischen« Schule

Mein Besuch gilt ja nicht irgendeiner beliebigen Schule, sondern einer unserer »katholischen Schulen«. Doch was bedeutet das eigentlich: eine »katholische« Schule zu sein?

Zunächst – so werden sich die meisten von Euch denken – unterscheidet sich eine katholische Schule gar nicht so sehr von einer »normalen« Schule.

»Katholische Schulbänke« sind auch nicht weicher als die anderen. Auch hier muss man lernen, Klassenarbeiten schreiben und sich am Ende des Schuljahres seine Leistungen mit Noten bescheinigen lassen. Und sicher gehe ich nicht ganz falsch in der Annahme: die reinsten Engel sind wohl auch in einer katholischen Schule weder die Schüler noch die Lehrer!

---

[1] Predigt anlässlich des Besuchs des Bildungszentrums St. Konrad am 05. Juli 1995 in Ravensburg.
Lesung: Röm 15,1–7; Evangelium: Joh 15,9–17.

Und doch denke ich, dass sich das Adjektiv »katholisch« nicht nur darauf beziehen kann, dass hier vielleicht regelmäßiger als anderswo Schülergottesdienste gehalten werden und ab und zu der Bischof zu Besuch kommt.

Ein guter Christ bin ich ja auch nicht schon dann, wenn ich zwar am Sonntag in die Kirche gehe, aber ansonsten so lebe, als ob der Glaube für mein Leben keine Bedeutung hätte. Einem echten und überzeugten Christen muss man es anmerken können, dass ihm sein Glaube auch an jedem anderen Tag wichtig und für sein Leben maßgebend ist.

Und genauso ist es auch mit unserer Schule. Wenn wir uns wirklich als eine »katholische Schule« verstehen, dann muss auch im Alltag dieser Schule etwas sichtbar und erfahrbar werden von dem Lebensstil, den Jesus uns vorgelebt hat. In der Art, in der wir miteinander umgehen, aber auch in dem, was wir lernen und wozu wir es lernen.

Dann kann es nicht nur darum gehen, gute Noten zu bekommen, damit ich später einmal möglichst viel Geld verdiene und mir alles leisten kann. Wenn wir unseren Glauben wirklich ernstnehmen, dann dürfen wir fest darauf vertrauen, dass jeder und jede von uns von Gott eine Begabung bekommen hat, die es zu entdecken und zu entfalten gilt.

II. Die Gaben Gottes

Diese Gaben hat Gott uns nicht nur für uns allein, sondern füreinander gegeben, damit einer dem anderen hilft. Damit der, der etwas gut kann, dem anderen hilft, der sich vielleicht gerade darin schwertut und auf Hilfe angewiesen ist.

Füreinander da zu sein, einander zu helfen – das entspricht einem Leben in der Gesinnung Jesu, von dem der Apostel Paulus in der Lesung gesprochen hat: »Wir müssen als die Starken die Schwäche derer tragen, die schwach sind und dürfen nicht nur für uns selbst leben« und er fährt fort: »Jeder von uns soll Rücksicht nehmen auf den Nächsten, um Gutes zu tun und die Gemeinschaft aufzuerbauen.« *(Röm 15,1–2)*

Wenn wir dieses Wort des Apostels Paulus in den Alltag unserer Schule übersetzen, dann müsste sich das christliche Profil unserer

Schule gerade darin zeigen, wie wir mit denen umgehen, die es schwer haben, weil sie langsamer oder schwächer sind als die anderen, weil sie aus einem anderen Land stammen oder weil sie Angewohnheiten und Eigenarten haben, die auf uns fremd und vielleicht sogar abstoßend wirken.

Wenn wir das Wort des Apostels Paulus wirklich ernstnehmen, dass wir nicht nur für uns selbst leben dürfen, sondern die Gemeinschaft auferbauen sollen, dann müssen wir gegen einen Trend ankämpfen, der sich immer mehr breit zu machen scheint in unserer Gesellschaft, aber auch in unseren Schulen: Der Trend alles haben zu wollen, alles an Vorzügen und Annehmlichkeiten für sich zu beanspruchen und auszunutzen, aber selber möglichst wenig dafür zu investieren. Als Christen dürfen wir da nicht mitmachen. Es ist wichtig, dass wir bereit sind, Verantwortung zu übernehmen für die Gemeinschaft. Das kann sich darin zeigen, dass ich mich für bestimmte Aufgaben zur Verfügung stelle, indem ich beispielsweise bei der Planung und Vorbereitung einer Aktion mitwirke, die allen zu Gute kommt, indem ich bei der Schülerzeitung mitwirke oder mich als Klassensprecher für die Interessen meiner Mitschüler einsetze. Viele und immer wieder neue Beispiele könnte man hier nennen, denn gerade hier ist Euer Ideenreichtum gefragt und Eure Fähigkeit, mit offenen Augen das zu bemerken, was möglich ist und auf was es gerade ankommt.

III. Offene Augen haben

Wenn es Euch gelingt, im Alltag des Lebens eurer Schule offene Augen füreinander zu haben und dort mitanzupacken, wo ihr anderen helfen oder beistehen könnt, werdet ihr spüren, dass sich die Stimmung Schritt für Schritt verändern und verbessern wird; dass diese Schule für alle Schülerinnen und Schüler ein Ort sein kann, an dem man sich wohlfühlt, weil die Menschen dort immer wieder versuchen, offen und liebevoll miteinander umzugehen. Von diesem liebevollen und sorgsamen Umgang miteinander hat auch Jesus zu seinen Jüngern gesprochen – im Evangelium haben wir davon gehört.

»Liebt einander« – so lautete der Auftrag, den Jesus seinen Jüngern mit auf den Weg gegeben hatte. Dass das leichter gesagt als getan ist, könnt ihr euch sicher lebhaft vorstellen. Denn so bunt und vielfältig wie die Schüler einer Klasse, so verschieden waren natürlich auch die Apostel untereinander. Doch brauchten die Jünger diesen Auftrag Jesu nicht als Überforderung zu empfinden. Ihnen war nämlich in der langen Zeit, die sie gemeinsam mit Jesus verbracht hatten, bewusst geworden, dass es Jesus war, der ihre Gemeinschaft die ganze Zeit über zusammengehalten hatte. Sie spürten, dass Sie dann, wenn sich jeder von ihnen um die Verbindung zu Jesus bemühen würde, sie auch zueinander finden und in einer Gemeinschaft verbunden bleiben würden.

Dass die Gemeinschaft der Menschen untereinander in dem Maße gefördert wird, wie sie mit Jesus verbunden sind, versucht eine Geschichte zu erklären, die ich Euch nun erzählen möchte:

Der Abt eines Klosters wurde von Besuchern gefragt: »Wie ist es möglich, dass alle Mönche trotz ihrer verschiedenen Herkunft, Veranlagung und Bildung eine Einheit darstellen?«

Statt einer theoretischen Erklärung antwortete der Abt mit einem Bild: »Stellt euch ein Rad vor. Da sind Felge, Speiche und Nabe. Die Felge ist die umfassende Mauer, die aber nur äußerlich alles zusammenhält. Von diesem Rand des Rades aber laufen die Speichen in der Mitte zusammen und werden von der Nabe gehalten. Die Speichen sind wir selbst, die einzelnen unserer Gemeinschaft. Die Nabe ist Jesus Christus. Aus dieser Mitte leben wir. Sie hält alles zusammen.«

Erstaunt schauten die Besucher auf, sie hatten etwas Wichtiges verstanden. Doch der Abt sagte weiter: »Je mehr sich die Speichen der Mitte nähern, umso näher kommen sie auch selbst zusammen. Ins konkrete Leben übertragen heißt das: Wenn wir uns Christus, der Mitte unserer menschlichen und geistlichen Gemeinschaft, wirklich und ganz nähern, kommen wir auch einander näher. Nur so können wir miteinander und füreinander und damit auch für andere leben.«

Liebe Schülerinnen und Schüler, liebe Eltern, liebe Lehrerinnen und Lehrer, liebe Mitarbeiterinnen und Mitarbeiter im Bildungszentrum St. Konrad, nehmen auch Sie immer wieder Jesus Christus in die Mitte Ihrer Schulgemeinschaft, dann wird man an der Atmosphäre und dem Geist, der in Ihrer Schule herrscht, spüren, was es heißt, eine »Katholische Schule« zu sein, eine Schule, die sich dem Vorbild Jesu verpflichtet weiß und ihren Alltag aus seinem Geist gestalten und bestehen will.

Die Kraft dazu empfangen wir immer wieder dort, wo Jesus sichtbar zum Mittelpunkt unserer Gemeinschaft wird: in den Gestalten von Brot und Wein bei der Feier der Eucharistie. Dazu möchte ich Sie nun einladen und damit meine Hoffnung verbinden, dass hier immer wieder der Ort sein möge, an dem sich die Schulgemeinschaft versammelt, um zu der Mitte zu finden, von der alles zusammengehalten wird. Amen.

UNIVERSITÄT UND HOCHSCHULE

»So sehr hat Gott die Welt geliebt, dass er seinen einzigen Sohn hingab« (Joh 3,16)

Verehrte, liebe Kolleginnen und Kollegen,
liebe Studentinnen und Studenten,
liebe Schwestern und Brüder![1]

Es ist mir eine besondere Freude, heute mit Ihnen einen Semestereröffnungsgottesdienst feiern zu können. In den rund 70 Semestern, die ich an verschiedenen Universitäten verbringen durfte, war für mich jeder Neubeginn eines Semesters jeweils ein wichtiger Einschnitt. Über jedem Anfang stehen Erwartungen und damit zugleich Spannungen. Wie wird es mit den Vorlesungen, Seminaren, Examina? Wie schaffe ich das alles? Was bringt es mir menschlich? Letztlich geht es an einer Universität ja nicht nur um die Ausbildung für einen künftigen Beruf, sondern nicht zuletzt auch um tiefere Einsicht in die Zusammenhänge, in die Wahrheit der Wirklichkeit. Ein Wissenschaftler ist im Grunde ein neugieriger Mensch, der wissen will, wie es nun wirklich ist! So ist jedes Semester ein kleineres oder größeres Abenteuer.

Das Evangelium des heutigen Tages passt auf diese Situation haargenau. Es berichtet uns von einem nächtlichen Gespräch zwischen zwei Rabbinern, zwei jüdischen Gelehrten, zwischen dem jüdischen Gelehrten und Lehrer namens Nikodemus und Jesus, der im Evangelium ebenfalls als Rabbi, das heißt als Herr Doktor oder Herr Professor anerkannt und angesprochen wird. Nikodemus nennt ihn sogar einen Lehrer, der von Gott kommt, er achtet ihn als einen Gottesgelehrten, als einen Theologen. Das Gespräch verläuft offensichtlich – wie unter

[1] Predigt anlässlich des Semestereröffnungsgottesdienstes am 24. April 1990 in St. Johannes in Tübingen.
Evangelium: Joh 3,1–8.12–15.

Gelehrten manchmal – recht schwierig. Die beiden reden aneinander vorbei. Sie bewegen sich – so würden wir heute sagen – in ganz verschiedenen Sprachspielen beziehungsweise Paradigmen, und sie missverstehen sich gründlich.

Als Wissenschaftler empfindet man die größeren Sympathien unwillkürlich mit Nikodemus. Aus ihm spricht nicht nur sogenannter gesunder Menschenverstand: Wie kann einer, der geboren und alt geworden ist, neu geboren werden? Hinter diesem gesunden Menschenverstand verbirgt sich auch unser durchschnittlich geltendes Weltbild. Danach läuft Ordnung nach kalkulierbaren, wissenschaftlich geordneten Gesetzen und zugleich irreversiblen Prozessen ab. Deshalb kann man im Prinzip alles rational erklären. In dieser Perspektive betrachtet, muss die Rede von einer neuen Geburt in der Tat als unvernünftig, widersprüchlich und widersinnig gelten.

Niemand wird die Großartigkeit solcher wissenschaftlicher Einsicht bestreiten. Sie hat schon viele Fortschritte im Dienst für die Menschen und für das Leben der Menschen gebracht. Niemand, auch nicht die, welche die moderne Wissenschaft am liebsten verdammen möchten, möchten oder könnten ohne deren Errungenschaften leben. Was noch wichtiger ist: Der christliche Schöpfungsglaube ist eine der Wurzeln der neuzeitlichen Wissenschaft. Es war ja die im Schöpfungsglauben begründete Überzeugung, dass Gott alles nach Maß, Zahl und Gewicht geordnet hat, welche eine rationale Erkenntnis erst ermöglicht hat. So steht dem Christen die heute teilweise wieder modisch gewordene Wissenschafts- und Vernunftfeindlichkeit keineswegs an. Im Gegenteil, als Christen müssen wir uns heute erneut für die Vernunft einsetzen. Die Situation hat sich – so hat der Papst bei seinem ersten Deutschlandbesuch im Kölner Dom gesagt – inzwischen grundsätzlich verändert. Glaubte man früher oft im Namen der Vernunft gegen die Kirche stehen zu müssen, so ist heute der christliche Glaube ein Verbündeter gegen neue Formen der Vernunftfeindlichkeit und des Irrationalismus.

Der Einwand des Nikodemus ist also ernst zu nehmen. Er enthält ein erhebliches Korn Wahrheit. Aber ist es auch die ganze Wahrheit? Oder ist es – wenn sie einseitig und allein betont und verabsolutiert wird – nicht eine Ideologie des Bestehenden: Alles ist und bleibt so wie es schon immer gewesen ist. Das Wesen der Dinge ist ihr Gewesensein. Nichts Neues unter der Sonne! No future!

Dagegen hat das Herz schon immer seine Gründe gehabt, die der Verstand nicht kannte (Blaise Pascal). Denn wenn alles bleibt wie es ist, dann triumphiert am Ende der Mörder über seine unschuldigen Opfer (Max Horkheimer). Dann kommen wir aus dem Teufelskreis von Hass und Gewalt, die nach Rache und neuer Gewalt rufen, nie und nimmer heraus. Dann bewegen wir uns in dem trostlosen Rad des Schicksals und der ewigen Wiederkehr des Gleichen (Friedrich Nietzsche).

Die Hoffnung auf das Neue und ganz andere scheint unausrottbar zum Menschen zu gehören. Ohne diese Hoffnung kann niemand leben. Diese urmenschliche Hoffnung auf eine andere und größere Dimension, auf das Wunder des Neuen spricht Jesus im heutigen Evangelium an, wenn er von der neuen Geburt, vom neuen und ewigen Leben und vom Geist spricht, der weht, wo er will. Diese Hoffnung auf das Neue meint er, wenn er an die Dimension des Himmels über der Erde erinnert. So gibt Jesus gegen alle Skepsis und Resignation der Hoffnung des Menschen Recht. Jesus weiß um den Mehrwert des Menschen. Der Mensch, der nach dem Bild und Gleichnis Gottes geschaffen ist, findet die Erfüllung seines inneren Hungers und Durstes allein in der Gemeinschaft mit Gott. Nicht der Himmel ist eine Vertröstung, vielmehr wird die Erde letztlich trostlos, wenn man sie vom Himmel abkettet und die Hoffnung auf ewiges Leben aufgibt.

Doch – so kann man fragen – was unterscheidet solche Hoffnung von einem bloßen Wunschdenken, von einer trügerischen Fata Morgana und einer verzweifelten Hungerfantasie? Was ist der Grund solcher Hoffnung? Nach dem Evangelium das Zeugnis dessen, der vom Himmel herabgestiegen ist, das Zeugnis des Menschensohnes. Dieses Zeugnis lautet – so fährt der folgende Textabschnitt des Evangeliums, den wir heute nicht mehr gehört haben, fort – »so sehr hat Gott die Welt geliebt, dass er seinen einzigen Sohn hingab.« *(Joh 3,16).*

»Gott ist Liebe«, so fasst der erste Johannesbrief diese Botschaft zusammen. Dass Gott ist, und dass er kein toter, sondern ein lebendiger, liebender Gott ist, das bedeutet: Das was ist, ist nicht alles was ist und schon gar nicht alles, was sein wird. Der letzte und tiefste Grund aller Wirklichkeit ist Leben und Liebe. Liebe ist der letzte und tiefste Sinn des Seins – Liebe, die jedem einzelnen von uns gilt, die jeden einzelnen von uns meint und jeden einzelnen von uns annimmt und bejaht.

Wie Gott schöpferische Liebe ist, ist er schöpferische Möglichkeit über alles Bestehende und selbst über alles hinaus, was wir Menschen uns ausdenken können. Wir verkünden, wie der Apostel Paulus sagt, »was kein Auge und kein Ohr gehört hat, was keinem Menschen in den Sinn gekommen ist: das Große, das Gott denen bereitet hat, die ihn lieben«.

Liebe kann man nicht beweisen. Sie erweist und imponiert sich selber. Man kann sich ihr aber verschließen oder ihr im eigenen Leben eine Chance geben. Wer sich die Liebe als Grundakkord seines Lebens erschließt, der gibt auch der Hoffnung eine Chance, der Hoffnung nämlich, dass nicht Lüge, Hass und Gewalt, dass nicht die destruktiven Mächte des Todes, sondern Wahrheit, Barmherzigkeit, Freiheit, Frieden das letzte Wort haben. Wer an die Liebe glaubt, der gibt dem Leben recht und nicht dem Tod.

Der letzte Satz des heutigen Evangeliums sagt darum: Wer an die in Jesus Christus offenbarte Liebe glaubt, der hat das Leben – das ewige Leben. Der darf mit den letzten Worten des »Te Deum«, des »Großer Gott, wir loben dich« sagen und singen: »Non confundar in aeternum«, »in Ewigkeit werde ich nicht zuschanden werden«.

So stellt uns das heutige Evangelium zu Beginn des neuen Semesters vor eine grundlegende Entscheidung. Es ist die grundlegendste Entscheidung unseres Lebens überhaupt, die Entscheidung, worauf wir letztlich setzen, worauf wir in unserem Leben bauen und trauen. Laufen wir den ideologischen Irrlichtern von gestern nach, die abgewirtschaftet und jämmerlich versagt haben? Oder wagen wir das Leben, weil Gott es mit uns wagt, weil wir in allem, was da kommt, von ihm getragen und gehalten sind? Wollen wir selber Zeugen solcher den Egoismus und das nackte Interessendenken überwindenden Liebe, Zeugen der Versöhnung, der Barmherzigkeit und des Friedens sein?

Man kann der Kirche vorhalten, sie habe sich in ihrer langen Geschichte bis heute selbst in ihrer Praxis nicht immer an ihre Botschaft gehalten. Eines kann man dem Christentum jedoch nicht absprechen: Es hat die Botschaft von der Hoffnung und von der Liebe bei allem eigenen Versagen lebendig erhalten und auch durch viele bekannte und unbekannte Zeugen beglaubigt. Wir sind gefragt, ob wir uns in diese Reihe der Zeugen einordnen. Sie werden gerade heute gebraucht.

Unser europäischer Kontinent steht gegenwärtig offensichtlich am Anfang einer neuen geschichtlichen Entwicklung. Europa hat eine neue Chance. Sie sind mit aufgerufen, an diesem erneuerten europäischen Haus mitzubauen. Die Geschichte Europas war schon in der Vergangenheit im Guten wie im Bösen entscheidend für die Welt. Auf welchen Fundamenten werden wir es aufbauen? Wirtschafts- und Währungsunion sind gewiss wichtig. Doch Europa war schon in seiner bisherigen Geschichte nie primär – oder auch gar nicht – eine politische Einheit. Europa war eine geistige und religiöse Einheit. Es war zusammengehalten von einem gemeinsamen, im christlichen Glauben begründeten Menschenbild. Jedes Gemeinwesen braucht ein geistiges Fundament, braucht gemeinsame Grundwerte und gemeinsame Sinnorientierungen. Woher sollen wir sie heute nehmen, nachdem die Großideologien von gestern zusammengebrochen sind? Woher anders als aus der gemeinsamen christlichen Tradition? Das aber bedeutet nichts anderes als ein freies und ein soziales Europa aufzubauen, das solidarisch ist mit den armen und notleidenden Völkern der Welt. Das heißt, eine Zivilisation der Liebe auf den Weg zu bringen.

Sie alle sind aufgefordert, an diesem großen Plan mitzuarbeiten. Dazu brauchen wir alle Einsichten und Methoden der Wissenschaft, aber wir brauchen sie im Interesse nicht von nacktem Eigennutz, sondern im Interesse der Freiheit und der Gerechtigkeit. Wir müssen sie so einsetzen, dass wir die Hoffnung der Menschen nicht enttäuschen.

Das nächtliche Zwiegespräch zwischen Jesus und Nikodemus kann uns ein Fingerzeig sein für das, was dem Menschen nottut, was uns nottut. Ich wünsche Ihnen allen für dieses Semester und für Ihr ganzes Leben eine gute Entscheidung und Gottes reichsten Segen. Amen.

Zum Jubiläum von Rerum Novarum

Verehrte Kolleginnen und Kollegen,
liebe Studentinnen und Studenten,
liebe Schwestern und Brüder![1]

Dieser Semestereröffnungsgottesdienst steht im Rahmen einer Vorlesungsreihe der Katholisch-Theologischen Fakultät über »100 Jahre *Rerum Novarum*« – der ersten Enzyklika zur sozialen Frage, veröffentlicht von Papst Leo XIII. am 15. Mai 1891.

I. Die soziale Frage heute

Ich bin außerordentlich dankbar für diese Vorlesungsreihe, geht es dabei doch um weit mehr, als um eine der vielen pflichtschuldigen Jubiläumsveranstaltungen. Die soziale Frage ist für uns Christen heute in noch viel radikalerer Weise eine Herausforderung erster Ordnung als es damals vor 100 Jahren der Fall war. Man wird uns einmal daran messen, ob es uns am Ende des 20. Jahrhunderts und kurz vor dem Anbruch des dritten Jahrtausend gelungen ist, unsere Welt in Gerechtigkeit und Frieden für alle Menschen bewohnbar zu machen. Ich möchte alle Studierenden der katholischen Theologie eindringlich bitten, sich sehr gründlich mit den Fragen der kirchlichen Soziallehre zu befassen.

Im heutigen Tagesevangelium ist von Hunger und Durst der Menschen die Rede. Das war schon damals nicht nur geistig und übernatürlich gemeint. Wenn Jesus uns sagt: »Ich bin das Brot des Lebens«,

---

[1] Predigt anlässlich des Semestereröffnungsgottesdienstes am 16. April 1991 in St. Johannes in Tübingen.

dann ist dies in einem alles umfassenden, einem integralen Sinn gesagt. Brot steht für alles, was wir Menschen zum Leben brauchen: Essen und Trinken, Kleidung, ein Dach über dem Kopf und Arbeit, aber auch eine menschenwürdige Ordnung, in der Recht und Gerechtigkeit herrschen, und schließlich Sinn für unser Leben, Hoffnung auch angesichts des Todes und nicht zuletzt Barmherzigkeit und Liebe. So ist es das Evangelium selbst, das uns als Christen ruft, Verantwortung für diese Welt zu übernehmen.

II. Kapital und Arbeit

Die moderne soziale Frage ist engstens mit der industriellen Entwicklung verbunden. Sie hat die traditionelle Gesellschaftsordnung revolutioniert und die neu entstandene Arbeiterklasse in heute kaum mehr vorstellbares Elend gestürzt. Es waren gerade bei uns in Deutschland auch wache Christen, welche die Umwälzungen wahrnahmen und als Anfrage an das christliche Liebesgebot verstanden. Ich nenne Karl-Heinrich Fürst zu Löwenstein, den Publizisten und Politiker Franz Joseph von Buß, den Mainzer Bischof Wilhelm Emmanuel von Ketteler, den Wissenschaftler Franz Hitze, den Priester und Gesellenvater Adolph Kolping, der am 27. Oktober 1991 seliggesprochen werden wird.

Papst Leo XIII. griff solche Initiativen auf. Er protestiert dagegen, dass »wenige übermäßig Reiche einer Masse von Besitzlosen ein nahezu sklavisches Joch auflegen.« Der Papst forderte gerechten Lohn, der die Existenz des Einzelnen und der Familie sichert. Er befürwortete die Bildung von Eigentum in der Hand des Arbeiters. Er verteidigte das Recht der Arbeiter, sich zusammenzuschließen, um ihre berechtigten Interessen wahrzunehmen und durchzusetzen. Gleichwohl predigte er nicht den Klassenkampf. Es ging ihm um das Zusammenwirken von Kapital und Arbeit in echter Sozialpartnerschaft. Er mahnte nicht nur zu Mildtätigkeit, sondern forderte eine Sozialpolitik, die anerkennt, dass aller Wohlstand nicht anderswoher als aus der Arbeit der Werktätigen stammt.

Seit *Rerum Novarum* hat sich die soziale Frage und mit ihr die kirchliche Soziallehre weiterentwickelt. Aus der damaligen Arbeiterfrage ist zunächst die gesamtgesellschaftliche soziale Frage, dann die

Frage einer weltweiten Ordnung des Friedens, eines Schreis nach Befreiung aus entwürdigenden und menschenunwürdigen Abhängigkeiten und schließlich die Frage der Bewahrung der natürlichen Lebensgrundlagen des Menschen geworden. »Gerechtigkeit, Frieden, Bewahrung der Schöpfung«, so hat es der europäische konziliare Prozess formuliert. Die kirchliche Soziallehre ist kein starres System, sondern das Ergebnis einer immer wieder neuen Begegnung sozialer Erfahrung und menschlicher Reflexion im Licht des Evangeliums von der Gerechtigkeit und Barmherzigkeit Gottes für uns Menschen.

III. Option für die Armen

Heute stehen wir vor ganz neuen und weit größeren Herausforderungen als vor 100 Jahren. Ich nenne beispielhaft nur die wichtigsten:

1. Die riesigen Wanderungs- und Fluchtbewegungen, von der unser Migrations- und Aussiedlerproblem nur ein kleiner Ausläufer, vielleicht aber auch ein erstes Vorzeichen einer neuen Völkerwanderung ist. Sie würde auch vor den Toren Westeuropas nicht Halt machen. In diesen Wochen bewegt uns alle das Schicksal des kurdischen Volkes. Es ist eine Schande, dass ein solcher Völkermord vor den Augen der Weltöffentlichkeit geschehen kann.

2. Das unerträgliche wirtschaftliche Gefälle zwischen der nördlichen und der südlichen Hemisphäre unserer Erde. Immer wieder haben die letzten Päpste anklagend gesagt: Die Reichen werden immer reicher und die Armen immer ärmer. Leider muss man hinzufügen: Wir, die Reichen, werden reicher auf Kosten der Armen. Sie, die Armen, und Ärmsten dieser Welt, zahlen auch die Kosten des fürchterlichen Krieges am Golf. Vorrangige Option für die Armen ist darum heute eine dringliche Forderung christlicher Soziallehre.

3. Die politischen Unrechtssysteme, welche Menschenwürde und Menschenrechte mit Füßen treten. Dabei denke ich auch an die Missachtung des Menschenrechts der Religionsfreiheit und an die Kirchen- und Christenverfolgung etwa in China oder im südlichen Sudan. Warum protestiert eigentlich niemand dagegen?

Wir Christen hier im reichen und privilegierten Westeuropa tragen Mitverantwortung und können uns aus alledem nicht heraushalten. Auch in unserem eigenen Haus ist vieles neu zu bestellen. Wir müssen gleiche oder zumindest vergleichbare Lebensbedingungen in ganz Deutschland schaffen, die Arbeitslosigkeit und die Wohnungsnot wirksamer als bisher bekämpfen. Es ist erschreckend, zu beobachten, wie die Zahl der Sozialhilfeempfänger sprunghaft zunimmt, wie sich in den Krankenhäusern, Alten- und Pflegeheimen der Pflegenotstand auswirkt, wie kinderreiche Familien und Alleinerziehende in Not geraten und vieles andere mehr.

IV. Erbe und Auftrag

In dieser Situation ist das Rundschreiben *Rerum Novarum* für uns Erbe und Auftrag zugleich. Die christliche Soziallehre ist nicht die Ideologie irgendeines konkreten wirtschaftlichen und sozialen Systems. Aber sie beansprucht, alle soziale Ordnung unter dem Gesichtspunkt des Sittlichen zu beurteilen. Denn in ihrer Mitte steht der Mensch. Er ist – so formuliert es das Zweite Vatikanische Konzil – Wurzelgrund, Träger und Ziel aller gesellschaftlichen Institutionen. Im Blick auf den konkreten einzelnen Menschen und seine Würde müssen darum alle gesellschaftlichen Institutionen und Systeme immer wieder neu einer Revision unterzogen werden.

Die christliche Soziallehre ist also ein Teil der christlichen Lehre vom Menschen und seiner je einmaligen Würde. Sie geht aus von einer ganzheitlichen Sicht des Menschen, der in Leib und Seele einer ist, der als je einmalige Person zugleich ein soziales Wesen mit sozialen Rechten wie Pflichten ist. So verurteilt sie den Kollektivismus, ebenso wie den Individualismus einer rücksichtslosen Ellenbogengesellschaft. Sie tritt ein für die Solidarität aller, betont den Vorrang des Gemeinwohls vor dem Einzelwohl. Sie lehrt, dass die Güter der Erde allen Menschen gemeinsam gehören und Privateigentum darum dem Sozialen verpflichtet ist. Sie mahnt zu einer Haltung des Teilens und einer Barmherzigkeit, welche die Forderungen der bloßen Gerechtigkeit übersteigt.

V. Zeugnis christlicher Liebe

Ich kann dies alles nur sehr unvollständig andeuten. Ich denke, jeder von Ihnen spürt, wie aktuell, ja wie im besten Sinn revolutionär solche

Aussagen in unserer Situation sind und welchen Anspruch sie an uns Christen stellen. Wir sind in der Vergangenheit sehr oft hinter diesem Anspruch zurückgeblieben und wir werden ihm heute nur sehr spurenhaft gerecht. Oft sehen wir gar nicht gut aus. Selbstkritik steht uns sehr wohl an. Denn nicht die stimmige Theorie ist es, die von uns erwartet wird, sondern das Tun der Wahrheit, das getane und gelebte Zeugnis christlicher Liebe. Allein Zeugen können überzeugen.

Ich habe den Eindruck, dass wir in der Kirche, in den Gemeinden und Verbänden in den letzten zwei bis drei Jahrzehnten viel zu sehr mit uns selbst und unseren internen Problemen beschäftigt waren. Die diakonische Dimension in unseren Gemeinden ist aufs Ganze gesehen unterentwickelt. Kirche in der Welt und für die Welt sein, heißt heute nicht zuletzt sozial engagierte Kirche sein. Unsere internen Grabenkämpfe sind nur für Insider interessant, die allermeisten Menschen scheren sich wenig darum. Die Kirche und jede einzelne Gemeinde muss sich der konkreten Nöte der kleinen Leute und der unter und zwischen die Räder Gekommenen, derer, die keine Stimme und keine Lobby haben, annehmen und ihnen nach Kräften zum Recht verhelfen.

Wenn wir jetzt Eucharistie miteinander feiern, dann ist diese Feier von Tod und Auferstehung Jesu Christi ein Zeichen dafür, dass am Ende das Leben siegt über die Mächte des Todes, die Liebe über den Hass, die Wahrheit über die Lüge. Die Eucharistie, die immer wieder neue Feier von Ostern, ist uns Unterpfand dafür, dass es niemals sinnlos ist, etwas Gutes zu tun, sich für Recht und Gerechtigkeit einzusetzen und Barmherzigkeit zu üben.

Wir können das eucharistische Brot nicht teilen, wenn wir nicht auch das tägliche Brot teilen. Nur dann können wir Jesus Christus als das Brot des Lebens bezeugen, wenn wir ihm nachfolgen in seinem selbstverzehrenden Dienst für die anderen.

Rerum Novarum, der Geist der die Welt erschütternden Neuerungen, das sind gar nicht in erster Linie die ungeheuren Umwälzungen, die wir heute noch mehr als vor 100 Jahren erfahren. Das wirklich Neue, das in die Zukunft weist und Bestand haben wird, sind Gerechtigkeit und Liebe. Seien wir Christen! Fangen wir damit an! Amen.

Das Haus unseres Lebens bauen

Meine lieben Mitbrüder,
liebe Schwestern und Brüder![1]

I. Baut auf Felsen!

Diejenigen, die diesen Gottesdienst vorbereitet haben, haben offensichtlich nach einem biblischen Text gesucht, in dem vom Hausbau die Rede ist. Sagen wir in diesem Gottesdienst doch Dank für 75 Jahre Katholische Fachschule für Sozialpädagogik Ulm und für das gelungene Werk eines Neubaus, der, so hoffen wir, auf sicheren und guten Fundamenten steht und allen Widrigkeiten standhält.

Doch eine Fachschule für künftige Erzieherinnen braucht nicht nur ein gutes bauliches Fundament und ein sicheres Dach über dem Kopf. Entscheidend ist das geistige Fundament, und darum geht es in diesem Evangelium.

Denn dieses Evangelium bildet den Abschluss der Bergpredigt und fasst in einem großartigen Bild zusammen, worum es in dieser Magna Charta der Reich-Gottes-Predigt Jesu geht.

Jesus will mit seiner Botschaft unser Leben und unsere Welt auf ein sicheres Fundament stellen. Er will damit auch die Erziehung, auch die Sozialpädagogik auf ein sicheres und solides Fundament stellen.

Er will uns sagen: Baut nicht einfach auf den Flugsand kurzlebiger Moden und rasch verfliegender Stimmungen, stellt nicht bloß schöne

---

1 Predigt anlässlich des 75-jährigen Jubiläums der Katholischen Fachschule für Sozialpädagogik Ulm am 24. September 1993.
Evangelium: Mt 6, 47–49.

Fassaden auf. Sonst endet ihr mit einem großen Scherbenhaufen. Grabt tiefer, baut auf Felsengrund und euer Werk wird Bestand haben.

II. Sinnvakuum in der Gesellschaft

Haben wir diese Mahnung nicht gerade heute dringend nötig? Man ist heute kein einsamer Rufer in der Wüste mehr, wenn man eine weit verbreitete Orientierungslosigkeit beklagt. Selbst erzliberale Blätter, die bis vor kurzem kräftig dazu beigetragen haben, alle traditionellen Werte zu zerreden und zu hinterfragen, sprechen inzwischen offen von einem Sinnvakuum in unserer Gesellschaft.

In den gewaltigen Umbrüchen der letzten Jahre sind viele weltanschaulichen Systeme, in denen man sich eingerichtet hatte, jämmerlich zusammengebrochen. Das gilt nicht nur vom Marxismus im Osten, das gilt auch vom Fortschrittsglauben bei uns im Westen. So wissen viele nicht mehr die Antwort auf die grundlegenden Fragen ihres Daseins: Wer bin ich? Wozu bin ich? Woher komme und wohin gehe ich? Was ist der Sinn meines Lebens? Was kann ich wissen, was soll ich tun, was darf ich hoffen?

Weil der feste Boden unter den Füßen wankt, greift Angst um sich, die leicht in Gewalt umschlägt. Wenn alles keinen Sinn mehr hat und die gemeinsamen Werte zerbröckeln und sich auflösen, sucht – im besten Fall – jeder für sich noch das Beste und Vorteilhafteste zu ergattern. Wir erleben diese Individualisierungs- und Entsolidarisierungstendenz in der gegenwärtigen öffentlichen Diskussion und im alltäglichen Verhalten vieler hautnah. Im schlimmeren Fall schlägt der Sinnlosigkeitsverdacht um in gewalttätigen Zynismus, der vor nichts mehr Halt macht. Kinder sind die ersten Leidtragenden dieser Entwicklung. Sie erfahren den Verlust familiärer und sozialer Geborgenheit am schmerzlichsten.

Wir müssen heute also ganz neu fragen, worauf wir das Haus unseres Lebens, das Haus unserer Gesellschaft, das gemeinsame europäische Haus bauen.

III. Kinder – unsere Zukunft

Aber wo stellt sich die Frage nach den geistigen und ethischen Fundamenten deutlicher als in der Erziehung unserer Kinder? Sie sind die Zukunft unseres Volkes. Nirgends sonst bauen wir mehr an den Fundamenten für die Zukunft als im Bereich der Erziehung. Hier geht es um Zukunftsinvestition im umfassenden Sinn dieses Wortes.

Ob wir uns beim Aufstellen unserer gewiss notwendigen Sparpläne im Staat und in der Kirche dessen immer hinreichend bewusst sind? Ja, die Frage geht noch tiefer: Sind wir, die Erwachsenen, überhaupt hinreichend vorbereitet und gerüstet für diese vielleicht wichtigste aller Zukunftsaufgaben? Gibt es nicht eine große Verlegenheit, wenn es gilt, gemeinsam und allgemein verbindliche Erziehungsziele zu formulieren?

Wenn es darum geht, die Werte namhaft zu machen, die wir in unseren pädagogischen Einrichtungen, in Kindergarten, Schule und anderen Bildungseinrichtungen an die nächste Generation weitergeben wollen, dann tut sich ein riesiger Pluralismus der Meinungen auf.

Viele Eltern, die erstberufenen Erzieher ihrer Kinder, sind zutiefst verunsichert. Die Verhaltensunsicherheit der Eltern und Erzieher führt neben vielem anderem zur Verhaltensunsicherheit und zu Verhaltensstörungen vieler unserer Kinder. Und welche Erzieherin und welcher Erzieher könnte davon nicht ein Lied singen?

IV. Das wahre Glück des Menschen

Das Schlusswort der Bergpredigt im heutigen Evangelium gibt uns eine Antwort. »Wer meine Worte hört und danach handelt«, der ist wie ein Mann, der sein Haus auf Felsengrund baut. Selbstverständlich will sich diese Antwort nicht an die Stelle einer pädagogischen Theorie und pädagogischer Methoden setzen. Sie kann und will uns das eigene pädagogische Nachdenken und das mühsame Erlernen pädagogischer Kompetenzen nicht abnehmen. Ganz im Gegenteil, sie zeigt uns das Fundament, auf dem wir sicher und verantwortlich weiterbauen können und müssen. Sie sagt uns: »Wenn der Herr das Haus nicht baut, dann bauen die Bauleute umsonst.«

Warum? Ich will es ganz einfach, kurz und bündig sagen. Der

Erziehung geht es darum, jungen Menschen zu helfen und sie zu begleiten auf dem Weg zu ihrem vollen und ganzen Menschsein, ihnen hilfreich beizustehen, Menschen zu werden, die ihr Leben verantwortungsvoll gestalten und bewältigen können, die zum Glück des Menschseins finden.

Was aber ist das, der Mensch? Was ist das wahre Glück des Menschen? Die Bibel gibt bereits auf der ersten Seite eine Antwort. Sie sagt, der Mensch ist geschaffen nach dem Bild und Gleichnis Gottes. In jedem Menschen schlummert, ja brennt, eine Erwartung, ein Hunger und Durst, der durch nichts in dieser Welt, und seien es die höchsten Werte und Güter, getilgt und erfüllt werden kann. Allein die Gemeinschaft und Freundschaft mit Gott macht ihn wirklich glücklich und schenkt ihm das Leben in Fülle. Allein in Gott hat unser Leben ein felsenfestes Fundament und ein letztes Ziel.

Allein Gott gibt unserem Leben letztlich Halt und Inhalt. Gewiss können wir unseren Kindern auch ohne Gott viele nützliche und wertvolle Dinge und Fertigkeiten mitgeben, nicht nur materielle Güter, auch menschliche Einstellungen und Werte. Aber wir können sie heute weniger als vor zehn und zwanzig Jahren nur für Schönwetterperioden erziehen. Wir müssen auch fragen: Was hält und trägt letztlich auch in stürmischen Zeiten. Wir müssen ihnen ein Haus bauen, in dem sie ganz und unbedingt angenommen und geliebt sind. Wir müssen sie hinführen zum Haus des Vaters, der im Himmel ist.

Dort ist Platz für alle und für jeden Einzelnen, ganz gleichgültig, ob er begabt oder weniger begabt, gesund oder beeinträchtigt, reich oder arm, mit oder ohne Migrationshintergrund ist sowie aus guter Familie oder aus zerrütteten Verhältnissen stammt.

Gott liebt alle gleich und er liebt sie ohne Ansehen der Person. Bei ihm und in seinen Händen darf sich jeder geborgen wissen für Zeit und Ewigkeit.

V. Kinder verstehen Symbole

Ich weiß um all die großen Schwierigkeiten, die einer religiösen und christlichen Erziehung heute entgegenstehen. Vielfach müssen wir ganz von vorne anfangen. Dabei geht es nicht um Indoktrination oder gar Dressur. Es geht einfach darum, die vielen kleinen und großen

Dinge des Lebens in ihrer Tiefe zu erschließen: Die Blume, die Sonne, das Wasser, das Licht und nicht zuletzt das Gesicht des Anderen.

Sage doch niemand, das überfordere die Kinder. Kinder haben viel mehr Phantasie, Träume und Hoffnungen als unsere weithin banale und triviale Erwachsenenwelt das ahnt. Kinder verstehen Symbole. Kinder sind religiös, wenn wir es ihnen nicht gewaltsam abgewöhnen, indem wir sie in den engen Käfig unserer eindimensionalen Welt hineinzwingen. Jeder von uns hat es schon erfahren, dass Kinder nicht nur von uns Erwachsenen lernen. Sie bereichern auch uns und nichts ist schwerer zu beantworten als Kinderfragen. Kinder können nachfragen und staunen, wo wir uns längst mit platten Alltagsantworten begnügen. Aber Kinder haben auch ein sehr feines Gespür für Wahrhaftigkeit und Echtheit dessen, was wir ihnen sagen und vormachen. Sie lassen sich nichts vormachen. Sie schauen auf unser Leben. Sie brauchen Zeugen gelebten Glaubens. Sie allein können zum Glauben anstecken. Sie haben Autorität. An sie kann man sich halten, weil sie selbst Halt haben.

Viele Eltern, viele Erzieherinnen und Erzieher mögen sich mit dieser Aufgabe überfordert fühlen. Sie sind ja selbst erst unterwegs mit Fragen, Problemen und Vorbehalten. Wer wäre je schon fertig mit seinem Menschsein und Christsein? Statt unverständige und oft auch ungerechte Kritik brauchen unsere Erzieherinnen und Erzieher Ermutigung, Zuspruch und Hilfe. Sie brauchen das Gespräch und die Begleitung. Sie verdienen nicht zuletzt Dank und Anerkennung für ihren menschlichen, christlichen und kirchlichen Dienst an unseren Kindern und unser aller Zukunft.

VI. Gottes Segen für die Zukunft

So möchte ich zum Schluss all denen danken, die in den letzten 75 Jahren an dieser Fachschule gewirkt haben, die Erzieherinnen und Erzieher ausgebildet und sie auf ihren ersten Schritten begleitet haben. Ich danke den Franziskanerinnen von Reute, die dieses erste katholische Kindergärtnerinnenseminar in Baden-Württemberg ins Leben gerufen haben und bis 1991 die Trägerschaft innehatten. Ich danke vor allem Schwester Melosa Steeb, die in dieser Einrichtung 40 Jahre gewirkt hat. 3000 Erzieherinnen und Erzieher sind in diesen 75 Jahren aus der Fachschule hervorgegangen.

Wenn wir heute einen Neubau einweihen, so gilt mein Dank allen, die zu seinem Entstehen mitgewirkt haben: Architekten, Handwerkern und Verwaltungsleuten.

Mein Wunsch ist es, dass nicht nur die baulichen Fundamente und Konstruktionen gut stehen, dass vielmehr in diesen Mauern die geistigen und religiösen Fundamente für die Zukunft unseres Volkes und unserer Kirche gelegt werden. Möge Gottes Segen auch in Zukunft über dieser Schule walten. Amen.

Salz der Erde – Licht der Welt

Verehrte, liebe Gäste aus Afrika, die ich ganz herzlich willkommen heiße,
verehrte Professorinnen und Professoren,
liebe Studentinnen und Studenten,
liebe Brüder und Schwestern![1]

Es mag auf den ersten Blick merkwürdig erscheinen, diesen Semestereröffnungsgottesdienst mit dem Thema Afrika und der bevorstehenden außerordentlichen Bischofssynode für Afrika zu verbinden. Mancher mag fragen: Was hat denn beides miteinander zu tun? Was haben die Probleme Afrikas und der Kirche in Afrika mit meinen Problemen am Beginn des Wintersemesters zu tun? Liegen zwischen beiden nicht Welten?

I. Als Kirche über den Tellerrand hinausschauen

Ich denke, beides hat sehr viel miteinander zu tun. Denn wir leben ja, zumal heute, in der Einen Welt, und es tut uns Westeuropäern nur gut, wenn wir uns aus unserer oft recht narzisstischen Selbstbezogenheit und aus unserer oft wehleidigen Fixiertheit auf unsere vergleichsweise doch kleinen Probleme lösen, wenn wir über den Tellerrand unserer engen Welt hinausschauen, den Horizont erweitern und uns der großen und globalen Probleme und der gewaltigen Herausforderungen in der Welt von heute bewusst werden. Was heißt denn aka-

[1] Predigt anlässlich des Semestereröffnungsgottesdienstes am 19. Oktober 1993 in St. Johannes in Tübingen.
Evangelium: Mt 5,13–17.

demisches Studium? Doch nicht dies, dass wir zu Fachidioten werden, welche über immer weniger immer mehr wissen, bis dahin, dass wir über nichts alles und in der Folge über alles, das heißt über das Ganze, nichts wissen. Sie hat es mit der *universalitas* zu tun. Sie soll unseren Blick auf das Universale hin weiten, um so einzelne und konkrete Probleme besser einordnen und verstehen zu können.

Dieser universale Zug und diese, im ursprünglichen Sinn des Wortes katholische Einstellung gelten in besonderer Weise für die Kirche und die Beschäftigung mit ihr. Ich weiß, viele mögen schon dieses Wort Kirche nicht mehr hören. Sie ziehen sich lieber in eine kleine vertraute Kuschelnische zurück oder beschränken sich auf eine sich selbst genügende Gemeinde vor Ort. Doch eben damit betrügen sie sich just um das, was mit zum Faszinierendsten an dieser Kirche gehört, dass sie nämlich keine bloße Landeskirche, sondern katholische Kirche ist, das heißt weltweite Gemeinschaft von Frauen und Männern, Kindern und Alten, weltweiten Gemeinschaften von Kirchen, die unbeschadet aller ethnischen, sprachlichen und kulturellen Unterschiede, unbeschadet der verschiedenen politischen Systeme, in denen sie leben, doch zusammengehören im einen Glauben an den einen Gott und den einen Herrn Jesus Christus, in der einen Hoffnung und in der einen Liebe im einen Heiligen Geist. Diese weltweite Einheit, in all der Vielfalt und trotz der Zerrissenheit und Verwerfungen in unserer heutigen Welt, gehört für mich immer wieder neu zum Begeisterndsten an unserer Kirche.

Nun liegt uns aber keine andere Ortskirche eines anderen Kontinents so nahe wie die Kirche in Afrika. Afrika liegt unmittelbar vor unserer europäischen Haustüre. Afrika kann uns also gar nicht gleichgültig sein. Afrika ist der Kontinent, in dem das Christentum und die Theologie, längst bevor sie bei uns Fuß gefasst haben, seit den ersten Jahrhunderten zu Hause sind. Ich nenne nur Alexandrien und Karthago.

Afrika ist zugleich der Kontinent, in dem das Christentum heute auf eine höchst sympathische Weise jung ist, in dem die Kirche nicht wie bei uns zahlenmäßig abnimmt, sondern durch Neutaufen teilweise sprunghaft wächst. Die Kirche in Afrika boomt!

Afrika ist freilich auch der Kontinent, der vergessen zu werden droht, auf dem aber die großen Probleme unserer Gegenwart, die Probleme, die auch uns angehen, deutlich werden, wo sichtbar wird, mit welchen Herausforderungen wir heute konfrontiert sind: mit einer instabilen politischen Weltordnung mit vielen politischen Krisen und blutigen Bürgerkriegen, mit sozialem Elend und riesigen Migrationsbewegungen, mit neuen Epidemien wie Aids. Leider berichten unsere Massenmedien gegenwärtig fast nur von der Situation in Somalia und Südafrika. Beides sind sicher wichtige Brennpunkte, doch was erfahren wir von den schlimmen Auseinandersetzungen, die gegenwärtig in Angola, Liberia, Ruanda, Zaire laufen oder gar von dem Völkermord im Sudan? Von dort erhielt ich erst kürzlich einen bewegenden Brief, dessen Tenor so lautete: Hier stirbt ein Volk, doch niemand kümmert sich darum. Doch die, die dort brutal verfolgt werden und sterben, sind zu einem großen Teil Christen, sie sind unsere Brüder und Schwestern. Das kann uns nicht kalt lassen.

Auch die Kirche selbst steht in Afrika vor großen inneren Herausforderungen. Ich nenne nur drei: Die Auseinandersetzung mit dem vom Norden, vom Maghreb über die Sahara nach Süden vordringenden Islam, die Auseinandersetzung mit den Sekten und die Aufgabe, das Christentum in Theologie, Liturgie und im gesamten Leben der Kirche einheimisch, das heißt, afrikanisch zu machen.

Dabei ist Afrika alles andere als ein einheitlicher Kontinent, in dem es zu allen diesen und vielen anderen Fragen nur eine einzige Meinung gäbe. Afrika ist nicht nur ethnisch, kulturell und sprachlich überaus vielgestaltig. Es gibt auch innerkirchlich zu allen diesen Fragen sehr unterschiedliche Positionen, auch zu den Fragen, wie die bevorstehende afrikanische Synode gestaltet wird und wo sie stattfinden soll. Wir sollten nicht vergessen: Dass diese Synode in dieser schwierigen Periode der Geschichte Afrikas überhaupt stattfindet, ganz gleichgültig wo, ist schon ein Fortschritt, der der persönlichen Initiative und der Beharrlichkeit von Papst Johannes Paul II. zu verdanken ist.

II. Die Sendung der Kirche in der Welt

Bei dieser gottesdienstlichen Feier geht es nicht um die vielen schwierigen und zweifellos wichtigen theologischen Fachfragen, welche Sie in diesen Tagen in dem Symposion über die afrikanische Sondersynode beschäftigen. Hier im Gottesdienst geht es vielmehr darum, dass wir am Beispiel Afrikas uns Gedanken machen über die Sendung der Kirche in der Welt von heute. Das Evangelium, das wir soeben gehört haben, sagt uns dazu Wesentliches. Es deutet uns die Sendung der Kirche in Afrika wie hier bei uns mit Hilfe von drei eindrucksvollen Bildern: Salz der Erde, Licht der Welt, Stadt auf dem Berg.

Wenn man diese Worte hört, zucken wir unwillkürlich zusammen. Können wir denn das sein – Salz der Erde, Licht der Welt? Ist das nicht eine heillose Selbstüberschätzung und Selbstüberforderung? Sollen wir das überhaupt sein wollen? Ist ein solcher Anspruch nicht elitär, intolerant und überheblich? Sollten wir es nicht endlich aufgeben, von Mission zu sprechen und andere missionieren zu wollen?

Das Evangelium erlaubt uns freilich kein Ausweichen. Es sagt nicht einmal: Ihr sollt oder ihr solltet Salz der Erde, Licht der Welt sein. Es sagt klipp und klar und völlig unmissverständlich: Ihr seid Salz der Erde, Licht der Welt; ihr seid es, ob ihr wollt oder nicht. Ihr seid es, weil euch das Licht, das Gott selbst ist, und das in Jesus Christus ein für alle Mal in der Nacht unserer Welt erschienen ist, erleuchtet hat. Dieses Licht der Welt, das Jesus Christus ist, berührt nicht nur euch. Es ist nicht euer Privatbesitz. Es gehört allen, und es will alle erleuchten. Es ist gerade heute in besonderer Weise nötig. So ist die Kirche, wie das Zweite Vatikanische Konzil formulierte, aufgrund ihrer Natur missionarisch. Sie ist missionarisch oder sie ist nicht mehr die Kirche Jesu Christi. Die missionarische Aufgabe ist heute alles andere als abgegolten. Sie ist vielmehr nach wie vor aktuell.

Wir brauchen heute dieses Salz der Erde ganz besonders. Salz bewahrt vor Fäulnis und Verderben. Salz gibt Geschmack und Würze. Aber ist es nicht so, dass gegenwärtig sehr vieles verkommt und zugrunde geht, dass bislang tragende Grundwerte zerbröckeln und zerbröseln, dass es in den Herzen vieler Menschen Verwundungen und Verletzungen gibt? In dieser Situation ist die heilende Kraft des Evangeliums gefragt. Und fehlt es uns gegenwärtig nicht oft an Sinn, an Licht, das heißt an Sinn und Orientierung, brauchen wir nicht gerade gegenwärtig die Sinndeutung und Sinnstiftung, welche vom Evangelium ausgeht und die uns hilft, die Welt und unser Leben besser zu verstehen? Schließlich: Brauchen wir nicht in unserer Situation, wo so viele Menschen äußerlich und innerlich heimatlos geworden sind, wo sie kein konkretes Ziel mehr vor Augen haben, die Stadt auf dem Berge, welche Orientierung gibt, Hoffnung vermittelt und Heimat verheißt?

Wer heute meint, wie es viele tun, die Kirche habe ausgedient, man brauche sie nicht mehr, sie sei nur noch ein auslaufendes Modell, der hat weder die Tiefe der Not unserer Zeit und ihre wahren Bedürfnisse erkannt, der hat auch keine Ahnung von dem Reichtum an Licht und Leben, an Heilung und Befreiung, Versöhnung und Hoffnung, welche die Sendung der Kirche ausmacht.

Sagen Sie nicht, das alles sei schöne Theorie. Seit ich Bischof bin, habe ich ohne Zweifel die Schwachstellen der Kirche, ihr Menschliches und oft allzu Menschliches viel näher erfahren, als dies aus Büchern, Zeitschriften und Fernsehmagazinen überhaupt möglich ist. Ich weiß sehr wohl, dass die Kirche ihren Schatz in irdenen Gefäßen trägt, und ich weiß dies nicht zuletzt im Blick auf mein eigenes armseliges christliches Leben. Aber ich erfahre auch Woche für Woche und oft Tag für Tag, wieviel Leben in dieser Kirche noch und schon wieder pulsiert in vielen Gemeinden und Gemeinschaften, in vielem sozialen Engagement, in vielen stillen heiligmäßigen Betern und Beterinnen. Nicht zuletzt habe ich bei Besuchen in vielen afrikanischen Ländern die Lebendigkeit der Kirche und das Befreiende ihres Glaubens erfahren: Kirche habe ich erfahren in den Slums bei Nairobi, in einem Krankenhaus in Kampala, bei den Nomaden im Hoggar-Gebirge, im Süden Algeriens, in begeisternden Gottesdiensten in Ruanda wie in Burkina Faso, bei den Schwestern der Mutter Teresa in Kariobangi bei Nairobi, auch in den akademischen theologischen Zentren sowohl in Nairobi wie in Kinshasa, Abidschan und in Yaoundé.

Meine lieben Schwestern und Brüder, lassen wir uns doch den Blick nicht auf das Negative fixieren und eignen wir uns nicht eine einseitige negative Mentalität an. Wenn wir einen Blick auch für das Positive haben, werden wir wieder neue Freude an der Kirche gewinnen. Ich kann nur wiederholen, was ich bereits am Tag meiner Bischofsweihe gesagt habe: Ich liebe diese Kirche und ich freue mich, zu ihr zu gehören.

Sie ist bei allen unbestreitbaren Schwächen und Fehlern Licht der Welt, Salz der Erde, Stadt auf dem Berg.

III. Kirche ist kein Selbstzweck

Das heutige Evangelium erinnert uns freilich auch daran, dass es nicht genügt, für die Kirche zu schwärmen. Die Kirche ist kein Selbstzweck. So wie Jesus Christus für die anderen, für die Menschen da war, lebte und starb, so darf sich auch die Kirche nicht vornehmlich mit sich selbst beschäftigen und meinen, wenn wir nur unsere eigenen Strukturen und Organisationen verbessern, sei das meiste schon geschafft. Diese Selbstbeschäftigung ist sogar eines der Übel der gegenwärtigen Kirche und das eigentlich Frustrierende an ihr. Das Evangelium sagt, die Kirche sei Licht auf dem Leuchter, Stadt auf dem Berge, sie dürfe ihr eigenes Licht nicht unter den Scheffel stellen. Sie darf also keine kleine religiöse Nische sein wollen oder gar eine Sakristeikirche. Sie muss den Mut haben, sich einzulassen in der Welt und auf die Welt. Sie darf sich nicht zurückziehen. Das gilt von den großen geistigen Herausforderungen, vor denen wir heute in einer Welt mitten im Umbruch stehen. Dies gilt erst recht von den großen sozialen Fragen. Das Evangelium sagt uns sehr präzise, *wie* wir das machen sollen, Licht der Welt zu sein. Nicht allein und nicht zuerst durch das, was wir sagen, sondern durch das, was wir tun, was wir leben und sind, durch unsere Werke. In unserem Einsatz für die in Not und am Rand Lebenden soll der Glaube Gestalt annehmen. Nur so kann er, wie das Salz der Suppe, der Welt einen neuen, einen menschlicheren Charakter geben. Die vorrangige Option für die Armen ist heute zu Recht eine Option nicht nur der Kirche in Lateinamerika, sondern der universalen Kirche, auch der Kirche in Afrika.

Sich einlassen auf die intellektuellen wie auf die sozialen Nöte und Probleme bedeutet alles andere, als sich chamäleonartig an die Welt anzupassen. Licht auf dem Leuchter, Stadt auf dem Berge kann die Kirche nur sein, wenn sie sichtbar, erkennbar und unterscheidbar ist, wenn sie sich nicht stromlinienförmig dem Zeitgeist anpasst, wenn sie viel mehr Profil und Flagge zeigt. Wenn sie keinen Anstoß mehr erregt und nur noch sagt, was alle anderen auch sagen, dann ist ihr Salz schal geworden, dann ist sie zu nichts mehr nütze, dann kann man sie vergessen.

Kirche, so sagten wir, sei nicht um ihrer selbst willen, sondern für die Welt und für die Menschen da. Wir müssen diese Aussage im Sinn des Evangeliums ergänzen. Denn das Evangelium belehrt uns auch darüber, dass die Kirche, wenn sie ihr Licht leuchten lässt, keine Selbstwerbung und keine Imagepflege zu treiben hat. Ihr Licht soll leuchten, damit die Menschen »eure guten Werke sehen und euren Vater im Himmel preisen.« Der letzte Sinn und das letzte Ziel der Kirche ist das Lob, die Verherrlichung Gottes, die Danksagung, die Feier der Eucharistie. Nirgends kann man das so eindrucksvoll erleben wie in Afrika. Vor Gott zu singen und zu tanzen, zu trommeln und ehrfurchtsvoll schweigend ihn anbeten, das macht den Menschen dort Freude. In solchen Gottesdiensten erfahren sie, dass sie frei sind von den bösen Geistern und den zerstörerischen Mächten in dieser Welt, dass sie vielmehr in der Hand des einen Vaters im Himmel sind, der sie liebt, der sie führt und der sie trägt.

Die Verherrlichung Gottes ist das Heil des Menschen. Und Kirche ist immer dort besonders bei sich selbst, wo sie in feierlicher und festlicher Weise Liturgie feiert, wo sie gemeinsam Gott lobt und preist, wo sie dies mit allen Sinnen, die uns Gott geschenkt hat, tut. Die Freude an Gott ist, wie schon das Alte Testament sagt, unsere Stärke. Auf uns bezogen könnte man auch sagen: Die Freudlosigkeit und die Gleichgültigkeit gegenüber Gott ist unsere Schwäche, ja unsere tiefste und eigentliche Not. Sollten wir in dieser kritischen Situation unserer westlichen Kultur nicht von unseren Brüdern und Schwestern in Afrika lernen? In materieller Hinsicht sind sie weit ärmer als wir, an ganzheitlicher Menschlichkeit und an religiöser Sensibilität und Freude sind sie uns haushoch überlegen.

So freue ich mich darüber, dass es bei diesem Symposion zu einer Begegnung zwischen Europa und Afrika gekommen ist. Wenn wir uns nun anschicken, gemeinsam Eucharistie zu feiern, dann vollziehen und feiern wir das, was uns über alle ethnischen, kulturellen und sprachlichen Unterschiede hinweg verbindet. Wir feiern, dass wir alle miteinander Kinder, Söhne und Töchter des einen Vaters im Himmel und die eine Kirche unseres Herrn und Bruders Jesus Christus sind, der uns alle, jeden und jede auf seine und ihre Weise berufen hat, Salz der Erde, Licht der Welt und Stadt auf dem Berg zu sein. Dafür wollen wir ihm danken, darüber dürfen wir froh sein. Amen.

Dem Geist Raum geben

Liebe Schwestern und Brüder![1]

»Empfangt den Heiligen Geist.« Nur ganze vier Worte und doch die ganze Pfingstbotschaft. Noch mehr: Die Erfüllung der Hoffnung des alten Bundesvolkes und der ganzen Geschichte Gottes mit den Menschen.

I. Die Katastrophe des Karfreitags

Im Laufe seiner Geschichte erkannte das Volk Israel immer mehr: Es kommt nicht weiter. Es hat sich verrannt; alles ist blockiert. All die vielen Träume und Hoffnungen gehen nicht auf und werden nicht Wirklichkeit. Es ist dieselbe Erfahrung, welche auch die Jünger Jesu nach der Katastrophe des Karfreitags machen. Auch ihre Hoffnungen sind bitter enttäuscht. Es führt kein Weg mehr weiter. Es bleibt nur die nackte Angst vor dem, was kommt. So versammeln sie sich hinter verschlossenen Türen. Und die verschlossenen Türen sind ein Signal einer verschlossenen, verkorksten, ausweglosen Situation, einer Situation, in der nichts mehr geht.

Die Propheten Israels haben sich nach einem langen Weg schließlich zu der Erkenntnis durchgerungen: Es sind nicht äußere Umstände und äußere Feinde, auf die man bequem alles abschieben kann. Es liegt am eigenen Herzen. Das Herz des Menschen ist aus Stein. Es ist

---

[1] Predigt anlässlich des Jubiläums 25 Jahre Fachbereich Religionspädagogik der Katholischen Fachhochschule Freiburg i. Br. am 09. Juli 1998.
Evangelium: Joh 20,19–22.

ein Herz, das kein Mitgefühl hat, das nicht willig, nicht beweglich ist, das verhärtet, versteinert, festgefahren ist. Im Herzen muss darum ein neuer Anfang gemacht werden. Ein neues Herz, ein Herz aus Fleisch, ein Herz das willig und das mitfühlend ist, ist vonnöten. Nur aus einem neuen Herzen kann auch eine neue Welt entstehen.

Solche Umkehr kann kein Mensch aus eigener Kraft leisten. Niemand kann sich selbst sein Herz aus dem Leib reißen und sich ein neues Herz einsetzen. Ein neuer Geist, ein heiliger Geist ist nötig. Er allein, der das Herz des Menschen geschaffen hat, kann auch ein neues Herz schenken, ein neues Volk schaffen und eine neue Welt hervorbringen. Er ist der Geist grundlegender Erneuerung.

Das Evangelium, das Sie für diesen Festgottesdienst ausgesucht haben, ist ein Echo dieser Einsicht. Jesus schenkt den total entmutigten und verängstigten Jüngern den Heiligen Geist. Er tut dies, indem er gleichzeitig von der Vergebung der Sünden spricht und ihnen ihr Versagen, ihre Feigheit, ihre Mutlosigkeit und ihre Treulosigkeit vergibt.

Sünden, das sind nicht nur ein paar alltägliche Unvollkommenheiten und manchmal fast liebenswerte Schwächen. Sünden, das sind all der Hass und der Streit, das Unrecht und die Gewalt, die Verlogenheit und Verschlagenheit, all die gotteslästerlichen und menschenverachtenden Ungeheuerlichkeiten, welche es in unserer Welt gibt, aber auch die Nadelstiche und die kleinen und großen Gemeinheiten, welche wir uns zufügen und welche das Leben bitter machen können. Sünden, das sind auch die Verstrickungen in die Menschen durch solche eigenen und fremden Taten geraten können, das sind auch ungerechte, unfrei machende, erniedrigende Strukturen der Sünde, denen wir nicht entkommen können und die uns alle Hoffnung nehmen.

Der Heilige Geist, den Jesus schenkt, zieht einen Schlussstrich unter das Ganze und schenkt einen neuen Anfang. Er reißt die verrammelten Türen wieder auf, eröffnet Perspektiven, Zukunft, Hoffnung. Er macht Mut und schenkt wieder Vertrauen.

Diesen Heiligen Geist hat Israel für die Endzeit erwartet. Wenn Jesus sagt: »Empfangt den Heiligen Geist« *(Joh 20,21)*, dann will er sagen: Jetzt ist es so weit. Ihr dürft wieder aufatmen und neu Hoffnung schöpfen. Das Alte ist vergangen; Neues ist geworden.

II. Eine Botschaft für uns heute

Dies ist – weiß Gott – eine Botschaft für uns heute, zumal in diesem Heiligen-Geist-Jahr an der Schwelle zu einem neuen Jahrhundert und Jahrtausend und in der Vorbereitung auf das Heilige Jahr 2000.

Wenn wir auf das zu Ende gehende 20. Jahrhundert zurückschauen, dann müssen wir betroffen feststellen: Es war insgesamt kein guter Geist, welcher dieses Jahrhundert bestimmt hat. Den Beginn unseres Jahrhunderts begleiteten viele große, man könnte auch sagen: großspurige Worte und Reden. Von Fortschritt und Mehrung des Wohlstands für alle war da die Rede. Vieles ist tatsächlich auch erreicht worden, vor allem auf dem Gebiet der Wissenschaft und der Technik. Wir können und wir wollen auch nicht zurück.

Aber zu diesem Jahrhundert gehören auch zwei Weltkriege, mit Millionen von Toten, Millionen Menschen auf der Flucht, Millionen, die vergast wurden, zahllose andere Kriege, viele Massaker, sinnlose Zerstörung unwiederbringlicher Kulturwerte. Heute erkennen wir auch immer mehr die Kehrseite unseres modernen Fortschritts: Nicht nur die Zerstörung der Umwelt, auch die Zerstörung grundlegender menschlicher Werte, des Gemeinsinns und des Familiensinns; die Entsolidarisierung greift um sich, Individualismus und Hedonismus nehmen zu. Auto und Maschinen nehmen uns vieles ab, das Telefon erleichtert vieles. Trotzdem haben wir heute weniger Zeit füreinander; Hektik und Hetze nehmen zu. Wir geraten außer Atem. Unsere Seele kommt bei dem rasanten Tempo nicht mehr mit. Wir rationalisieren. Gut. Aber wir rationalisieren auch Arbeitsplätze weg. Und ist es nicht eine zynische Logik: Je mehr Menschen aus einem Unternehmen entlassen werden, umso mehr steigen die Aktien.

So sind die Utopien aus dem Anfang des Jahrhunderts längst zerstoben. Die Hoffnung ist in Depression und Frustration umgeschlagen. Aus dem Hochmut ist der Kleinmut geworden. Schwermut, Traurigkeit, Verdruss, Widerwillen, Gereiztheit sind an der Tagesordnung. Eine primitive materialistische Konsummentalität herrscht vor. Und da sie uns nicht ausfüllen kann und weil wir Angst haben, unser Leben darüber zu versäumen und zu verlieren, hetzen wir von einem Erlebnis zum nächsten. Wir arbeiten uns zu Tode, wir amüsieren uns zu Tode. Eine Kultur der Zerstreuung hat man dies schon genannt. Sie ist schwerfällig, ja gleichgültig gegenüber geistigen Werten und Idealen. Es fehlt daher an Tapferkeit und Großmut, etwas, ja alles dranzusetzen und sich selbst dranzugeben für eine große »Sache«. Weil es keine Perspektive mehr gibt, ist alles flach, banal und grau geworden.

Zunehmend viele Menschen, gerade auch junge Menschen, haben den Eindruck: So kann es nicht weitergehen. Unsere Situation ist wie die Israels, wie die der Jünger nach dem Karfreitag ein einziger Schrei um den Heiligen Geist. Komm, Heiliger Geist, schenke uns ein neues Herz! Erneuere du das Antlitz der Erde!

III. Ein neuer Anfang

Nicht nur ein neues Jahrhundert, ein grundlegend neuer Anfang und eine neue Kultur ist notwendig. Doch wie sollen wir sie erreichen? Wie sie schaffen? Die Antwort: Nicht aus eigener Kraft. Wir können sie nicht machen und nicht organisieren – weder durch Wissenschaft noch durch Politik oder große ethische Leistung und Kraftanstrengung.

Das Evangelium spricht vom Empfangen: »Empfangt den Heiligen Geist.« *(Joh 20,22)* Er ist Gabe, Geschenk, Gnade. Wir müssen Abschied nehmen von dem Hochmut des Alles-selber-könnens und -selber-machens, Abschied nehmen von unserem modernen Autonomismus und von der Beschränkung auf eine rein innerweltliche Lebenserfüllung. Hier ist eine radikale Umkehr, ein radikales Umdenken, eine Kehrtwende um 180 Grad vonnöten. Wir müssen es wieder lernen, das Leben als etwas zu verstehen, das man nicht machen kann, das vielmehr Geschenk ist. Erst recht kann man das Glück des Lebens nicht machen; man kann es nicht einfordern und auch nicht absichern. Es ist Geschenk. Der Heilige Geist ist die Gabe schlechthin. Er ist – so sagen die Theologen – die Gabe zwischen Vater und Sohn, die Gabe, in dem sich Vater und Sohn wechselseitig selbst schenken und geben. Er ist die Selbstgabe Gottes an uns, Gottes Sich-selbst-verschenken, Gottes Selbstvergessenheit und Selbstlosigkeit. Weil aber unser Herz so groß und so weit ist, dass Gott allein groß genug ist, um es zu erfüllen, ist Gottes Sich-selbst-weg-schenken im Heiligen Geist die Gabe, die uns ganz ausfüllt und endgültig erfüllt. Doch Gottes Geist kann nur dort in uns Platz greifen, wo wir ihm Platz machen und ihm die Tür unseres Herzens öffnen, wo wir unsere Armut, unsere Ohnmacht und unser ganzes Elend anerkennen und demütig werden. Wir müssen uns deshalb von unserem Anspruchsdenken lösen. Aus Hochmut muss Demut werden, die sich beschenken lässt. Sie ist nach den Meistern des geistlichen Lebens die Grundtugend des Christen. Sie ist die Würde des Geschöpfes vor Gott. So können wir um den Heiligen Geist nur demütig bitten und beten: Komm Heiliger Geist!

Aus der Demut erwächst die Großmut der Hoffnung. Der Geist, der sich selbst wegschenken kann, überwindet die Angst, die uns in uns selbst verkrampft und verklemmt. Er besiegt den Kleinmut, die Verzagtheit, die Verdrießlichkeit und die Schwunglosigkeit. Er ist das Geschenk der Hoffnung. Sie ist in jedem Menschen angelegt. Ohne Hoffnung kann niemand leben, auch kein Volk und auch nicht die Kirche. In Jesus Christus und durch die Aussendung seines Geistes ist sie endgültig in Erfüllung gegangen. So zeigt Jesus nach seiner Auferstehung den Jüngern seine durchbohrten Hände und seine durchbohrte Seite. Alles Leid und aller Schmerz sind verklärt, das heißt vom Geist durchflutet. Selbst der Tod ist überwunden. Der Durchbruch ist geschafft. Der Himmel ist wieder offen. Gerechtigkeit hat gesiegt über Unrecht und Gewalt, Liebe über den Hass, Wahrheit über Lüge, Leben über Tod. Es lohnt sich nun, sich für das Leben, für Gerechtigkeit, Wahrheit und Liebe einzusetzen. Es lohnt sich, sich anzustrengen und etwas zu leisten. Es lohnt sich, ein anständiges Leben zu führen. Es lohnt sich, nicht zu resignieren und sich in Geduld zu üben. Es lohnt sich, sein Leben an Werten auszurichten und tapfer nach seinem Gewissen zu leben, auch wenn dies Nachteile bringt. Die Liebe bleibt immer und was aus Liebe getan wird, das hat Bestand für immer. Diesem Geist der aktiven Hoffnung, nicht dem Geist der Verzagtheit und des Kleinmuts, sollen wir Raum geben, aus ihm leben und wirken.

Dieser Geist kommt an Pfingsten unter außergewöhnlichen und außerordentlichen Phänomenen. Er kommt wie Feuer vom Himmel und Sturmesbrausen. Außerordentliche Phänomene gibt es auch immer wieder im geistlichen Leben: Ekstasen, Wundertaten, Stigmata, Reden in Sprachen und andere. Der Apostel Paulus kennt das alles auch; nach ihm wirkt der Geist jedoch vorrangig ganz anders. Die Charismen gipfeln in der Liebe. Ohne sie ist alles andere leerer Schall und leeres Getöse. Die Liebe ist langmütig und gütig, sie bläht sich nicht auf, sie erträgt alles, glaubt alles, erhofft alles und hält allem stand (vgl. *1 Kor 13,7*). Entsprechend sind die Früchte des Geistes:

Liebe, Freude, Friede, Langmut, Freundlichkeit, Güte, Treue Sanftmut, Selbstbeherrschung. Das alles klingt sehr alltäglich. In der Tat, eine Mystik des Alltags ist nötig. Sie zeigt sich in alltäglicher Tapferkeit und Treue, im Alltag der Liebe, der Toleranz und der Rücksicht, der Selbstlosigkeit, der Einsatzbereitschaft, des Leidens, sie hält stand in den Ängsten, Bedrängnissen, Enttäuschungen und Versuchungen.

Diesem Geist sollen wir Raum geben. Das heißt auch, den inneren Werten wieder mehr zugetan sein und Raum geben. Wir leben viel zu außenorientiert. So leben wir in der Sucht nach Erfüllung, wo wir sie gar nicht finden können, und wir sind immerzu auf der Flucht vor uns und vor Gott als dem letztlich einzigen Glück unseres Lebens. Wir müssen wieder lernen, dass das Sein wichtiger ist als das Haben. Wir müssen die inneren Werte wieder kultivieren und neu eine Kultur der Innerlichkeit pflegen. Nicht umsonst wünscht Jesus seinen Jüngern als erstes den Frieden. Und von den Jüngern wird gesagt: Sie freuten sich, als sie Jesus sahen. Frieden und Freude, das sind die wichtigsten Gaben des Heiligen Geistes. Sie stehen für das innere Glück, die innere Zufriedenheit, den inneren Trost, die Ruhe des Gewissens.

IV. Die Kraft des Heiligen Geistes

Noch ein Letztes, das uns heute wohl am meisten schwerfällt. Jesus schenkt nach dem Evangelium, das wir gehört haben, den Heiligen Geist seinen Jüngern, damit sie ihn weitergeben. Sie sollen in der Kraft des Heiligen Geistes die Vollmacht haben, Sünden zu vergeben und so neue geistliche Anfänge zu ermöglichen. Gottes Geist und Institution der Kirche sind also keine Gegensätze. Gottes Geist wirkt vielmehr in der Kirche und durch die Kirche. Der Heilige Geist ist nach dem heiligen Augustinus, den das Zweite Vatikanische Konzil hier zitiert, gleichsam die Seele der Kirche.

Ich weiß, dass sich bei solchen Aussagen bei vielen innerlich einiges sträubt, und es ist ja auch gar nicht schwierig, auf viel Ungeistiges und Geistloses in der Kirche zu verweisen. Zweifellos gibt es auch in der Kirche das Phänomen des Sich-verschließens gegen den Geist und die Aufgabe einer immer wieder nötigen Erneuerung aus der Kraft des Geistes. Die Kirche ist semper renovanda, stets auf die Erneuerung und die Verjüngung angewiesen. Nur als sich erneuernde Kirche gibt sie dem Geist Raum. Sie steht aber auch unter der Verheißung des Herrn, dass der Geist sie nie verlässt, dass sie sich nie ganz verlieren und verhärten kann, dass der Geist vielmehr immer wieder Männer und Frauen erweckt, welche die Kirche aufrütteln.

Dazu schenkt der Geist, wie wir in der Lesung gehört haben, verschiedene Geistgaben, die alle aufeinander verwiesen und aufeinander angewiesen sind. Sie sollen einen Leib mit vielen Gliedern bilden. Sie, die Sie Religionspädagogik studieren, bereiten sich vor, einmal in Ihrer besonderen Weise an der Sendung der Kirche teilzunehmen, Zeichen und Werkzeug des Geistes Gottes in der Welt zu sein. Sie können dies nur, wenn Sie selbst geistliche Menschen sind, Menschen, welche aus dem Heiligen Geist leben und dem Geist Gottes in ihrem eigenen Leben Raum geben. Das können Sie nur, wenn Sie mit den anderen Geistgaben zusammenwirken, wenn sie in der Kirche und mit der Kirche leben, in und mit der Kirche fühlen, in der Kirche für die Kirche arbeiten und streiten, in der Kirche für die Erneuerung der Kirche sich einsetzen. Anders gleichen sie einem Glied, das vom lebendigen Leib abgeschnitten wird und abstirbt.

In der Kirche und mit der Kirche gilt es, dem Geist Raum zu geben. Ich weiß, wie viel Ärgernis da oft zu verarbeiten, wie viel Enttäuschung zu überwinden ist. Wie viel auch da zu beten ist: Komm Heiliger Geist! Ich weiß aber auch, wie viel an Anregung und Bereicherung zu gewinnen ist, wenn man nicht nur seine Ideen und sein wirkliches oder vermeintliches Charisma hochhält, wenn man sich vielmehr aufmacht und sich einlässt auf andere Richtungen, andere Mentalitäten und andere Stile. Der Heilige Geist hat viel mehr Phantasie als wir ihm meist zutrauen.

Komm, Schöpfer Geist! Schenk uns ein neues Herz, schenk uns den Geist der Umkehr und der Erneuerung, schenk uns den Geist der Demut, der Hoffnung, der Liebe und der Innerlichkeit. Komm, Heiliger Geist, erneuere deine Kirche und fang bei mir an. Amen.

Kirch- und Altarweihen

Der Altar – Fundament und Eckstein

Liebe Schwestern und Brüder,[1]

dieser Tag ist für Sie wie für mich gleichermaßen ein besonderer Tag. Für Sie bedeutet diese feierliche Weihe des Altares der Abschluss der Renovierung Ihrer Kirche. Das ist für Sie ein wichtiger Abschnitt in der langen Kirchengeschichte hier in St. Magnus in Wernau.

Für mich hat dieser Tag ebenfalls eine besondere Bedeutung, weil es die erste Altarweihe ist, die ich als Bischof vornehme. Ich freue mich besonders darüber, dass Ihre Kirche den heiligen Magnus als Patron hat; er ist der Missionar des Allgäus, meiner Heimat.

I. Dank – Gott unserm Vater

Miteinander haben wir Grund zur Freude, aber auch allen Grund zum Dank. Ich möchte diesen Dank in Ihrer aller Namen aussprechen. Mir liegt besonders am Herzen, zunächst all denen zu danken, die in den vergangenen Monaten im Großen wie im Kleinen Zeit und Mühe investiert haben. Ich denke an diejenigen, die mitgeplant, mitgearbeitet, mitgeopfert und gebetet haben. Die vielen freiwilligen Arbeitsstunden sind gewiss nicht alle aufgeschrieben worden. Ich danke Ihrem Pfarrer Bernhard Münkel für sein wohl zusätzliches und persönliches Engagement, für seine Sorgen während der Baumaßnahmen und für seinen Seelsorgedienst in dieser Gemeinde.

---

1 Predigt anlässlich der Altarweihe am 08. November 1989 in der Pfarrkirche St. Magnus in Wernau.
Lesung: Röm 13,8–10.

Der Dank gilt dem Kirchengemeinderat für die manchmal lästigen aber notwendigen Sitzungen. Ich danke den Handwerkern und Ihnen allen für Ihre Tatkraft und Mitverantwortung. Für vieles, was im Hintergrund des Alltags gearbeitet wurde und heute nicht offen sichtbar ist, sage ich allen Helferinnen und Helfern ein herzliches »Vergelt's Gott«.

Mein besonderer Dank gilt selbstverständlich dem Künstler, Herrn Josef Baumhauer. Was er geschaffen hat, ist nicht nur aus künstlerischer Perspektive beeindruckend, es ist auch eine eindringliche Art der Verkündigung unseres Glaubens.

Danken möchte ich an dieser Stelle deshalb auch allen, die sich in dieser Gemeinde um die Weitergabe des Glaubens sorgen, den pastoralen Mitarbeitern, den Eltern, die ihren Kindern den Glauben weitergeben. Ich danke der Jugend, dass Sie sich zum Glauben unserer Kirche bekennt und sich in der Gemeinde engagiert.

Noch mehr als den Menschen gilt unser Dank heute vor allem Gott dem Herrn. Ohne ihn wären wir nicht hier, gäbe es nicht den Glauben über so viele Generationen hinweg. Ohne ihn gäbe es keine Kirche, keine Gemeinde, keinen Altar, keine Eucharistie. Lasst uns deshalb Gott unserem Herrn Dank sagen. So ist es würdig und recht.

II. Der Altar – Fundament und Eckstein

Der Altar ist seit alter Zeit ein Bild für Jesus Christus. Er ist das Fundament und der Eckstein, auf dem alles ruht und der alles zusammenhält. Sie alle wissen, wie wichtig es im Leben ist, festen Grund unter den Füßen zu haben, klare Bezugs- und Orientierungspunkte zu kennen. Die Not vieler Menschen besteht heute darin, dass ihnen eben dieser Grund und diese Orientierung fehlen. So geraten sie in Angst und in Panik. Sie irren im Nebel wie ziellos im Kreis herum.

Als Christen wissen wir, worauf wir bauen und woran wir uns orientieren können: an Jesus Christus. Einen anderen Grund kann niemand legen!

Jesus Christus bleibt in seiner Kirche gegenwärtig. Er ist der Mittelpunkt und der Bezugspunkt jeder Gemeinde und auch ihrer Pfarrei. Sonntag für Sonntag kommen Sie deshalb hier um den Altar zusammen, um unsere Erlösung zu feiern. In der Eucharistie werden Tod und

Auferstehung Jesu für uns gegenwärtig als Grund und Ziel unseres Lebens.

Der Künstler hat ein Zahlensymbol der frühen Kirche aufgegriffen, um diese Botschaft auszudrücken. Das Oktogon, das Achteck, soll ein Bild sein für die Fülle des Lebens durch den auferstandenen Christus. Er ist der verherrlichte Christus, der mit seinem Königtum, mit seinem Reich mitten unter uns lebt und wirkt. Er ist auch der endzeitliche Christus, der in der Mandorla thront und uns durch seinen Heiligen Geist zu seiner Gemeinde auferbaut. Er ist mit uns, seiner pilgernden Kirche unterwegs, durch alle Generationen und Zeiten, durch alle Schwierigkeiten und Veränderungen hindurch.

Deshalb wurde der Altar bei der Renovierung mehr ins Zentrum gerückt und zum Schnittpunkt zwischen dem Schiff und den Altarnischen gemacht. So wird der Altar für uns zum Bezugspunkt, sozusagen zum Schnittpunkt eines Koordinatensystems. Wenn wir uns um den Altar versammeln, bekennen wir, dass unser Leben auf Christus hin bezogen ist, dass wir uns an ihn halten und uns an seinem Leben ausrichten. Umgekehrt werden wir vom Altar aus ausgesandt, hinaus in die Gemeinde, in die Familie, den Beruf, die Welt der Arbeit und der Freizeit und in die politische Verantwortung in unserer Gesellschaft. Das zeigen die Bänder an, die der Künstler in den Boden eingelegt hat: zum Altar hin und vom Altar her. Im Altar sammelt sich, was sich im Leben entfalten soll.

Der heilige Paulus fasste das Gemeinte im Römerbrief knapp zusammen: »Alle anderen Gebote sind in dem einen Satz zusammengefasst: Du sollst deinen Nächsten lieben wie dich selbst.« Damit spricht der Apostel das Wesentliche unseres christlichen Glaubens aus. Der Heilige Vater, Papst Johannes Paul II., nennt es mit anderen Worten eine »Zivilisation der Liebe«.

III. Die lebendige Wahrheit Gottes

Damit ist der Altar auch ein Anruf an uns. Wenn wir hier das Opfer Christi feiern, dann hat das Konsequenzen für unser Leben. Die Weihe des Altares heute soll für uns alle auch eine Stunde des Neubeginns werden. Prüfen und Korrigieren wir das heute oft so verworrene und verschobene Koordinatensystem unserer Gedanken und Taten, unserer

Maßstäbe und Pläne und bringen sie in Übereinstimmung mit der lebendigen Wahrheit Gottes. Er hat sie uns in Jesus Christus geoffenbart und will, dass wir sie in Liebe tun.

Was heißt das? Das heißt zunächst, dass wir uns immer wieder und jeden Tag neu zu Gott hinwenden. Wir dürfen aus seiner Versöhnung leben, aus seiner Gnade, die wir Sonntag für Sonntag und jeden Morgen neu erfahren dürfen. Gott nimmt uns ohne Bedingung an, er weiß um unsere Schwächen, unsere innere Not und Begrenztheit. Ist es nicht so, dass gerade die Menschen heute einen Ort suchen, an dem sie angenommen sind, eine Gemeinschaft, die nicht zuerst auf Leistung und Aktivismus Wert legt. Wir leben primär von Gottes Gaben. Vergessen wir darum das Danken nicht und tragen wir ihm unsere Anliegen und Nöte vor. Ich meine, es ist für uns Geschenk und Verpflichtung zugleich, dass wir als Christen uns regelmäßig vom Altar her orientieren. Sich regelmäßig zum sonntäglichen Gottesdienst um den Altar zu versammeln, kann daher nicht nur ein »Angebot« sein, so wie man im Kaufhaus das beste und billigste Angebot aussucht. Der Sonntag ist »Gebot« für unser Leben, wenn es wirklich und wahrhaftig gelingen soll. Die Feier der Eucharistie muss darum Mitte und Höhepunkt unseres christlichen Lebens sein und wieder mehr werden.

Der Altar ist aber auch Auftrag für eine unsere Welt umgestaltende Zivilisation der Liebe. Unsere Welt schreit förmlich danach. Jeder von uns ist durch Taufe und Firmung berufen, die erlösende und heilende Gemeinschaft mit Jesus Christus vom Altar aus hinauszutragen. Wir sollen missionarisch wirken und das Große, das wir empfangen haben anderen weitergeben. In den Pluralismus der Meinungen müssen wir die genuin christlichen Werte einbringen und sie überzeugend zu leben versuchen. Die Welt braucht unser Zeugnis von Gottes barmherziger Liebe gerade heute. Ich bin der festen Überzeugung, dass das Christentum heute dringender als bisher gebraucht wird: in den Familien und Ehen, in den sozialen Aufgaben unserer Zeit, im Leben mit ausländischen Christen, im Hunger nach geistigen und geistlichen Werten.

Liebe Schwestern und Brüder der St. Magnus Gemeinde: Erneuern Sie nicht nur Ihre Kirche und Ihren Altar. Werden Sie selbst neue Menschen, die sich am Altar ausrichten. Stehen Sie fest im Glauben und in der Solidarität mit der Kirche. Lassen Sie sich senden als lebendige Zeugen der Liebe Gottes, damit wahr wird, was bei der Grundsteinlegung im Jahre 1958 auf die Urkunde geschrieben wurde: »Die Liebe und Treue zu Christus und seiner Kirche möge unseren Kindern und den kommenden Geschlechtern immer wieder aufs neue geschenkt werden, weil es ohne Christus, den einzigen Erlöser der Welt, (und außer der Kirche) kein Heil gibt.«

Das galt nicht nur in den vergangenen Jahrhunderten. Diesen Glauben müssen wir weitergeben. Er ist das Kapital für die Zukunft. Weil er Licht und Leben ist von Jesus Christus her, der gestern, heute und morgen derselbe ist. Amen.

Gott will das Heil des ganzen Menschen

Sehr geehrter Herr Landrat Dr. Blaser,
sehr geehrter Herr Dezernent Schmidt,
liebe Mitbrüder,
verehrte Ärzte und Ärztinnen,
liebe Schwestern und Brüder,[1]

mit großer Freude und Dankbarkeit habe ich die Bitte aufgegriffen, den Altar dieser Kapelle des Kreiskrankenhauses Wangen zu weihen. Ich beglückwünsche die Stadt und dieses Haus, ich beglückwünsche Sie, Herr Landrat Dr. Blaser, sowie den Leiter dieses Hauses zu diesem gelungenen Werk. Im Rahmen der Erweiterung und Sanierung dieses Kreiskrankenhauses konnte auch diese Krankenhauskapelle renoviert werden. Von Herzen danke ich allen, die dazu beigetragen haben. Mein herzlicher Gruß gilt ebenfalls allen kranken Menschen in diesem Haus, die jetzt nicht hier in dieser kleinen Kapelle sein können, aber über die Videoanlage des Hauses jetzt mit uns verbunden sind und so diesen Gottesdienst mitfeiern können.

I. Heil und Heilung

In diesem Krankenhaus geht es in erster Linie um Menschen. Die neuen Einrichtungen, die Geräte, Apparate und Räume sind nicht Selbstzweck. Sie dienen zur Heilung von kranken und leidenden Menschen. Alle, die hier arbeiten und wirken, wissen sich dem traditionellen ärztlichen Grundsatz verpflichtet: Salus aegroti suprema lex – Das Wohl,

---

[1] Predigt anlässlich der Altarweihe am 23. Juni 1991 im Kreiskrankenhaus Wangen.

das Heil des Kranken ist die höchste Norm. Um das Heil und die Heilung des kranken Menschen muss es hier gehen.

Gewiss – der kranke Mensch sucht hier primär medizinische Hilfe. Aber Krankheit und Leiden stellen auch Fragen an den Menschen, die über den medizinischen Bereich hinausreichen, die tiefergehen: Warum bin ich krank? Warum ausgerechnet ich? Wozu soll dies gut sein? Angesichts solcher Fragen nach dem Sinn und dem Unsinn von Krankheit und Leid sind neben den Ärzten und Pflegern auch die Seelsorger gefragt. Sie sind mit herausgefordert, nach einer Antwort zu suchen.

Die Antwort des Glaubens heißt: Gott will das Heil des Menschen, des ganzen Menschen. In Jesus Christus ist dies einmalig und unübertroffen offenbar geworden. Jesu Zuwendung – in den Evangelien kommt das immer wieder zum Ausdruck – gilt besonders den Armen und Kranken. Zu ihnen weiß er sich in erster Linie gesandt. Heil und Heilung gehören für ihn zusammen. Leibsorge und Seelsorge sind nicht zu trennen.

II. Begegnung mit dem lebendigen Gott

Gott will das Heil des Menschen: Das soll gerade hier in diesem Raum, in dieser Kapelle erfahrbar werden. Diese Kapelle soll ein Ort der Ruhe und des Gebetes sein. Ein Platz zum Rasten, zum »Auftanken« und zum Stillwerden.

Ein Ort, wo alle Menschen, die sich in diesem Haus aufhalten, mit Gott in Kontakt kommen können mit offenen Händen und Herzen, um sich neu von ihm beschenken zu lassen, mit seiner Nähe, mit seiner Kraft, mit seinem Frieden.

Auf dem Ambo wird die Heilige Schrift aufgeschlagen und den Mitfeiernden das Wort Gottes verkündet. Es ist das Wort der frohen und erlösenden Botschaft. Es sind Worte von Licht und Leben, die uns Richtung und Orientierung geben.

Der Altar, der in dieser Kapelle geweiht werden soll, ist nichts anderes als ein Zeichen für Jesus Christus selbst. Sein Kreuzesopfer auf Golgotha wird in jeder Feier der Eucharistie auf sakramentale Weise gegenwärtig. Hier wird Jesus Christus, das Heil der Welt, erfahrbar. Hier verschenkt er sich in den Zeichen von Brot und Wein.

An diesen Ort dürfen wir alles bringen, was uns bewegt, was uns belastet, uns das Leben schwermacht: unsere Hilflosigkeit und Ohnmacht, unsere Angst, unsere Sorge um die eigene Zukunft.

Jesus Christus will uns hier begegnen, uns ganz nah bei sich haben und uns an seinem Leben teilhaben lassen. Als dann in Christus erneuerte Menschen dürfen wir wieder weitergehen. Die Kranken in die Krankenzimmer zurück, die Schwestern, Ärzte, Pfleger an den Arbeitsplatz, ans Krankenbett, ins Labor, in den Operationssaal, an den Schreibtisch, in die Küche, an die Pforte.

III. Ruf in die Nachfolge Christi

Jesus Christus, der für uns am Kreuz sein Leben hingegeben hat, ruft uns alle in seine Nachfolge. Ihm nachfolgen bis zur Lebenshingabe ist die Berufung aller Getauften. Am deutlichsten und radikalsten strahlt dies auf im Leben der Märtyrer und Bekenner, also jener Christen, die mit ihrem Tod oder mit ihrem Leben die Wahrheit des Evangeliums bezeugt haben. Daher sind in jedem Altar Reliquien von Märtyrern oder Bekennern eingelassen. Dies will uns sagen und verdeutlichen: Der Altar ist zwar zuerst Symbol für Jesus Christus, dann aber auch Symbol für die Christen, deren höchste Berufung darin besteht, ihr Leben als Opfergabe in Dank, Lob und Bitte zu begreifen.

Der Altar in dieser Kapelle soll uns daran erinnern, dass die Menschen in dieser Welt noch vieles andere zu tun haben als arbeiten und feiern, als Geld verdienen und Geld ausgeben, als kaufen und verkaufen, erleben und erleiden, essen und trinken, reisen und ruhen – all dies, was unser tägliches Leben ausmacht, dürfen wir vor Gott hintragen in dem Vertrauen, dass er es hineinverwandelt in unser ewiges Leben in Gemeinschaft mit ihm. Deshalb beten wir an diesem Altar darum, dass unser Lebensopfer mit dem Opfer Jesu Christi vereint werden möge, dass wir nicht nur teilhaben an seinem Kreuz, sondern auch an seiner Auferstehung und uns so Heil und Leben erwächst.

Möge dieser Ort zu einem Ort geistlicher Gesundung und Erholung werden. Mögen hier viele Kraft schöpfen in schweren Stunden. Möge von hier Trost und Hoffnung ausgehen. Mögen hier viele danken für wiedererlangte Gesundheit. Möge hier Jesus Christus gegenwärtig sein, der immer ein Helfer und Freund der Kranken war und ist. Amen.

Anbeten im Geist und in der Wahrheit

Liebe Mitbrüder,
liebe Schwestern und Brüder![1]

Der Abschluss der mehrjährigen Renovation der ehemaligen Stiftskirche St. Peter und Paul in Obermarchtal durch die Weihe des neuen Volksaltars ist mir ein willkommener Anlass, Sie alle, die Sie zu diesem festlichen Gottesdienst gekommen sind, herzlich zu grüßen und allen, die an der Renovation der Kirche sowie an der künstlerischen Ausgestaltung des Altarraums mitgewirkt haben, meinen Glückwunsch, meine hohe Anerkennung und meinen Dank auszusprechen. Die Mühe hat sich gelohnt; das Werk ist gelungen. Die Gemeinde von Obermarchtal, die Gäste der Akademie dürfen sich freuen und stolz sein auf dieses Juwel oberschwäbischen Barocks.

I. Anbetung Gottes im Geist und in der Wahrheit

Doch vielleicht fragen sich manche von Ihnen auch: Warum diese Mühe? Wozu dieser Aufwand? Gewiss, der kritische Zustand der Bausubstanz verlangte nach einer gründlichen Renovation. Die Verpflichtung zum Erhalt eines hohen Kulturgutes war gegeben. Es wäre sehr schade gewesen, hätte man diesen herrlichen Kirchenraum dem langsamen, aber sicheren Verfall preisgegeben. Aber diese Auskunft besagt nicht alles. Sie gibt nicht den tiefsten Grund an, weshalb an dieser Stelle schon im achten Jahrhundert ein kleines benediktinisches Klos-

---

[1] Predigt anlässlich der Altarweihe zum Abschluss der Renovation der Klosterkirche St. Peter und Paul am 04. Oktober 1992 in Obermarchtal.
Evangelium: Joh 4,19–24.

ter St. Peter gegründet wurde, warum im elften Jahrhundert hier ein Chorherrenstift entstand, welches im zwölften Jahrhundert in ein Prämonstratenser-Stift umgewandelt wurde, und warum der bedeutende Abt Nikolaus Wierith im Jahr 1686 den Grundstein für diese jeden Besucher überwältigende Kirche legte, welche nach 15-jähriger Bauzeit 1701 eingeweiht wurde. Die Großartigkeit der Architektur und die Pracht der einzigartigen Stuckaturen dienen letztlich nicht der Ergötzung der Menschen, sie sind geschaffen zur Ehre und zur Verherrlichung Gottes. Diese Kirche lädt uns ganz im Sinne des Evangeliums, das wir soeben gehört haben, ein zur Anbetung Gottes im Geist und in der Wahrheit.

Seit Jahrhunderten wird an dieser Stelle gebetet, werden Psalmen gesungen und geistliche Lieder angestimmt, weil Menschen da waren, welche zutiefst überzeugt davon waren, dass allein in der Verherrlichung Gottes das Heil von uns Menschen besteht. So ist dieses Gotteshaus eine einzige eindrucksvolle Predigt, die wir zu hören haben und die uns heute bitter nottut.

Kultstätten zu errichten und Tempel zu erbauen, wo man Gott nahekommt, wo man ihn verehrt und wo er helfend, heilend, beschützend mitten unter uns ist, das ist ein Grundzug aller menschlichen Kultur seit Urzeiten. Der heilige Berg mit dem Tempel galt von alters her als Mittelpunkt der Welt, als Nabel des Weltalls, als Vollendung der Schöpfung. Und dieser herrliche Kirchenraum zeigt uns, was aus unserer Welt wird, wenn Gott und sein Geist von ihr Besitz ergreifen, wenn er in ihr wohnt. Da ist die Welt nicht mehr ein Kerker und ein System, in das man gnadenlos eingesperrt ist, da ist vielmehr alles durchflutet von Klarheit und Licht, geprägt von Harmonie und Schönheit. Ein Gotteshaus wie dieses ist ein Symbol dafür, wie Gott unsere Welt verwandeln und verklären kann und ist eine Vorahnung dessen, was am Ende sein wird, wenn Gott einmal alles in allem sein wird.

II. Sehnsucht nach der Nähe Gottes

Aber – so müssen wir betroffen fragen – drohen diese Sehnsucht nach Gottes Gegenwart und der Sinn für Anbetung und Verherrlichung Gottes heute nicht zu erlöschen? Würde heute eine Pfarrei, eine Abtei oder ein Stift, eine Diözese auf die Idee kommen, eine Kirche von diesen Ausmaßen, von dieser Größe und Wucht, von dieser Kostbarkeit zu bauen? Sie würden vernichtender Kritik sicher sein. Man würde ihnen entgegenhalten, man könne das Geld anders und besser anwenden, für Wohnungen von Menschen, für Kindergärten und Altenheime. All das brauchen wir ganz gewiss, und an all dem besteht ein empfindlicher Mangel. Fragt sich nur, ob wir darüber nicht den Sinn verloren haben für die tiefere Dimension, die sich in Tempeln und Kirchenbauten der Vergangenheit ausdrückten: Die Sehnsucht nach der Nähe Gottes und der Sinn für die Anbetung und Verherrlichung Gottes, dem wir alles verdanken, was wir sind und was wir haben. Wollen wir heute nicht allzu oft eine Stadt oder einen Staat bauen, nicht so sehr gegen Gott, wohl aber als ob Gott nicht wäre und als ob wir ihn letztlich nicht bräuchten. Unsere sehr säkular gewordene Welt heute hat den Geschmack an Gott weithin verloren. Sie ist interesselos, gleichgültig geworden gegen ihren Schöpfer und Erlöser.

Aber wohin sind wir mit dieser praktischen Gottlosigkeit gekommen? Friedrich Nietzsche, der den Tod Gottes proklamierte, hat es uns vorausgesagt: Es gibt kein Oben und kein Unten mehr, wir stürzen und fallen nach allen Richtungen, es wird Nacht und immer mehr Nacht; es weht uns ein kalter Wind an. Der Tod Gottes führt auch zum Tod des Menschen. Wo man Gott nicht mehr anbetet, da dient man den Götzen. Wo die Welt nicht mehr Wohnung Gottes ist, wird sie unwohnlich und unheimlich. In ihr hausen dann alle möglichen Geister, die uns Angst machen und uns terrorisieren. Hat uns nicht der jämmerliche Zusammenbruch des kommunistischen Atheismus die Augen dafür geöffnet, zu welchem nicht nur wirtschaftlichen, sondern menschlichem Ruin ein System ohne Gott führt? Aber versuchen wir hier im Westen unter anderen Vorzeichen und mit anderen Mitteln in dieser Hinsicht nicht fast haargenau dasselbe?

Wo Gott ausfällt, da haben wir am Ende nur noch Fragmente, nur noch Trümmer und Scherben in den Händen, da irren wir letztlich grund- und ziellos umher, ohne Grund und Halt, ohne Richtung und Sinn.

Dieser Tag, da wir dieses Gotteshaus wieder in Dienst nehmen, um Gottesdienst in ihm zu feiern, sollte uns zur Besinnung führen auf die Grundlagen unseres privaten wie unseres öffentlichen Lebens. Auch heute sind wir darauf angewiesen, dass Gott wirksam und heilsam unter uns gegenwärtig ist, dass sein Segen auf unserem Leben, auf unserem Land und auf unserer Arbeit ruht. Auch heute brauchen wir die Kirche als Haus Gottes und Ort des Gottesdienstes. Gerade heute brauchen wir Orte des Gebets und der Stille, um uns zu erinnern, was der tiefste Sinn unseres Lebens und der Welt ist: Gott zu loben und zu preisen, um so ewiges Glück und Heil zu erlangen.

III. Der Altar als Mitte der Kirche und der Gemeinde

Liebe Schwestern und Brüder, im Mittelpunkt dieser Kirchenrenovation stand entsprechend den Weisungen des Zweiten Vatikanischen Konzils die Um- und Neugestaltung des Altars und des Altarraums. Der Altar als der Ort, an dem wir Jesu Christi Tod und Auferstehung feiern, sollte der Gemeinde näher gerückt werden, dass sie lebendig und tätig Anteil nehmen kann am gottesdienstlichen Geschehen. Der Altar – so werden wir es nachher bei der Altarweihe immer wieder hören – symbolisiert Jesus Christus. In ihm ist uns Gott endgültig nahegekommen. Er ist der Tempel Gottes, in dem die Gottheit in ihrer ganzen Fülle leibhaftig wohnt. In ihm ist Gott ganz und gar eingegangen in unser menschlich Fleisch und Blut. Durch ihn hat er alles Menschliche und alle Situationen menschlichen Lebens von der Geburt bis zum Tod angenommen, so dass es nunmehr keine menschliche Situation mehr geben kann, die grundsätzlich gottlos und gottfern wäre.

Der Altar in der Mitte der Kirche und der Gemeinde sagt uns: Dein Leben hat eine Mitte, es hat einen Halt, es hat aber auch einen Maßstab, an dem es sich messen und immer wieder neu ausrichten kann und muss. Jesus Christus ist dieser Maßstab. Sein Wort gibt unserem Leben Richtung, Sinn und Licht; sein Leben gibt uns Kraft, Hoffnung und Mut. Er sagt uns konkret und er zeigt uns konkret, wie unser ganzes Leben, nicht nur am Sonntag, sondern genauso am Werktag, zu einem einzigen Gottesdienst werden kann und soll.

Die Renovation dieser Kirche ist mit dem heutigen Tag nicht abgeschlossen. Sie hat nur dann einen Sinn, wenn sie weitergeht und zur Renovation, zur Erneuerung unseres Lebens und Ihrer Gemeinde aus dem Geist Jesu Christi wird. Sollten wir nicht in einer so orientierungslos und perspektivenlos gewordenen Welt wie der unseren froh und dankbar sein, in Jesus Christus einen festen Orientierungspunkt, einen Grund- und Eckstein, einen Mittelpunkt und ein Zentrum unseres Lebens zu haben?! Zu Jesus Christus gibt es auch heute keine wirkliche Alternative! Wo finden wir sonst solche Worte des Lebens? Wo schöpfen wir sonst Mut und Hoffnung im Leben und im Sterben?!

IV. Erneuerung des Lebens

Liebe Schwestern und Brüder, die Renovation dieser Kirche verweist uns also auf eine andere Renovation, eine andere Erneuerung: Die Erneuerung unseres Lebens und unserer Kirche. Viele erwarten und viele drängen geradezu ungestüm auf die Erneuerung der Kirche. Sie ist gewiss bitter notwendig. Aber es ist wie bei dieser Renovation auch: Man kann nicht beliebig umbauen. Der ursprüngliche Bauplan muss erhalten bleiben, es geht nicht darum, das Alte zu überpinseln, sondern es in seiner ursprünglichen Schönheit wieder freizulegen. So können wir auch die von Jesus Christus gestiftete Grundstruktur der Kirche nicht beliebig ändern, wenn nicht die ganze Architektur ins Wanken geraten soll. Sagen wir es mit einem Wort: Wir wollen und wir brauchen eine erneuerte Kirche, aber eine neue, eine andere Kirche kann es nicht geben. An Jesu Wort gilt es festzuhalten, ob gelegen oder ungelegen. Er ist der unverrückbare Eckstein. Seiner Nachfolge bleiben wir alle verpflichtet, auch im bald kommenden 21. Jahrhundert und im dritten Jahrtausend. Nur mit ihm können wir Zukunft haben. Mit ihm werden wir aber auch Zukunft haben.

So soll uns diese großartige Kirche hoch über dem Donautal auch im kommenden Jahrhundert und Jahrtausend ein Fingerzeig und Wegweiser sein. Denn was wäre unser Europa ohne solche Kirchen wie Obermarchtal, Zwiefalten, Weingarten, Ochsenhausen und vielen anderen. Und was würde Europa sein in Zukunft, wenn es nicht mehr geprägt wäre vom Geist des Christentums und des Glaubens, wenn Gott nicht mehr angebetet würde im Geist und in der Wahrheit.

Machen wir deshalb Gott neu zur Grundlage unseres Lebens, Jesus Christus, unseren Herrn und Heiland. Machen wir neu unserer Leben selbst zum Gottesdienst. Dann wird Gottes Segen auch weiterhin über diesem Land und seinen Leuten liegen. Dies ist mein Wunsch für die Gemeinde von Obermarchtal, für die Gäste der Akademie und für alle Besucher dieses Gotteshauses. Der Gnade und der Friede unseres Herrn Jesus Christus sei mit Ihnen. Amen.

Praedicare Christum crucifixum

Meine lieben Schwestern und Brüder,[1]

zuerst will ich der gesamten Kirchengemeinde St. Paul hier in Esslingen herzliche Glückwünsche aussprechen zu der gelungenen Renovierung dieses altehrwürdigen und kunstgeschichtlich so bedeutsamen Münsters St. Paul. Ich denke, es hat sich gelohnt, dass sie während der anderthalbjährigen Bauzeit auf ihr Gotteshaus verzichtet haben und die brüderlich gewährte Gastfreundschaft Ihrer evangelischen Schwestergemeinde in Anspruch genommen haben. Dem Architekten, dem Künstler und den Handwerkern ist es gelungen, die schwierige Aufgabe glücklich zu lösen, die alte kunstgeschichtlich bedeutsame gotische Gestalt der ehemaligen Dominikanerkirche mit den liturgischen Weisungen des Zweiten Vatikanischen Konzils und mit den heutigen Bedürfnissen gottesdienstlicher Feier zu verbinden und so eine Raumgestalt zu finden, die einlädt zur Stille und zum Gebet, die Wärme ausstrahlt und in der man sich geborgen fühlt.

Mein Dank und meine Anerkennung gilt auch dem Pfarrer und dem Kirchengemeinderat, der aus Anlass der Renovation sicher viele zusätzliche Sitzungen auf sich nehmen musste. Nicht zuletzt danke ich den freiwilligen Helfern und auch denen, die die Kirche am Schluss wieder gereinigt und geschmückt haben.

---

1 Predigt anlässlich der Altarweihe am 13. März 1994 (4. Fastensonntag) in St. Paul in Esslingen.

I. Kirche auf dem Weg in die Zukunft

Die Erneuerung der Kirche aus toten Steinen hat für uns als Christen letztlich nur dann einen Sinn, wenn sie Anlass, Ausdruck und Zeichen der Erneuerung der Kirche aus lebendigen Steinen ist. Diese Kirche sind wir alle, die wir auf den Namen Jesu Christi getauft und seinem Leib eingefügt sind. Auf dem Zweiten Vatikanischen Konzil, das 1965 zu Ende gegangen ist, hat sich unsere Kirche zu der Einsicht durchgerungen, dass die Kirche stets der Reinigung und der Erneuerung bedürftig ist. Sie ist nie fertig, sondern ständig auf dem Weg.

Der Weg der Kirche in die Zukunft ist freilich keine Fahrt ins Blaue. Der Weg der Kirche ist klar vorgezeichnet. Ich denke, der Name dieses Münsters St. Paul sagt uns klar und deutlich, worum es bei dieser Erneuerung geht und wohin dieser Weg führt. Im zweiten Kapitel des Ersten Korintherbriefes sagt der Völkerapostel, er wolle nichts anderes wissen und es gehe ihm bei all seinen Mühen um nichts anderes als darum, Jesus Christus, den Gekreuzigten zu verkünden. »Praedicare Jesum Christum crucifixum«.

Dieses nach dem Apostel Paulus benannte und ihm geweihte Münster bringt dieses Programm in großartiger Weise zum Ausdruck. Jedem, der diese Kirche betritt, wird der Blick unwillkürlich auf die eindrucksvolle Darstellung des Gekreuzigten vorne in der Mitte des Chorraumes gelenkt. Damit wird deutlich, worum es in der Kirche und aller kirchlichen Erneuerung einzig und allein geht und gehen darf, nämlich darum, Jesus Christus zu verkünden und ihn nicht nur durch das Wort, sondern ebenso durch die Tat und durch das ganze Leben zu bezeugen.

Viele Zeitgenossen und auch viele Christen wissen heute nicht mehr recht, was es mit der Kirche eigentlich auf sich hat, wozu sie da ist und ob sie überhaupt noch zeitgemäß ist. Durch übereilige Anpassung an den Zeitgeist, durch innere Zerrissenheit und die oft gegensätzlichen Meinungen und unterschiedlichen Richtungen ist das Profil der Kirche für viele undeutlich und verschwommen geworden. Sie wissen darum manchmal nicht mehr, warum sie noch in der Kirche bleiben sollen.

Dieses Münster gibt uns im Geist des Apostels Paulus die Antwort. Es geht nicht primär um eine Vielzahl von Dogmen, von Geboten und Verboten. Sie haben an ihrer Stelle durchaus ihre Bedeutung. Wichtig sind sie jedoch nur, indem sie entfalten, was Jesus Christus für uns bedeutet. Er ist der Grundstein und der Schlussstein des Ganzen. Er ist Maß und Richtschnur für alles, was als christlich gelten will.

Der Maßstab des Kreuzes liegt freilich quer zu vielem, was heute als modern gilt. Er ist unbequem. Schon Paulus sagte, er sei den Juden ein Ärgernis, den Griechen eine Torheit. Man kann das Christentum nicht im Windkanal stromlinienförmig konstruieren. In vielen konkreten Verhaltensweisen werden sich heute die Christen klar und deutlich unterscheiden müssen, wenn sie sich am Maßstab Jesu Christi orientieren wollen.

Aber, meine lieben Schwestern und Brüder, ist es nicht gerade in einer Zeit wie der unsrigen, in der alles so im Umbruch ist und ins Wanken geraten ist, in der viele nicht mehr durchblicken und nicht mehr wissen, woran sie sich noch halten, woran sie sich orientieren können, was trägt und was hält, ist es in einer solchen Situation nicht in der Tat eine Gnade und ein Geschenk, in Jesus Christus ein solches Licht auf dem Weg des Lebens zu haben? Und gibt es etwa eine bessere Antwort, mit der man besser leben und auch sterben kann?

II. Franz von Assisi und Albert der Große

Die Kunde von Jesus Christus hat Geschichte gemacht. Dies wurde deutlich im 13. Jahrhundert, als diese Kirche gebaut wurde. Es war damals eine der schwersten Krisen, welche die Kirche je durchmachte. Die Kirche war auf der Höhe des Mittelalters reich und mächtig geworden und drohte sich in weltlichen Geschäften zu verlieren. Im Volk machten sich Irrlehren breit; alle möglichen Gruppen und Grüppchen entstanden und beanspruchten, das wahre Evangelium zu verkünden und die wahre und ursprüngliche apostolische Kirche zu sein. Der mächtigste Papst der gesamten Kirchengeschichte, Innozenz III. hatte einen furchtbaren, ihn mit Angst und Schrecken erfüllenden Traum: Die mächtige Lateranbasilika, die Bischofskirche des Papstes in Rom drohte einzustürzen. Da kam ein einfacher, kleiner Mönch im Bußgewand und stützte sie mit seinen schwachen Schultern. Es war Franz von Assisi, der wieder ganz nach dem Evangelium arm und gehorsam leben wollte.

Zur gleichen Zeit entstand in Frankreich eine Bewegung von Predigtbrüdern, die sich um Dominikus sammelten. Sie zogen schlicht und einfach durch das Land und hatten nichts anderes im Sinn als Jesus Christus zu predigen. Ordo Praedicatorum, Predigerorden, nannten sich später diese Dominikaner. Schon früh kamen sie auch nach Esslingen, das damals ein wichtiger Verkehrsknotenpunkt und eine wichtige Stadt an der Neckarbrücke war.

Franziskus und Dominikus retteten die Kirche. Sie entfachten eine gewaltige Erneuerungsbewegung. Sie setzten nicht auf äußere Macht oder auf Reformen der Strukturen. Sie bauten allein auf das Evangelium von Jesus Christus und suchten es wieder ganz ursprünglich und konsequent zu leben.

Wie wenig dies in geistige Enge führte, zeigt einer der größten Söhne dieses Ordens, Albert, welcher den Ehrennamen »der Große« erhalten hat. Er hat diese ursprüngliche Dominikanerkirche vor nunmehr mehr als 700 Jahren eingeweiht. Albert war einer der größten Theologen des Mittelalters, ein wahrhaft universaler Geist, der alle Gebiete des damaligen Wissens beherrschte. Seine bahnbrechenden Einsichten sind für die Theologie maßgebend bis heute. Er machte ernst mit der Einsicht des Apostels Paulus, dass alles auf Jesus Christus hin und in ihm geschaffen wurde und dass alles in ihm Bestand hat. Der Christ braucht also nichts von dem verachten und verleugnen, was wahr, gut und schön ist in der Welt. »Alles ist euer, ihr aber seid Christi«, sagt der Apostel Paulus. In Jesus Christus findet alles seinen letzten Grund, seine Bestätigung und seine Erfüllung.

Meine lieben Schwestern und Brüder, wenn wir heute die Kirche erneuern wollen, dann können wir dies nicht anders als in dem Geist des Franziskus und Dominikus. Wir müssen zurück zu den Ursprüngen und Quellen. Wir müssen neu Maß nehmen an Jesus Christus und seine Botschaft konsequent leben. Wir dürfen uns aber auch nicht in die Ecke drängen lassen. Viel schlimmer als das Schisma zwischen Katholiken und Protestanten im 16. Jahrhundert ist das Schisma, der Bruch zwischen dem Glauben der Kirche und der modernen Welt. Wir bräuchten heute wieder Geister von der Spannkraft eines Albert des Großen, die Glaube und heutiges Denken in einer kritischen und eigenständigen Weise zusammenbringen.

III. Wiederbesinnung auf unsere christlichen Wurzeln

Wir erleben gegenwärtig viel Säkularisierung in allen Lebensbereichen. Gott wird nicht geleugnet, aber er wird an den Rand gedrängt. Religion ist für viele noch gut, um bestimmte Höhepunkte des Lebens zu verschönern; aber in unserem Alltag, da lassen wir sie lieber aus dem Spiel. Unser modernes Leben ist dadurch sehr oft oberflächlich und hektisch geworden. Weil uns die Erfüllung in der Tiefe fehlt, jagen wir einer Mode nach der anderen nach, um am Ende enttäuscht feststellen zu müssen, dass es wieder nicht das Wahre gewesen ist. Eine innere Unrast, eine Halt- und Orientierungslosigkeit breitet sich aus; viele sind einfach ratlos, mutlos und orientierungslos.

Der Christusglaube muss wieder neu, so wie einst im hohen Mittelalter, die Seele der heutigen Zivilisation und Kultur werden. Denn schauen Sie doch nur auf die lange und große Geschichte Ihrer Stadt, und denken Sie daraus den christlichen Glauben auch nur einen Augenblick weg und fragen Sie sich, was dann noch übrigbleiben würde. Fast nichts. Wenn es mit dieser Stadt und wenn es mit unserer europäischen Kultur weitergehen soll, dann nur, wenn wir uns wieder neu auf unsere christlichen Wurzeln besinnen.

Etwas davon ist Ihnen hier bei der Renovation Ihrer Kirche gelungen. Sie haben die Tradition dieser über 700 Jahre alten Kirche versöhnt mit eindrucksvollen Werken moderner Kunst. Damit haben Sie ein Zeichen gesetzt. Denn Kirche und Kunst, genauer: Kirche und gegenwärtige Kunst gehören zusammen, einfach deshalb, weil der Glaube in der heutigen Welt mit ihren Ausdrucksformen zu Hause sein soll und die moderne Welt in der Kirche.

Es ist gut, dass uns in dieser renovierten Kirche der Altar wie ein Block entgegentritt: unübersehbar, wuchtig und massig. Er ist eine mächtige Orientierungsmarke. Wir werden es nachher in der Weiheliturgie hören: Der Altar ist ein Symbol Jesu Christi. Hier feiern wir seinen Tod und seine Auferstehung; hier wird uns sein Leib als Brot des Lebens gereicht.

Neben dem Altar ist der Ambo neugestaltet. Hier wird uns das Wort des Lebens verkündet, das Wort, das unserem Leben Richtung geben kann. Das neu gestaltete Taufbecken sagt uns, dass uns in Jesus Christus das Leben neu geschenkt wird, nicht nur dieses vergängliche

Leben, sondern das ewige Leben in Gott. Wir sind durch die Taufe in Jesus Christus wiedergeboren zu einer lebendigen Hoffnung.

Schließlich die neu gestaltete Marienstele. Wir haben Maria als Urbild und Vorbild unseres Glaubens und als Wegbegleiterin auf unserem Glaubensweg. Sie führt uns nicht weg von Jesus Christus, sie weist uns den Weg zu ihm. »Was er euch sagt, das tut«, so rät sie uns.

So ist, meine lieben Schwestern und Brüder, diese, dem Apostel Paulus geweihte ehemalige Dominikanerkirche eine einzige Christuspredigt. Sie legt uns in zeitgemäßer Form das Zentrum der Botschaft des Apostels und das Grundanliegen der Dominikanerbrüder, die hier einst Gottesdienst feierten, aus. Sie will den Glauben unserer Väter und Vorväter, unserer Mütter und Vormütter weitergeben als Einladung zum Glauben heute und morgen. Belassen wir es aber nicht bei dieser Weitergabe des Glaubens durch steinerne Monumente. Suchen wir, was diese altehrwürdige und doch modern gestaltete Kirche uns zu sagen hat, in unser Leben zu übersetzen und lebendig an die nächste Generation weiterzugeben.

Machen wir den Abschluss dieser gelungenen Kirchenrenovation zum Anfang einer Gemeinde- und Lebenserneuerung aus dem Glauben. Es ist auch heute in keinem anderen Namen Heil als in dem unseres Herrn Jesus Christus. Amen.

Raum schaffen für Gott

Meine lieben Schwestern und Brüder,[1]

zur Fertigstellung und Einweihung Ihrer neuen Kirche Mariä Himmelfahrt in Mössingen überbringe ich Ihnen die herzlichsten Glückwünsche der gesamten Diözese. Alle Gemeinden unserer großen Diözese freuen sich heute mit den Mössinger Katholiken, dass sie nach so vielen Jahren der räumlichen Beengung, dann des Planens und des Bauens nunmehr eine durch ihre architektonische wie durch ihre künstlerische Gestaltung, durch ihre Einfachheit wie durch ihre Erhabenheit so ansprechende Kirche ihr eigen nennen dürfen. Dieser Kirchbau war notwendig, nachdem aus der kleinen, ja winzigen Diasporagemeinde, welche zu Beginn unseres Jahrhunderts nur ganze 37 Katholiken zählte, eine stattliche und vor allem eine lebendige Gemeinde mit etwa 6000 Katholiken geworden ist. Als es 1942 ganze 60 Katholiken geworden waren, feierte der spätere, heute hoch angesehene Professor Heinrich Fries die erste heilige Messe in Mössingen seit der Reformation. Mein Vorgänger, Bischof Georg Moser, war als Tübinger Theologiestudent und als Ministrant damals mit dabei.

Mein Dank und meine Anerkennung gilt heute vor allem Herrn Pfarrer Broch und dem Kirchengemeinderat sowie Herrn Bürgermeister Auer und dem Stadtrat von Mössingen für ihr Entgegenkommen. Mein Dank und meine Anerkennung gelten dem Architekten und den Künstlern, den Ingenieuren, Firmen und Handwerkern, die alle ihr Bestes gegeben haben. Sie gelten auch den vielen ehrenamtlichen Helfern, auch denjenigen, welche die Kirche zum guten Schluss geputzt und geschmückt haben. Sie gelten den vielen Spendern und nicht zu-

---

[1] Predigt anlässlich der Kirchweihe am 11. Dezember 1994 in Mössingen. Lesung: Neh 8,2–4a.5–6.8–10.

letzt denen, die das gute Werk durch ihr Gebet begleitet haben. Sie alle haben mitgeholfen, Raum zu schaffen für Gott und für Menschen.

I. Die Freude an Gott ist unsere Stärke

Meine lieben Schwestern und Brüder, dieser Kirchenbau, der durch eine in den letzten Jahrzehnten stark gewachsene und heute so lebendige Gemeinde notwendig wurde, zeigt, dass trotz und entgegen allen Unkenrufen der Glaube auch heute lebt. Gewiss, es gibt Kirchenaustritte, es gibt innere Resignation und manchen Unmut in der Kirche, es gibt rückwärts gerichtete Kräfte und nach außen ein schlechtes Image der Kirche und viel mehr oder weniger, meist weniger qualifizierte Kirchenkritik. Das alles will ich nicht im Geringsten bestreiten und in keiner Weise unter den Teppich kehren. Aber Sie brauchen nur die kleine Festschrift, welche zum heutigen Tag erschienen ist, hernehmen und darin blättern, um festzustellen, was ich in vielen, ja in den meisten Gemeinden unserer Diözese Sonntag für Sonntag mit Freude und mit großer Dankbarkeit erfahren darf: Diese Gemeinde lebt. Sie lebt in Gottesdiensten und Glaubensgesprächen, in vielen Gruppen und Aktivitäten, in vielfältigen Angeboten und Diensten. Unsere Kirche ist kein Auslaufmodell, und wer ihren baldigen Zusammenbruch prognostiziert, der wird sich vor der Geschichte blamieren.

Sie werden fragen: Woher nimmt der Bischof diese Zuversicht? Es ist kein billiger Optimismus. Es ist die Überzeugung und die Zuversicht des Glaubens, dass Gott nicht tot, sondern lebendig ist und dass er sich auch heute als lebendig erweist. Er hat den Menschen nach seinem Bild und Gleichnis geschaffen. So lebt in uns Menschen eine tiefe, unauslöschliche Sehnsucht. In diesen vorweihnachtlichen Tagen spüren wir sie besonders. Es ist eine Sehnsucht nach Geborgenheit und Frieden, nach Heimat, Annahme und Liebe, eine Sehnsucht nach Sinn, Glück und nach einem Leben in Fülle.

Da wir dies alles aus eigenen Kräften offensichtlich nicht schaffen und weil wir in unserem Jahrhundert schmerzlich erfahren haben, dass alle rein innerweltlichen Glücksverheißungen nicht halten, was sie versprechen, haben sich inzwischen mehr Menschen als wir gewöhnlich ahnen neu auf den Weg gemacht, um nach Religion und religiöser Erfüllung zu suchen. Viele, auch wir selbst, sind in der Gefahr, diese urreligiöse Sehnsucht, die zu uns als Menschen ebenso gehört wie das Atmen, zu unterdrücken und zu verkürzen. An die Stelle der Sehnsucht treten dann alle möglichen Süchte, die nicht erfüllen und befrieden, sondern letztlich zerstören und unglücklich machen. Wo man Gott nicht mehr sucht und kennt, verfällt man den alten und neuen Götzen. Die Gottvergessenheit und die Gleichgültigkeit gegen Gott, der doch unserem Leben Grund und Ziel, Halt und Inhalt geben kann, ist *die* Krankheit und *die* Krise unserer Zeit. Sie ist der tiefste Grund der Lebensangst, der Unzufriedenheit und des Überdrusses, der uns immer wieder beschleicht.

So ist die Botschaft dieses Weihefestes umzukehren und neu Raum zu schaffen für Gott. Es muss Advent werden, wir müssen Gott ankommen lassen in unserem Herzen und in unserem Alltag. Wenn wir nicht in all der Hektik und in all dem Aktionismus unserer Zeit menschlich verkümmern und verelenden wollen, müssen wir wieder Räume schaffen für die Seele, Räume, wo wir innerlich ausschwingen und dann aufschwingen können, wo wir die tröstende, ermutigende, befreiende und versöhnende Gegenwart Gottes mitten in unserem Leben erfahren.

Gerade heute brauchen wir Räume wie diesen Kirchenraum, in denen wir mit all unseren Sinnen, mit Herz und Verstand, in Stille wie bei festlichem Gesang, mit allen uns heute zur Verfügung stehenden künstlerischen Formen Gottesdienst feiern können und wo wir erfahren, was die heutige Lesung uns sagt: »Die Freude an Gott ist unsere Stärke« *(Neh 8,10)*.

II. Gottes Wohnung mitten unter uns

Meine lieben Schwestern und Brüder, soweit wir in der Kulturgeschichte der Menschheit zurückschauen können, haben Menschen immer Steine, Altäre, heilige Stätten und Tempel errichtet, von denen sie glaubten, dass dort Gott mitten unter ihnen wohnt und schützend seine Hand über Dörfer und Städte hält und seinen Segen spendet für das Gedeihen von Feldern, Tieren und Menschen. Es ist die Botschaft unseres christlichen Glaubens, dass Gott diese Sehnsucht und diese Hoffnung der gesamten Menschheitsgeschichte wahr gemacht und erfüllt hat durch die Menschwerdung seines Sohnes. Denn in ihm wohnt Gott leibhaftig, in ganz und gar menschlicher Gestalt mitten unter uns. Jesus Christus ist *der* Tempel Gottes. In ihm ist die Güte und Menschenfreundlichkeit Gottes für alle Menschen und für jeden Einzelnen von uns ein für alle Mal erschienen.

Die Kirche, die wir heute weihen, ist Zeichen und Unterpfand dieser bleibenden Gegenwart Gottes in Jesus Christus. An diesem Taufstein, den Sie aus Ihrer bisherigen Kirche hierher in die neue Kirche gebracht haben, wurden Sie bei der Taufe in die Gemeinschaft und Freundschaft mit Jesus Christus hineingenommen. Durch ihn, den Sohn Gottes, sind wir bei der Taufe zu Söhnen und Töchtern Gottes gemacht und in die eine Familie Gottes, unseres gemeinsamen Vaters im Himmel, aufgenommen worden. Hier am Ambo, den wir vor Beginn des Wortgottesdienstes gesegnet haben, wird uns das Wort Christi, seine Botschaft von Gottes Gerechtigkeit, Liebe und Barmherzigkeit immer wieder neu verkündet. Es wird uns gesagt, dass Gott treu und deshalb immer bei uns und mit uns ist. Wir dürfen also unser Leben wagen, weil Gott es mit uns wagt. Und wenn wir nachher in besonders feierlicher Weise den neu gestalteten Altar salben und weihen, dann werden wir hören, dass dieser Altar ein Symbol Jesu Christi ist. Auf ihm wird Jesus Christus in der Feier der Eucharistie immer wieder neu gegenwärtig als Brot des ewigen Lebens.

Es hat deshalb einen tiefen Sinn, dass sich der Raum dieser Kirche über dem Altar architektonisch nach oben öffnet. Dies ist ein Zeichen dafür, dass sich durch das Geschehen auf dem Altar die Räume und Perspektiven, die Weite und die Höhe auftun, in die unser Leben hineinverwiesen ist. Dieser Raum sagt uns: Unser Leben ist weiter, höher, lichter als wir gewöhnlich meinen. Es ist nicht nur grau in grau wie mancher Novembertag. Über unserem Leben tut sich der Himmel auf. Noch mehr, die künstlerische Verglasung zeigt an, dass an diesem Ort der Himmel schon jetzt hereinscheint und hereinleuchtet in das Dunkel unserer Welt. Die ganze auf Maß und Harmonie bedachte künstlerische Gestaltung macht diesen Raum zu einem Vorschein der Ordnung, der Harmonie und des Friedens der künftigen Welt, auf die wir hoffen, wenn Gott am Ende alles in allem sein wird. Hier können wir schon jetzt Heimat finden. Ja wirklich: Hier ist Wohnung Gottes und Pforte des Himmels. Hier ereignet sich, was wir in diesen Wochen feiern: Advent Gottes in unserer Welt.

III. Raum schaffen für Menschen

Meine lieben Schwestern und Brüder, wir dürfen es freilich nicht beim Lob dieser Kirche bewenden lassen. Die alttestamentlichen Propheten haben dem Volk immer wieder eindringlich kritisch ins Gesicht hineingesagt: Der Tempel allein nützt euch nichts! Auf ihn allein könnt ihr euch nicht verlassen! Der Tempel ist tot, er ist eine Lüge und er straft euch Lügen, wenn die Gegenwart Gottes nicht euer ganzes Leben ergreift. In eurem Leben müsst ihr Raum schaffen für Gott und sein Wirken in der Welt. Im heutigen Evangelium fasst Johannes der Täufer diese prophetische Mahnung nochmals eindringlich zusammen, wenn er uns aufruft, gerecht zu handeln, zu teilen und Barmherzigkeit zu üben. »Wo die Liebe und die Güte ist, da nur wohnt der Herr.«

Das Neue Testament nimmt diese Mahnung auf und führt sie weiter. Es sagt uns: Der Tempel Gottes, der seid ihr! Es geht nicht um die Kirche aus toten Steinen. Es geht um die Kirche aus lebendigen Steinen. Es geht um die Kirche aus Menschen, die an Jesus Christus glauben, ihm nachfolgen und ihn durch Wort und Tat und durch ihr ganzes Leben bezeugen und gegenwärtig machen. Diese Kirche sind wir alle, die wir auf den Namen Jesu Christi getauft sind. Wir alle, die wir uns hier versammeln, sind gesandt hinauszugehen, um in unserem Leben im Alltag Raum zu schaffen für Gott.

Nicht umsonst haben Sie diese neue Kirche am neuen Mittelpunkt Ihrer Stadt gebaut. Mitten im Leben sollen wir als Kirche und als Christen präsent sein.

Das Haus Gottes, das wir erbaut haben und das letztlich wir sind, soll darum ein Haus werden für die Menschen, ein Haus, in dem Menschen sich wohl fühlen, in dem sie zu Hause sind. Wir brauchen und wir wollen eine offene Kirche. Das heißt ganz und gar nicht: eine angepasste und verweltlichte Kirche. Im Gegenteil, wenn wir nur noch sagen, was alle anderen auch sagen, und wenn wir nur das tun und wenn wir uns nur so verhalten wie alle anderen auch, dann haben wir abgedankt, dann braucht man uns nicht mehr, dann sind wir überflüssig geworden. Wenn wir dagegen in der Mitte unseres Glaubens verwurzelt und verankert sind, wenn wir Raum schaffen für Gott in uns und unter uns, dann haben wir das gerade heute Notwendige und Notwendende zu sagen, das andere nicht sagen können.

Dann dürfen wir uns aber auch nicht einmauern und einigeln, dann müssen wir noch viel mehr zu der Kirche werden, welche das Zweite Vatikanische Konzil als Sakrament für die Welt und als Kirche für die Menschen beschrieben hat.

Deshalb ist es sinnvoll und notwendig, dass sich an dieses Gotteshaus Gemeinderäume anschließen, Räume, in denen sich Menschen begegnen, sich austauschen, einander Rat und Hilfe geben. Hier muss Raum sein für alle: für die Kerngemeinde wie für Menschen, die mehr am Rand der Kirche leben und die sich mit der Kirche schwer tun, für deutsche wie für ausländische Christen, für Treffen von Alleinerziehenden und Arbeitslosen, für beeinträchtigte wie für gesunde Menschen, für Junge wie für Alte, für Geschiedene und wiederverheiratete Geschiedene. Raum schaffen für Gott, heißt auch Raum schaffen für Menschen. Denn Gott ist ein Gott der Menschen und der Weg der Kirche ist der Mensch.

IV. Maria – Urbild der Kirche

Meine lieben Schwestern und Brüder, wie sehr und wie ernsthaft Gott ein Gott der Menschen ist und wie sehr er das Heil des Menschen nach Leib und Seele will, das macht der Titel und das Patrozinium Ihrer Kirche und Ihrer Gemeinde besonders deutlich. »Mariä Himmelfahrt« nennt sich diese Kirche und nennt sich auch Ihre Gemeinde.

Maria fasst wie in einem Brennglas alles zusammen, was wir bisher gesagt haben. Denn sie hat durch ihr Jawort Gott ganz und gar Raum gegeben in ihrem Leben. Sie hat ihn in ihrem Herzen und leibhaftig unter ihrem Herzen getragen. Sie hat ihn, den Heiland der Welt, nicht nur zu Elisabeth getragen, sondern ihn uns allen geschenkt. Sie ist deshalb vor allen anderen Menschen mit Leib und Seele aufgenommen und verklärt worden in Gottes Herrlichkeit. Sie ist das Urbild des erlösten Menschen und der erlösten Welt. Maria ist Urbild der Kirche, weil sie uns zeigt, was Gott aus Menschen macht, die ihm Raum geben und die für ihn Raum schaffen.

Ihr weihen wir deshalb diese Kirche, ihrem Vorbild und ihrer Fürsprache vertraue ich heute neu Ihre Gemeinde an. Möge bei Ihnen immer Raum sein für Gott und die Menschen, Raum für Gottes Advent bei den Menschen. Amen.

Die Freude an Gott ist unsere Stärke

Meine lieben Schwestern und Brüder,[1]

zu dieser Weihe Ihres neuen Gemeindezentrums und des Altars begrüße ich Sie alle ganz herzlich. Ich freue mich mit Ihnen, dass es Ihnen nunmehr gelungen ist, nach vielen Überlegungen und Planungen dieses Zentrum und diesen Gottesdienstraum fertigzustellen. Ich freue mich insbesondere darüber, dass Sie dieses neue Zentrum ›St. Lukas‹ nicht nur für Ihre Gemeinde wollen, dass Sie damit vielmehr ein Modellprojekt verbinden. Sie wollen in dieser Diasporaregion und für sie ein geistliches Zentrum und eine Oase der Stille schaffen. Exerzitien, Einzelbegleitung, Besinnungstage, Gebetsangebote der verschiedensten Art und vieles andere mehr sollen hier stattfinden. Ich danke Ihnen für diese Überlegungen. Sie finden meine volle Zustimmung, denn ich halte sie für unsere Zeit und gerade in dieser Region für pastoral hilfreich und angebracht.

Ich danke deshalb allen, die zu diesen Planungen ihren Beitrag geleistet haben, und ich danke allen, die am Bau dieses Gemeindezentrums mitgewirkt haben: dem Architekten, den Firmen und den Handwerkern, den Künstlern sowie den vielen freiwilligen Helfern und Helferinnen.

I. Die Freude an Gott ist unsere Stärke

Ich habe mir überlegt, welche Überschrift und welches Thema ich dieser feierlichen Einweihung geben soll. Es ist mir nichts Besseres

[1] Predigt anlässlich der Weihe des Gemeindezentrums und des Altars am 27. Mai 1995 in Kirchheim-Jesingen.

und Zutreffenderes eingefallen als der letzte Satz der Lesung für die Feier der Kirchweihe: »Die Freude an Gott ist unsere Stärke« (*Neh 8,10*).

Dieser Satz ist in der Bibel nicht einfach so hingesagt. Er ist auch nicht irgendeine fromme Floskel. Er entspricht einer langen geschichtlichen Erfahrung des Volkes Israel. Schon die Erzväter Israels, die Patriarchen, besonders Abraham, haben immer wieder erfahren, wie sehr sie sich gerade in ausweglosen Situationen auf Gott verlassen konnten, wie er mit ihnen und bei ihnen war auf ihren Wegen. Das Volk Israel hat seine Befreiung aus der ägyptischen Gefangenschaft und den Zug durchs Rote Meer als Gottes befreiende Heilstat erfahren. Die Beter in den Psalmen danken immer wieder dafür, dass Gott ihnen in schwerer Not geholfen hat. Es war vor allem das zentrale Anliegen Jesu, zu verkünden: Gottes Reich ist euch nahe. Jesus wollte damit sagen: Gott selbst ist euch nahe. Er ist uns nahe gekommen in Jesus selbst. In ihm ist er Mensch geworden, ganz einer von uns, die Sünde allein ausgenommen. Das war Jesu frohe Botschaft: die Botschaft von einem Gott, der uns liebt und der ein Freund des Lebens ist.

II. Verdunstung des Glaubens

Jahrhunderte haben unsere Vorfahren aus diesem Gottesglauben Kraft und Freude für ihr Dasein geschöpft. Sie haben daraus gelebt und sind damit gestorben. Heute erleben wir ein Nachlassen, eine Ermüdung und ein Verdunsten dieses Glaubens an Gott. Der Glaube scheint kraftlos und freudlos geworden zu sein. Sie alle kennen die Situation. Ich brauche Sie Ihnen nicht im Einzelnen zu schildern. Die Gottesdienste sind leerer geworden. Vor allem die Kinder und die jungen Leute fehlen. Viele verlassen die Kirche, nicht nur weil sie über die Kirche enttäuscht sind, sondern meistens, weil ihnen der Glaube nichts oder nicht mehr viel bedeutet. In den Medien wird der christliche Glaube oft herabgesetzt und als etwas abgetan, was der Vergangenheit angehört. Die Gottvergessenheit gehört zu den Zeichen der Zeit. Nicht dass die allermeisten die Existenz Gottes leugnen. Aber er spielt für viele kaum mehr eine Rolle im privaten wie im öffentlichen Leben. Sie haben die Freude an Gott verloren.

Was sind die Folgen? Was ist an die Stelle Gottes getreten? Zunächst das optimistische Vertrauen in den modernen Fortschritt. Doch dieser Fortschrittsglaube hat getrogen. Zu Beginn des 20. Jahrhunderts hat man uns eine Epoche des Friedens, der Humanität und der Wohlfahrt vorhergesagt.

Jetzt am Ende müssen wir feststellen: Wohl kaum in einem anderem Jahrhundert sind so blutige Kriege geführt worden und so viele abscheuliche Verbrechen gegen die Menschlichkeit begangen worden wie im 20. Jahrhundert. An die Stelle des Fortschrittsglaubens ist freilich bislang nicht eine Rückkehr zum Glauben an Gott, sondern eine innere Leere getreten; viele sind ratlos und orientierungslos geworden. Bei allem Erlebnishunger und den vielfältigen Erlebnismöglichkeiten, die das heutige Leben bietet, ist unser Leben irgendwie freudlos geworden.

So müssen wir uns dringend neu fragen: Worauf bauen wir? Wofür leben wir? Was ist der Sinn dieses Lebens? Wo finden wir Halt und Inhalt? Wozu sind wir auf Erden? Wo aber können wir neu Orientierung finden als in Gott, aus dem wir sind, in dem wir leben und auf den hin wir geschaffen sind. Wir müssen umkehren und uns bekehren. Eine religiöse Neubesinnung und Erneuerung tut not.

Deshalb scheint mir ein solches Zentrum, wie Sie es hier geplant haben, so wichtig und richtig zu sein. Wir brauchen solche Zentren, solche Oasen der Stille, wo wir wieder zu uns kommen können, wo unsere Seele wieder ausschwingen kann, wo wir Kraft und Freude im Glauben an Gott schöpfen können. Denn auch für heute gilt: Die Freude an Gott ist unsere Stärke.

III. Erlösung und Gnade für die Menschen

Die Weihe dieses Gemeindezentrums und dieses Altars ist eine Einladung an uns alle, es mit unserem Glauben und mit unserem Beten wieder ernster zu nehmen. Ich sage dies nicht im Sinn einer lästigen Pflicht, sondern einer Einladung. Einladung wozu? Die Riten dieser Weihe sagen es uns. Durch diese Feier ergeht eine dreifache Einladung.

Wir weihen nachher zunächst den Ambo, von dem aus das Wort Gottes verlesen und verkündet wird. Dieses Wort Gottes soll uns immer wieder erinnern, woher wir kommen und wohin wir in unserem Leben gehen. Es soll uns die Richtung und den Weg weisen. Es soll uns zugleich sagen, dass wir auf diesem Weg nicht allein sind, dass vielmehr Gott uns begleitet. Das Wort Gottes ist ein Wort des Lebens. Es will uns immer wieder aus unserem vordergründigen Tun auf das tiefere Geheimnis unseres Lebens verweisen. Es leitet uns an, tiefer hinzuhören auf das, was Gott zu uns in unserem Gewissen spricht, und es will uns Kraft und Hilfe sein, den Weg des Lebens mutig und getrost zu gehen. Es will, wie es in den Psalmen heißt, unserem Fuß eine Leuchte sein. Es will uns aber auch zu Zeugen des Glaubens machen. Es sendet uns hinaus in die Welt, um für andere das Licht des Lebens zu verbreiten. Diese Feier soll also eine Einladung sein, nicht besinnungslos dahinzuleben, sondern zu hören, was Gott uns zu unserem Heil und zum Heil der Welt zu sagen hat.

Nach der Weihe des Ambos werden wir in besonders feierlicher Weise den Altar weihen. An diesem Altar feiern wir das Werk der Erlösung, indem wir die Erinnerung begehen an Tod und Auferstehung Jesu Christi. Durch sie ist uns das ewige Leben neu erschlossen worden. Auf diesem Altar wird Jesus Christus unter den Gestalten von Brot und Wein gegenwärtig, um für uns das Brot des Lebens und Nahrung für unsere Seele zu sein. Wer von diesem Brot isst, wird ewig leben. So erinnert uns dieser Altar daran, dass wir unser Leben und das Glück unseres Lebens nicht selber »machen« können. Wir sind schwache, auf Erlösung und Gnade angewiesene Menschen. Nicht nur unser Leib braucht Nahrung. Unsere Seele braucht sie ebenso und nur wenn Leib und Seele zu ihrem Recht kommen, können wir als ganze Menschen aus Leib und Seele zum Sinn und Glück des Lebens finden. Beides finden wir nur in der Gemeinschaft und Freundschaft mit Gott. Die Altarweihe ist also eine Einladung, am gottesdienstlichen Leben teilzunehmen, eine Einladung, aus Gottes Liebe zu leben.

Schließlich noch eine dritte und letzte Einladung. Wir weihen nicht nur diesen Altar und eine Kirche; wir weihen ein ganzes Gemeindezentrum. Weder als Menschen noch als Christen können wir isoliert als einzelne leben. Wir brauchen andere, wir brauchen Gleichgesinnte, mit denen wir das Leben teilen und die es mit uns teilen. Die Vereinzelung und die Anonymität des modernen Lebens gehören zu den Inhumanitäten unserer Zeit. Dieses Gemeindezentrum will Menschen zusammenführen und miteinander in Begegnung bringen: in

Gesprächen, in gemeinsamem Nachdenken, in gemeinsamen Unternehmungen, in gemeinsamen Festen und im gemeinsamen Beten. Dieses Gemeindezentrum will für eine menschenoffene und menschenfreundliche Kirche stehen. Es ist eine Einladung zu kommen und mitzumachen.

Mit der Fertigstellung des Baus ist lediglich ein erster entscheidender Schritt getan. Letztlich geht es nicht um eine Kirche aus toten Steinen, sondern um eine Kirche aus lebendigen Steinen, die wir alle sind. Diese Einweihung ist darum Abschluss und ein Anfang zugleich. Sie ist eine Einladung, dieses Haus mit Leben zu erfüllen, ja selber Haus Gottes und Heimat für Menschen zu sein.

Die Herausforderung ist groß, wir aber sind schwach und unsere Mittel sind begrenzt. Wir werden das Ziel nur erreichen, wenn wir nicht Klagelieder und Trauersymphonien anstimmen. Mit dem Jammern wird nichts besser. Lassen wir darum in allen Fragen und Sorgen die Freude an unserem Glauben, dass Gott mit uns und bei uns ist, durchstrahlen. Lassen wir die Freude an Gott unsere Stärke sein. Amen.

Das Fundament, auf dem wir bauen

Meine lieben Schwestern und Brüder,[1]

wie schon zu Beginn dieses festlichen Gottesdienstes begrüße ich Sie noch einmal, indem ich Ihnen Gnade, Friede und Freude von unserem Herrn Jesus Christus wünsche. Die Wiederindienstnahme des Deutschordensmünsters St. Peter und Paul durch die Weihe des neuen Altars und die Feier der Eucharistie ist für Ihre Gemeinde und für die gesamte alte Reichsstadt Heilbronn ein bedeutendes Ereignis.

I. Tradition und Erneuerung

Seit dem Mittelalter ist die lange Geschichte dieser Stadt engstens verbunden mit der Deutschordenstradition. Die katholischen Christen dieser Stadt haben seit dem 19. Jahrhundert in dieser altehrwürdigen Kirche ihr Zentrum gefunden. Umso schlimmer war es, als an dem Schreckenstag des 04. Dezember 1944 die Innenstadt Heilbronns und auch dieses Gotteshaus innerhalb von nur einer halben Stunde durch einen britischen Luftangriff in Schutt und Asche versanken.

Der Wiederaufbau nach dem Krieg war Zeichen eines ungebrochenen Lebenswillens und eines zuversichtlichen festen Glaubens. Er war den damaligen Möglichkeiten entsprechend zunächst einfach und bescheiden. Auch bei der Renovation am Ende der 1960er Jahre hatte man noch nicht die heutigen technischen Möglichkeiten, um den verheerenden Langzeitwirkungen des Brandes wirksam begegnen zu

---

[1] Predigt anlässlich der Altarweihe im Deutschordensmünster St. Peter und Paul am 02. Juli 1995 in Heilbronn.
Lesung: 2 Tim 4,1–5; Evangelium: Mt 16,13–19.

können. Eine grundlegende Sanierung dieses traditionsreichen Gotteshauses war darum schon aus Gründen der Erhaltung und der Sicherheit zwingend geboten.

Die damit verbundene notwendige Innenrenovation musste, heutigen denkmalpflegerischen Maßstäben entsprechend, Altes und Neues miteinander verbinden. Aus der wechselreichen Geschichte musste möglichst vieles wieder zur Geltung gebracht werden, aber die wenigen kostbaren, zum Glück noch erhaltenen Relikte dieser großen Tradition sollten zugleich in ein zeitgemäßes Gesamtkonzept eingefügt werden. Diesen Spannungsbogen zwischen einer großen Tradition und heutigen liturgischem Empfinden auszuhalten war eine höchst anspruchsvolle Aufgabe und Herausforderung.

Selbstverständlich ist es jedermanns Recht, über Einzelentscheidungen verschiedener Meinung zu sein. Nach meiner Überzeugung ist diese Aufgabe gut gelöst worden. Wir dürfen heute ein Gotteshaus einweihen, das einzelne Beter wie die versammelte Gemeinde einlädt zur Einkehr und Besinnung, zum Gebet und zum Lobe Gottes. Solche Gotteshäuser brauchen wir im Zentrum unserer großen Städte, in der heutigen hektischen Zeit mehr als vielleicht je zuvor.

So danke ich allen, die sich um diese Renovation verdient gemacht haben: dem Pfarrer und dem Kirchengemeinderat, den Architekten, Künstlern, Firmen und Handwerkern, den zuständigen Behörden der Stadt und des Bischöflichen Ordinariats und nicht zuletzt den zahlreichen hochherzigen Spendern und den vielen ehrenamtlichen Helfern und Helferinnen.

Ich danke vor allem den evangelischen Christen der Kiliansgemeinde, dass sie in den letzten eineinhalb Jahren in vorbildlicher ökumenischer Gesinnung der Peter-und-Pauls-Gemeinde so großzügig Gastrecht gewährt haben. Auch dadurch ist deutlich geworden, wie wir heute unterschiedliche alte Traditionen bewahren und sie doch in einen neuen größeren Zusammenhang bringen können, um so gemeinsam Kirche im Heute und für heute zu sein.

II. Das bleibende Fundament

Wenn man die lange, wechselreiche Geschichte dieser alten und jetzt erneuerten Kirche etwas studiert, dann stellt man sich unwillkürlich die Frage: Was bleibt in all dem Wechsel der Zeit und der unterschiedlichen Stile? Was ist der bleibende Maßstab, sozusagen der bleibend gültige Grundriss der Kirche und auch unseres eigenen Lebens? Welches sind die Fundamente, auf denen wir stehen, Fundamente, welche noch tiefer und fester sind als die, welche man bei dieser Renovation entdeckt hat?

Die jeweilige Mode kann es offensichtlich nicht sein, denn sie wechselt schnell. Auf sie ist kein Verlass. Wer nur auf der jeweils letzten Welle reiten will, der kommt ins Schwimmen. Diese Peter-und-Pauls-Kirche gibt uns eine andere Antwort. In ihr wurde das alte barocke Kreuz, welches bei der Zerstörung von 1944 wie durch ein Wunder erhalten geblieben ist, in die Mitte gerückt. So wird deutlich: Auf den Gekreuzigten, auf Jesus Christus kommt es an. Ein anderes Fundament kann niemand legen. Er ist gestern, heute und in Ewigkeit derselbe.

Genau dies ist auch die Botschaft des Evangeliums des Festes Peter und Paul. Jesus stellt die entscheidende Frage, eine Frage auf Leben und Tod: »Für wen haltet ihr mich?« Mit der Antwort auf diese Frage entscheidet sich alles, Heil und Unheil des Menschen. Deshalb ist die Antwort des Petrus heute noch genauso gültig wie damals. »Du bist der Messias, der Sohn des lebendigen Gottes.« Das will sagen: Du bist die Erfüllung unserer Hoffnung und der Hoffnung aller Welt; in dir ist Gottes ewiger Sohn Mensch geworden, um uns Menschen zu Gott heimzuholen. Du bist der Fels, auf den wir bauen können, du der Grund und das Ziel unseres Lebens.

Es ist mir ein grundlegendes Anliegen, das wir über all den notwendigen und auch nicht notwendigen Auseinandersetzungen in der Kirche dieses Zentrum nicht aus dem Auge verlieren. Wir dürfen uns nicht auf Nebenschauplätze abdrängen lassen. Wir dürfen uns auch nicht in allen möglichen Sonderfrömmigkeitsformen verlieren. Jesus Christus muss die Mitte und der Maßstab bleiben.

In diesem Bekenntnis sind wir eins mit unseren evangelischen Brüdern und Schwestern. Und dieses ökumenisch gemeinsame Bekenntnis ist gerade in unserer Zeit von ausschlaggebender Bedeutung. Denn in ihm wird uns Orientierung gegeben in unserer weithin orientierungslos gewordenen Situation. Hier wird uns gesagt, wo der Weg, die Wahrheit und das Leben sind. Wohin sollten wir denn sonst gehen? Nirgends sonst finden wir solche Worte des Lebens.

Es kommt darum alles darauf an, dass wir einzeln und gemeinsam die Heilige Schrift lesen und in ihr Jesus Christus besser kennen und lieben lernen. Es kommt alles darauf an, dass wir unseren Glauben besser und tiefer kennen lernen. Nur so können wir ihn weitergeben und wo es nötig ist auch verteidigen. Es kommt alles darauf an, dass wir uns an diesem Kreuz orientieren. Das Kreuz ist gewiss unbequem, und doch ist in ihm, und in ihm allein, das Heil. Es kommt alles darauf an, möglichst oft an diesem Altar, den wir nachher feierlich weihen, die Vergegenwärtigung des Kreuzesgeschehens zu feiern und von dort Kraft zu schöpfen für den Alltag.

III. Keine neue, aber eine stets zu erneuernde Kirche

Das Evangelium vom Fest Peter und Paul geht noch einen Schritt weiter. Es bekennt sich zu Jesus Christus. Es sagt aber auch, dass Jesus Christus Petrus zum Felsen der Kirche gemacht und dass er ihm die Schlüssel des Himmelreiches übergeben hat.

Ich kann mir denken, dass viele mit dieser Aussage ihre Schwierigkeiten haben. Petrus war schon zu Lebzeiten zuweilen ein recht wackliger Fels und unter seinen Nachfolgern hat es neben zahlreichen Heiligen, die sich wirklich als Felsen in der Brandung ihrer Zeit bewährt haben, auch menschlich schwache Figuren gegeben. Heute steht die institutionelle Kirche bei vielen nicht hoch im Kurs. Trotzdem das Wort von Petrus dem Felsen steht im Evangelium und es gilt auch heute. Gerade in einer so auseinanderstrebenden Welt brauchen wir dieses Amt der Einheit, und wir sollten dankbar dafür sein, dass wir es haben.

Gott will und braucht für sein Heilswerk Menschen. Er legt es in die Hand von Menschen. So wacklig uns dieser Grund auch manchmal erscheinen mag, die Kirche hat die Verheißung, dass die Mächte der Unterwelt sie nicht überwältigen. Die Kirche kann und wird nicht untergehen; sie wird bestehen bis ans Ende der Zeit. Diejenigen, die heute ihr baldiges Ende voraussagen möchten, werden sich ebenso vor der Geschichte blamieren wie viele andere zuvor. Wer die Kirche nicht nur aus kritischen Fernsehsendungen und Zeitungsberichten kennt, der weiß, dass es in ihr auch in der Gegenwart viele Zeichen der Lebenskraft gibt: Die ökumenische Annäherung, die Aktivität so vieler

Laien, die Bibel- und Gebetskreise, das soziale Engagement, der Einsatz für die Armen und Ärmsten in der Welt und vieles andere mehr. Es gibt keinen wirklich triftigen Grund zum Aussteigen, wohl aber viele Gründe zum Mitmachen und zum Mithelfen zu einer Erneuerung von Innen.

Ich lade Sie alle dazu ein, bei dieser Erneuerung mitzuwirken. Denn es wäre zu wenig, nur die Kirche aus toten Steinen zu erneuern. Es geht um die Kirche aus lebendigen Steinen, die wir durch die Taufe alle sind. Wir können heute keine neue Kirche bauen, aber wir können und wir müssen die eine Kirche Jesu Christi erneuern. Die Renovation, deren Abschluss wir heute festlich begehen, muss zugleich ein neuer Anfang sein, noch mehr lebendige Kirche, lebendige Gemeinde zu sein auf dem einen Fundament Jesu Christi.

IV. Kirche, die offen ist für die Menschen

Neben Petrus steht am heutigen Festtag Paulus. Neben Petrus ist er der Patron Ihrer Kirche. Auch er hatte eine mehr als zwielichtige Vorgeschichte bevor aus dem Kirchenverfolger Saulus der Völkerapostel Paulus wurde. Aber nachdem er einmal von Jesus Christus ergriffen war, drängte es ihn hinaus, da hielt es ihn nicht mehr innerhalb der bisherigen Grenzen der Kirche. Er wollte allen alles werden. So wurde er zum Apostel der Heiden, der vorstieß bis an die Grenzen der damals bekannten Welt.

Wir stehen heute vor einer neuen missionarischen Situation, nicht nur in den sogenannten Missionsländern, sondern auch bei uns. In dieser Situation sagt uns Paulus dasselbe, was er in der Lesung, die wir vorhin gehört haben, seinem Schüler Timotheus sagte: »Verkünde das Evangelium, erfülle treu deinen Dienst«. Paulus erinnert uns daran, dass die Kirche nicht allein um ihrer selbst willen da ist. Sie ist ihrer Natur nach missionarisch. Sie ist eine evangelisierende Kirche oder sie ist nicht mehr die Kirche Jesu Christi. Unsere Kirche, wir alle haben einen Weltauftrag und eine Weltverantwortung. Wir sollen Sauerteig sein, der alles durchsäuert.

Ja, wir brauchen heute eine Kirche, welche sich nicht hinter Kirchenmauern und in Zirkeln von Gleichgesinnten verschanzt, sondern eine Kirche, welche hinausgeht, welche dynamisch und offen ist, eine

Kirche, die nicht wartet, bis die Menschen zu ihr kommen, sondern eine Kirche, die hinausgeht zu den Menschen, um ihnen das Evangelium, die frohe und befreiende Botschaft vom Leben nicht nur mit dem Mund, sondern in der Tat und mit dem ganzen Leben zu bezeugen. Wir haben keinen Grund, uns zu verstecken oder uns gar zu verleugnen. Wir sind es allen Menschen schuldig, ihnen das lösende und erlösende Wort des Glaubens zu vermitteln. Viel mehr Menschen als wir gewöhnlich denken, warten im Grunde darauf. Betrügen wir doch unsere Kinder nicht um das, was sie am nötigsten zum Leben brauchen. Betrügen wir sie nicht um Gott und um Jesus Christus. Was uns gegenwärtigen Christen sehr oft fehlt, ist der Mut des echten Bekenntnisses, die Zivilcourage. Lassen wir uns daher von Paulus anstecken und ermutigen: »Verkünde das Wort, tritt dafür ein, ob man es hören will oder nicht«.

V. Einheit in der Vielfalt

Kirchenerneuerung heißt, sich auf den ursprünglichen Grundriss zu besinnen und ihn in unsere heutigen Zusammenhänge hineinzutransponieren. Das gilt nicht nur für die Erneuerung der Kirche aus toten Steinen. Das ist noch viel wichtiger für die Kirche aus lebendigen Steinen, die wir alle sind. Wir müssen uns heute neu auf unser Fundament in Jesus Christus besinnen und darauf, Kirche im Heute und für das Heute zu bauen.

Dabei mag man wie bei der Renovation dieser Kirche über manche Einzelheiten unterschiedlicher Meinung sein; das kann, wenn man die Unterschiede fair und unter gegenseitigem Respekt austrägt, sogar belebend sein. Die Kirche kann und darf keine Einheitskirche sein. Sie soll eine Einheit in der Vielfalt sein. Nur dürfen wir über solcher legitimer Vielfalt nicht das grundlegendere Gemeinsame aus dem Auge verlieren. Es gibt nur einen Gott und nur einen Herrn Jesus Christus, nur einen Glauben, eine Taufe und einen Geist. Auf diesem gemeinsamen Fundament und in diesem einen Glauben finden wir Gnade, Friede und Freude.

Auf diesem Weg durch die Zeit wünsche ich Ihnen Gottes Segen, sowie das Geleit und die Fürsprache der Gottesmutter Maria. Amen.

Christus erkennen

Liebe Schwestern und Brüder,[1]

zur Einweihung Ihrer neuen Heilig-Kreuz-Kirche grüße ich Sie ganz herzlich, und ich gratuliere Ihnen zu diesem gelungenen Neubau. Ich danke allen, die daran mitgewirkt und die sich darum verdient gemacht haben: Ihrem rührigen Pfarrer Michael Brock und dem Kirchengemeinderat, den Architekten und Künstlern, den Firmen und Handwerkern, dem Bischöflichen Bauamt, den freiwilligen Helfern und Helferinnen, den Spendern und den Betern. Sie haben diesen Neubau optimal im Zeitlimit von nur 399 Tagen und im vorgegebenen Finanzrahmen bewerkstelligt. Ich danke nicht zuletzt der evangelischen Schwestergemeinde, welche unserer Heilig-Kreuz-Gemeinde seit September 1996 geschwisterliche Gastfreundschaft geboten hat. Ich begrüße außerdem sehr herzlich den evangelischen Pfarrer Dr. Krüger, der heute unter uns und mit uns ist.

Ich weiß, der Abriss der alten Kirche fiel vielen in Ihrer Heilig-Kreuz-Gemeinde nicht leicht. Sie haben diese Kirche 1956 unter dem unvergessenen Pfarrer Dr. Rölli mit sehr viel Eigenleistung erbaut. An dieser Kirche hing sehr viel eigener Schweiß, an ihr hing ihr Herz. Es war so ganz Ihre Kirche, eine wahre Volkskirche. Doch als sich herausstellte, dass eine Renovierung wegen der schlechten Bausubstanz nur unter unverhältnismäßig hohen Kosten möglich gewesen wäre, haben Sie sich mutig zu einem Neubau entschlossen. Ich denke, das Ergebnis gibt Ihrer Entscheidung mehr als recht. Sie werden sich in der neuen

---

1 Predigt anlässlich der Kirchweihe der Heilig-Kreuz-Kirche am 29. März 1998 in Stuttgart-Cannstatt.
Lesung: Phil 3,8–14; Evangelium: Joh 8,1–11.

Kirche bald zu Hause fühlen und sie als Ihre neue Heilig-Kreuz-Kirche liebgewinnen.

I. Christus will ich erkennen

Es trifft sich vorzüglich, dass wir die Einweihung der neuen Kirche zum Heiligen Kreuz just am Passionssonntag begehen können, an dem Sonntag, da wir der Passion, des Leidens und Sterbens unseres Herrn am Kreuz gedenken. Einen besseren Termin hätten wir gar nicht finden können. In der Lesung aus dem Philipperbrief *(Phil 3,8–14)* gibt uns der Apostel Paulus das Thema dieser Kirchweihe vor. Er schreibt an seine Lieblingsgemeinde in Philippi: »Christus will ich erkennen«.

Dieses Wort »Christus erkennen« möchte ich über diese Feier schreiben. Denn darauf kam für den Apostel alles an, und darauf kommt auch für uns heute alles an.

Der Apostel Paulus schreibt in seinem Brief an die Philipper, dass ihm im Vergleich zu Jesus Christus alles andere als Verlust, ja als Kehricht und Unrat, wir würden sagen – als Dreck – erscheint, dass er alles andere aufgeben, auf alles andere gerne verzichten will, nur um Jesus Christus als sein Ein-und-Alles zu gewinnen, dass es ihm darum nicht um *seine* Gerechtigkeit geht, um das, was er selber leistet und sich selber zuschreibt, was er selbst machen kann und was ihn selbst groß dastehen lässt, sondern um das, was ihm durch den Glauben an Jesus Christus zukommt, was ihm von Jesus Christus her in reichem und überreichem Maße geschenkt wird und was weit mehr ist als das, worauf er verzichtet und was er hinter sich lässt. Denn – so schreibt er – wenn er ganz Gemeinschaft hat mit dem Leiden Jesu und wenn er ganz geprägt ist von seinem Tod, dann darf er auch hoffen, die Macht seiner Auferstehung zu erfahren und selbst zur Auferstehung von den Toten zu gelangen. Sein Leben ist dann nicht mehr ziellos, und er irrt nun nicht mehr orientierungslos in der Welt umher. Er jagt vielmehr einem Siegespreis nach: der himmlischen Berufung, die Gott uns in Jesus Christus schenkt. So kommt ihm alles darauf an, Christus zu erkennen.

II. Der Weg zum Leben

Dieses Wort »Christus erkennen« und die Botschaft vom Kreuz als Weg zum Leben hat Paulus geschrieben an die Gemeinde in Philippi, der ersten Gemeinde auf europäischem Boden. Seither ist das Kreuz in allen Ländern Europas in und über unzählig vielen Kirchen aufgerichtet worden. Es hängt auch heute noch in allen Wohnungen, in denen bewusste Christen wohnen, viele tragen es um den Hals, mit ihm bekreuzigen wir uns, wenn wir Gottes Segen, an dem alles gelegen ist, empfangen.

Das Kreuz ist das Kennzeichen und das Unterscheidungszeichen, gleichsam das Logo der Christen und des Christentums geworden. Es ist – so singen wir im Passionslied – die sichere Leiter, darauf man steigt zum Leben – die starke Brücke über all die Fluten, der Stab der Pilger, an dem wir sicher gehen, nicht wanken und nicht fallen, der Schlüssel zum ewigen Leben, Kraft, Schutz und Stärke in diesem Leben.[2]

So ist es kein Zufall, dass die Männer und Frauen, welche nach der Katastrophe des Zweiten Weltkriegs und nach den bitteren Erfahrungen von Vertreibung und Flucht, diese neue Gemeinde gründeten, zuerst ihre Notkirche, dann die alte Kirche als Heilig-Kreuz-Kirche benannten. Damit wollten sie in der damaligen schweren Zeit sagen und bekennen, worauf sie trotz allen schweren Erfahrungen ihren Mut zur Zukunft gründen: auf das Kreuz Jesu Christi, in dem allein unser Heil ist. Darum ist es ebenso bezeichnend, dass wir diese Kirche, die die letzte Kirche ist, die wir in unserer Diözese in diesem Jahrhundert einweihen, eine Heilig-Kreuz-Kirche ist. Mit dieser Widmung geben wir das Zentrum und die Zusammenfassung der Botschaft des Evangeliums, das, was zwei Jahrtausende Christentumsgeschichte geprägt hat, als Vermächtnis weiter an die Generationen nach uns im bald anbrechenden dritten Jahrtausend.

Der Bau und der Name dieser Kirche ist ein Bekenntnis. Damit wollen wir sagen: Alles kommt darauf an, Christus zu erkennen. Ja, darauf kommt es heute erneut und ganz besonders an. Denn unsere Zeit braucht Hoffnung. Sorgen, Unsicherheiten und düstere Prognosen bedrücken uns, Sorgen um die Arbeitsplätze, um die Renten,

---

2 GL 294.

Sorgen angesichts der schwindenden Überzeugungen von gemeinsamen Werten und ethischen Maßstäben, Sorgen um die Zukunft ganz allgemein. In einer solchen Situation helfen keine billigen Vertröstungen. Wie die Generationen vor uns werden wir die Zukunft nur aus dem Glauben an Jesus Christus und aus der Kraft und aus der Hoffnung des Kreuzes bewältigen können.

III. Kreuz und Auferstehung

Den Architekten wie den Künstlern ist es gut gelungen, die zentrale Botschaft des christlichen Glaubens architektonisch und künstlerisch darzustellen. Diese Kirche stellt den Weg Jesu Christi und den Weg jedes Christen dar. Er beginnt – wie das Fenster im Eingangsbereich darstellt, mit der Geburt und dem Taufbecken als Ort der Neugeburt. Die große Glasfassade mit fast 300 Quadratmetern zeigt den Lebensweg als Kreuzweg: menschliche Lebenslinien kreuzen sich und stehen miteinander im Lebenskampf. Aber damit ist es nicht zu Ende. Alles ist ausgerichtet auf die Auferstehung und Verklärung; alles ist zielgerichtet auf den Altar, auf dem bei jeder Feier der Eucharistie Kreuz und Auferstehung Jesu gegenwärtig werden. Deshalb befindet sich über dem an der Altarrückwand hängenden Kreuz das Auferstehungsbild. Auf dem Weg des Kreuzes geht es für den, der Christus erkennt und mit ihm geht, dem Leben, dem ewigen Leben entgegen.

So spiegelt der in hellem Weiß gehaltene Innenraum schon jetzt das himmlische Jerusalem wieder. In seine Herrlichkeit soll die ganze Schöpfung, die ganze Welt einbezogen werden. Deshalb ist dieser Kirchenraum nicht in sich geschlossen; er öffnet sich durch diese Glaswand hinaus in die Welt, in die Natur und in den gesamten Kosmos. Am Ende wird ja Gott »alles in allem« *(1 Kor 15,28)* sein. Alles wird einmünden in die Herrlichkeit des neuen Lebens und der neuen Schöpfung.

IV. Orientierungskrise und Sinndefizit

Diese Kirche fasst die zentrale Botschaft des Evangeliums und aller christlichen Jahrhunderte vor uns zusammen und sie gibt sie weiter an die kommenden Generationen im nächsten Jahrhundert und im nächsten Jahrtausend. Sie kann und soll auch uns helfen, Christus besser zu erkennen und den ganzen Reichtum des Geheimnisses Jesu Christi zu erfassen. Wir haben diese Botschaft gerade heute an der Schwelle zum nächsten Millennium dringend nötig: Heute, in der Orientierungskrise und im Sinndefizit, heute, da auch viele den tiefen Sinn und den Reichtum des christlichen Glaubens nicht mehr verstehen, ja ihn gar nicht mehr kennen. Heute, da viele das Wort des Apostels Paulus umdrehen: Sie halten den christlichen Glauben für einen Verlust und geben ihn auf um scheinbar größerer Lebenswerte willen. Wir haben diese Botschaft auch als Christen und als Kirche nötig, weil wir in Predigt, Religionsunterricht, Bildungsarbeit und Gemeindearbeit oft drauf und dran sind, auf andere Felder auszuweichen, Dummheiten zu treiben und buchstäblich fremdzugehen, statt uns auf das eine Notwendige zu konzentrieren. Wir sollen aber – so sagt es der Apostel Paulus an anderer Stelle – nichts anderes wissen und nichts anderes verkündigen als Jesus Christus und ihn als den Gekreuzigten (vgl. *1 Kor 1,23; 2,2*).

Freilich, das Kreuz liegt quer zu unseren naturwüchsigen Lebenserwartungen. Es erscheint als Torheit und als Ärgernis. Mit dem Bau dieser neuen Heilig-Kreuz-Kirche geben wir dennoch dieselbe Antwort, welche schon Petrus auf die entsprechende Frage Jesu gegeben hat: Wohin sollen wir denn sonst gehen? Wo sind sonst solche Worte, solche Zeichen, solche Wegweiser und Orientierungen, solche Hilfe und solche Hoffnung des Lebens? (vgl. *Joh 6,68*).

Jesus Christus ist auch für uns der Weg, die Wahrheit und das Leben (vgl. *Joh 14,6*). Jesus Christus erkennen heißt, erkennen, wer Gott ist und wer wir als Menschen sind.

Jesus Christus erkennen heißt, Gott erkennen, der sich in ihm ein für alle Mal, unüberbietbar und für die Menschen aller Zeiten und Kulturen geoffenbart hat. Er ist der Gott, der sich herabbeugt – so wie Jesus im heutigen Evangelium von der Begegnung mit der Ehebrecherin (vgl. *Joh 8,1–11*) –, der nicht verurteilt, sondern verzeiht und einen neuen Anfang schenkt. Er ist der gnädige und barmherzige

Gott, der Gott, der uns Menschen nachgeht bis in die äußerste Verlorenheit des Leidens und Sterbens, bis an den toten Punkt des Kreuzes, der auch noch da ist, ja gerade da gegenwärtig ist, wo sich unsere Lebenslinien hart schneiden und kreuzen, der Gott also, der sich ganz einlässt mit uns Menschen, unseren Höhen und Tiefen, unseren Freuden und Leiden, unseren Ängsten und Hoffnungen.

Der Gott Jesu Christi gibt in allem und trotz allem unseren Sehnsüchten und Hoffnungen recht. Er nimmt sie auf und führt sie auf dem Weg des Kreuzes zur Erfüllung in der Auferstehung, im neuen Jerusalem, im neuen und ewigen Leben. Unser menschenfreundlicher Gott, den wir in Jesus Christus erkennen und der uns durch ihn endgültig nahe gekommen ist, umfängt, führt und trägt uns, er gibt unserem Leben Halt, er gibt ihm Orientierung, gibt Lebensmut, Lebenskraft und Hoffnung. Der Gott, der Jesus Christus vom Tod am Kreuz zum Leben auferweckt hat, gibt dem Leben recht gegen die Mächte des Todes, der Liebe gegen die Mächte des Hasses und der Gewalt.

So bedeutet Christus erkennen auch, dass wir erkennen, wer wir als Menschen sind und wozu wir berufen sind. In Jesus Christus erkennen wir unser Elend, weil wir aus uns selbst unser Leben nicht vollenden können, ja es wie die Ehebrecherin im Evangelium oft genug durch eigene wie durch fremde Schuld verpfuschen. Wir sind auf Erlösung, Vergebung und Versöhnung angewiesen. In Jesus Christus erkennen wir aber auch unsere Größe, weil Gott uns in Christus aus der verfahrenen Situation erlöst und uns zu ewigem Leben und zur Fülle des Lebens berufen hat. Wir sind nicht verloren und nicht allein. Unsere Sehnsüchte narren uns nicht, wir brauchen nicht aufzugeben und am Sinn unseres Lebens verzweifeln. Unser Leben, das Leben jedes einzelnen Menschen hat einen unendlichen Wert. Wir dürfen hoffen; wir dürfen aus der Hoffnung leben; wir dürfen unser Leben wagen, weil Gott es mit uns wagt. Wirklich, Christus erkennen heißt, uns und unser Leben, das tiefste Geheimnis und die Fülle des Lebens zu erkennen.

V. Zeichen und Zeugnis des Glaubens an Jesus Christus

Sie haben diese neue Kirche erbaut als Zeichen und Zeugnis Ihres Glaubens an Jesus Christus. Mit dem Ende des Kirchbaus sind sie nicht am Ende, Sie stehen vielmehr an einem neuen Anfang. Sie sollen sich nun wie der Apostel ausstrecken auf das, was vor Ihnen liegt. Nun gilt es, das »Christus erkennen« nicht nur in Stahl, Stein und Glas zu gestalten, sondern es im Leben auszugestalten – im Leben als Einzelne, im Leben in der Familie und im Leben in der Gemeinde. Es gilt, die Erkenntnis Christi hinauszutragen in die Welt, die auf dieses Zeugnis der Hoffnung wartet und die es dringend braucht. Seien Sie darum – so wie diese Glaswand es sagen will – offene, den Menschen und der Welt zugewandte Kirche.

Machen Sie Jesus Christus und diese Kirche zum Mittelpunkt Ihres Lebens. Werden Sie selbst zu lebendigen Zeichen und Zeugen Jesu Christi, zu Zeichen und Zeugen des neuen Lebens und der Hoffnung, die uns am Baum des Kreuzes ergrünt.

Gott begleite und Gott segne sie auf diesem Weg. Durch Jesus Christus sei er immer in Ihrer Mitte. Amen.

Kirchweih- und Gemeindejubiläen

Ein Haus aus lebendigen Steinen

Liebe Schwestern und Brüder der St. Peter und Paul-Gemeinde in Heilbronn![1]

I. Kirchweihfest – Weitergabe des Lebens

Es ist mir eine große Freude, heute unter Ihnen sein zu dürfen und mit Ihnen zusammen das Kirchweihfest zu begehen.

Hier in Heilbronn in der St. Peter und Paul Kirche das Kirchweihfest zu feiern, hat ja eine ganz besondere Bedeutung. Heilbronn ist hier im nördlicheren Teil unseres Landes und unseres Bistums ein wichtiges, dynamisches Zentrum des bürgerlichen wie des kirchlichen Lebens. Heilbronn, insbesondere diese Kirche St. Peter und Paul, hat darüber hinaus auch eine große kirchliche Tradition, eine Tradition, die uns heute neu in die Pflicht nimmt. An Heilbronn und an der Peter und Paul Kirche lässt sich ablesen, was Weitergabe des Glaubens konkret bedeutet.

Seit etwa dem Jahr 500 gibt es im Heilbronner Raum Kirchen. Die St. Peter und Paul Kirche geht auf die Deutschordensgründung vor über 780 Jahren zurück. Bei ihrem 750. Jubiläum im Jahr 1977 wurde sie von meinem Vorgänger, Bischof Georg Moser, zum Deutschordensmünster erhoben. Vielen Stürmen äußerer und innerer Art hat sie in all den Jahren getrotzt. Was hat diese Kirche nicht schon alles erlebt?! Die Kreuzzüge, die Stürme der Reformation, die Kirchenverfolgung im Dritten Reich, wo der damalige Stadtpfarrer Dr. Anton Stegmann

---

1 Predigt anlässlich des Kirchweihfestes in der Pfarrei St. Peter und Paul am 15. Oktober 1989 in Heilbronn.
Lesung: 1 Petr 2,4–9.

– mein späterer Heimatpfarrer in Wangen im Allgäu – nur ganz knapp mit dem Leben davongekommen ist und schließlich die Zerstörung Heilbronns im Bombenhagel vom 4. Dezember 1944.

Aus Schutt und Asche ist die Kirche nach dem Krieg wiederaufgebaut worden und heute steht bereits wieder eine Renovierung an.

Dieses Deutschordensmünster zeigt in eindrucksvoller Weise, wie unser christlicher Glaube durch die Jahrhunderte inmitten vielfältiger innerer und äußerer Wirren bis auf unsere Tage weitergegeben worden ist. Jahrhundertelang haben Menschen hier aus diesem Glauben Mut und Hoffnung geschöpft. Jeder von uns weiß aber auch, dass diese Weitergabe heute in ganz neuer Weise schwierig geworden ist. So bedeutet dieses Kirchweihfest die Verpflichtung, neu nachzudenken, wie es in unserer Kirche und mit unserer Kirche weitergehen wird.

Ich habe Ihnen keine fertigen Rezepte anzubieten. Nur eines darf ich Ihnen schon im Voraus sagen: diese Kirche ist ein sprechendes Zeichen dafür, dass unser Glaube im Laufe der Geschichte immer wieder seine Kraft bewiesen hat, die Schwierigkeiten und Widerstände, welche sich ihm entgegenstellen, zu überwinden. Die Geschichte dieser Kirche ist ein Gegengift gegen die Resignation; sie gibt uns Mut und Hoffnung für die Zukunft.

II. Kirche – Ein Haus aus lebendigen Steinen

Die Lesung aus dem Ersten Petrusbrief erinnert uns daran, dass es beim Kirchweihfest nicht in erster Linie um die Kirche aus toten Steinen geht. Die Kirche aus toten Steinen ist nur das äußere Zeichen, der Ort der Zusammenkunft zur Feier der Eucharistie und zur Anbetung des in der Eucharistie unter uns gegenwärtigen Herrn. Entscheidend ist jedoch, dass die Kirche vor allem ein Haus aus lebendigen Steinen ist. Kirche – das sind lebendige Menschen, welche sich zu Jesus Christus bekennen und welche durch die Taufe zu Jesus Christus gehören. Kirche aus lebendigen Steinen – das sind wir alle. Wir alle sind »ein auserwähltes Geschlecht, eine königliche Priesterschaft.« Diese Kirche aus lebendigen Steinen, gilt es in erster Linie zu erneuern.

Wir haben heute Grund zu dieser Erneuerung. Ich gehöre ganz gewiss nicht zu denen, welche über den Zustand der Kirche nur lamentieren. Ich erfahre jeden Tag, wohin ich komme, viel Positives. Es gibt gerade unter den Laien viel guten Willen und viel persönliches Engagement. Es gibt Aufbrüche und Neuanfänge bei vielen Jugendlichen. Die kirchliche Erneuerung seit dem Zweiten Vatikanischen Konzil hat uns die Bedeutung des Wortes Gottes und den tieferen Sinn der Liturgie neu erschlossen; das Gemeindebewusstsein wurde gestärkt; wir haben wichtige Schritte der ökumenischen Annäherung vollzogen; das Verhältnis zu unseren evangelischen Brüdern und Schwestern hat dadurch eine neue Qualität erlangt. Auch das soziale Bewusstsein wurde geschärft und der Einsatz für die Not in der Welt verstärkt.

Aber ich übersehe auch nicht die Schattenseiten: die sinkenden Zahlen der regelmäßigen Gottesdienstbesucher, die – trotz allen Verbesserungen in den letzten Jahren – noch immer zu geringe Zahl an geistlichen Berufen, die kritischen Stimmen und Stimmungen innerhalb und außerhalb der Kirche, und nicht zuletzt die Gleichgültigkeit auch vieler Christen. Wir müssen einen neuen Anlauf nehmen; wir brauchen eine in die Tiefe gehende Erneuerung unserer Kirche. Wir müssen aus der Defensive heraus in neuer und bewusster Weise missionarisch offene Kirche sein, kurzum: eine Kirche aus lebendigen Steinen.

III. Lebendige Kirche – wie geht das?

Wie machen wir das? Wie bauen, wie sind wir solche lebendige Kirche? Wenn ich mich, um auf diese Frage eine Antwort zu geben, umschaue im gegenwärtigen theologischen Bücherwald, so erhalte ich vielfältige Antworten, manchmal recht brauchbare, manchmal aber auch weniger brauchbare. Die entscheidende Antwort, auf die es in erster Linie ankommt, gibt uns die heutige Lesung aus dem ersten Petrusbrief. Sie sagt uns: Lebendige Kirche ist Kirche, welche auf dem einen Eckstein aufgebaut ist, den die Bauleute zwar verworfen haben, an dem sich viele auch stoßen, den Gott aber bestimmt und gesetzt hat. Dieser unverrückbare Eckstein heißt Jesus Christus. In ihm ist die Hoffnung und Sehnsucht der Völker nach dem Ort, einem Tempel, in dem man Gott begegnen kann, in Erfüllung gegangen. Denn zu allen Jahrhunderten waren die Menschen auf der Suche nach etwas, was ihrem Leben einen letzten Halt und letzten Sinn gibt; sie forschten und suchten, ob und wie sie Gott erfahren, ertasten und wie sie ihm begegnen konnten. In Jesus Christus ist diese Sehnsucht in Erfüllung gegangen. Er ist der Tempel Gottes, weil in ihm, wie die Schrift sagt, die Fülle der Gottheit leibhaftig wurde. Er ist wahrer Gott und wahrer Mensch in einer Person, der eine Mittler zwischen Gott und den Menschen. Auf seinem menschlichen Antlitz strahlt wider, wer Gott ist; in ihm und durch ihn geht Gott uns auf als Gott der Menschen, als Gott, welcher mit unter uns Menschen wohnt.

Lebendige Kirche können wir deshalb nur sein, wenn wir uns an Jesus Christus orientieren, wenn wir uns bewusst und entschieden in seine Nachfolge stellen und ihn als den Herrn anerkennen. Soziologische und psychologische Überlegungen zur heutigen und künftigen Gestalt der Kirche sind gewiss nützlich und notwendig; kein vernünftiger und verantwortlicher Mensch wird sie achtlos beiseitelassen. Der letzte Maßstab ist jedoch allein Jesus Christus. Er ist die Quelle, aus der wir immer wieder neu frisches, lebendiges Wasser schöpfen müssen, welches uns, wenn wir in der Gefahr sind, müde zu werden, erfrischt, belebt und ermuntert. Wer zurück zur Quelle will, der muss freilich bereit sein, gegen den Strom zu schwimmen; nur tote Fische schwimmen immer mit dem Strom. Aber wer hat uns denn Besseres und Tieferes anzubieten, wer hat uns etwas zu sagen, mit dem man besser leben und auch besser sterben kann als Jesus Christus? Er ist – wenn man so sagen darf – das größte Kapital, welches wir einer künftigen Generation weitergeben können. Denn diese braucht nicht nur saubere Flüsse und saubere Luft. So sehr sie dies auch braucht, braucht sie doch in erster Linie eine geistige und geistliche Luft, in welcher ihre Seele atmen und sich ausspannen kann. Weitergabe des Glaubens, das heißt Weitergabe des Glaubens an Jesus Christus als den Eckstein, auf den man das Leben bauen kann. Lebendige Gemeinde, Kirche aus lebendigen Steinen ist also dort, wo man das Evangelium von Jesus Christus hört und liest, wo man darüber gemeinsam nachdenkt und wo man sich bemüht, dieses Evangelium ins Leben umzusetzen. In diesem Sinn gilt, was die Lesung im ersten Satz sagt: »Kommt zum Herrn, dem lebendigen Stein.« *(1 Petr 2,4)*

IV. Das gemeinsame Priestertum aller Getauften

Die Lesung geht noch einen Schritt weiter. Sie sagt uns, dass wir alle durch die Taufe in Jesus Christus »zu einem geistigen Haus« auferbaut sind und eine »königliche Priesterschaft« *(1 Petr 2,5)* bilden. Das letzte Konzil hat diesen Gedanken neu ins Bewusstsein gehoben und deutlich vom gemeinsamen Priestertum aller getauften Christen gesprochen. Das Konzil hat damit gemeint, dass wir durch die gemeinsame Taufe und die gemeinsame Feier der Eucharistie eins werden mit Jesus Christus, geradezu ein Leib in ihm und durch ihn, sodass wir alle an seinem ewigen Priestertum Anteil haben. Dieser wichtige Gedanke hat in den letzten 25 Jahren nach dem Konzil eine große Rolle gespielt. Mit Recht! Man hat neu die Mitverantwortung aller Christen in der Kirche und für die Kirche betont. Man hat gesagt: Ihr dürft nicht nur passive Mitglieder sein; ihr dürft der Kirche aber auch nicht nur in der Haltung des Konsumenten begegnen, welcher nur Forderungen stellt und zum billigstmöglichen Preis einkaufen will. Ihr müsst selbst Mitverantwortung übernehmen, aktive Glieder und aktive Zeugen Jesu Christi sein. Es genügt nicht, die da oben, die sogenannte Amtskirche zu kritisieren; jeder muss vor Ort und an seinem Platz selbst anfangen.

Das alles heißt nicht, dass in der Kirche jeder jedes kann und dass alle alles tun sollen und tun können. Es gibt innerhalb des gemeinsamen Priestertums unterschiedliche Sendungen und unterschiedliche Dienste: den Dienst des Laien, den Dienst der Ordensfrau und des Ordensmannes und den Dienst des kirchlichen Amtes. Sie haben unterschiedliche Aufgaben, aber sie müssen zusammenwirken. ›Kooperative Pastoral‹ nennt man dies heute mit einem nicht gerade schönen Fremdwort. In der Urkirche sprach man von der Einmütigkeit; sie galt den ersten Christen als Gütezeichen und als Ausweis ihrer Glaubwürdigkeit. Durch öffentliches Gegeneinander und durch Konfliktstrategien können wir alle miteinander nur verlieren. Wenn wir dagegen an einem Strick ziehen, wird unsere Kreditwürdigkeit wieder zunehmen.

Diese Kirche ist den beiden Heiligen Petrus und Paulus geweiht. Jeder, der in der Heiligen Schrift nachliest, kann finden, dass es zwischen diesen beiden Aposteln durchaus Spannungen gab. Petrus gilt oft als Repräsentant des Beständigen, der Institution in der Kirche, Paulus dagegen als Repräsentant einer dynamisch nach vorne drängenden missionarischen Kirche. Beides muss es in der Kirche geben und zwischen beidem muss immer wieder neu ein Ausgleich gefunden werden.

Wichtig ist deshalb, dass sich nach der Apostelgeschichte beide Apostel die Hand geben und gemeinsam ihre Sendung erfüllen. Die Art von Papstkritik, welche sich gegenwärtig, manchmal auch in unserer Kirche selbst findet, scheint mir deshalb völlig unerträglich zu sein. Sie ist ungerecht und sie schadet. Gerade in einer weiter werdenden, vielfältigen Kirche und einer aus den Fugen gehenden Welt haben wir allen Grund, das Petrusamt als Zeichen der Einheit hochzuhalten.

V. Eine heilige Priesterschaft

Schließlich ist mir noch ein letzter Aspekt aus der heutigen Lesung wichtig. Die Lesung sagt nämlich noch genauer, worin Kirche aus lebendigen Steinen und worin gemeinsames Priestertum aller Getauften besteht. Es heißt, wir seien zu einer heiligen Priesterschaft auferbaut, um »durch Jesus Christus geistige Opfer darzubringen, die Gott gefallen«.

Lassen Sie es mich ganz einfach sagen: Lebendige Gemeinde und Kirche aus lebendigen Steinen ist dort, wo Gott gelobt und verherrlicht wird. Die Anbetung und die Verherrlichung Gottes ist das erste Ziel der Kirche. Es scheint mir wichtig, dass wir uns gerade in unserer heutigen Zeit auf diese Aufgabe besinnen. Wir sind in der Gefahr, die Welt zur totalen Arbeitswelt zu machen. Das Wochenende, der Urlaub sind für viele im Grunde da, um sich von der Arbeit für neue Arbeit zu erholen. Der Sinn des christlichen Sonntags ist damit allein nicht zum Ausdruck gebracht. Wir sollen uns nicht nur von der Arbeit für neue Arbeit erholen, wir sollen uns zugleich über die Welt der Arbeit erheben. Der Mensch ist nicht nur ein Arbeitstier; Fest und Feier gehören auch zum Menschen. Letztlich macht Gott allein satt; er allein ist groß genug, um die ganze Tiefe, die Sehnsucht des menschlichen Herzens zu erfüllen.

Das war mit ein Grund, warum ich in meinem ersten Hirtenbrief die Feier des Sonntagsgottesdiensts zu einem Schwerpunkt der Pastoral der nächsten Jahre erklärt habe. Es geht mir darum, dass wir den

Gottesdienst für den heutigen Menschen ansprechend, aber zugleich mit Ehrfurcht und im Geist der Anbetung feiern. Damit tun wir uns als moderne Menschen oft schwer. Wir müssen die Symbolsprache der Liturgie neu lernen und einüben. Wer sich diese Mühe macht, der wird reich dafür belohnt werden. Es darf uns keine Mühe zu groß sein, denn die Feier der Eucharistie ist Mitte und Höhepunkt des christlichen und des kirchlichen Lebens. Aus diesem Grund ist es mir aber auch ein großes Anliegen, dass die christlichen Sonn- und Feiertage in unserer Gesellschaft erhalten bleiben. Sie gehören zu unserer europäischen Kultur. Wer sie aus einseitig wirtschaftlichen Gründen aushöhlt, bedroht einen wichtigen Eckpfeiler der Humanität in unserer Gesellschaft.

VI. Maria, Mutter der Kirche

Meine lieben Schwestern und Brüder, lassen Sie mich zum Schluss alles in einem Bild zusammenfassen: Sie haben in Ihrer Stadt nach den Verwüstungen des letzten Krieges die »Heilbronner Madonna« aus den Trümmern hervorgeholt. Niemand kennt die Herkunft dieser Figur, die heute auf dem romanischen Altar in der Taufkapelle steht. Sie ist mehr als 500 Jahre alt. Niemand weiß, wem sie ursprünglich gehörte und wo sie stand. Sie gehört uns allen. Denn Maria ist Typus (Inbegriff) der Kirche; sie ist die Mutter der Kirche, unser aller Mutter. Sie zeigt uns, was Kirche aus lebendigen Steinen ist. Sie zeigt es uns durch ihr schlichtes »Ja« des Glaubens, durch Ihre Nachfolge des Gekreuzigten. Sie ist uns auf dem Weg der Verklärung und Verherrlichung vorausgegangen. Nehmen wir sie zum Vorbild; rufen wir sie um ihre Fürsprache an. Ich bin überzeugt: Es wird dann um die Zukunft der Kirche und um die Weitergabe des Glaubens nicht schlecht stehen. Dann wird es uns, wie den Deutschordensrittern zu ihrer Zeit, auch in unserer Zeit gelingen, nicht nur Kirche aus lebendigen Steinen, sondern Kirche als Zeichen, als Sakrament für die Welt zu sein. Sie schreit heute geradezu nach Erlösung und Heil. Sie schreit nach einer lebendigen Kirche, einer Kirche aus lebendigen Steinen. Amen.

Gemeinsam Feste feiern

Meine lieben Schwestern und Brüder,[1]

mit großer Freude bin ich heute nach Dietenheim zur Feier des 400. Jahrestags der Kirchweihe Ihrer Pfarrkirche St. Martinus gekommen. Ich grüße Sie alle ganz herzlich: Die ganze Gemeinde, Ihren Herrn Bürgermeister, die vielen Aktiven und Engagierten Ihrer Gemeinde, Ihren Pfarrer, den Diakon und die Gemeindereferentin. Besonders freue ich mich darüber, dass Herr Weihbischof Anton Herre, der in Ihrer Stadt geboren und in Ihrer Kirche getauft wurde und der hier die Primiz gefeiert hat, mit mir am Altar steht, um den Festgottesdienst zu feiern. Ich freue mich einfach darüber, dass wir heute dieses Fest gemeinsam feiern können.

I. Fest des Dankes

Dieses Jubiläum ist – so haben Sie in Ihrer Einladung selbst geschrieben – ein Fest des Dankes. Dazu haben wir allen Grund. Sie dürfen ja nicht nur auf eine Geschichte von 400 Jahren dieser Kirche zurückschauen. Seit 1200 Jahren gibt es diese Martinsgemeinde. Sie ist entstanden in der Zeit der Karolinger, also in der Zeit, da die Grundlagen Europas gelegt wurden.

Es waren wechselvolle, wandlungsreiche und auch schwere Zeiten, die diese Gemeinde seither erlebt hat. Es ist ja nicht so, dass die früheren Jahrhunderte einfachhin die gute alte Zeit waren. Man darf sich

---

1 Predigt anlässlich der Feier des 400. Kirchweihjubiläums am 07. Oktober 1990 in Dietenheim.
Lesung: 1 Petr 2,4–9.

nur einmal die lange Liste der wechselnden Herrschaften von Dietenheim ansehen, um auch nur ein wenig zu ahnen, wie oft es hier hin und her gegangen ist. Wenn man sich gar an das Baujahr dieser Kirche – 1589/90 – erinnert, dann wird vollends deutlich, welche stürmische Zeiten diese Gemeinde schon erlebt hat. Es war damals die Zeit nach der Reformation, eine der schwersten Krisen der Christenheit. Sie führte zu den Religionskriegen, besonders zum Dreißigjährigen Krieg, in dem auch diese Kirche schwer gelitten hat.

Seither ist sie immer wieder umgestaltet worden. Zuletzt erhielt sie 1977 einen neuen Choraltar mit freilich sehr alten, herrlichen Figuren aus dem 16. und 17. Jahrhundert. Der Wandel der Geschichte ist also nicht spurlos an dieser Gemeinde und dieser Kirche vorübergegangen. Aber es gab und gibt auch das Bleibende und das Durchgängige. Es war etwas, was die Jahrhunderte und den Wandel der Zeiten verband und überbrückte, was Halt gab im Strudel der Geschichte. Der mächtige Turm Ihrer Kirche deutet es an, er ist das Wahrzeichen Ihrer Stadt. Er gibt Ihrer Gemeinde das Gepräge. Er ist Symbol der Standhaftigkeit und der Treue. Dieser Turm weist nach oben. Er zeigt zum Himmel. Er weist auf den, der vor allen Zeiten war, der die Zeiten in seinen Händen hält und sie überdauert und der in Ewigkeit ist. Er ist der Herr der Geschichte. Der Glaube an ihn und das Vertrauen auf ihn hat Ihren Vorfahren Halt und Zuversicht gegeben. In ihm wussten sie sich geborgen, von ihm getragen und gehalten.

So haben wir heute in erster Linie zu danken für Gottes treue Führung und Fügung. Wir haben zu danken, dass er mit dieser Stadt war durch die Jahrhunderte, und dass er in dieser Kirche mitten unter uns wohnte. Er hat sie nicht allein gelassen. Deshalb dürfen wir singen: »Danket dem Herrn, denn er ist gut«.

II. Fest des Glaubens

Der Blick zurück in die Geschichte genügt an einem solchen Jubiläumstag nicht. Wir müssen uns auch fragen: Wo stehen wir heute? Wie sieht es in unserer Gegenwart aus und wie soll es weitergehen?

Die tiefgreifenden Umbrüche unserer Zeit haben auch vor Dietenheim nicht Halt gemacht. Auch hier bei Ihnen ist die Zeit nicht einfach stehengeblieben. Ihr Pfarrer hat mir zur Vorbereitung auf diesen

Tag einen ausführlichen, interessanten Bericht über die gegenwärtige Situation Ihrer Pfarrei geschickt.

Da ist die Rede vom Zuzug vieler neuer Familien, davon, dass in der Schule jedes dritte Kind einen Migrationshintergrund hat. Da ist die Rede von der Ansiedlung von neuen Industriebetrieben. Tradition und Fortschritt, beide sind in dieser Stadt lebendig.

Doch die begrüßenswerte Offenheit für neue Entwicklungen hat auch ihren Preis. Auch in Dietenheim beginnt die Tradition abzubröckeln. Nur noch etwa 23 Prozent der katholischen Christen kommen regelmäßig zum Sonntagsgottesdienst. Vor allem die Kinder und Jugendlichen, die ein Spiegelbild der jungen Familien sind, fehlen dort großenteils.

Ich sage das nicht als Kritik. Für mich ist eine solche Feststellung vielmehr ein Anlass zum Nachdenken und zur Besinnung. Ich meine, ein solches Jubiläum müsste uns alle anhalten zu überlegen: Was trägt uns heute? Was ist heute Halt und Inhalt unseres Lebens?

In vielem wissen wir heute mehr. Über vieles wissen wir besser Bescheid als unsere Vorfahren. Wir können mit Hilfe der modernen Technik auch mehr. Aber wissen wir auch besser, was der Sinn des Lebens, der Sinn der Liebe, des Leidens und des Sterbens ist? Die Antwort auf diese Frage ist auf blamable Weise eindeutig. Vermutlich wussten unsere Großväter und Großmütter darüber besser Bescheid. Und dürfen wir heute auch alles, was wir können? Ich meine: Kaum. Aber was dürfen wir? Woran orientieren wir uns? Woran halten wir uns?

Gibt es auf diese Fragen eine andere und vor allem eine bessere Antwort als die unseres Glaubens? Wir haben doch in den letzten Monaten erlebt, wie im östlichen Teil unseres Vaterlandes ein gottloses und damit menschenverachtendes System jämmerlich zusammengebrochen ist. Das muss uns zur Warnung gesagt sein. Ohne Gott hat weder ein Staat noch eine Stadt und auch keine Familie auf Dauer Bestand. Wenn der Herr das Haus nicht baut, bauen Bauleute umsonst. An Gottes Segen ist auch heute alles gelegen.

Lasst uns deshalb Gottes machtvolle Treue und liebende Gegenwart in unserem Leben und in unserer Zeit neu entdecken. Erneuern wir den Glauben, der unsere Vorväter getragen hat und den wir auch heute noch durch nichts Besseres ersetzen können. Dieser Glaube hat Dietenheim und seine Bürger in der Vergangenheit begleitet, er wird

Ihnen auch in Zukunft ein gutes Weggeleit sein. Überlegen Sie deshalb nicht nur, was Sie Ihren Kindern an materiellen Gütern mit- und weitergeben können. Was Ihre Kinder vor allem brauchen, sind Werte, Perspektiven, Orientierungen. Was sie brauchen, ist der Glaube an den Gott, der sie erschaffen hat, der sie trägt und erhält und der mit ihnen ist in jeder Situation. Machen wir deshalb aus dem Fest des Dankes zugleich ein Fest des Glaubens und der Erneuerung aus dem Glauben.

III. Fest der Gemeinde

Machen wir schließlich aus diesem Tag ein Fest der Gemeinde. In der Lesung dieses Tages haben wir gehört: Das Entscheidende ist nicht die Kirche aus toten Steinen. Sie ist nur ein Zeichen. Sie ist nur das Gehäuse. In ihr versammelt sich die Kirche aus lebendigen Steinen, die Gemeinde, die wir alle sind. Sie ist auferbaut auf dem Grundstein, der Jesus Christus ist. Er ist, wie es in der Lesung heißt, zugleich der Schlussstein, der – wie hier im Gewölbe des Chors Ihrer Kirche – das Ganze zusammenhält. An seinem Leben und an seiner Sendung haben Sie alle durch Taufe und Firmung Anteil. Sie alle bilden den einen Leib Christi, die Kirche.

Ein Bau setzt sich aus vielen Steinen zusammen, welche sich gegenseitig tragen und stützen. Ein Leib hat viele Glieder, die sich gegenseitig brauchen. So gibt es auch in einer lebendigen Gemeinde vielfältige Aufgaben und Dienste. Der Pfarrer kann, braucht und soll nicht alles allein machen. Er braucht viele Mitarbeiter. Er braucht die Mitarbeit eines jeden Einzelnen. Für mich ist eine der erfreulichsten Entwicklungen der Gegenwart, dass so viele Laien aktiv und engagiert in unseren Gemeinden mitarbeiten. Es hat wohl noch nie eine Zeit der Kirchengeschichte gegeben, in der wir so viele aktive Laienmitarbeiter hatten.

Ihr Pfarrer hat mir geschrieben, dass auch Sie in Dietenheim daran sind, solche lebendige Gemeinde aufzubauen. Er hat mir berichtet von einem Kreis junger Familien, von Jugendgruppen, von einem Helferkreis, von der Stefanusgemeinschaft, einem Liturgiekreis, einem Bastelkreis und einem im Entstehen begriffenen Bibelkreis, den Kirchenchor nicht zu vergessen.

Ich danke allen, die mitmachen, und ich ermutige alle anderen ebenfalls mitzumachen. Wir brauchen Junge und Alte, Männer und Frauen, Einheimische und Zugezogene. Als lebendige Gemeinde wollen wir Heimat sein in einer Zeit, da die Einsamkeit zunimmt. Deshalb muss gerade heute in einer Gemeinde Raum sein für alle, vor allem für diejenigen, die sonst keine Heimat haben, für Alte und Kranke, für Flüchtlinge wie für junge Menschen. Gerade junge Menschen sollen sich mitverantwortlich einbringen können mit ihrer Phantasie und Kreativität.

Wo es eine solche lebendige Gemeinde gibt, da wird etwas spürbar von unserer Glaubensüberzeugung, wonach Gott gegenwärtig ist – mitten unter uns. Es wird deutlich: Er trägt und er führt uns. Wir aber sollen seine Zeugen sein. Durch das Zeugnis unserer tätigen Liebe sollen wir die Tradition junghalten und erneuern und sie so in das nächste Jahrtausend weitergeben.

Ich bin mir bewusst, dass es viele Probleme in unserer Welt und in unserer Kirche gibt. Oft bläst uns der Wind ins Gesicht. Wir wollen deshalb nicht jammern und klagen. Gerade der Rückblick auf 1200 und besonders auf die letzten 400 Jahre Geschichte lehrt uns: Schwierigkeiten gab es zu allen Zeiten. Das Reich Christi schien immer wieder am Ende zu sein. Oft schien es nur noch eine Frage der Zeit zu sein, bis es untergeht. Aber immer wieder ist es siegreich auferstanden. Es wird auch, so wie der Turm Ihrer Kirche, die Umbrüche der Gegenwart überdauern. Es wird Zukunft haben, solange Menschen da sind, die an Gott und sein Reich glauben, welche die Hoffnung wachhalten und welche die Liebe lebendig halten. Wenn Sie in dieser Weise lebendige Gemeinde aufbauen, die Glaube, Hoffnung und Liebe ausstrahlt, dann darf der heutige Rückblick auf die Geschichte Ihrer Stadt Sie zugleich mutig stimmen im Blick auf die Zukunft.

Hier an der linken Seite Ihrer Kirche befindet sich die wunderschöne Dietenheimer Madonna. Bereits um das Jahr 1480, also vor über 500 Jahren, ist sie in der Ulmer Schule entstanden. Maria mit dem Jesuskind auf dem Arm ist ein Symbol der Kirche, die unterwegs ist in der Geschichte. Erhobenen Hauptes und offenen Blickes schaut sie nach vorne aus ihrem schönen fraulichen Antlitz und aus Ihren leuchtenden Augen strahlt Vertrauen, Hoffnung, Zuversicht. Sie trägt ja das Kind auf ihren Armen, welches das Heil der Welt ist. Sie scheint es uns geradezu entgegenzustrecken. Ja, das Kind scheint ihr sogar aus den Händen zu springen. So sehr ist es uns zugewandt.

So will uns diese Marienfigur sagen: Nehmt das Kind, schließt es in Euer Herz, es ist Grund zur Hoffnung und Freude. Es ist Euer Leben. Es ist der Weg, die Wahrheit und das Leben. Amen.

Gott unter den Menschen

Liebe Mitbrüder,
meine lieben Schwestern und Brüder![1]

Zur Feier des 250. Jubiläums der Pfarrkirche St. Katharina und Franz von Assisi in Wolfegg sage ich Ihnen allen ein herzliches »Grüß Gott«. Dies ist wirklich ein freudiger Tag für Ihre Gemeinde, gehört doch diese Kirche zu den Barockjuwelen des schwäbischen Oberlandes. Sie dürfen stolz sein auf ihre Geschichte und auf diese Kirche.

In dieser Stunde wollen wir sie nicht kunsthistorisch betrachten. Das hat Pfarrer Otto Schmid in einer sehr sorgfältigen und ansprechenden Weise in einem lesenswerten Buch zu diesem Jubiläum getan. Wir wollen diese Kirche in dieser Stunde betrachten als ein Zeugnis des Glaubens, des Glaubens Ihrer Vorfahren und des Glaubens heute und hoffentlich auch in Zukunft.

I. Mensch ohne Gott?

Jeder, der diese Kirche betritt, wird überwältigt von der Symphonie von Licht und Farben, von der Harmonie der Formen und dem Reichtum der künstlerischen Ausgestaltung. Hier ist wahrlich ein Thronsaal Gottes gebaut worden und das Wort seines Erbauers, Graf Ferdinand Ludwig, ging in Erfüllung: »Das Haus, das ich baue«, so sagt er, »soll großartig sein, denn groß ist unser Gott«. Unsere Vorfahren wussten um diese Größe Gottes. Sie wussten: Aus ihm und auf ihn hin ist alles

[1] Predigt anlässlich der 250-Jahr-Feier der Kirchweihe St. Katharina am 16. Mai 1993 in Wolfegg.
Evangelium: Joh 2,13–22

und sind auch wir selbst. Alles, was wir sind und was wir haben, verdanken wir ihm. Er hat alles wohlgemacht, er lenkt und trägt unser Leben in seinen Händen. Ohne ihn wären wir nichts, buchstäblich nichts.

Der Glaube unserer Vorfahren war alles andere als engstirnig und bigott. Diese Kirche hat große weite Fenster nach außen, sie lässt das Licht von außen einströmen und sie bezieht die ganze herrliche Natur der großartigen Allgäulandschaft in ihre Ausgestaltung mit ein. Sie ist im besten Sinn des Wortes weltoffen. In ihrem Inneren zeigt sie einen weiten und einen frohen festlichen Glauben. Gott ist nicht eng und klein. Er ist die alles umfassende und alles zugleich übersteigende Wirklichkeit. Er ist gegenwärtig in allen Dingen. Überall können wir ihm begegnen: In der Natur, in Pflanzen und Tieren, in Haus und Hof, ebenso in der Werkstatt und in der Fabrik, in der Familie, in der Freizeit und nicht zuletzt in den Menschen, denen wir begegnen. In allem strahlt etwas wieder von Gottes Größe und Herrlichkeit, von seiner Pracht und Schönheit.

Die Kirche greift dieses Lob Gottes, das alle Schöpfung singt, auf und bringt es zum Ausdruck. Sie zeigt, wie welthaft Gott ist und wie göttlich unsere Welt. Aber, so frage ich, ist dieses Zeugnis des Glaubens Ihrer Vorfahren bei uns heute noch in gleicher Weise lebendig? Gehört es nicht zu den Dramen und zu den Tragödien unserer Zeit, dass wir Gott zwar nicht einfach leugnen, aber meist ihn in irgendeine Ecke hineinstellen und ihn weithin vergessen. Wir meinen, es ginge auch ohne ihn und vielleicht sogar besser ohne ihn. Die Gottesfinsternis ist die Signatur unserer Zeit.

Wenn man Gott nicht mehr groß sein lässt, dann verkleinert man auch die Dimensionen der Welt, dann fehlt auch unserer Welt etwas von ihrer Tiefe, Höhe, Breite und Länge. Der Mensch ohne Gott, das ist eine lebensgefährliche Amputation des Menschen. Diesem Menschen fehlt dann etwas von dem Licht, das diese Kirche erleuchtet, von dem Licht des Lebens und vom Sinn des Lebens. Leiden wir heute nicht eben daran, dass viele nicht mehr wissen, woher sie sind, wohin sie gehen, wozu sie da sind, dass sie nicht mehr ein und aus wissen? Es fehlt ihnen irgendwie das Solide und fest Gegründete, das in der Erde Verwurzelte – ein Eindruck, den diese Kirche mit dem Schloss auf jeden, von außen betrachtet, macht. Sie werden grund- und haltlos und können dann den Stürmen des Lebens nicht mehr standhalten.

Dieses Jubiläum, meine lieben Schwestern und Brüder, soll uns erinnern an den Glauben unserer Vorfahren. Ohne den Glauben, ohne das Gegründetsein und Verwurzeltsein in Gott wären viele von ihnen an den teilweise schweren Zeiten der letzten 250 Jahre verzweifelt. Ohne diesen Glauben hätten sie auch dieses herrliche Gotteshaus nicht erbauen können, und so haben sie uns ein Erbe hinterlassen, ein Erbe, das es weiterzuführen gilt. Ohne eine fest im Boden verwurzelte, aber auch ohne eine in die Höhe und Weite weisende Frömmigkeit werden wir nicht wirklich leben können.

Wir haben allen Grund, uns anstecken zu lassen von dem Lob Gottes, das diese Kirche bezeugt und erzählt, wir haben allen Grund, uns neu zu besinnen auf den Grund, die Mitte und das Ziel unseres Daseins. Lassen wir also diese Kirche kein totes Museum und Mausoleum sein, machen wir sie zum Zeugnis unseres Glaubens heute.

II. Ein Blick in die Zukunft

Die Liturgie dieses Festtages sagt uns noch ein Zweites. Sie lenkt unseren Blick nicht nur zurück auf die 250 Jahre Geschichte, sie weist auch nach vorne in die Zukunft, sie weist nach oben. In der Lesung dieses Kirchweihjubiläums begegnet uns die Vision vom himmlischen Jerusalem. Es ist das himmlische Jerusalem, das herabsteigt vom Himmel auf die Erde. Die Worte aus der Geheimen Offenbarung des Johannes nehmen uns hinein in eine viel größere und umfassendere Gemeinschaft der Engel und Heiligen, der Jungfrau und Gottesmutter Maria, der heiligen Katharina von Alexandrien und des heiligen Franz von Assisi, den Patronen ihrer Kirche, die überall hier dargestellt und abgebildet sind. Dieses himmlische Jerusalem wird irgendwie schon Fleisch und Blut, es wird Wirklichkeit und Gestalt in dieser Kirche. Sie ist jetzt schon anfanghaft Gottes Wohnung unter uns Menschen.

Ein Stück Himmel auf Erden. Die Kirche sagt uns: Unser Leben ist nicht eingeengt und eingespannt auf die wenigen 60, 70, 80 Jahre, da wir hier auf Erden sind. Unser Leben versandet nicht irgendwo am Ende in einer Wüste des Nichts und es rinnt nicht aus wie ein zerbrochener Krug. Gott will für immer bei uns und mit uns sein und wir sollen in alle Ewigkeit bei ihm sein. Das meint ja der Himmel, die ewige Gemeinschaft mit Gott, in ewigem Frieden, ewiger Freude und ewigem Glück und zugleich die Gemeinschaft, die Freundschaft, den Frieden und die Versöhnung mit allen anderen, die in Gott sind.

In diese große Gemeinschaft, vereint im Lob und im Preis Gottes, sind wir alle hineingenommen. Wir sind nicht allein auf unserem Lebensweg. Wir haben mächtige Fürsprecher und Weggefährten. Und wenn wir einmal endgültig am Ziel angekommen sein werden, dann werden, wie die Lesung sagt, alle Tränen abgetrocknet sein. Alles Leid dieser Welt wird verwandelt und verklärt sein und nichts von dem, was wir aus Liebe getan haben, wird verloren und umsonst sein. All unsere Mühe, all unsere Arbeit und Sorge, all unser Planen wird hineinverwandelt werden und ein Teil sein der endgültigen und verklärten Welt, die hier in diesem Gotteshaus zeichenhaft anbricht.

So zeigt uns diese Kirche etwas von der Größe unserer Berufung, die Berufung hinein in die große Gemeinschaft der Heiligen. Sie sagt uns, wo unsere wahre Heimat, unser wahres und endgültiges Ziel ist. Nicht der katholische Glaube ist eng, wie heute viele meinen. Nein, unsere moderne, rein innerweltliche Orientierung verkürzt und beschneidet die Wirklichkeit und das Leben. Wer den Himmel schon jetzt ganz auf dieser Erde haben will, der wird sehr bald die Hölle auf Erden haben. Lassen wir uns also durch diese Kirche den Blick nach oben weiten, nach oben reißen, dorthin, wo allein der wahre Himmel ist. Lassen wir uns durch diese Kirche zurufen: Sursum corda! Empor die Herzen!

III. Gemeinschaft der Heiligen

Noch ein Letztes: Diese Gemeinschaft der Heiligen, in die wir hineingenommen werden in diesem Gotteshaus, sie beginnt hier in unserer Welt, sie beginnt in Ihrer Gemeinde hier in Wolfegg. Das Wolfegger Gotteshaus ist in all seiner Schönheit und in all seiner Pracht am Ende doch nur ein Zeichen. Diese Kirche aus toten Steinen und toten Materialien soll ein Zeichen sein für die Kirche aus lebendigen Steinen, die wir alle, die Getauften und die Gefirmten, sind. Wir, das Volk Gottes, sind der Tempel und die Wohnung Gottes in dieser Welt. Durch uns, durch unser Leben will Gott gegenwärtig wirksam sein in dieser Welt. Durch uns will er ein Stück Himmel schon hier auf Erden gestalten.

Ich weiß, das ist ein hoher Anspruch und das Evangelium dieses Tages erinnert uns daran, was dies bedeutet: Tempelreinigung. So hat es auch Ihre Gemeinde verstanden. Sie haben ja nicht nur diese Kirche äußerlich und innerlich restauriert und herausgeputzt. Sie haben aus Anlass dieses Jubiläums auch eine Gemeindeerneuerung angesetzt. Überhaupt war ich freudig überrascht, als ich las, wie viele lebendige und aktive Gruppen es in Ihrer Gemeinde gibt: Gebets- und Bibelkreise, Jugendgruppen, Gruppen, die den Gottesdienst vorbereiten, den Frauenbund, den Kirchenchor und vieles andere mehr. Ich danke allen, die mitmachen und die das Leben dieser Gemeinde mittragen.

Zu einer lebendigen Gemeinde als Tempel Gottes hier in dieser Welt gehören solche vielfältigen Aktivitäten, Gruppen und Kreise, gehören soziale Aktionen, gehören wir alle, denn wir alle sollen mitgestalten und mitwirken. Eine Gemeinde, eine Kirchengemeinde ist kein Verein mit regem Vereinsleben. Sie ist zuerst und zutiefst ein Ort und eine Gemeinschaft des Gebets und der Anbetung, der Verherrlichung Gottes. Die Beter und die Beterinnen sind das Herz der Gemeinde. Sie machen das, was diese Kirche äußerlich darstellt, sich innerlich zu eigen. Sie greifen das Lob und den Preis Gottes, der in diesem Gotteshaus einen so herrlichen Ausdruck findet, auf und machen ihn zu ihrem eigenen.

In den letzten Jahren des Zweiten Weltkrieges ging hektographiert ein Zettel mit einem Gedicht von Reinhold Schneider von Hand zu Hand. Dieses Gedicht begann mit den Worten: »Allein den Betern kann es noch gelingen, das Schwert ob unseren Häuptern aufzuhalten«. Es war damals 1943, 1944, 1945 eine äußerlich äußerst bedrängte und gefährdete Zeit. Niemand wusste, wie es weitergeht und wie wir alle herauskommen, eine Zeit, die gewiss von unserer sehr verschieden war. Aber ist es nicht so, dass an die Stelle der äußeren Gefährdung heute die innere Anfechtung getreten ist, die innere Bedrohung, dass nämlich der Glaube in unserem Volk zu verdunsten droht und dass die Grundwerte, auf denen auch unser nach dem Krieg aufgebautes Staatswesen gründet, allmählich zerbröckeln oder gar mutwillig zerstört werden?

So ist es die Aufgabe dieses Gotteshauses, uns an diese Grundwerte zu erinnern, auf denen wir stehen, uns daran zu erinnern, dass das Beten das Herz einer Gemeinde, aber auch die Kraftquelle unseres

Lebens ist. Ohne Gebet wird uns allen früher oder später die Puste ausgehen.

Dieses Gotteshaus soll uns also erinnern, das Gebet wieder ernst zu nehmen, hier in der Gemeinde, aber auch wieder viel mehr in unseren Familien, privat in unserem Alltag. Dieses Gotteshaus soll uns helfen, neu überwältigt zu werden von der Größe Gottes, dem wir alles verdanken. Es soll uns helfen, diese oberschwäbische Kulturlandschaft, die zutiefst geprägt ist vom Glauben des Christentums, zu bewahren und sie unseren Kindern weiterzugeben.

Dies sind mein Wunsch und mein Gebet für Sie an diesem Festtag. Gott wohne immer mitten unter Ihnen, er sei für immer bei Ihnen. Amen.

»Auf diesen Felsen will ich meine Kirche bauen« (Mt 16,18)

Meine lieben Schwestern und Brüder![1]

Zum 650-jährigen Bestehen Ihrer Kirchengemeinde überbringe ich Ihnen die Grüße der ganzen Diözese. Von Herzen beglückwünsche ich Sie zu diesem Jubiläum.

I. Dank sagen

Wenn man es freilich genau nimmt, ist Oberkochen und das kirchliche Leben hier in Oberkochen noch viel älter als 650 Jahre. Vor 650 Jahren, im Jahr 1343, wurde Oberkochen zum ersten Mal urkundlich erwähnt als eigenständige Pfarrei. Das Christentum fasste hier seit dem achten Jahrhundert Fuß, also seit 1100 Jahren. Sie dürfen stolz sein auf diese lange Geschichte und heute in Dankbarkeit zurückblicken. Dieser Dank gilt in dieser Stunde vor allem Gott, dem Herrn der Geschichte. Denn wir sind an diesem Jubiläum nicht ohne Grund zusammengekommen, um hier Eucharistie, das heißt Danksagung zu feiern.

Fragen wir uns heute: Was hat Ihre Vorfahren in diesen langen 650 beziehungsweise 1100 Jahren gehalten? Was hat überhaupt gehalten, was ist geblieben in dieser langen, wechselvollen Geschichte mit all dem Hin und Her zwischen Königsbronn und Ellwangen, mit verschiedenen Kirchen, die hier nacheinander in verschiedenen Stilepochen unter großen Opfern gebaut worden sind, nach den Wirren

[1] Predigt anlässlich der 650-Jahr-Feier der Kirchengemeinde St. Peter und Paul am 10. Oktober 1993 in Oberkochen.
Evangelium: Mt 16,13–20.

der Reformation, und der konfessionellen Auseinandersetzungen, bis es im 20. Jahrhundert – Gott sei Dank – endlich zu einem guten ökumenischen Miteinander gekommen ist. Was ist geblieben nach all den Verwüstungen und der Pestzeit des Dreißigjährigen Krieges und in den Katastrophen der beiden Weltkriege im 20. Jahrhundert? Was hat in all diesem Wandel der Zeiten gehalten und was hat die Menschen hier in Oberkochen gehalten? Was hat ihnen Lebensmut, Sinn, Halt und Inhalt gegeben?

Die Antwort, die Ihre Vorfahren auf diese Frage geben, ist eindeutig und klar. Sie haben immer wieder neu eine Kirche gebaut: eine romanische, eine spätgotische, eine frühbarocke, schließlich jetzt die neuromanische, die Sie vor 12 Jahren in so einfühlsamer Weise renoviert haben. Nicht erst seit 650 Jahren, seit 1100 Jahren ist man sich in Oberkochen klar: Wir brauchen nicht nur Wohnhäuser, so sehr wir diese brauchen. Es genügt zum Leben nicht nur Essen und Trinken, Kleider und Arbeit zu haben. In die Mitte Ihrer Stadt gehört das Gotteshaus. Denn Gott ist der Herr der Welt, der Herr der Geschichte, der Herr unseres Lebens. Er hält die Fäden der Zeit in seinen Händen und aus seiner Hand empfangen wir alles, was wir sind und was wir haben. Er ist der Fels, auf den wir bauen und dem wir trauen können; er steht fest in der Brandung der Zeit. Er ist und bleibt von Ewigkeit zu Ewigkeit. Aus ihm kommen wir, sind wir, in ihm leben wir und zu ihm kehren wir am Ende zurück. Ihm verdanken wir alles.

Ihm gilt deshalb heute zuerst und vor allem unser Lobpreis und unser Dank. Ihm haben wir eben im Gloria zugejubelt: »Du allein bist der Heilige, du allein der Herr, du allein der Höchste«.

Aber – so frage ich – können wir heute diesen Dank und diesen Lobpreis noch in der gleichen Weise singen und sagen wie das Ihre Vorfahren getan haben? Ist für uns heute Gott noch in gleicher Weise eine Realität, ja die alles umfassende, alles begründende, allem einen Sinn gebende Realität? Nicht, dass wir heute allgemein Gott leugnen, aber er ist uns doch sehr oft gleichgültig geworden. Diese Gleichgültigkeit gegenüber Gott, diese Gottvergessenheit ist die eigentliche Not unserer Zeit, denn wenn wir uns nicht mehr an Gott halten, an wen und an was sonst? An die wechselnden Moden?

Dabei gilt zu berücksichtigen: »Wer sich mit der Mode verheiratet, der wird schon bald Witwer sein«. Die Mode ist ja dadurch definiert, dass sie morgen schon wieder aus der Mode ist. Was ist mit den modernen Weltanschauungen? Der Marxismus ist im 20. Jahrhundert jämmerlich zusammengebrochen und der westliche Fortschrittsglaube hat ebenfalls getrogen. Immer mehr, immer schneller, im besser. Mit dieser Devise sind wir an eine Grenze gekommen und vor allem ist unsere Seele nicht mitgekommen bei all dem Tempo und all der Hektik. Der äußere Fortschritt allein tut's nicht, er lässt uns innerlich in unserem Herzen leer und kalt. Wir Menschen sind mehr, wir suchen und verlangen nach mehr.

So ist es in unserer Gegenwart zu einer Orientierungskrise, einem Sinndefizit gekommen. Weil wir keinen festen Boden mehr unter den Füßen haben, überkommt uns die Angst. Weil wir kein Ziel mehr haben, überkommt uns Verdruss und wir haben keinen Schwung mehr. Deshalb kommt alles darauf an, dass wir uns heute neu auf Gott, den Herrn unseres Lebens, unserer Welt besinnen, dass dieses Jubiläum nicht nur ein dankbarer Rückblick ist, sondern auch ein Ausblick auf die Zukunft. Wir werden nur Zukunft haben, wenn wir auf demselben Felsenfundament weiterbauen, auf dem unsere Vorfahren aufgebaut haben. Wenn wir Gott nicht nur mit dem Sonntag und dem Feiertag, sondern auch mit dem Werktag und mit dem Alltag zusammenbringen. Anders gesagt: Wir müssen wieder lernen, mehr zu beten, zu beten als Einzelne, zu beten in unseren Familien und in unseren Gemeinden. Dann allerdings dürfen wir mit Zuversicht und mit Mut in die Zukunft schauen.

II. Der Sohn des lebendigen Gottes

Die entscheidende Frage, vor der wir heute bei diesem Jubiläum stehen, ist die Frage, die Jesus im Evangelium seinen Jüngern gestellt hat. »Für wen halten die Leute den Menschensohn«, nein, »für wen haltet ihr mich?« Mit der Antwort auf diese Frage steht und fällt das Christsein. Im Christsein geht es letztlich nicht um viele einzelne Dogmen, Gebote und Verbote, es geht im Grunde nur um eines, um einen. Es geht um die Antwort des Petrus: »Du bist der Messias, der Sohn des lebendigen Gottes«. Wer an Jesus Christus, den Gottessohn und den Menschensohn glaubt, an ihm festhält, auf ihn als dem Eckstein und Grundstein aufbaut, sich an ihm orientiert und ihm nachfolgt, der ist ein Christ. Jesus Christus ist der Eckstein und der Grundstein, den Gott selbst gelegt hat, wie es in der Lesung geheißen hat. In Jesus Christus hat uns Gott endgültig, ein für alle Mal gezeigt, wer er selbst ist und wer wir als Menschen sind. Er hat sich geoffenbart als der gütige Vater, der barmherzig ist, der versöhnt und verzeiht, der alles und alle in seinen Händen hält, der jeden Einzelnen von uns kennt, mag, liebt, akzeptiert, bei dem Verlass ist in jeder Situation, bei dem nichts unmöglich ist. In Jesus Christus hat sich Gott zusammenfassend einfach als die Liebe gezeigt.

Gott hat in Jesus Christus aber auch gezeigt, wer wir sind: Nicht irgendeine Seriennummer, nicht irgendein Rädchen im großen Räderwerk der Welt, keine Laune des Schicksals oder ein bloßes Zufallsprojekt und -produkt. Wir sind jede und jeder Einzelne von Gott gerufen, gewollt, von Gott berufen als seine Zeugen in der Welt, als Zeugen seiner Liebe. So sollten wir wieder stolzer und dankbarer dafür sein, dass wir in Jesus Christus Orientierung, Hoffnung, Kraft und Mut haben. Wo werden uns denn sonst solche Worte des Lebens gegeben, wo gibt es denn heute eine Alternative zu Jesus Christus, wer hat uns mehr, wer hat uns Besseres und Tieferes zu sagen?

Wir sollten uns deshalb dankbar und stolz zu ihm bekennen und ihn bekennen. Wir brauchen uns als Christen nicht verschämt verstecken, wir sollen nicht hinter dem Berg halten und uns fast dafür entschuldigen, dass wir Christen sind. Wir brauchen uns dabei nicht jede Schmähung gefallen lassen und jede Beleidigung. Wir wissen, die Kirche ist eine Kirche aus Menschen, aus sündigen, fehlerhaften Menschen. Wir dürfen ehrlich auch zu unseren Schwachpunkten stehen. Als Christen wissen wir ja: es gibt Vergebung von Gott.

Der christliche Glaube selbst aber, Jesus Christus selbst, ist von diesen unseren Schwachpunkten nicht tangiert. Er ist und bleibt die letztgültige Antwort auf unsere Fragen. Am Kreuz können wir uns festhalten auch in den dunkelsten Stunden unseres Lebens und noch im Sterben und in Jesu Auferstehung haben wir Hoffnung für unser Leben und Sterben. Warum also haben wir heute so wenig Glaubensfreude, warum so viel feige Bekenntnisscheu, so wenig Bekenntnismut? Wenn wir meinen und Angst haben, wir könnten nicht antworten auf die Fragen, die uns gestellt werden, weil wir nicht Bescheid wissen, warum kümmern wir uns so wenig um unseren Glauben, um ihn dann vor aller Welt bekennen zu können, um ihn als Licht hinaustragen zu können in das Dunkel unserer Zeit? Wer an

Jesus Christus glaubt, der hat nicht auf Sand gebaut. Er, Jesus Christus, ist derselbe, gestern, heute und in Ewigkeit.

III. Die Kirche Jesu Christi hat Bestand

Weil Jesus Christus in Ewigkeit bleibt, hat auch seine Kirche für immer Bestand. Die Pforten der Unterwelt, das heißt die Mächte des Todes werden sie nicht überwältigen, so sagt es Jesus im heutigen Evangelium. Diese Mächte des Todes, der Gewalt, der Zerstörung, des Hasses und des Unrechts, sie toben zwar an gegen die Kirche, aber sie werden sie nie besiegen können. Die Kirche wird immer sein.

Heute meinen zwar viele – sehr voreilig – die Kirche breche nun bald zusammen, sie blase sozusagen aus dem letzten Loch und es berste jetzt überall in ihrem Gebälk; bald werde sie vom modernen Zeitgeist eingeholt.

Richtig ist: Die Kirche lebt heute in einer Übergangssituation, wie schon öfter in ihrer Geschichte, auch in diesen 650 beziehungsweise 1100 Jahren, an die wir heute denken. Aber am Ende hat sie alle ihre Feinde, hat sie alle Fürstenhäuser und alle Systeme überlebt, ja, sie hat immer wieder neue Kraft gewonnen und geschöpft trotz all den Anfeindungen und Verfolgungen. Zwar ist die Kirche eine Kirche aus Menschen, aus Menschen so wie wir alle, aber die Kirche ist keine rein menschliche Einrichtung. Sie ist auf den Grundstein Jesu Christi gebaut. Als Leib Jesu Christi ist sie von seinem Heiligen Geist beseelt, dem Geist, der sie immer wieder neu macht und erneuert.

Diese Kirche, die Bestand haben wird für immer, sind wir alle, so sagen es das Evangelium und die Lesung des Kirchweihfestes. Sie ist letztlich keine Kirche aus toten Steinen, eine bloße Institution und ein System, sondern eine Gemeinschaft des Glaubens, der Hoffnung und der Liebe. Sie ist Gottes Volk, berufen Gottes Großtaten zu bezeugen. Dazu sind wir alle durch Taufe und Firmung berufen, alle haben wir Anteil an dem gemeinsamen Priestertum Jesu Christi. Alle sind deshalb mitverantwortlich für die Kirche und in der Kirche. Das ist der eigentliche Übergang, an dem wir gegenwärtig stehen, aus einer Kirche, die sich primär versorgen lässt, hin zu einer mitsorgenden Kirche und Gemeinde, einer Gemeinde und einer Kirche, wo alle Mitverantwortung tragen, wo jeder und jede seine und ihre Aufgabe hat, die

Aufgabe, mitzuhelfen, dass das Licht Jesu Christi wieder hell leuchtet in unserer Zeit. Das Licht Jesu Christi gilt es weiterzutragen, hinein in die Familien, an den Arbeitsplatz und in die Freizeit durch das Wort und noch viel mehr durch die Tat und durch das Leben.

Das ist uns neu aufgegangen seit dem Zweiten Vatikanischen Konzil und es ist heute neu die Stunde der Laien und ihrer Verantwortung gekommen. Dies ist nicht nur deshalb so, weil der Pfarrer nicht alles tun kann, sondern auch deshalb, weil die Kirche eine große Gemeinschaft ist, wo alle teilhaben am gemeinsamen Priestertum Jesu Christi. Ich bin, wohin immer ich komme, in die vielen Gemeinden unserer Diözese, dankbar dafür, dass es so viele Frauen und Männer gibt, die sich einsetzen, auch hier in Ihrem Oberkochen, und allen, die das tun, danke ich von ganzem Herzen. Gott braucht solche Zeugen.

Besonders gefreut habe ich mich, als ich von der Partnerschaft gelesen habe, die Sie seit diesem Jahr mit dem Slum Kariobangi bei Nairobi verbindet. Dieses Kariobangi ist der schlimmste Slum, den ich jemals erlebt habe, als ich ihn vor etwa sechs Jahren zwei Tage mit Pater Gerner, der jetzt in Ellwangen ist, besucht habe. Diese Partnerschaft mit den armen Menschen im Elend dort soll uns zeigen, dass die Gemeinschaft der Kirche, in die wir hineingerufen sind, nicht hier auf Oberkochen, nicht auf den Osten Württembergs, auf das Schwabenland und Deutschland beschränkt ist, sondern dass wir hineingenommen sind in eine weltweite, wahrhaft katholische Gemeinschaft überall in der Welt. Das ist ja das Schöne und das Große, dass wir weltweit eine Gemeinschaft, eine Familie bilden. Diese große weltweite Gemeinschaft hat ein Zentrum im Nachfolger des Petrus, von dem im Evangelium die Rede ist. Wir sollten auch wieder dankbarer sein, dass wir als katholische Kirche dieses Zentrum der Einheit haben und dass wir einen Nachfolger des Petrus haben, der so kraftvoll dieses Wächteramt und diesen Einheitsdienst wahrnimmt.

Petrus und Paulus, das sind die Patrone Ihrer Kirchengemeinde. Ich wünsche Ihnen heute an diesem Jubiläum, dass Sie immer mehr Gemeinde werden nach dem Vorbild dieser beiden Apostel, apostolische Gemeinde, die bleibend gegründet ist auf dem Fundament der Apostel und deren Zeugnis von Jesus Christus, apostolische Gemeinde, die treu steht zum apostolischen Amt in der Kirche und apostolische Gemeinde nach dem Bild des Petrus und Paulus, die ihre apostolische, ihre missionarische Aufgabe wahrnimmt in unserer Zeit. So werden Sie ein festes Felsenfundament haben. Ein Fundament, das in den letzten 650 und 1100 Jahren gehalten hat und das auch in Zukunft halten wird. Auf diesem Fundament können Sie weiterbauen in die Zukunft hinein. Diesen Glauben sollen Sie weitergeben an Ihre Kinder und Kindeskinder. So wünsche ich Ihnen: Möge Glaube, Hoffnung und Liebe wachsen hier in Oberkochen und möge der Segen Gottes bleibend auf Ihrer Gemeinde, auf Ihrer Stadt ruhen. Amen.

Das Leben der Kirche blüht

Liebe Mitbrüder,
meine lieben Schwestern und Brüder![1]

Als erstes darf ich Ihnen im Namen unserer ganzen Diözese die herzlichsten Glück- und Segenswünsche überbringen zu dem 300. Jubiläum der Kirchweihe hier in Söflingen, Mariä Himmelfahrt. Ich habe mir sagen lassen, die Söflinger sind stolz darauf, Söflinger zu sein und sie haben Grund zu Dankbarkeit und Stolz, denn sie schauen heute nicht nur auf 300 Jahre Kirchweihe zurück, sondern auf fast 750 Jahre Söflinger Kloster der heiligen Klara. Solange ist es her, seit 1258 von Gries hier in Söflingen das älteste deutsche Klarissenkloster angelegt wurde.

Auch heute entfaltet sich hier ein reiches bürgerliches und kirchliches Leben. Nicht nur große wirtschaftliche Unternehmungen sind hier angesiedelt. Es findet sich in Söflingen auch eine rührige Kirchengemeinde mit vielen Vereinen, Gruppen, Verbänden, Teams und Kreisen, große sozial-caritative Einrichtungen: Klarissenhof, Kindergärten, Altenwohnanlage, Belegkrankenhaus für Schwerstkranke und Sterbende. Sie kümmern sich um Aussiedler, Asylsuchende und Flüchtlinge und nicht zuletzt möchte ich Herrn Pfarrer Weiß erwähnen und seinen mutigen Widerstand gegen den Nationalsozialismus im dritten Reich.

---

[1] Predigt anlässlich 300 Jahre Kirchweihe Mariä Himmelfahrt am 07. November 1993 in Ulm-Söflingen.
Evangelium: Lk 19,1–10.

I. Zwei zentrale Frauengestalten

300 Jahre Kirche Mariä Himmelfahrt und fast 750 Jahre Gründung des Klosters Söflingen, das regt uns an zum Nachdenken. Es ist hochinteressant, sich in diese Geschichte zu vertiefen. Am Anfang standen zwei große Frauengestalten:

Elisabeth von Thüringen, die zuerst das große Vorbild der Nonnen hier war und dann Klara von Assisi, Gefährtin des heiligen Franziskus. Schon damals im Mittelalter gab es eine religiöse Frauenbewegung. Frauen waren es, die den Aufbruch in der Kirche eingeleitet haben. Auch heute würde in unseren Gemeinden nichts, absolut nichts laufen, ohne die Frauen.

Die Begeisterung des Anfangs war freilich nicht immer. Es gab auch trübe Zeiten in diesem Kloster, wo man durch Tändelei und manchen unnützen Zeitvertreib die Zeit vertrieben hat. Das Kloster war reich und mächtig, aber es fand dann wieder die Kraft zur Reform im 15. Jahrhundert, leistete Widerstand gegen die Reformation und es waren nicht wenige Frauen in diesem Kloster, die im Ruf der Heiligkeit standen. Als es nach den schlimmen Zeiten des 30jährigen Krieges, wo Ulm und Söflingen so schwer in Mitleidenschaft gezogen wurden, zu einem neuen Anfang, zu einem neuen Aufbruch und zur Erneuerung kam, da entschloss man sich hier – in einer Zeit, wo die Menschen arm, bitter arm waren, zum Bau einer neuen Kirche im damaligen barocken Stil. Es sind heute fast auf den Tag 300 Jahre her, seit der Konstanzer Weihbischof Ferdinand Gaist diese Kirche eingeweiht hat.

Schon nach etwas mehr als 100 Jahren wurde das Kloster aufgehoben und dann die Klostergebäude abgerissen. Doch neues Leben regte sich wieder in dieser Gemeinde.

Es war also ein ständiges Auf und Ab, gute und schlimme Zeiten lösten sich ab, ein Zeichen dafür, dass es in der Geschichte, auch in der Geschichte der Kirche keinen Stillstand gibt. Die Geschichte von Söflingen und des Klosters Söflingen ist ein Bild der Kirche, die unterwegs ist.

Unterwegs ist die Kirche auch heute. Wir leben auch heute wieder in einer Zeit des Übergangs, des Wandels, ja des Umbruchs, wo vieles zusammenbricht, aber doch auch vieles ganz neu aufbricht. Es geht heute nicht nur um die Erinnerung an 300 oder 750 Jahre, es geht heute darum, im Heute Kirche zu sein, das Erbe von damals im Heute lebendig wachzuhalten. Wie sollen wir das tun? Ähnlich wie nach dem letzten Krieg, wo dann plötzlich die Fundamente dieser Kirche ins Wanken kamen, wo man umfassende Stützungsmaßnahmen machen musste, um die Fundamente dieser Kirche zu sichern, zu unterfangen. Da genügte nicht ein neuer äußerer Anstrich.

Man musste an die Fundamente gehen. So ist es auch im Leben der Kirche in umfassenderen Sinn. Es genügen heute nicht ein paar äußere Verschönerungen, ein paar Schönheitskorrekturen. Auf die Ursprünge, auf die Fundamente müssen wir uns heute neu besinnen. Wir müssen den Geist des Anfangs, des Ursprungs erneuern. Wir benötigen den Geist einer heiligen Klara, deren 800. Geburtstag wir in diesem Jahr begangen haben. Sie hat sich ganz dem Beispiel des heiligen Franziskus angeschlossen. Sie wollte in einer ganz radikalen Weise das Evangelium Jesu Christi leben, ursprünglich und rein, sie wollte ganz und ungeteilt Jesus Christus nachfolgen. Damit stehen wir bei dem, was der Apostel Paulus uns heute in der Lesung gesagt hat. »Einen anderen Grund kann niemand legen als den, der gelegt ist: Jesus Christus.«

Wir haben es eben wieder gesungen: »Die Kirche ist erbauet auf Jesus Christ allein, wenn sie auf ihn nur schauet, wird sie im Frieden sein.«[2] Auch heute gibt es keine andere, keine bessere Antwort auf all die Probleme, auf all die Fragen, die uns heute bedrängen als die, die Jesus Christus in seinem Evangelium gegeben hat. Wir sollten wieder neu dankbar sein, dass wir in dieser gewaltigen Orientierungskrise, in der wir gegenwärtig leben, ein solches Vorbild, ein solches Leitbild haben. Wir sollten uns wieder stärker bemühen, Jesus Christus kennenzulernen und mit ihm zu leben. Einen anderen Grund kann niemand legen als den, der gelegt ist in Jesus Christus.

II. Jesus gibt uns eine neue Chance

Was das Evangelium, auf das wir uns heute neu besinnen müssen, ganz im Geist der heiligen Klara besagt, das ist im heutigen Evangeliumstext wie in einem Brennspiegel zusammengefasst. Es begegnet

---

[2] GL 478,3.

uns da die Gestalt des Zachäus, dieses kleingewachsenen, aber sehr reichen, ja steinreichen Oberzöllners der Grenzstadt Jericho. Er war verachtet, denn er holte den Leuten das Geld aus der Tasche. Er war aber sprichwörtlich Opfer eines Systems und wollte ja offensichtlich herauskommen aus diesem Betrugssystem. Er gab die Hälfte dessen, was er sehr unredlich eingenommen hat, an die Armen. Die Leute aber verachteten ihn, sie wollten nichts von ihm wissen. Zachäus hat von Jesus gehört. Er hat gehört, dass dieser Jesus sich ganz anders verhält, dass er jedem eine neue Chance gibt und so interessierte er sich für ihn. In seiner Kleinheit konnte er ihn nicht sehen, da stieg er auf einen Maulbeerfeigenbaum.

Jesus sieht ihn und sagt zu ihm: »Du, Zachäus, komm herunter. In Deinem Haus will ich heute noch einkehren«. Die Leute staunten, sie empörten sich. Bei einem solchen Menschen kehrt Jesus ein. Er sagt: »Ich bin gekommen, um zu suchen und zu retten, was verloren ist«. Das ist die Botschaft, das Zentrum des Evangeliums, die Botschaft von einer grenzenlosen Barmherzigkeit. Die Botschaft von der Liebe, von der Vergebung, von der Versöhnung, von der Gnade. Eine Botschaft, die besagt, dass für jeden, der umkehrt, ein Neuanfang möglich ist.

Wir aber meinen heute sehr oft, wir können und wir müssen es aus eigener Kraft schaffen. Wir empfinden uns als Macher und Planer unseres eigenen Lebens. Doch ist es nicht so: Die Tatsache, dass wir überhaupt sind, verdanken wir ja nicht uns. Die Tatsache, dass wir leben und sind und insgesamt gut leben, verdanken wir der Liebe, der Barmherzigkeit eines anderen. Keinen einzigen Atemzug könnten wir tun, ohne dass er nicht beständig zu uns sagt: Ja, ich will, dass du bist.

Ich mag dich, ich will dich, ich trag dich, ich führ dich, ich bin mit dir, ich halte dich in deinem Leben. Auch wenn wir zehnmal Gott davonlaufen, er läuft uns nach, er läuft uns nach letztlich in Jesus Christus und wiederholt immer wieder dieses Ja zu jedem Einzelnen und zu jeder Einzelnen von uns. Ich liebe dich, ich mag dich. Das ist der Grund unseres Seins, denn alles, was wir sind und haben, verdanken wir ihm und so hat jeder vor Gott Würde und Wert. Auch dieser Oberzöllner Zachäus.

Auf diese Botschaft des Evangeliums, dass Gott ist und dass letztlich Liebe und Gnade über unserem Leben waltet, auf diese Botschaft haben die heilige Klara und die heilige Elisabeth gebaut. Auf diese

Botschaft hat in besonderer Weise Maria, die Patronin ihrer Kirche gebaut. Sie haben auf Gott gesetzt und auf Gott ihr Leben gebaut. Gotteslob stand in der Mitte ihres Lebens und das war auch der Lebensinhalt der Nonnen, die über Jahrhunderte hier in Söflingen gelebt haben. Sie lebten nach der Regel, dass dem Gottesdienst nichts vorgezogen werden soll im Leben.

Ist das nicht unsere große Not heute? Dass wir dieses Zentrum des Evangeliums, die Botschaft vom Gott der Liebe, der Versöhnung, der Gnade zwar nicht leugnen, die expliziten Gottesleugner sind relativ wenige in unserer Gesellschaft. Aber Gott ist uns gleichgültig geworden. Wir leben an ihm vorbei. Ja, an Feiertagen wie heute, an Festtagen, da besinnen wir uns, da gibt es etwas Glanz über unserem sonstigen alltäglichen grauen Leben. Doch steht dieser Gott noch in der Mitte unseres Lebens? Ist er Grund und Ziel? Wird unser Leben ohne ihn nicht grund- und haltlos?

Wir müssen die Brennweite unseres Lebens wieder neu auf Gott einstellen. Das bedeutet nicht unbedingt, dass man ins Kloster gehen muss wie die Schwestern, die hier über Jahrhunderte gelebt haben. Nein, im Alltag des Lebens müssen wir Gott neu finden. Was uns heute nottut, ist eine neue Leidenschaft für diesen Gott, der uns Gnade, Barmherzigkeit, Friede und Freude schenken will. Was wir heute brauchen, sind vor allem betende Menschen, betende Gemeinden und nicht zuletzt betende Familien. Nicht die Aktionisten werden die Welt retten, die Beter werden die Welt retten und in Ordnung bringen.

III. Christsein braucht Gemeinschaft

Christsein – das kann man nicht allein. Wir brauchen einander, wir brauchen andere, die uns stützen, die uns tragen. Christsein kann man nur in der Gemeinschaft. Gerade heute, wo das Leben oft so anonym geworden ist, wo sehr viele Menschen sich in der Masse einsam fühlen und wo uns oft, auch als Christen ein so kalter, eisiger Wind in der Öffentlichkeit entgegenbläst, gerade da brauchen wir Gemeinschaft, da brauchen wir Gemeinde, brauchen wir Kirche. Nur durch diese Kirche ist uns das Evangelium von Jesus Christus überliefert und diese Kirche, die sind wir alle. Was wir heute feiern, das sind nicht nur 300

Jahre dieser Kirche aus toten Steinen, es geht in erster Linie um die Kirche aus lebendigen Steinen, aus lebendigen Menschen. Die Kirche, die wir alle sind, bilden wir alle durch die Taufe und durch die Firmung. »Ihr seid Gottes Bau«, heißt es in der Lesung des Apostels Paulus. »Ihr seid Gottes Tempel«, heißt es hier weiter, und wie wir miteinander und mit anderen umgehen, daran soll man erkennen, sollen die Menschen erkennen, dass er ein Gott der Gnade und der Liebe ist. Unser Leben als Gemeinde soll die Botschaft vom Gott der Gnade bezeugen. Da ist jeder und jede Einzelne von uns gerufen und aufgerufen. Jeder Christ hat seine Berufung und das Glück des Lebens und das sage ich vor allem den jungen Menschen, das Glück des Lebens, das wir alle suchen, das werden wir nur dann finden, wenn wir still werden und uns fragen: Was ist denn meine Berufung, mein Auftrag, meine Sendung in der Kirche und in der Welt? Wo kann ich meinen Beitrag leisten, dass etwas deutlich wird von diesem Evangelium der Versöhnung, der Gnade und der Liebe?

Darin besteht auch der eigentliche Übergang, der Wandel in der Kirche der Gegenwart, dass aus einer Gemeinde, die sich nur versorgen lässt, eine Gemeinde wird, die lebt aus der Mitverantwortung, dem Mittun, dem Beitrag möglichst vieler. Deshalb bin ich dankbar dafür, dass Sie in Ihrer Gemeinde Mariä Himmelfahrt im nächsten Jahr eine Gemeindeerneuerung beginnen wollen unter dem Stichwort »Mach dich auf« und sich bemühen, den persönlichen Glauben zu vertiefen, Gemeinde, lebendige Gemeinde aufzubauen, aus vielen einzelnen Zellen. So soll neu Freude auch an der Kirche entstehen. Ich glaube, wir brauchen uns trotz aller Kritik nicht zu verstecken und diese Kirche wird auch in den Stürmen der Zeit nicht untergehen. Sie steht auf einem festen, einem dauerhaften Fundament, auf Jesus Christus.

Die Geschichte von Söflingen zeigt uns, dass in dieser Kirche gerade auch heute Frauen eine große Bedeutung zukommt. Es waren große Gestalten von Äbtissinen, die hier gelebt und gewirkt haben. Es waren heiligmäßige Frauen und Beterinnen über Jahrhunderte hier in Söflingen tätig. Die Frau aber, auf die wir, auf die Sie schauen sollen, ist Maria, die Schutzpatronin Ihrer Gemeinde. Sie ging, wie wir alle, den Weg des Glaubens, sie ging ihn bis unter das Kreuz. Aber sie setzte ganz auf Gott, bei dem nichts unmöglich ist und sie war am Schluss mitten in der Jüngergemeinde und betete um das Kommen des Heiligen Geistes. So ist sie uns vorausgegangen an das Ziel ihres und unseres Lebens. Sie ist eingegangen mit Leib und Seele in die Verklärung, die Herrlichkeit Gottes. Unter ihren Schutz, unter ihre Fürbitte empfehle ich Ihre Gemeinde heute auf ihrem weiteren Weg durch die Jahrhunderte. Sie möge Sie begleiten, sie möge den Weg mit Ihnen gehen. Mein Segenswunsch begleite Sie alle. Amen.

Maria – unsere Helferin beim kommenden Diözesantag

Liebe Mitbrüder aus dem Orden des heiligen Franziskus,
meine lieben Schwestern und Brüder,[1]

herzlich grüße ich Sie alle zu diesem Festtag unserer geliebten Wallfahrtskirche im Weggental. Am 29. Oktober des Jahres 1695, also vor 300 Jahren wurde sie von dem Konstanzer Weihbischof Konrad Ferdinand Geist von Wildegg eingeweiht. Sie ist nicht die erste und nicht die älteste Wallfahrtskirche auf Rottenburger Boden. Aber sie ist die einzige, die als Wallfahrtskirche erhalten blieb. Sie war und sie ist die beliebteste.

Jeder, der sie offenen Sinnes und offenen Herzens betritt, jeder, der hier Heil und Heilung findet, empfindet, was der Rottenburger Heimatdichter Sebastian Blau trefflich in Verse gefasst hat: »Die Stille selbst wird hier Gesang, o Jubel allenthalben!« Ja, das ist das Weggental!

I. Maria – die Hilfe der Christen

Schon bevor die heutige große Barockkirche gebaut wurde, schon seit dem Anfang des 16. Jahrhunderts pilgerten die Menschen aus Rottenburg und der weiteren Umgebung hierher zur Schmerzhaften Mutter Gottes, um im Gebet ihre Sorgen und Nöte vorzutragen, im Sakrament der Buße ihre Sünden abzuladen, um Heil und Heilung zu erbitten. Und wie viele haben in dieser Kirche den Bund fürs Leben ge-

[1] Predigt anlässlich des Festgottesdienstes zum Jubiläum 300 Jahre Wallfahrtskirche Weggental am 10. September 1995.
Evangeliums: Mt 1,18–23.

schlossen! Wer kann die zählen, die hierherkamen, und wer kann ermessen, wieviel Kraft und Hoffnung, wieviel Gnade von hier im Laufe der Jahrhunderte schon ausgegangen ist!

Für all das haben wir heute in diesem Festgottesdienst zu danken. In erster Linie Gott; er allein ist der Ursprung, der Geber aller Gnaden. Zu danken haben wir der Gottesmutter als unserer Helferin und Fürsprecherin am Throne Gottes. Sie hat sich an diesem Ort immer wieder – wie wir in der Lauretanischen Litanei sagen – als die Hilfe der Christen erwiesen. Zu danken haben wir schließlich den Wächtern, Hütern und Betreuern dieses Heiligtums.

Zuerst die Chorherren von St. Moritz, dann die Jesuiten nach deren Vertreibung aus Tübingen und schließlich seit 1919 bis heute die Söhne des heiligen Franziskus. Ihnen, liebe Patres und Brüder, ein herzliches Vergelt's Gott für Ihren treuen Dienst!

Meine lieben Schwestern und Brüder, es wäre freilich viel zu wenig, wollten wir bei diesem Jubiläum nur in Erinnerungen schwelgen. Wir müssen auch in die Gegenwart schauen und in die Zukunft blicken. Gott sei Dank, das Weggental ist auch heute noch Ziel vieler Beter und Pilger. Dankbar dürfen wir gegenwärtig sogar allenthalben, gerade unter jüngeren Menschen, ein neues Verständnis und ein gewisses Neuaufblühen der Wallfahrten feststellen. In unserer Umbruchszeit spüren zunehmend viele Menschen, dass wir hier auf Erden keine feste Bleibe und keine endgültige Heimat haben, dass wir vielmehr alle miteinander Pilger sind, das heißt Menschen, die unterwegs sind, Menschen, die suchen und fragen. Nicht wenige spüren Hunger und Durst nach mehr als was ihnen der oft banale Alltag bietet, was ihnen rasch verfliegendes Vergnügen geben kann. Sehnsucht, Heimweh nach Gott meldet sich – oft unbewusst und unbenannt – und in den vielfältigen Nöten auch unserer Zeit ist der meist stumme Schrei nach Erlösung, Heil und Heiligung zu vernehmen.

Jawohl, solche Aufbrüche gibt es auch heute. Aber es gibt auch das andere, das wir mit großer Sorge feststellen: die Krise des religiösen Lebens, weniger der spektakuläre Abfall und das emphatische Sichaufbäumen als das langsame Abstandnehmen von religiöser Praxis und der meist lautlose Auszug aus der Kirche. Mich bedrückt vor allem das Nachlassen religiöser Praxis in den Familien. Von dem religiösen Schwung und der Glaubensbegeisterung, die vor mehr als 300

Jahren zur Erbauung dieser herrlichen Kirche führte, ist heute im Allgemeinen leider nur wenig zu spüren.

Nicht umsonst bin ich vor nunmehr schon etwas mehr als sechs Jahren, als ich mein Amt als Bischof angetreten habe, mit vielen Rottenburger Männern und Frauen in einer großen Prozession hier her ins Weggental gepilgert, um meinen Dienst der Fürsprache der Gottesmutter anzuvertrauen. Und vor zwei Jahren haben wir in einem erhebenden Abendgottesdienst in dieser Kirche die Weihe unserer Diözese an die Gottesmutter erneuert, die mein Vorgänger, der selige Bekennerbischof Joannes Baptista Sproll, in der schweren Zeit des Zweiten Weltkrieges in dem ihm von den Nazis aufgezwungenen Exil vollzogen hat. Ich bin mir gewiss: auf die Fürsprache der Gottesmutter ist auch in unserer, in ganz anderer Weise schweren Zeit Verlass. Maria ist auch heute die Hilfe der Christen.

Wenn ich heute mit Ihnen zusammen wieder ins Weggental komme, dann ist es wieder ein besonderes Anliegen, das mich bewegt. In genau drei Wochen beginnen wir hier in Rottenburg unseren Diözesantag mit dem Thema »Im Heute glauben«. Es geht um Erneuerung unseres persönlichen Glaubens im Alltag, um Erneuerung unserer Kirche und um Erneuerung unserer Gesellschaft. Dieses große Anliegen möchte ich heute mit Ihnen zusammen Maria, der Hilfe der Christen, anvertrauen. Ich möchte Sie einladen, mit mir zusammen zu beten, dass vom Weggental wie schon so oft in seiner 300-jährigen Geschichte erneut Glaubensmut und Glaubensglut, Glaubensfreude und Glaubenszuversicht ausgehen. Ich möchte heute mit Ihnen zusammen beten, dass dieser Diözesantag wirklich zu einem Gnadentag für unsere gesamte Diözese werden kann.

II. Maria – Vorbild der Christen

Meine lieben Schwestern und Brüder, fragen wir uns deshalb, was uns die Schmerzhafte Gottesmutter vom Weggental für unseren Diözesantag, was sie uns für die dringend notwendige Erneuerung unserer Kirche zu sagen hat. Sie ist ja nicht nur die Hilfe der Christen, sie ist auch Vorbild der Christen. Ihre Geburt ist ja gleichsam die Morgenröte der neuen Schöpfung. Ich denke, das Evangelium vom Fest Mariä

Geburt, dem Titularfest dieser Kirche, kann uns eine zweifache Antwort geben.

Das Evangelium erzählt uns, wie Maria, als sie mit Josef verlobt war und noch bevor sie zusammengekommen waren, ein Kind erwartete – durch das Wirken des Heiligen Geistes. Viele verstehen diese Aussage heute nicht mehr, wollen sie weginterpretieren oder lächerlich machen. Doch hinter dieser Erzählung steht eine lange Erfahrung. Not, Elend, Unrecht und Schuldverstrickung gab es schon immer in der Welt. Immer wieder suchten Menschen nach dem verlorenen Paradies. Aber sie fanden und sie schafften es nicht, ebenso wenig wie wir heute mit all unserer Wissenschaft und Technik das Paradies auf Erden »machen« können. In dieser Situation, wo die Menschen keinen Ausweg mehr fanden, verdichtete sich immer mehr die Überzeugung, dass nur ein ganz neuer Anfang, ein Anfang nicht aus dieser Welt, vielmehr ein Anfang von oben aus dem Teufelskreis des Bösen heraushelfen kann. Die Propheten des Alten Bundes sagten es voraus, dass Gott seinen heiligen Geist ausgießen werde, um den Menschen ein neues Herz zu schenken. Das Evangelium bezeugt es: Durch das Wirken den Heiligen Geistes ist uns in der Fülle der Zeit der Erlöser geschenkt worden.

Diese Botschaft scheint mir gerade für uns heute von grundlegender Bedeutung zu sein. Auch für unseren Diözesantag. Sie sagt uns, wie wir allein weiterkommen können, in der Kirche und in der Welt wie auch in unserem eigenen Leben. Gerade unserer materialistischen Zeit muss man es sagen: Auf den Geist, nein genauer: auf den Heiligen Geist, auf die Erneuerung des Glaubens kommt es an. Wir diskutieren in der Kirche gegenwärtig bis zum Überdruss Strukturfragen. Gewiss, sie haben ihre Bedeutung. Aber wir gleichen Leuten, die während das Haus lichterloh brennt, sich um das Abstauben von Bilderrahmen streiten. Glaube ist letztlich keine Strukturfrage, im Glauben geht es darum, woran ich letztlich mein Herz, ja mein ganzes Leben hänge. Und dieser Glaube ist ein Geschenk, ein großes und ein beglückendes Geschenk, das nur Gottes Geist uns geben kann. Kirchen- und Gemeindeerneuerung fangen bei der Glaubenserneuerung jedes einzelnen von uns an.

Heute meinen manche, man könne die Erneuerung dadurch erreichen, dass man in einer Unterschriftsliste unterschreibt oder ein Kästchen ankreuzt. Das ist zu billig. Ich mag das Gebet eines chinesischen

Christen: »Herr erneuere die Kirche und fang bei mir an.« Noch deutlicher muss man sagen: »Fang du an« und lass deinen heiligen Geist in mir wirksam werden so wie in Maria. Lass ihn wieder mehr in unserer Familie wirksam werden. Denn die Familie ist Kirche im Kleinen. Sie ist die Grund- und die Keimzelle der Gesellschaft. Hier wird die künftige Generation herangebildet. Hier entscheidet sich die Zukunft. Was in der Familie nicht grundgelegt wird, lässt sich später kaum nachholen. Wenn umgekehrt die Familien zerbrechen, dann bricht über kurz oder lang die Gesellschaft auseinander. Nicht umsonst sagte man schon: »Wer die Wiege bewegt, bewegt die Welt.« Ich bin deshalb gespannt, welche Vorschläge unsere Eltern und vor allem unsere Jugendlichen zur Erneuerung, besonders des Familienlebens, machen werden. Sie dürfen sicher sein, ich werde sehr genau zuhören und dafür sorgen, dass diese Vorschläge nicht in irgendwelchen Schubladen im Ordinariat verstauben.

Erneuerung aus dem Heiligen Geist, das ist das Erste. Ein Zweites kommt hinzu. Im heutigen Evangelium begegnen uns zwei Menschen, die den Ruf Gottes vernommen und dann beherzt Ja gesagt haben: Maria und Josef. Josef musste dabei durch schwere und dunkle Stunden hindurch. Bei Maria hat das Ja später bis unter das Kreuz geführt. Wir verehren sie nicht umsonst als die Schmerzensreiche und die Schmerzensmutter. Nichts, gar nichts blieb ihr erspart. Aber sie hat ihr Ja durchgehalten. Sie wusste: Gott wirkt alles in allem. Ohne ihn und ohne seinen Heiligen Geist geht nichts. Aber Gott braucht Menschen, die sich ihm und seinem Heilsplan zur Verfügung stellen, Menschen, die hochherzig Ja sagen und dann auch treu dazu stehen, wenn es schwierig wird. Und schwierig wurde es für beide. Sie mussten beide einen außerordentlichen Weg gehen.

Auch heute braucht Gott Menschen. Er braucht jeden einzelnen von uns. Ich bin überzeugt, er beruft auch heute Menschen; viel mehr als wir ahnen, aber viele hören nicht, oder sie hören, aber ersticken den Ruf Gottes im Lärm dieser Welt. Sie folgen lieber anderen und bequemeren Lockrufen. Natürlich müssen wir den Glauben heutig verwirklichen. Altmodisch brauchen wir nicht zu sein. Aber modisch lässt sich der Glaube auch nicht einfach machen. Wer immer nur auf der letzten Welle reiten will, der kommt ins Schwimmen und verliert allen Halt. Zumal lässt sich das Kreuz nicht anpassungsschlau modernisieren. Aber haben wir das denn nötig? Wer hat uns denn Besseres zu sagen und zu bieten? Insgesamt haben wir Christen heute viel zu wenig Zivilcourage, zu unserem Glauben zu stehen. Wir entschuldigen uns schon fast. Wir verstecken uns. Wir wagen kaum mehr die Auseinandersetzung. Dabei braucht unsere heutige Welt die Christen. Aber wir sind viel zu sehr auf unsere innerkirchlichen Probleme fixiert. Wir lecken unsere eigene Wunden, statt die Wunden der Welt heilen zu helfen. Dabei müsste uns doch das unselige sogenannte Kruzifix-Urteil des Bundesverfassungsgerichts sagen, was es heute geschlagen hat. Was wir brauchen, ist eine neue Evangelisierung. Wir brauchen sie nicht in erster Linie, um unserer Kirche und ihrer Selbsterhaltung willen. Wir brauchen sie um unserer Welt und unserer Kultur willen. Ohne Christentum verliert unsere Kultur ihre Seele. Und sind wir nicht drauf und dran in den blanken Nihilismus abzugleiten?

III. Maria – die Fürsprecherin der Christen

In dieser schwierigen Situation unserer Kirche und unserer Welt nehmen wir erneut Zuflucht zur Gottesmutter. Zu ihr, der schmerzhaften Mutter Gottes im Weggental, pilgern wir so wie es unsere Vorfahren in schweren Zeiten auch getan haben. Sie ist die Hilfe der Christen; sie ist das Vorbild der Christen, und sie ist die große Fürsprecherin der Christen. Beten wir im Blick auf unseren Diözesantag mit dem Weihegebet unserer Diözese: »Mutter unseres Herrn und Erlösers Jesus Christus … Beschützerin der Kirche auf ihrer Pilgerfahrt durch die Jahrhunderte … Zu dir nehmen wir unsere Zuflucht … und erwählen dich heute und für immer zu unserer Fürsprecherin bei Jesus deinem Sohne … In deine mütterliche Huld übergeben wir den Bischof, die Priester unserer Diözese und das ganze Volk Gottes, besonders unsere Jugend, unsere Kinder, die Kranken, die Sterbenden, die Versuchten, alle, die in Gefahr stehen, vom Wege des Heiles abzuirren … Lass nicht zu, dass Christi Licht in den Getauften Finsternis werde und wir am Ende unseres Lebens dastehen wie Bäume, die keine Frucht getragen … Hilf uns, den Glauben treu zu bewahren, aus seinem Geist zu leben und ihn vor aller Welt demütig und freudig zu bekennen.« Hilf uns, Kirche zu sein in dieser Zeit. Amen.

»Dass alle eins seien« – Einheit in der Vielfalt

Meine lieben Schwestern und Brüder,[1]

die beiden Schrifttexte, die wir soeben als Lesung und als Evangelium gehört haben, legen sich nahe bei einem Jubiläumsgottesdienst einer Gesamtkirchengemeinde. Beide Texte sprechen von Gemeinschaft und Einheit.

I. Solidarität und Zusammenarbeit

Einheit, Gemeinschaft, Zusammenarbeit, Solidarität der Stuttgarter Gemeinden, das war die vorausschauende und zukunftsträchtige Idee der Gründerväter der Stuttgarter Gesamtkirchengemeinde, deren 100. Jubiläum wir heute dankbar begehen. Diese Idee hat sich bewährt und als überaus fruchtbar erwiesen.

Wir haben heute allen Grund die zukunftsweisende Idee einer Stuttgarter Gesamtkirchengemeinde in Erinnerung zu rufen. Denn die neuen, nicht weniger großen Herausforderungen als die der letzten 100 Jahren, können wir ebenfalls nur in großer Solidarität gemeinsam bestehen. Wir können sie nur bestehen, wenn die Idee der Gesamtkirchengemeinde über den wirtschaftlichen und verwaltungsmäßigen Bereich hinaus übertragen wird auf den pastoralen Bereich. Mit der Errichtung eines Stadtdekanats und vier Dekanaten haben wir einen Schritt in diese Richtung getan.

---

[1] Predigt anlässlich des Jubiläumsgottesdienstes zu 100 Jahre Gesamtkirchengemeinde Stuttgart am 21. Oktober 1995 in St. Eberhard in Stuttgart.
Lesung: Röm 12,3–13; Evangelium: Joh 17,6a.11b.17–23.

Alles hängt nun davon ab, wie Sie, die Stuttgarter Katholiken diesen Schritt mit Leben erfüllen und zu einer von allen gemeinsam getragenen Großstadtpastoral finden. Das scheint mir das Gebot der Stunde zu sein.

II. Solidarität heute

Ich kenne die Fragen, die heute innerhalb und außerhalb der Kirche an größere Einheiten gestellt werden. Der Gedanke der Einheit ist fast schon out. In der Gesellschaft spricht man vom Individualisierungstrend. Man hat Angst, ja entwickelt Misstrauen und geradezu Aggressionen gegen größere Einheiten, man sucht lieber die kleine überschaubare Gemeinschaft. Man will sich engagieren, aber sich doch bitte nicht binden und einbinden lassen. Man hat Furcht, vereinnahmt, untergebuttert zu werden. Basisnähe durch Dezentralisierung scheint fast schon ein Zauberwort zu sein. In der modernen Philosophie spricht man von der sogenannten Postmoderne. Dort wird das Einheits- und Systemdenken sogar geradezu verpönt und desavouiert. Einheitsdenken steht unter dem Verdacht des Totalitären. Bunte Vielfalt statt langweilige monolithische Einheit! Solidarität, noch vor einem Jahrzehnt eines der großen Worte, hat heute insgesamt kaum mehr Konjunktur.

Auch in der katholischen Kirche, wo man sich lange Zeit so viel zu Gute tat mit der Einheit und Geschlossenheit und wo man diese als spezifische Stärke ausgab, scheint die Rücksicht auf die Einheit bei vielen nicht mehr allzu hoch im Kurs zu stehen. Vor allem was aus der Zentrale kommt, sei es nun von Rom oder von Rottenburg, tut sich von vorneherein schwer. In Stuttgart gleich doppelt schwer.

III. Ein Gott und ein Herr

Ich denke, diese Situation muss uns nachdenklich machen. Es ist doch auffällig, wie sehr die Bibel geradezu penetrant von der Einheit spricht: Ein Gott, ein Herr Jesus Christus, ein Glaube, eine Taufe, eine Kirche. Das alles kann man nicht gut überlesen und ignorieren. Da kommt vielmehr etwas ganz Zentrales und Fundamentales zum Ausdruck, etwas was die Identität des Christlichen ausmacht. Denn wie haben doch die Propheten gekämpft und gewettert gegen die vielen Götter der Heiden. Wie sehr warnt doch Paulus vor Spaltungen und Parteiungen in der Gemeinde und in der Kirche.

Das tut er auch in der heutigen Lesung aus dem Römerbrief. Er vergleicht die Kirche mit einem Leib. Der Leib hat viele Glieder, von denen nicht jedes denselben Dienst tun kann. Trotzdem ist es nur ein Leib und alle Glieder gehören zusammen. Keines kann ohne das andere sein. Auch in der Kirche ist keiner ein Alleskönner. Gott hat vielfältige Gaben und Begabungen verteilt, und jede soll zum Zug und zu ihrem Recht kommen. Keine soll über das ihr gegebene Maß hinausstreben und so tun, als hätte sie allein die Antwort auf alle Fragen. Alle müssen vielmehr zusammenwirken, aufeinander hören, sich miteinander austauschen, einander ergänzen, wenn es sein muss, auch einander korrigieren und so die Einheit des Geistes wahren.

Paulus meint damit der Spur nach das, was man heute mit einer kooperativen Pastoral umschreibt. Damit sind die Kooperation der verschiedenen Dienste, Ämter und Charismen in der Gemeinde gemeint wie die Kooperation unter den Gemeinden, vorrangig der Gemeinden in ein und derselben Stadt. Wenn Paulus nach Rom, Korinth oder Thessaloniki schreibt, dann schreibt er immer an die eine Kirche Jesu Christi in Rom, Korinth, Thessaloniki. Er würde auch nur an die eine Kirche in Stuttgart und nicht an mehr als zwei Dutzend Pfarreien schreiben.

Jesus greift das Thema der Einheit auf im sogenannten Hohepriesterlichen Gebet, aus dem das heutige Evangelium stammt. Dass er dies im Hohepriesterlichen Gebet tut, ist umso bedeutsamer, als dieses Gebet sozusagen das Testament Jesu am Abend vor seinem Tod darstellt. Wir haben es hier also mit Jesu Vermächtnis zu tun, in dem er am Abend vor seinem Tod sein Anliegen noch einmal in einem Gebet zusammenfasst, und dieses Gebet gipfelt in der Bitte, »dass alle eins seien.«

Aber eins, wie? Keineswegs in einer totalitären, alle Unterschiede nivellierenden Weise. Vielmehr: »Eins wie wir eins sind.« Eins wie der Vater im Sohn und der Sohn im Vater und beide im Heiligen Geist. Das ist offensichtlich keine sture und starre, keine unbewegliche Einheit, sondern Einheit in der Dreiheit und Dreiheit in der Einheit, eine Einheit in einer unendlichen Lebensfülle und Dynamik.

Diese trinitarische Einheit in der Vielfalt hat das Zweite Vatikanische Konzil zum Urbild und zum Modell der Einheit der Kirche erklärt. Das Konzil hat an vielen Stellen ausgeführt, wie es diese Einheit versteht. Es zeichnet die Einheit einer Gemeinde und einer Ortskirche als Einheit in der Vielfalt und in der Freiheit der Geistgaben. Es spricht von der Vielfalt der Gemeinden und der Ortskirchen innerhalb der einen Kirche. Und doch verbindet das gemeinsame Bekenntnis zum einen Gott, zum einen Herrn Jesus Christus, zum einen Heiligen Geist, zur einen Taufe, der einen Hoffnung sie alle. In der Feier der einen Eucharistie finden sie alle zusammen.

Blaise Pascal hat in seinen *Pensees* einmal den Satz geprägt: »Einheit ohne Vielfalt ist Tyrannei, Vielfalt ohne Einheit aber ist Chaos.« Damit ist die rechte Mitte, um die es geht, angedeutet.

IV. Brüderlichkeit im priesterlichen Amt

Ich muss Ihnen gestehen: Mich ergreift das jedes Mal, wenn ich in den Entwicklungsländern den dortigen Ortskirchen begegne. Dort begegne ich Menschen ganz anderer Kulturen und Sprachen, mit ganz anderem Hintergrund und doch verbindet uns der eine Glaube, die eine Eucharistie, die Brüderlichkeit in ein und demselben priesterlichen und bischöflichen Amt, das seine sichtbare Mitte im Petrusamt hat. Da vergesse ich meist sehr schnell unseren spezifisch deutschen Kirchenärger, den man dort ohnehin nicht verstehen kann, und ich bin dann jedes Mal innerlich von Herzen froh und dankbar, zu dieser in all ihrer bunten Vielfalt und mit all ihren Spannungen einen weltweiten Kirche des einen Herrn Jesus Christus zu gehören.

In ähnlicher Weise war es für mich und für sehr viele andere die beglückende Erfahrung des Diözesantags, besonders des Offenen Tages, dass wir in unserer Diözese Rottenburg-Stuttgart eine lebendige Kirche sind mit einer großen Vielfalt von kreativen Initiativen. Wir sind gar nicht der langweilige Verein und der monolithische Block, als den man uns oft hinstellt und für den wir uns auch selber manchmal halten. Wir sind schon gar nicht ein auslaufendes Modell. So viele Männer und Frauen, junge und alte Menschen, die sich engagieren – wenn das kein Potential für die Zukunft ist. Und trotz, nein: in dieser Vielfalt bestand auf diesem Diözesantag eine fast selbstverständliche

Einheit und Gemeinschaft, eine Kultur des Miteinanders, des Zuhörens, des aufeinander Eingehens und des aufeinander Zugehens. Da war Einheit in der Vielfalt gegeben. So muss es sein.

Nein, in unserer Kirche ist nicht Resignation, da ist Hoffnung und Zuversicht angesagt. Es lohnt sich in dieser Kirche weiterzumachen.

V. »Dass alle eins seien«

Die Einheit der Kirche ruht nicht in sich selbst. Sie ist kein Selbstzweck. Wäre sie das, dann wäre sie eine Ideologie. Jesus aber betet, dass alle eins seien »damit die Welt glaube.« Kirche ist Kirche Jesu Christi, nicht, wenn sie sich vornehmlich mit sich selbst beschäftigt, sondern nur als Kirche für die anderen, für die Armen, Schwachen, Kleinen, Kranken, zumal für die am Rand Lebenden.

Gerade eine moderne Großstadtpastoral darf sich nicht auf den kleiner gewordenen kirchlichen Binnenraum beschränken und sich so sehr auf ein paar innerkirchliche Probleme fixieren, dass sie darüber die viel größeren Probleme einer Großstadt und der Welt kaum mehr wahrzunehmen fähig ist. Als Christen und als Kirche haben wir einen Weltauftrag. Jesus schickt uns hinaus an die Hecken und Zäune, ja er sendet seine Jünger aus in die ganze Welt. Wir müssen also wahrnehmungsfähig, sensibel und offen sein für neue Fragen, und wir müssen uns einmischen und dort präsent sein, wo die Menschen sind und wo sich das Leben der Menschen abspielt, präsent auch im politischen wie im kulturellen Leben einer Großstadt. Sind wir das hinreichend?

Die Herausforderungen sind groß. Unsere Welt ist zwar in gewisser Hinsicht zu einem großen Dorf geworden. Aber es wachsen auch die Spannungen. Der Frieden ist ja seit dem Fall der Mauer und des »Eisernen Vorhangs« nicht sicherer geworden. Es tun sich seither ganz neue, oder vielmehr alte, fälschlicherweise tot geglaubte Spannungen auf. Die Bindekräfte in unserer Gesellschaft sind schwächer geworden. Man spricht von einer gespaltenen Gesellschaft oder einer Zwei-Drittel-Gesellschaft. In dieser Situation stellen sich gerade in einer Großstadt wie Stuttgart viele neue soziale Aufgaben und das heißt: Aufgaben der Integration von Wohlhabenden und Armen, solchen die

Arbeit und Wohnungen haben und denen, die keine haben, von Migranten und Deutschen.

Der Caritasverband Stuttgart, der so eng mit der Gesamtkirchengemeinde verbunden ist, leistet hier Großartiges. Allen Mitarbeitern und Mitarbeiterinnen des Caritasverbandes Stuttgart sei für ihren Einsatz herzlicher Dank gesagt. Mit dem Dienst für Einheit, sprich – der Integration – leisten die Gesamtkirchengemeinde und der Caritasverband Stuttgart einen wichtigen Dienst für die Stadt Stuttgart und die Menschen in dieser Großstadt. Sie sorgen sich – wie der Prophet sagt – für der Stadt Bestes. Das gilt auch, wenn unsere caritativen Dienste gelegentlich etwas unbequem werden mit ihrer Anwaltschaft für die Schwachen und für die, welche keine Lobby haben. Diejenigen, die eine Lobby haben, die melden sich ja auch kräftig zu Wort.

Wie aber sollte ich bei dem Wort Jesu »dass alle eins seien« nicht auch dankbar an die größere ökumenische Einheit denken, die in den letzten 100 Jahren ganz offensichtlich erfreuliche Fortschritte gemacht hat?

Auch wenn uns manches leider Gottes noch trennt, sind wir uns doch zumindest über zwei Dinge einig: Einmal, dass das, was uns eint, mehr ist als das, was uns trennt. Zum anderen, dass heute keine Kirche mehr etwas gewinnen kann durch konfessionelles Konkurrenzdenken. Nur miteinander, nicht neben- und schon gar nicht gegeneinander können wir heute noch etwas ausrichten. Je mehr Gemeinsamkeit und Einheit, je mehr Überzeugungskraft für die Menschen.

Den eigentlichen Dienst der Einheit und der Integration leistet die Kirche freilich nicht durch diese oder jene Aktion, sondern ganz schlicht durch ihr Dasein als Gemeinde beziehungsweise als Gemeinschaft von Gemeinden und Gemeinschaften. Unsere modernen Großstädte drohen anonym zu werden. Die Sorge, dass die Humantemperatur in unseren Großstädten und in unserer Gesellschaft allgemein auf den Gefrierpunkt absinkt, ist berechtigt. Gemeinden sind da im weitesten Sinn Sozialstationen, wo Menschen zusammenfinden und zusammenwirken können, wo sie nicht nur Heimat, sondern auch Orientierung aus dem Glauben finden können.

Sie sollen Orte der Besinnung auf das Wesentliche sein, der Einkehr, der Stille und des Gebets. Deshalb freue ich mich, dass hier in der sonst so quirligen und hektischen City, in der Eberhardskirche, nicht zuletzt durch den Dienst der beiden Schwestern der Passantenpastoral, eine Zone der Stille, des persönlichen Gesprächs und des Gebets entstanden ist. Genau das brauchen wir. Wir müssen in all den vielfältigen Aktivitäten unser eigenes Profil zeigen.

Meine lieben Schwestern und Brüder, die Gesamtkirchengemeinde Stuttgart hat in den letzten 100 Jahren jeweils und immer wieder neu die Aufgaben rechtzeitig erkannt und sie in großer Solidarität tatkräftig gelöst. Ich wünsche ihr, dass sie auch heute und in Zukunft die »Zeichen der Zeit« erkennt und die Kraft findet, ihnen zu entsprechen. Ich wünsche ihr weiterhin Gottes reichen Segen. Amen.

Kirche des Magnifikat

Liebe Mitbrüder,
liebe Schwestern und Brüder,[1]

von Herzen grüße ich Sie alle, die Sie zu dieser festlichen Eucharistiefeier in der Kirche der Heimsuchung Mariens zusammengekommen sind. Morgen, am 23. Oktober, jährt sich zum hundertsten Mal der Tag, an dem Bischof Wilhelm von Reiser die neue katholische Kirche in Blaubeuren nach nur zweijähriger Bauzeit einweihen konnte.

Sie haben Ihr Jubiläum unter ein dreifaches Motto gestellt: Aus dem Gestern lernen – im Heute glauben – ins Morgen weitertragen.

I. Aus dem Gestern lernen

Dazu haben Sie allen Grund. Denn Sie dürfen in ihrer Gemeinde nicht nur auf 100 Jahre zurückblicken. Das kirchliche Leben ihrer Gemeinde steht auf einem Grund, der bis in die Anfänge der Christianisierung unseres Lebensraumes zurückreicht.

Bereits für das siebte Jahrhundert ist eine erste Kirche am Blautopf bezeugt, die dem Namen des heiligen Johannes des Täufers geweiht war. Einen ersten großen Aufschwung bekam das kirchliche Leben in Blaubeuren vor über 900 Jahren, als im Jahre 1085 der Pfalzgraf von Tübingen hier ein Benediktinerkloster gründete und es Mönchen aus dem Kloster Hirsau übergab.

---

[1] Predigt anlässlich des 100. Jahrestages der Weihe der Pfarrkirche Mariä Heimsuchung am 22. Oktober 1995 in Blaubeuren.
Evangelium: Lk 1,39–56.

Damit wurde ein wichtiger spiritueller Impuls gesetzt. Die Mönche von Hirsau waren Männer der Reform. Sie waren geprägt von der großen Erneuerungsbewegung, die vom Kloster Cluny in Burgund ausging und in das ganze christliche Europa hineinwirkte. Das kirchliche Leben sollte von seiner geistlichen Mitte her erneuert und von der unheilvollen Verstrickung in die Machtpolitik der weltlichen Fürsten befreit werden. Am Anfang der Kirchengeschichte Blaubeurens steht also ein ungeheurer Aufbruch, der ihre Stadt zu einem der großen geistlichen Zentren für ganz Süddeutschland werden ließ.

Das Entstehen der ersten katholischen Kirchengemeinde nach der Reformation fällt erneut mit einer großen Aufbruchsstimmung zusammen. Die zweite Hälfte des 19. Jahrhunderts war eine Zeit des wirtschaftlichen Aufschwungs. Die Industrialisierung hatte auch Blaubeuren ergriffen. Die Stadt wurde an das Eisenbahnnetz angeschlossen, Industriebetriebe siedelten sich an und mit den neuen Arbeitsplätzen kamen auch viele Katholiken in diese mittlerweile durch die Tradition der Reformation geprägte Stadt. Eine selbstbewusste katholische Kirchengemeinde wuchs heran und sie fand in der neu errichteten Pfarrkirche ihren sichtbaren Mittelpunkt.

Dieser Rückblick ist für uns heute ein Grund des Dankes an Gott den Herrn der Geschichte. Er hat Ihre Gemeinde geführt und beschützt. Er hat den Glauben immer wieder neu aufleben und fruchtbar werden lassen. Er hat durch seinen Heiligen Geist dafür gesorgt, dass die Kirche immer wieder jung geblieben ist.

»Hoch preise meine Seele die Größe des Herrn«, so möge sie heute mit Maria sagen. Er hat sich über sie erbarmt von Geschlecht zu Geschlecht. Er lehrt sie, auch im Heute zu glauben.

II. Im Heute glauben

Mancher mag sich bei der Erinnerung an diese großen Aufbruchszeiten fragen, was nun eigentlich geblieben ist von diesen Impulsen. Wo stehen wir heute neun Jahrhunderte nach der Klostergründung und hundert Jahre seit der Weihe der neuen Pfarrkirche. Dem ersten Anschein nach spricht manches dafür, dass wir eher in einer Zeit des Niedergangs kirchlichen Lebens als in einer Zeit des Aufbruchs und des Aufbaus leben. Vieles, was das gewohnte Bild unserer Kirche über lange Zeit geprägt hat, ist in der Zwischenzeit zusammengebrochen und nicht nur die Kritik von außen, sondern auch manche innere Krise macht uns gerade zur Zeit mehr als zu schaffen.

Wo stehen wir als Kirche heute am Ende des zweiten Jahrtausends, die ja auch zweitausend Jahre Christentum und zweitausend Jahre christlich geprägtes Europa bedeuten? Wo stehen Sie als Kirchengemeinde von Blaubeuren nach diesen 100 Jahren einer wechselvollen Geschichte des Neuanfangs und der Bewährung?

Dieser Frage haben Sie sich in der Zeit Ihrer intensiven Vorbereitung auf dieses Jubiläumsjahr gestellt. Sie haben diesen runden Geburtstag zum Anlass genommen, um »Inventur« zu machen und sich an dem Gesprächsprozess zu beteiligen, mit dem sich viele Gemeinden und Gemeinschaften unserer Diözese auf den Diözesantag vorbereitet haben.

Ich habe gestaunt und ich bin voller Anerkennung für das, was Ihr Pfarrer mir berichten konnte. Vor allem war ich dankbar, was ich aus diesem Bericht entnehmen konnte über Ihr Bemühen um eine intensive Berufungspastoral. Sie hat reiche Frucht getragen: drei Neupriester, drei Gemeindereferentinnen, eine Ordensberufung sind allein aus Ihrer Gemeinde hervorgegangen. Sie haben diese Berufungspastoral grundgelegt in einer ebenso intensiven Eltern- und Familienarbeit und in einer Reihe von Gebetsgruppen.

So konnten Sie sich mit etwa 30 konkret formulierten Eingaben zum Diözesantag unmittelbar in den Gesprächsprozess einschalten. Mit zwei Initiativen aus der Praxis Ihrer Gemeindeerfahrung waren Sie in den Initiativzentren des Offenen Tages vertreten. Für dieses Engagement möchte ich Ihnen heute besonders herzlich danken. Sie haben Ihren Teil mit dazu beigetragen, dass der Diözesantag zu einem geistlichen Ereignis für die ganze Diözese geworden ist.

Bei diesem Diözesantag konnten wir unmittelbar erfahren, dass unsere Kirche keine sterbende, sondern eine lebendige Kirche ist, dass sie keine stagnierende Kirche ist, sondern sich vieles in ihr bewegt und Neues heranwächst. Am Ende waren sich alle darin einig, dass es gar nicht so sehr die konkreten Einzelergebnisse waren, die diesem Diözesantag seinen unverwechselbaren Charakter gaben. Es war allem voran die Erfahrung, dass sich Männer und Frauen aus den verschiedensten Bereichen unserer Kirche zusammensetzten und ihre Erfahrungen austauschten, über ihren Glauben sprachen und so Bestärkung und

Ermutigung erfahren konnten. In diesen Tagen konnte man erleben, was Kirche ist, was sie im Innersten zusammenhält und woraus sie die Kraft schöpfen kann, um im Heute den Glauben zu leben.

Gott tut auch heute – so wie an Maria – Großes an seiner Kirche. Doch wie geht es weiter?

III. Den Glauben ins Morgen weitertragen

Als Bischof Reiser Ihre Kirche vor 100 Jahren weihte, widmete er sie dem Gedächtnis der »Heimsuchung Mariens«, der im Lukasevangelium berichteten Begegnung Marias mit ihrer Verwandten Elisabeth. Mit dieser Namensgebung knüpfte er an die alte Wallfahrtstradition Blaubeurens an, die auch über die Zeit der Reformation hinaus erhalten blieb und die als Marienwallfahrtsort in evangelischer Verwaltung wohl einmalig ist.

Ich möchte Ihnen heute sagen, dass dieses Ereignis der Heimsuchung Mariens bei ihrer Verwandten Elisabet ein wunderschönes Bild ist für die Kirche, ein Bild für die Kirche der Zukunft. In der Begegnung der beiden Frauen haben wir die Keimzelle der Kirche. Es ist die Kirche des Magnifikat. Sie könnte – nein, sie muss – auch das Bild der Kirche der Zukunft sein.

Die Kirche des Magnifikat ist eine Kirche des Lobpreises, des Jubels und der Freude. Dieser Jubel bricht aus Maria geradezu heraus. Sie gedenkt der Großtaten Gottes seit dem Stammvater des Glaubens Abraham. Sie preist Gott für seine Treue von Geschlecht zu Geschlecht. Sie dankt ihm, weil er Großes an ihr getan hat, sie zur Mutter des Erlösers berufen hat und dass sie den Heiland der Welt unter ihrem Herzen in ihrem Schoß tragen darf.

Ja, solche Glaubensfreude brauchen wir auch heute und morgen. Mein Vorgänger, Bischof Paul Wilhelm von Keppler, hat ein damals berühmtes Buch geschrieben mit dem Titel *Mehr Freude*. Er beklagt die Freudlosigkeit so vieler in seiner Zeit. Das Buch könnte auch heute geschrieben werden. Wie viele stimmen in der Kirche immerfort Klagechöre und Trauersymphonien an. Sie wissen gar nicht mehr, was wir an unserem Glauben haben: Halt und Inhalt, Grund und Ziel für unser Leben, Hoffnung im Leben und auch noch im Sterben. Wer hat uns denn Besseres zu geben? »Erlöster müssten sie aussehen, diese

Erlösten«, hat Friedrich Nietzsche, einer der schärfsten Kritiker des Christentums, geschrieben. »Die Freude an Gott ist unsere Stärke« *(Neh 8,10)*. Zeigen wir sie wieder mehr, dann wird der Glaube auch wieder anziehender werden. Denn nichts ist so ansteckend wie echte Freude.

Noch ein zweiter Zug gehört zu dieser Kirche des Magnifikat. Es ist eine Kirche der Hoffnung und der Zuversicht. Maria erinnert daran, wie Gott immer wieder auf die Niedrigen, die Kleinen, die Armen schaut und für sie da ist, wie er aber die Mächtigen vom Thron stürzt. Sie erinnert an Sara, die noch im hohem Alter gegen alle Regeln der Natur einen Sohn erhalten hat, sie nimmt den Lobgesang der Hanna auf, der nach langem Gebet Samuel geschenkt wurde und sie denkt an sich selbst, die ja auch nicht wusste, wie alles geschehen soll und die aus der Kraft des Heiligen Geistes Jesus Christus empfangen hat.

Was sagt uns das über die Kirche? Es sagt uns, dass es nicht vor allem darauf ankommt, dass wir menschlich und vor den Augen der Welt groß dastehen, dass man uns menschlich großartige Prognosen macht und wir über möglichst viele Mittel dieser Welt verfügen müssen. Die Kirche hat Zukunft allein aus der Kraft Gottes und seines Geistes. Lassen wir uns also nicht Bange machen. Es besteht kein Grund zur Resignation und zur Verzagtheit. Gott ist wunderbar und immer gut genug für ein Wunder. Er ist auch heute am Werk. Im Vertrauen auf ihn dürfen wir darum mutige Schritte wagen und getrost der Zukunft entgegengehen.

Und schließlich noch ein Drittes und Letztes. Die Kirche des Magnifikat ist eine Kirche der Begegnung und des Dialogs. In der Begegnung und im Austausch der beiden Frauen liegt die Urzelle der Kirche. Glauben lässt sich nicht anders in die Zukunft transportieren als durch menschliche Begegnung. Strukturen, Papiere, Sitzungen – das alles ist notwendig, aber es hilft nur, wenn es Begegnungen ermöglicht. Denn Feuer kann sich nur am Feuer, Licht nur am Licht entzünden. In Vorbereitung auf diesen Jubiläumstag haben Sie mir darum völlig zu Recht geschrieben, dass es für die erneuerte Kirche auf dem Weg ins dritte Jahrtausend nicht allein auf die Strukturen, sondern vor allem auf den Geist ankomme, der das Leben ihrer Gemeinde beseelt und trägt: der Geist der Freude, der Geist der Zuversicht und der Hoffnung, der Geist der Liebe und der Freiheit und nicht zuletzt der Geist des Gebetes.

Ich denke, dass es einer der wichtigsten Dienste ist, den wir einander tun können, dass wir uns immer wieder gegenseitig auf das gemeinsame Fundament unseres persönlichen wie unseres gemeinschaftlichen Lebens aufmerksam machen, dass wir uns gegenseitig im Glauben stützen und tragen.

Gewiss, viele Menschen tun unendlich viel. Noch nie hat es ein so großes Potential an ehrenamtlichem Engagement gegeben wie in unseren Tagen. Doch Hand aufs Herz: Wann sprechen wir mit anderen darüber, was uns bei unserem Dienst im Innersten bewegt, was der tiefste Grund unseres Einsatzes ist und der Hoffnung, die uns mancher Enttäuschung und manchem Widerstand zum Trotz »bei der Stange« hält? Der Glaube ist auch für viele Christen unserer Tage zur Privatsache geworden, zu etwas ganz Persönlichem, über das man mit den anderen nicht sprechen kann oder nicht sprechen will.

Der grundlegende Ort solcher Begegnung ist die Familie. Dort wird der Glaube grundgelegt. Was in der Familie versäumt wird, kann später in der Regel nicht nachgeholt werden. Die Familie ist die Urzelle der Kirche, sie ist Kirche im Kleinen. Der Austausch muss geschehen in vielen Gemeinschaften und Gruppen der Gemeinde, aber auch in der Öffentlichkeit. Hier wünschte ich mir mehr Zivilcourage. Wir verstecken uns viel zu sehr, wo doch viele auf ein hilfreiches Wort warten. Das Große an unserer katholischen Kirche ist, dass dieser Austausch weltweit geschieht. Deshalb habe ich mich gefreut, als ich las, dass Sie Partnerschaften zu 15 Missionsstationen in verschiedenen Kontinenten unterhalten. Schließlich ist heute der Austausch mit unseren evangelischen Brüdern und Schwestern gerade in Ihrer Diasporasituation wichtig. Zu einem solchen Austausch im Glauben möchte ich Sie, liebe Schwestern und Brüder, auch künftig ermutigen und einladen.

Mit großem Interesse habe ich gehört, dass Sie sich als Gemeinde schon sehr intensiv auf diesen Weg eingelassen haben. Als Bischof möchte ich Sie darin bestärken, diesen Weg mutig weiterzugehen. Wenn wir heute 100 Jahre Kirche Blaubeuren feiern, dann geht es ja nicht nur um die Kirche aus toten Steinen, sondern darum, dass wir Kirche aus lebendigen Steinen werden. Wenn wir bereit sind, dem Geist Gottes in unserem Miteinander als Glaubende Raum zu geben, dann werden wir zu solchen lebendigen Steinen, aus denen der Tempel Gottes erbaut ist. Dann wird im Leben unserer Gemeinden das

Wirken des Geistes wieder neu erfahrbar. Dann werden alle Menschen spüren, dass unsere alte Kirche jung geblieben ist und sich mit Mut und Zuversicht den Herausforderungen der Gegenwart stellt.

Der Geist Gottes möge Sie auf diesem Weg führen und begleiten. Er möge Ihnen die Augen öffnen, damit Sie die Zeichen der Zeit erkennen und in ihnen den Anruf Gottes erkennen. Er festige Ihre Gemeinschaft als glaubende Menschen in dieser Zeit und stärke in Ihnen die Verbundenheit mit Jesus Christus, damit alles, was sie tun, in ihm seinen festen Grund hat. Er erfülle Ihre Herzen mit Freude und Zuversicht. Amen.